JPT 고수를 위한

NEW
JPT
한권으로
끝내기 ADVANCED
800

이최여희, 양정순, 사토 요코, 송경주 공저

다락원

NEW JPT 한권으로 끝내기800

지은이 이최여희, 양정순, 사토 요코, 송경주
펴낸이 정규도
펴낸곳 (주)다락원

초판 1쇄 발행 2010년 6월 7일
개정판 1쇄 발행 2023년 4월 10일
개정판 2쇄 발행 2023년 10월 4일

책임편집 신선정, 이지현, 송화록
디자인 장미연, 최영란

다락원 경기도 파주시 문발로 211
내용문의: (02)736-2031 내선 460~465
구입문의: (02)736-2031 내선 250~252
Fax: (02)732-2037
출판등록 1977년 9월 16일 제 406-2008-000007호

ISBN 978-89-277-1276-3 14730
      978-89-277-1273-2 (SET)

http://www.darakwon.co.kr

- 다락원 홈페이지를 방문하시면 상세한 출판 정보와 함께 동영상 강좌, MP3 자료 등
  다양한 어학 정보를 얻으실 수 있습니다.
- 다락원 홈페이지를 방문하거나 QR코드를 스캔하면 MP3 파일 및 관련 자료를 다운
  로드 할 수 있습니다.

머리말

공부하는 데 빠르고 쉬운 길은 정말로 없는 것일까요?

새로운 언어를 배우고 그 능력을 측정하는 것은 쉬운 일은 아닙니다. JPT시험을 처음 도전하는 분들의 만족과 성공적인 결과에 다다를 수 있는 길잡이 교재의 선택이 이 상황을 어느 정도 해결하는데 도움이 될 것이라고 생각합니다.

공부하는 데 있어서 왕도가 없을지는 모르지만, 그 나름대로의 규칙과 방법은 항상 존재하는 법입니다. 이젠 학습자 여러분 스스로가 주인공이 되어 자신만의 방식을 만들어 가면서 공부하십시오. 이 책이 그 길을 안내해 주리라 기대합니다.

JPT에서는, 실제로 많이 사용되는 기본적인 어휘나 표현에 대한 평가, 기본적으로 꼭 알고 있어야 하는 문법적 내용들에 대해서는 반드시 출제됩니다. 따라서 일상생활에서「아주 기본이 되는 어휘나 표현, 반드시 알아 두어야만 하는 문형이나 문법」등에 집중해야 합니다.

또한 애매하게 알고 있는 문법 지식은 성적 향상에 결코 도움이 되지 않습니다. 일본어에 대한 정확한 문법 지식이 우선되지 않으면 아무리 많은 문제를 외운다 하여도 그것은 결코 '1회성 지식'에 지나지 않을 것이며 출제자가 조금만 응용하여 문제를 낸다면, 당황한 나머지 함정에 빠져 버리게 되고 말 것입니다. 이 책의 청해 파트는 사진묘사, 질의응답, 회화문, 설명문으로 구성되어 있고, 청해의 핵심을 파악할 수 있도록 핵심 어휘와 핵심 문장을 제시하였습니다. 독해 파트는 문제 유형별로 필수 어휘와 문법 항목을 제시하였으며, 체계적인 학습을 위해 공략 문제와 실전 문제로 구성하였습니다. 마지막으로 실제 시험과 같이 구성된 실전 모의고사로 실력을 점검하고 실전에 대비할 수 있습니다. 이는 높은 점수를 획득하는 데 큰 도움이 될 것입니다.

아무쪼록 본 교재로 JPT를 준비하는 여러분들의 실력 향상과 목표 도달에 도움이 되기를 바랍니다. 끝으로 이 교재가 나오기까지 고생하신 다락원 관계자 분들께 감사의 말씀을 드립니다.

포기하지 마십시오. 이제, 시작입니다!!

저자 일동

이 교재는?

한번 제대로 JPT에 뛰어들 분을 위한 교재입니다!

이제 중급 단계에 들어서서 일본어 능력시험(JLPT)으로는 N1(1급)을, JPT로는 800점을 목표로 하는 학습자를 위한 교재입니다. 하지만 단순한 JPT시험 교재가 아닙니다. JPT 시험에 제대로 뛰어들어서 얼마가 걸리든 900점대까지 가 보겠다 하고 결심을 꽉꽉 굳힌 분을 위한 JPT 필수 대비서입니다. 왜냐하면 이 교재 안에 있는 방대한 문제 양에 힘들 수도 있기 때문입니다.

지금까지의 대충 넘기기식 JPT 대비서가 아닙니다!

기존의 점수대별 JPT 대비서를 보면 단순히 문제를 나열하고 그 문제를 푸는 팁이나 해설로 이루어진 것이 대부분입니다. 이런 단순한 구성의 타사 교재와 달리 이 교재는 2단계 공략법을 통해 실제 문제에 쉽게, 제대로 다가갈 수 있도록 구성되어 있습니다.

청해 파트의 특징을 살린 2단계 공략법!

청해는 전체 PART를 테마별로 나누어 ① 1단계 실전을 위한 받아쓰기 형식의 **실전 감각 익히기**, ② **2단계 실전 문제 풀기**로 이루어져 있습니다. 이렇게 단계별로 문제에 접근하면서 실전 문제에 좀 더 쉽게 다가갈 수 있으며, 800점 레벨의 풍부한 문제를 접할 수 있습니다.

독해 파트의 특징을 살린 2단계 공략법!

독해는 각 PART별로 유형을 분석하고 해법을 제시하였습니다.

PART 5~7은 ① 1단계 각종 문법 항목과 어휘, 표현 정복하기, ② 2단계 실전 문제 풀기로 이루어져 있습니다. 1단계에서는 제시 단어와 문법 항목 등을 정확히 외웠는지 바로바로 확인할 수 있는 실력 간단 체크, 2단계에서는 실제 시험과 같은 문제를 풀어 봄으로써 실전 감각을 익힐 수 있도록 하였습니다.

PART 8 독해문은 JPT 800 레벨에 자주 등장하는 테마를 다루며, ① 1단계는 실전 감각 익히기, ② 2단계는 실전 문제 풀기로 이루어져 있습니다.

JPT란?

일본어 Communication 능력을 측정하는 시험

JPT는 급수별 시험인 일본어 능력시험(JLPT)의 여러 가지 문제점을 연구, 개선하여 개발한 시험입니다. 학문적인 일본어 지식의 정도를 측정하기보다는 언어의 본래 기능인 Communication 能力을 측정하기 위한 시험입니다. 따라서 사용빈도가 낮고 관용적, 학문적인 어휘는 배제하고, 도쿄를 중심으로 한 표준어가 중심이 되고 있습니다. 즉 JPT는 실용에 초점을 맞춘 일본어 능력 측정 시험이라고 할 수 있습니다.

수험자의 정확한 일본어 실력 평가

JPT는 청해와 독해로 구성되어 있으며, 이 두 가지 유형으로 Speaking 능력과 Writing 능력을 측정 가능하게 개발되어 있습니다. 각 PART별로 쉬운 문제에서 어려운 문제까지 난이도가 고르게 분포되어 있어, 수험자의 언어구사 능력을 정확하게 측정할 수 있습니다.

문항과 점수

JPT는 청해 100문항과 독해 100문항으로 구성되어 있으며, 각 점수를 합한 것이 총점이 됩니다. 각각의 최저 점수는 5점, 최고 점수는 495점으로, 총점은 최저 10점에서 최고 990점이 됩니다. 실제 JPT에서는 총 정답수로 채점되는 것이 아니라, 특정한 통계처리에 의해 상대평가 방식으로 채점됩니다.

시험의 구성 및 문제 유형

구분	유형	시간	문항수	배점
청해	PART 1: 사진묘사	45분	20문항	495점
	PART 2: 질의응답		30문항	
	PART 3: 회화문		30문항	
	PART 4: 설명문		20문항	
독해	PART 5: 정답찾기	50분	20문항	495점
	PART 6: 오문정정		20문항	
	PART 7: 공란메우기		30문항	
	PART 8: 독해		30문항	
		95분	200문항	990점

공략 2단계로 JPT 끝내기

PART 1-4

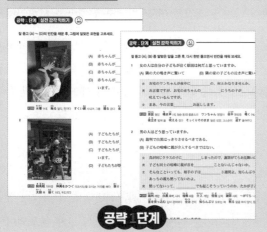

공략1단계
실전 감각 익히기

문제 풀며 빈칸 채우기 & 정답 고르기

문제 푸는 요령을 훈련하는 단계. 우선 음성을 들으며 정답을 고르고 빈칸을 채워 보자. 아래의 단어와 함께 여러 번 들으며 문장을 완전히 이해해 보자.

공략2단계
실전 문제 풀기

미니 테스트로 실전 대비하기

실전과 같은 속도로 문제를 풀고 정답지에 마킹하는 연습을 한다.

PART 5-7

공략1단계
단어 및 기본 문법 & 실력 간단 체크

각 문제 유형에서 기본적으로 외워야 할 단어 및 문법 사항, 표현 등을 제시한 부분이다. 외운 것을 바로 체크할 수 있는 문제도 함께 실려 있다.

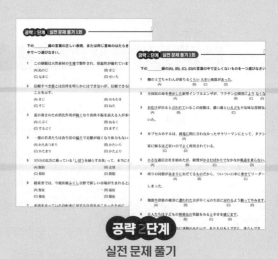

공략2단계
실전 문제 풀기

앞에서 배운 문법 사항이 들어간 문제를, 10문제를 1회로 하여 3회분씩 실었다. 어디에 중점을 두고 문제를 풀어야 할지 정답을 캐치하는 감각이 점점 몸에 익을 것이다.

PART 8

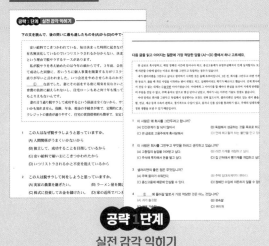

공략 1단계
실전 감각 익히기

실전 문제를 풀기 전 문제 푸는 감각을 익히기 위한 연습 문제
가 실려 있다. 해설을 토대로 어떻게 문제를 풀어나가면 좋을
지 그 감각을 익히도록 한다.

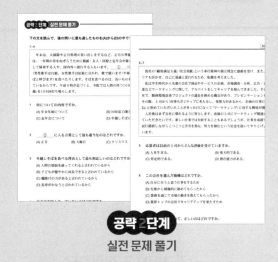

공략 2단계
실전 문제 풀기

각 주제와 관련된 실전 문제를 직접 풀어 볼 수 있다. 실전과 같
이 시간을 정해 놓고 그 시간 안에 풀 수 있도록 훈련한다.

부록

실전모의고사

실제 JPT 시험에서 800점 이상을 맞
을 수 있도록 800점 레벨의 문제들
로만 이루어진 모의고사를 실었다.
시간을 정해 두고 정답지에 실제로
마킹을 하며 문제를 풀어 보자.

해설집

청해와 독해의 공략 2단계, 실전 모
의테스트, 실전모의고사의 정답과 해
설, 단어가 모두 실려 있다. 스크립트
는 물론 문제도 함께 싣고, 후리가나
를 달아 사전 없이 해설집만으로도 학
습이 가능하다. 별책으로 제공.

목차

PART 3 회화문

PART 4 설명문

독해

청해
800
한권으로
끝내기

PART 1

사진묘사

1. 사람, 동물
2. 실내, 실외

PART 2

질의응답

1. 의문사가 있는 경우
2. 의문사가 없는 경우
3. 시사, 비즈니스

PART 3

회화문

1. 일상생활
2. 관용어, 속담
3. 시사, 비즈니스

PART 4

설명문

1. 일상생활
2. 시사, 비즈니스

PART 1

사진묘사

PART 1은 청해의 첫 도입부로, 사진이라는 시각적인 수단과 음성 언어를 통하여 응시자의 청취력 및 순간적인 판단력을 평가하기 위한 파트입니다. PART 1에서는 사진 속 인물이나 동물에 대한 묘사, 집 안이나 사무실·가게·거리·공원·역 등의 풍경에 대한 묘사 문제가 나와요.

〈꼭 외워야 할 필수 표현〉을 통해 사람의 복장·동작·자세에 대한 어휘와 사물의 상태·건물·장소에 대한 어휘를 익히고, 공략 1, 2단계를 통해 일본어 음성이 귀에 익숙해지도록 연습해 보세요.

1 사람, 동물

유형 공략

1 복장이나 동작을 나타내는 어휘를 떠올리며 **사진 속 인물의 모습과 동작**을 잘 살펴보세요.

2 두 명 이상의 인물이 등장할 때에는 각 인물이 취하고 있는 특정한 동작이나 복장의 차이점, 공통점 등을 파악해 두세요.

3 사물을 이용한 문제가 출제되기도 하는데, 인물이 사물을 어느 손에 들고 있는지, 사물의 어느 방향에 있는지 주의 깊게 관찰하세요. 이때, 방향은 등장인물을 기준으로 생각해야 한다는 것을 꼭 명심하세요.

사람과 동물이 있는 주변의 배경이 어떤지 묻기도 해요. 따라서 사진에 나온 배경도 무심코 지나치지 말고 주의 깊게 관찰해 보세요.

예제 次の写真を見て、その内容に合っている表現を(A)から(D)の中で一つ選びなさい。

(A) 子どもが<u>あやとり</u>をしています。 　　　　실뜨기	(A) 아이가 실뜨기를 하고 있습니다.
(B) 子どもが<u>シャボン玉遊び</u>をしています。 　　　　비눗방울	(B) 아이가 비눗방울 놀이를 하고 있습니다.
(C) 子どもが<u>蚊よけスプレーをまいて</u>います。 　　　　모기약을 뿌리고	(C) 아이가 모기약을 뿌리고 있습니다.
(D) 子どもが<u>うつ伏せ</u>になって<u>点滴を受けて</u>います。 　　　　엎드림　　　　　링거를 맞고	(D) 아이가 엎드려서 링거를 맞고 있습니다.

+해설 위에서 제시된 사진은 아이들이 실뜨기를 하고 있는 모습이므로 정답은 (A)예요. 아이들이 있는 장소나 주변에 있는 사물이 어떤 모습인지 알아야만 풀 수 있는 문제예요. 이러한 문제는 사진을 보고 동작을 나타내는 표현을 예상하면 쉽게 정답을 이끌어 낼 수 있어요.

+단어 **あやとり** 실뜨기　**シャボン玉遊び** 비눗방울 놀이　**蚊よけスプレー** 모기약　**うつ伏せになる** 엎드리다
点滴 링거

꼭 외워야 할 필수 표현

사람, 동물 🎧002

사람의 외모, 복장

出で立ち 옷차림, 복장

髪を垂らしている 머리를 늘어뜨리고 있다

髪がほつれている 머리가 흐트러져 있다

さらさらなストレートヘア
찰랑찰랑한 스트레이트 헤어

七分袖 칠부 소매

上下揃いのスーツ 상하 한 벌 슈트

上下無地の服 위아래 무늬가 없는 옷

すらっとしている 날씬하다

泣きべそをかいている 울상을 짓고 있다

ひげをそる 수염을 깎다

服を羽織っている 옷을 걸치고 있다

ボリュームのあるヘア 볼륨이 있는 헤어

前髪を下ろしている 앞머리를 내리고 있다

眼鏡がずり落ちる 안경이 흘러내리다

사람의 동작

● 자세

あぐらをかく 책상다리를 하고 앉다

足をかける 다리를 걸치다

足をずらす 다리를 엇갈리게 놓다

足を浸す 발을 담그다

後ろに手をまわす 뒤로 손을 두르다

うつむく 머리를 숙이다

顔をそむける 얼굴을 돌리다

かかとを上げる 발꿈치를 들다

肩をもむ 어깨를 주무르다

口を塞ぐ 입을 막다

腰に手を当てる 허리에 손을 대다.

背筋を伸ばしている 기지개를 켜고 있다

背伸びをしている 발돋움을 하고 있다

背をもたれさせる 등을 기대다

立て膝をする 한쪽 무릎을 세우다

つま先立つ 발돋움하다

手を差し伸べている
손을 뻗고 있다, 손을 내밀고 있다

手をつかむ 손을 잡다

手をつなぐ 손을 맞잡다

手に取る 손에 들다

手を引く 손을 이끌다

裸足で歩く 맨발로 걷다

ひざまずく 무릎을 꿇다

膝を抱えている 무릎을 감싸고 있다

耳打ちをする 귓속말을 하다

横抱きにする 옆으로 안다

両腕を広げている 양팔을 펴고 있다

両手を差し出している 양손을 내밀고 있다

脇に抱える 겨드랑이에 끼다

● 교통

車に乗り込もうとする 차에 올라타려 하다

高さを調節している 높이를 조절하고 있다

踏切の前で立ち止まっている
건널목 앞에서 멈춰 서 있다

踏切を渡っている 건널목을 건너고 있다.

ブレーキを操作している
브레이크를 조작하고 있다

● 휴식

腕のストレッチをしている
팔 스트레칭을 하고 있다

休憩している 쉬고 있다

点滴を受ける 링거를 맞다

寝そべる 배를 깔고 눕다

日差しを浴びている 일광욕을 하고 있다

ひなたぼっこをしている 햇볕을 쬐고 있다

일상생활

● 일상 활동 동작

相合傘で歩いている 한 우산을 함께 쓰고 걷고 있다

階段を駆け降りる 계단을 뛰어 내려가다

傘をすぼめる 우산을 오므라뜨리다

傘をたたむ 우산을 접다

肩にかばんをかける 어깨에 가방을 메다

かばんを下げる 가방을 들다

髪をとかす 머리를 빗다

蚊よけスプレーをまく 모기약을 뿌리다

乾杯をしている 건배를 하고 있다

草をむしっている 풀을 뜯고 있다

化粧を落とす 화장을 지우다

シールを剥がしている 스티커를 떼고 있다

抱き上げている 안아 올리고 있다

綱を引っ張る 밧줄을 당기다

荷造りをしている 짐을 싸고 있다

荷物を抱えている 짐을 안고 있다

拍手をしている 박수를 치고 있다

箸でつついている 젓가락으로 찌르고 있다

万歳をしている 만세를 하고 있다

服を当てている 옷을 대고 있다

舞台から飛び降りる 무대에서 뛰어내리다

ページをめくる 페이지를 넘기다

ポーズを取る 포즈를 취하다

ボールペンをくわえる 볼펜을 입에 물다

ポケットに手を入れる 주머니에 손을 넣다

ぽつんと佇んでいる 외따로 우두커니 서 있다

本を朗読している 책을 낭독하고 있다

向かい合って立っている 마주보고 서 있다

● 운동

腕立て伏せをしている 팔 굽혀 펴기를 하고 있다

鉄棒にぶら下がっている 철봉에 매달려 있다

プッシュアップをしている
팔 굽혀 펴기를 하고 있다

ボールを打つ 공을 치다

● 취미, 놀이

あやとりをする 실뜨기를 하다

おみくじを引いている 제비를 뽑고 있다

陰に隠れている 그늘에 숨어 있다

カメラを構えている 카메라를 들고 있다

木によじ登っている 나무에 기어오르고 있다

騎馬戦をしている 기마전을 하고 있다

金魚すくいをする 금붕어 건지기를 하다

逆立ちをしている 물구나무를 서고 있다

シャボン玉遊びをしている
비눗방울 놀이를 하고 있다

そりに乗る 썰매를 타다

太鼓をたたいている 북을 치고 있다

塀を乗り越える 담을 뛰어넘다

ボートを漕いでいる 보트를 젓고 있다

● 업무

稲刈りをしている 벼 베기를 하고 있다

植木を剪定している 정원수를 가지치기하고 있다

枝を手入れしている 가지를 손질하고 있다

お辞儀をしている　인사를 하고 있다

かなづちを使っている　쇠망치를 사용하고 있다

紙に書き取っている　종이에 받아쓰고 있다

木を切り倒す　나무를 베다

釘を抜いている　못을 빼고 있다

原稿を執筆している　원고를 집필하고 있다

コンセントに差し込んでいる
콘센트에 꽂고 있다

シャベルで掘っている　삽으로 파고 있다

書類を綴じている　서류를 철하고 있다

田植えをしている　모내기를 하고 있다

ねじを巻いている　나사를 돌리고 있다

のこぎりで切断している　톱으로 절단하고 있다

白菜を紐で縛っている　배추를 끈으로 묶고 있다

梯子を掛けている　사다리를 걸쳐 놓고 있다

畑を耕している　밭을 갈고 있다

畑で土を掘っている　밭에서 땅을 파고 있다

伐採をしている　벌채하고 있다

ハンマーを持っている　망치를 들고 있다

木材を束ねている　목재를 다발로 묶고 있다

●가사

子どもをおぶう　아이를 업다

ご飯をよそう　밥을 뜨다

蛇口をひねっている　수도꼭지를 틀고 있다

栓を抜いている　마개를 따고 있다

床を延べる　이불을 깔다

戸締りをしている　문단속을 하고 있다

取っ手を拭いている　손잡이를 닦고 있다

布を縫っている　천을 꿰매고 있다

布団を上げる　이불을 개다

包丁を研いでいる　부엌칼을 갈고 있다

水を汲んでいる　물을 푸고 있다

野菜を和えている　나물을 무치고 있다

두 사람 이상의 동작

群衆が押しかけている　군중이 몰려들고 있다

三々五々集まっている　삼삼오오 모여 있다

たむろする　사람들이 떼 지어 모이다

胴上げしている　헹가래를 치고 있다

母にしがみついている　엄마에게 매달려 있다

人波が押し寄せる　인파가 몰려들다

人々が殺到する　사람들이 쇄도하다

人々が行き交っている　사람들이 왕래하고 있다

群がっている　떼 지어 모여 있다

野次馬が集まる　구경꾼이 모이다

동물의 모습

犬が駆け回っている　개가 뛰어다니고 있다

檻から出ようとしている
우리에서 나오려고 하고 있다

額を優しくなでる　이마를 부드럽게 쓰다듬다

氷の上を滑る　얼음 위를 미끄러지다

魚を捕まえる　고기를 잡다

芝生を踏みつけている　잔디를 짓밟고 있다

砂山を登っている　모래 산을 오르고 있다

段ボール箱をかじっている
골판지 상자를 갉고 있다.

牧場で寛いでいる　목장에서 쉬고 있다

ホルスタインが立っている　얼룩소가 서 있다

三毛猫が睨んでいる　얼룩 고양이가 노려보고 있다

잘 듣고 (A) ~ (D)의 빈칸을 채운 후, 그림에 알맞은 표현을 고르세요.

1

(A)　赤ちゃんが＿＿＿＿を＿＿＿＿います。

(B)　赤ちゃんが＿＿＿＿を握っています。

(C)　赤ちゃんが＿＿＿＿をしています。

(D)　赤ちゃんが＿＿＿＿に＿＿＿＿を入れて
い ます。

➕단어 　水槽 ^{すいそう} 수조　触る ^{さわ} 닿다, 만지다　すくい網 ^{あみ} 사내끼, 그물　握る ^{にぎ} 잡다　金魚すくい ^{きんぎょ} 금붕어 건지기

2

(A)　子どもたちが＿＿＿＿をしています。

(B)　子どもたちが＿＿＿＿を＿＿＿＿います。

(C)　子どもたちが＿＿＿＿の＿＿＿＿に乗って
います。

(D)　子どもたちが祭りで＿＿＿＿を＿＿＿＿います。

➕단어 　騎馬戦 ^{きばせん} 기마전　神輿をかつぐ ^{みこし} 미코시(신을 모시는 가마)를 메다　祭り ^{まつ} 축제　山車 ^{だし} (축제 때 끌고 다니는) 수레
太鼓 ^{たいこ} 북　敲く ^{たた} 치다, 두드리다

3

(A)　男の人が＿＿＿＿を打っています。

(B)　男の人が＿＿＿＿を持っています。

(C)　男の人が＿＿＿＿の物を＿＿＿＿います。

(D)　男の人が看板の＿＿＿＿を＿＿＿＿います。

➕단어 　釘を打つ ^{くぎ} ^う 못을 박다　ハンマー 망치　縦長 ^{たてなが} 세로로 김　運ぶ ^{はこ} 옮기다　看板 ^{かんばん} 간판　ねじを巻く ^ま 나사를 감다

4

(A) 女の人は＿＿＿＿＿＿を見ています。

(B) 女の人は＿＿＿＿＿＿をかぶって＿＿＿＿＿＿

います。

(C) 女の人は＿＿＿＿＿＿から＿＿＿＿＿＿います。

(D) 女の人は＿＿＿＿＿＿に火を＿＿＿＿＿＿います。

➕단어 <ruby>盆踊<rt>ぼんおど</rt></ruby>り 본오도리, 음력 7월 15일에 남녀들이 모여 추는 춤　<ruby>笠<rt>かさ</rt></ruby> 삿갓　<ruby>踊<rt>おど</rt></ruby>る 춤추다
<ruby>舞台<rt>ぶたい</rt></ruby>から<ruby>飛<rt>と</rt></ruby>び<ruby>降<rt>お</rt></ruby>りる 무대에서 뛰어내리다　<ruby>盆提灯<rt>ぼんぢょうちん</rt></ruby> 우라본의 공양 때 매다는 제등　<ruby>火<rt>ひ</rt></ruby>を<ruby>灯<rt>とも</rt></ruby>す 불을 밝히다

5

(A) 男の人は植木を＿＿＿＿＿＿しています。

(B) 男の人は＿＿＿＿＿＿を＿＿＿＿＿＿います。

(C) 男の人は＿＿＿＿＿＿スプレーを＿＿＿＿＿＿

います。

(D) 男の人は＿＿＿＿＿＿で木を＿＿＿＿＿＿います。

➕단어 <ruby>植木<rt>うえき</rt></ruby> 정원수, 분재　<ruby>剪定<rt>せんてい</rt></ruby> 가지치기　<ruby>草<rt>くさ</rt></ruby>をむしる 풀을 뽑다　<ruby>蚊<rt>か</rt></ruby>よけ 모기 퇴치　まく 뿌리다　のこぎり 톱
<ruby>切<rt>き</rt></ruby>り<ruby>倒<rt>たお</rt></ruby>す 베어 쓰러뜨리다

6

(A) ＿＿＿＿＿＿が水に＿＿＿＿＿＿います。

(B) 腰を＿＿＿＿＿＿足を水に＿＿＿＿＿＿います。

(C) ＿＿＿＿＿＿の前に座って＿＿＿＿＿＿を見つめて

います。

(D) ＿＿＿＿＿＿を着ている人が＿＿＿＿＿＿に集まって

きています。

➕단어 <ruby>飛<rt>と</rt></ruby>び<ruby>石<rt>いし</rt></ruby> 징검돌　<ruby>浸<rt>つ</rt></ruby>かる 잠기다　<ruby>腰<rt>こし</rt></ruby>を<ruby>掛<rt>か</rt></ruby>ける 걸터앉다　<ruby>浸<rt>ひた</rt></ruby>す 담그다　<ruby>噴水<rt>ふんすい</rt></ruby> 분수　しぶき 물보라
<ruby>和服<rt>わふく</rt></ruby> 일본 옷　<ruby>三々五々<rt>さんさんごご</rt></ruby> 삼삼오오

7

(A) ＿＿＿＿＿＿踏切を＿＿＿＿＿います。

(B) 自転車の＿＿＿＿＿＿を＿＿＿＿＿しています。

(C) ＿＿＿＿＿＿の上に自転車が＿＿＿＿＿います。

(D) 自転車に＿＿＿＿＿踏切の前で＿＿＿＿＿

　　　しています。

+단어　立ち止まる 멈춰 서다　踏切 건널목　ブレーキ 브레이크　操作 조작　道路 도로　放置 방치　待機 대기

8

(A) ＿＿＿＿＿＿を＿＿＿＿＿います。

(B) ＿＿＿＿＿＿を＿＿＿＿＿います。

(C) ＿＿＿＿＿＿を＿＿＿＿＿いるところです。

(D) カウンター＿＿＿＿＿に＿＿＿＿＿の

　　　＿＿＿＿＿が見られる料理店です。

+단어　包丁 부엌 칼　研ぐ 갈다　オクラ 오크라　いじる 만지작거리다　しそ 시소, 차조기
盛り付ける 음식을 보기 좋게 담다　～超し ～너머　匠 장인　技 기술

9

(A) ＿＿＿＿＿＿で土を掘っています。

(B) ＿＿＿＿＿＿をしているところです。

(C) 田んぼで＿＿＿＿＿を立てています。

(D) ＿＿＿＿＿＿を羽織って＿＿＿＿＿をしています。

+단어　あぜ道 논두렁길　土を掘る 땅을 파다　稲刈り 벼 베기　田んぼ 논　かかし 허수아비　雨具 우비
羽織る 걸쳐 입다　田植え 모내기

10

(A) _____が_____に乗っています。

(B) _____が_____を踏みつけています。

(C) _____の群れが_____で_____います。

(D) _____が_____の_____を登って

います。

> **+단어** 山羊(やぎ) 산양　踏(ふ)みつける 짓밟다　鹿(しか) 사슴　群(む)れ 무리　牧場(ぼくじょう) 목장　寛(くつろ)ぐ 유유자적하다, 편안히 지내다
> 驢馬(ろば) 당나귀　砂漠(さばく) 사막　砂山(すなやま) 사구, 모래 산

1 A	(A) 水槽(すいそう), 触(さわ)って	(B) すくい網(あみ)	
	(C) 金魚(きんぎょ)すくい	(D) 水槽(すいそう), 金魚(きんぎょ)	
2 B	(A) 騎馬戦(きばせん)	(B) 神輿(みこし), かついで	
	(C) 祭(まつ)り, 山車(だし)	(D) 太鼓(たいこ), 敲(たた)いて	
3 C	(A) 釘(くぎ)	(B) ハンマー	
	(C) 縦長(たてなが), 運(はこ)んで	(D) ねじ, 巻(ま)いて	
4 B	(A) 盆踊(ぼんおど)り	(B) 笠(かさ), 踊(おど)って	
	(C) 舞台(ぶたい), 飛(と)び降(お)りて	(D) 盆提灯(ぼんぢょうちん), 灯(とも)して	
5 A	(A) 剪定(せんてい)	(B) 草(くさ), むしって	
	(C) 蚊(か)よけ, まいて	(D) のこぎり, 切(き)り倒(たお)して	
6 B	(A) 飛(と)び石(いし), 浸(つ)かって	(B) 掛(か)けて, 浸(ひた)して	
	(C) 噴水(ふんすい), しぶき	(D) 和服(わふく), 三々五々(さんさんごご)	
7 D	(A) 立(た)ち止(ど)まらず, 渡(わた)って	(B) ブレーキ, 操作(そうさ)	
	(C) 道路(どうろ), 放置(ほうち)されて	(D) 乗(の)ったまま, 待機(たいき)	
8 D	(A) 包丁(ほうちょう), 研(と)いで	(B) オクラ, いじって	
	(C) しそ, 盛(も)り付(つ)けて	(D) 越(ご)し, 匠(たくみ), 技(わざ)	
9 B	(A) あぜ道(みち)	(B) 稲刈(いねか)り	
	(C) かかし	(D) 雨具(あまぐ), 田植(たう)え	
10 A	(A) 山羊(やぎ), 岩(いわ)の上(うえ)	(B) 鹿(しか), 芝生(しばふ)	
	(C) 羊(ひつじ), 牧場(ぼくじょう), 寛(くつろ)いで	(D) 驢馬(ろば), 砂漠(さばく), 砂山(すなやま)	

次の写真を見て、その内容に合っている表現を(A)から(D)の中で一つ選びなさい。

1

(A)　(B)　(C)　(D)

2

(A)　(B)　(C)　(D)

3

(A) (B) (C) (D)

4

(A) (B) (C) (D)

5

(A) (B) (C) (D)

6

(A) (B) (C) (D)

7

(A) (B) (C) (D)

8

(A) (B) (C) (D)

9

(A) (B) (C) (D)

10

(A) (B) (C) (D)

② 실내, 실외

유형 공략

1 사진 속 사물이 구체적으로 어떻게 놓여 있는지 주의 깊게 살펴보아야 해요. 사물이 거꾸로 놓여 있는지, 쌓여 있는지 등 다양한 상황이 제시되므로 **사물의 배열 상태를 나타내는 어휘 및 정형화된 표현**을 익혀 두어야 해요.

2 역, 건물, 상점, 길거리, 횡단보도, 버스 정류장, 공원 등을 배경으로 하는 문제가 자주 출제되므로, 그에 따른 어휘를 충분히 습득해야 해요. 또한 사진의 내용과 맞지 않으면 지워 나가며 풀어야 오답을 줄일 수 있어요.

3 또한 간판 및 광고 사진은 **날짜, 숫자, 예외 사항 등 제시된 정보를 빨리 파악하고 체크**하세요. 그래야만 순간적인 착각에 대비할 수 있어요.

4 풍경 문제를 풀기 위해서는 전반적인 분위기를 나타내는 어휘, 나무나 식물 등의 모습을 나타내는 어휘, 자연과 어우러진 건물 등의 조화에 대한 표현 등을 알아 둘 필요가 있어요.

예제 次の写真を見て、その内容に合っている表現を(A)から(D)の中で一つ選びなさい。

(A) 若葉運転マークが貼ってあります。
　　　초보 운전 마크

(A) 초보 운전 마크가 붙어 있습니다.

(B) 吊革に可愛い人形が付いています。
　　　　　　　　　인형

(B) 손잡이에 귀여운 인형이 달려 있습니다.

(C) ねずみが吊革にぶら下がっています。
　　쥐

(C) 쥐가 손잡이에 매달려 있습니다.

(D) キャラクターのシルエットの形をした窓があります。

(D) 캐릭터 실루엣 형태를 한 창문이 있습니다.

+해설 지하철 내부에서 볼 수 있는 사물의 형상을 주의 깊게 보고, 들려주는 문장과 일치하지 않는 부분을 하나씩 지워 나가다 보면 정답을 찾을 수 있어요.

+단어 **若葉運転マーク** 초보 운전 마크　**吊革** 손잡이　**シルエット** 실루엣

실내, 실외 🎧006

집 안

雨戸が閉めてある　덧문이 닫혀 있다

額縁が掛けてある　액자가 걸려 있다

傘立てが置かれている　우산꽂이가 놓여 있다

原稿用紙が散らばっている
원고 용지가 흩어져 있다

ストローが差してある　빨대가 꽂혀 있다

洗濯物が散らばっている　세탁물이 어질러져 있다

テーブルクロスが掛けてある
테이블보가 씌어 있다

泥だらけのスニーカー　진흙투성이의 운동화

履物が重ねられている　신발이 쌓여 있다

花で飾り付けられている　꽃으로 장식되어 있다

パレットに絵の具が出してある
팔레트에 물감이 짜져 있다

風鈴がつるしてある　풍경이 매달려 있다

服が広げてある　옷이 펼쳐져 있다

筆立てに立てる　연필꽂이에 꽂다

ふろしきで包まれている　보자기로 싸여 있다

ページの端が折ってある　책 모서리가 접혀 있다

本が積み重ねてある　책이 겹겹이 쌓여 있다

落書き帳がある　낙서장이 있다

リボン結びがしてある　리본 모양으로 묶여 있다

レポートが積んである　리포트가 쌓여 있다

사무실

充電ランプが消える　충전 램프가 꺼지다

スクリーンセーバーが作動する
스크린세이버가 작동하다

扇風機が付いている　선풍기가 달려 있다

ついたてで仕切られている
칸막이로 분리되어 있다

バッテリーを充電している
배터리를 충전하고 있다

プロジェクターが天井に設置してある
프로젝터가 천장에 설치되어 있다

マウスの裏面が光っている
마우스 밑면이 빛나고 있다

USBが挿してある　USB가 꽂혀 있다

USBケーブルで繋ぐ　USB 케이블로 연결하다

螺旋状に巻かれている　나선형으로 감겨 있다

사물의 상태

●위치, 상태

一方に片寄る　한쪽으로 쏠리다

先が尖っている　끝이 뾰족하다

左右反対になっている　좌우 반대로 되어 있다

雑然としている　어수선하다

垂直に垂れる　수직으로 드리워지다

すし詰めになっている　빈틈없이 꽉 들어차 있다

整然と置いてある　가지런히 놓여 있다

平らになっている　평평하다

互い違いに重ねられている
엇갈려(번갈아) 쌓아 올려져 있다

散らかっている　어지럽혀져 있다

斜めに傾いている　비스듬히 기울어져 있다

二重に包んである　두 겹으로 싸여 있다

箱詰めになっている　상자에 담겨 있다

阻んでいる　막고 있다

横に倒してある　옆으로 쓰러져 있다

●모습, 모양

渦巻き模様 <small>うず ま</small> <small>も よう</small>　소용돌이 모양

かまぼこ屋根になっている <small>や ね</small>
반달 모양 지붕으로 되어 있다

画面に縦縞が出る <small>が めん</small> <small>たてじま</small> <small>で</small>　화면에 세로 줄무늬가 나오다

切妻屋根になっている <small>きりづま</small> <small>や ね</small>
삼각형의 맞배지붕으로 되어 있다

くしゃくしゃになる　꾸깃꾸깃해지다

逆様になっている <small>さかさま</small>　거꾸로 되어 있다

紐が二重に掛けてある <small>ひも</small> <small>ふた え</small> <small>か</small>　끈이 두 겹으로 둘러 있다

縁がぎざぎざしている <small>ふち</small>
가장자리가 톱날처럼 깔쭉깔쭉하다

べたべたとくっついている　착 달라붙어 있다

ぼろぼろになっている　너덜너덜해지다

●도형

円錐 <small>えんすい</small>　원뿔

台形 <small>だいけい</small>　사다리꼴

楕円形 <small>だ えんけい</small>　타원형

半月形 <small>はんげつがた</small>　반달 모양(=はんげつけい)

ひし形 <small>がた</small>　마름모

平行四辺形 <small>へいこう し へんけい</small>　평행사변형

放物線 <small>ほう ぶつせん</small>　포물선

星形 <small>ほしがた</small>　별 모양, 성형

三日月形 <small>み か づきがた</small>　초승달 모양

横長 <small>よこなが</small>　세로보다 가로의 길이가 긺

●의상, 잡화

ズボンの裾が破けている <small>すそ</small> <small>やぶ</small>　바짓단이 뜯어져 있다

縫い目が粗い <small>ぬ め あら</small>　바느질 땀이 엉성하다

布が汚れている <small>ぬの よご</small>　천이 더러워졌다

ファスナーが閉まっている <small>し</small>　지퍼가 잠겨 있다

結び目が緩い <small>むす め ゆる</small>　매듭이 헐겁다

병원, 가게 등

行灯が置いてある <small>あんどん お</small>　사방등이 놓여 있다

衣装が展示してある <small>い しょう てん じ</small>　의상이 전시되어 있다

置物が陳列されている <small>おきもの ちんれつ</small>　장식품이 진열되어 있다

介護施設について案内している <small>かい ご し せつ あんない</small>
개호 시설에 관해 안내하고 있다

下駄の販売を手掛けている <small>げ た はんばい て が</small>
게다 판매를 다루고 있다

食品が所狭しと置いてある <small>しょくひん ところせま お</small>
식품이 가득히 놓여 있다

製品が取り揃えられている <small>せいひん と そろ</small>　제품이 갖춰져 있다

タペストリーが吊るされている <small>つ</small>
태피스트리가 매달려 있다

取り皿がセッティングされる <small>と ざら</small>
개인 접시가 세팅되다

販売促進物がくくりつけられている <small>はんばいそくしんぶつ</small>
판매촉진물이 동여매어져 있다

１００均グッズが陳列されている <small>きん</small>
100엔 균일 상품이 진열되어 있다

風鈴が吊り下げられている <small>ふうりん つ さ</small>　풍경이 매달려 있다

蓋が裏返してある <small>ふた うらがえ</small>　뚜껑이 뒤집어져 있다

銘々皿が置いてある <small>めいめいざら お</small>　개인 접시가 놓여 있다

和装小物が紹介されている <small>わ そう こ もの しょうかい</small>
일본 의상 소품이 소개되고 있다

광고, 안내, 표지 등

追い越し禁止 <small>お こ きん し</small>　추월 금지

大売り出し <small>おお う だ</small>　대방출

高速道路の入り口 <small>こうそくどう ろ い ぐち</small>　고속도로 입구

授業参観 <small>じゅぎょうさんかん</small>　(학부모) 공개 수업

上映時間 <small>じょうえい じ かん</small>　상영 시간

徐行運転 <ruby>徐行<rt>じょこう</rt></ruby><ruby>運転<rt>うんてん</rt></ruby> 서행 운전

立ち読み禁止 <ruby>立<rt>た</rt></ruby>ち<ruby>読<rt>よ</rt></ruby>み<ruby>禁止<rt>きんし</rt></ruby> 서서 책 읽기 금지

駐停車禁止 <ruby>駐停車<rt>ちゅうていしゃ</rt></ruby><ruby>禁止<rt>きんし</rt></ruby> 주정차 금지

年中無休 <ruby>年中無休<rt>ねんじゅうむきゅう</rt></ruby> 연중무휴

ポイ捨て禁止 ポイ<ruby>捨<rt>す</rt></ruby>て<ruby>禁止<rt>きんし</rt></ruby> 함부로 버리기 금지

前向き駐車 <ruby>前<rt>まえ</rt></ruby><ruby>向<rt>む</rt></ruby>き<ruby>駐車<rt>ちゅうしゃ</rt></ruby> 정면 주차

Uターン禁止 Uターン<ruby>禁止<rt>きんし</rt></ruby> 유턴 금지

역

駅の構内はごった返している <ruby>駅<rt>えき</rt></ruby>の<ruby>構内<rt>こうない</rt></ruby>はごった<ruby>返<rt>がえ</rt></ruby>している
역 구내는 몹시 혼잡을 이루고 있다

おびただしいチラシが置いてある
엄청난 광고물이 놓여 있다

改札口が閉鎖される <ruby>改札口<rt>かいさつぐち</rt></ruby>が<ruby>閉鎖<rt>へいさ</rt></ruby>される 개찰구가 폐쇄되다

改札止めが行われる <ruby>改札<rt>かいさつ</rt></ruby><ruby>止<rt>ど</rt></ruby>めが<ruby>行<rt>おこな</rt></ruby>われる 개찰 중지가 되다

掛け時計の振り子が揺れる <ruby>掛<rt>か</rt></ruby>け<ruby>時計<rt>どけい</rt></ruby>の<ruby>振<rt>ふ</rt></ruby>り<ruby>子<rt>こ</rt></ruby>が<ruby>揺<rt>ゆ</rt></ruby>れる
벽시계의 시계추가 흔들리다

遮断機が閉まっている <ruby>遮断機<rt>しゃだんき</rt></ruby>が<ruby>閉<rt>し</rt></ruby>まっている 차단기가 닫혀 있다

循環バスがある <ruby>循環<rt>じゅんかん</rt></ruby>バスがある 순환 버스가 있다

通路を閉鎖する <ruby>通路<rt>つうろ</rt></ruby>を<ruby>閉鎖<rt>へいさ</rt></ruby>する 통로를 폐쇄하다

出口が込み合う <ruby>出口<rt>でぐち</rt></ruby>が<ruby>込<rt>こ</rt></ruby>み<ruby>合<rt>あ</rt></ruby>う 출구가 붐비다

電光掲示板が設置されている <ruby>電光掲示板<rt>でんこうけいじばん</rt></ruby>が<ruby>設置<rt>せっち</rt></ruby>されている
전광 게시판이 설치되어 있다

교통

ウィンカーがつけてある 깜박이가 켜져 있다

ガードレールが破損している <ruby>破損<rt>はそん</rt></ruby>
가드레일이 파손되어 있다

カーナビが付いている <ruby>付<rt>つ</rt></ruby>いている 내비게이션이 달려 있다

シルバーシートが設けられている <ruby>設<rt>もう</rt></ruby>けられている
노약자석이 갖추어져 있다

中央分離帯が設けられている <ruby>中央分離帯<rt>ちゅうおうぶんりたい</rt></ruby>が<ruby>設<rt>もう</rt></ruby>けられている
중앙분리대가 설치되어 있다

若葉運転マークが付いている <ruby>若葉<rt>わかば</rt></ruby><ruby>運転<rt>うんてん</rt></ruby>マークが<ruby>付<rt>つ</rt></ruby>いている
초보 운전 마크가 붙어 있다

공원, 거리

EV充電スタンドが設けられる EV<ruby>充電<rt>じゅうでん</rt></ruby>スタンドが<ruby>設<rt>もう</rt></ruby>けられる
전기충전기가 설치되다

街灯が点滅している <ruby>街灯<rt>がいとう</rt></ruby>が<ruby>点滅<rt>てんめつ</rt></ruby>している 가로등이 점멸하고 있다

カラーコーンが置いてある <ruby>置<rt>お</rt></ruby>いてある 컬러 콘이 놓여 있다

シャッターが下りている <ruby>下<rt>お</rt></ruby>りている 셔터가 내려져 있다

シャッターが閉めてある <ruby>閉<rt>し</rt></ruby>めてある 셔터가 닫혀 있다

すだれを下げる <ruby>下<rt>さ</rt></ruby>げる 발을 드리우다

建物が取り壊される <ruby>建物<rt>たてもの</rt></ruby>が<ruby>取<rt>と</rt></ruby>り<ruby>壊<rt>こわ</rt></ruby>される 건물이 철거되다

長蛇の列ができている <ruby>長蛇<rt>ちょうだ</rt></ruby>の<ruby>列<rt>れつ</rt></ruby>ができている 장사진을 이루고 있다

チラシがばらまいてある
전단지가 (여기저기) 뿌려져 있다

電線が垂れ下がっている <ruby>電線<rt>でんせん</rt></ruby>が<ruby>垂<rt>た</rt></ruby>れ<ruby>下<rt>さ</rt></ruby>がっている 전선이 드리워져 있다

電柱が立っている <ruby>電柱<rt>でんちゅう</rt></ruby>が<ruby>立<rt>た</rt></ruby>っている 전봇대가 세워져 있다

等身大パネルが置かれている <ruby>等身大<rt>とうしんだい</rt></ruby>パネルが<ruby>置<rt>お</rt></ruby>かれている
등신대 판넬이 놓여 있다

野立て看板が立てられている <ruby>野<rt>の</rt></ruby><ruby>立<rt>だ</rt></ruby>て<ruby>看板<rt>かんばん</rt></ruby>が<ruby>立<rt>た</rt></ruby>てられている
입간판이 세워져 있다

のれんを掛ける のれんを<ruby>掛<rt>か</rt></ruby>ける 포렴을 드리우다

のれんを下ろす のれんを<ruby>下<rt>お</rt></ruby>ろす 장사를 마치고 문을 닫다

掃き清められている <ruby>掃<rt>は</rt></ruby>き<ruby>清<rt>きよ</rt></ruby>められている 깨끗하게 쓸어져 있다

張りぼて人形が飾ってある <ruby>張<rt>は</rt></ruby>りぼて<ruby>人形<rt>にんぎょう</rt></ruby>が<ruby>飾<rt>かざ</rt></ruby>ってある
풍선 인형이 장식되어 있다

防犯灯が設置してある <ruby>防犯灯<rt>ぼうはんとう</rt></ruby>が<ruby>設置<rt>せっち</rt></ruby>してある 방범등이 설치되어 있다

屋台が出店している <ruby>屋台<rt>やたい</rt></ruby>が<ruby>出店<rt>しゅってん</rt></ruby>している 포장마차가 나와 있다

螺旋階段を取り付ける <ruby>螺旋階段<rt>らせんかいだん</rt></ruby>を<ruby>取<rt>と</rt></ruby>り<ruby>付<rt>つ</rt></ruby>ける 나선 계단을 설치하다

路上駐車だらけである <ruby>路上駐車<rt>ろじょうちゅうしゃ</rt></ruby>だらけである 노상 주차투성이다

涌き水が出ている <ruby>涌<rt>わ</rt></ruby>き<ruby>水<rt>みず</rt></ruby>が<ruby>出<rt>で</rt></ruby>ている 물이 솟아나고 있다

자연, 풍경

錨を下ろしている　닻을 내리고 있다

稲穂が垂れている　벼 이삭이 고개를 숙이고 있다

うっそうとしている　울창하다

枝が折れて落ちる　가지가 꺾여 떨어지다

枝が伸びている　가지가 뻗어 있다

垣根が低い　울타리가 낮다

かげろうが立ち上がる　아지랑이가 피어오르다

川がうねうね流れる　강이 굽이굽이 흐르다

木が繁っている　나무가 무성하게 자라 있다

橋梁が架設されている　교량이 가설되어 있다

霧が立ち込める　안개가 자욱하다

くねくねと曲がっている　구불구불 굽어 있다

煙が立ち上る　연기가 피어오르다

高級感が漂う　고급스러운 분위기가 나다

紅葉が色付く　단풍이 물들다

苔が生える　이끼가 끼다

こぢんまりとしている　작고 아담하다

こんもりとしている　울창하다

殺風景すぎる　너무 삭막하다

砂利が敷いてある　자갈이 깔려 있다

樹木が生い茂っている　수목이 우거져 있다

つぼみがほころぶ　봉오리가 벌어지다

つるが伸びる　덩굴이 뻗다

堤防が築いてある　제방이 쌓아져 있다

灯籠が設置されている　등롱이 설치되어 있다

土手道を彩っている　제방길을 채색하고 있다

飛び石が整備されている
징검다리가 정비되어 있다

波が押し寄せてくる　파도가 밀려오다

野花が咲き乱れる　들꽃이 어우러져 만발하다

波止場に係留してある　부두에 계류하고 있다

花がしおれる　꽃이 시들다

船が停泊する　배가 정박하다

防波堤が築いてある　방파제가 쌓아져 있다

水が押し寄せている　물이 밀려들고 있다

水が涸れている　물이 메말라 있다

藁で編んだむしろがある　짚으로 짠 멍석이 있다

わらぶきの家が見える　초가집이 보이다

잘 듣고 (A) ~ (D)의 빈칸을 채운 후, 그림에 알맞은 표현을 고르세요.

1

(A) 棚に＿＿＿＿＿だけ陳列されています。

(B) ＿＿＿＿＿商品であることが＿＿＿＿＿に記載
してあります。

(C) 新商品に販売＿＿＿＿＿が＿＿＿＿＿います。

(D) ＿＿＿＿＿の＿＿＿＿＿も利用して商品を陳列
しています。

 ＋단어 棚 선반　陳列 진열　季節限定 계절 한정　ポップ 팝(피오피, 매장을 찾은 손님에게 즉석에서 호소하는 광고물)
記載 기재　販売促進物 판매촉진물　くくりつける 동여매다　側面 측면

2

(A) ＿＿＿＿＿が紹介されています。

(B) ＿＿＿＿＿を祝う会の開催について案内して
います。

(C) ＿＿＿＿＿で借りられる＿＿＿＿＿が展示して
あります。

(D) 日本の＿＿＿＿＿の＿＿＿＿＿を紹介する展示
会が開かれています。

＋단어 和装 일본식 장정　小物 도구, 소품　長寿 장수　開催 개최　写真館 사진관　衣装 의상　展示 전시
冠婚葬祭 관혼상제　歴史 역사

3

(A) 壁に＿＿＿＿＿を取り付けているところです。

(B) 階段の途中がL字型に＿＿＿＿＿います。

(C) ＿＿＿＿＿のない＿＿＿＿＿に上がるタイプの
階段です。

(D) 段と段の間に隙間のある＿＿＿＿＿階段が
あります。

＋단어 手すり 난간　取り付ける 달다, 설치하다　折れ曲がる 꺾여지다, 구부러지다　踊り場 층계참　一直線 일직선
隙間 틈　螺旋 나선

4

(A) _____が天井まで積まれています。

(B) _____茶碗と_____があります。

(C) _____の_____が取り揃えられています。

(D) トレーの上に_____や_____などが

置いてあります。

+단어 すし桶[おけ] 초밥 통　天井[てんじょう] 천장　取っ手[とて] 손잡이　茶筅[ちゃせん] 차센(가루 차를 끓일 때 차를 저어서 거품을 일게 하는 도구)
木製[もくせい] 목제　薬味[やくみ] 향신료, 양념　おろし器[き] 강판　取り揃える[とそろえる] 모두 갖추다　醤油差し[しょうゆさし] 간장 통　塩入れ[しおいれ] 소금 통

5

(A) 人々はアニメを_____います。

(B) アニメキャラクターの_____人形が飾って

あります。

(C) アニメの_____がお祭りに_____して

います。

(D) _____なキャラクター_____が行われ

ています。

+단어 視聴[しちょう] 시청　張りぼて[は] 종이를 겹붙여 만든 연극의 소품　飾る[かざ] 장식하다, 꾸미다　参加[さんか] 참가　大規模[だいきぼ] 대규모
パレード 퍼레이드

6

(A) _____が設置されています。

(B) 軒下に_____が吊り下げられています。

(C) _____の上に_____がかけてあります。

(D) _____として藁で作った_____が飾ら

れています。

+단어 巨大[きょだい] 거대함　絵馬[えま] 에마(소원 풀이 액자)　設置[せっち] 설치　軒下[のきした] 처마 밑　風鈴[ふうりん] 풍경　吊り下げる[つさ] 매달다
賽銭箱[さいせんばこ] 새전함　わらじ 짚신　縁起物[えんぎもの] 길조를 비는 물건　藁[わら] 짚　ストラップ 스트랩, 끈　飾る[かざ] 장식하다, 꾸미다

7

(A) _____が_____に傾いています。

(B) _____の並んでいる_____があります。

(C) _____型の_____の建物があります。

(D) ガレージの_____が_____開いています。

8

(A) _____ロッカーが_____に表示されています。

(B) _____のコインロッカーが_____されています。

(C) _____のため、持ち込めない物を_____います。

(D) _____が容易に_____できるよう、_____が付いています。

9

(A) この農園の入園は_____です。

(B) 8月上旬から_____の梨が楽しめます。

(C) _____で_____した農作物の_____販売所です。

(D) この_____ではいろいろな_____の梨が採れます。

10

(A) 建物が＿＿＿＿＿いるところです。

(B) バスが＿＿＿＿＿に入ろうとしています。

(C) 車が＿＿＿＿＿をしようと＿＿＿＿＿を出しています。

(D) ＿＿＿＿＿した車道に沿って＿＿＿＿＿が設置されています。

＋단어 取(と)り壊(こわ)す (건물 등을) 헐다　高速道路(こうそくどうろ) 고속도로　車線(しゃせん) 차선　変更(へんこう) 변경　ウィンカー 깜빡이(＝ウインカー)
カーブ 커브　車道(しゃどう) 차도　〜に沿(そ)って 〜을 따라　ガードレール 가드레일　設置(せっち) 설치

1 D	(A) 100均(きん)グッズ	(B) 季節限定(きせつげんてい), ポップ	
	(C) 促進物(そくしんぶつ), くくりつけられて	(D) 商品棚(しょうひんだな), 側面(そくめん)	
2 C	(A) 和装小物(わそうこもの)	(B) 長寿(ちょうじゅ)	
	(C) 写真館(しゃしんかん), 衣装(いしょう)	(D) 冠婚葬祭(かんこんそうさい), 歴史(れきし)	
3 D	(A) 手(て)すり	(B) 折(お)れ曲(ま)がって	
	(C) 踊(おど)り場(ば), 一直線(いっちょくせん)	(D) 螺旋(らせん)	
4 D	(A) すし桶(おけ)	(B) 取(と)っ手(て)付(つ)き, 茶筅(ちゃせん)	
	(C) 木製(もくせい), 薬味(やくみ)おろし器(き)	(D) 醤油差(しょうゆさ)し, 塩入(しおい)れ	
5 C	(A) 視聴(しちょう)して	(B) 張(は)りぼて	
	(C) キャラクター, 参加(さんか)	(D) 大規模(だいきぼ), パレード	
6 C	(A) 巨大絵馬(きょだいえま)	(B) 風鈴(ふうりん)	
	(C) 賽銭箱(さいせんばこ), わらじ	(D) 縁起物(えんぎもの), ストラップ	
7 A	(A) 巨樹(きょじゅ), 斜(なな)め	(B) 枯(か)れ木(き), 小道(こみち)	
	(C) かまぼこ, 屋根(やね)	(D) シャッター, 半分(はんぶん)	
8 B	(A) 空(あ)き, モニター	(B) 大中小(だいちゅうしょう), 配置(はいち)	
	(C) 機密保持(きみつほじ), 預(あず)けて	(D) 中身(なかみ), 確認(かくにん), 窓(まど)	
9 D	(A) 有料(ゆうりょう)	(B) もぎ立(た)て	
	(C) 無農薬(むのうやく), 栽培(さいばい), 無人(むじん)	(D) 農園(のうえん), 品種(ひんしゅ)	
10 D	(A) 取(と)り壊(こわ)されて	(B) 高速道路(こうそくどうろ)	
	(C) 車線変更(しゃせんへんこう), ウィンカー(＝ウインカー)	(D) カーブ, ガードレール	

次の写真を見て、その内容に合っている表現を(A)から(D)の中で一つ選びなさい。

1

(A) (B) (C) (D)

2

(A) (B) (C) (D)

3

(A)　(B)　(C)　(D)

4

(A)　(B)　(C)　(D)

5

(A) (B) (C) (D)

6

(A) (B) (C) (D)

7

(A) (B) (C) (D)

8

(A) (B) (C) (D)

9

(A) (B) (C) (D)

10

(A) (B) (C) (D)

Ⅰ 次の写真を見て、その内容に合っている表現を(A)から(D)の中で一つ選びなさい。

1

(A)　(B)　(C)　(D)

2

(A)　(B)　(C)　(D)

3

(A) (B) (C) (D)

4

(A) (B) (C) (D)

5

(A)　(B)　(C)　(D)

6

(A)　(B)　(C)　(D)

7

(A) (B) (C) (D)

8

(A) (B) (C) (D)

9

(A) (B) (C) (D)

10

(A) (B) (C) (D)

11

(A)　(B)　(C)　(D)

12

(A)　(B)　(C)　(D)

13

(A) (B) (C) (D)

14

(A) (B) (C) (D)

15

(A)　(B)　(C)　(D)

16

(A)　(B)　(C)　(D)

17

(A) (B) (C) (D)

18

(A) (B) (C) (D)

19

(A)　(B)　(C)　(D)

20

(A)　(B)　(C)　(D)

PART 2

질의응답

PART 2는 실생활의 회화 능력을 평가하는 짧은 회화문 문제가 나옵니다. 연이어 이어지는 문장의 의미를 파악하고 질문의 포인트를 잡아, 순간적으로 판단하는 능력을 요구하는 문제들로 구성되어 있어요.

의문사가 있는 문은 들려주는 질문에 어떤 의문사가 사용되었는지를 재빨리 파악하여 사람, 시간, 장소, 직업 등의 적절한 응답을 찾아야 해요.

의문사가 없는 짧은 문은 풀기가 까다로우므로 질문의 내용이 허가인지, 부탁인지, 권유인지 등을 잘 파악하고, 핵심을 놓치지 말아야 해요. 또한 관용어 및 기능어를 이용한 세세한 부분에 이르는 일본어 표현이 자주 출제되므로 평소에 잘 익혀 두는 것이 좋아요.

유형 공략

1 이 유형의 문제는 들려주는 짧은 문에 **어떤 의문사가 나오는지 잘 듣고 푸는 것이 원칙**이에요. 하지만 '무엇'에 해당하는 何의 경우는 何のために, 何時, 何で 등 '무엇' 이외에 여러 가지 의문이 제시돼요. 따라서 사물뿐 아니라 **목적, 이유, 시간, 수단** 등 다방면에 걸친 정답을 요구할 수 있다는 것에 유의해야 해요.

2 いつ의 경우는 주로 시간을 묻는 질문이 많은데, **시간에만 얽매이지 말고 시제에도 유의**하여 답을 골라야 해요.

3 의문사에 か, も, にも, だけ, しか 등의 조사가 붙은 짧은 문도 주의를 기울이고, 들려주는 문장의 단어를 꼼꼼히 체크하세요.

4 그밖에 ～って, ～たっけ, ～なんて, ～もん 등과 같은 회화체의 표현도 익혀 두세요.

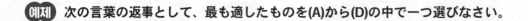

예제 次の言葉の返事として、最も適したものを(A)から(D)の中で一つ選びなさい。

<u>どうして</u>会社を退職されたのかお聞きしてもいいですか。

어째서 회사를 퇴직하신 것인지 여쭤 봐도 됩니까?

> '어째서, 왜'라는 이유를 묻는 문제라는
> 것을 바로 알 수 있어야 해요.

(A) <u>一身上の都合</u>です。

> 사직 이유를 나타낼 때 흔히
> 사용하는 표현이에요.

일신상의 사정, 일신상의 형편

(A) 일신상의 사정입니다.

(B) 後は君の想像に任せます。

(B) 나머지는 자네의 상상에 맡기겠습니다.

(C) 誠に心苦しく思っております。

(C) 정말 미안하게 생각하고 있습니다.

(D) あなたは本当におせっかいな人だ。

(D) 너는 정말로 참견쟁이구나.

＋해설 질문을 듣고 무엇을 묻는 문제인지부터 파악하는 것이 중요해요. 먼저, 물어보는 짧은 문장에 どうして(어째서)와 허가를 나타내는 ～てもいいですか라는 표현이 나왔으므로 '어째서'에 대한 이유를 설명하거나 대답을 회피하는 두 가지 경우를 예상하고, (A)~(D)의 짧은 문에서 답을 생각해야 해요. 여기서는 상대에게 퇴직한 이유를 답하지 않고 회피하는 응답인 (A)가 가장 적당해요.

＋단어 退職 퇴직　一身上の都合 일신상의 형편　想像 상상　任せる 맡기다　心苦しい 미안하다, 안타깝다
おせっかい 공연한 참견, 못방치기, 덥적거림

의문사가 있는 경우 🎧011

何(なに・なん)

1 A 今何時だと思っているの？ いい加減にしなさい。　지금 몇 시인줄 알아? 적당히 해.

    B このゲーム、一度始めたらやめられないんだよね。　이 게임 한번 시작하면 멈출 수 없어.

2 A 披露宴では何をお召しになる予定ですか。　피로연에는 무엇을 입으실 예정입니까?

    B 私は白無垢で、彼は羽織袴を考えております。

    저는 시로무쿠(흰 기모노)이고, 그는 하오리하카마(정장용 기모노)를 생각하고 있습니다.

どこ

3 A 直木さんはどこに行ったの？ さっきまでここにいたはずなのに。

    나오키 씨는 어디 간 거야? 아까까지 (분명) 여기에 있었는데.

    B 終業のベルがなるや否や、トイレに駆け込んだよ。　끝나는 벨이 울리자마자 화장실로 뛰어들어 갔어.

4 A 来週の３連休、どこかにお出かけになるんですか。　다음 주 3연휴, 어딘가에 가십니까?

    B 子連れで沖縄に行きます。　애들 데리고 오키나와에 갑니다.

どの

5 A 今年、ボーナスはどのくらいもらえたの？　올해, 보너스는 어느 정도 받았어?

    B 例年並みって感じかな。　예년과 별반 차이가 없다고 해야 할까?

6 A 風速５０mってどのくらい凄いんですか。　풍속 50m는 어느 정도로 대단합니까?

    B とてつもない力ですよ。電柱や街灯が倒れたりします。

    터무니없는 힘이지요. 전봇대나 가로등이 쓰러지거나 합니다.

どんな

7 A 「いばらの道」ってどんな道ですか。　'가시밭길'이란 어떤 길입니까?

    B 苦難の多い人生の例えで、容易ではない道のことを言います。

    고난이 많은 인생의 예로, 쉽지 않은 길을 말합니다.

8 A 台風はどんなふうに進んでいますか。　태풍은 어떤 식으로 진행되고 있습니까?

    B 台風はグルグルと渦を巻きながら北に進んでいます。

    태풍은 빙빙 소용돌이 치면서 북으로 가고 있습니다.

9 A 世話になっている方へのお歳暮なんですが、どれがお勧めですか。

신세 지고 있는 분에게 연말 선물을 보내려는데, 어느 것이 좋겠습니까?

B こちらは幅広い年齢層の方にご好評いただいております。

이것은 폭넓은 연령층에게서 호평을 받고 있습니다.

10 A いくつか候補がありますが、どれにするつもりですか。

몇 가지 후보가 있습니다만, 어느 것으로 할 생각입니까?

B 一日考えさせてください。 하루 생각하게 해 주세요.

11 A 手頃な価格で泊まれる宿泊先を探しているんですが、このホテルとこの旅館、

どちらがお勧めですか。

적당한 가격으로 머무를 수 있는 숙소를 찾고 있는데, 이 호텔과 이 여관 어느 쪽을 추천하시겠습니까?

B それでしたら、断然こちらをお勧めいたします。 그러시다면, 단연히 이쪽을 권하겠습니다.

12 A お孫さんとどちらまで？ 손주와 어디 가세요?

B 散歩がてら川向こうの広場まで足を伸ばそうかと。 산책 겸 강 건너 광장까지 가 볼까 하고요.

13 A どうしたんだい？そんな弱音を吐いて、君らしくもない。

어떻게 된 거야? 그런 약한 소리를 하다니, 너답지도 않아.

B 慰めてくれようとしなくても結構です。 위로해 주려고 하지 않아도 괜찮습니다.

14 A 一体どうするつもりなの？ 도대체 어떻게 할 작정이지?

B ごちゃごちゃうるさいな。このままじゃ駄目なことは百も承知の上だよ。

이러쿵저러쿵 시끄럽군. 이대로는 안 된다는 것은 충분히 알고 있어.

15 A なぜそんなにも階下の住人に気兼しているんですか。

왜 그렇게 아래층에 사는 사람에게 신경 쓰고 있는 것입니까?

B うちからの物音や足音のせいで子どもに泣かれると苦情を言われたんですよ。

우리 집에서 나는 소리랑 발소리 때문에 아이가 운다고 불평을 해서요.

16 A なぜ、そんなにぐじぐじ悩んでいるんですか。 왜 그렇게 우물쭈물 고민하고 있는 것입니까?

　　B 放っておいてください。今は一人でいたいんです。 내버려 둬 주세요. 지금은 혼자 있고 싶습니다.

いくつ

17 A おいくつまで働くつもりですか。 몇 살까지 일할 생각입니까?

　　B 今の状況では働けるうちは働くつもりです。 지금의 상황에서는 일할 수 있는 동안은 일할 생각입니다.

いくら

18 A いくらぼられたの？ 얼마 바가지 썼어?

　　B 1万円くらいの物に3万円も払わされたよ。 1만 엔 정도의 물건에 3만 엔이나 지불하게 되었어.

19 A 通帳に残高はいくらありますか。 통장에 잔고는 얼마 있습니까?

　　B 2か月前までは100万円あったのに、すっかり底を突いちゃったよ。

　　2개월 전까지는 100만 엔 있었는데, 완전히 바닥이 났어.

いつ

20 A 娘はまだ一歳なんですが、躾はいつから始めたらいいでしょう。

　　딸은 아직 한 살이지만, 예의범절 교육은 언제부터 시작하면 좋겠습니까?

　　B 礼儀を教えるにはまだ早いので、今は愛情をたっぷり注いでください。

　　예의를 가르치기에는 아직 이르니까, 지금은 애정을 듬뿍 쏟아 주세요.

誰(だれ)

21 A 節分の鬼役は貫禄のある人にやってもらいたいんだが、誰がいいかな。

　　세쓰분의 귀신 역은 관록이 있는 사람이 해 주었으면 좋겠는데, 누가 좋을까?

　　B 恰幅のいい林部長がはまり役だけど、頼みにくいですね。

　　풍채 좋은 하야시 부장이 적역인데, 부탁하기 어렵군요.

22 A 披露宴の余興、誰に頼もうか。 피로연의 여흥, 누구에게 부탁할까?

　　B 木村さんをおいては他にはいないです。 기무라 씨 이외에 다른 사람은 없습니다.

잘 듣고 빈칸을 채운 후, (A) ~ (D) 중 질문에 맞는 대답을 고르세요.

1　使いやすさから言ったら、どちらがお_____ですか。

(A) 断固として断ります。こちらは_____です。

(B) 断トツこちらですね。この方は_____ですよ。

(C) 断然こちらですね。あちらは_____です。

(D) 断じてこちらです。彼は_____できますよ。

> ➕단어 お勧め 추천, 권유　断固 단호히, 단연코　素人 초보자　断トツ 압도적으로 앞서 있음　狩人 사냥꾼
> 断然 단연, 선두에 있음　プロ仕様 전문가 등급　断じて 단연코　玄人 전문가
>
> ~なみ ~와 같은(같이), ~와 동등한

2　それで、いくら_____？

(A) 100ドル。_____でした。

(B) 100ドル。外国人だからって_____を見られたの。

(C) 100ドル。お金が_____こぼれ落ちちゃったの。

(D) 100ドル。これだから_____すべきなのよ。

> ➕단어 ぼられる 바가지 쓰다　掘り出し物 의외로 싸게 산 물건　~からって ~라고 해서(＝~からといって)
> 足元を見る 약점을 간파하다, 약점을 이용하다　じゃらじゃら 짤랑짤랑　こぼれ落ちる 넘쳐 떨어지다
> ボランティア 자원 봉사자　~べきだ ~해야 한다

3　夏休みはどう_____んですか。

(A) 夏休みにコーディネーターの_____を_____からです。

(B) 子どもを連れて_____に参加するつもりです。

(C) 子どもの夏休みの_____を手伝わされる_____。

(D) てっきり_____のひと時を_____と思っていたのですが……。

> ➕단어 コーディネーター 코디네이터　資格を取る 자격증을 따다　サマーフェスティバル 여름 페스티벌　参加 참가
> 宿題 숙제　羽目にあう (곤란한) 처지에 처하다　てっきり 틀림없이　だんらん 단란함　ひと時 한 때

4 いつ自分の家が＿＿＿＿＿ようになるのかな。

(A) 都心の一軒家は＿＿＿＿＿からね。

(B) 都心の一戸建ては＿＿＿＿＿からね。

(C) 都心のマンションはとても＿＿＿＿＿。

(D) 都心の＿＿＿＿＿から離れて＿＿＿＿＿を送りたいです。

＋단어 都心 도심　一軒家 외딴집, 독챗집　気が張る 긴장하다　一戸建て 단독 주택　値が張る 값이 비싸다, 시세가 높다
マンション 맨션　手が届く 손이 미치다　喧騒 떠들썩함　離れる 떨어지다, 헤어지다　老後 노후

5 ＿＿＿＿＿に行ってきたんでしょう。どうして＿＿＿＿＿なんですか。

(A) たまには一人で＿＿＿＿＿んです。

(B) じゃあ、＿＿＿＿＿を＿＿＿＿＿行くのがお勧めですよ。

(C) 次に＿＿＿＿＿際には手ぶらでいらしてくださいね。

(D) ＿＿＿＿＿行ったんだけど、あまりにも人が多くて＿＿＿＿＿。

＋단어 バーゲン 바겐세일　手ぶら 빈손　たまに 가끔　ぶらぶら 빈둥빈둥, 어슬렁어슬렁　差し入れ 차입물, 먹을 것
持参 지참　お越しになる 오시다　いらしてください 오십시오　際 때

6 お母さん、＿＿＿＿＿がしたいんだけど、あれ、どこ？

(A) ＿＿＿＿＿ならいつものところよ。

(B) ＿＿＿＿＿だったらお貸ししましょうか。

(C) ＿＿＿＿＿話はもうやめにしてちょうだい。

(D) ＿＿＿＿＿に行くなら線路脇の病院がいいよ。

＋단어 耳掃除 귀 파기　耳掻き 귀이개　耳あて 귀마개　耳が痛い 귀가 따갑다　～てちょうだい ~해 줘
耳鼻科 이비인후과　線路 선로　脇 옆

7 日本人は＿＿＿＿＿対策に何を食べるんですか。

(A) 牛は＿＿＿＿＿しませんから。

(B) 夏といえば＿＿＿＿＿でしょう。

(C) 鰻を土用の＿＿＿＿＿に食べます。

(D) うさぎが毎週＿＿＿＿＿に食べられます。

＋단어 夏ばて 여름을 탐　対策 대책　かき氷 빙수　鰻 장어
土用 입하·입추·입동·입춘 전의 18일 간 (삼복 무렵)　丑の日 축일, 특히 여름 토왕과 겨울 토왕의 축일

8 お孫さんと_____なんて微笑ましいですこと。_____まで？

(A) ドライブインで孫と_____ました。

(B) こちらが目に_____初孫です。

(C) _____になって横浜でまごつきました。

(D) _____がてら横浜まで足を伸ばそうかと。

➕単어 **微笑ましい** 절로 미소 짓게 되다, 흐뭇하다　**ドライブイン** 드라이브인, 도로변에 있는 식당
落ち合う (약속 장소에서) 만나다, 합류하다　**目に入れても痛くない** 눈에 넣어도 아프지 않다
初孫 첫 손주(=はつまご)　**迷子** 미아　**横浜** 요코하마(지명)　**まごつく** 어찌할 바 몰라 허둥거리다, 갈팡질팡하다
〜がてら 〜하는 겸　**足を伸ばす** 멀리 발길을 뻗치다

9 あんな美人とどこで_____の？

(A) サークルで。_____で僕から告白したんだ。

(B) 大学で。こんな_____な僕でも入学ができた。

(C) 公園で。念には念を入れて_____しておいた。

(D) 会社で。以前、_____されたけど、諦めなかったんだ。

➕단어 **知り合う** 서로 알다, 아는 사이가 되다　**サークル** 서클　**駄目元** 밑져야 본전(駄目で元々의 준말)
告白 고백　**駄目** 허사임, 좋지 않음　**念には念を入れる** 주의에 또 주의를 기울이다
駄目押し 확실한 일이지만 다시 한번 확인해 두는 것　**駄目出し** 잘못된 점을 지적하고 수정을 요구함

10 私の実家の_____と結婚指輪、どこかで_____なかった？

(A) 君って_____人なんだね。

(B) 君って_____人なんだね。

(C) 君って_____人なんだね。

(D) 君って_____人なんだね。

➕단어 **実家** 생가, 친정　**合いかぎ** 여벌 열쇠　**見かける** 눈에 띄다, 보다　**〜って** 〜라고 하는, 〜란
そそっかしい 경솔하고 조심성 없다, 덜렁대다　**恩着せがましい** 은혜라도 베푸는 듯 생색을 내다
こっぱずかしい 조금 부끄럽다, 조금 멋쩍다(=こはずかしい)　**融通がきかない** 융통성이 없다

60

11 いつ＿＿＿＿＿＿＿しますか。

(A) ＿＿＿＿＿＿＿してしまって帰れなかったんです。

(B) 子どもを連れての＿＿＿＿＿＿＿は大変だったわ。

(C) ＿＿＿＿＿＿＿に入ったら＿＿＿＿＿＿＿に帰ろうと思っています。

(D) 里帰りは＿＿＿＿＿＿＿を持って＿＿＿＿＿＿＿した方がいいですよ。

+단어 **里帰**り 귀향, 고향(친정) 방문　うっかり 깜빡, 멍청히, 무심코　**臨月** 산달, 임월　**余裕** 여유　**準備** 준비

12 そんな＿＿＿＿＿＿＿どうするんですか。それじゃ何してもうまく＿＿＿＿＿＿＿ですよ。

(A) じゃあ、＿＿＿＿＿＿＿やってみます。

(B) 答えは＿＿＿＿＿＿＿のどちらか一つだ。

(C) じゃあ、＿＿＿＿＿＿＿かも知れませんね。

(D) じゃあ、＿＿＿＿＿＿＿の気持ちになってみます。

+단어 **弱音を吐**く 나약한 소리를 하다　～っこない 일 리가 없다　**一か八**か 흥하든 망하든　**まる** 동그라미
ばつ 틀림, 가위표　**罰が当**たる 천벌을 받다　**働き蜂** 일벌

13 ＿＿＿＿＿＿＿に進出した主力選手の＿＿＿＿＿＿＿はどんな感じですか。

(A) 中村さんとは＿＿＿＿＿＿＿です。

(B) ＿＿＿＿＿＿＿と結婚したそうです。

(C) 前回の大会とさほど＿＿＿＿＿＿＿はありません。

(D) ＿＿＿＿＿＿＿では中村さんが＿＿＿＿＿＿＿そうです。

+단어 **決勝** 결승　**進出** 진출　**主力選手** 주력 선수　**顔触**れ 참가한 사람들, 멤버　**顔**なじみ 서로 잘 앎, 친지
幼なじみ 소꿉친구　**さほど** (부정어 수반) 그다지, 별로　**大差** 큰 차　**準決勝** 준결승　**活躍** 활약

14 芝生の上で＿＿＿＿＿＿＿人は誰ですか。

(A) 子どもも＿＿＿＿＿＿＿の中に＿＿＿＿＿＿＿いけませんよ。

(B) 小学生たちが＿＿＿＿＿＿＿の上で＿＿＿＿＿＿＿をしています。

(C) ＿＿＿＿＿＿＿の上で＿＿＿＿＿＿＿としているのは中田さんです。

(D) ほら、見て。＿＿＿＿＿＿＿の上で＿＿＿＿＿＿＿をしていると言ったろう。

+단어 **くつろぐ** 심신을 편안하게 하다, 마음이 느긋하다　**芝生** 잔디　**舞台** 무대　**芝居** 연극, 연기
のびのび 자유로운 모양, 느긋한 모양　**たき火** 모닥불

15 ねえ、＿＿＿＿＿では何を売っているんですか。

(A) ＿＿＿＿＿になると各地に盛大な＿＿＿＿＿ます。

(B) たぶん＿＿＿＿＿の品々を＿＿＿＿＿いるのだと思います。

(C) この＿＿＿＿＿の年の市は約200年の＿＿＿＿＿があって有名です。

(D) ＿＿＿＿＿を迎えたので、＿＿＿＿＿と＿＿＿＿＿のお守りを買いました。

＋단어 年の市 (としいち) (연말의) 대목장　年末 (ねんまつ) 연말　各地 (かくち) 각지　盛大 (せいだい) 성대함　品々 (しなじな) 여러 물건　地域 (ちいき) 지역　伝統 (でんとう) 전통　縁結び (えんむすび) 인연을 맺음　心願 (しんがん) 심원, 염원　成就 (じょうじゅ) 성취　お守り (まもり) 부적

1	C	お勧(すす)め	(A) 素人(しろうと)	(B) 狩人(かりうど)
			(C) プロ仕様(しよう)	(D) 玄人(くろうと)なみに
2	B	ぼられたの	(A) 掘(ほ)り出(だ)し物(もの)	(B) 足元(あしもと)
			(C) じゃらじゃら	(D) ボランティア
3	C	過(す)ごされた	(A) 資格(しかく), 取(と)った	(B) サマーフェスティバル
			(C) 宿題(しゅくだい), 羽目(はめ)にあいました	(D) 家族(かぞく)だんらん, 過(す)ごしている
4	B	持(も)てる	(A) 気(き)が張(は)ります	(B) 値(ね)が張(は)ります
			(C) 手(て)が届(とど)きませんでした	(D) 喧騒(けんそう), 老後(ろうご)
5	D	バーゲン, 手(て)ぶら	(A) ぶらぶらしてみたい	(B) 差(さ)し入(い)れ, 持参(じさん)して
			(C) お越(こ)しになる	(D) 行(い)くには, 帰(かえ)ってきました
6	A	耳掃除(みみそうじ)	(A) 耳掻(みみか)き　(B) 耳(みみ)あて	(C) 耳(みみ)の痛(いた)い (D) 耳鼻科(じびか)
7	C	夏(なつ)ばて	(A) 夏(なつ)ばて　(B) かき氷(ごおり)	(C) 丑(うし)の日(ひ)　(D) 土曜(どよう)
8	D	お出掛(でか)け, どちら	(A) 落(お)ち合(あ)い	(B) 入(い)れても痛(いた)くない
			(C) 迷子(まいご)	(D) ドライブ
9	A	知(し)り合(あ)った	(A) 駄目元(だめもと)　(B) 駄目(だめ)	(C) 駄目押(だめお)し　(D) 駄目出(だめだ)し
10	A	合(あ)いかぎ, 見(み)かけ	(A) そそっかしい	(B) 恩着(おんき)せがましい
			(C) こっぱずかしい	(D) 融通(ゆうずう)がきかない
11	C	里帰(さとがえ)り	(A) うっかり	(B) 里帰(さとがえ)り
			(C) 臨月(りんげつ), 実家(じっか)	(D) 余裕(よゆう), 準備(じゅんび)
12	A	弱音(よわね)を吐(は)いて, いきっこない		
			(A) 一(いち)か八(ばち)か	(B) まるかばつ
			(C) 罰(ばち)が当(あ)たる	(D) 働(はたら)き蜂(ばち)
13	C	決勝(けっしょう), 顔触(かおぶ)れ		
			(A) 顔(かお)なじみ	(B) 幼(おさな)なじみ
			(C) 大差(たいさ)	(D) 準決勝(じゅんけっしょう), 活躍(かつやく)した
14	C	くつろいでいる	(A) 芝生(しばふ), 入(はい)っては	(B) 舞台(ぶたい), 芝居(しばい)
			(C) 芝生(しばふ), のびのび	(D) 芝生(しばふ), たき火(び)
15	B	年(とし)の市(いち)	(A) 年末(ねんまつ), 年(とし)の市(いち)が立(た)ち (B) お正月用(しょうがつよう), 売(う)って	
			(C) 地域(ちいき), 伝統(でんとう)	(D) 新年(しんねん), 縁結(えんむす)び, 心願成就(しんがんじょうじゅ)

次の言葉の返事として、最も適したものを(A)から(D)の中で一つ選びなさい。

1 答えを答案用紙に書き入れなさい。   Ⓐ Ⓑ Ⓒ Ⓓ

2 答えを答案用紙に書き入れなさい。   Ⓐ Ⓑ Ⓒ Ⓓ

3 答えを答案用紙に書き入れなさい。   Ⓐ Ⓑ Ⓒ Ⓓ

4 答えを答案用紙に書き入れなさい。   Ⓐ Ⓑ Ⓒ Ⓓ

5 答えを答案用紙に書き入れなさい。   Ⓐ Ⓑ Ⓒ Ⓓ

6 答えを答案用紙に書き入れなさい。   Ⓐ Ⓑ Ⓒ Ⓓ

7 答えを答案用紙に書き入れなさい。   Ⓐ Ⓑ Ⓒ Ⓓ

8 答えを答案用紙に書き入れなさい。   Ⓐ Ⓑ Ⓒ Ⓓ

9 答えを答案用紙に書き入れなさい。   Ⓐ Ⓑ Ⓒ Ⓓ

10 答えを答案用紙に書き入れなさい。   Ⓐ Ⓑ Ⓒ Ⓓ

11 答えを答案用紙に書き入れなさい。   Ⓐ Ⓑ Ⓒ Ⓓ

12 答えを答案用紙に書き入れなさい。   Ⓐ Ⓑ Ⓒ Ⓓ

13 答えを答案用紙に書き入れなさい。   Ⓐ Ⓑ Ⓒ Ⓓ

14 答えを答案用紙に書き入れなさい。   Ⓐ Ⓑ Ⓒ Ⓓ

15 答えを答案用紙に書き入れなさい。   Ⓐ Ⓑ Ⓒ Ⓓ

유형 공략

1 의문사가 없는 짧은 문은 **일상적으로 정해진 관용적인 표현이나 맞장구** 등의 표현이 출제되므로, 자연스러운 대화를 많이 듣고 익혀야 해요. 유의어가 정답인 경우도 있으므로 유의어도 함께 알아 두세요. 또한 정답이 아니지만 발음이 같은 어휘가 반복되기도 하므로 함정에 빠지지 않도록 주의해야 해요.

2 의문사가 없기 때문에 **말하는 사람의 어조**를 잘 듣고 의뢰인지, 권유인지, 허가 요구인지 등을 파악하면 문제 풀이에 도움이 돼요.

3 의문사가 없는 짧은 문은 주로 쇼핑, 상품 평가, 기념일, 제3의 인물에 대한 이야기, 몸 상태 및 질병에 관한 이야기, 예약, 여행 등이 화제가 되므로 이와 관련된 회화 표현도 익혀 두세요.

예제 次の言葉の返事として、最も適したものを(A)から(D)の中で一つ選びなさい。

この コーナーは不思議_{ふしぎ}なにおいがしますね。
이 코너는 신기한 냄새가 나는군요.

(A) 人々_{ひとびと}が争_{あらそ}って取_とり合_あいになるほどです。
(A) 사람들이 다투어서 쟁탈전이 될 정도입니다.

(B) 丈夫_{じょうぶ}なことだけが取_とり柄_えでございます。
(B) 튼튼하다는 것만이 장점입니다.

(C) この香水_{こうすい}と取_とり替_かえていただけますか。
'냄새'와 관련된 어휘가 있다고 무조건 답이라고 생각하지 말 것!
(C) 이 향수와 바꿔 주시겠습니까?

(D) 世界中_{せかいじゅう}から取_とり寄_よせた香辛料_{こうしんりょう}があるんです。
(D) 전 세계로부터 주문해서 들여온 향신료가 있어서요.

+해설 의문사가 없는 짧은 문은 말하는 사람의 분위기나 어조를 잘 들어야 해요. ね는 상대의 동의를 구하거나, 자신이 알고 있는 것을 확인하거나 감탄의 뜻을 나타내는 데에 사용된다는 것을 알고 있다면 답을 쉽게 고를 수 있어요. '신기한 냄새가 난다'에 대한 응답으로 가장 적당한 것은 (D) 世界中から取り寄せた香辛料があるんです예요. 그 밖에 ~ていただく와 같은 표현도 함께 알아 두세요.

+단어 **コーナー** 코너 **不思議**_{ふしぎ} 신기함, 이상함 **におい** 냄새 **争う**_{あらそ} 다투다 **取り合い**_{とあ} 서로 다툼, 쟁탈(전) **取り柄**_{とえ} 좋은 점, 장점, 쓸모 **香水**_{こうすい} 향수 **取り替える**_{とか} 바꾸다, 교환하다 **世界中**_{せかいじゅう} 전 세계 **取り寄せる**_{とよ} 주문해서 들여오다 **香辛料**_{こうしんりょう} 향신료

꼭 외워야 할 필수 표현

의문사가 없는 경우 (015)

기본 인사

1　A　もう遅いので、そろそろおいとまさせていただきたいのですが……。
벌써 많이 늦었으니, 슬슬 돌아가려 합니다만…….

　　B　もうちょっといいじゃないですか。　좀 더 있어도 되지 않습니까?

2　A　これはつまらない物ですが、ご笑納ください。国の母が送ってきた物です。
이것 보잘것없는 물건입니다만, 부디 받아 주십시오. 고향의 어머니가 보내온 것입니다.

　　B　それはそれは。ではせっかくですので、いただきます。　이거 정말. 그럼 모처럼이니 받겠습니다.

허가, 금지, 의뢰, 부탁

3　A　お好みの焼き加減は？　좋아하시는 굽기 정도는?
　　B　ミディアムウェルでお願いします。　미디엄웰로 부탁합니다.

4　A　電話で修理の予約はできますか。　전화로 수리 예약을 할 수 있습니까?
　　B　はい。訪問のご希望日と時間帯をお申し付けください。　네, 방문 희망일과 시간대를 말씀해 주세요.

5　A　粗大ごみは木曜日に出してもいいですか。　대형 쓰레기는 목요일에 내도 됩니까?
　　B　いいえ、木曜日に出してはいけません。回収日は水曜日だけで、有料です。
아니요, 목요일에 내서는 안됩니다. 회수하는 날은 수요일만으로, 유료입니다.

물건, 상품

6　A　こちらは新製品ですが、ただいま大変お求めになりやすいです。
이것은 신제품입니다만, 지금 매우 싸게 구입할 수 있습니다.

　　B　税込みでこの値段なら、かなりお買得ですね。　세금 포함해서 이 가격이라면, 꽤 이익이네요.

7　A　私のケータイ、見かけなかった？　내 휴대 전화, 못 봤어?
　　B　君って忘れん坊なんだね。この前もカフェのソファに置きっ放しにしてきたこと

あったよね。　너는 정말 잘 잊어버리네. 이전에도 카페 소파에 두고 왔던 적이 있었지.

8 A 久しぶりに温泉にでも行ってぱあっとストレス発散でもしませんか。

오랜만에 온천이라도 가서 스트레스를 싹 풀지 않겠습니까?

B パソコンのしすぎで肩凝りもひどいし、マッサージも受けてみるか。

컴퓨터를 너무 많이 해서 어깨도 많이 뻐근하기도 하니, 마사지도 받아 볼까?

9 A お盆にはまたご家族と海外に行かれたんですか。 오본에는 또 가족과 해외로 가셨습니까?

B いろいろ悩んだ挙げ句、またハワイに。 여러 가지 고민한 끝에 결국은 또 하와이로.

몸 상태

10 A 朝礼の時、企画室の鈴木さんがまたふらっと倒れたんだって？

조례 때, 기획실의 스즈키 씨가 또 푹 하고 쓰러졌다고?

B はい、彼女は見掛けによらず、貧血ぎみですからね。

네, 그녀는 보기하고는 달리, 빈혈기가 있으니까요.

11 A 親知らずが昨夜から痛いわ、頬は腫れるわで、我慢の限界なんですが、
今日の午後、予約は可能ですか。

사랑니가 어젯밤부터 아프지, 볼은 부었지, 참는 것도 한계인데, 오늘 오후, 예약은 가능합니까?

B 腫れているようなら抜いたほうがいいですから、2時ごろいらしてください。

부은 것 같다면 빼는 편이 좋으니까, 2시쯤 오세요.

제 3의 인물, 전문, 추량

12 A 林さんって、思ったより気の小さい人だと思いませんか。

하야시 씨는, 생각보다 소심한 사람이라고 생각되지 않습니까?

B 彼とは小中の同級生だけど、子どものころのあだ名も「ノミの心臓」だったよ。

그하고는 초등학교, 중학교 동급생이지만, 어릴 때의 별명도 '밴댕이 소갈머리'였어.

13 A そろそろ結婚式の招待状が送られてくる頃かなと思っていたんですけど。

슬슬 결혼식 청첩장을 보내올 때인가 하고 생각하고 있었는데요.

B それが、ずっと二股をかけられていて、最終的に振られちゃったんです。

그게, 계속 양다리를 걸쳐 있었는데, 마지막엔 차였습니다.

14 A お宅のご主人も、今日も休日出勤させられてるんですか。

댁의 부군도, 오늘도 휴일 출근 하시는 것입니까?

B ええ、でも忙しいことはいいことだと思っています。

네, 하지만 바쁜 것은 좋은 일이라고 생각하고 있습니다.

15 A 取引先の田中部長、脱サラして、田舎で農業をするそうです。

거래처의 다나카 부장님이 회사를 그만두고, 시골에서 농사를 짓는다고 합니다.

B 今なら退職金もたんまり出るだろうし、いい選択をしたね。

지금이라면 퇴직금도 충분히 나올 테니까, 좋은 선택을 했군.

권유, 조언

16 A そんな弱気じゃ何してもうまくいきっこないですよ。楽天的に考えましょう。

그런 마음 약한 소리를 하면 뭘 해도 잘 될 리가 없어요. 낙천적으로 생각합시다.

B そうですね。ちょっと不安ですが、一か八かやってみます。

그렇군요. 좀 불안하지만, 되든 안 되든 해 보겠습니다.

17 A インフルエンザが猛威を振るう時期ですから、予防対策を講じましょう。

인플루엔자가 맹위를 떨치는 시기이니까, 예방 대책을 강구합시다.

B 予防接種したほうがいいですね。 예방 접종하는 편이 좋겠지요.

기념일, 날씨

18 A 私との初デート記念日を忘れて友だちとの飲み会に行くなんてひどいわ。

나와의 첫 데이트 기념일을 잊고, 친구와의 회식에 가다니 심해.

B 結婚記念日ならともかく、そんな日を覚えていられるかってんだ。

결혼기념일이라면 몰라도, 그런 날까지 기억할 수 없는 거야.

19 A この辺の地盤もかなり緩んでいますか。 이 부근의 지반도 꽤 약합니까?

B 雨が降れば、いつ土砂崩れが起きてもおかしくないです。避難勧告を出してください。

비가 내리면 언제 산사태가 일어나도 이상하지 않습니다. 피난 권고를 해 주세요.

20 A 今日も気持ちのいい秋晴れだね。ジョギングにはもってこいの日和だ。

오늘도 기분 좋게 맑게 갠 가을이구나. 조깅에는 안성맞춤인 날씨야.

B ここ数日、お天気続きで、お陰様で三日坊主になることは免れたよ。

요 며칠, 좋은 날씨가 계속이니, 그 덕택에 작심삼일이 되는 것은 피했어.

잘 듣고 빈칸을 채운 후, (A) ～ (D) 중 질문에 맞는 대답을 고르세요.

1　本日はお＿＿＿＿＿＿もよく、誠におめでとうございます。

(A) ＿＿＿＿＿＿のほど、よろしくお願い申し上げます。

(B) ＿＿＿＿＿＿にもかかわらずありがとうございます。

(C) ＿＿＿＿＿＿なさらずに、足をお伸ばしください。

(D) ＿＿＿＿＿＿な点がございましたら、ご勘弁ください。

＋단어　**日柄**（ひがら） 그 날의 길흉, 일진　**容赦**（ようしゃ） 용서, 형편을 참작함, 사정을 보아 줌　**多忙**（たぼう） 다망, 대단히 바쁨

～にもかかわらず ～에도 불구하고　**遠慮**（えんりょ） 거리낌, 사양　**足を伸ばす**（あし の ） 편안한 자세로 휴식하다, 발길을 뻗치다

不行き届き（ふゆ とど） 주의가 고루 미치지 못함, 부주의, 소홀함　**勘弁**（かんべん） 용서, 관용

2　後は他の人に＿＿＿＿＿＿、今日はもう帰ってもよろしい。

(A) そんな＿＿＿＿＿＿ことは許しません。

(B) そのような＿＿＿＿＿＿考えでどうする。

(C) さすがに酸いも甘いも＿＿＿＿＿＿いる。

(D) お言葉に＿＿＿＿＿＿そうさせていただきます。

＋단어　**任せる**（まか） 맡기다　**甘ったれる**（あま） 몹시 어리광을 부리다　**許す**（ゆる） 허락하다, 용서하다

甘ったるい（あま） 칠칠치 못하다, 흐리멍덩하다　**さすがに** 역시, 과연　**酸いも甘いも噛み分ける**（す あま か わ） 쓴맛 단맛 다 알다

言葉に甘える（ことば あま） 상대의 호의를 받아들이다

3　目の下の＿＿＿＿＿＿が恥ずかしくて＿＿＿＿＿＿もままならないわ。

(A) ＿＿＿＿＿＿になると、目の下が黒くなりますよね。

(B) 恥ずかしさを＿＿＿＿＿＿勇気を持っている人になりたい。

(C) ひどい＿＿＿＿＿＿だけど、サングラスでごまかせるよ。

(D) ＿＿＿＿＿＿とした瞳に見えるよう、＿＿＿＿＿＿メイクをしたんです。

＋단어　**痣**（あざ） 멍　**外出**（がいしゅつ） 외출　**ままならない** 뜻대로 되지 않다　**寝不足**（ね ぶ そく） 수면 부족　**克服**（こくふく） 극복　**勇気**（ゆうき） 용기

内出血（ないしゅっけつ） 내출혈　**ごまかす** 속이다, 감추다　**うるうる** 눈물이 넘칠 듯한 모양, 글썽글썽　**瞳**（ひとみ） 눈동자

涙袋（なみだぶくろ） 눈 밑의 두툼한 애교 살　**メイク** 메이크업, 화장

4 来週は_____なのに、新しい事業のことで頭がいっぱいですっかり忘れていた。

(A) 大急ぎで_____の下ごしらえを始めなければいけないね。

(B) 無理して分割払いで買った_____なんだから_____くれよ。

(C) じゃあ、桃の_____及び_____をいつからするのか検討しようか。

(D) どうせそんなことだろうと思って、_____の_____を買ってきたよ。

+단어 桃の節句(もも せっく) 3월 3일의 명절, 인형을 장식하여 여자 아이들의 성장을 기원하는 행사(=ひな祭(まつ)り) 事業(じぎょう) 사업
すっかり 완전히 大急ぎ(おおいそ)ぎ 아주 급함, 급히 서두름 お節料理(せちりょうり) 설날 음식 下(した)ごしらえ 사전 준비, 밑 손질
分割払(ぶんかつばら)い 할부 雛人形(ひなにんぎょう) 히나 인형(3월 3일 히나마쓰리를 위해 장식하는 인형) 桃(もも) 복숭아 収穫(しゅうかく) 수확
及(およ)び 및 販売(はんばい) 판매 検討(けんとう) 검토 どうせ 어차피 節分(せつぶん) 세쓰분 豆(まめ) 콩

5 このクリーム、_____にすごい効果を発揮するらしいですよ。

(A) _____しやすいですが、これを使用すれば_____ですよ。

(B) 踵が_____人は、_____を擦らないように歩くべきだね。

(C) 赤のスカーフより_____のほうが_____がいいです。

(D) 私も_____けど、踵がしっとりして、_____なくなるんだよ。

+단어 乾燥肌(かんそうはだ) 건성 피부 効果(こうか) 효과 発揮(はっき) 발휘 湯冷(ゆざ)め 목욕 후 한기를 느낌 百人力(ひゃくにんりき) 일당백, 아주 마음이 든든함
踵(かかと) 발꿈치, 신발 뒤축 擦(す)り減(へ)る 닳아서 줄어들다, 닳다 靴底(くつぞこ) 구두창 擦(す)る 비비다, 바르다 クリーム色(いろ) 크림색
顔映(かおうつ)り 얼굴 느낌(입고 있는 옷이나 화장의 느낌이 반영된 얼굴의 느낌) 試(ため)す 시험하다, 실제로 해 보다
しっとり 촉촉히 手放(てばな)す 손을 놓다, 중단하다

6 時間に_____があるなら、飛行機よりフェリーのほうが_____で
いいでしょうか。

(A) お金に_____があるなら、_____な船旅もいいものです。

(B) _____の恐れがあるので、断然_____のほうがいいです。

(C) 運がいいと鯨を生で_____こともできて、お_____です。

(D) _____の鯨の_____を口にすることができてラッキーでした。

+단어 余裕(よゆう) 여유 フェリー 페리 経済的(けいざいてき) 경제적 悠々自適(ゆうゆうじてき) 유유자적 船旅(ふなたび) 배 여행 船酔(ふなよ)い 뱃멀미 恐(おそ)れ 우려
断然(だんぜん) 단연 運(うん) 운 鯨(くじら) 고래 生(なま)で 생으로 目(め)にする 보다 お勧(すす)め 권유, 추천 珍味(ちんみ) 진미 生肉(なまにく) 생고기
口(くち)にする 먹다, 말하다 ラッキー 럭키, 행운

7 薬に頼ってばかりいたら、＿＿＿＿＿＿が弱まるばかりですよ。

(A) 息子は幼少時代から＿＿＿＿＿＿で、兵役免除となりました。

(B) これからは＿＿＿＿＿＿でも飲もうかと思っているところです。

(C) 女性に＿＿＿＿＿＿がないので、頼られると＿＿＿＿＿＿しまいます。

(D) 今回の＿＿＿＿＿＿は彼の人生においていい＿＿＿＿＿＿と思います。

> **+단어** **頼る** 의지하다 **免疫力** 면역력 **弱まる** 약해지다 **幼少時代** 유년 시절 **虚弱** 허약 **体質** 체질
> **兵役免除** 병역 면제 **漢方薬** 한방약 **弱る** 약해지다, 쇠약해지다 **失敗** 실패 **薬になる** 약이 되다

8 銀行の＿＿＿＿＿＿が短くて不便に思ったことはありませんか。

(A) 時間を延長しても、それに＿＿＿＿＿＿取引がないから＿＿＿＿＿＿です。

(B) ＿＿＿＿＿＿が短い分、当店のおすすめメニューを＿＿＿＿＿＿します。

(C) 海外の＿＿＿＿＿＿は日本に比べて安いから、原価が＿＿＿＿＿＿。

(D) ＿＿＿＿＿＿に関してですが、＿＿＿＿＿＿の承認は得られませんでした。

> **+단어** **営業時間** 영업 시간 **延長** 연장 **見合う** 걸맞다, 어울리다 **取引** 거래 **人件費** 인건비 **原価** 원가
> **押さえる** 억제하다, 누르다 **本校** 본교 **理事会** 이사회 **承認** 승인 **得る** 얻다

9 本日より待望の＿＿＿＿＿＿の店頭予約がスタートとなりました。

(A) ＿＿＿＿＿＿の順番待ちの列の＿＿＿＿＿＿はここですか。

(B) あまりにも＿＿＿＿＿＿ので、私は待ち＿＿＿＿＿＿ました。

(C) ＿＿＿＿＿＿ブームでカブトムシやテントウムシは＿＿＿＿＿＿です。

(D) 予約すると、＿＿＿＿＿＿商品が＿＿＿＿＿＿で当たるって本当ですか。

> **+단어** **待望** 대망 **新製品** 신제품 **店頭** 가게 앞 **ジェットコースター** 제트 코스터 **順番待ち** 순서를 기다림
> **列** 열, 줄 **最後尾** 기다리는 줄의 맨 끝 **もったいぶる** 점잖은 체하다, 거드름 피우다
> **待ちくたびれる** 기다리다 지치다 **昆虫** 곤충 **ブーム** 붐, 유행 **カブトムシ** 투구벌레
> **テントウムシ** 무당벌레 **品薄** 품귀, 수요에 비해 상품이 달림 **豪華** 호화 **抽選** 추첨 **当たる** 당첨되다, 뽑히다

10 今日はさわやかな_____よ。_____にはもってこいだわ。

(A) _____ことを……。こういう日は紅葉狩りだよ。

(B) 晴れようが晴れまいが、_____行くので関係ない。

(C) こうして秋の星空を_____のはかれこれ10年ぶりだな。

(D) 秋とはいえ、これでは_____から、もう一枚持ってこい。

+단어 **さわやか** 기분이 개운함, 상쾌함　**秋晴れ** 맑게 갠 가을 날씨　**布団** 이불　**干す** 말리다　**もってこい** 안성맞춤
所帯染みる 살림 때가 묻다, 살림꾼 티가 나다　**紅葉狩り** 단풍놀이　**～ようが～まいが** ～하든 ～말든
どのみち 어차피, 결국　**星空** 별이 빛나는 밤하늘　**見上げる** 올려보다　**かれこれ** 대강, 이러니저러니
～とはいえ ～라고는 하나　**心もとない** 어쩐지 불안하다, 미덥지 않다

11 またのご来店を_____、心より_____しております。

(A) _____のは、何年ぶりでしょうか。

(B) 今度は家族と一緒に_____もらいますよ。

(C) _____に秀でている人が_____です。

(D) _____の時間が迫ったら_____行ってください。

+단어 **スタッフ** 스태프　**一同** 일동, 전원　**一堂に会する** 한자리에 모이다　**寄る** 들르다　**一道** 한 길, 한 가지 방면
秀でる 빼어나다, 탁월하다　**～限りだ** 너무 ～하다, ～하기 그지없다　**閉店** 폐점　**迫る** 다가오다, 육박하다

12 うちの息子は去年、_____に転倒し_____したんですよ。

(A) テントを張る作業はかなり_____ものですよ。

(B) 昨年は過去にない降雪量で_____しましたね。

(C) _____とはいえ、気を抜いてはいけませんね。

(D) どこの_____かも分からないような奴は駄目だ。

+단어 **除雪** 제설　**作業中** 작업 중　**転倒** 넘어짐　**骨折** 골절　**テントを張る** 텐트를 치다　**骨を折る** 고생하다
過去 과거　**降雪量** 강설량　**四苦八苦** 몹시 고생함　**雪合戦** 눈싸움　**気を抜く** 긴장을 늦추다
馬の骨 내력을 알 수 없는 사람　**奴** 녀석

13 _____のためとはいえ、子どもを_____に叱らないほうがいいですよ。

(A) _____ということもありますので。

(B) _____の小遣いしかやっていません。

(C) _____まで踊りを_____って言いますよ。

(D) _____子に_____ということわざもあります。

> **＋단어** **躾**(しつけ) 예의범절을 가르침 **むやみに** 함부로 **叱る**(しか) 혼내다 **雀の踊り足**(すずめ おど あし) 글씨를 잘 못 쓰는 것을 비유함, 괴발개발
> **雀の涙**(すずめ なみだ) 참새의 눈물, 새 발의 피 **小遣い**(こづか) 용돈 **雀百まで踊り忘れず**(すずめひゃく おど わす) 참새는 백 살이 되도록 춤추는 것을 잊지
> 않는다, 세 살 적 버릇이 여든 간다 **老いては子に従え**(お こ したが) 늙어서는 자식을 따르라 **ことわざ** 속담

14 かんかん_____の中、帽子も_____子どもを外で_____大丈夫？

(A) 子どもはすぐ_____になるので、外出禁止です。

(B) 年に_____あるかないかのことなので、_____ました。

(C) うちの子に_____そんな_____を働くことはありません。

(D) _____水分を_____させているのでご心配には及びません。

> **＋단어** **かんかん照り**(で) 햇빛이 쨍쨍 내리쬐는 날씨 **脱水症状**(だっすいしょうじょう) 탈수 증상 **目をつぶる**(め) 눈감아 주다. 못 본 체하다
> **〜に限って**(かぎ) 〜에 한해서, 〜만은 **悪事を働く**(あくじ はたら) 나쁜 짓을 하다 **こまめ** 성실하고 바지런히 일하는 모양
> **水分**(すいぶん) 수분 **補給**(ほきゅう) 보급 **〜に及ばない**(およ) 〜할 필요가 없다

15 この夏、インドの_____の住む_____に一人で行ってきます。

(A) インドに行ったら是非、本場のカレーに_____。

(B) 友だちを_____、真っ先に_____とは、なんと卑怯な。

(C) 悲境を_____始まらないので、_____に生きなさい。

(D) _____な行動は慎み、危険を_____したら引き返してくださいね。

> **＋단어** **インド** 인도 **少数民族**(しょうすうみんぞく) 소수 민족 **秘境**(ひきょう) 비경, 남이 모르는 곳, 신비스러운 곳 **是非**(ぜひ) 제발, 꼭 **本場**(ほんば) 본고장
> **舌鼓を打つ**(したつづみ う) 입맛을 다시다 **逃げ出す**(に だ) 도망치다, 달아나다 **卑怯**(ひきょう) 비겁함 **悲境**(ひきょう) 불행한 처지
> **嘆く**(なげ) 한탄하다, 슬퍼하다 **前向き**(まえむ) 적극적 **無茶**(むちゃ) 도리에 어긋남, 터무니없음 **慎む**(つつし) 조심하다, 삼가다 **危険**(きけん) 위험
> **察知**(さっち) 살펴서 앎, 헤아림 **引き返す**(ひ かえ) 되돌아가다, 되풀이하다

1	B	日柄(ひがら)	(A) ご容赦(ようしゃ)	(B) ご多忙中(たぼうちゅう)
			(C) ご遠慮(えんりょ)	(D) 不行(ふゆ)き届(とど)き
2	D	任(まか)せて	(A) 甘(あま)ったれた	(B) 甘(あま)ったるい
			(C) 噛(か)み分(わ)けて	(D) 甘(あま)えて
3	C	痣(あざ), 外出(がいしゅつ)	(A) 寝不足(ねぶそく)	(B) 克服(こくふく)する
			(C) 内出血(ないしゅっけつ)	(D) うるうる, 涙袋(なみだぶくろ)
4	B	桃(もも)の節句(せっく)	(A) お節料理(せちりょうり)	(B) 雛人形(ひなにんぎょう), 飾(かざ)って
			(C) 収穫(しゅうかく), 販売(はんばい)	(D) 節分用(せつぶんよう), 豆(まめ)
5	D	乾燥肌(かんそうはだ)	(A) 湯冷(ゆざ)め, 百人力(ひゃくにんりき)	(B) 擦(す)り減(へ)る, 靴底(くつぞこ)
			(C) クリーム色(いろ), 顔映(かおうつ)り	(D) 試(ため)した, 手放(てばな)せ
6	C	余裕(よゆう), 経済的(けいざいてき)	(A) 余裕(よゆう), 悠々自適(ゆうゆうじてき)	(B) 船酔(ふなよ)い, フェリー
			(C) 目(め)にする, 勧(すす)め	(D) 珍味(ちんみ), 生肉(なまにく)
7	B	免疫力(めんえきりょく)	(A) 虚弱体質(きょじゃくたいしつ)	(B) 漢方薬(かんぽうやく)
			(C) 免疫(めんえき), 弱(よわ)って	(D) 失敗(しっぱい), 薬(くすり)になる
8	A	営業時間(えいぎょうじかん)	(A) 見合(みあ)う, 仕方(しかた)ない	(B) 営業時間(えいぎょうじかん), サービス
			(C) 人件費(じんけんひ), 押(お)さえられます	(D) 延長(えんちょう), 本校理事会(ほんこうりじかい)
9	D	新製品(しんせいひん)	(A) ジェットコースター, 最後尾(さいこうび)	(B) もったいぶる, くたびれ
			(C) 昆虫(こんちゅう), 品薄(しなうす)	(D) 豪華(ごうか), 抽選(ちゅうせん)
10	A	秋晴(あきば)れ, 布団干(ふとんほ)し	(A) 所帯染(しょたいじ)みた	(B) どのみち
			(C) 見上(みあ)げる	(D) 心(こころ)もとない
11	B	スタッフ一同(いちどう), お待(ま)ち	(A) 一堂(いちどう)に会(かい)した	(B) 寄(よ)らせて
			(C) 一道(いちどう), うらやましい限(かぎ)り	(D) 閉店(へいてん), 待(ま)たずに
12	B	除雪作業中(じょせつさぎょうちゅう), 骨折(こっせつ)	(A) 骨(ほね)を折(お)る	(B) 四苦八苦(しくはっく)
			(C) 雪合戦(ゆきがっせん)	(D) 馬(うま)の骨(ほね)
13	C	躾(しつけ), むやみ	(A) 雀(すずめ)の踊(おど)り足(あし)	(B) 雀(すずめ)の涙(なみだ)ほど
			(C) 雀百(すずめひゃく), 忘(わす)れず	(D) 老(お)いては, 従(したが)え
14	D	照(で)り, 被(かぶ)せないで, 遊(あそ)ばせて	(A) 脱水症状(だっすいしょうじょう)	(B) 一度(いちど), 目(め)をつぶり
			(C) 限(かぎ)って, 悪事(あくじ)	(D) こまめに, 補給(ほきゅう)
15	D	少数民族(しょうすうみんぞく), 秘境(ひきょう)	(A) 舌鼓(したつづみ)を打(う)ちたい	(B) 残(のこ)して, 逃(に)げ出(だ)す
			(C) 嘆(なげ)いても, 前向(まえむ)き	(D) 無茶(むちゃ), 察知(さっち)

次の言葉の返事として、最も適したものを(A)から(D)の中で一つ選びなさい。

1 答えを答案用紙に書き入れなさい。 Ⓐ Ⓑ Ⓒ Ⓓ

2 答えを答案用紙に書き入れなさい。 Ⓐ Ⓑ Ⓒ Ⓓ

3 答えを答案用紙に書き入れなさい。 Ⓐ Ⓑ Ⓒ Ⓓ

4 答えを答案用紙に書き入れなさい。 Ⓐ Ⓑ Ⓒ Ⓓ

5 答えを答案用紙に書き入れなさい。 Ⓐ Ⓑ Ⓒ Ⓓ

6 答えを答案用紙に書き入れなさい。 Ⓐ Ⓑ Ⓒ Ⓓ

7 答えを答案用紙に書き入れなさい。 Ⓐ Ⓑ Ⓒ Ⓓ

8 答えを答案用紙に書き入れなさい。 Ⓐ Ⓑ Ⓒ Ⓓ

9 答えを答案用紙に書き入れなさい。 Ⓐ Ⓑ Ⓒ Ⓓ

10 答えを答案用紙に書き入れなさい。 Ⓐ Ⓑ Ⓒ Ⓓ

11 答えを答案用紙に書き入れなさい。 Ⓐ Ⓑ Ⓒ Ⓓ

12 答えを答案用紙に書き入れなさい。 Ⓐ Ⓑ Ⓒ Ⓓ

13 答えを答案用紙に書き入れなさい。 Ⓐ Ⓑ Ⓒ Ⓓ

14 答えを答案用紙に書き入れなさい。 Ⓐ Ⓑ Ⓒ Ⓓ

15 答えを答案用紙に書き入れなさい。 Ⓐ Ⓑ Ⓒ Ⓓ

③ 시사, 비즈니스

유형 공략

1 사업상으로 처음 만난 사람과 나누는 **인사 표현** 및 비즈니스 관련 상황에 사용하는 **관용적인 표현**을 익혀 두면 좋아요.

2 일의 진행 과정 및 **거래처와의 교섭 진행** 등에 사용되는 어휘를 알아 두세요.

3 또한 사무실에서 자주 일어나는 상황인 **전화, 잔업, 회의 출장, 면접** 등에서 사용되는 표현을 익혀 두는 것이 좋아요.

4 **사회 전반에 걸친 시사 문제**도 출제되므로 새로운 개념에도 빨리 적응할 수 있어야 해요.

5 비즈니스 상황에서 주로 사용되는 상하 및 내외 관계에 따른 **존경 및 겸양 표현**도 반드시 익혀 두세요.

예제 次の言葉の返事として、最も適したものを(A)から(D)の中で一つ選びなさい。

常務、会長から内線が入っておりますが、
いかがいたしましょうか。

> 전화가 온 상황이므로, 전화를 바꿔 달라고 하거나, 나중에 다시 건다고 하거나 외근 등으로 자리에 없다고 하는 등의 응답을 생각해 볼 수 있어요.

상무님, 회장님으로부터 내선이 들어와 있습니다만, 어떻게 할까요?

(A) 電話を回してくれ。

(A) 전화를 돌려 줘.

(B) 復唱していただけませんか。
　　복창

(B) 복창해 주시지 않겠습니까?

(C) 二人分お茶をいれてくれないかな。

> 손님이 직접 찾아왔을 때 쓸 수 있는 표현이에요.

(C) 차 2인분을 준비해 주지 않겠나?

(D) 仰ることはごもっともでございます。

(D) 말씀하신 것은 지당하십니다.

+해설 보기는 비즈니스상의 전화에서 흔히 다루어질 수 있는 문제로, 정형화된 문구를 알고 있다면 쉽게 풀 수 있어요. 이런 상황에서는 전화를 받거나 거절하는 대답을 기대할 수 있는데, 여기서는 상대의 전화에 응하고 있는 (A) 電話を回してくれ가 답이에요. 전화를 피하는 표현인 外出していると言ってくれ(외출했다고 말해 줘)와 같은 문장이 있다면 그것도 답이 될 수 있어요.

+단어 **常務** 상무　**会長** 회장　**内線** 내선　**復唱** 복창　**お茶をいれる** 차를 타다　**仰る** 말씀하시다

もっとも 지당함, 당연함

시사, 비즈니스 🎧019

일의 교섭, 경기 현황

1 A 直営店方式に関しては、もう一度社内で煮詰めてみたいと思います。

직영점 방식에 관해서는, 다시 한번 사내에서 충분히 검토해 보고 싶습니다.

B 左様でございますか。では、ご連絡をお待ちしております。

그러십니까? 그러면 연락을 기다리고 있겠습니다.

2 A 元請けが労賃の安い海外へ発注してしまい、仕事が極端に減って四苦八苦しています。

원청 업자가 노동 임금이 싼 해외로 발주해 버려서, 일이 상당히 줄어 고생하고 있습니다.

B コストダウンの要求も厳しくて、中小企業はどこも悲鳴を上げています。

비용 삭감의 요구도 심해서, 중소기업은 어디나 비명을 지르고 있습니다.

3 A 急成長を続けてきたコンビニ業界にも陰りが見え始めました。

급성장을 계속해 온 편의점 업계에도 그늘이 보이기 시작했습니다.

B 消費者がレジャーや通信費にお金を使い、物を買わなくなったのが要因ですね。

소비자가 레저나 통신비에 돈을 사용하고, 물건을 사지 않게 된 것이 요인이지요.

4 A こちらは私どもが胸を張ってお勧めできる商品でございます。

이것은 저희들이 자신만만하게 권할 수 있는 상품입니다.

B 販売促進面から見ると、もう少し消費者にアピールできる部分があるといいんですが。

판매 촉진 면에서 보면, 좀 더 소비자에게 어필할 수 있는 부분이 있으면 좋겠는데요.

5 A ライバル社の今期の売上高はマイナスらしいです。　라이벌사의 이번 분기 매상은 마이너스라고 합니다.

B 言っただろう。あんな会社、恐れるに足りないって。　말했잖아. 그 회사, 겁낼 필요가 없다고.

6 A あそこの社長はなかなか手ごわいぞ。一筋縄ではいかない相手だぞ。

저기 사장님은 꽤 만만치 않아. 보통 방법으로는 다룰 수 없는 상대야.

B では田中君を行かせましょう。彼は腹が座っていますからうまくやってくれるはずです。

그럼, 다나카 군을 보냅시다. 그는 배짱이 두둑하니까 잘 해 줄 것입니다.

7 A なんなんだ、この間違いだらけの書類は。　뭐야, 이 실수투성이의 서류는.

B すみません。連日の熱帯夜で頭がぼーっとしていまして……。

죄송합니다. 연일 열대야로 머리가 멍해서요…….

의뢰, 부탁, 계약

8 A この書類はクライアントに送付するものなんだが、悪いけど君にチェックを頼むよ。
이 서류는 클라이언트에게 송부할 것인데, 미안하지만 자네에게 체크를 부탁하지.

B かしこまりました。誤字脱字の有無を確認すればよろしいのですね。
알겠습니다. 오탈자의 유무를 확인하면 되는 것이지요?

9 A どうだい、これから景気付けにぱあっと一杯。 어때? 지금부터 기분을 돋우기 위해 쭉 한잔 들이켜자고.

B いいですね。喜んでお供いたします。 좋습니다. 기꺼이 함께하지요.

10 A 各自、客が殺到するような企画を考えろ。 각자, 손님이 쇄도할 수 있는 기획을 생각해.

B やはりここは目玉商品を投入するしかないと思います。
역시 여기는 특매품을 투입할 수밖에 없다고 생각합니다.

11 A 経理部に急な欠員が出たので、早急に5名、経理事務経験者の派遣をお願いいたします。
경리부에 급한 결원이 생겨, 급히 5명, 경리 사무 경험자의 파견을 부탁합니다.

B 承知しました。資格や年齢など条件はございますか。
알겠습니다. 자격이나, 나이 등 조건은 있습니까?

12 A 今年の新年会での女子社員への社交ダンスの強要は禁止と部長に仰っていただけましたか。
올해의 신년회에서는 여자 사원에게 사교댄스의 강요는 금지라고 부장님에게 말씀하셨습니까?

B はい、一種のセクハラですから会社としても黙っていられません。
네, 일종의 성희롱이니까 회사로서도 잠자코 있을 수 없습니다.

시사 표현, 기타

13 A この問題の解決には何が重要でしょうか。 이 문제의 해결에는 무엇이 중요할까요?

B 政党の対応もさることながら、有権者の毅然とした態度も重要です。
정당의 대응도 말할 것도 없는 일이지만, 유권자의 의연한 태도도 중요합니다.

14 A 労働法に関しては、彼女が一番熟知しています。 노동법에 관해서는, 그녀가 제일 숙지하고 있습니다.

B そうか、彼女の右に出る者はいないのか。 그래? 그녀를 능가할 사람은 없는 것인가?

15 A 最近の若者はちょっときつい仕事をさせるとすぐ音を上げるので困る。
요즘 젊은이는 좀 힘든 일을 시키면 바로 약한 소리를 하니까 곤란해.

B 小さいときから甘やかされて育ちましたからね。 어릴 때부터 응석받이로 자랐으니까요.

16 **A** 所得控除を受けるには年収をいくらに抑えるべきなのか、確認しないと。

소득 공제를 받기 위해서는 연봉을 얼마로 최소화해야 하는 것인지, 확인하지 않으면 안 돼.

B 虚偽の申告をしたら酷い目に遭うから、申告は正しくしてね。

허위 신고를 하면 크게 당하니까, 신고는 정확하게 해.

17 **A** この世界的な不況ではどの店の業績も頭打ちの状態です。

이 세계적인 불황에서는 어느 가게라도 실적이 한계에 이른 상태입니다.

B 去年から悪化の一途ではないか。何か手を打たなくては。

작년부터 악화 일도이지 않은가. 뭔가 손을 쓰지 않으면.

18 **A** 消費税が増税されたら、ますます消費者の買い控えは進むだろう。

소비세가 증세되면, 더욱더 소비자가 물건을 사지 않게 될 텐데.

B はい、ここは苦しくても更なる値下げに踏み切るしかないかと。

네, 지금은 괴로워도 한층 더 요금 인하를 단행할 수밖에 없다고 (생각합니다).

19 **A** はい、アフターサービスのサポート窓口でございます。　네, 애프터 서비스 서포트 창구입니다.

B 水に濡れたケータイの修理もお願いできるんでしょうか。

물에 젖은 휴대 전화 수리도 부탁할 수 있습니까?

잘 듣고 빈칸을 채운 후, (A) ~ (D) 중 질문에 맞는 대답을 고르세요.

1 何日ごろ予算は議決される＿＿＿＿＿＿ですか。

(A) 数日は＿＿＿＿＿＿が続くだろうが、＿＿＿＿＿＿には決まるだろう。

(B) ＿＿＿＿＿＿、議員たちと＿＿＿＿＿＿を飛ばして議論してきました。

(C) みんなが＿＿＿＿＿＿での議決を＿＿＿＿＿＿にしているんですよ。

(D) ここは＿＿＿＿＿＿がいいので明日、＿＿＿＿＿＿を目にすることができる。

> **+단어** **議決** ぎけつ 의결　**見通し** みとおし 전망, 예상　**数日** すうじつ 수일, 며칠　**与野党** よやとう 여야당　**攻防** こうぼう 공방　**週明け** しゅうあけ 새로운 한 주가 시작됨
> **日がな一日** ひがないちにち 온종일, 하루 종일　**議員** ぎいん 의원　**口角泡を飛ばす** こうかくあわをとばす 입에 거품을 튀기다　**議論** ぎろん 의논, 논의
> **満場一致** まんじょういっち 만장일치　**心待ち** こころまち 마음속으로 기다림　**議事堂** ぎじどう 의사당　**目にする** めにする (실제로) 보다

2 いくら＿＿＿＿＿＿私立大付属幼稚園に子どもを入れられますか。

(A) そんなふうに＿＿＿＿＿＿に動かされたら困ります。

(B) ＿＿＿＿＿＿の服ならなんとか入ります。

(C) そんな＿＿＿＿＿＿な気持ちでよく入りましたね。

(D) そんな＿＿＿＿＿＿なことを考える＿＿＿＿＿＿ですよ。

> **+단어** **積む** つむ 쌓다, 저축하다　**私立大** しりつだい 사립 대학　**付属** ふぞく 부속　**幼稚園** ようちえん 유치원　**縦横無尽** じゅうおうむじん 종횡무진
> **たてじま** 세로 줄무늬　**よこしま** 옳지 않음　**～べし** 마땅히 ~해야 한다, ~해라
> **～べきではない** ~해서는 안 된다

3 頭を抱えていないで、さっき電話で誰に＿＿＿＿＿＿のか話してみなよ。

(A) 会社の部下。＿＿＿＿＿＿に言ってやったよ。

(B) 会社がオーナーの球団。＿＿＿＿＿＿した経験を生かせたよ。

(C) 会社の上司。知ったかぶりして＿＿＿＿＿＿ちゃったんだ。

(D) 会社の社長。うちの会社が＿＿＿＿＿＿したんだ。

> **+단어** **頭を抱える** あたまをかかえる 고민하다　**部下** ぶか 부하　**ぼろくそ** 시시하고 쓸모없음, 형편없이 당하는 모양　**オーナー** 오너, 사장
> **球団** きゅうだん 구단　**ぼろ負け** ぼろまけ 형편없이 짐, 참패　**上司** じょうし 상사　**知ったかぶり** 아는 체함　**ぼろを出す** ぼろをだす 결점을 드러내다
> **ぼろ儲け** ぼろもうけ (밑천이나 노력에 비하여) 많은 이익을 봄

4 これ以上、猪に畑を_____ために何をすべきか教えてください。

(A) 猪武者は_____な行動をとるので、恐れるに足りません。

(B) とりあえず、うまい話には_____ので気をつけることです。

(C) みんなで_____し、この辺りの山に_____ことにしましょう。

(D) 畑が_____ときには、とにかく草取りをし、_____を充分にやって

くださ い。

+단어 猪 멧돼지　畑 밭　荒す 황폐하게 하다, 어지럽게 하다, 망치다　猪武者 앞뒤 보지 않고 돌진하는 무사
向こう見ず 앞뒤 생각없이 무턱대고 함, 무모함　行動をとる 행동을 하다　罠 덫, 함정　協力 협력
仕掛ける 설치하다, 공세를 취하다　荒れる 사나워지다, 황폐해지다　とにかく 우선, 먼저　草取り 제초
肥料 비료

5 資材課に急な_____があり、在庫管理経験者の_____を
お願いいたします。

(A) 了承いたしました。_____など条件はございますか。

(B) 承知いたしました。_____など条件はございますか。

(C) 了解いたしました。_____など条件はございますか。

(D) かしこまりました。_____など条件はございますか。

+단어 資材課 자재과　欠員 결원　経験者 경험자　派遣 파견　了承 승낙, 납득, 양해　年収 연간 수입
条件 조건　承知 알고 있음, 승낙　資格 자격　了解 의미, 이유 등을 잘 이해함　趣味 취미　出身地 출신지

6 _____の好調な商品もないわけではありませんが、

全般的にボーナス_____がさえません。

(A) _____の物のみ買う客が大半ですね。

(B) 雨で_____がくじかれる恐れがあります。

(C) お客は_____をつけてすぐに帰りました。

(D) 他の野菜に比べて茄子だけが_____です。

+단어 出足 상품이 팔리는 속도, 사람이 드나드는 정도, 손님의 발걸음　好調 호조　全般的 전반적
ボーナス商戦 (보너스 지급 시기에 맞춘) 판매 경쟁　さえない 신통치 않다, 언짢다　目当て 노리는 것, 표적
大半 태반, 과반, 대부분　出足がくじかれる 발길이 뜸해지다　目印 표시, 눈도장, 목표물　茄子 가지
不評 평판이 좋지 않음, 평이 나쁨

7 外国人労働者の＿＿＿＿＿＿の件ですが、＿＿＿＿＿＿いただけないでしょうか。

(A) ＿＿＿＿＿＿の可能性は＿＿＿＿＿＿ません。

(B) ＿＿＿＿＿＿の＿＿＿＿＿＿はございません。

(C) ＿＿＿＿＿＿ところ＿＿＿＿＿＿いただきます。

(D) ＿＿＿＿＿＿な＿＿＿＿＿＿をいただきました。

＋단어 **労働者** 노동자 **雇用** 고용 **撤回** 철회 **再発** 재발 **可能性** 가능성 **否めない** 거절할 수 없다, 부인할 수 없다
再考 재고 **余地** 여지 **余す** 남기다, 남겨 두다 **余すところなく** 남김없이, 모조리 **否定的** 부정적 **評価** 평가

8 英語が＿＿＿＿＿＿な君が、来週の社長のニューヨーク出張に通訳として
＿＿＿＿＿＿くれたまえ。

(A) 大役を＿＿＿＿＿＿光栄ですが、＿＿＿＿＿＿荷が重すぎます。

(B) 英語ではなく口が＿＿＿＿＿＿で、なんの＿＿＿＿＿＿ませんでした。

(C) 社長が出張に＿＿＿＿＿＿することにはなんの＿＿＿＿＿＿もございません。

(D) ＿＿＿＿＿＿このかた＿＿＿＿＿＿より重いものは持ったことがありません。

＋단어 **達者** 능숙함, 달인 **通訳** 통역 **同行** 동행 **〜たまえ** 〜하게(명령) **大役** 큰 역할, 중대한 임무
仰せつかる 분부를 받다, 지시를 받다(言(い)いつかる의 존경 표현) **光栄** 영광 **いささか** 조금, 다소
荷が重い 짐이 무겁다, 과중하다 **役に立つ** 쓸모가 있다, 도움이 되다 **異存** 이의, 반대 의견
このかた 그 후, 이후

9 ＿＿＿＿＿＿の作成を命じられたんですが、初めてのことでほとほと＿＿＿＿＿＿。

(A) ＿＿＿＿＿＿のくせにそんな大事なことを＿＿＿＿＿＿に決めるなんて。

(B) 実はそんな＿＿＿＿＿＿ところが気に入って君を＿＿＿＿＿＿んだ。

(C) ＿＿＿＿＿＿にそんな重要な＿＿＿＿＿＿なんてどうかしているわ。

(D) ＿＿＿＿＿＿とて手を焼くなって＿＿＿＿＿＿ができるほど言ったのに。

＋단어 **契約書** 계약서 **命じる** 명령하다 **ほとほと** 몹시, 아주 **手を焼く** 애를 먹다 **新入社員** 신입 사원
押しが強い 억지가 세다, 고집이 세다 **新入り** 신입 **重要** 중요함 **押し付ける** 밀어붙이다, 억지로 떠맡기다
焼きもちを焼く 질투를 하다 **耳にたこができる** 귀에 못이 박히다

10 昨日の朝刊によると、＿＿＿＿＿＿の影響で青果の値段が＿＿＿＿＿＿そうです。

(A) ＿＿＿＿＿＿しか食べないので影響を＿＿＿＿＿＿受けそうだ。

(B) 環境保護の＿＿＿＿＿＿への＿＿＿＿＿＿がいよいよ表われたね。

(C) 気温の＿＿＿＿＿＿をなんとか＿＿＿＿＿＿ないと大事になるわ。

(D) 当分は＿＿＿＿＿＿しておいた＿＿＿＿＿＿でまかなうしかないね。

＋단어 朝刊(ちょうかん) 조간　冷夏(れいか) 냉하(평년보다 낮은 기온의 여름)　影響(えいきょう) 영향　青果(せいか) 청과물　高騰(こうとう) 앙등, 고등
インスタント 인스턴트　もろに 정면으로　環境保護(かんきょうほご) 환경 보호　取り組み(とくみ) 맞붙음, 대처, 노력　成果(せいか) 성과
表われる(あらわれる) 나타나다　上昇(じょうしょう) 상승　食い止める(くいとめる) 막다, 저지하다　当分(とうぶん) 당분간　買いだめ(かいだめ) 사재기, 매점
乾物(かんぶつ) 말린 해산물, 야채 등의 식품　まかなう 일을 처리하다, 꾸리다, 조달하다

11 地域の防犯対策に積極的に＿＿＿＿＿＿吉田さんを新町内会長に推薦します。

(A) 話題の大作を＿＿＿＿＿＿人なら会長に＿＿＿＿＿＿ね。

(B) ＿＿＿＿＿＿ところが玉に瑕だけど、まあ＿＿＿＿＿＿かな。

(C) ＿＿＿＿＿＿で入った人が＿＿＿＿＿＿というのは所詮無理だ。

(D) 「＿＿＿＿＿＿は打たれる」で、＿＿＿＿＿＿で敗北を喫したんだ。

＋단어 地域(ちいき) 지역　防犯(ぼうはん) 방범　積極的(せっきょくてき) 적극적　取り組む(とりくむ) 몰두하다, 열심히 하다　町内(ちょうない) 읍내, 동네　推薦(すいせん) 추천
話題(わだい) 화제　書き上げる(かきあげる) 다 쓰다　相応しい(ふさわしい) 어울리다, 걸맞다　情にもろい(じょうにもろい) 정에 약하다　玉に瑕(たまにきず) 옥에 티
適任(てきにん) 적임　自治会(じちかい) 자치회　所詮(しょせん) 어차피, 필경　出る杭は打たれる(でるくいはうたれる) 모난 돌이 정 맞는다　選挙戦(せんきょせん) 선거전
敗北を喫する(はいぼくをきっする) 패배를 당하다

12 ＿＿＿＿＿＿が海外へ＿＿＿＿＿＿、仕事が極端に減って四苦八苦しています。

(A) 海外の経済発展の＿＿＿＿＿＿も＿＿＿＿＿＿しています。

(B) ＿＿＿＿＿＿の要求も厳しく＿＿＿＿＿＿を上げているよ。

(C) 今や全国の＿＿＿＿＿＿はどこも＿＿＿＿＿＿を上げているよ。

(D) 国内と海外の意見が＿＿＿＿＿＿で、調整に＿＿＿＿＿＿してるよ。

＋단어 元請け(もとうけ) 주문 당사자와 직접 계약하여 일을 맡음　発注(はっちゅう) 발주　極端(きょくたん) 극단　減る(へる) 줄다　四苦八苦(しくはっく) 몹시 고생함
テンポ 템포　スローダウン 슬로 다운, 속도를 늦춤　コストダウン 코스트 다운, 생산 원가 절감　要求(ようきゅう) 요구
音を上げる(ねをあげる) 약한 소리를 하다　中小企業(ちゅうしょうきぎょう) 중소기업　悲鳴(ひめい) 비명　両極端(りょうきょくたん) 양극단　調整(ちょうせい) 조정

13 一方的に＿＿＿＿＿を通告してくるなんて、到底＿＿＿＿＿できません。

(A) ＿＿＿＿＿を一方的に通告してくるとは、まったく無礼だ。

(B) わが社の＿＿＿＿＿に関する＿＿＿＿＿噂に踊らされたんだな。

(C) ＿＿＿＿＿も七十五日っていうから、もう少し大人しくしていよう。

(D) そんな＿＿＿＿＿にはどんな＿＿＿＿＿でも反対するしかありませんね。

+단어 一方的（いっぽうてき）일방적　契約解除（けいやくかいじょ）계약 해지　通告（つうこく）통고　到底（とうてい）도저히　納得（なっとく）납득　会場（かいじょう）회장　無礼（ぶれい）무례함
資金繰り（しきんぐり）자금 회전, 자금 융통　根も葉もない（ねもはもない）근거가 없다　噂（うわさ）소문　踊らす（おどらす）마음을 들뜨게 하다, 조종하다
人の噂も七十五日（ひとのうわさもしちじゅうごにち）소문은 곧 잊혀지게 마련이다　どんな手を使ってでも（どんなてをつかってでも）무슨 수를 써서라도

14 次回の＿＿＿＿＿のテーマを「＿＿＿＿＿の放棄」にしようかと思うんだけど。

(A) ＿＿＿＿＿だな。「＿＿＿＿＿をめぐる課題」にすれば？

(B) さんざん＿＿＿＿＿あげく、「＿＿＿＿＿」に賛成票を投じた。

(C) 「＿＿＿＿＿の衰退」は＿＿＿＿＿だけど、面白味に欠けるね。

(D) 君は人の＿＿＿＿＿を＿＿＿＿＿するきらいがあるから、パスする。

+단어 次回（じかい）다음번　討論会（とうろんかい）토론회　防衛権（ぼうえいけん）방어권　放棄（ほうき）포기　ありきたり 본래부터 흔히 있음　捕鯨（ほげい）포경
畜産業（ちくさんぎょう）축산업　衰退（すいたい）쇠퇴　無難（ぶなん）무난함　発言（はつげん）발언　無視（むし）무시　〜きらいがある 〜경향이 있다

15 取引先の田中部長ですが、このご時世ということもあり＿＿＿＿＿そうです。

(A) さぞかし＿＿＿＿＿に事が運び、＿＿＿＿＿としたことだろう。

(B) ＿＿＿＿＿とはしているが、ここに決めたのは＿＿＿＿＿な判断だと思う。

(C) ＿＿＿＿＿儲けたので、やっと＿＿＿＿＿する気になったのだろう。

(D) 今なら＿＿＿＿＿もたんまり出るし、賢い＿＿＿＿＿かも知れないな。

+단어 取引先（とりひきさき）거래처　時世（じせい）시세, 시대, 변천하는 세상　早期自主退職（そうきじしゅたいしょく）조기자주퇴직(정년 전 희망하여 퇴직하는 일)
さぞかし 틀림없이, 아마　思惑通り（おもわくどおり）생각대로, 예측한 대로　事が運ぶ（ことがはこぶ）일이 진척되다　にんまり 빙그레, 빙긋이
こぢんまり 조촐히, 아담하게　賢明（けんめい）현명함　たんまり 충분히, 잔뜩　儲ける（もうける）(돈을) 벌다, 이익을 보다
やっと 겨우, 가까스로　自首（じしゅ）자수　退職金（たいしょくきん）퇴직금　賢い（かしこい）현명하다, 슬기롭다

1　A　見通(みとお)し　(A) 与野党(よやとう)の攻防(こうぼう), 週明(しゅうあ)け

　　　　　　　　　　(B) 日(ひ)がな一日(いちにち), 口角泡(こうかくあわ)

　　　　　　　　　　(C) 満場一致(まんじょういっち), 心待(こころま)ち

　　　　　　　　　　(D) 見通(みとお)し, 議事堂(ぎじどう)

2　D　積(つ)めば　(A) 縦横無尽(じゅうおうむじん)　　　　　　　(B) たてじま

　　　　　　　　(C) よこしま　　　　　　　　　　　　　　　(D) よこしま, べきではない

3　C　怒(おこ)られた　(A) ぼろくそ　　　(B) ぼろ負(ま)け　(C) ぼろを出(だ)し　(D) ぼろ儲(もう)け

4　C　荒(あら)させない　(A) 向(む)こう見(み)ず　　　　　　　(B) 罠(わな)がある

　　　　　　　　　　　(C) 協力(きょうりょく), 罠(わな)を仕掛(しか)ける　(D) 荒(あ)れた, 肥料(ひりょう)

5　B　欠員(けついん), 派遣(はけん)

　　　　　　　　(A) 年収(ねんしゅう)　(B) 資格(しかく)　　(C) 趣味(しゅみ)　　(D) 出身地(しゅっしんち)

6　A　出足(であし), 商戦(しょうせん)

　　　　　　　　(A) 目当(めあ)て　　(B) 出足(であし)　　(C) 目印(めじるし)　　(D) 不評(ふひょう)

7　B　雇用(こよう), 撤回(てっかい)しては

　　　　　　　　(A) 再発(さいはつ), 否(いな)め　　　　　　(B) 再考(さいこう), 余地(よち)

　　　　　　　　(C) 余(あま)す, なく　　　　　　　　　　(D) 否定的(ひていてき), 評価(ひょうか)

8　A　達者(たっしゃ), 同行(どうこう)して

　　　　　　　　(A) 仰(おお)せつかり, いささか　　　　　　(B) 達者(たっしゃ), 役(やく)にも立(た)ち

　　　　　　　　(C) 同行(どうこう), 異存(いぞん)　　　　　(D) 生(う)まれて, 箸(はし)

9　C　契約書(けいやくしょ), 手(て)を焼(や)いています

　　　　　　　　(A) 新入社員(しんにゅうしゃいん), 相談(そうだん)もせず

　　　　　　　　(B) 押(お)しの強(つよ)い, 入社(にゅうしゃ)させた

　　　　　　　　(C) 新入(しんい)り, 仕事(しごと)を押(お)し付(つ)ける

　　　　　　　　(D) 焼(や)きもち焼(や)く, 耳(みみ)にたこ

10　D　冷夏(れいか), 高騰(こうとう)している

　　　　　　　　(A) インスタント, もろに　　　　　　　　(B) 取(と)り組(く)み, 成果(せいか)

　　　　　　　　(C) 上昇(じょうしょう), 食(く)い止(と)め　(D) 買(か)いだめ, 乾物(かんぶつ)

11　B　取(と)り組(く)んでくださった

　　　　　　　　(A) 書(か)き上(あ)げた, 相応(ふさわ)しい　(B) 情(じょう)にもろい, 適任(てきにん)

　　　　　　　　(C) 推薦入試(すいせんにゅうし), 自治会長(じちかいちょう)

　　　　　　　　(D) 出(で)る杭(くい), 選挙戦(せんきょせん)

12　C　元請(もとう)け, 発注(はっちゅう)してしまい

　　　　　　　　(A) テンポ, スローダウン　　　　　　　　(B) コストダウン, 音(ね)

　　　　　　　　(C) 中小企業(ちゅうしょうきぎょう), 悲鳴(ひめい)

　　　　　　　　(D) 両極端(りょうきょくたん), 苦労(くろう)

13　B　契約解除(けいやくかいじょ), 納得(なっとく)

　　　　　　　　(A) 契約(けいやく)の会場(かいじょう)　　　(B) 資金繰(しきんぐ)り, 根(ね)も葉(は)もない

　　　　　　　　(C) 人(ひと)の噂(うわさ)　　　　　　　　(D) 契約(けいやく), 手(て)を使(つか)って

14　A　討論会(とうろんかい), 防衛権(ぼうえいけん)

　　　　　　　　(A) ありきたり, 捕鯨(ほげい)　　　　　　(B) 悩(なや)んだ, 放棄(ほうき)

　　　　　　　　(C) 畜産業(ちくさんぎょう), 無難(ぶなん)　(D) 発言(はつげん), 無視(むし)

15　D　早期自主退職(そうきじしゅたいしょく)する

　　　　　　　　(A) 思惑通(おもわくどお)り, にんまり　　　(B) こぢんまり, 賢明(けんめい)

　　　　　　　　(C) たんまり, 自首(じしゅ)　　　　　　　(D) 退職金(たいしょくきん), 選択(せんたく)

공략2단계 **실전 문제 풀기** (021) ──────────────

次の言葉の返事として、最も適したものを(A)から(D)の中で一つ選びなさい。

1　答えを答案用紙に書き入れなさい。　　　Ⓐ　Ⓑ　Ⓒ　Ⓓ

2　答えを答案用紙に書き入れなさい。　　　Ⓐ　Ⓑ　Ⓒ　Ⓓ

3　答えを答案用紙に書き入れなさい。　　　Ⓐ　Ⓑ　Ⓒ　Ⓓ

4　答えを答案用紙に書き入れなさい。　　　Ⓐ　Ⓑ　Ⓒ　Ⓓ

5　答えを答案用紙に書き入れなさい。　　　Ⓐ　Ⓑ　Ⓒ　Ⓓ

6　答えを答案用紙に書き入れなさい。　　　Ⓐ　Ⓑ　Ⓒ　Ⓓ

7　答えを答案用紙に書き入れなさい。　　　Ⓐ　Ⓑ　Ⓒ　Ⓓ

8　答えを答案用紙に書き入れなさい。　　　Ⓐ　Ⓑ　Ⓒ　Ⓓ

9　答えを答案用紙に書き入れなさい。　　　Ⓐ　Ⓑ　Ⓒ　Ⓓ

10　答えを答案用紙に書き入れなさい。　　　Ⓐ　Ⓑ　Ⓒ　Ⓓ

11　答えを答案用紙に書き入れなさい。　　　Ⓐ　Ⓑ　Ⓒ　Ⓓ

12　答えを答案用紙に書き入れなさい。　　　Ⓐ　Ⓑ　Ⓒ　Ⓓ

13　答えを答案用紙に書き入れなさい。　　　Ⓐ　Ⓑ　Ⓒ　Ⓓ

14　答えを答案用紙に書き入れなさい。　　　Ⓐ　Ⓑ　Ⓒ　Ⓓ

15　答えを答案用紙に書き入れなさい。　　　Ⓐ　Ⓑ　Ⓒ　Ⓓ

Ⅱ　次の言葉の返事として、最も適したものを(A)から(D)の中で一つ選びなさい。

21　答えを答案用紙に書き入れなさい。

22　答えを答案用紙に書き入れなさい。

23　答えを答案用紙に書き入れなさい。

24　答えを答案用紙に書き入れなさい。

25　答えを答案用紙に書き入れなさい。

26　答えを答案用紙に書き入れなさい。

27　答えを答案用紙に書き入れなさい。

28　答えを答案用紙に書き入れなさい。

29　答えを答案用紙に書き入れなさい。

30　答えを答案用紙に書き入れなさい。

31　答えを答案用紙に書き入れなさい。

32　答えを答案用紙に書き入れなさい。

33　答えを答案用紙に書き入れなさい。

34　答えを答案用紙に書き入れなさい。

35　答えを答案用紙に書き入れなさい。

36　答えを答案用紙に書き入れなさい。

37　答えを答案用紙に書き入れなさい。

38　答えを答案用紙に書き入れなさい。

39　答えを答案用紙に書き入れなさい。

40　答えを答案用紙に書き入れなさい。

41　答えを答案用紙に書き入れなさい。

42　答えを答案用紙に書き入れなさい。

43　答えを答案用紙に書き入れなさい。

44　答えを答案用紙に書き入れなさい。

45　答えを答案用紙に書き入れなさい。

46　答えを答案用紙に書き入れなさい。

47　答えを答案用紙に書き入れなさい。

48　答えを答案用紙に書き入れなさい。

49　答えを答案用紙に書き入れなさい。

50　答えを答案用紙に書き入れなさい。

PART 3

회화문

PART 3은 짧은 회화문을 들으며 그 회화가 진행되고 있는 장면, 대화 내용 등의 정보나 사실을 정확하게 청취하는 능력과, 대화에서 결론을 추론해 내는 능력을 평가하는 파트입니다.

이 파트에서는 일상생활 및 사회생활을 총망라한 내용을 다루므로 주로 사용되는 시사, 일상생활, 회사 생활 등에 관련된 어휘와 표현을 충분히 익히는 것이 좋습니다.

또한 관용구 및 속담을 알지 못하면 대화의 내용을 이해할 수 없는 경우가 있으므로, 자주 출제되는 관용구, 속담은 반드시 암기하세요.

1 일상생활

유형 공략

1 일상생활 회화문에서는 주로 물건과 사물, 사건과 사고, 날씨 및 건강 상태에 대해 나옵니다. 이와 관련된 단어를 정리해서 외우도록 하세요.

2 JPT 800에서는 **정형화된 일본어 문구**가 많이 나오므로, 통째로 암기하는 것도 필요해요.

3 숫자나 요일이 나오는 문제는 반드시 메모하세요. 그래야 사소한 실수를 하지 않을 수 있어요.

예제 次の会話をよく聞いて、後の問いに最も適したものを(A)から(D)の中で一つ選びなさい。

男の人はどうして山田さんが約束に遅れていると思っていますか。

(A) 朝、ゲームをしていたから

(B) 朝寝坊して遅く起きたから

(C) 通夜で約束を忘れてしまったから

(D) 待ち合わせ場所を間違えているから

남자는 어째서 야마다 씨가 약속에 늦는다고 생각하고 있습니까?

(A) 아침에 게임을 하고 있었기 때문에

(B) 늦잠을 자서 늦게 일어났기 때문에

(C) 명복을 비는 일로 약속을 잊어버렸기 때문에

(D) 만날 장소를 잘못 알고 있기 때문에

女　山田くん来ないね。待ち合わせ場所間違えているのかな。

男　そういえば、この前みんなで待ち合わせた時も、西口に集合だったのに、一人だけ東口に立ってたな。

女　でも、この駅の出口は一つだから今日は間違えようがないと思うんだけどな。

男　どうせ徹夜でゲームでもして起きられなかったんだよ。

여: 야마다 군이 오지 않네. 만나는 장소 착각하고 있는 건가?

남: 그러고 보니, 요전에 다 같이 만났을 때도, 서쪽 출입구에서 모이기로 했는데, 혼자만 동쪽 출입구에 서 있었지.

여: 하지만, 이 역의 출구는 하나니까 오늘은 착각할 리가 없을 거라고 생각하는데.

남: 어차피 밤새 게임이라도 해서 못 일어났을 거야.

+해설 예제에서는 '약속 시간에 늦는 이유'를 묻고 있어요. 따라서 どうして에 해당되는 이유를 주의 깊게 들어야 해요. 그러나 의문사와 出口は一つ(출구는 하나)를 캐치하지 못하면 정답을 찾을 수 없어요. 또한 徹夜(밤샘), 通夜(명복을 기원함)의 어휘의 차이에 대해서도 미리 숙지해 두어야 해요.

+단어 遅れる 늦다　通夜 (죽은 사람의) 명복을 기원함　間違える 잘못하다, 틀리게 하다, 착각하다　集合 집합
どうせ 어차피　徹夜 철야, 밤샘

일상생활 🎧024

몸 상태, 음식

1 A 今晩のおかず何がいい？ 오늘 밤 반찬 뭐가 좋아?

B 朝から何も食べていないから、お腹にたまるものを頼むよ。
아침부터 아무것도 안 먹었으니까, 배에 차는 것을 부탁해.

2 A お好きな食べ物は何ですか。 좋아하는 음식은 무엇입니까?

B 辛い物が好きです。特にカレーには目がありません。
매운 것을 좋아합니다. 특히 카레라면 사족을 못 씁니다.

3 A ちょっと見ない間に太ったんじゃない？ 잠깐 안 보는 사이에 살찐 거 아냐?

B そうなんだよ。ここんところ接待続きでさ。親父が糖尿だから俺も気をつけないと
いけないんだけどね。
그래, 맞아. 요즘 접대가 계속이라서. 아버지가 당뇨라서 나도 주의하지 않으면 안 되는데.

4 A マスクなんかしてどうしたんですか。ただの風邪という感じではなさそうですね。
마스크 같은 것을 하고 무슨 일입니까? 단순한 감기 같은 느낌은 아닌데요.

B 風邪だったらどれだけありがたいことでしょう。実は花粉症なんです。
감기라면 얼마나 감사한 일이겠어요. 사실은 꽃가루 알레르기입니다.

5 A 例年より早く、インフルエンザが流行しているようです。
예년보다 빨리, 인플루엔자가 유행하고 있는 듯합니다.

B 重症化を予防するためにもワクチンを接種したほうがいいでしょう。
중증화를 예방하기 위해서도 백신을 접종하는 편이 좋겠어요.

사물, 장소

6 A お買い物ですか。 쇼핑입니까?

B ええ、登山を始めようと思って、トレッキングシューズを買いに行くんです。
네, 등산을 시작하려고 해서, 트레킹 신발을 사러 가요.

7 A 鞄、重そうですけど、何が入っているんですか。 가방 무거워 보이는데, 뭐가 들어 있는 것입니까?

B 時間が空いた時にでも読もうかと思って、本を持ち歩いているんです。
시간이 빌 때에라도 읽을까 하고 책을 들고 다니고 있어요.

8 A これ、今月のベストセラーだって。書店で平積みになって売ってた。

이것, 이번 달 베스트셀러라고 하던데. 서점에서 쌓아 놓고 팔고 있었어.

B 新聞の書評欄にも出ていたよ。読み終わったら回して。

신문의 서평란에도 나와 있었어. 다 읽으면 돌려.

9 A これからは毎日弁当を持って行くから、作ってくれ。

이제부터는 매일 도시락을 가지고 다닐 거니까 만들어 줘.

B ちょっと面倒臭いけど、この不況を乗りきるためには、作ってみる価値はありそうね。

좀 귀찮지만, 이 불황을 극복하기 위해서는 만들어 볼 가치는 있을 것 같네.

날씨

10 A 今日も一段と冷え込みますね。 오늘도 한층 더 춥네요.

B でも最近は湯たんぽのお陰で足下ポカポカですよ。

하지만, 최근엔 따뜻한 물주머니 덕택에 발밑이 따끈따끈해요.

11 A 一雨降りそうですね。雲が出てきましたよ。 한차례 비가 내릴 것 같군요. 구름이 끼었네요.

B 傘を持ってきましたか。なければ僕の置き傘お貸ししますけど。

우산을 갖고 왔습니까? 없으면 내 예비 우산을 빌려 드리겠지만.

12 A 朝晩の寒暖差が激しくて、どんな服を着ればよいか迷っているんですよ。

아침저녁으로 일교차가 커서. 어떤 옷을 입으면 좋을지 고민하고 있어요.

B カーディガンのような軽い羽織りものや、袖をまくりやすいシャツはどうでしょう。

카디건 같은 가벼운 겉옷이나 소매를 올리기 쉬운 셔츠는 어때요?

사건, 사고, 사람

13 A 課長のお父様が今日亡くなったと連絡が入りました。

과장님의 아버님이 오늘 돌아가셨다고 연락이 왔습니다.

B それではみんなでお通夜に行かなければいけませんね。

그러면 모두 밤샘하러 가지 않으면 안 되겠군요.

14 A 常務の奥様のお見舞いに行かなくて大丈夫かしら。

상무님의 사모님 병문안을 가지 않아도 괜찮을까 모르겠네.

B わざわざ行くまでもないと思うよ。行ったらかえって気を使わせてしまうよ。

일부러 갈 필요는 없다고 생각해. 가면 오히려 신경 쓰이게 해 버리잖아.

15 A 振り込め詐欺の被害が後を絶ちませんね。子を思う親の心情に付け込むなんて悪どいことをするものです。

계좌 입금 사기 피해가 끊이지 않는군요. 아이를 생각하는 부모의 심정을 이용하다니 저질스러운 짓입니다.

B 実は我が家にも電話がかかってきたんですよ。一瞬だまされそうになりましたが、なんとか事なきを得ました。

실은 우리 집에도 전화가 걸려왔어요. 한순간 속아 넘어갈 뻔했지만, 무사하게 끝났습니다.

16 A 暴雨で道に水があふれ、足下が全く見えなくて大変だったよ。

폭우로 길에 물이 넘쳐, 발밑이 전혀 보이지 않아서 고생했어.

B 1時間に100ミリ以上降った所もあったそうですね。集中豪雨への備えを行うべきです。

한 시간에 100밀리미터 이상 내린 곳도 있다고 하네요. 집중 호우에 대한 준비를 해야만 합니다.

교통

17 A ここが例の事件が起きた所ですよ。　여기가 그 사건이 일어났던 곳이에요.
B 日曜日の歩行者天国にトラックが突っ込んだなんて見るに耐えない惨事だったでしょうね。

일요일 보행자 천국에 트럭이 돌진했다니, 차마 눈뜨고 볼 수 없는 참사였겠네요.

18 A スピード計測器じゃなくて前をちゃんと見てよ。　스피드 계측기가 아니라 앞을 제대로 봐.
B 気を付けないとスピード違反で罰金取られるからさ。

조심하지 않으면 스피드 위반으로 벌금을 내니까 말이야.

19 A ゴールデンウィークの高速道路は24時間いつでも渋滞しているんですか。

골든 위크의 고속도로는 24시간 내내 붐비는 겁니까?

B 明け方はさすがに大丈夫だけど、それ以外の時間は込むなんてもんじゃないですよ。

새벽녘은 그래도 괜찮지만, 그 이외의 시간은 붐비는 정도가 아니지요.

잘 듣고 (A), (B) 중 알맞은 답을 고른 후, 다시 한번 들으면서 빈칸을 채워 보세요.

1 女の人は自分の子どもが泣く原因は何だと思っていますか。

(A) 隣の犬の鳴き声に驚いて　　　　(B) 隣の家の子どもの泣き声に驚いて

> 女　お宅のワンちゃんが夜中に＿＿＿＿＿＿＿の、何とかなりませんか。
>
> 男　お言葉ですが、お宅の赤ちゃんの＿＿＿＿＿＿＿にうちの子が＿＿＿＿＿＿＿して
> 　　吠えているんですが。
>
> 女　まあ、今の言葉＿＿＿＿＿＿＿お返しします。

＋단어 原因 원인　鳴き声 (새, 짐승 등의) 울음소리　ワンちゃん 멍멍이　夜中 한밤중　鳴く (새, 짐승들이) 울다
夜泣き 밤에 욺　吠える 짖다　そっくりそのまま 닮은 모양, 고스란히　返す 돌려주다

2 男の人はどう思っていますか。

(A) 裁判で白黒はっきりさせるべきである。

(B) 子どもの喧嘩に親が介入するべきではない。

> 女　真が同じクラスの子に＿＿＿＿＿＿＿しまったので、謝罪がてらお見舞いに行ってくる。
>
> 男　子ども同士の喧嘩に親が首を＿＿＿＿＿＿＿ことないんじゃないか。
>
> 女　そんなこといっても、相手の子は＿＿＿＿＿＿＿3週間よ。知らんぷりしていたら
> 　　あっちの親も黙ってないわよ。
>
> 男　黙ってないって、＿＿＿＿＿＿＿でも起こそうっていうのか、たかが子どもの喧嘩で。

＋단어 裁判 재판　白黒 흑백, 시비　喧嘩 싸움　介入 개입　怪我 상처　謝罪 사죄　〜がてら 〜을 겸하여, 〜하는 김에
首を突っ込む 깊이 관여하다　全治 전치　知らんぷり 모르는 체　黙る 말을 하지 않다, 잠자코 있다
たかが 고작

3 娘は父親のことをどう思っていますか。

(A) 厳格な父親　　　　　　　(B) 娘思いの父親

> 女　ただいま。
>
> 男　遅いぞ。今何時だと思っている。＿＿＿＿＿＿＿は9時だろ。
>
> 女　今どき＿＿＿＿＿＿＿9時なんて言っている人は＿＿＿＿＿＿＿と言えどもお父さん
> 　　ぐらいしかいないよ。
>
> 男　最近＿＿＿＿＿＿＿な＿＿＿＿＿＿＿が多いから＿＿＿＿＿＿＿んじゃないか。
> 　　こんな＿＿＿＿＿＿＿の父親に向かってなんて口を利くんだ。

父親 부친 **厳格** 엄격함 **門限** 밤에 대문을 닫는 시간, 정해진 귀가 시간 **今どき** 요즘
世界広しと言えども 세상이 넓다고 해도 **物騒** 세상이 뒤숭숭하고 위험한 상태

4 出火場所はどこですか。

(A) キッチン　　　　　　　　　　(B) 隣家

> 女　なんか、＿＿＿＿＿＿＿＿？
>
> 男　そう＿＿＿＿＿＿、なんか変なにおいがするね。＿＿＿＿＿＿は大丈夫?
>
> 女　大変！＿＿＿＿＿＿、持って来て。
>
> 男　＿＿＿＿＿＿を使っているときは側を＿＿＿＿＿＿だめだろ！

出火 출화, 불이 남 **臭い** 고약한 냄새가 나다 **消火器** 소화기 **側** 곁, 옆 **離れる** 떨어지다

5 女の人はこれから何をしますか。

(A) 衣替えをする。　　　　　　　(B) お弁当を持ってハイキングへ行く。

> 女　今日のような爽やかな＿＿＿＿＿＿の日にはどこかに遠出したくなるわね。
>
> 男　それはそうと、いつまで我が家では＿＿＿＿＿＿を着てればいいんだよ。
> 　　俺はともかく子どもに風邪を引かせる気か。
>
> 女　分かったわ。今日総＿＿＿＿＿＿しますよ。

衣替え (철에 따라) 옷을 갈아 입음, (옷장 등의) 옷을 교체함 **爽やか** 상쾌함 **秋晴れ** 맑게 갠 가을 날씨
遠出 멀리 나감, 여행함 **それはそうと** 그것은 그렇고 **夏服** 하복, 여름옷 **総** 총, 모든
入れ替え 교체, 갈아 넣음

6 何を持っていけばいいですか。

(A) マフラー、靴　　　　　　　　(B) 部屋着、靴下

> 女　来週、初めて日本に行くんですが、＿＿＿＿＿＿とかよく分からなくて、
> 　　どんな服を＿＿＿＿＿＿迷っているんですよ。
>
> 男　韓国はここ数日＿＿＿＿＿＿ですが、日本がここより寒いということは
> 　　まずありません。
>
> 女　じゃあ、＿＿＿＿＿＿、＿＿＿＿＿＿、＿＿＿＿＿＿はいいですね。
>
> 男　でも家の中が寒いですから、＿＿＿＿＿＿はちょっと＿＿＿＿＿＿の物がいいですよ。
> 　　＿＿＿＿＿＿も忘れずに。

+단어 マフラー 머플러　部屋着(へやぎ) 실내복　靴下(くつした) 양말　気候(きこう) 기후　肌寒い(はだざむい) 쌀쌀하다　手袋(てぶくろ) 장갑　帽子(ぼうし) 모자
厚手(あつで) 두꺼운 것

7　男の人はどう思っていますか。

(A) 彼は驚いてそんな行動を取ったはずだ。

(B) 彼は恥ずかしくてそんな行動を取ったはずだ。

> 女　昨日、彼に＿＿＿＿＿＿のセーターをプレゼントしたんだけど、
>
> 　　彼ときたらありがとうを言う＿＿＿＿＿＿、ちゃんと見もしなかったのよ。
>
> 男　きっと＿＿＿＿＿＿でそうしたんだよ。
>
> 女　ちっとも嬉しそうにしないから、もう二度と作ってあげるもんかって
>
> 　　思っちゃったよ。

+단어 行動を取る(こうどうをとる) 행동을 하다　手編み(てあみ) 손뜨기, 수편　～ときたら ～는, ～로 말할 것 같으면　～どころか ～하기는 커녕
照れ隠し(てれかくし) 어색함이나 멋쩍음, 겸연쩍음을 숨김　ちっとも 조금도　～ものか ～할까 보냐(＝もんか)

8　女の人は何時に姑の家に着けそうですか。

(A) 午後10時　　　　　　　　　(B) 午後10時半

> 女　今日はもう＿＿＿＿＿＿にしませんか。もう10時ですよ。
>
> 男　え？これから＿＿＿＿＿＿にでもと思っていたんですけど。
>
> 女　子どもを姑に＿＿＿＿＿＿出てきてるんですよ。ここから姑の家まで車で
>
> 　　30分ほどかかりますし、私はお先にお＿＿＿＿＿＿させてください。
>
> 男　残念だな。今日は三次会の会場まで予約してあるのに。

+단어 姑(しゅうとめ) 시어머니　お開き(おひらき) 연회 등을 끝내는 것, 폐회　二次会(にじかい) (연회 등의) 2차
おいとまする 인사하고 물러나다, 작별하다　三次会(さんじかい) (연회 등의) 3차　会場(かいじょう) 회장

9 日曜日に起きた事件はどんな事件でしたか。

(A) 犯人がトラックを飲酒運転した。 (B) 犯人がトラックで歩行者をはねた。

> 女 ここが例の事件が起きたところですよ。
>
> 男 日曜日の＿＿＿＿＿＿にトラックが突っ込んだなんて、見るに耐えない
>
> ＿＿＿＿＿＿だったでしょうね。
>
> 女 幸い被害者は命を＿＿＿＿＿＿ようですよ。
>
> 男 最近、この手の事件が多いですよね。ナイフで突然＿＿＿＿＿＿きたり、
>
> 拳銃を発砲したり、＿＿＿＿＿＿街も歩けません。

+단어 犯人(はんにん) 범인 　飲酒運転(いんしゅうんてん) 음주 운전 　はねる 들이받다 　歩行者天国(ほこうしゃてんごく) 보행자 천국, 보행자 전용 도로
見るに耐えない(みるにたえない) 눈 뜨고 볼 수 없다 　惨事(さんじ) 참사 　命を取り留める(いのちをとりとめる) 목숨을 건지다 　この手(て) 이 방법(수단), 이 종류
突然(とつぜん) 돌연, 갑자기 　刺す(さす) 찌르다 　拳銃(けんじゅう) 권총 　発砲(はっぽう) 발포 　おちおち 마음 놓고, 안심하고

10 男の人が今、電気毛布を使わない理由は何ですか。

(A) 空気が乾燥するから 　　　　　　(B) 電磁波が心配だから

> 女 今日も一段と冷え込みますね。
>
> 男 でも最近は＿＿＿＿＿＿のお陰で足下ポカポカですよ。
>
> 女 鈴木さんも湯たんぽ派ですか。室内の空気は＿＿＿＿＿＿しないし、
>
> お財布には優しいし、私も湯たんぽなくしては生きられません。
>
> 男 それまでは＿＿＿＿＿＿を使用していたんですが、やはり＿＿＿＿＿＿がね。

+단어 電気毛布(でんきもうふ) 전기 담요 　空気(くうき) 공기 　乾燥(かんそう) 건조 　電磁波(でんじは) 전자파 　一段と(いちだんと) 한층, 더욱
冷え込む(ひえこむ) 몹시 차가워지다, 갑자기 기온이 내리다 　湯たんぽ(ゆたんぽ) 온수 주머니, 탕파 　ポカポカ 따끈따끈 　室内(しつない) 실내

1	A	鳴(な)く, 夜泣(よな)き, びっくり, そっくりそのまま
2	B	怪我(けが)させて, 突(つ)っ込(こ)む, 全治(ぜんち), 裁判(さいばん)
3	A	門限(もんげん), 門限(もんげん), 世界広(せかいひろ)し, 物騒(ぶっそう), 事件(じけん), 心配(しんぱい)してる, 娘思(むすめおも)い
4	A	臭(くさ)くない, 言(い)われてみれば, 台所(だいどころ), 消火器(しょうかき), 火(ひ), 離(はな)れちゃ
5	A	秋晴(あきば)れ, 夏服(なつふく), 入(い)れ替(か)え
6	A	気候(きこう), 着(き)ていけばいいのか, 肌寒(はだざむ)い, マフラー, 手袋(てぶくろ), 帽子(ぼうし), 部屋着(へやぎ), 厚手(あつで), 靴下(くつした)
7	B	手編(てあ)み, どころか, 照(て)れ隠(かく)し
8	B	お開(ひら)き, 二次会(にじかい), 預(あず)けて, いとま
9	B	歩行者天国(ほこうしゃてんごく), 惨事(さんじ), 取(と)り留(と)めた, 刺(さ)して, おちおち
10	B	湯(ゆ)たんぽ, 乾燥(かんそう), 電気毛布(でんきもうふ), 電磁波(でんじは)

次の会話をよく聞いて、後の問いに最も適したものを(A)から(D)の中で一つ選びなさい。

1 二人はこれから何をするつもりですか。

(A) カレーの店を探しに行く。

(B) 家に急いで帰ってカレーを作る。

(C) これからカレーを食べにインドに行く。

(D) これからとても辛いカレーを食べに
行く。

2 男の人はこれからどうしますか。

(A) スポーツ用品店に行く。

(B) ウォーキングをしに行く。

(C) 体力が衰えたから病院に行く。

(D) 体力をつけるために運動をしに行く。

3 会話の内容と合っているのはどれですか。

(A) 犯人は新聞配達員だった。

(B) 犯人はすぐ警察を呼んだ。

(C) 被害者は今朝亡くなった。

(D) 交通事故は十字路で起きた。

4 女の人はどうして具合が悪いですか。

(A) 腹部に障害物が当たったから

(B) 天ぷらが腐りかけていたから

(C) 鰻と梅干しを同時に食べたから

(D) 食べ合わせの良くないものを食べたから

5 どうして勤労感謝の日の次の日は
休みになりますか。

(A) 妻の誕生日だから

(B) 振り替え休日だから

(C) 次の日が日曜日だから

(D) 完全週休二日制が導入されたから

6 女の人は男の人に何をしていますか。

(A) 地元の銘菓を渡している。

(B) 口紅をプレゼントしている。

(C) 母親の手料理を勧めている。

(D) 母親からの手紙を渡している。

7 会話の内容と合っているのはどれですか。

(A) 土砂降りの雨が降っている。

(B) 男の人は折畳み傘を持っている。

(C) 女の人は自分の傘を返してもらった。

(D) 男の人はいつも折畳み式の自転車で
帰る。

8 男の人が本を持っている理由は
どれですか。

(A) 時間を潰す時のために

(B) いい本を紹介するために

(C) 文庫本を読むのが好きだから

(D) 単行本は持ち運びに便利だから

9　会話の内容と合っているのはどれですか。

(A) 今朝、会社の近くに電信柱が立った。

(B) 子どもと触れ合う機会が都会生活には
ない。

(C) 今の子どもは霜柱を見ても何か分から
ない。

(D) アスファルトを敷いていて、蒸気が
あがっている。

10　女の人は医者に何を勧められていますか。

(A) 水泳

(B) 筋トレ

(C) 早歩き

(D) ウォーキング

11　何について話していますか。

(A) 赤ん坊にあせもができたこと

(B) 掃除で汗みずくになったこと

(C) 汗でにきびが大きくなったこと

(D) タオルに汗染みがついていたこと

12　男の人が主張していることはどれですか。

(A) みんなで通訳をしに行こう。

(B) みんなで葬儀の手伝いをしよう。

(C) プレゼントは各自が包装紙で包もう。

(D) 香典はみんなから集金してまとめて
出そう。

13　二人は何について話をしていますか。

(A) 高齢出産

(B) 結婚適齢期

(C) 選挙への出馬

(D) 軍隊への入隊

14　女の人はなぜ感謝していますか。

(A) 雨で地面がぬかるんでいるのに披露宴に
来てくれたから

(B) 交通の便の非常に悪い結婚式場に足を
運んでくれたから

(C) 足を骨折しているのにかかわらず式に
参列してくれたから

(D) 忙しい合間を縫ってわざわざ遠くから
いらっしゃったから

15　このスーツはいくら割引されますか。

(A) 8千円

(B) 1万6千円

(C) 2万8千円

(D) 6万4千円

2 관용어, 속담

예제 次の会話をよく聞いて、後の問いに最も適したものを(A)から(D)の中で一つ
選びなさい。

犯人の行動について正しいのはどれですか。

(A) コンピューターにウイルスを送った。

(B) 苦労せずにコンピューターに侵入した。
　　고생하지 않고

(C) 簡単にコンピューターの情報を盗んだ。

(D) 泣いている赤ちゃんに怪我をさせて逃げた。

범인의 행동에 관해서 옳은 것은 어느 것입니까?

(A) 컴퓨터에 바이러스를 보냈다.

(B) 힘들이지 않고 컴퓨터에 침입했다.

(C) 간단히 컴퓨터의 정보를 훔쳤다.

(D) 울고 있는 아기에게 상처를 입히고 도망쳤다.

女　会社のコンピューターがハッカーに侵入された
　　らしいよ。

男　本当？顧客情報とか盗まれたのかな。

女　よく分からないけど、何にも対策を立ててなかっ
　　たみたい。

男　犯人からすれば、赤子の手を捻るようだった
　　だろうね。
　　　　아기 팔을 비틀 듯 → 아주 쉬움
　　　　→ 누워서 떡 먹기

여: 회사 컴퓨터가 해커에 침입당한 것 같아.

남: 정말? 고객 정보라든가 도난당한 것일까?

여: 잘 모르겠지만, 아무것도 대책을 세우지 않고 있었던 것 같아.

남: 범인 입장에서 보면 누워서 떡 먹기와 같았을 거야.

+해설 여기서는 赤子の手を捻る(누워서 떡 먹기)라는 속담을 아는 것이 관건이에요. 또한 전반적인 회화의 내용을 이해하지 못하면 정답을 유추하기 어려워요. 속담 이외에 ハッカー(해커), ウイルス(바이러스)와 같은 전문 용어도 익혀 두어야 해요.

+단어 侵入 침입　対策を立てる 대책을 세우다　赤子の手を捻る 아기의 팔을 비트는 것과 같이 아주 쉬운 일, 누워서 떡 먹기

관용어, 속담 🎧028

신체

1 A なんとかお願いできませんでしょうか。 어떻게 좀 부탁할 수 없겠지요?
   B そんなこと赤子の手を捻ることより簡単だよ。 그런 일은 누워서 떡 먹는 것보다 간단해.

2 A お母さん、今日、中間テストの結果が出た。 엄마, 오늘 중간고사 결과가 나왔어.
   B なんなの、この点数。お兄ちゃんの爪の垢でも煎じて飲みなさい。
   뭐야, 이 점수. 형의 모습을 조금이라도 닮으려고 노력해 봐.

3 A とうとう念願の新車を手に入れたんですって？ 드디어 염원의 새 차를 구입했다고요?
   B 夫は朝から車庫でワイン片手に一人悦に入っています。
   남편은 아침부터 차고에서 와인을 한 손에 들고 혼자서 기뻐하고 있습니다.

동물, 식물

4 A どうしたんですか。顔がまるで茹で蛸のようですよ。
   어떻게 된 것입니까? 얼굴이 마치 데친 낙지 같아요.
   B 長湯してしまったんです。 목욕을 오래 해 버렸지 뭐예요.

5 A さすが亀の甲より年の功ですね。 역시 뭐니 뭐니 해도 오랜 경험이 최고네요.
   B 無駄に年は食ってませんよ。 헛되이 나이를 먹지 않았지요.

6 A 楽して日本語がペラペラになる方法はないかな。
   즐기면서 일본어를 능숙하게 할 수 있는 방법은 없을까?
   B 桃栗三年柿八年だよ。 복숭아나무와 밤나무는 3년 감나무는 8년이 지나서야 열매를 맺는 법이야.

7 A この厳しい経済状況下で社長になりたい人なんているんですかね。
   이 험한 경제 상황 아래에서 사장이 되고 싶은 사람이 있을까 싶군요.
   B 火中の栗を拾う覚悟がないとちょっと務まらないでしょうね。
   위험을 무릅쓸 각오가 없으면 좀 감당할 수 없을 것입니다.

8　A　結婚して彼女かなり変りましたね。　결혼하고 나서 그녀가 꽤 변했네요.

　　B　セレブみたいに左団扇で暮していたでしょう。　유명인처럼 안락하게 지내고 있었지요.

9　A　山田さん夫婦、子どものことを考えて離婚しないことにしたって。

　　야마다 씨 부부, 아이를 생각해서 이혼하지 않기로 했대.

　　B　子は鎹だな。　자식은 부부 사이의 꺾쇠로군.

10　A　今度の部長ってどんな人ですか。　이번 부장님은 어떤 사람입니까?

　　B　才色兼備で非の打ち所がない人だよ。　재색겸비하고 나무랄 데가 없는 사람이야.

11　A　川原さん夫婦、結局元の鞘に収まったらしいですね。　가와하라 씨 부부, 결국 재결합했다는 것 같아요.

　　B　仲がいいほど喧嘩するとは言うけど、あの夫婦はちょっと多いな。

　　사이가 좋을수록 싸운다고 하지만, 그 부부는 좀 잦네.

12　A　私、神田さんみたいな人、苦手なんですよね。　저는, 간다 씨와 같은 사람, 좀 벅차요.

　　B　私も彼女の人を食った態度が嫌です。　저도 사람을 업신여기는 그녀의 태도가 싫습니다.

13　A　お母さん、来月から小遣いちょっと上げてよ。　엄마, 다음 달부터 용돈 조금 올려 줘요.

　　B　今うちは火の車だから無理よ。　지금 우리 집은 형편이 어려우니까 무리야.

14　A　術後の経過はいかがですか。　수술 후 경과는 어떻습니까?

　　B　お陰さまで薄紙を剥ぐようによくなっています。　덕분에 나날이 좋아지고 있습니다.

15　A　就職おめでとう。　취직 축하해.

　　B　藁にもすがる思いでいろいろな人に頼んで、やっと決まりました。

　　지푸라기라도 잡고 싶은 심정으로 여러 사람에게 부탁해서, 겨우 결정되었습니다.

16　A　休日返上で仕事なんて見直したわ。　휴일 반납하고 일이라니 다시 봤어.

　　B　いえ、怠け者の節句働きなんです。　아뇨, 게으름뱅이가 명절날에 일하는 법이에요.

17　A　手前味噌を並べるようですが、本当に美味しいので召し上がってください。

　　자기 자랑을 늘어놓는 것 같습니다만, 정말로 맛있으니까 드세요.

　　B　本当ですね。　お店が出せるんじゃないですか。　정말이군요. 가게를 낼 수 있지 않겠습니까?

18 A 昨日、門限に遅れそうって言ってたけど、どうだった？

어제, 통금 시간에 늦을 것 같다고 말했었는데, 어땠어?

B 家に帰ったら、玄関の前で父が仁王立ちしていて、びっくりして酔いは覚めたけど、

さんざん油を搾られたよ。

집에 돌아갔더니 현관 앞에서 아버지가 장승처럼 서 있어서, 깜짝 놀라 술이 깼지만, 심하게 야단 맞았어.

19 A あのカップル、最近うまくいってないようだね。　저 커플, 최근에 잘 안 되는 것 같아.

B 噂によると二人の間に秋風が立っているようだよ。　소문에 따르면 두 사람 사이에 애정이 식은 듯해.

20 A 学歴や職業で結婚相手を決めるなんて愚の骨頂だと思いませんか。

학력이나 직업으로 결혼 상대를 정하는 것은 어리석다고 생각하지 않습니까?

B でも、愛だけでは食べてはいけませんよ。　하지만 사랑만으로는 먹고 살 수 없어요.

잘 듣고 (A), (B) 중 알맞은 답을 고른 후, 다시 한번 들으면서 빈칸을 채워 보세요.

1　男の人はどう思っていますか。

(A) 勉強はやめて農業をする方がいい。　(B) 何事も成果が出るまでは時間がかかる。

> 女　明日、会話の_____があるのに、全然勉強してない。
>
> 男　_____準備すればいいのに。
>
> 女　_____して日本語がペラペラになる方法はないかな。
>
> 男　_____三年_____八年だよ。

+단어　農業(のうぎょう) 농업　何事(なにごと) 무슨 일　成果(せいか) 성과　前(まえ)もって 미리, 사전에　ペラペラ 거침없이 잘 지껄이는 모양, 술술 줄줄
桃栗三年柿八年(ももくりさんねんかきはちねん) 복숭아나무와 밤나무는 3년, 감나무는 8년이 지나서야 열매를 맺는다

2　男の人は何に対して感心していますか。

(A) 母親の長年の経験による機転　　(B) 母親が物を無駄にしないこと

> 男　_____、これどうしたらいいと思う？
>
> 女　こんなの簡単よ。ほら。
>
> 男　さすが、亀の甲より_____。
>
> 女　_____に年を食ってないわよ。

+단어　長年(ながねん) 오랜 세월　機転(きてん) 재치, 임기응변　お袋(ふくろ) 어머니(성년 남자가 자기 어머니를 친근하게 부르는 말)
亀(かめ)の甲(こう)より年(とし)の功(こう) 오랜 세월의 경험이 귀함　年(とし)を食(く)う 나이를 먹다

3　女の人は会長についてどう思っていますか。

(A) 桂馬の高上がり　　　　　　　(B) 能なしの口叩き

> 男　ああ、疲れた。_____、長かったなあ。
>
> 女　会長からはどんな_____がありましたか。
>
> 男　いろいろあったけど、_____内容はなかったよ。相変わらず_____を
>
> 　　延々と_____よ。
>
> 女　「_____は音が_____」って言いますが、会長のことですね。

+단어　桂馬(けいま) 계마, 장기 말의 하나　桂馬(けいま)の高上(たかあ)がり 격에 맞지 않는 지위에 앉아 오히려 괴로워 실패함
能(のう)なしの口叩(くちたた)き 재능이 없는 사람일수록 쓸데없는 말을 많이 함　会議(かいぎ) 회의　会長(かいちょう) 회장　大(たい)した 대단한, 엄청난
相変(あいか)わらず 변함없이　延々(えんえん)と 끝없이, 계속해서　空(あ)き樽(だる) 빈 통　空(あ)き樽(だる)は音(おと)が高(たか)い 빈 수레가 요란하다

4　今、外はどんな様子ですか。

(A) 落ち葉が落ちている。　　　　　　　(B) 太陽が沈んで暗くなった。

> 女　いつの間にか＿＿＿＿＿＿がついていますね。今、何時ですか。
>
> 男　ちょっと待ってください。今、6時過ぎです。
>
> 女　え、もうそんな時間なんですか。まさに「秋の日は＿＿＿＿＿＿」ですね。
>
> 男　最近、＿＿＿＿＿＿とめっきり寒いですよね。早く済ませて帰りましょう。

＋단어　**様子**(ようす) 모양, 상태, 모습　**落ち葉**(おば) 낙엽　**太陽**(たいよう) 태양　**沈む**(しずむ) 가라앉다　**街灯**(がいとう) 가로등
秋の日は釣瓶落し(あきひ つるべおと) 가을 해는 우물에 두레박 떨어지듯, 가을 해가 빨리 짐을 비유　**日が落ちる**(ひ お) 해가 떨어지다
めっきり 현저히, 뚜렷이　**済ませる**(す) 끝내다, 마치다

5　初めて支店長を見たとき、どうなりましたか。

(A) みんな安堵した。　　　　　　　(B) みんな萎縮した。

> 女　新しく赴任してきた支店長ってどんな人ですか。
>
> 男　ぱっと見は＿＿＿＿＿＿で、最初はみんな蛇に＿＿＿＿＿＿みたいになっていたん
> 　　だけど。
>
> 女　見た目とは違ったんですか。
>
> 男　仕事に関しては＿＿＿＿＿＿んだけど、仕事を離れると、例えば飲み会の席では
> 　　率先して＿＿＿＿＿＿を買って出る実はとても気さくな人だよ。

＋단어　**支店長**(してんちょう) 지점장　**安堵**(あんど) 안도　**萎縮**(いしゅく) 위축　**赴任**(ふにん) 부임　**ぱっと見**(み) 슬쩍 봄　**強面**(こわもて) 무서운 얼굴을 함, 강압적으로 나옴
蛇ににらまれた蛙(へび かえる) 뱀 앞에서 꼼짝 못하는 개구리처럼 겁에 질려 꼼짝 못함을 비유　**率先**(そっせん) 솔선　**見た目**(みめ) 겉보기
盛り上げ役(もあやく) 분위기 메이커　**買って出る**(か で) 자청해서 나서다　**気さく**(き) 소탈함, 싹싹함

6 男の人はどのように就職活動をしましたか。

(A) 追い詰められたように必死に就職活動をした。

(B) 余裕を持ってごみ拾いのボランティアをしながら、就職活動をした。

> 男　12月に内定＿＿＿＿＿＿＿んだけど、やっとまた就職決まったよ。
>
> 女　よかったね。おめでとう。でもどうやって内定取ったの？
>
> 男　もう＿＿＿＿＿＿思いで、親戚や知り合いに電話を＿＿＿＿＿＿、
>
> 　　従兄が拾ってくれたんだ。
>
> 女　捨てる神あれば＿＿＿＿＿＿ね。

＋단어 **就職活動** 취직 활동　**追い詰める** 막다른 지경에까지 몰아넣다　**必死に** 필사적으로　**余裕** 여유　**内定** 내정
取り消す 취소하다　**藁にもすがる** 지푸라기에라도 매달리다, 매우 절박할 때는 하찮은 것에도 의지하게 됨을 비유
親戚 친척　**〜まくる** 계속 〜해 대다, 마구 〜하다(동사의 ます형에 접속)　**従兄** 사촌 형
捨てる神あれば拾う神あり 버리는 신이 있으면 줍는 신도 있다, 한편에서 버림받더라도 다른 한편에서 도움을 받게
되는 경우가 있다

7 おばあさんの様態について正しいのはどれですか。

(A) もう退院した。　　　　　　(B) 日に日によくなっている。

> 女　おばあ様が＿＿＿＿＿＿なさったと聞きましたが、術後の経過はいかがですか。
>
> 男　お陰さまで、＿＿＿＿＿＿ようによくなっています。
>
> 女　それはよかったですね。一度＿＿＿＿＿＿に行かせてください。
>
> 男　はい、祖母も喜ぶと思います。

＋단어 **様態** 양상, 상태　**術後** 수술 후　**経過** 경과　**薄紙を剥ぐよう** 얇은 종이를 벗기듯 병이 조금씩 차도가 있는 모양

8 二人は今どこにいますか。

(A) 海　　　　　　　　　　　(B) 温泉

> 女　どうしたんですか。顔がまるで＿＿＿＿＿＿のようですよ。
>
> 男　長湯してしまったんです。
>
> 女　いくらここの＿＿＿＿＿＿が体にいいからといっても、長湯は体に＿＿＿＿＿＿
>
> 　　ですよ。
>
> 男　元を取ろうと思って＿＿＿＿＿＿のがよくありませんでした。

+단어 茹で蛸^{ゆ だこ} 빨개진 낙지 또는 문어, 목욕이나 음주 등으로 빨개진 모습을 비유　長湯^{なが ゆ} 목욕을 오래함　お湯^ゆ 뜨거운 물

~からと言^いっても ~라고 해도　毒^{どく} 독　元を取^{もと と}る 본전을 뽑다　欲張^{よくば}る 욕심부리다

9　杉元さんは結婚してどうなりましたか。

(A) 団扇作りが趣味になった。　　　　(B) 経済的にとても楽になった。

女　杉元さん、結婚してかなり変ったみたいですね。

男　セレブにでもなったかのように＿＿＿＿＿＿で暮しているって、僕も聞きました。

女　いいな、私も＿＿＿＿＿＿に乗りたいな。

男　＿＿＿＿＿＿こと言ってないで、ちゃんと現実を見たほうがいいですよ。

+단어 団扇^{うちわ} 부채　経済的^{けいざいてき} 경제적　セレブ 유명인, 셀러브리티　左団扇^{ひだり うちわ} 일을 하지 않고도 안락하고 편안히 지냄

玉の輿^{たま こし} 귀인이 타는 가마, 신분이 낮은 여자가 결혼함으로써 고귀한 신분이 됨　現実^{げんじつ} 현실

10　男の人についての説明として正しいのはどれですか。

(A) 手作り味噌を並べている。　　　　(B) 自分の作ったケーキを自慢している。

男　僕が作ったケーキなんです。＿＿＿＿＿＿にどうぞ。

女　まあ、＿＿＿＿＿＿ですか。おいしそう。

男　＿＿＿＿＿＿を並べるようですが、そこいらで売っている物よりいけると思います。

女　本当。お店を出せるんじゃないですか。

+단어 味噌^{み そ} 된장　自慢^{じ まん} 자랑　お茶請^{ちゃ}け 차에 곁들이는 과자　手前味噌を並^{てまえみ そ なら}べる 자기 자랑을 늘어놓다

そこいら 그 근처　いける 꽤 쓸 만하다, 상당히 좋다　店を出^{みせ だ}す 가게를 내다

1　B　テスト, 前(まえ)もって, 楽(らく), 桃栗(ももくり), 柿(かき)

2　A　お袋(ふくろ), 年(とし)の功(こう), 無駄(むだ)

3　B　会議(かいぎ), 話(はなし), 大(たい)した, どうでもいいこと, しゃべってた, 空(あ)き樽(だる), 高(たか)い

4　B　街灯(がいとう), 釣瓶落(つるべおと)し, 日(ひ)が落(お)ちる

5　B　強面(こわもて), にらまれた蛙(かえる), 厳(きび)しい, 盛(も)り上(あ)げ役(やく)

6　A　取(と)り消(け)された, 藁(わら)にもすがる, かけまくったら, 拾(ひろ)う神(かみ)あり

7　B　手術(しゅじゅつ), 薄紙(うすがみ)を剥(は)ぐ, お見舞(みま)い

8　B　茹(ゆ)で蛸(だこ), お湯(ゆ), 毒(どく), 欲張(よくば)った

9　B　左団扇(ひだりうちわ), 玉(たま)の輿(こし), 夢(ゆめ)みたいな

10　B　お茶請(ちゃう)け, 手作(てづく)り, 手前味噌(てまえみそ)

次の会話をよく聞いて、後の問いに最も適したものを(A)から(D)の中で一つ選びなさい。

1 会長を説得することはどのようなこと
 ですか。

 (A) ごまめの歯軋りだ。
 (B) 赤子の手を捻るようだ。
 (C) 肩透かしを食わせるようだ。
 (D) 言うはやすく行うは難しだ。

2 女の人はどう思っていますか。

 (A) ライバル店に勝てて本当に嬉しい。
 (B) 泥棒が入らないように窓はしっかり
   締めるべきだ。
 (C) もっと売り上げが伸びるかと思ってい
   たので残念だ。
 (D) ライバル店に勝ててよかったが、油断
   してはいけない。

3 なぜ男の人は大掃除をしましたか。

 (A) 妻に懇願されて断りきれなかったから
 (B) 妻に余計なことを言ってしまったから
 (C) 家の中がしっちゃかめっちゃかになっ
   たから
 (D) 年末で、一年の埃を払わなければなら
   ないから

4 女の人は高橋さんをどう思っていますか。

 (A) 恩知らずな人
 (B) 大人のふりをしている人
 (C) 忘れっぽくて困っている人
 (D) 会っても他人のふりをする人

5 女の人は男の人の話についてどう
 思っていますか。

 (A) 弟も兄と同じ道を進むべきだ。
 (B) 勉強が好きになるよう努力すべきだ。
 (C) 弟は大学院で真面目に勉強するだろう。
 (D) 弟は大学院に進学してもうまくいかな
   いだろう。

6 男の人の考えに近いのはどれですか。

 (A) 新総長は大学改革を成功裏に収める
   はずだ。
 (B) 誰が総長になっても大学は良くなら
   ない。
 (C) 心機一転、学外から総長を迎えるべ
   きだ。
 (D) 本校に学校のために一肌脱げる人は
   いない。

7 小山さんはどういう人ですか。

 (A) 自己中心的である。
 (B) 態度に裏表がある。
 (C) 感情を顔に出さない。
 (D) 人間不信に陥っている。

8 二人は総理大臣についてどのような印象を持っていますか。

(A) 国民からの期待を一身に集めていて頼もしい。

(B) 仕事をせず座っているだけなので税金泥棒である。

(C) 人を小馬鹿にしたようなことを言うので嫌である。

(D) 健康維持のために肉食を控えている姿が微笑ましい。

9 二人は富田さんに対してどう思っていますか。

(A) 心から謝罪したい。

(B) 出世してうらめしい。

(C) 一人だけ儲けてずるい。

(D) 左遷に同情する余地はない。

10 男の人の考えとして正しいのはどれですか。

(A) 警察が無能で呆れてものも言えない。

(B) 前科者には星のマークをつけるべきだ。

(C) 子どもは体力増進のために外で遊ぶべきだ。

(D) 警察にはぼつぼつ犯人の見当を付けてほしい。

11 原田さんはどんな人ですか。

(A) 世の中の事情に疎い。

(B) 難民問題に関心がある。

(C) 芋を煮すぎて料理を台無しにした。

(D) 祖父が豊山自動車の創設者である。

12 男の人は売上げを伸ばすため、どうすべきだと思っていますか。

(A) 売上げの悪い店舗は早急に畳むべきである。

(B) 新しい店を矢継ぎ早にオープンさせるべきである。

(C) 親睦を深めるため社内野球大会を開催すべきである。

(D) 売上げアップのため本社が各店を援助すべきである。

13 なぜ須藤さんはフランス語の試験でいい成績を取ることができましたか。

(A) 血を吐くほどに勉強したから

(B) 前日に充分に睡眠をとったから

(C) 昔、習ったことがあるから

(D) 試験の前日に山にこもって勉強したから

14 木村さんについての説明として正しいのはどれですか。

(A) 口がうまいので女子社員にもてる。

(B) パソコンについて知ったかぶりをした。

(C) 大怪我をさせられて散々な目にあった。

(D) 故障したパソコンを見事に元通りにした。

15 会話の内容と合っている表現はどれですか。

(A) 寄らば大樹の蔭

(B) 羹に懲りて膾を吹く

(C) 箸にも棒にも掛からない

(D) 鸚鵡よく言えども飛鳥を離れず

유형 공략

1 비즈니스 상황에서 많이 쓰이는 단어를 익히고, 회화가 이루어지고 있는 상황을 이해해야 해요.

2 첫 문장을 듣고 이어지는 대화에 어떤 내용이 나올지 예상할 수 있도록 비즈니스에서 자주 사용되는 대화 패턴을 익혀 두세요.

3 정치, 경제, 교육, 국제 이슈를 비롯해 비즈니스상의 구체적인 내용에 관한 문제가 출제되므로 株式(주식), 返済(반제, 빛을 갚음), NPO, 汚職(오직, 독직), 賜る(받다), 프레젠(프레젠테이션) 등 이와 관련된 표현을 알고 있어야 해요.

예제 次の会話をよく聞いて、後の問いに最も適したものを(A)から(D)の中で一つ 選びなさい。

部長は横浜工場での仕事が終わったらどうしますか。

(A) 帰宅する。

(B) 会社に戻る。

(C) 鈴木商事に行く。

(D) 泊まりがけで仕事をする。

부장은 요코하마 공장에서의 일이 끝나면 어떻게 합니까?

(A) 귀가한다.

(B) 회사로 돌아간다.

(C) 스즈키 상사에 간다.

(D) 숙박 예정으로 일을 한다.

女 鈴木商事の山本と申しますが、 小橋部長はいらっしゃいますでしょうか。

男 申し訳ございません。あいにく部長はただ今、 席を外しております。

女 左様でございますか。いつごろお戻りになりますか。

男 本日は当社の横浜工場から直帰すると聞いて おります。

여: 스즈키 상사의 야마모토라고 합니다만, 고바시 부장님 계십니까?

남: 죄송합니다. 공교롭게 부장님은 지금 자리를 비웠습니다.

여: 그렇습니까? 언제쯤 돌아오십니까?

남: 오늘은 저희 회사의 요코하마 공장에서 현지 퇴근 한다고 했습니다.

+해설 보기에서 제시된 질문지의 내용을 빨리 파악하는 것이 관건이에요. 일이 끝나면 어떻게 하는가를 묻고 있으므로 부장의 행보에 대해 잘 듣고 올바른 정답을 찾아야 해요.

+단어 帰宅する 귀가하다　泊まりがけ 숙박 예정으로 떠남　席を外す 자리를 비우다　直帰する 현지 퇴근 하다

시사, 비즈니스 🎧032

1 A その節は大変お世話になりました。　그때는 정말 신세 졌습니다.

B とんでもございません。こちらこそいろいろとありがとうございました。
천만의 말씀이에요. 저야말로 여러 가지로 고마웠습니다.

2 A 本日はお忙しいところ、長い間お時間を取らせまして申し訳ありませんでした。
오늘 바쁘신데, 오랫동안 시간을 빼앗아서 정말 죄송합니다.

B こちらこそご足労いただきまして恐縮です。　저야말로 발걸음해 주셔서 황송합니다.

3 A できましたら、御社のお力をお貸し願えればと存じましてお電話を致しました。
가능하시다면, 귀사에서 도와주셨으면 해서 전화드렸습니다.

B 私どもでお役に立てることがございましたら、遠慮なく仰ってください。
저희들로 도움이 되는 일이 있다면, 사양하지 말고 말씀해 주십시오.

4 A ありがたいお話と存じますが、私の一存では決めかねますので、
上司と相談いたしまして早急にお返事させていただきます。

고마운 이야기라고 생각됩니다만, 저 혼자만의 생각으로는 정하기 힘들기 때문에, 상사와 상담하고 빨리 답장하겠습니다.

B お手数をおかけして申し訳ありませんが、どうかよろしくお願い致します。
번거롭게 해서 정말 죄송합니다만, 잘 부탁드립니다.

5 A もしよろしければ、今晩、お近づきの印にお食事でもご一緒にいかがでしょうか。
만약 괜찮으시다면 오늘 밤, 알게 되었다는 표시로 식사라도 함께 어떻습니까?

B そうですね。そうしたいのは山々なのですが、今日は先約が……。
글쎄요. 그렇게 하고 싶은 마음은 굴뚝 같지만, 오늘은 선약이…….

6 A この件は社内で検討いたしまして、来週早々にもこちらからご連絡いたします。
이 건은 사내에서 검토해서, 다음 주 일찌감치 저희 쪽에서 연락하겠습니다.

B そうしていただけると大変助かります。　그렇게 해 주시면 정말 감사하겠습니다.

7 A 追加注文をお願いしてあるんですが、まだ着いていないんです。
추가 주문을 부탁했습니다만, 아직 도착하지 않았습니다.

B それは大変申し訳ありません。納品のお約束はいつになっておりますでしょうか。
이거 정말 대단히 죄송합니다. 납품 약속은 언제로 되어 있습니까?

8 A この度、大阪支社への転勤を命じられましたので、ご挨拶に伺いました。
이번에 오사카 지사로 전근을 명령받아서, 인사드리러 찾아왔습니다.

B 佐々木君、おめでとう。日頃の努力が認められての栄転だね。
사사키 군, 축하해. 평소의 노력을 인정받은 영전이군.

9 A 本日は当社の新製品を原田課長にご覧いただこうと思いまして、伺いました。

오늘은 당사의 신제품을 하라다 과장님에게 보여 드리려고 찾아뵈었습니다.

B 恐れ入りますが、こちらにお掛けになってお待ちください。

죄송합니다만, 이쪽에 앉아서 기다려 주세요.

10 A 私の知り合いが裁判所から過労死の認定を受けたんですよ。

제 지인이 재판소에서 과로사 인정을 받았어요.

B 一方で、失業率は過去最高だなんて、この世の中、矛盾していますよね。

한편으로는 실업률은 과거 최고라고 하니, 이 세상, 모순이네요.

11 A この円高、いつまで続くんですかね。　이 엔고 현상, 언제까지 계속되는 것일까요?

B 輸出依存国の日本はこのままだと景気回復のきっかけをつかむことも難しいでしょう。

수출 의존국인 일본은 이대로라면 경기 회복의 기회를 잡는 일도 어렵겠지요.

12 A 環境に優しい生活をするため、車から自転車に乗り換えようか検討しているんです。

친환경적인 생활을 하기 위해 차에서 자전거로 바꿔 탈까 검토하고 있습니다.

B 燃費のよいコンパクトカーならCO_2の排出量も少なくなり環境に優しいですよ。

연비가 좋은 콤팩트 카라면 이산화탄소 배출량도 적어지고 친환경적이지요.

13 A 貧困、紛争、環境破壊、食糧問題……新聞を賑わす言葉には暗いものが多いですよね。

빈곤, 분쟁, 환경 파괴, 식량 문제……신문을 떠들썩하게 하는 말에는 어두운 점이 많아요.

B このような問題が更に深刻化する前に、我が国としても国際社会において指導力を発揮すべきです。

이와 같은 문제가 더욱 심각화되기 전에, 우리나라로서도 국제 사회에 있어서 지도력을 발휘해야만 합니다.

14 A この地域にも世界不況の直撃を受けた中小企業が多いというのに、自治体はただ指をくわえて見ているよりほかはないのだろうか。

이 지역에도 세계 불황이 지거울 받은 중소기업이 많다고 하는데, 지치체는 단지 손가락만 입에 물고, 보고만 있을 수밖에 없는 것일까?

B 全国の地方自治体で製品を公費で一括購入する動きが相次いでいると今日、新聞で報道されていました。

전국의 지방자치체에서 제품을 국가 비용으로 일괄 구입하는 움직임이 잇따르고 있다고 오늘 신문에 보도되고 있었습니다.

15 A またですよ、芸能人の不祥事。　今度は大麻所持だそうです。

또예요, 연예인의 불상사. 이번에는 대마를 소지했다고 합니다.

B 芸能人に限らず、スポーツ選手や一般の大学生にまで大麻が広がっているというから驚きを隠せません。

연예인에 한하지 않고, 스포츠 선수나 일반 대학생에게까지 대마가 퍼져 있다고 하니까 놀라움을 감출 수 없습니다.

16 A 共稼ぎの親が増え、各地の保育園では入園申請が殺到していると聞きました。

맞벌이 부모가 늘어, 각지의 보육원에서는 입원 신청이 쇄도하고 있다고 들었습니다.

B うちも順番待ちをしていますが、いつになったら子どもを預けられるのか皆目見当が

つきません。

우리도 순번 대기를 하고 있지만, 언제가 돼야 아이를 맡길 수 있는 것인지 도무지 짐작이 가지 않습니다.

17 A 今年も日本女性の平均寿命が世界一です。　올해도 일본 여성의 평균 수명이 세계 제일입니다.

B ただ長生きすればいいのでしょうか。社会が彼女たちの生活の質を守り、

維持することが重要です。

단지 오래 살면 좋은 것일까요? 사회가 여성들의 생활의 질을 지키고 유지하는 것이 중요합니다.

18 A ５年前にこの街を大地震が襲ったなんて信じられません。

5년 전에 이 거리를 큰 지진이 덮쳤다니, 믿을 수 없습니다.

B 老若男女が昼夜をおかず街の復興に努めたからです。

남녀노소가 밤낮을 가리지 않고 마을 부흥에 노력했기 때문입니다.

19 A 子どもが欲しがるからとむやみにケータイを買い与えたりしてはいけません。

아이가 원한다고 해서 무턱대고 휴대 전화를 사 주거나 해서는 안 됩니다.

B 同感です。架空請求や薬物犯罪などケータイやインターネットに潜む危険について

子どもも親も知る必要があります。

동감입니다. 가공 청구나 약물 범죄 등 휴대 전화나 인터넷에 잠재하는 위험에 관해서 아이도 부모도 알 필요가 있습니다.

잘 듣고 (A), (B) 중 알맞은 답을 고른 후, 다시 한번 들으면서 빈칸을 채워 보세요.

1 男の人はいつ予約しましたか。

(A) 昨日の夜   (B) 今日出勤してすぐ

> 女 来月の海外視察の準備、＿＿＿＿＿＿のないように頼みますよ。
>
> 男 ご心配なく。航空券は本日、＿＿＿＿＿＿予約をしておきました。
>
> 女 現地到着後の政府の要人との昼食会には決して遅れることのないように、
> 　　時間調整してくれたでしょうね。
>
> 男 ＿＿＿＿＿＿到着の便は満席でしたが、午前10時5分着の便には空席がありました。

➕단어 **海外視察** 해외 시찰　**手抜かり** 실수, 빠뜨림　**朝一** 아침 업무를 시작한 직후, 일 등을 그날 아침 가장 먼저 하는 것
要人 요인　**昼食会** 오찬회　**調整** 조정　**満席** 만석　**空席** 공석

2 女の人は今からどうするつもりですか。

(A) 家に帰る。   (B) お風呂からあがる。

> 女 あら、もうこんな時間。悪いんですが、私、お先に＿＿＿＿＿＿もらいます。
>
> 男 え、もう？国内シェアトップ企業の威信にかけても明日の＿＿＿＿＿＿は
> 　　なんとしてでも成功させないといけないのに、大丈夫？
>
> 女 朝から＿＿＿＿＿＿で作業していたので、ちょっと行き詰まっちゃって。
> 　　気分転換してから家で＿＿＿＿＿＿します。
>
> 男 一緒に残業しようと思って、＿＿＿＿＿＿に電話したところなのに。

➕단어 **あがる** 오르다, 나오다, 끝나다　**威信** 위신　**プレゼン** 프레젠테이션　**ぶっ通し** 죽 계속함
行き詰まる 막히다, 막다르다　**気分転換** 기분 전환　**徹夜** 철야　**宅配ピザ** 피자 배달

3 女の人はなぜ電話をしましたか。

(A) 借金返済の催促のため (B) 慰謝料請求の手続きのため

女 ここ3か月ほど、入金が＿＿＿＿＿いるようですので、お電話を差し上げました。

男 申し訳ないのですが、いかんせんこの不況では収益をあげることも＿＿＿＿＿
……。

女 来週までにご入金がなければ、法に則り直ちに＿＿＿＿＿の手続きを取らせて
いただきます。

男 これまでの＿＿＿＿＿で、そこを何とかしていただくわけにはいかないでしょうか。

+단어 **借金返済** しゃっきんへんさい 빚을 갚음 **催促** さいそく 재촉 **慰謝料** いしゃりょう 위자료 **請求** せいきゅう 청구 **入金** にゅうきん 입금 **滞る** とどこおる 밀리다, 막히다, 정체되다
いかんせん 어떻게 하려 해도, 유감스럽게도 **不況** ふきょう 불황 **収益** しゅうえき 수익 **ままならない** 뜻대로 되지 않다 **法** ほう 법
則る のっとる 기준으로 삼다, 준하다 **直ちに** ただちに 바로, 즉시 **償還** しょうかん 상환 **よしみ** 친분, 인연

4 男の人はなぜ謝っていますか。

(A) 社長の噂をしていたから (B) 名刺を切らしていたから

女 はじめまして、株式会社ダイハチ大阪支社の藤田と申します。

男 ＿＿＿＿＿いたします。私、近藤でございます。申し訳ないのですが、
ただいま＿＿＿＿＿がございません。

女 さきほど、部下の方に連絡先をちょうだいしました。以後＿＿＿＿＿のほどを
お願い申し上げます。

男 藤田さんのお＿＿＿＿＿は御社の高田社長からかねがね伺っておりましたので、
一度お目にかかりたいと思っておりました。

+단어 **噂** うわさ 소문 **名刺** めいし 명함 **切らす** きらす 갖고 있던 것을 다 없애다, 바닥내다 **ちょうだい** 받음
持ち合わせ もちあわせ 마침 갖고 있는 것 **お見知りおき** おみしりおき 보고 기억해 둠, 자신을 기억해 줄 것을 상대에게 정중히 말할 때 쓰는 말
かねがね 겸사겸사 **伺う** うかがう 듣다, 찾아뵙다 **お目にかかる** 만나뵙다

5 男の人は汚職事件についてどう思っていますか。

(A) 今回の汚職事件には市の末端職員も関係している。

(B) 恐らく市の幹部は市長の汚職を見て見ぬふりをしていた。

女　前市長の＿＿＿＿＿＿＿に続き、二代続けて警察当局の捜査を受けることになるとは
　　　情けない。

男　＿＿＿＿＿＿＿として本当に言葉が見つからないよ。

女　新聞に、市の関係者からは強い＿＿＿＿＿＿＿や落胆の声が上がったってあるけれど、
　　　前回はともかく今回は管理体制が問われるね。

男　僕ら＿＿＿＿＿＿には分からないけれど、上層部では今回のこと、周知の事実だっ
　　　たんじゃないか。

➕단어　汚職事件 오직(독직) 사건　末端職員 말단 직원　幹部 간부　見て見ぬふり 보고도 못 본 척함　当局 당국
　　　市職員 시청 직원　憤り 분노, 화, 성　落胆 낙담　管理体制 관리 체제　下っ端 신분이나 직위가 낮음, 말단
　　　上層部 상층부　周知 주지

6 二人は何について話をしていますか。

(A) 景気刺激策　　　　　　　　(B) 円高のもたらす影響

女　景気がなかなかよくなりませんね。

男　＿＿＿＿＿＿に頼っている日本は、こう円高が続くと＿＿＿＿＿＿のきっかけも
　　　＿＿＿＿＿＿でしょうね。

女　円高だと海外旅行に安く行けるので、いいことなのかと思ってました。

➕단어　景気 경기　刺激策 자극책　円高 엔고　もたらす 초래하다　輸出 수출　回復 회복　きっかけ 동기, 계기
　　　つかむ 잡다

7 男の人はお見舞いについてどう思っていますか。

(A) 相手が気を使うからお見舞いに行く必要はない。

(B) 団子とクッキーを送って、病院には行かない方がいい。

女　常務の奥様の＿＿＿＿＿＿に行かなくて大丈夫かしら。

男　わざわざ＿＿＿＿＿＿と思うよ。行ったらかえって気を＿＿＿＿＿＿よ。

女　そうかしら。じゃあ、せめて＿＿＿＿＿＿ぐらいお送りしようかしら。

男　＿＿＿＿＿＿で＿＿＿＿＿＿みたいな手軽に＿＿＿＿＿＿物がいいんじゃないか。

+단어 **お見舞い** 문병　**気を使う** 마음을 쓰다　**団子** 경단　**常務** 상무　**奥様** 부인, 사모님　**せめて** 하다못해, 적어도
花より団子 꽃보다 경단, 허울보다는 실속을 좇음　**手軽** 손쉬움, 간편함　**つまむ** 집다, 집어먹다

8 女の人は出来合い餃子のことをどう思っていますか。

(A) 出来合いの餃子より手作したものの方がおいしい。

(B) 出来合い餃子への有毒物質の混入経路は判明していない。

男　え？餃子なの？ちょっと餃子は＿＿＿＿＿＿よ。

女　ああ、大丈夫よ。これは私が＿＿＿＿＿＿から作ったものだから、安心して。

男　最近は恐ろしくて＿＿＿＿＿＿の物は口にできないよ。

女　例の事件の餃子、どこで＿＿＿＿＿＿が入ったのかもまだ分かっていないし、

　　当面は＿＿＿＿＿＿つもりよ。

+단어 **出来合い** 이미 되어 있는 것, 기성(품)　**餃子** 만두　**手作** 손으로 만든 것, 수제　**有毒物質** 유독 물질　**混入** 혼입
経路 경로　**判明** 판명　**勘弁** 용서함, 참음　**皮** 만두피　**安心** 안심　**恐ろしい** 두렵다　**当面** 당분간, 우선

9 打ち合わせで使う資料はどのようになっていますか。

(A) 準備万端整っている。　　　　　　(B) まだコピーされていない。

> 女　木下君、今日の打ち合わせで使う資料の＿＿＿＿＿＿＿は？
>
> 男　あ！あの、今日の２時からでしたよね。
>
> 女　ちょっと、しっかりしてよ。昨日あんなに＿＿＿＿＿＿＿しておいたのに。
>
> 男　すみません、＿＿＿＿＿＿＿お持ちします。

＋단어　打ち合わせ (사전) 협의, 미리 상의함　　準備万端 만반의 준비　　整う 정리되다, 갖추어지다
念押し 거듭 다짐함, 몇 번이고 확인함　　至急 매우 급함

10 女の人はどう思っていますか。

(A) 主婦がもっと議員や官僚にならなければいけない。

(B) 出産しても働きやすい社会を作ってくれる人に投票したい。

> 女　「政治を台所から変える」って具体的にどういうことなのかな。
>
> 男　主婦の視点で政治を変えるってことじゃない？＿＿＿＿＿＿＿とか、福祉の充実とか。
>
> 女　＿＿＿＿＿＿＿、また職場に＿＿＿＿＿＿＿社会作りに取り組む人に一票投じたいわ。
>
> 男　政治家のみならず官僚にも男性が多いから、政治や行政の場にもっと女性が
> 　　＿＿＿＿＿＿＿必要があるよね。

＋단어　議員 의원　官僚 관료　投票 투표　具体的 구체적　視点 시점　消費税 소비세　廃止 폐지　福祉 복지
充実 충실　出産 출산　職場 직장　復帰 복귀　一票 한 표　投じる 던지다　〜のみならず 〜뿐만 아니라
行政 행정　参画 계획에 참여함, 참획

1	B	手抜(てぬ)かり, 朝一(あさいち)で, 早朝(そうちょう)
2	A	あがらせて, プレゼン, ぶっ通(とお)し, 徹夜(てつや), 宅配(たくはい)ピザ
3	A	滞(とどこお)って, ままならなくて, 償還請求(しょうかんせいきゅう), よしみ
4	B	ちょうだい, 持(も)ち合(あ)わせ, お見知(みし)りおき, 噂(うわさ)
5	B	汚職事件(おしょくじけん), 市職員(ししょくいん), 憤(いきどお)り, 下(した)っ端(ぱ)
6	B	輸出(ゆしゅつ), 景気回復(けいきかいふく), つかみにくい
7	A	お見舞(みま)い, 行(い)くまでもない, 使(つか)わせてしまう, お花(はな), 花(はな)より団子(だんご), クッキー, つまめる
8	B	勘弁(かんべん)して, 皮(かわ), 出来合(できあ)い, 有毒物質(ゆうどくぶっしつ), 手作(てづく)りする
9	B	コピー, 念押(ねんお)し, 至急(しきゅう)
10	B	消費税廃止(しょうひぜいはいし), 出産(しゅっさん)しても, 復帰(ふっき)しやすい, 参画(さんかく)する

次の会話をよく聞いて、後の問いに最も適したものを(A)から(D)の中で一つ選びなさい。

1 男の人は話題の大学生をどう思っていますか。

(A) 経済的に自立していない人
(B) いつまでも親を頼っている人
(C) 人の金に手を出してもいい人
(D) 両親のために大枚をはたける人

2 女の人は環境問題についてどんな考えを持っていますか。

(A) 温室効果ガス削減は無理だ。
(B) 便利な生活を捨てるのは困難に等しい。
(C) 環境問題に取り組むことに意味はない。
(D) 早急に政府と民間が一つになって取り組むべきである。

3 女の人はこれから何をしますか。

(A) 管理人に電話する。
(B) 出張修理を申し込む。
(C) 洗濯物の量を確認する。
(D) 洗濯機の置き方を調べる。

4 入力作業をすることの長所は何ですか。

(A) リアルタイムで受注することができる。
(B) 仕事不足の現場に労働の場を与えられる。
(C) 常に充分な在庫を確保することができる。
(D) 社員が検討し合いながら仕事を進められる。

5 環境に優しい生活をするため何をしますか。

(A) 電気自動車を買う。
(B) 公共交通を利用する。
(C) 車をやめて自転車に乗る。
(D) CO_2の排出量を計測する。

6 男の人はこれからどうしますか。

(A) 自分の会社に大急ぎで戻る。
(B) とりあえず荷造りをして退社する。
(C) コンサルタントをした会社から接待を受ける。
(D) プロジェクトの成功を祝って祝砲を打ち上げる。

7 田中さんが現在していることは何ですか。

(A) 恵まれない子どものために募金をしている。
(B) 医薬品をネットで購入しようとしている。
(C) NPOにボランティアとして参加している。
(D) 経済危機についてのインターネット講義の申し込みをしている。

8　会話の内容と合っているのはどれですか。

(A) 田中工業は当初の見積金額を払えない。

(B) 田中工業は資金繰りに行き詰まり倒産
した。

(C) 不景気の影響で田中さんは家賃を支払
えない。

(D) 田中工業は猫の手も借りたいほど人手
不足である。

9　最近、どんな詐欺による被害がありま
したか。

(A) サプリメント販売会社のネズミ講

(B) お巡りさんに変装して金をだましとる
詐欺

(C) 電話をして金を振り込ませるオレオレ
詐欺

(D) 架空の請求書を送り、銀行に金を振り
込ませる詐欺

10　会話の内容と合っているのはどれですか。

(A) 自分もいつ首を切られるか怖い。

(B) 海外派遣ができなくて困っている。

(C) 明日、派遣の仕事が終わってしまう。

(D) 毎日、耳が痛くて夜眠れないのでつらい。

11　女の人は栄転できた理由を何だと考え
ていますか。

(A) 人一倍努力したから

(B) 人付き合いがうまいから

(C) 英語がネイティブ並みだから

(D) 常務が手塩にかけて育ててくれたから

12　男の人は商品の広告をどうしますか。

(A) 広告にはびた一文出す気はない。

(B) 広告には有名タレントを使いたい。

(C) 広告には糸目を付けないことにする。

(D) 広告を出すかは自分の一存では決めら
れない。

13　木下君は一番最初に何をしますか。

(A) 郵便局に行く。

(B) お饅頭を食べる。

(C) ファックスを送る。

(D) 会議室に資料を届ける。

14　鈴木頭取が来たら女の人は何をしますか。

(A) お茶とお菓子を出す。

(B) 第一応接室に案内する。

(C) 常務の部屋で待ってもらう。

(D) 常務のケータイに電話する。

15　女の人は何に対して不安を感じていま
すか。

(A) 老後の生活資金

(B) 平均寿命までの生存率

(C) 夫の生命保険の保険料の値上げ

(D) 高齢女性の生活支援対策の打切り

Ⅲ 次の会話をよく聞いて、後の問いに最も適したものを(A)から(D)の中で一つ選びなさい。

51 部長の妻はどういう人ですか。

(A) 絶世の美女である。

(B) 料理の腕前がプロ級である。

(C) 全てにおいて完璧な人である。

(D) 月やすっぽんのように顔が丸い。

52 二人は今どこにいますか。

(A) 親戚の叔父の告別式

(B) 取引先の創業記念式典

(C) 幼なじみの誕生パーティー

(D) 同僚の結婚披露宴

53 女の人は部長についてどう思っていますか。

(A) 心優しい人である。

(B) 情が細やかである。

(C) リーダーシップがある。

(D) よく人の揚げ足を取る。

54 男の人は何に苦しんでいますか。

(A) 二日酔い

(B) 体重増加

(C) 鳥よけ対策

(D) 休刊の知らせ

55 女の人はケータイについてどう思っていますか。

(A) 娘の身を守るのはケータイしかない。

(B) ケータイの使用には長所と短所がある。

(C) 子どもには高価で、買い与えるのにちゅうちょする。

(D) 犯罪の温床なので、我が子に使わせる気は毛頭ない。

56 ヒートアイランド現象の影響として挙げられているのはどれですか。

(A) 連日の熱帯夜

(B) 汗っかきの人の増加

(C) クールビズ運動の衰退

(D) 熱帯地方並みの都市部の高温化

57 人気の商品にはどんな特徴がありますか。

(A) 近視の小学生向けに特別に作られた。

(B) 転倒しても眼鏡で怪我することがない。

(C) フレームのデザインが非常に優れている。

(D) いくらテレビを見ても視力が低下しない。

58 会話の内容と合っていることわざは
どれですか。

(A) 左団扇

(B) 親方日の丸

(C) 河童の川流れ

(D) 勝って兜の緒を締めよ

59 山田さんは大阪で何をしますか。

(A) 大阪支店を開店する。

(B) 大阪支店にスパイに行く。

(C) 大阪支店をよみがえらせる。

(D) 大阪支店の支店長を励ます。

60 糖尿病を克服するために何をするのが
いいですか。

(A) 健康診断を定期的に受ける。

(B) 体を動かし、食事を制限する。

(C) 血糖値を下げる健康飲料を飲む。

(D) 朝起きてすぐにシャワーを浴びる。

61 なぜ花見シーズンは前倒しになりそう
なのですか。

(A) 花冷えの日が数日続いたため

(B) 地球温暖化による暖冬のため

(C) 満開の桜の下で初詣がしたいので

(D) 北海道でも４日ごろ花見をしたいので

62 何について話をしていますか。

(A) 香田ミクの家が放火されたこと

(B) 後を絶たない警察の不祥事のこと

(C) あるSNSに書き込みが集中したこと

(D) 事実無根の中傷をした香田の逮捕のこと

63 この時期に注意しなければならないのは
何ですか。

(A) 雹

(B) 風評

(C) 食中毒

(D) 山火事

64 会話の内容と合っているのはどれですか。

(A) 救急車がなかなか来ないので肝を冷や
した。

(B) 男の人は前にも同様の激痛に見舞われ
たことがある。

(C) 手術が遅れていたら手遅れになってい
たかも知れない。

(D) ひどい痛みと吐気で早朝までぐったり
と横になっていた。

65 二人は今何をしていますか。

(A) 大掃除をしている。
(B) 準備体操をしている。
(C) アイドルのグッズを選んでいる。
(D) 引っ越しの準備をしている。

66 会話の内容と合っているのはどれですか。

(A) サンプルの出来栄えに皆ほくそ笑んでいる。
(B) 以前人気を博した商品に匹敵する良品ができた。
(C) 鈴木は家庭の事情でメールを送るのが遅くなった。
(D) 電話を入れるのが遅くなり、平身低頭して謝っている。

67 女の人は何をしようとしていますか。

(A) 遠足にパンと牛乳を持っていく。
(B) 時間がないので、新米で握り飯を作る。
(C) ご飯を炊くため新米を注文する。
(D) これから余り物のご飯で炒めご飯を作る。

68 直木さんは本を読んだ後、どうしますか。

(A) 古本屋で売る。
(B) 部屋に積んでおく。
(C) 女の人に貸してあげる。
(D) 新聞の書評欄に原稿を書く。

69 彼はなぜ裁判を受けていますか。

(A) 賄賂を手にしたから
(B) 麻薬に手を出したから
(C) 幼い子を手にかけたから
(D) 公共工事で手を抜いたから

70 女の人はどこに電話をしていますか。

(A) 航空会社
(B) 鉄道会社
(C) フェリー会社
(D) リムジンバス会社

71 今はどんな季節ですか。

(A) 小春
(B) 盛夏
(C) 晩秋
(D) 初冬

72 木村さんはどんな人ですか。

(A) いつも青白くて寝不足気味の顔をしている。

(B) エリートだが約束の時間は守ったことがない。

(C) いい年をして方向音痴なので友だちに笑われる。

(D) おっちょこちょいなところのある万引き常習犯である。

73 会話の内容と合っていることわざはどれですか。

(A) 猫に鰹節

(B) 元の木阿弥

(C) ひょうたんから駒

(D) 腹が減っては軍はできぬ

74 横山さんが好きな靴はどんな靴ですか。

(A) スニーカー

(B) かわいい靴

(C) ヒールの高い靴

(D) 外反母指用の靴

75 今何をしていますか。

(A) 展示会

(B) 打ち上げ

(C) 試合の反省会

(D) 東京音頭の練習

76 二人は何について話をしていますか。

(A) 火災防止対策の重要性

(B) 地震被害地域の復興状況

(C) 被災地の防火訓練の意義

(D) 火山被害についての公平な報道

77 結婚に積極的ではない理由について正しいのはどれですか。

(A) 「経済的な事情」は10%を上回る。

(B) 「相手がいない」が50%弱である。

(C) 「一人の時間が好き」は20%を切る。

(D) 「必要性がない」は10%を越えない。

78 女の人は今年満何歳ですか。

(A) 36歳

(B) 38歳

(C) 46歳

(D) 60歳

79 どうして兄の方が妹より腕が赤くなり
　　ましたか。

(A) しょっちゅう窓を開けてうたた寝をす
　　　るから
(B) 仕事柄、日没後にも屋外で働くことが
　　　多いから
(C) 色が白くて外部からの刺激に敏感に反応
　　　するから
(D) お客様の前では半袖の着用しか認めら
　　　れていないから

80 会話の内容と合っているのはどれですか。

(A) 高木さんの父親が他界した。
(B) 高木さんは両親に感謝している。
(C) 高木さんはガンにおかされている。
(D) 高木さんは今まで父親に親孝行できな
　　　かった。

PART 4

설명문

PART 4는 뉴스, 일상생활 정보, 인물, 광고, 전화 통화 내용 등의 다소 긴 길이의 문단으로 이루어져 있어서 청해 문제 중 가장 어려운 부분에 속해요. 들려주는 설명문의 속도가 빠르고, 정치, 경제, 시사, 비즈니스 등 전문적인 내용의 문제가 주를 이루기 때문에 전문적인 어휘에도 익숙해져야 해요.

긴 설명문을 듣고 나서 문제를 풀면 설명문 내용을 잊어버리거나 문제의 요지를 놓칠 수 있어요. 따라서 미리 질문과 대답을 읽어 보고, 필요한 내용을 메모해 가며 체크할 필요가 있어요. 숫자, 장소, 기간, 이유 등 혼동을 유도하는 문제가 나오므로 문제의 의도를 파악하여 정확한 답을 찾도록 해야 해요.

유형 공략

1 음성을 듣기 전에 **질문지의 질문을 먼저 파악**하고, 앞으로 제시될 지문의 내용을 짐작해 보세요.

2 고득점 획득을 위해서는 인물의 성격이나 모습, 주변의 생활 정보 및 전화 통화 내용과 같은 **일상생활에 관한** 고난도의 표현 및 어휘를 습득하도록 합니다.

3 사건의 원인과 결과, 일의 목적, 진행 과정 등 문제의 포인트를 찾고, 지문의 내용을 메모하여 질문지의 내용과 비교하면서 문제를 풀어 보세요.

예제 次の文章をよく聞いて、後の問いに最も適したものを(A)から(D)の中で一つ 選びなさい。

中田さんの娘は叱られるとどうしますか。

(A) いい子ぶる。

(B) 不平不満を言う。

(C) 腹いせにやけ食いをする。

(D) 振り返って反省する。

나카타 씨의 딸은 혼나면 어떻게 합니까?

(A) 착한 척한다.

(B) 불평불만을 말한다.

(C) 분풀이로 폭식을 한다.

(D) 되돌아보고 반성한다.

中田さんは6時に起床して朝食を準備して、家を片付けてから出勤します。中田さんは前向きに何事にも取り組み、会社のまとめ役なので、会社にとって欠かせない存在ですが、退職して家事と子育てをきちんとこなしたいと思っています。娘はいつもひじ枕で昼寝をしているし、努力もしないし、成績も全然上がりません。その上、娘は恥じらいのないおてんばです。中田さんが小言を言うと、かえって怒り、足をばたつかせるわ、文句を言うわで中田さんは困っています。

나카타 씨는 6시에 일어나서 아침 식사를 준비하고 집 안을 정리하고 나서 출근합니다. 나카타 씨는 적극적으로 매사에 힘쓰며, 회사에서 조정자의 역할을 하기 때문에 회사에서 빼놓을 수 없는 존재이지만, 퇴직해서 집안일과 아이 키우기를 제대로 하고 싶다고 생각하고 있습니다. 딸은 항상 팔베개를 하고 낮잠을 자고, 노력도 하지 않고, 성적도 전혀 안 오릅니다. 게다가 딸은 부끄러움을 모르는 말괄량이입니다. 나카타 씨가 잔소리를 하면 오히려 화를 내며 버둥거리기나 하고, 불만을 말해서 난처합니다.

╋해설 '딸의 반응'을 묻는 문제로, 딸의 행동거지를 잘 메모한 뒤 제시된 보기와 대조하며 문제를 풀어 나가야 합니다.

╋단어 ~ぶる ~인 체하다 地団駄を踏む 몹시 분해하며 세차게 땅을 구르다 起床 기상 取り組む 맞붙다, 몰두하다 まとめ役 이해관계를 조정해서 일을 부드럽게 진행시키는 사람 恥じらい 수줍음, 부끄러움 おてんば 말괄량이 ばたつく 버둥거리다, 펄럭이다

꼭 외워야 할 필수 표현

일상생활 (037)

인물 소개

● 一人
玄人 <ruby>玄人<rt>くろうと</rt></ruby> 전문가
素人 <ruby>素人<rt>しろうと</rt></ruby> 초보자
仲人 <ruby>仲人<rt>なこうど</rt></ruby> 중매인, 중재인

● 一家・一者・一屋
美食家 <ruby>美食家<rt>びしょくか</rt></ruby> 미식가
うっかり者 <ruby>者<rt>もの</rt></ruby> 멍청이
臆病者 <ruby>臆病者<rt>おくびょうもの</rt></ruby> 겁쟁이
口達者 <ruby>口達者<rt>くちだっしゃ</rt></ruby> 능변가
人気者 <ruby>人気者<rt>にんきもの</rt></ruby> 인기인
日和見主義者 <ruby>日和見主義者<rt>ひよりみしゅぎしゃ</rt></ruby> 기회주의자
すまし屋 <ruby>屋<rt>や</rt></ruby> 새침데기
恥ずかしがり屋 <ruby>恥<rt>は</rt></ruby> 숫기가 없는 사람

● 인물
上役 <ruby>上役<rt>うわやく</rt></ruby> 상사
おてんば 말괄량이
家庭教師 <ruby>家庭教師<rt>かていきょうし</rt></ruby> 가정 교사
常連 <ruby>常連<rt>じょうれん</rt></ruby> 단골 손님
新米 <ruby>新米<rt>しんまい</rt></ruby> 신입 사원
相場師 <ruby>相場師<rt>そうばし</rt></ruby> 투기꾼
二枚目 <ruby>二枚目<rt>にまいめ</rt></ruby> 미남, 미남 배우
のろま 아둔함, 멍청이
フリーター 아르바이트로 생활하는 사람
まとめ役 <ruby>役<rt>やく</rt></ruby> 수습을 하는 역할, 또는 그런 사람
まぬけ 얼간이 같은 짓, 멍청이
見掛け倒しの人 <ruby>見掛<rt>みか</rt></ruby> <ruby>倒<rt>だお</rt></ruby> <ruby>人<rt>ひと</rt></ruby> 겉만 번드르한 사람

見掛けによらない人 보기와는 다른 사람
ライバル 라이벌
良妻賢母 <ruby>良妻賢母<rt>りょうさいけんぼ</rt></ruby> 현모양처
腕白 <ruby>腕白<rt>わんぱく</rt></ruby> 개구쟁이

● 인물 표정
浮かぬ顔をしている <ruby>浮<rt>う</rt></ruby> <ruby>顔<rt>かお</rt></ruby> 우울한 얼굴을 하고 있다
うっとりと見とれる 넋을 잃고 보다
際立つ <ruby>際立<rt>きわだ</rt></ruby> 두드러지게 눈에 띄다
口をつぼめる <ruby>口<rt>くち</rt></ruby> 입을 오므리다
渋い顔をしている <ruby>渋<rt>しぶ</rt></ruby> 떨떠름한 얼굴을 하고 있다
つんとしている 뾰로통해 있다
なに食わぬ顔をしている <ruby>食<rt>く</rt></ruby> 시치미 떼는 얼굴을 하고 있다
みすぼらしい 볼품없다, 몰골이 초라하다

● 인물 성정
厚かましい <ruby>厚<rt>あつ</rt></ruby> 뻔뻔스럽다
いい子ぶる <ruby>子<rt>こ</rt></ruby> 착한 척하다
勇ましい <ruby>勇<rt>いさ</rt></ruby> 용감하다, 대담하다
いじわるをする 짓궂은 짓을 하다
一人前になる <ruby>一人前<rt>いちにんまえ</rt></ruby> 제 몫을 하게 되다
内気な <ruby>内気<rt>うちき</rt></ruby> 내성적인
有頂天 <ruby>有頂天<rt>うちょうてん</rt></ruby> 기뻐 어찌할 줄 모름
腕前がいい <ruby>腕前<rt>うでまえ</rt></ruby> 솜씨가 좋다
うぶな 순진한, 때묻지 않은
お世辞がうまい <ruby>世辞<rt>せじ</rt></ruby> 아부를 잘하다
おっちょこちょいな 경박한, 덜렁대는
愚かな <ruby>愚<rt>おろ</rt></ruby> 어리석은
角が立つ <ruby>角<rt>かど</rt></ruby> <ruby>立<rt>た</rt></ruby> 모가 나다
気さくな <ruby>気<rt>き</rt></ruby> 싹싹한, 스스럼없는

청해 · PART 4 설명문 127

ぎすぎすしている　냉정하다, 쌀쌀하다

几帳面な　성격이 착실하고 꼼꼼한

愚痴をこぼす　푸념을 늘어놓다

謙虚な　겸허한

仮病をつかう　꾀병을 부리다

地団駄を踏む　발을 구르며 몹시 분해하다

質素な　검소한

しぶとい　끈질기다, 강인하다, 고집이 세다

図太い　유들유들하다, 넉살 좋다, 대담하다

ずぼらな　야무지지 못한, 흐리터분한

狡い　교활하다

清潔な　청결한

せせこましい　옹졸하다, 좀스럽다

繊細な　섬세한, 예민한

そそっかしい　덜렁대다

だらしない　야무지지 못하다

つつましい　조심성스럽다, 얌전하다

手際がいい　손재주가 좋다

鉄面皮である　철면피이다

度胸がある　배짱이 있다

とぼける　시치미 떼다

貪欲な　탐욕스러운

ひたむきな　외곬의, 한 가지 일에 열중하는

人見知りをする　낯을 가리다

ぶっきらぼうな　퉁명스러운

へつらう　아첨을 떨다

ほらをふく　허풍을 떨다

ませる　조숙하다, 되바라지다

優柔不断な　우유부단한

생활 정보 안내

● 음식, 요리

一献を交える　함께 술을 마시다

カビが生える　곰팡이가 피다

麹を発酵させる　누룩을 발효시키다

香ばしいにおいがする　고소한 냄새가 나다

酵母を利用する　효모를 이용하다

食品を寝かせる　식품을 재우다

添加物が混ざっている　첨가물이 섞여 있다

苦味がある　쓴맛이 나다

ぬか漬けにする　쌀겨에 절이다

防腐剤を入れる　방부제를 넣다

焼き加減にこだわる　굽기 정도에 까다롭다

● 교육

跡継ぎを養成する　후계자를 양성하다

遺跡を探索する　유적을 탐색하다

英才教育を施す　영재 교육을 행하다

教職に携わる　교직에 종사하다

子どもの教育に熱心だ　아이 교육에 열성이다

才能を伸ばす　재능을 키우다

先取り学習をする　선행 학습을 하다

早期教育が行われる　조기 교육이 이루어지다

思春期を迎える　사춘기를 맞이하다

就労査証に変更する　취업 비자로 변경하다

単位を取る　학점을 따다

ビザを申請する　비자를 신청하다

● 운동, 의료

応急処置をする 응급 처치를 하다

体に負担になる 몸에 부담이 되다

筋トレでお腹のぜい肉を落とす
근육 트레이닝으로 뱃살을 빼다

筋肉を鍛える 근육을 단련하다

血液の循環を良くする 혈액 순환을 좋게 하다

血行不良を改善する 혈액 순환 불량을 개선하다

自律神経を整える 자율 신경을 조절하다

新陳代謝が悪い 신진대사가 나쁘다

摂食障害を克服する 섭식 장애를 극복하다

専門医に相談する 전문의에게 상담하다

体温を調節する 체온을 조절하다

有酸素運動を取り入れる 유산소 운동을 도입하다

● 상점

顧客に押し売りする 고객에게 강매하다

在庫状況を検索する 재고 현황을 검색하다

施設を閉鎖する 시설을 폐쇄하다

旬の野菜を使う 제철 야채를 사용하다

代引きで買える 대금 상환으로 살 수 있다

着払いで品物を送る 착불로 물품을 보내다

取り柄がある 장점이 있다

半額になる 반값이 되다

ハンドメードが注目される
핸드메이드가 주목받다

美肌効果がある 피부 미용에 효과가 있다

ペアリングを選ぶ 커플링을 고르다

目元パックを注文する 눈가 (전용)팩을 주문하다

● 주거

空き家が増える 빈집이 늘다

違約金を支払う 위약금을 물다

医療施設を備える 의료 시설을 마련하다

近隣施設が充実している 근린 시설이 충실하다

生活騒音を減らす 생활 소음을 줄이다

騒音トラブルに遭う 소음 문제를 만나다

手付けを打つ 계약 보증금을 걸다

ドアチェーンをつける 도어체인을 달다

防音対策を施す 방음 대책을 세우다

ルームシェアをしている 룸 셰어를 하고 있다

露天風呂が楽しめる 노천 온천을 즐길 수 있다

● 안내

運休情報を提供する 운휴 정보를 제공하다

エコカー減税の対象となる
친환경차 감세의 대상이 되다

書留で送付する 등기로 송부하다

合併症を引き起こす 합병증을 일으키다

重症化予防効果を高める
중증화 예방 효과를 높이다

宅配便の荷物を追跡する
택배편으로 보낸 짐을 추적하다

遅延情報が表示される 지연 정보가 표시되다

電波に乗る 방송을 타다

糖尿病を予防する 당뇨병을 예방하다

生放送を実施する 생방송을 실시하다

燃費を参考にする 연비를 참고로 하다

乗換案内アプリを勧める 환승 안내 앱을 권하다

配達状況を検索する 배달 상황을 검색하다

老後資金を用意する 노후 자금을 준비하다

ワクチンの接種を勧める 백신 접종을 권하다

● 교통

相乗りする 합승하다

豪華客船で一周する 호화 객선을 타고 일주하다

燃料費の節約ができる 연료비를 절약할 수 있다

耳よりな話 솔깃한 이야기

行き届く (주의가) 두루 미치다, 자상하게 마음 쓰다

(＝いきとどく)

전화 통화

● 전화 종류

居留守 있으면서 없는 척하는 것

押し売りの電話 강매 전화

着信拒否登録 착신 거부 등록

無言電話 무언 전화

迷惑電話 스팸 전화

わいせつ電話 외설 전화

● 전화 응대

拝みながら頼む 공손히 부탁하다

お電話番号をお伺いする 전화번호를 여쭈다

お電話を差し上げる 전화를 드리다

かけ直させていただく 다시 전화 걸다

(させていただく：する의 겸양어)

肝心な事柄を忘れる 중요한 일을 잊다

期日が差し迫る 기일이 임박하다

口頭で約束を取り付ける 구두로 약속을 얻어 내다

差し支える 지장이 있다, 방해가 되다

出社する 출근하다

電話が遠い 전화의 감이 멀다

電話を取り次ぐ 전화를 바꾸다

場違いな意見 그 자리에 어울리지 않는 의견

保留する 보류하다

잘 듣고 (A), (B) 중 알맞은 답을 고른 후, 다시 한번 들으면서 빈칸을 채워 보세요.

(1~2)

1 山田さんはどんな人ですか。

(A) 口達者でませている。　　　(B) 細かいところまで物事をきちんとする。

2 山田さんの運転はどうですか。

(A) 運転経験が豊富で非常に上手い。　(B) 運転初心者で少しおぼつかない。

山田さんは２年間の＿＿＿＿＿生活の後、去年入社しました。入社当時は免許がなくて同僚の車に＿＿＿＿＿して出勤していましたが、今月の頭に免許を取って、＿＿＿＿＿し始めました。仕事に関しては、山田さんは＿＿＿＿＿なようで、最後まで確実にやりとげるし、＿＿＿＿＿に対応するのがうまいので頼もしいです。また人々に気配りができ、礼儀を＿＿＿＿＿いて、円満な人間関係を＿＿＿＿＿います。でも、自分の気持ちを言葉にあまり表さないので、＿＿＿＿＿に欠けているようにも見えます。こんな山田さんと私は残業があって仕事が遅くなりそうになると、いつも近所の＿＿＿＿＿のうどん屋から出前を取ります。

+단어　**口達者**（くちだっしゃ） 수다스러움, 입심 좋음, 수다쟁이　**ませる** 되바라지다, 조숙하다　**豊富**（ほうふ） 풍부함
初心者（しょしんしゃ） 초심자　**おぼつかない** 불안하다　**フリーター** 프리터, 아르바이트로만 생활하는 사람　**免許**（めんきょ） 면허
相乗り（あいのり） 합승　**几帳面**（きちょうめん） 성격이 착실하고 꼼꼼함　**やりとげる** 끝까지 해내다　**臨機応変**（りんきおうへん） 임기응변
頼もしい（たのもしい） 믿음직하다　**気配り**（きくばり） 배려, 여러모로 마음을 두루 씀
礼儀をわきまえている（れいぎ） 예의를 차릴 줄 안다, 인사성이 밝다　**円満**（えんまん） 원만함　**築きあげる**（きずきあげる） 쌓아 올리다
自主性（じしゅせい） 자주성　**行き付け**（いきつけ） 단골　**出前**（でまえ） 배달

4 설명문

(3~4)

3 成績の悪い人が塾に通う理由は何ですか。

(A) 情報を得るため　　　　　(B) いい会社に勤めるため

4 浪人する理由は何ですか。

(A) 高学歴を得るため　　　　(B) 希望する学科に入るため

日本では一般的に＿＿＿＿＿＿＿や＿＿＿＿＿＿＿よりも最終学歴が人の経歴や収入に強く影響するから、有名大学への＿＿＿＿＿＿＿は高いです。よい大学に進学するために、親たちは子どもに幼児の時から＿＿＿＿＿＿＿を受けさせ、学力の向上に努めます。その後、子どもたちは学校に通いながら、放課後や休日に塾や＿＿＿＿＿＿＿に通って受験勉強をします。成績のいい生徒は安定した上位の成績を＿＿＿＿＿＿＿ために通いますが、そうではない生徒は大学入試の＿＿＿＿＿＿＿を得るため通うそうです。結構いい大学に合格しても、＿＿＿＿＿＿＿に入るため＿＿＿＿＿＿＿をする人もいます。大学の入学者のうち浪人入学者は増加してきていますが、＿＿＿＿＿＿＿入学者は全体の６７％となっています。

＋단어 | 情報 정보　浪人 재수생　コネ 연줄, 연고(＝つて)　経歴 경력　競争率 경쟁률　幼児 유아
英才教育 영재 교육　向上 향상　～に努める ～에 힘쓰다　放課後 방과 후　予備校 대학 입시 교육 기관, 학원
上位 상위　保つ 유지하다, 지키다　現役 현역

(5~6)

5 消費期限が表示される食品は何ですか。

(A) 精肉 　　　　　　　　　　　(B) 牛乳

6 賞味期限はどんな食品に表示されますか。

(A) 比較的劣化しにくい食品 　　　(B) 製造から５日以内で品質が劣化する食品

食品の期限表示には消費期限と賞味期限の２種類があります。いずれも＿＿＿＿＿＿＿の状態で、＿＿＿＿＿＿＿は製造日を含め概ね５日＿＿＿＿＿＿＿で、品質が急速に＿＿＿＿＿＿＿する生菓子や肉などの食品につけられます。＿＿＿＿＿＿＿は製造日を含め５日を＿＿＿＿＿＿＿、品質が比較的＿＿＿＿＿＿＿牛乳や乳製品などの食品につけられます。＿＿＿＿＿＿＿を過ぎても定められた方法で保存した場合は安全に食べられる食品もあります。きのこは＿＿＿＿＿＿＿が生えていなければ平気ですが、傘の裏が茶色に変色したり、＿＿＿＿＿＿＿なっていたら、傷んでいるという証拠なので、食べないようにしましょう。

+단어 消費期限しょうひきげん 소비 기한 表示ひょうじ 표시 食品しょくひん 식품 精肉せいにく 정육 劣化れっか 열화, 상태나 품질 등이 나빠짐
賞味期限しょうみきげん 상미 기한, 알맞게 보존했을 때 품질 유지가 가능하다고 인정되는 기한 品質ひんしつ 품질 いずれも 어느 것이나
未開封みかいふう 미개봉 概おおね 대강, 대체로 乳製品にゅうせいひん 유제품 保存ほぞん 보존 きのこ 버섯 カビ 곰팡이
カビが生はえる 곰팡이가 피다 平気へいき 끄떡없음, 태연함 傘かさの裏うら 갓의 안쪽 変色へんしょく 변색
水みずっぽい 수분이 많다, 습기 차다, 싱겁다 傷いたむ 상하다 証拠しょうこ 증거

(7~8)

7 何人で暮らしていますか。

(A) 四人 (B) 七人

8 この人の悩みは何ですか。

(A) 跡取り (B) 後始末

私は両親と_____している長男で、3人の_____はみな長男です。という
ことで、我が家では_____についていつも話題になります。娘の家族との同居を
希望していますが、もし同居してもお婿さんに気を_____、それが気がかりで
す。私と妻は自分達の事は自分で_____をするのがいいと思いますが、婿さんの
だれかが_____を_____くれると約束してくれたら安心です。

+단어 跡取あととり 상속자, 후계자 後始末あとしまつ 뒤처리, 마무리 同居どうきょ 동거 娘婿むすめむこ 사위 跡継あとつぎ 후사, 후계자
気きを使つかう 신경을 쓰다 気がかり 마음에 걸림, 걱정 婿むこ 사위 跡あと 대, 후사 跡あとを継つぐ 대를 잇다

(9~10)

9 本文の中で述べられている嫁姑問題の原因は何ですか。

(A) 姑が自分勝手なこと (B) 妻と実母の板挟みになること

10 本文の中で述べられている嫁姑が良好な関係を築くための解決策は何ですか。

(A) 適度な距離を保つ。 (B) 価値観を押し付ける。

嫁姑問題は今も昔も変わらずあります。4人に1人の_____で嫁姑問題に悩んでいます。女性だけの問題ではなく、男性も夫として息子として_____と_____の間で板挟みになってしまうことがあります。嫁姑問題の_____は双方が_____であることが挙げられています。嫁姑の良好な関係を_____ためには嫁と姑が適度な_____を保ち、お互いに_____にならないように注意すべきです。また、_____がきちんと向き合って_____を図ることも必要です。

＋단어 嫁姑問題（よめしゅうとめもんだい）고부 문제, 고부 갈등　原因（げんいん）원인　姑（しゅうとめ）시어머니, 장모　自分勝手（じぶんかって）제멋대로 함　実母（じつぼ）친모
板挟み（いたばさみ）둘 사이에 끼어 꼼짝 못함　良好（りょうこう）양호함　築く（きずく）쌓다, 쌓아올리다, 구축하다　保つ（たもつ）유지하다, 지키다
価値観（かちかん）가치관　押し付ける（おしつける）강압하다, 강제로 시키다　双方（そうほう）쌍방　過干渉（かかんしょう）지나치게 간섭함
向き合う（むきあう）마주 보다, 대하다　意思疎通（いしそつう）의사소통　図る（はかる）도모하다

(11~12)

11 食品添加物を入れる理由は何ですか。

(A) 栄養バランスのため　　　　　　　(B) 食品の品質を高めるため

12 食品添加物の防腐剤が体に蓄積するとどうなりますか。

(A) 食欲不振に陥りやすくなる。　　　(B) アレルギーが起こりやすくなる。

食品の_____、腐敗による品質低下の_____や、食品の外観、味、香りなど食品の品質の_____、食品の製造・加工、食品の栄養価_____のために食品に食品添加物を入れます。特に夏や梅雨時など_____原因菌の発生しやすい時に少しでも_____するように保存料、_____防止剤、防かび剤などを入れるのが効果的であります。食品添加物の使用基準は食品_____によって厳しく定められています。しかし、食品添加物の防腐剤が体に_____すると皮膚に_____や赤み、かゆみ、_____、じんま疹などの症状が現れたり、喘息発作や_____、下痢などの症状も起こりやすくなります。

＋단어 添加物（てんかぶつ）첨가물　栄養バランス（えいよう）영양 밸런스　防腐剤（ぼうふざい）방부제　蓄積（ちくせき）축적　食欲不振（しょくよくふしん）식욕 부진　酸化（さんか）산화
腐敗（ふはい）부패　品質低下（ひんしつていか）품질 저하　予防（よぼう）예방　外観（がいかん）외관　加工（かこう）가공　栄養価（えいようか）영양가　梅雨時（つゆどき）장마철
食中毒（しょくちゅうどく）식중독　原因菌（げんいんきん）원인균　長持ち（ながもち）오래감　防止剤（ぼうしざい）방지제　食品衛生法（しょくひんえいせいほう）식품위생법　皮膚（ひふ）피부
発疹（はっしん）발진(＝ほっしん)　かゆみ 가려움　じんま疹（しん）두드러기　症状（しょうじょう）증상　喘息（ぜんそく）천식　発作（ほっさ）발작
むくみ 부종, 부음　下痢（げり）설사

(13~14)

13 グリセリンソープをどんな形に切りますか。

(A) 正六面体   (B) 正四面体

14 型にオイルを塗る理由は何ですか。

(A) 取り混ぜやすくするため   (B) 取り外しやすくするため

家でも簡単に_____の石鹸が作れます。まず、グリセリンソープを2センチ角くらいの_____状にカットします。_____に入れ、電子レンジで様子を見ながら_____まで15秒_____加熱します。完全に溶けたらハーブ、ローズ、あんずの種などのお好みの_____と精油を入れて静かに混ぜます。型に入れる前に、石鹸を型から_____するためあらかじめ薄く_____を塗っておきます。固まったら、型から出して_____の良い場所で2～3日_____ます。

＋단어 **グリセリンソープ** 글리세린 소프 **正六面体**(せいろくめんたい) 정육면체 **正四面体**(せいしめんたい) 정사면체 **型**(かた) 틀 **オイル** 오일
塗る(ぬる) 칠하다 **取り混ぜる**(とりまぜる) 여러 가지를 한데 섞다, 뒤섞다 **取り外す**(とりはずす) 떼다, 빼다, 벗기다 **手作り**(てづくり) 수제, 손수 만듦
石鹸(せっけん) 비누 **さいころ** 주사위 **耐熱容器**(たいねつようき) 내열 용기 **溶ける**(とける) 녹다 **加熱**(かねつ) 가열 **ハーブ** 허브 **ローズ** 장미
あんず 살구 **種**(たね) 씨 **オプション** 옵션 **精油**(せいゆ) 식물에서 채취해 정제한 방향유, 정유 **抜く**(ぬく) 빼내다, 빼다
風通し(かぜとおし) 통풍 **乾かす**(かわかす) 말리다

(15~16)

15 どんなマナーについて話していますか。

(A) 自分が取り込み中の場合の電話マナー   (B) 顧客からの電話を切る時のマナー

16 電話する前に何をすべきですか。

(A) 得意先の電話番号を確認する。   (B) 用件を簡単かつ要領よく整理する。

電話する前に_____の会社名や名前、用件を_____整理してチェックします。しかし、相手が_____やあいさつ回りなどで不在だったり、_____で電話に出られないなど、すぐ切るしかない場合があります。その場合は、ひと呼吸置いて静かに_____を置いてもいいですが、通話が完全に_____ことを受話器からの音で確認してから受話器を置きます。_____の電話をガチャンと_____のは不快な感じを与えてしまいますから気をつけた方がいいです。

(17~18)

17　15歳の人の主な悩みは何ですか。

(A) 進学と就職　　　　　　　　　　(B) 勉強と交友関係

18　15歳の人の相談相手は誰ですか。

(A) クラスメート、両親　　　　　　(B) 学校の先輩、心理カウンセラー

現在の悩みや＿＿＿＿＿＿の内容を聞いたところ、中高生の年齢層では「＿＿＿＿＿＿
のこと」「友だちのこと」、18～21歳の年齢層では「＿＿＿＿＿＿のこと」「＿＿＿＿＿
のこと」が挙げられています。悩みや心配事の＿＿＿＿＿＿は中高生の年齢層では
「＿＿＿＿＿」「＿＿＿＿＿」「＿＿＿＿＿」です。18～21歳の年齢層では「＿＿＿＿＿」
「＿＿＿＿＿の＿＿＿＿＿」「＿＿＿＿＿」が挙げられました。

(19~20)

19　このホテルはどんなホテルですか。

(A) 宿泊客のみ駐車場が利用できる。

(B) 幼児と添い寝する場合は子どもは無料となる。

20　このホテルの客室はどうなっていますか。

(A) スイートルームに部屋が四部屋ある。

(B) ダブルルームは各部屋の扉が開放できる。

当ホテルは＿＿＿＿＿、ツイン、＿＿＿＿＿、スイートルームといった多様な客室と＿＿＿＿＿サービスが自慢です。スイートルームには2＿＿＿＿＿とリビングルームの他に、ダイニングルームもあります。なお、＿＿＿＿＿ができて、会議や＿＿＿＿＿などに利用できます。一部のツインルームは＿＿＿＿＿とベッドルームに分かれ、最大3名様まで利用できますし、ダブルルームには4名様までお泊まりいただけます。ホテルの料金は特に＿＿＿＿＿がない限り、＿＿＿＿＿あたりの料金です。＿＿＿＿＿のお子様と＿＿＿＿＿をされる場合はお子様の宿泊料は＿＿＿＿＿となります。ホテルの駐車場は1時間500円ですが、宿泊、飲食、プールなどホテルを利用された場合には＿＿＿＿＿です。

＋단어 **添い寝**(そ ね) 자는 사람 곁에 붙어 잠　**スイートルーム** 스위트룸　**ダブルルーム** 더블 룸　**扉**(とびら) 문　**開放**(かいほう) 개방

シングル 싱글, 1인용 객실　**ツイン** 트윈, 2인용 객실　**多様**(たよう) 다양함　**客室**(きゃくしつ) 객실　**行き届く**(ゆ とど) 주의가 구석구석 미치다, 자상하다　**自慢**(じまん) 자랑　**ダイニングルーム** 다이닝 룸　**コネクティング** 이웃한 트윈 룸의 문을 개방해서 넓은 공간으로 사용하는 것　**懇談会**(こんだんかい) 간담회　**断り**(ことわ) 거절, 양해, 사과함　**〜限り**(かぎ) 〜하는 한　**一部屋**(ひとへや) 한 방

就学前(しゅうがくまえ) 취학 전　**フリー** 공짜, 프리

1 B	**2** B	フリーター, 相乗(あいの)り, 運転(うんてん), 几帳面(きちょうめん), 臨機応変(りんきおうへん), わきまえて, 築(きず)きあげて, 自主性(じしゅせい), 行(い)き付(つ)け
3 A	**4** A	コネ, つて, 競争率(きょうそうりつ), 英才教育(えいさいきょういく), 予備校(よびこう), 保(たも)つ, 情報(じょうほう), 希望大学(きぼうだいがく), 浪人(ろうにん), 現役(げんえき)
5 A	**6** A	未開封(みかいふう), 消費期限(しょうひきげん), 以内(いない), 劣化(れっか), 賞味期限(しょうみきげん), 越(こ)え, 劣化(れっか)しにくい, 期限(きげん), カビ, 水(みず)っぽく
7 A	**8** A	同居(どうきょ), 娘婿(むすめむこ), 跡継(あとつ)ぎ, 使(つか)わせはしないか, 後始末(あとしまつ), 跡(あと), 継(つ)いで
9 A	**10** A	割合(わりあい), 妻(つま), 実母(じつぼ), 原因(げんいん), 自分勝手(じぶんかって), 築(きず)く, 距離(きょり), 過干渉(かかんしょう), 双方(そうほう), 意思疎通(いしそつう)
11 B	**12** B	酸化(さんか), 予防(よぼう), 向上(こうじょう), アップ, 食中毒(しょくちゅうどく), 長持(ながも)ち, 酸化(さんか), 衛生法(えいせいほう), 蓄積(ちくせき), 発疹(はっしん), アトピー, むくみ
13 A	**14** B	手作(てづく)り, さいころ, 耐熱容器(たいねつようき), 溶(と)ける, ずつ, オプション, 抜(ぬ)きやすく, オイル, 風通(かぜとお)し, 乾(かわ)かし
15 B	**16** B	相手(あいて), あらかじめ, 外回(そとまわ)り, 取(と)り込(こ)み中(ちゅう), 受話器(じゅわき), 切(き)れた, 得意先(とくいさき), 切(き)る
17 B	**18** A	心配事(しんぱいごと), 成績(せいせき), 進学(しんがく), 就職(しゅうしょく), 相談相手(そうだんあいて), 級友(きゅうゆう), 家族全員(かぞくぜんいん), スクールカウンセラー, 両親(りょうしん), 学校時代(がっこうじだい), 先輩(せんぱい), コンサルタント・ドクター
19 B	**20** A	シングル, ダブル, 行(ゆ)き届(とど)いた, ベッドルーム, コネクティング, 懇談会(こんだんかい), リビング, 断(ことわ)り, 一部屋(ひとへや), 就学前(しゅうがくまえ), 添(そ)い寝(ね), フリー, フリー

次の文章をよく聞いて、後の問いに最も適したものを(A)から(D)の中で一つ選びなさい。

(1~3)

1 加藤さんの出身地はどこですか。

(A) 秋田

(B) 札幌

(C) 東京

(D) 京都

2 加藤さんの子どもについて正しいのはどれですか。

(A) 娘が一人、息子が二人である。

(B) 末っ子は家内と瓜二つである。

(C) 長男は繊細で、二枚目である。

(D) 娘は見掛けによらずそそっかしい。

3 夢の家の条件はどれですか。

(A) 人口10万人以上の田舎

(B) 故郷の雰囲気が漂う所

(C) 歩いて電車に乗れる所

(D) 駅の近所に博物館がある所

(4~7)

4 JAS規格について正しいのはどれですか。

(A) 日本の総理大臣が定めるものである。

(B) 取引の合理化を図るためJAS規格が発足した。

(C) 平成11年に全ての食品に表示が義務づけられた。

(D) 最近、取引の公正化の問題が台頭し改定された。

5 一般JASマークの表示が見られる食品はどれですか。

(A) 缶コーヒー

(B) 手付けや手形など

(C) 有機栽培された特産品

(D) 有機牛乳やバターなど

6 特定JASマークはどんな物につきますか。

(A) 小売店舗で売られる物

(D) 生産地が国内である物

(C) 特に顧客からの反応がいい物

(D) 特別な材料や方法で作られた物

7 JASマークを虚偽に表示するとどうなりますか。

(A) 事業者に対して釘を刺す。

(B) 前例に鑑みて食品の販売を禁止する。

(C) 正確に表示するよう指導される。

(D) 職員を抜擢して店舗に派遣する。

8 海塩と食塩の違いは何ですか。

(A) 精製技術

(B) 精製する時期

(C) 海水の含有量

(D) ミネラルの含有量

9 塩の効用ではないのはどれですか。

(A) 殺菌効果

(B) 消化吸収

(C) 酸性化の防止

(D) 細胞の成長促進

10 塩漬けについて正しいのはどれですか。

(A) 腐敗を防ぐための貯蔵法の一種である。

(B) 塩味をきかせる場合は12％の塩で 漬ける。

(C) 貯蔵効果を高めるために、本漬けの前 に塩抜きをしない。

(D) 材料の素朴な風味を生かすために10％ の薄さの塩で漬ける。

유형 공략

1 음성을 듣기 전에 질문지의 질문을 먼저 파악하고, 앞으로 제시될 지문의 내용을 짐작해 보세요.

2 때와 장소 등 문제의 포인트를 찾아 제시되는 지문의 내용을 메모하여, 질문지의 내용과 비교하며 풀어 보세요.

3 환경 문제, 정치, 경제 등의 뉴스, 비즈니스, 문학 및 에세이에서 자주 사용되는 단어를 충분히 습득하세요.

예제 次の文章をよく聞いて、後の問いに最も適したものを(A)から(D)の中で一つ
選びなさい。

会社の都合で引っ越す時の費用はどうなりますか。

(A) 返還された敷金は会社に返上する。

(B) 新居の礼金と敷金は個人負担である。

(C) 引っ越しの際のガソリン代は支給される。

(D) 引っ越しの際の交通費は個人負担である。

회사의 사정으로 이사할 때의 비용은 어떻게
됩니까?

(A) 반환된 보증금은 회사에 반환한다.

(B) 새로 이사 갈 집의 사례금과 보증금은
　개인 부담이다.

(C) 이사할 때의 가솔린 값은 지급된다.

(D) 이사할 때의 교통비는 개인 부담이다.

会社の都合での転勤の引っ越し費用は会社持ちです。
敷金が返還されない場合は会社は負担しませんが、
新居の礼金と敷金は会社が負担します。引っ越しす
る前、現地に確認しに行く時の宿泊費や交通費は個
人負担です。振り込み手数料、段ボール代、梱包資
材はもちろん、自動車で移動する時はガソリン代と
高速代が支給されます。

회사 사정으로 인한 전근의 이사 비용은 회사 부
담입니다. 보증금이 반환되지 않을 경우는 회사
가 부담하지 않습니다만, 새로 이사 갈 집의 사례
금과 보증금은 회사가 부담합니다. 이사하기 전,
현지에 확인하러 갈 때의 숙박비나 교통비는 개
인 부담입니다. 이체 수수료, 박스 요금, 이삿짐
자재는 물론, 자동차로 이동할 때는 가솔린 요금
과 고속도로 요금이 지급됩니다.

+해설 이사 시의 비용 부담에 관한 문제로, 개인 부담에 해당되는 것과 회사 부담에 해당되는 사항을 주의 깊게 듣고, 보기를 하나
하나 체크해 가면서 문제를 풀어야 합니다.

+단어 返還 원래의 주인에게 돌려주는 것, 반환 　敷金 보증금 　返上 빌린 것을 돌려주는 것, 반환 　礼金 사례금
ガソリン代 가솔린 값 　会社持ち 회사 부담 　段ボール代 박스 요금 　梱包 꾸린 짐짝, 이삿짐
高速代 고속도로 요금

시사, 비즈니스 🎧041

시사

● 사건, 사고

暫定的な結論を出す　잠정적인 결론을 내다

謝罪の意を伝える　사죄의 뜻을 전하다

手がかりをつかむ　단서를 잡다

手抜き工事が疑われる　부실 공사가 의심되다

問いただす　따지다, 추궁하다

取り止めになる　중지되다

どんでん返しになる　완전히 반대로 되다

乗っ取りを画策する　납치(탈취)를 획책하다

抜本的な対策を求める　발본적인 대책을 구하다

判決を言い渡す　판결을 선고하다

人質を救い出す　인질을 구해 내다

骨抜きにされる　알맹이가 빠지다

もめごとに巻き込まれる　분쟁에 휘말리다

行く手を阻む　가는 길을 막다

● 일기 예보

悪天候　악천후

温帯気候　온대 기후

海洋性　해양성

寒冷前線　한랭 전선

狐の嫁入り　여우비

小雨　가랑비

小春日和　음력 10월의 따뜻한 날씨

五風十雨　농사에 알맞은 기후

五月晴れ　5월의 맑게 갠 날씨

時雨　(늦가을부터 초겨울에 걸쳐) 한차례 지나가는 비

大陸性　대륙성

梅雨明け　장마가 갬

土砂崩れ　산사태

土砂降り　억수로 쏟아지는 비

雪崩　눈사태

熱帯気候　열대 기후

梅雨前線　장마 전선

日照り(干ばつ)　가뭄

雹　우박

吹雪　눈보라

みぞれ　진눈깨비

猛暑　맹서, 혹서

● 자연재해

浸水被害が発生する　침수 피해가 발생하다

土砂災害が起こる　산사태가 일어나다

PM2.5の濃度が高い　미세먼지 농도가 높다

水に沈む　물에 잠기다

水が逆流する　물이 역류하다

山火事が起こる　산불이 나다

● 뉴스

天下りを根絶する　낙하산 인사를 근절하다

汚職事件が絶えない　독직(비리) 사건이 끊이지 않다

お茶を濁す　얼버무리다

過半数を超す　과반수를 넘다

国政をもてあそぶ　국정을 마음대로 하다

受託収賄の疑いがある　수탁 수뢰의 혐의가 있다

政党を牛耳る　정당을 좌지우지하다

全会一致で採択する　만장일치로 채택하다

名乗りを上げる　입후보하다

歯止めをかける　제동을 걸다

歯止めが利く　악화되는 것을 막을 수 있다

ひったくり事件が相次ぐ　날치기 사건이 잇따르다

秒読み段階に入る　초읽기 단계에 들어가다

腐敗行為を禁止する　부패 행위를 금지하다

ブランド品に見せかける
명품 물건으로 둔갑시키다

物議を醸す　물의를 일으키다

迷宮入りとなっている　미궁에 빠져 있다

問題解決の糸口をつかむ
문제 해결의 실마리를 잡다

비즈니스

●경기, 매상

足踏みをしている　제자리걸음을 하고 있다

足踏み状態になる　답보 상태가 되다

頭打ちになる　한계점에 이르다

後始末をつける　뒷정리를 하다

インフレに喘ぐ　인플레이션에 허덕이다

売り物に出す　매물로 내놓다

延滞利息が付いている　연체 이자가 붙어 있다

円高不況が起きている　엔고 불황이 일어나고 있다

円安の進行が予想される　엔저 진행이 예상되다

解雇を免れる　해고를 면하다

兼ね合いを取る　균형을 취하다

貨幣価値が下がる　화폐 가치가 떨어지다

金融規制を強化する　금융 규제를 강화하다

繰越金を処理する　이월금을 처리하다

雇用を押し上げる　고용을 끌어올리다

借金を帳消しにする　빚을 소멸시키다

需要が供給を上回る　수요가 공급을 웃돌다

証券市場を開放する　증권 시장을 개방하다

尻上がりに良くなる　상태가 뒤로 갈수록 좋아지다

相場が引き締まる　시세가 상승세를 보이다

二束三文で売る　헐값에 팔다

端数を切り捨てる　우수리를 떼어 버리다

融資が焦げ付く　융자가 회수 불가능하다

融資を斡旋する　융자를 알선하다

融資を受ける　융자를 받다

翌年に繰り越す　내년으로 이월하다
　　　　　　　　（翌年은 よくとし로도 읽음）

●회사 생활

売上げが低迷している　매상이 저조하다

会社持ちで支給する　회사 부담으로 지급하다

閑職に左遷される　한직으로 좌천되다

技術提携を結ぶ　기술 제휴를 맺다

月例会を催す　월례회를 개최하다

経費節減に努める　경비 절감에 힘쓰다

残高照会をする　잔고 조회를 하다

下請契約を締結する　하청 계약을 체결하다

下請に出す　하청을 주다

自腹を切る　자기 부담으로 내다, 생돈을 물다

自分持ちで旅行する　자비로 여행하다

自前でまかなう　자비로 조달하다

下半期へずれ込む　하반기로 넘어가게 되다

出資を切り詰める　출자를 줄이다

初任給をもらう　첫 월급을 받다

人件費がかさむ　인건비가 붙어나다

出納帳を作成する　출납장을 작성하다

大企業に合併される 대기업에 합병되다

棚上げにする 보류하다

棚卸しをする 재고 조사를 하다

定例会議を開催する 정례 회의를 개최하다

手形で払う 어음으로 지불하다

根回しをする 사전 협상을 하다

年金受給を繰り上げる 연금 수급을 앞당기다

年金受給を先送りする 연금 수급을 연기하다

売却に踏み切る 매각을 결심하다

歩合を払う 수수료를 물다

負債を償還する 부채를 상환하다

返済負担を軽減させる 변제 부담을 경감시키다

マルチ商法に引っかかる 다단계 판매에 빠지다

문학, 에세이

相手の力を侮る 상대의 힘을 얕보다

後ずさりする 뒷걸음치다

安否を気遣う 안부를 걱정하다

怒りが込み上げる 분노가 솟아오르다

思い出が詰まっている 추억이 담겨 있다

恩返しをする 은혜를 갚다

懐疑を抱く 회의를 품다

気を引く 관심을 끌다

及落の境目にいる 급락의 갈림길에 있다

仕返しをする 앙갚음을 하다

勝負の行方を左右する 승부의 행방을 좌우하다

焦れったい 속이 타다, 감질나다

人生の分岐点に立つ 인생의 분기점에 서다

人命を尊ぶ 인명을 존중하다

精一杯着飾る 한껏 차려 입다

素質がある 소질이 있다

たそがれを眺める 황혼을 바라보다

他人の作品をパクる 남의 작품을 표절하다

中途半端になりやすい 흐지부지되기 쉽다

月並みなことを言う 진부한 말을 하다

手切れ金を払う 위자료를 지불하다

道路に窪みができる 도로에 웅덩이가 생기다

止めどなく涙があふれる
하염없이 눈물이 쏟아지다

名残惜しい 헤어지기 섭섭하다, 아쉽다

憎らしげに睨む 얄미운 듯이 노려보다

濡れ衣を着せられる 누명을 쓰다

早合点して勘違いをする 지레짐작하여 착각하다

一通り目を通す 한번 쭉 훑어보다

懐具合が思わしくない 주머니 사정이 시원찮다

へこんでいる 풀이 죽어 있다

迷路から抜け出す 미로에서 빠져나오다

迷路でさまよう 미로에서 헤매다

迷路に陥る 미로에 빠지다

迷路に閉じこめられる 미로에 갇히다

目をそらす 눈을 딴 데로 돌리다

やぶ蛇になる 긁어 부스럼이 되다

夕涼みをする 저녁 바람을 쐬다

잘 듣고 (A), (B) 중 알맞은 답을 고른 후, 다시 한번 들으면서 빈칸을 채워 보세요.

(1~2)

1 先月何がありましたか。

(A) 衆院補欠選挙　　　　　　　　(B) 衆院総選挙

2 有権者の棄権が多くなった主な理由は何ですか。

(A) 政治に関心がないから　　　　(B) 投票したい候補者がいないから

> 先月、政治と宗教のつながりに＿＿＿＿＿＿＿が集まる中、衆院＿＿＿＿＿＿＿がありまし
> たが、投票率は49％に＿＿＿＿＿＿＿。これは過半数の有権者が＿＿＿＿＿＿＿したという
> ことであります。投票したい＿＿＿＿＿＿＿がいないから棄権したという有権者が多かっ
> たです。投票してもしなくてもそれほど世の中は変わらないし、期待できる個人や政
> 党も＿＿＿＿＿＿＿しないし、政治に興味のある人を＿＿＿＿＿＿＿させるだけの政策も
> ＿＿＿＿＿＿＿ていないし、今の時代に＿＿＿＿＿＿＿主張を政治家ができていないという
> 政治風土が投票率の低迷に＿＿＿＿＿＿＿をかけました。

＋단어　**衆院** しゅういん 중의원(=衆議院(しゅうぎいん))　**補欠選挙** ほけつせんきょ 보궐 선거　**総選挙** そうせんきょ 총선거　**有権者** ゆうけんしゃ 유권자　**棄権** きけん 기권
投票 とうひょう 투표　**候補者** こうほしゃ 후보자　**注目** ちゅうもく 주목　**過半数** かはんすう 과반수　**政党** せいとう 정당　**存在** そんざい 존재　**納得** なっとく 납득　**政策** せいさく 정책
打ち出す うだす (주의, 주장을) 내세우다, 쳐서 나오게 하다　**主張** しゅちょう 주장　**政治家** せいじか 정치가　**風土** ふうど 풍토
低迷 ていめい 저미, 침체, 나쁜 상황에서 헤어나지 못함　**拍車をかける** はくしゃをかける 박차를 가하다

(3~4)

3 東京都シルバーパスはどんなパスですか。

(A) 深夜バスは差額を払うと利用できる。

(B) 都内乗降であっても一部は乗車できない。

4 東京都シルバーパス制度とはどんな制度ですか。

(A) 一年間有効のパス交付の費用は一律20,510円である。

(B) 満70歳以上の東京居住の人は原則として交付が受けられる。

144

東京都内_____で、満70歳以上であれば、「東京都シルバーパス」の_____
が受けられます。_____で公共交通機関が利用できない場合は購入できません。
また、_____手帳などによる都営交通の無料乗車券との_____もできませ
ん。一年間有効のパスの費用は住民税_____の方は1,000円、_____の方
は20,510円です。「東京都シルバーパス」をお持ちの方は、都バス、都電、都営地下
鉄と都内の民営バスを利用できますが、_____であっても、高速バス、羽田空港
連絡バス、_____バスは原則として乗車できません。なお、各社で運行している
深夜バスについては、まったく利用できない場合と、深夜分の_____を支払うこ
とで利用できる場合とがあります。

+단어
差額（さがく）차액　乗降（じょうこう）타고 내림, 승강　交付（こうふ）교부　一律（いちりつ）일률, 한결 같음　原則（げんそく）원칙　在住（ざいじゅう）재주, 거주
寝たきり（ねたきり）노쇠나 질병 등으로 자리에 누운 채 일어나지 못하는 상태　身体障害者（しんたいしょうがいしゃ）신체장애자　併用（へいよう）병용
住民税（じゅうみんぜい）주민세　非課税（ひかぜい）비과세　課税（かぜい）과세　都営（とえい）도쿄도에서 직접 경영하는 사업, 도영　民営（みんえい）민영　運行（うんこう）운행
割増（わりまし）할증　運賃（うんちん）운임

(5~6)

5 何を知らせていますか。

(A) 禁煙キャンペーンの街頭演説 (B) 禁煙地区拡大セミナーの開催

6 喫煙者の数はどうなりましたか。

(A) 足踏みをしている。 (B) 尻上がりに良くなった。

京王線の上北沢駅の周辺を「_____地区」に指定しました。指定された_____
の道路上は、全面的に_____が禁止になりました。しかし、禁煙区域として決定
された後も、路上禁煙地区での喫煙者数は前年度に比べてほぼ_____はありま
せんでした。きたる第3日曜日、午前10時より、禁煙地区拡大のために「_____
キャンペーン」主催のセミナーを_____します。なお禁煙運動の_____とし
て「クリーンキャンペーン」を行い、_____された吸い殻を拾うためにボランティアが
集まる予定です。

+단어
街頭演説（がいとうえんぜつ）가두연설　拡大（かくだい）확대　開催（かいさい）개최　足踏みをする（あしぶみをする）제자리걸음이다, 답보 상태이다
尻上がり（しりあがり）뒤로 갈수록 좋아짐　路上（ろじょう）노상, 길 위　指定（してい）지정　喫煙（きつえん）흡연　変動（へんどう）변동　きたる 오다, 다가오다
推進（すいしん）추진　主催（しゅさい）주최　一環（いっかん）일환　ポイ捨て（すてる）길에 슬쩍 버림　吸い殻（すいがら）담배꽁초

(7~8)

7 人間に助けられた動物が、助けてくれた人間にお礼として報いることを何と言いますか。

(A) 仕返し   (B) 恩返し

8 昔話はどのような特徴がありますか。

(A) 日本では狐、河童がよく出てくる。

(B) 責任を回避するため丁寧に描写している。

> 昔話は主人公の_____、悪人への_____という典型的な_____に基づいた話が多いです。描写も_____にとどめ、話の信憑性に関する責任を_____した形で語られます。昔話には人の_____の物語を意図する本格昔話、動物との葛藤、競争、報恩が粗筋の動物昔話などがあります。動物昔話は主に人間に_____をする動物の話で、具体的にいうと人間に苦難を_____動物がその恩に報いるという_____が多いです。日本では狐、鶴、狼、_____といった動物が登場しますが、韓国とインドでは虎、ヨーロッパではライオンがよく出てきます。

+단어 仕返し 보복, 복수　恩返し 보은　昔話 옛날이야기　狐 여우　河童 갓파, 물속에 산다는 일본의 상상의 동물
回避 회피　描写 묘사　主人公 주인공　幸福 행복　悪人 악인　懲罰 징벌　典型的 전형적
勧善懲悪 권선징악　基づく 근거하다, 바탕을 두다　最小限度 최소한도　とどめる 멈추다, 한정시키다
信憑性 신빙성　回避 회피　一生 일생　意図 의도　本格 본격　葛藤 갈등　競争 경쟁　報恩 보은
粗筋 줄거리　苦難 고난　筋立て 줄거리 꾸미기, 줄거리　鶴 학　狼 이리, 늑대　虎 호랑이

(9~10)

9 共和国ではどのように大統領が選ばれますか。

(A) 国民により選出される。   (B) 議会により選出される。

10 首相はどのように選ばれますか。

(A) 日本の首相は全国民投票により選ばれる。

(B) イギリスの首相は推薦などで任命される。

＿＿＿＿＿において国民から直接選挙によって選ばれるのが「＿＿＿＿＿」で、＿＿＿＿＿の国において議会から選ばれる行政府の長が「＿＿＿＿＿」です。首相が選ばれる方法は国によって違います。＿＿＿＿＿連邦諸国などの国では前任の首相の助言または政党などからの＿＿＿＿＿と慣例に基づいて任命し、議会の＿＿＿＿＿は取らなくてもいいです。日本、ドイツなどの国では議会の＿＿＿＿＿にのみ基づいて任命されます。日本の首相に法的な任期の＿＿＿＿＿はありません。しかし、国会議員の中から選ばれることになっていることから、議員を選出する選挙で＿＿＿＿＿した場合はその地位を＿＿＿＿＿ことになります。

+단어 　**共和国** 공화국　**大統領** 대통령　**選出** 선출　**議会** 의회　**首相** 수상　**推薦** 추천　**任命** 임명　**議院内閣制** 의원 내각제　**行政府** 행정부　**長** 장, 우두머리　**連邦諸国** 연방 제국　**前任** 전임　**助言** 조언　**政党** 정당　**慣例** 관례　**基づく** 근거하다, 바탕을 두다　**承認** 승인　**指名** 지명　**法的** 법적　**任期** 임기　**制限** 제한　**国会議員** 국회 의원　**落選** 낙선　**地位** 지위

(11~12)

11 どんな雰囲気ですか。

(A) ほのかで、厳かである。　　　　(B) すがすがしく、のどかである。

12 季節はいつですか。

(A) 春　　　　　　　　　　　　(B) 秋

＿＿＿＿＿のあと、窓越しに池があり、太陽は＿＿＿＿＿の隙間からキラキラと水面を照らしています。遠くの青垣の山腹には雲が＿＿＿＿＿います。＿＿＿＿＿にコスモスがゆらりゆらりと揺られています。＿＿＿＿＿教会の塔、煉瓦色の煙突、傾斜のきつい赤い＿＿＿＿＿屋根の家が限りない大地ともしっくりと＿＿＿＿＿います。

+단어 　**ほのか** 아련함, 은은함　**厳か** 엄숙함　**すがすがしい** 상쾌하다, 시원하고 개운하다　**のどか** 한가로움, 화창함　**時雨** (늦가을부터 초겨울에 걸쳐 오는) 한차례 지나가는 비, 오다 말다 하는 비　**樹木** 수목　**隙間** 틈　**照らす** 비추다　**青垣** 푸른 울타리처럼 둘러싸인 산의 모습　**山腹** 산허리　**たなびく** 구름이나 안개 등이 기다랗게 깔리다　**そよ風** 산들바람　**ゆらりゆらり** 흔들흔들　**そびえたつ** 우뚝 솟다　**塔** 탑　**煉瓦** 벽돌　**煙突** 굴뚝　**傾斜** 경사　**切妻屋根** 삼각형 모양의 맞배지붕, 책을 펴서 엎어 놓은 모양의 지붕　**限りない** 끝없다, 무한하다　**大地** 대지　**しっくり** 잘, 멋지게(잘 어울리는 모양)　**溶け合う** 격의 없이 어울리다, 융합하다

13 虐待の原因として挙げられたのは何ですか。

(A) 保育士のストレス (B) 保育士のモラルの欠如

14 園児が出すサインとして挙げられたのは何ですか。

(A) 口封じ (B) 行き渋り

保育士の園児に対する虐待行為が＿＿＿＿＿発生しています。園児に＿＿＿＿＿を吐く、倉庫に＿＿＿＿＿、足をつかんで＿＿＿＿＿にする、＿＿＿＿＿などの虐待行為を繰り返す問題が起きています。園児は虐待されていることを家族に言えないことがあるので、子どもが登園を＿＿＿＿＿、見えないところに傷がないかどうか、保護者は子どもの様子を＿＿＿＿＿観察すべきです。保育士による虐待の要因に「＿＿＿＿＿の＿＿＿＿＿」が挙げられます。虐待防止のためにストレスの＿＿＿＿＿や周りの＿＿＿＿＿の虐待を報告できるような環境をつくることが大切です。

＋단어 **虐待** ぎゃくたい 학대 **保育士** ほいくし 아동의 보육 업무에 종사하는 사람, 보육 교사 **モラル** 모럴, 윤리, 도덕 **欠如** けつじょ 결여
園児 えんじ 원아 **口封じ** くちふうじ 입막음 **行き渋り** いきしぶり 학교나 보육원 등에 가기 싫어하는 것 **相次ぐ** あいつぐ 연달다, 잇따르다
暴言を吐く ぼうげんをはく 폭언을 하다 **閉じ込める** とじこめる 가두다 **宙づり** ちゅうづり 공중에 매달리는 것 **放り投げる** ほうりなげる 던져 버리다, 집어던지다
繰り返す くりかえす 되풀이하다, 반복하다 **登園** とうえん 등원 **保護者** ほごしゃ 보호자 **注意深い** ちゅういぶかい 주의 깊다 **観察** かんさつ 관찰 **要因** よういん 요인
倫理観 りんりかん 윤리관 **防止** ぼうし 방지 **軽減** けいげん 경감 **職員** しょくいん 직원 **報告** ほうこく 보고

---

15 経営不振に陥った企業はひとまず何をすべきですか。

(A) 巨額の損失を切り詰める。 (B) 二束三文で資産を売却する。

16 赤字の原因として何を挙げていますか。

(A) 金銭の回収の難しさ (B) 設備投資による負債

経済状況が大変厳しい中、経営不振で_____が秒読み段階に入っている会社が多くなりました。経営不振に_____企業は回復を目指して人員削減、派遣切りなどで巨額の損失を_____努力をしなくてはいけませんが、_____と規模拡大による負債、_____の悪さ、金融危機、人件費の_____などで赤字が出たら、倒産する前に二束三文で資産を売却するケースが多いです。_____で売却した場合、日本では事業を_____する企業に従業員の雇用を法律で_____付けていませんが、従業員の雇用の_____を図る必要があります。

＋単어　**不振** ふしん 부진　**陥る** おちいる 빠지다　**ひとまず** 우선, 먼저　**巨額** きょがく 거액　**切り詰める** きりつめる 줄이다, 절약하다　**二束三文** にそくさんもん 헐값
資産 しさん 자산　**売却** ばいきゃく 매각　**赤字** あかじ 적자　**回収** かいしゅう 회수　**設備** せつび 설비　**投資** とうし 투자　**負債** ふさい 부채　**秒読み** びょうよ 초읽기
回復 かいふく 회복　**人員** じんいん 인원　**削減** さくげん 삭감　**規模** きぼ 규모　**金回り** かねまわり 돈의 유통, 주머니 형편　**金融危機** きんゆうきき 금융 위기
人件費 じんけんひ 인건비　**引き上げ** ひきあげ 인상　**倒産** とうさん 도산　**事業** じぎょう 사업　**継承** けいしょう 계승　**従業員** じゅうぎょういん 종업원　**雇用** こよう 고용
義務付ける ぎむづける 의무를 지우다　**維持** いじ 유지　**図る** はかる 노리다, 노력하다, 도모하다

(17~18)

17　汚職事件の背景としてどんなことが指摘されていますか。

(A) 職員資質の問題　　　　　　　　(B) 公金の不正取扱の問題

18　汚職事件が発覚した後、大体どうしますか。

(A) 謝罪して身を引く。　　　　　　(B) いい加減にごまかす。

最近、_____な汚職事件の摘発が増えていますが、地方自治体で発覚した汚職事件の件数は143件、これらの事件が発生した団体は130団体でありました。汚職事件を種類別にみると_____がもっとも多く、_____事件、公文書_____が続きました。横領が全体の67％であり、その中で教育現場での_____不正取扱が上位を占めました。汚職事件の_____として、組織と制度上の問題、_____の問題などが挙げられました。発覚した後、謝罪するよりお茶を_____場合が多く、汚職で物議を醸して左遷になったケースは_____でありました。

＋단어　**汚職** おしょく 독직, 직권을 남용하여 부정한 일을 꾀함　**資質** ししつ 자질　**公金** こうきん 공금　**不正** ふせい 부정　**取扱** とりあつかい 취급　**発覚** はっかく 발각
身を引く みをひく 물러나다, 은퇴하다　**ごまかす** 속이다, 얼버무리다　**大規模** だいきぼ 대규모　**摘発** てきはつ 적발　**横領** おうりょう 횡령
収賄 しゅうわい 뇌물을 받음　**公文書** こうぶんしょ 공문서　**偽造** ぎぞう 위조　**お茶を濁す** おちゃをにごす 얼버무리다, 적당히 행동해 그 자리를 넘기다
物議を醸す ぶつぎをかもす 물의를 빚다　**左遷** させん 좌천　**僅か** わずか 조금, 약간

19 黄砂がどんどん深刻になる原因は何ですか。

(A) 中国の砂漠化の進行 　　　　(B) 汚染された有害物質の付着

20 黄砂の被害として挙げられていることは何ですか。

(A) 大きな粒子で喘息の発作を起こす。

(B) 毎年数千億円以上の経済損失をもたらす。

_____が偏西風に乗って飛来する黄砂は中国のタクラマカン砂漠、黄土高原以外にもモンゴル南部の砂漠と乾燥地帯の数か所が黄砂の_____として知られています。黄砂の原因としては羊や山羊の_____、森林伐採、無計画な_____による中国の砂漠化の進行が挙げられます。黄砂は_____の1/6の大きさの粒子で、黄味や赤味を帯びた_____を発生させ普段よりも視界が悪くなるだけでなく、_____を含むので深刻な影響を与えます。人間の気管に吸い込まれると健康に_____を与えたり、家畜や農産物にも被害が出て、経済的_____は毎年数千億円を超えると推定されています。

＋単語 黄砂（こうさ）황사　汚染（おせん）오염　有害物質（ゆうがいぶっしつ）유해 물질　付着（ふちゃく）부착　粒子（りゅうし）입자　喘息（ぜんそく）천식　発作（ほっさ）발작
砂ぼこり（すな）모래 먼지　偏西風（へんせいふう）편서풍　飛来（ひらい）뛰어옴, 날아옴　タクラマカン砂漠（さばく）타클라마칸 사막
黄土高原（おうどこうげん）황투고원(중국 북부의 고원)　モンゴル 몽골　砂漠（さばく）사막　乾燥地帯（かんそうちたい）건조 지대　羊（ひつじ）양　山羊（やぎ）산양
放牧（ほうぼく）방목　森林伐採（しんりんばっさい）삼림 벌채　無計画（むけいかく）무계획　開墾（かいこん）개간　花粉（かふん）화분, 꽃가루　黄味（きみ）노란 빛깔
赤味（あかみ）붉은 빛깔　帯びる（お）(어떤 성질을) 띄다, 머금다　霞（かすみ）안개, 안개와 비슷한 것　視界（しかい）시계, 시야　気管（きかん）기관
吸い込む（す こ）빨아들이다, 흡입하다　家畜（かちく）가축　農産物（のうさんぶつ）농산물　推定（すいてい）추정

1	A	2	B	注目(ちゅうもく), 補欠選挙(ほけつせんきょ), 過(す)ぎませんでした, 棄権(きけん), 候補者(こうほしゃ), 存在(そんざい), 納得(なっとく), 打(う)ち出(だ)せ, 合(あ)う, 拍車(はくしゃ)
3	B	4	B	在住(ざいじゅう), 交付(こうふ), 寝(ね)たきり, 身体障害者(しんたいしょうがいしゃ), 併用(へいよう), 非課税(ひかぜい), 課税(かぜい), 都内乗降(とないじょうこう), 深夜急行(しんやきゅうこう), 割増運賃(わりましうんちん)
5	B	6	A	路上禁煙(ろじょうきんえん), 地区内(ちくない), 喫煙(きつえん), 変動(へんどう), 禁煙推進(きんえんすいしん), 開催(かいさい), 一環(いっかん), ポイ捨(す)て
7	B	8	A	幸福(こうふく), 懲罰(ちょうばつ), 勧善懲悪(かんぜんちょうあく), 最小限度(さいしょうげんど), 回避(かいひ), 一生(いっしょう), 恩返(おんがえ)し, 救(すく)われた, 筋立(すじだ)て, 河童(かっぱ)
9	A	10	B	共和国(きょうわこく), 大統領(だいとうりょう), 議院内閣制(ぎいんないかくせい), 首相(しゅしょう), イギリス, 推薦(すいせん), 承認(しょうにん), 指名(しめい), 制限(せいげん), 落選(らくせん), 失(うしな)う
11	B	12	B	時雨(しぐれ), 樹木(じゅもく), たなびいて, そよ風(かぜ), そびえたつ, 切妻(きりづま), 溶(と)け合(あ)って
13	B	14	B	相次(あいつ)いで, 暴言(ぼうげん), 閉(と)じ込(こ)める, 宙(ちゅう)づり, 放(ほう)り投(な)げる, 嫌(いや)がらないか, 注意深(ちゅういぶか)く, 倫理観(りんりかん), 欠如(けつじょ), 軽減(けいげん), 職員(しょくいん)
15	A	16	B	売却(ばいきゃく), 陥(おちい)った, 減(へ)らす, 設備投資(せつびとうし), 金回(かねまわ)り, 引(ひ)き上(あ)げ, 二束三文(にそくさんもん), 継承(けいしょう), 義務(ぎむ), 維持(いじ)
17	A	18	B	大規模(だいきぼ), 横領事件(おうりょうじけん), 収賄(しゅうわい), 偽造(ぎぞう), 公金(こうきん), 背景(はいけい), 職員資質(しょくいんししつ), 濁(にご)す, 僅(わず)か
19	A	20	B	砂(すな)ぼこり, 発生地(はっせいち), 放牧(ほうぼく), 開墾(かいこん), 花粉(かふん), 霞(かすみ), 有害物質(ゆうがいぶっしつ), 悪影響(あくえいきょう), 損失(そんしつ)

4 설명문

次の文章をよく聞いて、後の問いに最も適したものを(A)から(D)の中で一つ選びなさい。

(1~3)

1 有門運河と水平運河との違いはどれ
ですか。

    (A) 水路の幅

    (B) 水路の設計意図

    (C) 水路の高低差の有無

    (D) 水路の長さの計測方法

2 水路の高低差を利用して作った運河は
どれですか。

    (A) ミディ運河

    (B) スエズ運河

    (C) パナマ運河

    (D) イリノイ運河

3 運河開発はどのような被害をもたらし
ますか。

    (A) 水が大地に吸収され、塩害が起きる。

    (B) 頻繁に洪水が発生し、生態系が破壊される。

    (C) 埋め立て地が多くなり、水質汚染が起こる。

    (D) 世界遺産であるミディ運河が崩れる恐れがある。

(4~6)

4 天下りが起こる原因として挙げられた
のはどれですか。

    (A) 官僚の不祥事

    (B) 取締役の就職幹旋

    (C) 早期勧奨退職の慣行

    (D) 現職職員の求職活動

5 筆者は天下りを減らすためにどうする
のがいいと考えていますか。

    (A) 天下りを問いただす。

    (B) 就職幹旋を禁止する。

    (C) 行政への監視をする。

    (D) 慣行を据え置きにする。

6 天下りの問題点は何ですか。

    (A) 定年延長による退職金

    (B) 官庁と民間企業との癒着

    (C) 世論が一枚噛んでいること

    (D) 生え抜き職員のモラルの低下

7 経済回復に対してどのように見込んで
いますか。

(A) 安定の兆しが見られる。

(B) 徐々に力強さを取り戻す。

(C) 金利低下のせいで低迷が続く。

(D) 回復までには厳しい道程である。

8 今年の7−9月期の実質GDPについて
正しいのはどれですか。

(A) 年率1.0％減少した。

(B) 年率2.3％増加した。

(C) 前年比2.3％減少した。

(D) 前年比0.5％増加した。

9 外需のマイナス寄与の背景として
挙げられたのはどれですか。

(A) 輸出の増加

(B) 輸入の増加

(C) 繰越金の累積

(D) 民間需要の増加

10 民間需要について合っているのは
どれですか。

(A) 底堅さを示した。

(B) 予想外に増加した。

(C) 予想外のマイナスだった。

(D) 予想より大幅な伸びであった。

Ⅳ　次の文章をよく聞いて、後の問いに最も適したものを(A)から(D)の中で一つ選びなさい。

(81~83)

81 献血可能人口が減少する理由として
挙げられたのはどれですか。

(A) 少子化
(B) 核家族化
(C) 若年層の意識
(D) ウイルス感染拡大

82 中学生を対象とした理由として挙げら
れたのはどれですか。

(A) 献血可能年齢だから
(B) 献血に興味があるから
(C) 将来の献血を担う世代だから
(D) 健康で若いので献血に向いているから

83 本文の内容と合っているのはどれですか。

(A) ポスターを応募している。
(B) 応募点数は制限がない。
(C) 応募資格は中学生である。
(D) 採用者には電子メールで知らせる。

(84~86)

84 介護施設に入居する理由として挙げら
れているのはどれですか。

(A) 一人暮らしが便利だから
(B) 病気になっても安心できるから
(C) 貧困で生活するのが困難だから
(D) 入院していた病院を退院するから

85 介護施設に入居させることをちゅうちょ
する理由はどれですか。

(A) 罪悪感
(B) 家族内葛藤
(C) 家族への不信
(D) 介護負担の偏り

86 介護施設を選ぶ際に知っておくといい
ことはどれですか。

(A) 医療依存度
(B) 要介護認定のやり直し
(C) 要介護者の馴染みのある所か
(D) 民間介護保険に加入しているか

87 エコマンションが登場した理由は何ですか。

(A) 暖房費を切り詰めるため

(B) 環境にやさしくするため

(C) 窓ガラスの結露を防ぐため

(D) 室内温度差を少なくするため

88 エコマンションの説明として正しいのはどれですか。

(A) サッシ回りにカビが生えやすい。

(B) ヒートショックなどが起こりにくくなる。

(C) 環境に対する人間の野放図な行動である。

(D) 特殊な断熱材を使用したマンションである。

89 ヒートアイランドの主な原因は何ですか。

(A) 都市部の緑地帯の減少

(B) コンクリートの建築物の消失

(C) アスファルトによる反射率の増大

(D) 脱炭素化による二酸化炭素排出量の増加

90 屋上緑化マンションの効果は何ですか。

(A) 光熱費の削減

(B) 建物の水濡れ防止

(C) 断熱効果と紫外線の遮断

(D) サッシ回りの耐久性の強化

91 ジョンさんはどんな人ですか。

(A) 繊細だが気さくである。

(B) 図太くて鉄面皮である。

(C) どん欲でずぼらである。

(D) 言動に角がなくグルメである。

92 ジョンさんが日本でまだ不慣れなことは何ですか。

(A) 漢字を読むこと

(B) 地下鉄に乗ること

(C) 一人で運転すること

(D) 箸でご飯を食べること

93 本文の内容と合っているのはどれですか。

(A) ジョンさんは懐都合が悪いと居酒屋でお酒を飲む。

(B) ジョンさんは店主におつりをチップとしてあげる。

(C) ジョンさんは週末に高級レストランでバイトをする。

(D) ジョンさんはクラブのもめごとを解決するために居酒屋へ行く。

94 棚卸の説明について正しいのはどれですか。

(A) 年間2回棚卸をする。

(B) 今まで委託機関に頼んできた。

(C) 個人所有のパソコンで棚卸をする。

(D) 棚卸の対象は自社所有の在庫に限る。

95 棚卸の入力方法について正しいのはどれですか。

(A) 在庫チームの管理者だけが直接入力する。

(B) 棚卸調整によって作成された伝票は修正できる。

(C) 在庫確認が完了したら、棚卸確認ボタンをクリックする。

(D) 帳簿と実際の在庫数に誤差がある場合は実際在庫数を打ち込む。

96 棚卸登録の際、注意すべきことは何ですか。

(A) 資産番号の入力は棚卸が済んだ後で登録する。

(B) ファイルを開く時、列のデータ形式を「文字列」に設定する。

(C) 棚卸処理を取り消す場合はまず棚卸取消ボタンをクリックする。

(D) データが上書きされるので棚卸の日付は完了した時間だけを入力する。

97 迷惑電話ではないのはどれですか。

(A) 無言電話

(B) わいせつ電話

(C) 押し売りの電話

(D) 世論調査の電話

98 知らない電話番号に出たくない理由は何ですか。

(A) 会場の雰囲気に合わないから

(B) 込み入った事情があるから

(C) せせこましい感じがするから

(D) 騒動に巻き込まれる恐れがあるから

99 迷惑電話の対処法として挙げられたのは何ですか。

(A) 留守電メッセージ

(B) 着信お知らせメール

(C) 電話機にナンバー表示

(D) マナーモードへの切り替え

100 着信拒否登録について正しいのはどれですか。

(A) 電話機で登録をしなければならない。

(B) 迷惑電話は自動的に着信拒否される。

(C) 指定したスマホのアプリで確認できる。

(D) フリーダイヤル番号は1リスト当り30個までである。

독해 800 한권으로 끝내기

PART 5
정답찾기

PART 6
오문정정

PART 7
공란메우기

PART 8
독해

1. 일기, 생활문
2. 편지, 팩스
3. 광고, 안내문
4. 뉴스, 신문 기사
5. 설명문

PART 5는 주로 한자와 어휘에 대한 지식을 확인하는 데 초점이 맞춰져 있어요. 제시된 한자를 읽는 법, 제시된 히라가나에 맞는 한자 찾기, 같은 의미찾기나 같은 용법 찾기 등이 출제돼요.

'한자 읽기'나 '한자 찾기' 문제는 문장을 다 읽지 않더라도 답을 찾을 수 있으니 답을 빠르게 찾으며 시간을 절약하세요. 같은 의미나 용법을 찾는 문제는 문장을 하나하나 확인하며 읽어야 하므로 시간 관리가 중요해요. 평소 문제를 풀 때 한 문제당 10초를 넘기지 않도록 시간 체크 훈련을 해 보는 것도좋아요.

PART 5 정답찾기

유형 공략

1 PART 5에서는 제시된 한자에 맞는 히라가나(요미가나) 찾기, 제시된 히라가나에 적합한 한자 찾기, 예문과 같은 의미로 사용된 단어 찾기, 밑줄 친 부분이 나타내는 의미 찾기 문제가 나와요.

2 평소에 한자 읽기 연습을 꾸준히 하고, **읽는 법이 특이한 한자에 주의**하도록 해요.

3 단어를 외울 때 각 단어가 갖는 **의미별로 예문을 함께 외워 두면** 훨씬 오래 기억할 수 있어요.

4 관용구나 속담, 숙어가 나타내는 의미를 비슷한 일본어 표현으로 바꾸어 생각해 보는 습관을 들이면 쉽게 답을 찾을 수 있어요.

5 시간 내에 20문제를 다 풀 수 있도록 시간을 체크하며 풀어 보는 것이 좋아요.

예제 下の＿＿＿＿線の言葉の正しい表現、または同じ意味のはたらきをしているものを(A)から(D)の中で一つ選びなさい。

한자 읽기

1 非常時には迅速な判断と行動が要求されます。

(A) じんそく　　　　　　　(B) じんぞく

(C) しんそく　　　　　　　(D) ちんそく

+해설	비상시에는 <u>신속한</u> 판단과 행동이 요구됩니다.
	迅速는 탁음의 위치에 유의해서 읽어야 해요.
+단어	非常時 비상시　迅速 신속함　判断 판단　行動 행동　要求 요구

한자 찾기

2 この鏡台と真珠の指輪は亡くなった母の<u>かたみ</u>です。

(A) 片見　　　　　　　　　(B) 形見

(C) 片身　　　　　　　　　(D) 肩身

+해설	이 경대와 진주 반지는 돌아가신 어머니의 <u>유품</u>입니다.
	읽는 방법이 같은 한자들이 섞여 있어 헷갈리기 쉬워요. 따라서 평소에 한자 읽기 연습을 꾸준히 하는 것이 중요해요.
+단어	鏡台 경대　真珠 진주　指輪 반지　形見 유품

같은 의미

3 藤井さんは運転が本当にうまいです。

(A) あの店のスパゲッティが一番うまいです。

(B) 佐藤さん、このごろ仕事はうまくいっていますか。

(C) 韓国料理も本当にうまいです。

(D) 叔父は重機の操作はうまいです。

+해설 후지이 씨는 운전을 정말로 잘합니다.
うまい는 '맛있다, 잘하다'라는 뜻을 가진 い형용사로 제시된 문장에서는 '잘하다'라는 뜻으로 쓰였어요.
(A)와 (C)는 '맛있다'라는 뜻으로 쓰였고, (B)는 부사로서 '잘'이라는 뜻으로 쓰였어요.

+단어 スパゲッティ 스파게티　重機 중장비　操作 조작

의미 찾기

4 私は新型のスマホが喉から手が出るほどほしいです。

(A) どうしてもほしいです。

(B) とてもいそがしいです。

(C) のどがいたいほどほしいです。

(D) かいたければ、まずてがでます。

+해설 저는 신형 스마트폰을 너무나도 간절히 갖고 싶습니다.
喉から手が出る는 직역하면 '목에서 손이 나오다'라는 뜻으로, 몹시 갖고 싶은 욕망이 일어남을 비유하는 속담이에요.

+단어 新型 신형　喉から手が出る 마음이 굴뚝 같다, 몹시 갖고 싶다는 것을 비유　どうしても 무슨 일이 있어도, 꼭

1 한자 정복하기

1) 필수 명사 한자

•의식주

☐ 雨具(あまぐ) 비옷
☐ 飴(あめ) 엿
☐ 団扇(うちわ) 부채
☐ 器(うつわ) 그릇
☐ 煙突(えんとつ) 굴뚝
☐ 垣根(かきね) 담(벽락)
☐ 貸間(かしま) 셋방
☐ 貸家(かしや) 셋집
☐ 釜(かま) 솥
☐ 生地(きじ) 옷감
☐ 下水(げすい) 하수
☐ 匙(さじ) 숟가락
☐ 地主(じぬし) 지주, 땅주인
☐ 地元(じもと) 그 지방, 본고장
☐ 塾(じゅく) 학원
☐ 裾(すそ) 옷자락, 옷단
☐ 炭火(すみび) 숯불
☐ 繊維(せんい) 섬유
☐ 扇風機(せんぷうき) 선풍기
☐ 田植え(たうえ) 모내기
☐ 焚火(たきび) 모닥불
☐ 壺(つぼ) 항아리, 단지
☐ 戸棚(とだな) 찬장, 신발장
☐ 縄(なわ) 새끼줄, 밧줄
☐ 布(ぬの) 천

☐ 寝巻(ねまき) 잠옷
☐ 軒(のき) 처마

•신체, 건강

☐ 顎(あご) 턱
☐ 痣(あざ) 멍
☐ 笑顔(えがお) 웃는 얼굴
☐ 踵(かかと) 발뒤꿈치
☐ 感染(かんせん) 감염
☐ 仮病(けびょう) 꾀병
☐ 舌(した) 혀
☐ 尻(しり) 엉덩이
☐ 素顔(すがお) 맨얼굴 ≒ 素肌(すはだ), 素っぴん(すっぴん)
☐ 裸(はだか) 나체
☐ 裸足(はだし) 맨발
☐ 膝(ひざ) 무릎
☐ 肘(ひじ) 팔꿈치
☐ 額(ひたい) 이마
☐ 股(また) 가랑이
☐ 眉(まゆ) 눈썹

•동식물

☐ 蛙(かえる) 개구리
☐ 茎(くき) 줄기
☐ 巣(す) 둥지, 보금자리
☐ 苗(なえ) 묘종
☐ 芽(め) 싹

•날씨, 자연

☐ 雨宿り(あまやどり) 비를 피함
☐ 嵐(あらし) 폭풍우
☐ 洪水(こうずい) 홍수
☐ 小雨(こさめ) 가랑비
☐ 潮(しお) 바닷물
☐ 滴(しずく) 물방울
☐ 集中豪雨(しゅうちゅうごうう) 집중 호우
☐ 雑木(ぞうき) 잡목
☐ 大気汚染(たいきおせん) 대기 오염
☐ 津波(つなみ) 해일
☐ 土砂降り(どしゃぶり) 억수로 쏟아지는 비
☐ 泥(どろ) 진흙
☐ 雪崩(なだれ) 눈사태
☐ 西日(にしび) 석양
☐ 沼(ぬま) 늪
☐ 破壊(はかい) 피피
☐ 氾濫(はんらん) 범람
☐ 日照り(ひでり) 가뭄
☐ 吹雪(ふぶき) 눈보라
☐ 北上(ほくじょう) 북상
☐ 岬(みさき) 갑, 곶
☐ 溝(みぞ) 도랑, 개천
☐ 峰(みね) 산봉우리
☐ 闇(やみ) 어둠

실력 간단 체크 ✓

▶ 다음 밑줄 친 부분에 알맞은 요미가나(読み仮名)를 쓰고, 문(文)의 의미를 쓰세요.

1 ドレスの生地を裁断する。 　　　　　　　　　　　　　

2 地主階級もあった。 　　　　　　　　　　　　　

3 垣根を超える。 　　　　　　　　　　　　　

4 繊維工業が発達している。 　　　　　　　　　　　　　

5 落ち葉で焚火をする。 　　　　　　　　　　　　　

6 寝巻に着替える。 　　　　　　　　　　　　　

7 結核に感染する。 　　　　　　　　　　　　　

8 仮病を使う。 　　　　　　　　　　　　　

9 砂浜を裸足で歩く。 　　　　　　　　　　　　　

10 肘枕をしてスマホを見る。 　　　　　　　　　　　　　

11 河川が氾濫する。 　　　　　　　　　　　　　

12 吹雪で一寸先も見えない。 　　　　　　　　　　　　　

13 音もなく小雨が降る。 　　　　　　　　　　　　　

14 沼にはまる。 　　　　　　　　　　　　　

15 野原で土砂降りにあう。 　　　　　　　　　　　　　

---

1 きじ, 드레스 (옷)감을 재단하다 .　　　2 じぬし, 지주 계급도 있었다.

3 かきね, 담을 넘다　　　4 せんい, 섬유 공업이 발달하다.

5 たきび, 낙엽으로 모닥불을 피우다.　　　6 ねまき, 잠옷으로 갈아입다.

7 かんせん, 결핵에 감염되다.　　　8 けびょう, 꾀병을 부리다.

9 はだし, 모래사장을 맨발로 걷다.　　　10 ひじ, 팔베개를 하고 스마트폰을 본다.

11 はんらん, 하천이 범람하다.　　　12 ふぶき, 눈보라로 한 치 앞도 보이지 않다.

13 こさめ, 소리도 없이 가랑비가 내리다.　　　14 ぬま, 늪에 빠지다.

15 どしゃぶり, 들판에서 억수같이 내리는 비를 만나다.

● 경제, 비즈니스

- ☐ 売れ行き〔う ゆ〕 팔림새
- ☐ 株主〔かぶぬし〕 주주
- ☐ 為替〔かわせ〕 환
- ☐ 慣行〔かんこう〕 관행
- ☐ 小売り〔こ う〕 소매 ↔ 卸売り〔おろし う〕 도매
- ☐ 削減〔さくげん〕 삭감
- ☐ 実績〔じっせき〕 실적
- ☐ 出納〔すいとう〕 출납
- ☐ 寸法〔すんぽう〕 치수
- ☐ 相場〔そう ば〕 시세
- ☐ 妥協〔だ きょう〕 타협
- ☐ 取引高〔とりひきだか〕 거래액, 매출액
- ☐ 繁盛〔はんじょう〕 번성
- ☐ 返済〔へんさい〕 빚을 갚음
- ☐ 見積り〔みつも〕 견적
- ☐ 見本〔み ほん〕 견본
- ☐ 目処〔め ど〕 목표
- ☐ 技〔わざ〕 기술

● 교통, 통신

- ☐ 宛名〔あて な〕 수신인명
- ☐ 書留〔かきとめ〕 등기
- ☐ 貨物〔か もつ〕 화물
- ☐ 小包〔こ づつみ〕 소포

● 사건, 사고

- ☐ 追い越し〔お こ〕 추월
- ☐ 介護〔かい ご〕 개호, 간호 ≒ 介抱〔かいほう〕
- ☐ 形見〔かた み〕 유품
- ☐ 詐欺〔さ ぎ〕 사기
- ☐ 惨事〔さん じ〕 참사
- ☐ 衝撃〔しょうげき〕 충격
- ☐ 心中〔しんじゅう〕 집단 자살
- ☐ 贈賄〔ぞうわい〕 뇌물을 줌
- ☐ 阻止〔そ し〕 저지
- ☐ 訴訟〔そ しょう〕 소송
- ☐ 墜落〔ついらく〕 추락
- ☐ 白状〔はくじょう〕 자백
- ☐ 否認〔ひ にん〕 부인
- ☐ 火傷〔やけど〕 화상
- ☐ 賄賂〔わい ろ〕 뇌물

● 물건

- ☐ 網〔あみ〕 그물, 망
- ☐ 額縁〔がくぶち〕 액자
- ☐ 釘〔くぎ〕 못
- ☐ 竿・棹〔さお・さお〕 장대, 작대기
- ☐ 杖〔つえ〕 지팡이
- ☐ 縄〔なわ〕 새끼줄
- ☐ 偽物〔にせもの〕 가짜
- ☐ 紐〔ひも〕 끈, 줄
- ☐ 弓〔ゆみ〕 활

● 학업, 직업

- ☐ 尼〔あま〕 여승, 비구니
- ☐ 海女〔あま〕 해녀
- ☐ 掲載〔けいさい〕 게재
- ☐ 下書〔したがき〕 초고, 초안
- ☐ 登下校〔とう げ こう〕 등하교
- ☐ 共働き〔ともばたら〕 맞벌이
- ☐ 仲人〔なこうど〕 중매인
- ☐ 修士論文〔しゅう し ろんぶん〕 석사 논문
- ☐ 博士論文〔はか せ ろんぶん〕 박사 논문(博士는 はくし로도 읽음)

▶ 다음 밑줄 친 부분에 알맞은 요미가나(読み仮名)를 쓰고, 문(文)의 의미를 쓰세요.

1 <u>売れ行き</u>が良い。

2 <u>為替</u>レートが変動（へんどう）する。

3 物品（ぶっぴん）の<u>出納</u>検査（けんさ）をする。

4 <u>妥協</u>を許（ゆる）さない性格（せいかく）

5 <u>繁盛</u>している店（みせ）

6 小包（こづつみ）を<u>書留</u>で送（おく）る。

7 前（まえ）の車（くるま）を<u>追い越</u>す。

8 寝（ね）たきり老人（ろうじん）を<u>介護</u>する。

9 流血（りゅうけつ）の<u>惨事</u>を引（ひ）き起（お）こす。

10 正直（しょうじき）に<u>白状</u>する。

11 <u>網</u>を打（う）つ。

12 名画（めいが）に<u>偽物</u>はつきものだ。

13 新聞（しんぶん）に広告（こうこく）を<u>掲載</u>する。

14 <u>仲人</u>を立（た）てる。

15 実力（じつりょく）で<u>阻止</u>する。

---

1 うれゆき, 팔림새가 좋다.
2 かわせ, 환율이 변동하다.
3 すいとう, 물품의 출납 검사를 하다.
4 だきょう, 타협을 용납하지 않는 성격
5 はんじょう, 번창하는 가게
6 かきとめ, 소포를 등기로 보내다.
7 おいこす, 앞 차를 추월하다.
8 かいご, 누운 채 일어나지 못하는 노인을 간호하다.
9 さんじ, 유혈 참사를 일으키다.
10 はくじょう, 솔직히 자백하다.
11 あみ, 그물을 치다.
12 にせもの, 명화에 가짜는 있기 마련이다.
13 けいさい, 신문에 광고를 게재하다.
14 なこうど, 중매(인)를 세우다.
15 そし, 실력으로 저지하다.

• 기타

□ 愛想 あいそ 붙임성, 정나미

□ 憧れ あこが 동경

□ 跡 あと 자국, 흔적

□ 油絵 あぶらえ 유화

□ 泡 あわ 거품

□ 怒り いか 분노

□ 維持 いじ 유지

□ 遺伝子 いでんし 유전자

□ 隠居 いんきょ 은거, 은둔

□ 因縁 いんねん 인연

□ 現 うつつ 현실

□ 浮気 うわき 바람기

□ 陰言 かげごと 험담 ≒ 陰口 かげぐち

□ 頭文字 かしらもじ 두문자, 머리글자

□ 敵 かたき 원수, 적

□ 気質 かたぎ 기질(=きしつ)

□ 偏り かたより 치우침, 편중됨

□ 緩和 かんわ 완화

□ 軌道 きどう 궤도

□ 強烈 きょうれつ 강렬(함)

□ 吟味 ぎんみ 음미

□ 鎖 くさり (쇠)사슬

□ 愚痴 ぐち 푸념

□ 競馬 けいば 경마

□ 懸念 けねん 걱정

□ 公開 こうかい 공개

□ 小器用 こぎよう 잔재주

□ 志 こころざし 마음가짐

□ 誇張 こちょう 과장

□ 催促 さいそく 재촉

□ 採択 さいたく 채택

□ 指図 さしず 지시, 지휘

□ 差し支え さしつかえ 지장

□ 撮影 さつえい 촬영

□ 裁き さばき 재판

□ 自業自得 じごうじとく 자업자득

□ 下地 したじ 소질

□ 弱点 じゃくてん 약점

□ 順応 じゅんのう 순응

□ 承諾 しょうだく 승낙

□ 譲歩 じょうほ 양보

□ 侵害 しんがい 침해

□ 人権 じんけん 인권

□ 迅速 じんそく 신속(함)

□ 遂行 すいこう 수행

□ 隙間 すきま 틈

□ 筋 すじ 줄기, 힘줄

□ 筋合い すじあい 근거, 이유, 조리

□ 素姓 すじょう 혈통, 가문

□ 繊細 せんさい 섬세(함)

□ 送迎 そうげい 송영

□ 巧み たくみ 교묘(함)

□ 魂 たましい 혼, 영혼

□ 秩序 ちつじょ 질서

□ 挑戦 ちょうせん 도전

□ 墓 はか 무덤

□ 暴露 ばくろ 폭로

□ 端 はし 가장자리, 끝부분

□ 恥 はじ 수치, 부끄러움

□ 発揮 はっき 발휘

□ 抜群 ばつぐん 발군

□ 幅 はば 폭

□ 番組 ばんぐみ 방송, 프로그램

□ 普及 ふきゅう 보급

□ 福祉 ふくし 복지

□ 無作法 ぶさほう 무례함, 버릇없음

□ 発起 ほっき 발기, 새로운 일을 꾸며 일으킴

□ 的 まと 표적

□ 都 みやこ 수도

□ 旨 むね 취지, 뜻

□ 目論見 もくろみ 계획, 의도

□ 唯一 ゆいいつ 유일

□ 遺言 ゆいごん 유언

□ 融通 ゆうずう 융통

□ 抑圧 よくあつ 억압

□ 良し悪し よしあし 좋고 나쁨

□ 余剰 よじょう 잉여

□ 倫理 りんり 윤리

▶ 다음 밑줄 친 부분에 알맞은 요미가나(読み仮名)를 쓰고, 문(文)의 의미를 쓰세요.

1 怒りを買う。

2 夢か現か。

3 親の敵を討つ。

4 犬を鎖でつなぐ。

5 愚痴をこぼす。

6 人口減少を懸念する。

7 催促がましいことを言う。

8 詐欺師になる下地はあった。

9 新しい環境に順応する。

10 人権を尊重する。

11 そんなことを言われる筋合いは

ない。

12 スキャンダルを暴露する。

13 抜群の成績で優勝する。

14 目論見がはずれる。

15 親の遺言を守る。

---

1 いかり, 분노를 사다.
2 うつつ, 꿈인가 생시인가.
3 かたき, 부모의 원수를 갚다.
4 くさり, 개를 (쇠)사슬로 매다.
5 ぐち, 푸념을 늘어놓다.
6 けねん, 인구 감소를 걱정하다.
7 さいそく, 재촉하는 듯한 말을 하다.
8 したじ, 사기꾼이 될 소질은 있었다.
9 じゅんのう, 새로운 환경에 순응하다.
10 じんけん, 인권을 존중하다.
11 すじあい, (너에게) 그런 말을 들을 이유는 없다.
12 ばくろ, 스캔들을 폭로하다.
13 ばつぐん, 발군의 성적으로 우승하다.
14 もくろみ, 계획이 어긋나다.
15 ゆいごん, 부모의 유언을 지키다.

★ 주의해야 할 한자

雨 あめ・あま・う	雨 (あめ) 비
	雨宿り (あまやど) 비를 피함
	雨天 (うてん) 우천
両 りょう	両手 (りょうて) 양손
因 いん	原因 (げんいん) 원인
囚 しゅう	囚役 (しゅうえき) 수역, 복역
困 こん	困難 (こんなん) 곤란(함)
害 がい	損害 (そんがい) 손해
割 かつ	分割 (ぶんかつ) 분할
轄 かつ	管轄 (かんかつ) 관할
漢 かん	漢字 (かんじ) 한자
難 なん	無難 (ぶなん) 무난(함)
級 きゅう	高級 (こうきゅう) 고급
給 きゅう	給料 (きゅうりょう) 급료, 월급
牛 ぎゅう	牛乳 (ぎゅうにゅう) 우유
午 ご	午後 (ごご) 오후
件 けん	用件 (ようけん) 용건
巨 きょ	巨額 (きょがく) 거액
拒 きょ	拒否 (きょひ) 거부
距 きょ	距離 (きょり) 거리
契 けい	契約 (けいやく) 계약
潔 けつ	清潔 (せいけつ) 청결(함)

経 けい・きょう	経過 (けいか) 경과
	経典 (きょうてん) 경전
軽 けい	軽減 (けいげん) 경감
校 こう	登下校 (とうげこう) 등하교
効 こう	効果 (こうか) 효과
郊 こう	郊外 (こうがい) 교외
教 きょう	教育 (きょういく) 교육
工 こう	工業 (こうぎょう) 공업
攻 こう	攻撃 (こうげき) 공격
功 こう	功績 (こうせき) 공적
巧 こう	巧妙 (こうみょう) 교묘(함)
更 こう	更新 (こうしん) 갱신
便 びん・べん	航空便 (こうくうびん) 항공편
	便所 (べんじょ) 변소
採 さい	採用 (さいよう) 채용
菜 さい	野菜 (やさい) 야채
彩 さい	色彩 (しきさい) 색채
式 しき	公式 (こうしき) 공식
試 し	試験 (しけん) 시험
処 しょ・ど	処理 (しょり) 처리
	目処 (めど) 목표, 전망
拠 きょ・こ	根拠 (こんきょ) 근거
	証拠 (しょうこ) 증거

章 しょう	勲章 _{くんしょう} 훈장	
障 しょう	障害 _{しょうがい} 장해	

章 しょう ・ 勲章 くんしょう 훈장

障 しょう ・ 障害 しょうがい 장해

場 じょう ・ 会場 かいじょう 회장

揚 よう ・ 掲揚 けいよう 게양

陽 よう ・ 太陽 たいよう 태양

植 しょく ・ 植物 しょくぶつ 식물

殖 しょく ・ 養殖 ようしょく 양식

新 しん ・ 新型 しんがた 신형

親 しん ・ 親戚 しんせき 친척

請 せい ・ 要請 ようせい 요청

静 せい・じょう ・ 静電気 せいでんき 정전기 / 静脈 じょうみゃく 정맥

精 せい ・ 精密 せいみつ 정밀(함)

情 じょう ・ 情緒 じょうちょ 정서(＝じょうしょ)

成 せい ・ 成功 せいこう 성공

盛 せい・じょう ・ 盛夏 せいか 한여름 / 繁盛 はんじょう 번성

席 せき ・ 座席 ざせき 좌석

度 ど ・ 度胸 どきょう 배짱, 담력

相 そう・しょう ・ 相場 そうば 시세 / 首相 しゅしょう 수상

想 そう ・ 想像 そうぞう 상상

増 ぞう ・ 急増 きゅうぞう 급증

贈 ぞう ・ 寄贈 きぞう 기증(＝きそう)

挑 ちょう ・ 挑戦 ちょうせん 도전

跳 ちょう ・ 跳躍 ちょうやく 도약

逃 とう ・ 逃亡 とうぼう 도망

停 てい ・ 停留所 ていりゅうじょ 정류장

亭 てい ・ 亭主 ていしゅ 남편

道 どう ・ 道理 どうり 도리

導 どう ・ 指導 しどう 지도

熱 ねつ ・ 熱情 ねつじょう 열정

熟 じゅく ・ 成熟 せいじゅく 성숙

被 ひ ・ 被害 ひがい 피해

疲 ひ ・ 疲労 ひろう 피로

披 ひ ・ 披露宴 ひろうえん 피로연

彼 かれ ・ 彼 かれ 그(사람)

複 ふく・ぷく ・ 複雑 ふくざつ 복잡 / 単複 たんぷく 단수와 복수, 단식과 복식

腹 ふく・ぷく ・ 腹痛 ふくつう 복통 / 立腹 りっぷく 역정을 냄, 화를 냄

復 ふく・ぷく ・ 往復 おうふく 왕복 / 反復 はんぷく 반복

服 ふく・ぷく ・ 服装 ふくそう 복장 / 屈服 くっぷく 굴복

偏 へん・かたよ(る) ・ 偏見 へんけん 편견 / 偏り かたよ 편중, 치우침

編 へん・あ(む) ・ 編集 へんしゅう 편집 / 編み物 あみもの 편물

抱 ほう・ぼう	介抱 かいほう	간호
	辛抱 しんぼう	참음
泡 ほう・ぼう	気泡 きほう	기포
	発泡 はっぽう	발포
胞 ほう・ぼう	胞子 ほうし	포자
	細胞 さいぼう	세포
放 ほう・ぼう	放逐 ほうちく	방축, 추방
	奔放 ほんぼう	분방(함)
訪 ほう・ぼう	訪問 ほうもん	방문
	探訪 たんぼう	탐방
防 ぼう	防止 ぼうし	방지
肪 ぼう	脂肪 しぼう	지방
暴 ぼう・ばく	暴力 ぼうりょく	폭력
	暴露 ばくろ	폭로
爆 ばく	爆弾 ばくだん	폭탄
門 もん	門限 もんげん	폐문 시간, 문 닫는 시간
問 もん	問答 もんどう	문답
聞 ぶん・もん	英字新聞 えいじしんぶん	영자신문
	見聞 けんもん	견문
融 ゆう	融通 ゆうずう	융통
隔 かく	間隔 かんかく	간격
容 よう	容器 ようき	용기
溶 よう	溶液 ようえき	용액

楽 らく・がく	娯楽 ごらく	오락
	音楽 おんがく	음악
薬 やく	漢方薬 かんぽうやく	한약
旅 りょ	旅券 りょけん	여권
族 ぞく	民族 みんぞく	민족
練 れん	練習 れんしゅう	연습
連 れん	連続 れんぞく	연속
蓮 れん	蓮華 れんげ	연꽃
論 ろん	討論 とうろん	토론
倫 りん	倫理 りんり	윤리
輪 りん	競輪 けいりん	경륜
輸 ゆ	輸血 ゆけつ	수혈

▶ 다음 밑줄 친 부분을 한자 또는 히라가나로 바르게 쓴 것을 고르세요.

1 体を清潔に保つ。　　　　　　　　(A) せいげつ　　　　(B) せいけつ

2 門限は11時です。　　　　　　　　(A) もんげん　　　　(B) もんがん

3 相場より高値で売れた。　　　　　(A) そうば　　　　　(B) しょうば

4 軒下で雨宿りする。　　　　　　　(A) あまやどり　　　(B) あめやどり

5 融通がきく。　　　　　　　　　　(A) ゆうつう　　　　(B) ゆうずう

6 登下校時間が決まっている。　　　(A) とうげこう　　　(B) とうかこう

7 店が繁盛する。　　　　　　　　　(A) はんせい　　　　(B) はんじょう

8 不正を暴露する。　　　　　　　　(A) ばくろ　　　　　(B) ぼうろ

9 新記録にちょうせんする。　　　　(A) 挑戦　　　　　　(B) 徒戦

10 あの雑誌の報道姿勢にはかたよりがある。(A) 偏り　　　　(B) 編り

11 りんり観の欠如　　　　　　　　　(A) 倫理　　　　　　(B) 論理

12 この仕事のめどが立たない。　　　(A) 目道　　　　　　(B) 目処

13 外国にほうちくする。　　　　　　(A) 防逐　　　　　　(B) 放逐

14 子どもを徹夜でかいほうする。　　(A) 介抱　　　　　　(B) 開放

15 運動で大きなこうかが得られた。　(A) 効果　　　　　　(B) 郊果

16 これはじょうちょ発達の見地から　(A) 静緒　　　　　　(B) 情緒
　　行われている。

2) 필수 형용사 한자

(1) い형용사

● 감각

☐ 痒い 가렵다

☐ 騒がしい 시끄럽다

☐ 渋い 떫다, (표정이) 떠름하다

☐ 素早い 민첩하다

☐ 鋭い 예리하다, 날카롭다

☐ 生臭い 비린내 나다

☐ 鈍い 둔하다, 무디다

● 마음, 기분, 성격

☐ 厚かましい 뻔뻔스럽다

☐ 呆気ない 싱겁다, 어이없다

☐ 荒い 거칠다, 난폭하다

☐ 勇ましい 용맹스럽다, 용감하다
≒ たくましい 씩씩하다

☐ 初々しい 때가 묻지 않아 싱싱하고 순수하다

☐ 疑わしい 의심스럽다

☐ 羨ましい 부럽다

☐ 惜しい 아깝다, 애석하다

☐ 決まり悪い 거북하다

☐ くだらない 시시하다

☐ 心強い 마음이 든든하다

☐ 心細い 마음이 놓이지 않다, 불안하다

☐ 快い 상쾌하다, 기분이 좋다

☐ 好ましい 호감이 가다, 마음에 들다

☐ 図々しい 뻔뻔스럽다

☐ 狡い 교활하다

☐ 切ない 안타깝다, 애절하다

☐ 素っ気ない 냉정하다, 쌀쌀맞다

☐ だらしない 칠칠치 못하다

☐ 情けない 한심하다, 정떨어지다

☐ 何気ない 아무렇지 않다

● 정도, 상태

☐ 悪どい (색이) 칙칙하다, 야하다, 악착같다, 악랄하다

☐ 著しい 현저하다, 두드러지다

☐ おびただしい (수량이) 매우 많다, (정도가) 심하다

☐ くどい (지루할 정도로) 장황하다

☐ 険しい 험난하다

☐ 清々しい 상쾌하다, 시원하다

☐ 容易い 손쉽다, 용이하다

☐ 尊い 귀중하다, (신분이) 높다, 고귀하다

☐ 乏しい 모자라다, 부족하다

☐ 華々しい 매우 화려하다

☐ 甚だしい 심하다, 대단하다

☐ 紛らわしい 헷갈리기 쉽다

☐ 待ち遠しい 오래 기다리다

☐ やかましい 시끄럽다

☐ 緩い 완만하다, 느슨하다

● 평가

☐ 危うい 위험하다, 위태롭다

☐ 慌ただしい 어수선하다, 분주하다, 황망하다

☐ 卑しい 천하다

☐ 望ましい 바람직하다

☐ 相応しい 상응하다, 어울리다

☐ 醜い 추하다

☐ 空しい 헛되다, 덧없다

☐ もろい (저항력이) 약하다

☐ 煩わしい 번거롭다, 성가시다

▶ 다음 밑줄 친 부분에 알맞은 요미가나(読み仮名)를 쓰고, 문(文)의 의미를 쓰세요.

1 渋い味がする。 _____ _____

2 呆気ない勝負 _____ _____

3 裏付けに乏しい証拠 _____ _____

4 素早く準備する。 _____ _____

5 あなたには相応しくない言動 _____ _____

6 工事の続行が危うくなった。 _____ _____

7 前途は険しい。 _____ _____

8 それは空しい努力だった。 _____ _____

9 緩い坂が続いている。 _____ _____

10 外が騒がしくてあまり聞こえ _____ _____

　 ない。

11 羨ましいとは思わない。 _____ _____

12 本物と紛らわしい偽物 _____ _____

13 容易く出来る。 _____ _____

14 慌ただしく入ってくる。 _____ _____

15 漢字は学ぶに煩わしい。 _____ _____

1 しぶい, 떫은 맛이 나다.	2 あっけない, 어이없는 승부
3 とぼしい, 뒷받침이 부족한 증거	4 すばやく, 민첩하게 준비하다.
5 ふさわしく, 당신에게는 어울리지 않는 언동	6 あやうく, 공사 속행이 위태로워졌다.
7 けわしい, 앞길은 험난하다.	8 むなしい, 그것은 헛된 노력이었다.
9 ゆるい, 완만한 고갯길이 이어져 있다.	10 さわがしくて, 밖이 시끄러워서 잘 들리지 않는다.
11 うらやましい, 부럽다고는 생각하지 않는다.	12 まぎらわしい, 진품과 헷갈리기 쉬운 가짜
13 たやすく, 쉽게 할 수 있다.	14 あわただしく, 황급히 들어오다.
15 わずらわしい, 한자는 배우기 귀찮다.	

(2) な형용사

● 마음, 기분, 성격

☐ <ruby>鮮<rt>あざ</rt></ruby>やかだ 선명하다, 신선하다

☐ <ruby>穏<rt>おだ</rt></ruby>やかだ 온화하다

☐ <ruby>柔軟<rt>じゅうなん</rt></ruby>だ 유연하다

☐ <ruby>和<rt>なご</rt></ruby>やかだ 온화하다, 부드럽다

☐ <ruby>滑<rt>なめ</rt></ruby>らかだ 매끄럽다

☐ <ruby>賑<rt>にぎ</rt></ruby>やかだ 활기차다, 번화하다

☐ <ruby>華<rt>はな</rt></ruby>やかだ 화려하다

● 정도, 상태

☐ <ruby>大<rt>おお</rt></ruby>げさだ 과장되다

☐ <ruby>大幅<rt>おおはば</rt></ruby>だ 폭넓다

☐ <ruby>微<rt>かす</rt></ruby>かだ 희미하다

☐ <ruby>肝心<rt>かんじん</rt></ruby>だ 중요하다

☐ <ruby>清<rt>きよ</rt></ruby>らかだ 깨끗하다, 맑다

☐ <ruby>細<rt>こま</rt></ruby>やかだ 세세하다, 상세하다

☐ <ruby>淑<rt>しと</rt></ruby>やかだ 정숙하다, 얌전하다

☐ <ruby>健<rt>すこ</rt></ruby>やかだ 건강하다, 튼튼하다

☐ <ruby>速<rt>すみ</rt></ruby>やかだ 신속하다, 빠르다

☐ <ruby>手軽<rt>てがる</rt></ruby>だ 손쉽다, 간단하다

☐ <ruby>遥<rt>はる</rt></ruby>かだ 아득하다, 아주 멀다

☐ <ruby>半端<rt>はんぱ</rt></ruby>だ 불완전하다, 어중간하다
(中途半端(ちゅうとはんぱ)だ의 준말)

☐ <ruby>密<rt>ひそ</rt></ruby>かだ 은밀하다, 은근하다

☐ <ruby>惨<rt>みじ</rt></ruby>めだ 비참하다, 참혹하다

☐ <ruby>身近<rt>みぢか</rt></ruby>だ 친근하다, 가깝다

☐ <ruby>無茶<rt>むちゃ</rt></ruby>だ 터무니없다, 엉뚱하다

● 평가

☐ あやふやだ 믿을 수 없다, 불확실하다

☐ <ruby>大<rt>おお</rt></ruby>まかだ 손이 크다, 대범하다, 대략적이다

☐ <ruby>愚<rt>おろ</rt></ruby>かだ 어리석다

☐ <ruby>質素<rt>しっそ</rt></ruby>だ 검소하다, 절약하다

☐ <ruby>退屈<rt>たいくつ</rt></ruby>だ 지루하다, 심심하다

☐ <ruby>巧<rt>たく</rt></ruby>みだ 교묘하다, 솜씨가 좋다

☐ <ruby>月並<rt>つきな</rt></ruby>みだ 평범하다, 진부하다

☐ <ruby>無口<rt>むくち</rt></ruby>だ 말이 없다, 과묵하다

☐ <ruby>無邪気<rt>むじゃき</rt></ruby>だ 천진난만하다, 순진하다

☐ <ruby>不思議<rt>ふしぎ</rt></ruby>だ 이상하다, 불가사의하다

☐ <ruby>余計<rt>よけい</rt></ruby>だ 쓸모없다, 불필요하다

실력 간단 체크 ✓

▶ 다음 밑줄 친 부분에 알맞은 요미가나(読み仮名)를 쓰고, 문(文)의 의미를 쓰세요.

1 きわめて<u>無邪気な</u>人　　　　＿＿＿＿＿＿　　＿＿＿＿＿＿＿＿＿＿＿＿＿

2 <u>柔軟な</u>態度　　　　＿＿＿＿＿＿　　＿＿＿＿＿＿＿＿＿＿＿＿＿

3 ハンラ山を<u>遥かに</u>望む。　　　　＿＿＿＿＿＿　　＿＿＿＿＿＿＿＿＿＿＿＿＿

4 <u>不思議な</u>話　　　　＿＿＿＿＿＿　　＿＿＿＿＿＿＿＿＿＿＿＿＿

5 <u>賑やかな</u>街　　　　＿＿＿＿＿＿　　＿＿＿＿＿＿＿＿＿＿＿＿＿

6 彼は<u>退屈な</u>人だ。　　　　＿＿＿＿＿＿　　＿＿＿＿＿＿＿＿＿＿＿＿＿

7 今、<u>中途半端に</u>やめては

　いけない。　　　　＿＿＿＿＿＿　　＿＿＿＿＿＿＿＿＿＿＿＿＿

8 <u>鮮やかな</u>印象を与える。　　　　＿＿＿＿＿＿　　＿＿＿＿＿＿＿＿＿＿＿＿＿

9 <u>肝心な</u>事柄を忘れる。　　　　＿＿＿＿＿＿　　＿＿＿＿＿＿＿＿＿＿＿＿＿

10 かえって<u>惨めな</u>思いをした。　　　　＿＿＿＿＿＿　　＿＿＿＿＿＿＿＿＿＿＿＿＿

11 <u>淑やかに</u>歩く。　　　　＿＿＿＿＿＿　　＿＿＿＿＿＿＿＿＿＿＿＿＿

12 会見は終始<u>和やかに</u>行われた。　＿＿＿＿＿＿　　＿＿＿＿＿＿＿＿＿＿＿＿＿

13 <u>身近に</u>置く。　　　　＿＿＿＿＿＿　　＿＿＿＿＿＿＿＿＿＿＿＿＿

14 考え方が<u>月並みで</u>面白くない。　＿＿＿＿＿＿　　＿＿＿＿＿＿＿＿＿＿＿＿＿

15 磨いて<u>滑らかに</u>する。　　　　＿＿＿＿＿＿　　＿＿＿＿＿＿＿＿＿＿＿＿＿

---

1 むじゃきな, 지극히 순진한 사람　　　　2 じゅうなんな, 유연한 태도

3 はるかに, 한라산을 아득히 바라보다.　　4 ふしぎな, 이상한 이야기

5 にぎやかな, 번화한 거리　　　　6 たいくつな, 그는 지루한 사람이다.

7 ちゅうとはんぱに, 지금 어중간하게 그만두면 안 된다.　　8 あざやかな, 선명한 인상을 주다.

9 かんじんな, 중요한 사항을 잊다.　　　　10 みじめな, 오히려 비참한 생각을 했다.

11 しとやかに, 얌전히 걷다.　　　　12 なごやかに, 회견은 시종 부드럽게 진행되었다.

13 みぢかに, 가까이 두다.　　　　14 つきなみ, 사고방식이 진부해서 재미없다.

15 なめらかに, 닦아서 매끄럽게 하다.

3) 필수 동사 한자

● 행동

☐ 奪う 빼앗다

☐ 覆う 덮다

☐ かく 긁다, 할퀴다

☐ 探る 찾다

☐ なでる 쓰다듬다

☐ 振る舞う 행동하다

☐ 放る (멀리) 내던지다, 단념하다, 방치하다

☐ 設ける 설치하다

☐ 破る 찢다, 깨다

● 일상생활, 인간관계

☐ 飽きる 질리다, 싫증나다

☐ 値する 가치가 있다, ~에 상당하다

☐ 誤る 실수하다, 일을 그르치다

☐ 戒める 훈계하다

☐ 促す 재촉하다, 촉구하다

☐ 敬う 존경하다

☐ 裏切る 배신하다

☐ 飼う 기르다

☐ 逆らう 거스르다

☐ 慕う 사모하다

☐ 退く 물러나다

☐ 耕す 경작하다

☐ 司る (직무로서) 취급하다, 담당하다

☐ 就く 취직하다

☐ 唱える 외치다, 주창하다

☐ 見逃す 못 보다, 놓치다, 눈감아 주다

☐ 養う 기르다, 양육하다, 부양하다

● 정신, 마음, 감정

☐ 威張る 뽐내다

☐ うなずく 수긍하다

☐ 恨む 원망하다

☐ 拝む 배례하다, 두 손 모아 빌다

☐ 叶う 희망대로 되다, 이루어지다

☐ 心得る 명심하다

☐ 堪える 참다

☐ 悟る 깨닫다, 이해하다

☐ 慰める 위로하다

☐ 図る 꾀하다, 계획하다

☐ 張り切る 의기양양하다

● 자연 현상, 상태 변화

☐ 怠る 게을리하다

☐ 襲う 덮치다, 습격하다

☐ 衰える 쇠퇴하다

☐ 廃れる 쓰이지(유행하지) 않게 되다, 쇠퇴하다

☐ 備える 대비하다

☐ 揃える 갖추다

☐ 凹む 움푹 들어가다

실력 간단 체크 ✓

▶ 다음 밑줄 친 부분에 알맞은 요미가나(読み仮名)를 쓰고, 문(文)의 의미를 쓰세요.

1 けっして注意を怠らない。　　　＿＿＿＿＿　＿＿＿＿＿＿＿＿＿＿＿＿

2 新入社員の失敗を見逃した。　　＿＿＿＿＿　＿＿＿＿＿＿＿＿＿＿＿＿

3 津波が襲ったそうだ。　　　　　＿＿＿＿＿　＿＿＿＿＿＿＿＿＿＿＿＿

4 こんなスタイルはもう廃れた。　＿＿＿＿＿　＿＿＿＿＿＿＿＿＿＿＿＿

5 威張って歩く。　　　　　　　　＿＿＿＿＿　＿＿＿＿＿＿＿＿＿＿＿＿

6 悪い習慣を戒める。　　　　　　＿＿＿＿＿　＿＿＿＿＿＿＿＿＿＿＿＿

7 社員の削減を図っている。　　　＿＿＿＿＿　＿＿＿＿＿＿＿＿＿＿＿＿

8 学生の時慕っていた先生に　　　＿＿＿＿＿　＿＿＿＿＿＿＿＿＿＿＿＿

　　出会った。

9 手紙を破ってしまう。　　　　　＿＿＿＿＿　＿＿＿＿＿＿＿＿＿＿＿＿

10 最近、退職を促す会社が　　　　＿＿＿＿＿　＿＿＿＿＿＿＿＿＿＿＿＿

　　増えてきた。

11 国の財政を司っている。　　　　＿＿＿＿＿　＿＿＿＿＿＿＿＿＿＿＿＿

12 仕事を放ってテレビを見る。　　＿＿＿＿＿　＿＿＿＿＿＿＿＿＿＿＿＿

13 叶わぬ初恋　　　　　　　　　　＿＿＿＿＿　＿＿＿＿＿＿＿＿＿＿＿＿

14 商品を豊富に揃える。　　　　　＿＿＿＿＿　＿＿＿＿＿＿＿＿＿＿＿＿

15 通行人の財布を奪う。　　　　　＿＿＿＿＿　＿＿＿＿＿＿＿＿＿＿＿＿

---

1 おこたらない, 결코 주의를 게을리하지 않다.　　**2** みのがした, 신입 사원의 실수를 눈감아 주었다.

3 おそった, 해일이 덮쳤다고 한다.　　**4** すたれた, 이런 스타일은 이미 유행이 지났다.

5 いばって, 뽐내며 걷다.　　**6** いましめる, 나쁜 습관을 훈계하다.

7 はかって, 사원의 삭감을 계획하고 있다.　　**8** したって, 학생 시절 사모했던 선생님을 우연히 만났다.

9 やぶって, 편지를 찢어 버리다.　　**10** うながす, 최근, 퇴직을 촉구하는 회사가 늘어났다.

11 つかさどって, 나라의 재정을 담당하고 있다.　　**12** ほうって, 일을 내던져 두고 텔레비전을 보다.

13 かなわぬ, 이루어지지 않는 첫사랑　　**14** そろえる, 상품을 풍부하게 갖추다.

15 うばう, 행인의 지갑을 빼앗다.

★ 주의해야 할 동사

<ruby>焦<rt>あせ</rt></ruby>る — 안달하다, 초조하게 굴다
<ruby>焦<rt>こ</rt></ruby>げる — 타다, 눋다

<ruby>焦<rt>あせ</rt></ruby>って<ruby>自滅<rt>じ めつ</rt></ruby>した。 초조하게 굴다 자멸했다.
<ruby>魚<rt>さかな</rt></ruby>が<ruby>焦<rt>こ</rt></ruby>げる。 생선이 타다.

<ruby>省<rt>かえり</rt></ruby>みる — 반성하다, 돌이켜보다
<ruby>省<rt>はぶ</rt></ruby>く — 줄이다, 생략하다

<ruby>過去<rt>か こ</rt></ruby>の<ruby>過<rt>あやま</rt></ruby>ちを<ruby>省<rt>かえり</rt></ruby>みる。 과거의 잘못을 반성하다.
<ruby>説明<rt>せつめい</rt></ruby>を<ruby>省<rt>はぶ</rt></ruby>く。 설명을 생략하다.

<ruby>歩<rt>ある</rt></ruby>く — 걷다
<ruby>歩<rt>あゆ</rt></ruby>む — 걷다, (한 걸음씩) 나아가다

<ruby>急<rt>いそ</rt></ruby>いで<ruby>歩<rt>ある</rt></ruby>く。 서둘러 걷다.
<ruby>昇進<rt>しょうしん</rt></ruby>への<ruby>道<rt>みち</rt></ruby>を<ruby>歩<rt>あゆ</rt></ruby>む。 승진가도를 걷다.

<ruby>勝<rt>か</rt></ruby>つ — 이기다
<ruby>勝<rt>まさ</rt></ruby>る — 더 낫다, 우수하다

<ruby>誘惑<rt>ゆうわく</rt></ruby>に<ruby>勝<rt>か</rt></ruby>つ。 유혹을 이기다.
<ruby>健康<rt>けんこう</rt></ruby>は<ruby>富<rt>とみ</rt></ruby>に<ruby>勝<rt>まさ</rt></ruby>る。 건강은 부유함보다 낫다.

<ruby>老<rt>お</rt></ruby>いる — 늙다
<ruby>老<rt>ふ</rt></ruby>ける — 늙다, 나이 들다

<ruby>老<rt>お</rt></ruby>いた<ruby>両親<rt>りょうしん</rt></ruby>に<ruby>小遣<rt>こ づか</rt></ruby>いをあげる。 늙은 부모님께 용돈을 드리다.
<ruby>年<rt>とし</rt></ruby>よりちょっと<ruby>老<rt>ふ</rt></ruby>けて<ruby>見<rt>み</rt></ruby>える。 나이보다 좀 늙어 보인다.

<ruby>通<rt>かよ</rt></ruby>う — 다니다, 왕래하다
<ruby>通<rt>とお</rt></ruby>る — 통(과)하다, 지나가다

<ruby>学校<rt>がっこう</rt></ruby>に<ruby>通<rt>かよ</rt></ruby>う。 학교에 다니다.
<ruby>横町<rt>よこちょう</rt></ruby>を<ruby>通<rt>とお</rt></ruby>る。 옆 골목을 지나가다.

<ruby>負<rt>お</rt></ruby>う — 지다, 업다
<ruby>負<rt>ま</rt></ruby>ける — 지다, 패하다

<ruby>責任<rt>せきにん</rt></ruby>を<ruby>負<rt>お</rt></ruby>う。 책임을 지다.
<ruby>腕力<rt>わんりょく</rt></ruby>では<ruby>彼<rt>かれ</rt></ruby>に<ruby>負<rt>ま</rt></ruby>けない。 완력으로는 그에게 지지 않는다.

<ruby>乾<rt>かわ</rt></ruby>く — 마르다
<ruby>乾<rt>ほ</rt></ruby>す — 말리다

<ruby>喉<rt>のど</rt></ruby>が<ruby>乾<rt>かわ</rt></ruby>く。 목이 마르다.
<ruby>洗濯物<rt>せんたくもの</rt></ruby>を<ruby>乾<rt>ほ</rt></ruby>す。 빨래를 말리다.

<ruby>覆<rt>おお</rt></ruby>う — 덮다, 씌우다
<ruby>覆<rt>くつがえ</rt></ruby>す — 뒤집다

ビニールで<ruby>屋根<rt>や ね</rt></ruby>を<ruby>覆<rt>おお</rt></ruby>う。 비닐로 지붕을 덮다.
<ruby>予想<rt>よ そう</rt></ruby>を<ruby>覆<rt>くつがえ</rt></ruby>す。 예상을 뒤집다.

<ruby>断<rt>ことわ</rt></ruby>る — 거절하다, 사양하다, 양해를 구하다
<ruby>断<rt>た</rt></ruby>つ — 끊다, 자르다

<ruby>援助<rt>えんじょ</rt></ruby>を<ruby>断<rt>ことわ</rt></ruby>る。 원조를 거절하다.
<ruby>雑草<rt>ざっそう</rt></ruby>の<ruby>根<rt>ね</rt></ruby>を<ruby>断<rt>た</rt></ruby>つ。 잡초 뿌리를 자르다.

<ruby>怠<rt>おこた</rt></ruby>る — 게을리하다, 방심하다
<ruby>怠<rt>なま</rt></ruby>ける — 게을리하다

<ruby>練習<rt>れんしゅう</rt></ruby>を<ruby>怠<rt>おこた</rt></ruby>る。 연습을 게을리하다.
<ruby>勉強<rt>べんきょう</rt></ruby>を<ruby>怠<rt>なま</rt></ruby>ける。 공부를 게을리하다.

<ruby>探<rt>さが</rt></ruby>す — 찾다
<ruby>探<rt>さぐ</rt></ruby>る — 조사하다, 살피다

<ruby>落<rt>お</rt></ruby>し<ruby>物<rt>もの</rt></ruby>を<ruby>探<rt>さが</rt></ruby>す。 잃어버린 물건을 찾다.
<ruby>事故<rt>じ こ</rt></ruby>の<ruby>原因<rt>げんいん</rt></ruby>を<ruby>探<rt>さぐ</rt></ruby>る。 사고 원인을 조사하다.

盛る 盛る	번창하다 담다, 쌓아올리다

火が燃え盛る。 불이 한창 타오르다.
砂を盛る。 모래를 쌓아올리다.

避ける 避ける	(기)피하다, 꺼리다 피하다, 방지하다

人目を避ける。 남의 눈을 기피하다.
水溜まりを避けて通る。 물웅덩이를 피해 지나가다.

冷める 冷やす	식다 차게 하다, 식히다

コーヒーが冷めてしまう。 커피가 식어 버리다.
すいかを冷やして食べる。 수박을 차게 해서 먹다.

触る 触れる	만지다, 손을 대다 닿다, 접촉하다

絵に触ってはいけない。 그림에 손을 대면 안 된다.
外気に触れる。 바깥 공기를 쐬다.

染みる 染める	배다, 번지다 염색하다, 물들이다

油のにおいが着物に染みる。 기름 냄새가 옷에 배다.
髪を赤く染める。 머리를 빨갛게 염색하다.

抱く 抱く	(팔, 가슴에) 안다 (마음속으로) 안다, 품다

人形を抱いて寝る。 인형을 껴안고 자다.
自然の懐に抱かれる。 자연의 품에 안기다.

頼む 頼る	부탁하다 믿다, 의지하다

秘密にすることを頼む。 비밀로 할 것을 부탁하다.
地図を頼りに山に登る。 지도에 의지해서 산을 오르다.

試す 試みる	시험하다, 실제로 해 보다 시도해 보다, 시험 삼아 해 보다

性能を試す。 성능을 시험하다.
実験を試みる。 실험을 해 보다.

注ぐ 注ぐ	따르다, 붓다 따르다, 쏟다, 흘리다

お茶を注ぐ。 차를 따르다.
涙を注ぐ。 눈물을 흘리다.

解く 解す	풀다 풀다, (묶여 있던 것을) 끄르다

難しい問題を解く。 어려운 문제를 풀다.
緊張を解す。 긴장을 풀다.

逃げる 逃れる	도망가다, 회피하다 벗어나다, 면하다

慌てて逃げる。 당황해서 도망가다.
危うく難を逃れる。 간신히 어려움을 벗어나다.

拭う 拭く	(가볍게 문질러) 닦다, 털어내다 닦다

汗を拭う。 땀을 닦다.
窓ガラスを拭く。 창유리를 닦다.

弾く ひ 弾む はず	(악기를) 연주하다, 치다
	(반동으로) 튀어오르다, 들뜨다

ピアノを弾く。 피아노를 치다.
胸<small>むね</small>が弾む。 가슴이 뛰다.

潜む ひそ 潜る もぐ	숨다, 잠복하다
	잠수하다, 숨어들다, 기어들다

草陰<small>くさかげ</small>に潜む。 풀숲에 숨다.
真珠<small>しんじゅ</small>をとりに潜る。 진주를 캐러 잠수하다.

降る ふ 降りる お	(비나 눈이) 오다, 내리다
	(탈것에서) 내리다

小雨<small>こさめ</small>が降る。 가랑비가 내리다.
次<small>つぎ</small>の駅<small>えき</small>で降りる。 다음 역에서 내린다.

剥く む 剥ぐ は	(껍질을) 까다, 벗기다
	벗기다, 박탈하다

りんごの皮<small>かわ</small>を剥く。 사과 껍질을 벗기다.
官位<small>かんい</small>を剥ぐ。 관위를 박탈하다.

笑う わら 笑む え	웃다
	미소 짓다, 방긋 웃다

笑うに笑えない現実<small>げんじつ</small> 웃으려야 웃을 수 없는 현실

にっこりとほほ笑む。 생긋 미소 짓다.

▶ 다음 밑줄 친 부분에 알맞은 요미가나(読み仮名)를 쓰고, 문(文)의 의미를 쓰세요.

1 真珠をとりに潜る。

2 油のにおいが着物に染る。

3 隣の国からの援助を断っている。

4 富士山の登頂を試みる。

5 魚が焦げてしまった。

6 危うく難を逃れる。

7 語源を探る。

8 外気に触れる。

9 健康は富に勝る。

10 年よりちょっと老けて見える。

11 予想を覆す。

12 官位を剥ぐ。

13 草陰に潜む。

14 説明は一切省く。

15 地図を頼りに山に登る。

---

1 もぐる, 진주를 캐러 잠수하다.　　　2 しみる, 기름 냄새가 옷에 배다.

3 ことわって, 이웃 나라로부터의 원조를 거절하고 있다.　　　4 こころみる, 후지산 등정을 시도하다.

5 こげて, 생선이 타 버렸다.　　　6 のがれる, 간신히 어려움을 벗어나다.

7 さぐる, 어원을 조사하다.　　　8 ふれる, 바깥 공기를 쐬다.

9 まさる, 건강은 부유함보다 낫다.　　　10 ふけて, 나이보다 좀 늙어 보인다.

11 くつがえす, 예상을 뒤집다.　　　12 はぐ, 관위를 박탈하다.

13 ひそむ, 풀숲에 숨다.　　　14 はぶく, 설명은 일체 생략한다.

15 たよりに, 지도에 의지해서 산을 오르다.

2 다의어 정복하기

● 신체

足^{あし}

① 다리, 발 → 足を痛める。 다리를 다치다.

② 발길, 드나듦, 출입 → 足が遠退く。 발길이 지다.

③ 발자취, 꼬리, 단서 → 足が付く。 꼬리가 잡히다.

④ 교통수단 → ストで足を奪われる。 파업으로 발이 묶이다.

관용표현

足が早い 발이 빠르다, 잘 팔리다, (음식이) 쉽게 상하다

足が出る (지출이) 예산을 초과하다, 손해를 보다

足を洗う 나쁜 일에서 손을 떼다

顔^{かお}

① 얼굴 → 丸い顔 둥근 얼굴

② 표정 → 嬉しそうな顔 기쁜 듯한 표정

③ 체면 → 顔を立てる。 체면을 세우다.

관용표현

顔が広い 발이 넓다

口^{くち}

① 입, 입구 → 出入口 출입구(＝出入り口)

② 말 → 口を慎む。 말을 삼가다.

　　　口がうまい。 말을 잘하다.

　　　口が滑る。 잘못 말하다.

③ 일자리 → 勤め口 근무처

④ 미각 → 口が奢る。 입이 사치하다, 미각이 발달하다.

手^て

① 손 → 手を上げる。 손을 들다.

② 손잡이 → かばんの持ち手 가방 손잡이

③ 일손, 노동력 → 手が足りない。 일손이 부족하다.

④ 방법, 수단, 책략 → 古い手だ。 낡은 수법이다.

⑤ 종류 → この手の品物 이런 종류의 물건

관용표현

手が空く (일이 끝나) 손이 비다

手が掛かる 많은 수고가 들다, 노력이 들다

手に余る 힘에 겹다

手に負えない 어찌할 도리가 없다, 감당할 수 없다

手を煩わす 남에게 수고(폐)를 끼치다

● 명사

あて

① 목표, 기대, 전망(当て) → あてが外れる。
　　　　　　　　　　　　　　 기대가 어긋나다.

② 방법, 수단, 길(当て) → 探すあてもない。 찾을 길이 없다.

③ 댐, 댄 것(当て) → ズボンの膝あて 바지의 무릎 바대

④ ～당, ～앞(宛) → 自分あてに荷物を送る。
　　　　　　　　　　　 자신 앞으로 짐을 보내다.

色^{いろ}

① 색채, 빛깔 → 色を塗る。 색을 칠하다.

② 안색, 얼굴 표정 → 色も変えない。 안색도 바꾸지 않다.

③ 모습, 기색 → 負け色 질 기색, 패색

うち

① 집(家) → **うちを出る。** 집을 나서다.
② 안(内) → **鬼は外、福はうち** 도깨비는 바깥으로, 복은 안으로
③ ~하는 동안에, ~하는 중에 → **見ているうちに** 보고 있는 동안에
④ 자기가 속한 집단 → **うちの社長** 우리 (회사) 사장님

裏

① 뒤, 안 → **ページの裏** 페이지 뒷면
　　　　　　着物の裏 옷의 안감
② 이면, 내막 → **財界の裏** 재계의 이면
③ (야구의) 말 → **一回の裏** 1회 말
④ 숨어서 몰래 하는 일 → **裏から頼みこむ。** 몰래 청탁하다.

道

① 길, 도로 → **道に迷う。** 길을 잃다.
② 도리, 진리 → **人の道に背く。** 인간의 도리에 어긋나다.
③ (일의) 분야 → **芸の道** 예능 분야
④ 실마리, 단서, 방도 → **解決の道を開く。** 해결의 실마리를 트다

● **い형용사**

あつい

① 뜨겁다(**熱い**) → **あつい涙** 뜨거운 눈물
② 덥다(**暑い**) → **あつい夏の日** 더운 여름날
③ 두껍다(**厚い**) → **あつい板** 두꺼운 판자
④ 위독하다, 병이 중하다(**篤い**) ・**あつい病** 위독한 병

甘い

① (맛이) 달다, 싱겁다 → **あまいお菓子** 달콤한 과자
② 엄하지 않다, 후하다 → **子にあまい親**
　　　　　　　　자식에게 엄하지 않은 부모
③ 쉽게 보다, 낙천적이다 → **あまい考え**
　　　　　　　　낙천적인 생각

うまい

① 잘하다, 능숙하다(**上手い**) → **機械の操作がうまい。**
　　　　　　　　기계 조작을 잘한다.
② 맛있다(**おいしい**) → **この店のラーメンはうまい。**
　　　　　　　　이 가게의 라면은 맛있다.
③ (상황이) 잘 돼 가다(**うまく**) → **話がうまくいく。**
　　　　　　　　이야기가 잘 돼 가다.

きつい

① 힘들다, 괴롭다 → **きつい生活** 고된 생활
② (옷이) 헐렁하지 않다, 꽉 끼다
　→ **靴が小さくてきつい。** 신발이 작아서 꽉 낀다.
③ (정도가) 세다 → **手をきつく握る。** 손을 꽉 잡다.
④ (성격이) 엄격하다 → **きつい性格** 엄한 성격

当たる

① 들어맞다 → **天気予報**があたる。 일기 예보가 들어맞다.

② 당첨되다, 뽑히다 → **くじ**があたる。
제비뽑기에 당첨되다.

③ 담당하다, 맡다 → **掃除の番**にあたる。 청소 당번을 맡다.

④ 해당(대응)하다 → **英語のdog**にあたる**日本語**
영어의 dog에 해당하는 일본어

⑤ (볕이) 들다, 쬐다 → **日**がよくあたる。 볕이 잘 들다.

⑥ 상하다 → **このいちごは所々**あたっている。
이 딸기는 군데군데 상했다.

いる

① 필요하다(**要る**) → いるだけ持って**行け**。
필요한 만큼 가지고 가라.

② 있다(**居る**) → ずっと**大阪**にいる。 쭉 오사카에 있다.

③ 들다(**入る**) → **気**にいる。 마음에 들다.

④ 볶다(**煎る**) → **豆**をいる。 콩을 볶다.

うつす

① 베끼다, 찍다(**写す**) → **ノート**をうつす。 노트를 베끼다.

② 비추다, 투영하다(**映す**) → **姿を鏡**にうつす。
모습을 거울에 비추다.

③ 옮기다, 전염시키다(**移す**) → **都**をうつす。 수도를 옮기다.

おかす

① (죄를) 범하다(**犯す**) → **罪**をおかす。 죄를 범하다.

② 침해하다(**侵す**) → **権利**をおかす。 권리를 침해하다.

③ 무릅쓰다(**冒す**) → **危険**をおかす。 위험을 무릅쓰다.

おこる

① 일어나다(**起こる**) → **殺人事件**がおこる。
살인 사건이 일어나다.

② 흥하다(**興る**) → **国**がおこる。 나라가 흥하다.

③ 화내다(**怒る**) → **約束を破った**のでおこる。
약속을 어겨서 화내다.

④ 불기운이 세게 일어나다(**熾る**)
→ **火が真っ赤**におこる。 불이 새빨갛게 일어나다.

おさめる

① 거두다, 얻다, 손에 넣다(**収める**)
→ **利益**をおさめる。 이익을 얻다.

② 납부하다, 납입하다, 바치다(**納める**)
→ **税金**をおさめる。 세금을 납부하다.

③ 진압하다, 다스리다, 수습하다(**治める**)
→ **国**をおさめる。 나라를 다스리다.

④ 수양하다, (학문을) 닦다(**修める**)
→ **学業**をおさめる。 학업을 닦다.

▶ 문(文)을 번역하고, 밑줄 친 부분과 같은 의미로 쓰인 것을 고르세요.

1 くちを慎む。 → _____

    (A) くちが滑る   (B) くちが奢る

2 足に合った靴 → _____

    (A) 足がつく   (B) 足を痛める

3 税金をおさめる。 → _____

    (A) 製品を取引先におさめる   (B) 学業をおさめる

4 一人ではとても手が足りない。 → _____

    (A) うまい手を使う   (B) 猫の手も借りたい

5 あてにならない。 → _____

    (A) 本社あてに発送する   (B) あてが外れる

6 疲労のいろが濃い。 → _____

    (A) いろのないガラス   (B) 負けいろ

7 若いうちに勉強せよ。 → _____

    (A) 聞いているうちにわかってくる   (B) 一人でうちに入る

8 占いは時としてあたる。 → _____

    (A) この規則は右の場合にあたる   (B) 今日の天気予報はあたった

9 子にあまい親 → _____

    (A) 採点があまい   (B) あまい考え

10 日程がきつい。 → _____

    (A) きつい目つき   (B) 靴が小さくてきつい

---

1 말을 삼가다. (A)   **2** 발에 맞는 신발 (B)   **3** 세금을 납부하다. (A)

4 혼자서는 일손이 매우 부족하다. (B)   **5** 기대할 수 없다, 믿을 수 없다 (B)   **6** 피곤한 기색이 짙다. (B)

7 젊을 때 공부해라. (A)   **8** 점은 때로는 들어맞는다. (B)   **9** 아이에게 후한(엄하지 않은) 부모 (A)

10 일정이 빡빡하다(꽉 차다). (B)

● 동사 2

覚える

① 외우다, 기억하다, 암기하다
   → 覚えている顔 기억하고 있는 얼굴
② 배우다, 익히다 → 仕事を覚える。 일을 배우다.
③ (자연히) 느끼다 → 哀れみを覚える。 불쌍하게 느끼다.

おりる

① (아래로) 내리다, 내려가다(下りる)
   → 地下室におりる。 지하실로 내려가다.
② (탈것에서) 내리다(降りる)
   → バスをおりる。 버스에서 내리다.

かける

① 걸다, 달다, 채우다(掛ける)
   → 鍵をかける。 열쇠를 걸다, 열쇠를 잠그다.

관용표현

口をかける 권유하다, 의뢰하다
声をかける 말을 걸다
電話をかける 전화를 걸다
エプロンをかける 앞치마를 두르다
腰をかける 걸터앉다
迷惑をかける 폐를 끼치다
鼻にかける 자랑하다, 뽐내다
手間をかける 노력을 들이다, 수고하다
동사 ます형＋かける ~하다 말다(読みかけの本 읽다만 책)

② 결여되다, 부족하다(欠ける)
   → 常識にかける。 상식이 부족하다.
③ 달리다(駆ける) → 後ろからかけてくる。
   뒤에서 달려오다.
④ 걸다, 내기를 하다(賭ける)
   → 交渉成立に首をかける。 교섭 성립에 목을 내놓다.

きわめる

① 한도에 이르다, 끝까지 가다, 다다르다(極める)
   → 山頂をきわめる。 산꼭대기에 다다르다.
② 더없이(가장) ~하다, 극에 달하다(極める)
   → 困難をきわめる。 몹시 곤란하다.
③ 다하다, 몹시 ~하다(極める)
   → 口をきわめてほめる。 입에 침이 마르도록 칭찬하다.
④ 깊이 연구(추구)하다, 파헤치다, 끝까지 밝히다(究める)
   → 真理をきわめる。 진리를 추구하다.
   　真相をきわめる。 진상을 밝히다.

さす

① 가리다, 쓰다, 꽂다(差す) → 傘をさす。 우산을 쓰다.
② (액체를) 붓다, 따르다(注す) → 水をさす。 물을 붓다.
③ (광선, 그림자가) 비치다(射す)
   → 影が障子にさす。 그림자가 장지문에 비치다.
④ 찌르다(刺す) → 短刀で人をさす。 단도로 사람을 찌르다.
⑤ 가리키다(指す) → 犯人をさす。 범인을 가리키다(지목하다).

すむ

① 살다, 거주하다(住む) → 都会にすむ。 도시에서 살다.
② 완료되다, 해결되다(済む) → 金ではすまない問題
   　돈으로는 해결되지 않는 문제
③ 맑다, 투명하다(澄む) → すんでさわやかな空気
   　맑고 상쾌한 공기

たつ

① (일어)서다(立つ) → たって映画をみる。
   서서 영화를 보다.
② (건물이) 서다(建つ) → 学校がたつ。 학교가 세워지다.
③ 출발하다, 떠나다(発つ) → 旅にたつ。 여행을 떠나다.
④ 끊다(絶つ) → 縁をたつ。 인연을 끊다.
⑤ (시간이) 경과하다(経つ) → 年月がたつ。 세월이 가다.

たてる・たて

① 일어나게 하다, 세우다(立てる) → 泡をたてる。
거품을 일게 하다.

② (건물을) 짓다, 세우다(建てる) → 家をたてる。
집을 짓다.

③ 세로(縦) → たてに並ぶ。 세로로 늘어서다.

④ (표면상의) 방침(建前) → 本音とたてまえ 본심과 방침

つく

① 들다, 직위에 앉다, 취직하다(就く)
→ 仕事につく。 일에 착수하다, 취직하다.

② 닿다, 도착하다(着く) → 目的地につく。
목적지에 도착하다.

③ 붙다, 매달리다(付く) → ズボンに泥がつく。
바지에 진흙이 묻다.

④ 찌르다, 괴다(突く) → 肘でわきをつく。
팔꿈치로 옆구리를 찌르다.

つとめる

① 노력하다(努める) → 人前で泣くまいとつとめている。
남 앞에서 울지 않으려고 애쓰고 있다.

② 근무하다(勤める) → 貿易会社につとめている。
무역 회사에 근무하고 있다.

③ 임무를 맡다(務める) → 主役をつとめる。 주역을 맡다.

出来る

① 할 수 있다 → 運転ができる。 운전을 할 수 있다.

② 생기다 → 用事ができる。 볼일이 생기다.

③ 되어 있다, 만들어지다 → 木でできている机
나무로 만들어진 책상

④ 다 되다, 완성되다 → レポートができる。
리포트가 완성되다.

とる

① 잡다, 들다, 취하다(取る) → 手にとって見る。
손에 들고 보다.

② 뽑다, 채집하다(採る) → 血をとる。 피를 뽑다.

③ 붙잡다, 체포하다(捕る) → ねずみをとる。 쥐를 잡다.

④ 찍다(撮る) → 写真をとる。 사진을 찍다.

⑤ (직무로서) 취급하다, 맡다(執る)
→ 事務をとる。 사무를 보다.

乗る

① 타다 → 飛行機にのる。 비행기를 타다.

② 오르다, 실리다(載る) → 地図にのる。 지도에 실리다.

③ 응하다, 끌리다 → 相談にのる。 상담에 응하다.

④ 여세를 몰다, 기회를 타다 → 勝ちにのって攻める。
승리의 여세를 몰아 공격하다.

⑤ 마음이 내키다 → 気がのると残業もする。
마음이 내키면 잔업도 한다.

⑥ 속다, 넘어가다 → 口車にのる。 감언(이설)에 속다.

はかる

① 꾀하다, 도모하다, 계획하다(図る)
→ 再起をはかる。 재기를 꾀하다.

② 의논하다, 가늠하다(計る)
→ 委員会にはかる。 위원회에 묻다.

③ (무게, 깊이, 넓이 등을) 재다(量る・測る)
→ 水の深さをはかる。 물의 깊이를 재다.

④ 꾸미다, 꾀하다(謀る) → 暗殺をはかる。 암살을 꾀하다.

はる

① 붙이다(貼る) → 写真をはる。 사진을 붙이다.
② 뻗다, 펴다(張る) → 木の芽がはる。
　　　　　　　　　　　　　나무의 싹이 뻗어나가다.

ひく

① 끌다, 당기다(引く) → 荷車をひく。 짐수레를 끌다.
② 빼다(引く) → 10から 7 をひく。 10에서 7을 빼다.
③ 찾다(引く) → 辞書をひく。 사전을 찾다.
④ 연주하다(弾く) → ピアノをひく。 피아노를 치다.
⑤ 물러나다, 그만두다(退く) → 身をひく。
　　　　　　　　　　　　　물러나다, 은퇴하다.

回る

① 돌다, 회전하다 → 月が地球をまわる。 달이 지구를 돌다.
② (여기저기) 퍼지다 → 酔いがまわる。 취기가 퍼지다.
③ 순번이 돌아오다 → 当番がまわる。 당번이 돌아오다.
④ 잘 작용하다 → 頭がまわる。 머리가 잘 돌아가다.
⑤ (시간을) 넘기다 → 12時をまわる。 12시를 넘기다.

관용표현

目がまわる 눈이 돌다, 현기증이 나다

みる

① 보다(見る・観る) → 映画をみる。 영화를 보다.
② 진찰하다(診る) → 医者にみてもらう。
　　　　　　　　　　　　　의사에게 진찰받다.

持つ

① 가지다, 소유하다 → 家をもつ。 집을 갖다.
② 들다 → 荷物をもつ。 짐을 들다.
③ 담임하다, 담당하다, 맡다 → 新入生の組をもつ。
　　　　　　　　　　　　　신입생 반을 맡다.
④ 부담하다 → 学資は国でもつ。
　　　　　　　　　　　　　학자금은 나라에서 부담한다.
⑤ 지탱하다, 견디다 → 体がもたない。
　　　　　　　　　　　　　몸이 견디지 못하다.

관용표현

責任をもつ 책임을 지다
肩をもつ 편들다

실력 간단 체크 ✓

▶ 문(文)을 번역하고, 밑줄 친 부분과 같은 의미로 쓰인 것을 고르세요.

1 <u>たって</u>映画をみる。 → _____

    (A) 椅子から<u>たつ</u>   (B) 旅に<u>たつ</u>

2 運転が<u>できる</u>。 → _____

    (A) 用事が<u>できる</u>   (B) 英語が<u>できる</u>

3 暗殺を<u>はかる</u>。 → _____

    (A) 水の深さを<u>はかる</u>   (B) 再起を<u>はかる</u>

4 新車ブームに<u>のって</u>販売する。 → _____

    (A) 相談に<u>のる</u>   (B) 勝ちに<u>のって</u>攻める

5 時計の針が12時を<u>さした</u>。 → _____

    (A) 傘を<u>さす</u>   (B) 犯人を<u>さす</u>

6 今年一杯で舞台を<u>ひく</u>。 → _____

    (A) 三味線を<u>ひく</u>   (B) 現役を<u>ひく</u>

7 船が港に<u>つく</u>。 → _____

    (A) 荷物が<u>つく</u>   (B) 肘でわきを<u>つく</u>

8 贅沢を<u>きわめる</u>。 → _____

    (A) 真理を<u>きわめる</u>   (B) 困難を<u>きわめる</u>

9 看板を<u>かける</u>。 → _____

    (A) 壁に絵を<u>かける</u>。   (B) 常識に<u>かける</u>

10 大金を<u>もって</u>出かける。 → _____

    (A) 新しいマンションを<u>もつ</u>   (B) 学資は国で<u>もつ</u>

---

1 서서 영화를 보다. (A)   **2** 운전을 할 수 있다. (B)   **3** 암살을 꾀하다. (B)

4 신차 붐의 여세를 몰아 판매하다. (B)   **5** 시곗바늘이 12시를 가리켰다. (B)   **6** 올해를 끝으로 무대를 떠나다. (B)

7 배가 항구에 도착하다. (A)   **8** 몹시 사치를 부리다. (B)   **9** 간판을 걸다. (A)

10 큰돈(거금)을 갖고 나가다. (A)

3 같은 의미나 용법으로 쓰인 표현 정복하기

1) 같은 의미를 나타내는 표현

(1) 頭が固い 완고하다, 융통성이 없다 = 融通がきかない

(2) 一睡もできない 한숨도 못 자다 = まったく眠れない 전혀 못 자다

(3) 一斉に 일제히 = 同時に 동시에

(4) 大目に見る 너그럽게(관대하게) 보다 = 寛大に扱う 관대하게 다루다

(5) 踵を返す 발길을 돌리다 = 戻る 돌아오다(돌아가다)

(6) 踵を接する 발꿈치를 접하다, (일이) 계속해서 생기다
    = 次から次へと人が続く, 物事が続けざまに起こる

(7) 首になる 해고되다 = 仕事を辞めさせられる 일을 그만두게 되다

(8) さじを投げる 숟가락을 던지다, 포기하다 = 諦める 포기하다

(9) たよりがある 소식이 있다 = 手紙が届く 편지가 도착하다

(10) ちょっとした 사소한 = ささやかな

(11) 手が空く 손이 비다, 안 바쁘다 = 暇だ 안 바쁘다

(12) 手に負えない 벅차다 = 手に余る, できない

(13) 取り返しのつかない 돌이킬 수 없는 = 元通りにできない 원래대로 할 수 없는

(14) 歯が立たない 도저히 감당할 수 없다 = 自分の力ではどうにもならない 자신의 힘으로는 어쩔 수 없다

(15) 反省している 반성하고 있다 = 省みている

(16) 一目惚れして 한눈에 반해서 = 一度見ただけで好きになって 한 번 본 것만으로 좋아져서

(17) 目をつぶる 눈감아 주다 = 勘弁する 용서하다

(18) 〜かたわら 〜하는 한편 = 〜一方で

(19) 〜かねる 〜할 수 없다, 〜하기 힘들다 = 〜することができない

(20) 〜からには 〜한 이상은 = 〜以上は

(21) 〜ざるを得ない 〜하지 않을 수 없다, 〜해야 한다 = 〜なければならない

(22) 〜とはいえ 〜라고는 해도 = 〜といえども

(23) 〜に違いない 〜임에 틀림없다 = 〜に相違ない

(24) 〜はおろか 〜은 커녕 = 〜どころか

(25) 〜もさることながら 〜은 물론이고 = 〜はもとより, 〜は勿論のことで

(26) 〜ものの 〜이긴 하지만 = 〜けれども

(27) 〜や否や 〜하자마자 = 〜が早いか

(28) 〜わけがない 〜일 리가 없다 = 〜はずがない (당연히) 〜일 리가 없다

(29) 〜わけにはいかない 〜할 수는 없다 = 〜できない

(30) 〜をおいて 〜을 제외하고 = 〜をのぞいて

(31) 〜をものともせず 〜을 아랑곳하지 않고 = 〜をよそに, 〜を問題としないで

(32) 〜をもとにして 〜을 기초로 해서 = 〜に基づいて

▶ 다음 밑줄 친 부분과 의미가 같은 것을 고르세요.

1 大学院に通うかたわら、カフェを経営している。

   (A) どころか   (B) 一方で

2 木村さんはあの事件で首になったそうです。

   (A) 首に怪我をした   (B) 仕事を辞めさせられた

3 彼の強情さは手に余る。

   (A) 手に合わない   (B) 手に負えない

4 敵の攻撃をものともせず突進する。

   (A) 問題としないで   (B) 基づいて

5 もうこうなってしまっては取り返しがつかない。

   (A) 元通りにできない   (B) 諦められない

6 彼らの要求を認めるわけにはいかない。

   (A) 彼らの要求を認めるしかない   (B) 彼らの要求は認められない

7 彼は融通がきかなくて困る。

   (A) 頭が固くて   (B) 頭が切れて

8 ベルが鳴ると生徒たちは一斉に駆け出した。

   (A) 一列になって   (B) 同時に

9 聞くや否や、家を飛び出した。

   (A) 聞くものの   (B) 聞くが早いか

10 説明できるのは彼をおいて誰もいない。

   (A) 彼をのぞいて   (B) 彼をよそに

| 1 (B) | 2 (B) | 3 (B) | 4 (A) | 5 (A) | 6 (B) | 7 (A) | 8 (B) | 9 (B) | 10 (A) |

2) 여러 가지 용법으로 쓰이는 표현

もの

① 물건, 것(구체적인 사물) → 物
② ~인 것이다(내용 강조) → ~ものだ
③ ~이긴 하지만(역접) → ~ものの
④ (당연히) ~하는 법이다, ~하기 마련이다 → ~ものだ
⑤ ~인걸 → ~もの
　▶ 불평이나 원망의 뜻을 담은 이유를 나타내거나 어리광 부릴 때, 기본형에 접속함

こと

① (추상적인) 일, 것, 사정 → 事
② ~에 관한 일 → ~のこと
③ ~해야 한다, ~하는 게 좋다(최상의 행위) → ~ことだ
④ ~한 적이 있다 → ~たことがある

わけ

① 의미, 뜻, 사정, 이유 → 訳
② ~하는 것은 당연하다 → ~わけだ
③ ~할 리가 없다 → ~わけがない
④ ~할 수는 없다 → ~わけにはいかない

ばかり

① ~쯤, ~만, ~뿐, ~정도 → ~ばかり
② 오로지 ~만 → ~ばかり
③ 막 ~하다, ~한 지 얼마 안 됨 → ~たばかり
④ ~해서, ~한 탓으로 → ~ばかりに
⑤ 계속 ~하고만 있다 → ~てばかりいる

ところ

① 곳, 장소 → 所
② ~하고 있는 중이다(진행) → ~ているところだ
③ 지금 막 ~한 참이다 → ~たところだ
　▶ '~한 직후'라는 느낌이 강함
④ 상황, 형편 → ところ

の

① ~의(소유) → の
② ~의 것(소유물) ▶ ~のもの의 생략형
③ ~인(동격)
④ ~이(주격조사 が 대신 쓰임)
⑤ ~에 관한 → ~のこと
⑥ 강조
⑦ ~하는 김에 → ~のついでに
⑧ ~하느니 ~하느니 하며 → ~の、~のと

と

① ~와, ~과(공동 작용의 대상, 열거) → ~と
② ~이(변화의 결과) → ~と
③ ~하니 → ~と
　▶ 기본형에 접속함
④ ~하면(조건이나 가정) → ~と
⑤ ~란 것은, ~란 → ~とは
⑥ ~라고는 해도 → ~といえども

から

① ~부터, ~에서(출발)

② ~을 통해서(경유점, 통과 지점)

③ ~로(재료, 원료, 화학적 변화)

④ ~해서(접속조사, 주관적인 이유, 원인)

たら

① ~라면(어떤 일의 실현이나 완료를 가정한 조건)

② ~했더니(우연한 발견, 의외, 놀라움)

なら

① ~라면(어떤 일의 실현이나 완료를 가정한 조건)

② ~했더니(우연한 발견, 의외, 놀라움)

より

① ~보다(비교의 기준) → ~より

② ~부터(동작, 작용의 출발점) → ~より

③ 보다, 더욱(강조) → より
   ▶ 형용사, 부사 앞에서 쓰임

④ ~밖에 없다(한정) → ~よりほかにない
   ▶ 부정어를 동반함

⑤ 한층 더(부사적 용법) = いっそう

ながら

   ▶ 동사 ます형에 접속함

① ~하면서(동작의 병행, 동시동작) = つつ
   ▶ '동작의 병행'을 나타낼 경우

② ~하면서도(역접 조건)

③ ~대로(그 상태 그대로)

ようだ

   ▶ 동사, 형용사의 연체형에 접속, 명사는 ~のようだ의
     형태로 쓰임

① ~인 것 같다(불확실한 단정)

② ~같다(비유)

③ ~같다(예시)

そうだ

① ~라고 한다(전문)
   ▶ 기본형에 접속함

② ~인 것 같다, ~인 듯하다(양태)
   ▶ 동사 ます형, 형용사 어간에 접속함

らしい

   ▶ 동사와 い형용사 기본형, な형용사 어간, 명사에 접속함

① ~인 것 같다(추측)
   ▶ 단정할 수는 없지만, 거의 확실하다고 생각할 때

② ~답다(접미어적으로)
   ▶ 명사에만 접속함

(ら)れる

   ▶ 동사 ない형에 접속함

① ~을 당하다(수동)

② ~하시다(존칭)

③ ~할 수 있다(가능)

④ 저절로 ~해지다(자발)

(さ)せる

   ▶ 동사 ない형에 접속함

① ~하게 하다, ~하게 시키다(사역)

② (시켜서 억지로) ~하다 → ~(さ)せられる

실력 간단 체크 ✔

▶ 다음 밑줄 친 부분과 같은 용법으로 쓰인 것을 고르세요.

1 <u>より</u>多くの人に会ってみたい。

(A) あそこ<u>より</u>は2時間もかかる。　　(B) <u>より</u>安全な場所はありませんか。

2 どういう<u>わけ</u>で遅刻したのか。

(A) できる<u>わけ</u>がない。　　(B) <u>わけ</u>もなく悲しい。

3 秋も半ば<u>と</u>なった。

(A) 私の顔を見る<u>と</u>わっと泣きだした。　　(B) 発言が問題<u>と</u>なる。

4 わかるまで自分で考え<u>させ</u>ます。

(A) 私の代わりに妹を行か<u>せ</u>ます。　　(B) 無理やりに食べ<u>させ</u>られてお腹をこわした。

5 外はまだ暑い<u>らしい</u>。

(A) どうやら事実<u>らしい</u>。　　(B) 学生<u>らしい</u>態度

6 スポーツの<u>こと</u>に詳しい。

(A) QCとは品質管理の<u>こと</u>である。　　(B) アフリカには行った<u>こと</u>がない。

7 悲しいときは泣く<u>もの</u>だ。

(A) 私も行きたいんだ<u>もの</u>。　　(B) 親には従う<u>もの</u>だ。

8 それ<u>ばかり</u>は許してくれ。

(A) 油断した<u>ばかり</u>に失敗した。　　(B) あとは待つ<u>ばかり</u>だ。

9 笑い<u>ながら</u>涙を流す人もある。

(A) ガムを嚙み<u>ながら</u>話を聞いている。　　(B) 悪いことと知り<u>ながら</u>したと言う。

10 向こうに着いた<u>よう</u>です。

(A) カンちゃんの<u>よう</u>ないたずらっ子ははじめてです。

(B) 飛行機はもう到着している<u>よう</u>です。

1 (B)	2 (B)	3 (B)	4 (A)	5 (A)	6 (A)	7 (B)	8 (B)	9 (A)	10 (B)

下の＿＿＿＿＿線の言葉の正しい表現、または同じ意味のはたらきをしているものを(A)から(D)の中で一つ選びなさい。

1　この制服は天然素材の<u>生地</u>で製作され、保温性が優れています。

(A) ぬのじ　　　　　　　　　　　　　　(B) きじ

(C) なまじ　　　　　　　　　　　　　　(D) せいち

2　信頼すべき<u>筋</u>とは出所を明らかにはできないが、信頼できる関係者からの情報であることを示す。

(A) きじ　　　　　　　　　　　　　　　(B) おもむき

(C) すじ　　　　　　　　　　　　　　　(D) ねた

3　夏の暑さのため消化作用が<u>鈍く</u>なり食欲不振を訴える人が多い。

(A) にぶく　　　　　　　　　　　　　　(B) ぬるく

(C) するどく　　　　　　　　　　　　　(D) まずく

4　一部の若者たちは食生活の<u>偏り</u>で足腰が弱くなり体力もないそうだ。

(A) かたあつまり　　　　　　　　　　　(B) かたいり

(C) かたまり　　　　　　　　　　　　　(D) かたより

5　SNSの広告に載っている「<u>しぼう</u>を減らすお茶」って、本当にダイエットに効果がありますか。

(A) 脂肪　　　　　　　　　　　　　　　(B) 志望

(C) 筋肪　　　　　　　　　　　　　　　(D) 脂胞

6　経産省では、今後医療<u>ふくし</u>分野で新しい市場が生まれると試算している。

(A) 復祉　　　　　　　　　　　　　　　(B) 福祉

(C) 複祉　　　　　　　　　　　　　　　(D) 服祉

7　車道を走っている自転車に対する注意を<u>おこたった</u>ために、交通事故を起こしてしまった。

(A) 漫った　　　　　　　　　　　　　　(B) 起った

(C) 怒った　　　　　　　　　　　　　　(D) 怠った

8 彼は食べる<u>ばかり</u>で片付けは全然しない。

(A) コップにジュースが半分<u>ばかり</u>ある。

(B) 仕事はしないでお酒<u>ばかり</u>飲んでいる。

(C) 油断した<u>ばかり</u>に事故を起こしてしまった。

(D) 空港には今着いた<u>ばかり</u>だ。

9 高橋さんは機械の操作が<u>うまい</u>から彼に聞いてみたら？

(A) 佐藤さんはなかなかスキーが<u>うまい</u>ですね。

(B) このごろ仕事は<u>うまく</u>行っていますか。

(C) <u>うまい</u>料理を作ってあげるから待ってね。

(D) このすき焼き、<u>うまい</u>ですね。

10 初めて後輩の<u>面倒を見る</u>立場となったとき、先輩としてどのように接すればよいか悩みました。

(A) 世話を焼く

(B) 嫉妬する

(C) 我関せず

(D) 見殺しにする

下の＿＿＿＿＿線の言葉の正しい表現、または同じ意味のはたらきをしているものを(A)から(D)の中で一つ選びなさい。

1 記録的な大雨となった埼玉県では、川の氾濫のほか、冠水の被害が相次ぎました。

(A) ばんらん　　　　　　　　　　　　(B) はんらむ

(C) はんらん　　　　　　　　　　　　(D) ばんらむ

2 営業社員の承諾を得て新車に乗ってみたが、乗り心地はあまりよくなかった。

(A) しょうらく　　　　　　　　　　　(B) しょうなく

(C) しょうだく　　　　　　　　　　　(D) しょうたく

3 年を取ったせいか、洗濯も掃除も煩わしく思われる。

(A) きはずかわしく　　　　　　　　　(B) きづかわしく

(C) つつまわしく　　　　　　　　　　(D) わずらわしく

4 「近代経済学の父」と言われるアダム・スミスが自由貿易を唱えた『国富論』を書いたのは1776年である。

(A) そなえた　　　　　　　　　　　　(B) となえた

(C) さかえた　　　　　　　　　　　　(D) うったえた

5 突然の天候の悪化で飛行機は谷間についらくしてしまった。

(A) 追落　　　　　　　　　　　　　　(B) 椎落

(C) 推落　　　　　　　　　　　　　　(D) 墜落

6 建設のためのはかいだとしても環境を考慮しなくてはいけない。

(A) 破戒　　　　　　　　　　　　　　(B) 波塊

(C) 破壊　　　　　　　　　　　　　　(D) 婆怪

7 高齢化社会になると実際に働く人が減るからお年寄りをやしなう負担が増える。

(A) 嬢う　　　　　　　　　　　　　　(B) 養う

(C) 攘う　　　　　　　　　　　　　　(D) 譲う

8 お店に問い合わせた<u>ところ</u>、営業時間は２０時まででした。

(A) 学生にアンケートをとった<u>ところ</u>、予想外の結果が出ました。

(B) ウォーキングを始めたのに、やせる<u>どころ</u>か体重が増えてしまいました。

(C) 新作ドラマのあらすじや見<u>どころ</u>をまとめてご紹介します。

(D) とても暗い雰囲気だったので、冗談を言う<u>どころ</u>ではありませんでした。

9 バスもタクシーもなかったので、汽車から<u>おり</u>てずっと歩いて来ました。

(A) 猫は地下室にいるんじゃないかしら。ちょっと<u>おり</u>てみなさい。

(B) 品川駅で<u>おり</u>てバスに乗り換えました。

(C) 明日は一日中家に<u>おり</u>ますので遊びにおいでください。

(D) 演劇が終わって幕が<u>おり</u>ると、みんな拍手喝采をおくった。

10 個々の選手の技量を比べたら我がチームは相手の選手たちに<u>歯が立たない</u>。

(A) 大目に見る

(B) さじを投げる

(C) 歯に衣着せぬ

(D) 足元にも及ばない

下の＿＿＿＿線の言葉の正しい表現、または同じ意味のはたらきをしているものを(A)から(D)の中で一つ選びなさい。

1　<u>火傷</u>をしたときは、痛みを和らげるために直ちに患部を冷却しましょう。

(A) ひきず (B) かじ

(C) ひあと (D) やけど

2　「<u>宛名</u>のないメール」は親や友だちなどに話せないことなど何でも気軽に投稿できるSNSです。

(A) えんな (B) かな

(C) あてな (D) あてみょう

3　いくら努力しても試験の点数が上がらないので<u>空しく</u>なってきた。

(A) まさしく (B) からしく

(C) むなしく (D) いやしく

4　田村さんは去年の夏、旅行中に地震で地面が<u>裂ける</u>のを目撃したそうだ。

(A) わける (B) さける

(C) おじける (D) やぶける

5　<u>かんこう</u>に捕らわれないで独自の味を出したので価値がある。

(A) 慣行 (B) 敢行

(C) 刊行 (D) 緩行

6　初めての討論の授業で京子さんの話から<u>きょうれつ</u>な印象を受けた。

(A) 強例 (B) 強熱

(C) 強列 (D) 強烈

7　事故を直感したのか彼女は地下鉄に乗る前、何か<u>さとった</u>ようなことを言った。

(A) 語った (B) 悟った

(C) 憾った (D) 堪った

8   医学系の大学院を受け<u>よう</u>と思っています。

(A) 日本で建築学の勉強をし<u>よう</u>と思います。

(B) 授業時間には遅れない<u>よう</u>にしてください。

(C) 君の<u>ような</u>悪者にはなれない。

(D) まるでうさぎの目の<u>よう</u>だと思いました。

9   我がチームはその研究から手を<u>ひいた</u>。

(A) 7から3を<u>ひく</u>と4になる。

(B) 3人の小学生がギターを<u>ひいて</u>いる。

(C) 父は30年間勤めていた会社から身を<u>ひいた</u>。

(D) わからない漢字があって辞書を<u>ひいて</u>みた。

10   この映像は動画アプリに<u>アップされるや否や</u>口コミで広がり、再生回数が300万回を
     突破した。

(A) アップされないうちに

(B) アップされるが早いか

(C) アップされて長い間

(D) アップされるかどうか

V 下の＿＿＿＿線の言葉の正しい表現、または同じ意味のはたらきをしているものを(A)から(D)の中で一つ選びなさい。

101 謙譲表現を使いこなせていると、相手にいい印象を与えるだけでなく、部下への見本にもなります。

(A) けんぽん

(B) けんほん

(C) みぽん

(D) みほん

102 立って食事をするのは無作法とされる場合もあるが、時間のない現代人には人気がある。

(A) ぶさほう

(B) むさほう

(C) ぶさくほう

(D) むさくほう

103 ひな祭りには、女の子の健やかな成長を願うという意味が込められています。

(A) にぎやかな

(B) ゆるやかな

(C) あざやかな

(D) すこやかな

104 地震の被害者に対する彼らの救援活動は賞賛に値する。

(A) あたいする

(B) ねする

(C) かちする

(D) がいする

105 不景気がつづき、余剰人員の削減などが深刻な社会問題となっている。

(A) よゆう

(B) ようぞ

(C) よじょう

(D) あまのり

106 大都市では自動車からの排気ガスを原因とする大気汚染が深刻である。

(A) たいきおえん

(B) たいきおせん

(C) だいきおぜん

(D) だいけおうえん

107 あんなに贅沢に暮した有名なタレントさんだったのに、今は田舎で質素な生活をしているそうだ。

(A) しつそうな

(B) しっそな

(C) じっそな

(D) じっそうな

108 このチャンスを見逃してしまったら、きっと後悔するぞ。

(A) みおくり

(B) みのが

(C) みにげ

(D) みのげ

109 最近いでんし組み替え植物が輸入されているそうだ。

(A) 乳電子

(B) 遺電子

(C) 遺伝子

(D) 有伝子

110 今朝、8時ごろ登校中の小学生の列にバスが突っ込むさんじがありました。

(A) 惨事

(B) 参事

(C) 懺事

(D) 駿事

111 フィードバックは部下の才能をメキメキと伸ばし、成長をうながす効果があります。

(A) 耕す

(B) 見逃す

(C) 促す

(D) 唆す

112 企業が求めている人材は物事に縛られたりせずにじゅうなんに対応できる人だそうです。

(A) 重暫

(B) 柔難

(C) 柔軟

(D) 重輪

113 あの人は料理人同士がわざを競うテレビ番組に出演したこともあるよ。

(A) 伎

(B) 技

(C) 岐

(D) 術

114 台風の勢いがおとろえてやっと外出ができるようになった。

(A) 劣えて

(B) 弱えて

(C) 哀えて

(D) 退えて

115 となりの人にコーヒーを<u>こぼされて</u>びっくりした。

  (A) こんな小春日和には学生時代が<u>思い出される</u>。

  (B) 試験の成績があがったので先生に<u>誉められた</u>。

  (C) 家から会社まで歩いて10分で<u>来られる</u>。

  (D) 昨夜、咳が出て<u>寝られません</u>でした。

116 最近はサラリーマンとして働く<u>かたわら</u>、ブログや動画アプリでお金を稼ごうとする人が増えてきた。

  (A) からには

  (B) ちょっとした

  (C) 一斉に

  (D) 一方で

117 社長は<u>頭が固く</u>、新しいシステムの導入に関して、意固地になって反対しており、説得が大変です。

  (A) 短気で

  (B) 頭が切れて

  (C) 気がすすまなくて

  (D) 融通がきかなくて

118 友だちに会いに上野公園へ行く途中で、<u>みち</u>に迷ってしまった。

  (A) 宗教紛争解決のための<u>みち</u>が開かれる見通しだ。

  (B) 昨夜、寮へ行く<u>みち</u>で杉村先生に会った。

  (C) 子どもがあるのにあんなことをするなんて、人の<u>みち</u>に背く。

  (D) 田中さんは茶の<u>みち</u>一筋に50年生きてきた方です。

119 売上を伸ばす<u>ため</u>のテレビのコマーシャルは、売上不振の時に経費削減の対象になりやすい。

  (A) 新車を買う<u>ため</u>に貯金しています。

  (B) 風邪の<u>ため</u>に会社を休みました。

  (C) 木村さんは交通事故の<u>ため</u>に入院したそうです。

  (D) 君の<u>ため</u>に300万円も損をした。

120 あの小学校の運動場に<u>たて</u>られた銅像を見ましたか。

  (A) あ、あれですか。あれは3か月前に新しく<u>たて</u>られたビルです。

  (B) 彼はここに来て<u>たて</u>にもよこにも著しい成長を遂げた。

  (C) 我が社は値引きしないことを<u>たて</u>まえとしております。

  (D) じゃ、今度は右側から左側へ、<u>たて</u>に書いてみましょう。

PART 6

오문정정

PART 6은 하나의 문장 안에서 문법상 또는 의미상 틀린 부분을 찾아내는 능력을 평가하는 데 중점을 두고 있어요. 하나의 문장 안에서 복합적인 문법 지식을 요구하기 때문에 매우 어려운 파트이기도 해요.

PART 6 문제를 풀 때는 문장을 한 번에 쭉 읽으면서 전체적인 의미를 생각하고 그 과정에서 말이 되지 않는 부분이 발견되면 바로 체크하세요. 그러고 나서 문장의 의미에 전혀 문제가 없다고 생각되면 본격적으로 문법 지식을 총 동원하여 조사의 쓰임이나 동사, 형용사, 조동사의 활용 그리고 존경 표현, 관용 표현 등의 오류를 체크하면 답을 찾아내기가 좀 더 수월해질 거예요. 만약 그래도 답을 찾기 어렵다면 시간을 허비하지 말고 다음 문제로 넘어가는 것도 요령이에요.

평소 문제를 풀 때, 잘못된 부분만 찾아내지 말고 그 부분이 왜 잘못된 표현인지를 생각해 보고 정답 위에 정확한 표현을 써넣는 연습을 해 두는 것도 좋아요.

유형 공략

1 PART 6에서는 어휘상의 오용, 문법상의 오용, 의미상의 오용을 찾는 문제가 나와요.

2 문제를 풀 때 우선 문장을 쭉 읽으면서 전체적인 의미를 생각해 본 후, 말이 되지 않는 부분을 발견하면 바로 체크하세요. 문장의 의미에 문제가 없다면 그동안 익혀 둔 문법 지식을 동원하여 오류를 체크하면 된답니다.

3 평소에 문제를 풀면서 잘못된 부분을 찾아 바르게 고치는 연습을 해 보는 것이 좋아요.

예제 下の＿＿＿＿＿線の(A), (B), (C), (D)の言葉の中で正しくないものを一つ選びなさい。

어휘상의 오용

1 彼女(かのじょ)はいつもとは<u>間違(まちが)って</u>今日(きょう)は<u>厚化粧(あつげしょう)</u>に<u>派手(はで)な</u>ドレスを<u>着(き)ていた</u>。
　　　　　　　　　　　(A)　　　　　　　(B)　　　　(C)　　　　　　　(D)

+해설　그녀는 평소와는 달리, 오늘은 짙은 화장에 화려한 드레스를 입고 있었다.
間違(まちが)う는 '틀리다'란 의미이고, 違(ちが)う는 '다르다'란 의미이므로, (A)의 間違(まちが)って는 違(ちが)って로 바꿔 주어야 해요.

+단어　厚化粧(あつげしょう) 짙은 화장　派手(はで) 화려함　ドレス 드레스

문법상의 오용

2 手続(てつづ)きが<u>終(お)わった人</u>は出発(しゅっぱつ)の<u>30分前(ぶんまえ)</u>までに<u>搭乗口(とうじょうぐち)</u>で<u>来(き)てください</u>。
　　　　　　　　(A)　　　(B)　　　　　　(C)　　　　(D)

+해설　수속이 끝난 사람은 출발 30분 전까지 탑승구로 오십시오.
'어느 장소에서 무언가를 하겠다'라는 의미가 아니라, 단순히 '어느 장소로 오라'는 의미를 나타내므로 (D)의 で는 に로 바꿔 주어야 해요.

+단어　手続(てつづ)き 수속　出発(しゅっぱつ) 출발　搭乗口(とうじょうぐち) 탑승구

3   昨夜非常金がばれて夫婦喧嘩をしたので、朝、起きるや否や家を飛び出した。
    (A)　　　　(B)　　　　　　　　　　　　　　　　　(C)　　　(D)

+해설 어젯밤, 비상금이 탄로 나서 부부 싸움을 했기 때문에, 오늘 아침에 일어나자마자 집을 뛰쳐나왔다.
한국어의 '비상금'에 해당하는 일본어는 非常金이 아니라 へそくり예요.

+단어 夫婦喧嘩 부부 싸움　～や否や ～하자마자　飛び出す 튀어나오다, 뛰어나오다

1 숙어, 관용구, 속담 정복하기

1) 숙어, 관용구

☐ 頭を捻る 여러 가지로 궁리하다

☐ 地団駄を踏む 분해서 발을 동동 구르다

☐ あっけにとられる 어안이 벙벙하다

☐ しゃくに障る 화가 나다

☐ 油を売る 농땡이 부리다

☐ 勝負がつかない 승부가 나지 않다

☐ 雨宿りをする 비를 피하다

☐ 尻が重い 엉덩이가 무겁다, 행동이 굼뜨다

☐ 腕が上がる 솜씨가 늘다

☐ 隅に置けない 얕볼 수 없다, 보통이 아니다

☐ 腕を振るう 솜씨(실력)를 발휘하다

☐ 高飛車に出る 고자세로 나오다, 위압적으로 나오다

☐ 馬が合う 서로 마음이 맞다

☐ たかをくくる 가볍게 보다, 깔보다

☐ 大目に見る 관대하게(너그럽게) 봐 주다

☐ 調子を崩す 몸의 컨디션을 흐트러뜨리다

☐ お茶を濁す 어물어물(얼렁뚱땅) 넘기다

☐ 辻褄が合わない 이치(사리)에 맞지 않다

☐ 尾を引く 여운을 남기다, 영향이 남다

☐ 手につかない (일이) 손에 잡히지 않다

☐ 顔が立つ 체면(면목)이 서다

☐ 手に乗る 남의 꾀에 속아 넘어가다

☐ 気が済む 만족하다, 홀가분해지다

☐ 手を焼く 애를 먹다

☐ 気が向く 마음이 내키다

☐ 長い目で見る 긴 안목으로 보다

☐ 軌道に乗る 궤도에 오르다

☐ 泣きべそをかく 울상을 짓다

☐ 決まりが悪い 창피하다, 멋쩍다

☐ 日常茶飯事 일상다반사, 흔히 일어나는 일

☐ 肝に銘じる 명심하다

☐ 飲み込みが早い 이해가 빠르다

☐ 口が滑る 말실수를 하다

☐ 日が暮れる 해가 지다

☐ 口車に乗る 감언이설에 속다

☐ 道草を食う 도중에 다른 일로 시간을 허비하다

☐ 愚痴をこぼす 푸념하다

☐ 見るに見かねる 차마 눈 뜨고 볼 수가 없다

☐ 腰を抜かす 깜짝(몹시) 놀라다

☐ 目処が立つ・目処がつく 목표(전망)가 서다

☐ ごまをする 아부(아첨)를 하다

☐ 目を凝らす 응시하다, 뚫어지게 보다

☐ さじを投げる 가망이 없어 포기하다

☐ 目を白黒させる 눈이 휘둥그레지다, 어리둥절해하다

☐ 時間を潰す 시간을 죽이다, 허비하다

☐ 面倒をみる 돌보다, 보살피다

☐ 下心が見える 속셈이 훤히 보이다

☐ 焼き餅を焼く 질투하다, 샘내다

☐ 舌鼓を打つ 입맛을 다시다, 혀를 차다

☐ らちが明かない 해결되지 않다, 진척이 되지 않다

▶ 다음 밑줄 친 부분에 들어갈 말로 알맞은 것을 고르세요.

1　高飛車に＿＿＿＿＿＿＿。　　　　(A) 出る　　　(B) 出す
　　고자세로 나오다.

2　＿＿＿＿＿＿＿が悪い。　　　　　(A) 決まり　　(B) 恥ずかしさ
　　창피하다, 멋쩍다.

3　焼き＿＿＿＿＿＿＿を焼く。　　　(A) にく　　　(B) もち
　　질투하다, 샘내다.

4　＿＿＿＿＿＿＿が重い。　　　　　(A) しり　　　(B) しっぽ
　　행동이 굼뜨다.

5　＿＿＿＿＿＿＿を濁す。　　　　　(A) お水　　　(B) お茶
　　어물어물(얼렁뚱땅) 넘기다.

6　時間を＿＿＿＿＿＿＿。　　　　　(A) 壊す　　　(B) 潰す
　　시간을 죽이다, 허비하다.

7　＿＿＿＿＿＿＿を抜かす。　　　　(A) 腰　　　　(B) 足
　　깜짝(몹시) 놀라다.

8　目を＿＿＿＿＿＿＿させる。　　　(A) 黒白　　　(B) 白黒
　　눈이 휘둥그레지다, 어리둥절해하다.

9　道草を＿＿＿＿＿＿＿。　　　　　(A) 引く　　　(B) 食う
　　도중에 다른 일로 시간을 허비하다.

10　気が＿＿＿＿＿＿＿。　　　　　(A) 向く　　　(B) 済む
　　만족하다, 홀가분해지다.

| 1 (A) | 2 (A) | 3 (B) | 4 (A) | 5 (B) | 6 (B) | 7 (A) | 8 (B) | 9 (B) | 10 (B) |

2) 속담

□ 朝飯前
あさめしまえ
누워서 떡 먹기

□ 三人寄れば文殊の知恵
さんにんよ　　　もんじゅ　　ちえ
세 사람이 모이면 문수보살의 지혜가 나온다

□ 油に水
あぶら　みず
기름에 물, 조화가 안 됨

□ 知らぬが仏
し　　　ほとけ
모르는 게 약이다

□ 雨垂れ石を穿つ
あまだ　いし　うが
낙숫물이 돌을 뚫는다, 적은 힘이라도 계속하면 성공한다

□ 備えあれば憂いなし
そな　　　　　うれ
유비무환

□ 案ずるより産むが易し
あん　　　　　う　　　やす
걱정하기보다 실천하는 게 더 쉽다

□ 高嶺の花
たかね　　はな
그림의 떡

□ 一を聞いて十を知る
いち　き　　　じゅう　し
하나를 들으면 열을 안다

□ 蓼食う虫も好き好き
たで　く　むし　す　ず
매운 여뀌 잎을 먹는 벌레도 제멋, 각양각색이다

□ 一寸先は闇
いっすんさき　やみ
한 치 앞도 모르는 세상

□ 棚からぼた餅
たな　　　　もち
선반에서 나온 떡, 굴러들어온 호박

□ 言わぬが花
い　　　はな
침묵은 금이다

□ 捕らぬ狸の皮算用(＝取らぬ狸の皮算用)
と　　たぬき　かわざんよう　　と
떡 줄 사람은 생각도 않는데 김칫국부터 마신다

□ 雨後の筍
うご　たけのこ
우후죽순

□ 情けは人のためならず
なさ　　ひと
인정을 베푸는 것은 결국 자신을 위함이다

□ 鵜の真似をする烏
う　まね　　　からす
뱁새가 황새 따라가다 다리가 찢어진다

□ 蒔かぬ種は生えぬ
ま　　たね　は
콩 심은 데 콩 나고 팥 심은 데 팥 난다

□ 男は度胸女は愛嬌
おとこ　どきょうおんな　あいきょう
남자는 배짱, 여자는 애교

□ 待てば海路の日和あり
ま　　かいろ　　ひより
쥐구멍에도 볕 들 날 있다

□ 同じ穴の狢
おな　あな　むじな
같은 굴 속의 너구리, 가재는 게 편

□ 身から出た錆
み　　で　さび
스스로 초래한 나쁜 결과, 자업자득

□ 鬼に金棒
おに　かなぼう
도깨비에 쇠방망이, 범에게 날개

□ 目糞鼻糞を笑う
めくそはなくそ　わら
똥 묻은 개가 겨 묻은 개 나무란다

□ 溺れる者はわらをもつかむ
おぼ　　もの
물에 빠진 사람은 지푸라기라도 잡는다

□ 元も子もない
もと　こ
본전도 이자도 없다, 본전도 못 찾다

□ お山の大将
やま　たいしょう
독불장군

□ 焼け石に水
や　いし　みず
언 발에 오줌 누기

□ 尾を振る犬は叩かれず
お　ふ　いぬ　たた
웃는 낯에 침 뱉으랴

□ 安物買いの銭失い
やすものか　　ぜにうしな
싼 게 비지떡

□ 腐っても鯛
くさ　　　たい
썩어도 준치

□ 弱り目に祟り目
よわ　め　たた　め
설상가상

□ 君子危うきに近寄らず
くんしあや　　　ちかよ
길이 아니면 가지 말라

□ 破れ鍋にとじぶた
わ　なべ
짚신도 짝이 있다

□ 山椒は小粒でもぴりりと辛い
さんしょう　こつぶ　　　　　　から
작은 고추가 맵다

▶ 다음 밑줄 친 부분에 들어갈 말로 알맞은 것을 고르세요.

1 蒔^まかぬ＿＿＿＿＿＿＿は生^はえぬ   (A) 種   (B) 草
　콩 심은 데 콩 나고 팥 심은 데 팥 난다

2 ＿＿＿＿＿＿＿買^かいの銭失^{ぜにうしな}い   (A) 高物   (B) 安物
　싼 게 비지떡

3 棚^{たな}から＿＿＿＿＿＿＿   (A) ぼたもち   (B) かぼちゃ
　굴러들어온 호박

4 雨^{あま}だれ＿＿＿＿＿＿＿を穿^{うが}つ   (A) 石   (B) 岩
　적은 힘이라도 계속하면 성공한다

5 待^まてば＿＿＿＿＿＿＿の日和^{ひより}あり   (A) 道路   (B) 海路
　쥐구멍에도 볕 들 날 있다

6 一寸先^{いっすんさき}は＿＿＿＿＿＿＿   (A) 闇   (B) 夜
　한 치 앞도 모르는 세상

7 尾^おを振^ふる＿＿＿＿＿＿＿は叩^{たた}かれず   (A) 犬   (B) 猫
　웃는 낯에 침 뱉으랴

8 備^{そな}えあれば＿＿＿＿＿＿＿なし   (A) 苦い   (B) 憂い
　유비무환

9 身^みから出^でた＿＿＿＿＿＿＿   (A) 錆   (B) 毒
　스스로 초래한 나쁜 결과, 자업자득

10 捕^とらぬ＿＿＿＿＿＿＿の皮算用^{かわざんよう}   (A) 狐   (B) 狸
　떡 줄 사람은 생각도 않는데 김칫국부터 마신다

| 1 (A) | 2 (B) | 3 (A) | 4 (A) | 5 (B) | 6 (A) | 7 (A) | 8 (B) | 9 (A) | 10 (B) |

2 문법상의 오용례 정복하기

1) 주의해야 할 조사

(1) で

① 장소(~에서) : 畑で花を栽培する。 밭에서 꽃을 재배하다.

② 수단, 방법(~으로) : バスかタクシーで通っている。 버스나 택시로 다니고 있다.

③ 재료(~으로) : 氷で作った人形 얼음으로 만든 인형

④ 원인, 이유(~으로, ~때문에) : 津波で２５０人も死亡した。 쓰나미로 250명이나 사망했다.

⑤ 상태(~으로) : 小声で話す。 작은 목소리로 말하다.

(2) に

① 존재 장소(~에) : それは古本屋にある。 그것은 헌책방에 있다.

② 시간(~에) : 毎朝６時に起きる。 매일 아침 6시에 일어난다.

③ 대상(~에게) : お年玉を親戚の子たちにあげた。 세뱃돈을 친척 아이들에게 줬다.

④ 귀착점(~에) : 妻は今、家に帰ってきた。 아내는 지금 집에 돌아왔다.

⑤ 목적(~하러) : ドライブにでも行こうか。 드라이브라도 갈까?
   ▶ 명사나 동사 ます형에 접속함

⑥ 선택(~으로) : ホットコーヒーにする。 뜨거운 커피로 할게.

⑦ 변화, 결과(~이, ~가) : 元気になる。 건강해지다.

⑧ 비율의 기준(~에) : 週に一回行く。 일주일에 한 번 간다.

⑨ (~には의 형태로) ~하려면 : 空港に行くには 공항에 가려면

(3) の

① 소유(~의) : 先生の財布 선생님의 지갑

② 소유물(~의 것) : 山田さんのです。 야마다 씨의 것입니다.
   ▶ ~のもの의 생략형

③ 동격(~인) : アメリカ人のスミスさん 미국인인 스미스 씨

④ 주격조사 が 대신(~이) : 彼の書きかけの手紙はどこにある？ 그가 쓰다 만 편지는 어디에 있어?

⑤ (~のこと의 형태로) ~에 관한 : それは寸法のことである。 그것은 치수에 관한 것이다.

⑥ (동사, 명사 뒤에 쓰여) 강조 : 変わらないのはあなただけである。 변하지 않는 것은 당신뿐이다.

(4) から

① 출발(~부터, ~에서) : 現実から逃避する。 현실에서 도피하다.

② 경유점, 통과 지점(~에서, ~을 통해서) : 隙間から風が吹き込む。 틈으로 바람이 들이친다.

③ 재료, 원료(~로, 화학적 변화) : 酒は米から作る。 술은 쌀로 만든다.

④ 원인, 근거(~로부터) : 風邪から肺炎を引き起こす。 감기가 (덧나서) 폐렴을 일으킨다.

⑤ 접속조사(~때문에, 주관적인 이유) : 根性がないから負けたんだ。 근성이 없으니까 진 거야.

⑥ (~からには의 형태로) ~한 이상은, ~할 바에는 : やるからには立派にやれ。 할 바에는 훌륭하게 해라.

⑦ (~からとて, ~からといって, ~からって 등의 형태로) ~라고 해서 :
子どもだからって許してはくれない。 아이라고 해서 용서해 주지는 않는다.

(5) ほど

① 대략의 범위, 한도(~정도, ~쯤) : 1年ほど前のこと 1년 정도 전의 일

② 비교(~만큼) : 蛇ほど怖いものはない。 뱀만큼 무서운 것은 없다.

③ (~ば~ほど의 형태로) ~하면 ~할수록 : 多ければ多いほどいい。 많으면 많을수록 좋다.

(6) ばかり

① 정도(~쯤) : 20人ばかりの観光客 20명 정도의 관광객

② 오로지 ~만 : 漫画ばかり読んでいる。 만화만 읽고 있다.

③ (ばかりに의 형태로) ~한 탓에 : 信じたばかりにひどい目にあった。 믿은 탓에 험한 꼴을 당했다.

④ (~たばかり의 형태로) 완료(막 ~하다) : 買ったばかりのスマホ 산 지 얼마 안 된 스마트폰

(7) と

① 공동 작용의 대상, 열거(~와, ~과) : 道で彼女と出会った。 길에서 그녀를 만났다.

② 변화의 결과(~이, ~가) : 発言が問題となる。 발언이 문제가 되다.

③ ~하니, ~하자 : 私の顔を見るとわっと泣きだした。 내 얼굴을 보자 으앙 하고 울기 시작했다.
　▶ 기본형에 접속함

④ 조건, 가정(~하면) : 早く帰らないと心配する。 빨리 돌아가지 않으면 걱정한다.

⑤ 내용 지시(~라고, ~로) : 禁煙と書いてある。 금연이라고 쓰여 있다.

⑥ 가벼운 역접(~하든, ~하더라도) : 弁解しようと、しまいと 변명하든 안 하든

(8) も

① ～도 : 野にも山にも 들판에도 산에도

② 강조(~씩이나) : 雨は３日も降り続いた。비는 사흘이나 계속 내렸다.

③ (동사 ます형 + も + しない의 형태로) ~도 않다 :

こっちの話は聞きもしない。이쪽 이야기는 듣지도 않는다.

④ 적당한 정도, 대략의 정도(~면, ~정도) : 20円も出せば買える。 20엔 정도 내면 살 수 있다.

⑤ 영탄, 감동(~라고는 해도, ~하게도) : 東京も西のはずれ 도쿄라고 해도 서쪽 변두리

(9) より

① 비교의 기준(~보다) : 聞くより見るほうがいい。듣는 것보다 보는 것이 낫다.

② 동작, 작용의 출발점(~부터) : 新宿駅より出発 신주쿠 역에서 출발

③ 형용사, 부사 앞에서 강조의 의미(보다, 더욱) : より正確に言えば 보다 정확하게 말하면

④ (～よりほかにない의 형태로) 한정의 의미(~하는 수밖에 없다) :

黙っているよりほかにない。잠자코 있는 수밖에 없다.

▶ 뒤에 부정어를 동반함

⑤ 수단, 재료(~로) : 木材より作られた。목재로 만들어졌다.

(10) ながら ▶ 동사 ます형에 접속함

① 동작의 병행, 동시 동작(~하면서) : 歌いながら歩く。노래하면서 걷는다.

② 역접 조건(~하면서도) : 知っていながら知らないふりをする。알면서 모르는 척한다.

③ 그 상태 그대로(~대로) : 生まれながらの悪人 타고난 악인

▶ 다음 밑줄 친 부분과 같은 용법으로 쓰인 것을 고르세요.

1 日本のことを話してください。

(A) 変わらないのは先生だけです。

(B) スポーツのことは黒田さんが詳しいです。

2 早ければ早いほどいいから急ぎましょう。

(A) この小説は読めば読むほど分かりにくい。

(B) 今年も去年ほどむしあついそうだ。

3 地震で100人以上死亡したそうだ。

(A) みんなの前で発表する。

(B) 病気で二日間欠席した。

4 派手なデザインよりシンプルな方がましだ。

(A) よりよい生活を夢見る。

(B) 産みの親より育ての親

5 昨日、あなたにも話した通り会社を辞めようかと思いまして。

(A) あの人はいつも暗いうちに起きて出かける。

(B) このりんご、木村さんにも送りましたか。

6 夜から雨は雪となった。

(A) 首相の発言が問題となった。

(B) 空を見るとまるい月が出ている。

7 昨日のコンパに100人も出席したそうだ。

(A) 飛行機で12時間もかかるんですか。

(B) 二日酔いで、水さえも飲めない。

| 1 (B) | 2 (A) | 3 (B) | 4 (B) | 5 (B) | 6 (A) | 7 (A) |

2) 주의해야 할 조동사 5

(1) 사역의 せる・させる

1그룹 동사는 ない형에 せる, 2그룹 동사는 させる가 붙는다. 사역의 조동사 せる(させる)에 수동의 조동사 れる(られる)가 연결되면, 타인에 의해 '억지로 ~하게 되다'라는 의미를 나타내게 된다.

> ex 部長は新入社員に切符を買わせました。 부장님은 신입 사원에게 표를 사게 했습니다.
>
> 英語に訳させたりドイツ語で答えさせたりします。
>
> 영어로 번역을 시키기도 하고 독일어로 대답을 하게 하기도 합니다.

(2) 전문과 양태의 そうだ

전문의 경우는 기본형(현재 긍정일 경우)에, 양태의 경우는 동사의 ます형이나 형용사 어간에 접속한다.

> ex 今度東京から来られる先生は私よりお若いそうです。
>
> 이번에 도쿄에서 오시는 선생님은 저보다 젊다고 합니다.
>
> 木村さんのそばにいらっしゃる方が奥様だそうです。 기무라 씨 옆에 계신 분이 부인이라고 합니다.
>
> 通りも夜は静かそうだし、なんか化け物でも出そうですね。
>
> 거리도 밤에는 조용한 것 같고, 뭔가 귀신이라도 나올 것 같군요.
>
> 彼はつまらなそうに新聞を読んでいる。 그는 지루한 듯 신문을 읽고 있다.

(3) 비유, 예시, 불확실한 단정의 ようだ

> ex 砂糖のように甘いすいかですね。 설탕처럼 달달한 수박이네요.
>
> あの若い方が先生ですか。まだ学生のようですね。 저 젊은 분이 선생님입니까? 아직 학생인 것 같아요.
>
> よく見えないけど、誰かと話しているようだ。 잘 보이지 않지만, 누군가와 이야기하고 있는 것 같다.

(4) 추측의 らしい

접미어로 쓰일 때는 '~답다'라는 의미를 나타낸다.

> ex 彼は疲れたらしく、死んだように眠っている。 그는 피곤했는지, 죽은 듯이 자고 있다.
>
> 台風が近づいているらしく、風が強まってきた。 태풍이 접근해오고 있는 건지, 바람이 세졌다.

(5) 수동, 존경, 가능, 자발의 れる・られる

1그룹 동사는 ない형에 れる, 2그룹 동사는 られる가 붙는다.

> ex 6か国外相会談は29日大阪で開かれる。 6개국 외무장관 회담은 29일 오사카에서 열린다. [수동]
>
> 課長も本当にそう思われますか。 과장님도 정말로 그렇게 생각하십니까? [존경]
>
> コーヒーを飲みすぎてなかなか眠れない。 커피를 너무 많이 마셔서 좀처럼 잘 수가 없다. [가능]
>
> 故郷が懐かしく思い出される。 고향이 그리워진다. [자발]

3) 주의해야 할 형식명사(명사) 5

(1) うち

① 안, 내부, 속 : 寒くて朝から部屋のうちにこもっている。 추워서 아침부터 방 안에 틀어박혀 있다.

② (자신이 속한) 단체, 동료 : うちの会社は明日から夏休みである。 우리 회사는 내일부터 여름 휴가다.

③ 집, 집안 : うちの中で犬や猫を飼う。 집 안에서 개나 고양이를 기른다.

④ (～うちに의 형태로) ～하는 동안에 : 若いうちに勉強せよ。 젊었을 때 공부해라.

⑤ (～ないうちに의 형태로) ～하기 전에 : 日が暮れないうちに早く帰ろう。 해가 지기 전에 빨리 돌아가자.

(2) こと

① (추상적인) 일, 사건, 사항 : 大変なことになった。 큰 사건이 되었다.

② (～のこと의 형태로) ～에 관한 것(일) : 彼は芸能界のことに詳しい。 그는 연예계에 대해 잘 안다.

③ (～ということだ의 형태로) ～라는 말이다 : じきに帰国するということだ。 곧 귀국한다는 말이다.

④ (～ことにする의 형태로) ～하기로 하다(방침) :
たばこは吸わないことにしている。 담배는 피우지 않기로 하고 있다.

⑤ (～たことがない의 형태로) ～한 적이 없다(경험) :
洋酒は飲んだことがない。 양주는 마셔 본 적이 없다.

(3) ところ

① 곳, 장소 : 便利なところに住んでいる。 편리한 곳에서 살고 있다.

② ～네(집) : 叔母のところに泊る。 숙모네 집에 머물다.

③ 부분 : この小説は初めのところが面白い。 이 소설은 첫 부분이 재미있다.

④ 때, 경우, 형편 : 今のところまだ分かっていない。 지금 상황으로는 아직 알 수 없다.

⑤ (～たところだ의 형태로) 막 ～했다 : 今帰ってきたところだ。 지금 막 돌아왔다.

⑥ (～ているところだ의 형태로) ～하고 있는 중이다 :
食事をしているところです。 식사를 하고 있는 중입니다.

⑦ (～るところだ의 형태로) ～할 참이다 : 裁判は始まるところだ。 재판은 시작될 참이다.

⑧ (～たところ(が), ～たところで의 형태로) ～했더니, ～해 보았자 :
謝ったところで許してはくれない。 사과해 봤자 용서해 주지는 않는다.

⑨ (どころか, どころで, どころの의 형태로) ～은커녕, ～라 할 정도의 :
困るどころの騒ぎではない。 난처할 정도의 소동은 아니다.

(4) もの

① (구체적이며 감각적인) 물건 : **いいものがいっぱいある。** 좋은 물건이 많이 있다.

② (막연한) 어떤 것, 어떤 일, 사리 : **平和というもの** 평화라는 것

③ (~ものだ의 형태로) ~하는 법이다, ~하는 것이 보통이다 :
人の話は聞くものだ。 남의 얘기는 들어야 한다.

④ ~하곤 했었지(희망, 감동, 회상) : **あの海にはよく行ったものだ。** 그 바다에는 자주 가곤 했었다.

⑤ (ものがある의 형태로) ~하는 바다, ~한 것이다(강한 단정) :
憤慨にたえないものがある。 분개해 마지않는 바이다.

⑥ (변명이나 이유) ~한걸요 : **知りたいんですもの。** 알고 싶은걸요.
▶ 문말에 종조사로 쓰임

(5) わけ

① 의미, 뜻 : **この言葉のわけが分からない。** 이 말의 뜻을 모르겠다.

② 원인, 이유, 사정 : **わけもなく悲しい。** 이유도 없이 슬프다.

③ (~というわけだ의 형태로) ~라는 것이다, ~할 만도 하다, ~하는 것도 당연하다 :
自動車なら1時間で着くというわけだ。 자동차라면 한 시간이면 도착한다는 것이다.

④ (~わけがない의 형태로) ~할 리가 없다 :
そう簡単にできるわけがない。 그렇게 간단히 가능할 리가 없다.

⑤ (~わけにはいかない의 형태로) (그렇게 간단히) ~할 수는 없다 :
みんな笑っているけど、笑うわけにはいかない。 모두 웃고 있지만, 웃을 수는 없다.

▶ 다음 밑줄 친 부분과 같은 용법으로 쓰인 것을 고르세요.

1 彼は来ないようだから、そろそろ出発しましょう。

(A) 向こうにはもう着いているようだけど。

(B) 貧乏だからといってみんな君のようには思わない。

2 国会図書館までは15分で行かれる。

(A) 熱もあり頭も痛くて起きられなかった。

(B) 友だちからの吉報が待たれる。

3 それは相手に気持ちを伝えることを目的に作り上げられたそうだ。

(A) 機会均等の原理を実施することはそう容易ではありません。

(B) 道路拡張工事のために、この周辺の人々は引っ越しをしたのだそうだ。

4 父親らしい男と歩いていました。顔や体つきがよく似ていましたから。

(A) この雲行きではどうやら明日は雨らしい。

(B) 学生なら学生らしくしているほうがいいよ。

5 7歳のお姉ちゃんが3歳の弟に牛乳を飲ませている。

(A) 私は子どもができたら、もっと自由に遊ばせたいです。

(B) 先生は学生に漢字を覚えさせている。

6 この店は安いものしか売っていない。

(A) 人間の心理とはまことに複雑なものだ。

(B) 大切なものは引き出しのなかに仕舞ってある。

7 赤ちゃんが寝ているうちに掃除をしましょう。

(A) 忘れないうちに自分にメールをしておきます。

(B) うちでは母が一番早起きです。

---

1 (A)　　**2** (A)　　**3** (B)　　**4** (A)　　**5** (B)　　**6** (B)　　**7** (A)

3 요주의 동사 정복하기

1) 자동사와 타동사

☐ 上<small>あ</small>がる 올라가다 / 上<small>あ</small>げる 올리다

☐ つく 켜지다 / つける 켜다

☐ 開<small>あ</small>く 열리다 / 開<small>あ</small>ける 열다

☐ 続<small>つづ</small>く 계속되다 / 続<small>つづ</small>ける 계속하다

☐ 集<small>あつ</small>まる 모이다 / 集<small>あつ</small>める 모으다

☐ 出<small>で</small>る 나가다 / 出<small>だ</small>す 내다

☐ 移<small>うつ</small>る 옮다, 이동하다 / 移<small>うつ</small>す 옮기다

☐ 止<small>と</small>まる 멈추다, 그치다 / 止<small>と</small>める 멈춰 세우다

☐ 売<small>う</small>れる 팔리다 / 売<small>う</small>る 팔다

☐ 治<small>なお</small>る 낫다, 나아지다 / 治<small>なお</small>す 고치다

☐ 起<small>お</small>きる 일어나다 / 起<small>お</small>こす 깨우다

☐ 並<small>なら</small>ぶ 늘어서다 / 並<small>なら</small>べる 늘어놓다

☐ 落<small>お</small>ちる 떨어지다 / 落<small>お</small>とす 떨어뜨리다

☐ 逃<small>に</small>げる 도망가다 / 逃<small>に</small>がす 놓치다

☐ 掛<small>か</small>かる 걸리다 / 掛<small>か</small>ける 걸다

☐ 伸<small>の</small>びる 펴지다, 신장하다 / 伸<small>の</small>ばす 펴다

☐ 変<small>か</small>わる 바뀌다 / 変<small>か</small>える 바꾸다

☐ 乗<small>の</small>る 타다 / 乗<small>の</small>せる 태우다

☐ 消<small>き</small>える 꺼지다 / 消<small>け</small>す 끄다

☐ 入<small>はい</small>る 들어가다, 들어오다 / 入<small>い</small>れる 넣다, 들어가게 하다

☐ 聞<small>き</small>こえる 들리다 / 聞<small>き</small>く 듣다

☐ 始<small>はじ</small>まる 시작되다 / 始<small>はじ</small>める 시작하다

☐ 決<small>き</small>まる 정해지다 / 決<small>き</small>める 정하다

☐ 広<small>ひろ</small>がる 넓어지다 / 広<small>ひろ</small>げる 넓히다

☐ 壊<small>こわ</small>れる 망가지다 / 壊<small>こわ</small>す 망가뜨리다

☐ 増<small>ふ</small>える 늘다, 증가하다 / 増<small>ふ</small>やす 늘리다

☐ 覚<small>さ</small>める 깨다 / 覚<small>さ</small>ます 깨우다

☐ 曲<small>ま</small>がる 돌다 / 曲<small>ま</small>げる 굽히다

☐ 閉<small>し</small>まる 닫히다 / 閉<small>し</small>める 닫다

☐ 見<small>み</small>える 보이다 / 見<small>み</small>る 보다

☐ 倒<small>たお</small>れる 쓰러지다 / 倒<small>たお</small>す 쓰러뜨리다

☐ 割<small>わ</small>れる 깨지다 / 割<small>わ</small>る 깨다

☐ 立<small>た</small>つ 서다 / 立<small>た</small>てる 세우다

▶ 다음 동사와 어울리는 자동사나 타동사를 쓰세요.

1 移る   → _____

2 割れる   → _____

3 変える   → _____

4 落ちる   → _____

5 出す   → _____

6 逃げる   → _____

7 増やす   → _____

8 起こす   → _____

9 壊れる   → _____

10 乗る   → _____

11 伸びる   → _____

12 集まる   → _____

13 覚ます   → _____

14 入る   → _____

15 治る   → _____

16 消える   → _____

17 立つ   → _____

18 広がる   → _____

19 決める   → _____

20 売れる   → _____

2) 수수동사(授受動詞)

무언가를 주고받을 때 사용하는 동사를 '수수동사'라고 한다. 한국어에서는 '주는' 동작에 대해 내가 남에게 주든 남이 나에게 주든 '주다'라는 단어를 공통으로 쓰지만, 일본어에서는 내가 주는 것인지 남이 주는 것인지에 따라 동사가 달라지며 경어 표현이 달라지므로 주의가 필요하다.

(내가 남에게) 주다 (제3자가 제3자에게) 주다	やる・あげる さしあげる 드리다 [겸양]
(남이 나에게) 주다	くれる くださる 주시다 [존경]
받다	もらう いただく [겸양]

あげる는 겸양동사이지만 대등한 관계에서 주로 사용하며, 윗사람에게 드릴 때는 さしあげる를, 동식물에게 먹이 등을 줄 때는 やる를 사용하는 것이 일반적이다.

ex 佐藤さんはイさんにハンカチをあげました。

사토 씨는 이 씨에게 손수건을 주었습니다(드렸습니다).

校長先生に焼き物をさしあげました。 교장 선생님께 도자기를 드렸습니다.

私は子犬にミルクをやりました。 나는 강아지에게 밀크(우유)를 주었습니다.

또한 수수동사에 て가 접속하여 보조동사로 사용될 때는 위에서 제시된 의미와 더불어 행위의 이동을 나타내어 '~해 주다'로 해석된다. 그중 ～てもらう는 일본어 수수동사 그대로 직역하면 '~해 받다'가 되지만, 한국어로는 어색하기 때문에 주어와 상대의 위치를 바꾸어 '~해 주다'로 해석하는 편이 좋다.

ex 私は田中さんの話を最後まで聞いてあげました。

나는 다나카 씨의 이야기를 끝까지 들어 주었습니다.

忙しいところわざわざ来てくださいましてありがとうございます。

바쁘신 중에 일부러 와 주셔서 감사합니다.

父に新しいバイクを買ってもらいました。

아버지에게 새 바이크를 사 받았습니다(아버지가 새 바이크를 사 주었습니다).

▶ 다음 밑줄 친 부분에 알맞은 수수동사를 쓰세요.

1 キムさんは中村さんに＿＿＿＿＿＿＿雑誌を、イさんにあげました。

김 씨는 나카무라 씨에게 받은 잡지를, 이 씨에게 주었습니다.

2 昨日友だちに手紙を＿＿＿＿＿＿＿。

어제 친구에게서 편지를 받았습니다.

3 下宿のおばさんはマリーさんに風邪薬を＿＿＿＿＿＿＿。

하숙집 아주머니는 마리 씨에게 감기약을 주었습니다.

4 これは先生に＿＿＿＿＿＿＿和英辞典です。

이것은 선생님께 받은 일영사전입니다.

5 田中さんは私に日本製のポラロイドカメラを＿＿＿＿＿＿＿。

다나카 씨는 나에게 일제 폴라로이드 카메라를 주었습니다.

6 真由美さんも国から奨学金を＿＿＿＿＿＿＿そうです。

마유미 씨도 국가로부터 장학금을 받았다고 합니다.

7 この真珠の指輪は彼氏に買って＿＿＿＿＿＿＿ものです。

이 진주 반지는 남자 친구가 사 준 것입니다.

8 課長に何を買って＿＿＿＿＿＿＿いいでしょうか。

과장님께 무엇을 사 드리면 좋을까요?

9 大雨ですね。傘を貸して＿＿＿＿＿＿＿か。

큰 비네요. 우산을 빌려줄까요?

10 木村先生に日本語の文法を教えて＿＿＿＿＿＿＿います。

기무라 선생님께 일본어 문법을 배우고 있습니다.

| **1** もらった | **2** もらいました | **3** あげました | **4** いただいた | **5** くれました |
| **6** もらった | **7** もらった | **8** あげたら(さしあげたら) | **9** あげましょう | **10** もらって(いただいて) |

3) 착용동사

일본어에서는 양복이나 기모노 등 의복을 몸에 걸치는 동작에 대해 상반신(上半身)과 하반신(下半身)으로 나누어 각각 着る와 穿く, 履く라는 동사를 사용하며, 그 밖에 머리에 쓰는 것인지 손에 끼는 것인지 등에 따라 아래와 같이 각각의 동사를 나누어 사용한다.

着る (상반신) 입다	履く / 穿く 신다 / (하반신) 입다	被る 쓰다	しめる 매다
上着 웃옷 着物 기모노 セーター 스웨터 ワンピース 원피스	靴 신발 靴下 양말 ズボン 바지 スカート 스커트	帽子 모자 ヘルメット 헬멧	帯 띠 ベルト 벨트 ネクタイ 넥타이
はめる 끼다	**つける 붙이다, 달다**	**かける 걸치다**	**さげる 늘어뜨리다**
手袋 장갑 指輪 반지 時計 시계	ピアス 피어스 ブローチ 브로치	眼鏡 안경 マスク 마스크 エプロン 앞치마	勲章 훈장 ペンダント 펜던트
する 하다	**外す 벗다, 풀다**	**脱ぐ 벗다**	
指輪 반지 イヤリング 귀걸이 ヘッドホン 헤드폰	眼鏡 안경 ボタン 단추 ネクタイ 넥타이	상반신, 하반신에 관계없이 '벗다'는 脱ぐ를 사용함	

ex ズボンをはいてから上着を着る。 바지를 입고 나서 웃옷을 입는다.

左手にグローブをはめて身構える。 왼손에 글러브를 끼고 자세를 갖추다.

急に雨が降ってきたので、頭からコートをかぶって駆け出した。
갑자기 비가 내리기 시작해서, 머리에서부터 코트를 뒤집어 쓰고 뛰기 시작했다.

浴衣を着たら帯をしめてください。 유카타를 입으면 오비(허리에 두르는 띠)를 매 주세요.

眼鏡をはずしてテーブルの上に置いた。 안경을 벗어서 테이블 위에 두었다.

▶ 다음 밑줄 친 부분에 알맞은 동사를 쓰세요.

1 眼鏡を＿＿＿＿＿＿＿いる人が高橋さんです。

안경을 쓰고 있는 사람이 다카하시 씨입니다.

2 赤いスカートを＿＿＿＿＿＿＿人は誰ですか。

빨간 스커트를 입고 있는 사람은 누구입니까?

3 寒いから服をもう一枚＿＿＿＿＿＿＿行きましょう。

추우니까 옷을 하나 더 입고 갑시다.

4 手袋を＿＿＿＿＿＿＿スキーをする。

장갑을 끼고 스키를 탄다.

5 正月に着物を＿＿＿＿＿＿＿写真を撮りました。

정월에 기모노를 입고 사진을 찍었습니다.

6 母が作ってくれたワンピースを＿＿＿＿＿＿＿。

어머니가 만들어 준 원피스를 입다.

7 新しい洋服を＿＿＿＿＿＿＿恋人に会いました。

새 옷을 입고 애인을 만났습니다.

8 帽子を＿＿＿＿＿＿＿駅前に立っている人が弟です。

모자를 쓰고 역 앞에 서 있는 사람이 남동생입니다.

9 暑いんですが、コートを＿＿＿＿＿＿＿いいですか。

더운데요, 코트를 벗어도 될까요?

10 疲れすぎて靴下を＿＿＿＿＿＿＿まま寝てしまいました。

너무 피곤해서 양말을 신은 채 잠들어 버렸습니다.

| 1 かけて | 2 穿いている | 3 着て | 4 はめて | 5 着て |
| 6 着る | 7 着て | 8 被って | 9 脱いでも | 10 履いた |

4) 복합동사

□ 明け暮れる 세월이 흐르다, 몰두하다

□ 言い付ける 명령하다, 고자질하다

□ 受け入れる 받아들이다, 보살피다, 수납하다

□ 打ち明ける 숨김없이 이야기하다, 고백하다

□ 打ち合わせる 미리 의논하다, 협의하다

□ 打ち切る 중지하다, 중단하다

□ 追い抜く 앞지르다, 추월하다

□ 押し切る 강행하다, 무릅쓰다

□ 押し付ける 강요하다, 억지로 떠맡기다

□ 落ち込む 빠져들다, 좋지 않은 상태가 되다,
　　　　　(업적 등이) 갑자기 뚝 떨어지다

□ 落ち着く 자리 잡다, 정착하다, 안정되다

□ 思い余る 생각다 못하다, 어찌해야 좋을지 갈팡질팡하다

□ 思いとどまる 단념하다, 포기하다

□ 掛け合う 교섭하다, 흥정하다

□ 切り詰める 절약하다, 줄이다

□ 込み上げる 치밀어 오르다, 복받치다

□ 込み入る (사건 등이) 복잡하게 얽히다

□ 差し支える 지장이 있다

□ 差し控える 삼가다, 조심하다, (하려던 일을) 보류하다

□ 仕組む 궁리하다, 계획하다

□ 仕向ける (특정한 행동을 하도록) 작용하다,
　　　　　(상품 등을) 발송하다

□ 座り込む 농성하다, 버티고 앉다

□ 立ちすくむ (두려움에) 선 채 움직이지 못하다, 꼼짝 못 하다

□ 立ち直る 다시 일어서다, 회복하다

□ 立て替える 대신 지불하다

□ 立て込む (사람이 빽빽하거나 일이 겹쳐서) 붐비다

□ 取り組む 맞붙다, 싸우다, (비유적으로) 몰두하다

□ 取り消す 취소하다

□ 取り締まる 감독하다, 단속하다

□ 取り立てる 거두어들이다, 수확하다

□ 飲み込む 이해하다, 납득하다

□ 乗り越える 극복하다, 타고 넘다

□ 乗り出す (어떤 일에) 적극적으로 나서다, 개입하다

□ はみ出す 불거지다, 넘치다, 초과하다

□ 払い込む 불입하다, 돈을 붓다

□ 張り合う 겨루다, 경쟁하다

□ 張り切る 긴장하다, 힘이 넘치다

□ 引き揚げる 철수하다, 퇴각하다, 귀환하다

□ 引き受ける 떠맡다, 인수하다

□ 引き付ける 마음을 끌다, 사로잡다

□ 引き取る 물러나다, 인수하다

□ 踏み切る 결단하다, 단행하다

□ 踏み込む 발을 들여놓다, 빠지다

□ 振り出す 흔들어 뽑다, (어음, 수표 등을) 발행하다

□ 巻き込む 말려들게 하다, 연루되게 하다

□ 待ち兼ねる 학수고대하다, 더 기다릴 수 없다

□ 見合う 균형이 맞다, 알맞다

□ 見入る 넋을 잃고 보다

□ 見落とり 빠트리다, 간과하다

□ 見込む 기대하다, 예상하다

□ 見通す (처음부터 끝까지) 모두 보다, 내다보다, 간파하다

□ 見直す 다시 보다, 다시 평가하다

□ 見抜く 알아차리다, 간파하다, 꿰뚫어 보다

□ 見計らう 가늠하다, 적당히 고르다

□ 見舞う (병)문안하다, (반갑지 않은 것이) 닥쳐오다, 덮치다

□ 持ち直す 본래의 상태로 돌아가다, 회복하다

□ 寄りかかる 기대다, 의존하다

□ 割り込む 끼어들다, 새치기하다

▶ 다음 밑줄 친 부분에 들어갈 말로 알맞은 것을 고르세요.

1 _____親に打ち明ける。 　　(A) 思い余って 　　(B) 見合って

2 事情はよく_____。 　　(A) 飲み込んでいる 　(B) 取り組んでいる

3 品物を注文先に_____。 　　(A) 乗り出す 　　(B) 仕向ける

4 在庫品をすべて_____。 　　(A) 引き取る 　　(B) 仕組む

5 難題に_____ことになった。 　　(A) 打ち切る 　　(B) 取り組む

6 大学３年から就活に_____。 　　(A) 引き揚げる 　　(B) 明け暮れる

7 候補者の発表は_____。 　　(A) 差し控える 　　(B) 差し支える

8 わが国も紛争に_____。 　　(A) 巻き込まれた 　　(B) 待ち兼ねた

9 時間を_____出かける。 　　(A) 引き受けて 　　(B) 見計らって

10 相手の心中を_____。 　　(A) 見抜く 　　(B) 見合う

11 合格のメールを読んで喜びが_____。 (A) 込み上げる 　(B) 込み入る

12 原稿の誤字を_____いた。 　　(A) 張り合って 　　(B) 見落として

13 不景気を_____。 　　(A) 乗り越える 　　(B) 立て替える

14 幼なじみからの便りを_____。 　　(A) 待ち兼ねる 　　(B) 乗り越える

15 子どもに買い物を_____。 　　(A) 引きつける 　　(B) 言い付ける

16 外需が急速に_____。 　　(A) 落ち着いた 　　(B) 落ち込んだ

17 ゴール寸前で_____。 　　(A) 追い抜く 　　(B) 払い込む

18 資金を出すことに_____。 　　(A) 立ち直る 　　(B) 踏み切る

19 反対を_____出発する。 　　(A) 乗り出して 　　(B) 押し切って

20 _____気持ちが緩む。 　　(A) 張り切っていた 　(B) 取り消した

1 (A)	2 (A)	3 (B)	4 (A)	5 (B)	6 (B)	7 (A)	8 (A)	9 (B)	10 (A)
11 (A)	12 (B)	13 (A)	14 (A)	15 (B)	16 (B)	17 (A)	18 (B)	19 (B)	20 (A)

5) 경어(敬語)

경어는 간단하게 상대방을 높이는 존경어(尊敬語), 자기를 낮추는 겸양어(謙讓語), です, ます, でございます 등 정중함을 나타내는 정중어(丁寧語)로 나눌 수 있다.

존경어(尊敬語)	보통어(普通語)	겸양어(謙讓語)
いらっしゃる 계시다 おいでになる	いる 있다	おる 있다
いらっしゃる 가시다 おいでになる お越しになる	行く 가다	参る 가다 伺う 찾아뵙다
いらっしゃる 오시다 おいでになる お越しになる お見えになる	来る 오다	参る 오다
なさる 하시다	する 하다	致す 하다
おっしゃる 말씀하시다	言う 말하다	申す 말하다 申し上げる 말씀드리다
	会う 만나다	お目にかかる 만나 뵙다
	やる (내가) 주다	あげる 드리다 差し上げる 드리다, 바치다
下さる 주시다	くれる (남이) 주다	
	もらう 받다	いただく 받다
召し上がる 드시다	食べる 먹다 飲む 마시다	いただく 먹다
ご覧になる 보시다	見る 보다	拝見する 보다
	聞く 듣다	承る 듣다 拝聴する 배청하다 伺う 듣다
	訪ねる 방문하다	伺う 찾아뵙다
	借りる 빌리다	拝借する 빌리다

	分かる 알다, 이해하다	かしこまる 알다, 이해하다 承知する

위 〈표〉에 제시된 경어동사 이외에 경어 표현을 만드는 방법을 다시 한번 확인해 둘 필요가 있다.

- **존경 표현**

    ① 존경동사 : 食べる(먹다) → 召し上がる(드시다)

    　　　　　　 する(하다) → なさる(하시다)

    ② 접두어 사용 : 名前(이름) → お名前(성함)

    　　　　　　　 主人(남편) → ご主人(남편분, 남의 남편을 가리킬 때)

    ③ 존경 형식(お + 동사 ます형 + になる) : 読む(읽다) → お読みになる(읽으시다)

    　　　　　(ご + 한자어 + になる) : 説明する(설명) → ご説明になる(설명하시다)

    ④ 조동사 (ら)れる 사용 : 読む(읽다) → 読まれる(읽으시다)

    　　　　　　　　　　　 使う(사용하다) → 使われる(사용하시다)

- **겸양 표현**

    ① 겸양동사 : 食べる(먹다) → いただく(먹다)

    　　　　　　 する(하다) → 致す(하다)

    ② 겸양 형식(お + 동사 ます형 + する/いたす) : 読む(읽다) → お読みする(읽다)

    　　　　　(ご + 한자어 + する/いたす) : 案内する(안내하다) → ご案内いたす(안내하다)

    ex 先生のあの研究はいつから始められましたか。
    선생님의 그 연구는 언제부터 시작하셨습니까? [존경]

    先生のご意見を承ります。 선생님의 고견을 삼가 듣겠습니다. [겸양]

    ３階は婦人服売り場でございます。 3층은 여성복 매장입니다. [정중]

▶ 다음 보통어에 해당하는 존경어와 겸양어를 쓰세요.

			〈존경어〉	〈겸양어〉
1	見る	→	_____	_____
2	言う	→	_____	_____
3	会う	→	_____	_____
4	する	→	_____	_____
5	行く	→	_____	_____
6	来る	→	_____	_____
7	いる	→	_____	_____
8	食べる	→	_____	_____
9	もらう	→	_____	_____
10	訪ねる	→	_____	_____
11	くれる	→	_____	_____
12	分かる	→	_____	_____
13	やる	→	_____	_____
14	借りる	→	_____	_____

1 ご覧になる / 拝見する 2 おっしゃる / 申す, 申し上げる
3 ✕ / お目にかかる 4 なさる / 致す
5 いらっしゃる, おいでになる, お越しになる, / 参る, 伺う 6 いらっしゃる, おいでになる, お越しになる, お見えになる / 参る
7 いらっしゃる, おいでになる / おる 8 召し上がる / いただく
9 ✕ / いただく 10 ✕ / 伺う
11 くださる / ✕ 12 ✕ / かしこまる, 承知する
13 ✕ / あげる, 差し上げる 14 ✕ / 拝借する

4 시험에 자주 출제되는 문형 30

1) ～いかんによらず : ～여하에 상관없이, ～여하를 불문하고

→ ～いかんにかかわらず, ～いかんを問わず

ex 理由のいかんによらず、みんな出席すること。 이유 여하를 불문하고 모두 참석할 것.

2) ～かたがた : ～하는 김에, ～을 겸하여 → ～がてら(～하는 김에)

ex 散歩かたがた友だちを訪ねる。 산책하는 김에 친구를 방문하다.

3) ～ずにはすまない : ～하지 않으면 끝나지(해결되지) 않는다

ex 部下の失敗に対して上役も責任を取らずにはすまない。 부하의 실수에 대해 상사도 책임을 져야 한다.

4) ～であれ～であれ : ～이든 ～이든

ex 正社員であれパートであれ仕事に対する責任は変わらない。

정사원이든 파트 타임이든 일에 대한 책임은 변하지 않는다.

5) ～ではあるまいし : ～(하는) 것도 아닌데

ex パーティーに出席するのではあるまいし派手なドレスは要らない。

파티에 가는 것도 아닌데 화려한 드레스는 필요 없다.

6) ～てやまない : ～해 마지않다

ex 戦争の記事を読むたびに、世界の平和を祈ってやまない。

전쟁에 관한 기사를 읽을 때마다, 세계 평화를 빌어 마지않는다.

7) ～と相まって : ～와 함께, ～와 더불어

ex 好天気と相まってこの日曜は人出が多かった。 좋은 날씨와 함께 이번 일요일에는 인파가 많았다.

8) ～とあって : ～라고 해서

ex 大学祭に今人気のアイドルが来るとあって学生たちが待ち受けている。

대학 축제에 지금 인기인 아이돌이 온다고 해서 학생들이 고대하고 있다.

9) ～といえども : ～라고(는) 해도 → ～とはいえ

ex 医学が進歩したといえども、治せない病気もまだまだある。

의학이 진보했다고는 해도 고칠 수 없는 병도 아직 많이 있다.

10) ～といえば : ～라고 하면

ex 日本の山といえば富士山が有名です。 일본의 산이라고 하면 후지산이 유명합니다.

11) ～ときたら : ～는, ～은, ～로 말할 것 같으면

ex 隣の犬ときたら、人が通る度に吠えて、うるさくてたまらない。

옆집 개는 사람이 지나갈 때마다 짖어서 시끄러워 견딜 수 없다.

12) ～としても : ～라(고) 해도

ex 地震が起こったとしても、このビルは大丈夫です。 지진이 일어난다고 해도, 이 빌딩은 문제없습니다.

13) ～とみえて : ～인 듯, ～인지

ex ワインが好きとみえて、ワインのことに詳しい。 와인을 좋아하는지, 와인에 대해 잘 안다.

14) ～ないではおかない : 반드시 ～하다

ex また喧嘩をしたら、今度は罰を与えないではおかない。

또 싸움을 하면, 이번에는 반드시 벌을 주겠다.

15) ～ないものでもない : ～하지 않는 것도 아니다, ～할 수도 있다

ex どうしても買ってくれと言うなら、買えないものでもない。

꼭 사 달라고 하면 못 살 것도 없다.

▶ 다음 밑줄 친 부분에 알맞은 말을 쓰세요.

1 理由の＿＿＿＿＿＿＿＿、みんな出席すること。

이유 여하를 불문하고 모두 참석할 것.

2 部下の失敗に対して上役も責任を取らず＿＿＿＿＿＿＿＿。

부하의 실수에 대해 상사도 책임을 져야 한다.

3 正社員＿＿＿＿＿＿＿＿パート＿＿＿＿＿＿＿＿仕事に対する責任は変わらない。

정사원이든 파트 타임이든 일에 대한 책임은 변하지 않는다.

4 パーティーに出席するのでは＿＿＿＿＿＿＿＿派手なドレスは要らない。

파티에 가는 것도 아닌데 화려한 드레스는 필요 없다.

5 戦争の記事を読むたびに、世界の平和を祈って＿＿＿＿＿＿＿＿。

전쟁에 관한 기사를 읽을 때마다, 세계 평화를 빌어 마지않는다.

6 好天気＿＿＿＿＿＿＿＿この日曜は人出が多かった。

좋은 날씨와 함께 이번 일요일에는 인파가 많았다.

7 大学祭に今人気のアイドルが来る＿＿＿＿＿＿＿＿学生たちが待ち受けている。

대학 축제에 지금 인기인 아이돌이 온다고 해서 학생들이 고대하고 있다.

8 隣の犬＿＿＿＿＿＿＿＿、人が通る度に吠えて、うるさくてたまらない。

옆집 개는 사람이 지나갈 때마다 짖어서 시끄러워 견딜 수 없다.

9 また喧嘩をしたら、今度は罰を与えない＿＿＿＿＿＿＿＿。

또 싸움을 하면 이번에는 반드시 벌을 주겠다.

10 どうしても買ってくれと言うなら、買えない＿＿＿＿＿＿＿＿。

꼭 사 달라고 하면 못 살 것도 없다.

1 いかんによらず	2 にはすまない	3 であれ,であれ	4 あるまいし	5 やまない
6 と相まって	7 とあって	8 ときたら	9 ではおかない	10 ものでもない

16) **〜にあたらない**：〜할 필요는 없다, 〜할 것까지는 없다

ex <ruby>弁解<rt>べんかい</rt></ruby>するにあたらない。お<ruby>酒<rt>さけ</rt></ruby>を<ruby>飲<rt>の</rt></ruby>んで<ruby>運転<rt>うんてん</rt></ruby>したんだから。

변명할 필요 없어. 술을 마시고 운전했으니까.

17) **〜にかたくない**：〜하기에 어렵지 않다

ex あの<ruby>大学<rt>だいがく</rt></ruby>に<ruby>合格<rt>ごうかく</rt></ruby>するなんて、<ruby>彼<rt>かれ</rt></ruby>の<ruby>喜<rt>よろこ</rt></ruby>びは<ruby>察<rt>さっ</rt></ruby>するにかたくない。

그 대학에 합격하다니, 그의 기쁨을 이해하기에 어렵지 않다(알 것 같다).

18) **〜にこたえて**：〜에 부응하여

ex <ruby>視聴者<rt>しちょうしゃ</rt></ruby>の<ruby>要望<rt>ようぼう</rt></ruby>にこたえて<ruby>人気<rt>にんき</rt></ruby>の<ruby>時代劇<rt>じだいげき</rt></ruby>を<ruby>再放送<rt>さいほうそう</rt></ruby>することにした。

시청자의 요청에 부응하여 인기 있는 사극을 재방송하기로 했다.

19) **〜にたえない**：〜할 가치가 없다, 〜해 마지않다

ex <ruby>見<rt>み</rt></ruby>るにたえないほどのひどい<ruby>番組<rt>ばんぐみ</rt></ruby>がある。 볼 가치가 없을 정도로 심한 프로그램이 있다.

20) **〜にひきかえ**：〜와는 반대로

ex <ruby>昨日<rt>きのう</rt></ruby>の<ruby>晴天<rt>せいてん</rt></ruby>にひきかえ、<ruby>今日<rt>きょう</rt></ruby>は<ruby>大雨<rt>おおあめ</rt></ruby>だ。 어제의 맑은 날씨와는 반대로 오늘은 큰 비다.

21) **〜はおろか**：〜은커녕

ex <ruby>妹<rt>いもうと</rt></ruby>は<ruby>内気<rt>うちき</rt></ruby>で、<ruby>人前<rt>ひとまえ</rt></ruby>での<ruby>発表<rt>はっぴょう</rt></ruby>はおろか<ruby>簡単<rt>かんたん</rt></ruby>な<ruby>挨拶<rt>あいさつ</rt></ruby>さえできない。

여동생은 내성적이라 남 앞에서 발표는커녕 간단한 인사조차 못 한다.

22) **〜もさることながら**：〜은 물론

ex <ruby>路上駐車<rt>ろじょうちゅうしゃ</rt></ruby>の<ruby>問題解決<rt>もんだいかいけつ</rt></ruby>には、<ruby>自治体<rt>じちたい</rt></ruby>の<ruby>対応<rt>たいおう</rt></ruby>もさることながら、<ruby>地域住民<rt>ちいきじゅうみん</rt></ruby>の<ruby>態度<rt>たいど</rt></ruby>も<ruby>大切<rt>たいせつ</rt></ruby>な<ruby>要素<rt>ようそ</rt></ruby>と

なる。 노상 주차 문제 해결에는 자치체의 대응은 물론 지역 주민의 태도도 중요한 요소가 된다.

23) **〜ようにも〜ない**：〜하려고 해도 〜할 수 없다

ex お<ruby>金<rt>かね</rt></ruby>がないので<ruby>買<rt>か</rt></ruby>おうにも<ruby>買<rt>か</rt></ruby>えない。 돈이 없어서 사려고 해도 살 수 없다.

24) **〜を皮切りに**：〜을 시작으로, 〜을 시초로 하여

ex <ruby>福岡<rt>ふくおか</rt></ruby>を<ruby>皮切<rt>かわき</rt></ruby>りに<ruby>全国<rt>ぜんこく</rt></ruby>で<ruby>開<rt>ひら</rt></ruby>かれる。 후쿠오카를 시작으로 전국에서 열린다.

25) **〜を禁じえない**：〜을 금할 수 없다

ex <ruby>哀惜<rt>あいせき</rt></ruby>の<ruby>念<rt>ねん</rt></ruby>を<ruby>禁<rt>きん</rt></ruby>じえない。 애석한 마음을 금할 수 없다.

26) ～をはじめとして : ～을 비롯하여, ～을 위시하여

ex 船長_{せんちょう}をはじめとして乗組員全員_{のりくみいんぜんいん}が死亡_{しぼう}した。 선장을 비롯하여 승무원 전원이 사망했다.

27) ～をもとにして : ～을 토대로, ～을 기초로

ex この映画_{えいが}は小説_{しょうせつ}をもとにして作_{つく}られた。 이 영화는 소설을 토대로 만들어졌다.

28) ～をものともせず : ～을 개의치 않고, ～에 아랑곳하지 않고

ex 選手_{せんしゅ}たちは暑_{あつ}さをものともせず練習_{れんしゅう}している。 선수들은 더위에 아랑곳하지 않고 연습하고 있다.

29) ～を余儀_{よぎ}なくされる : 부득이하게 ～하게 되다

ex 離職_{りしょく}を余儀なくされた労働者_{ろうどうしゃ}を雇_{やと}い入_いれようと考_{かんが}えている。

부득이하게 이직하게 된 노동자를 고용하려고 생각하고 있다.

30) ～んがために : ～하기 위하여 ▶ 동사 ない형에 접속함

ex 彼_{かれ}らは国家代表_{こっかだいひょう}にならんがために、必死_{ひっし}に練習_{れんしゅう}に取_とり組_くんでいる。

그들은 국가 대표가 되기 위하여 필사적으로 연습에 몰두하고 있다.

▶ 다음 밑줄 친 부분에 알맞은 말을 쓰세요.

1 福岡を＿＿＿＿＿＿全国で開かれる。

후쿠오카를 시작으로 전국에서 열린다.

2 哀惜の念を＿＿＿＿＿＿。

애석한 마음을 금할 수 없다.

3 弁解する＿＿＿＿＿＿。お酒を飲んで運転したんだから。

변명할 필요 없어. 술을 마시고 운전했으니까.

4 あの大学に合格なんて、彼の喜びは察する＿＿＿＿＿＿。

그 대학에 합격하다니, 그의 기쁨을 이해하기에 어렵지 않다(알 것 같다).

5 見る＿＿＿＿＿＿ほどのひどい番組がある。

볼 가치가 없을 정도로 심한 프로그램이 있다.

6 昨日の晴天＿＿＿＿＿＿、今日は大雨だ。

어제의 맑은 날씨와는 반대로 오늘은 큰 비다.

7 妹は内気で、人前での発表＿＿＿＿＿＿簡単な挨拶さえできない。

여동생은 내성적이라 남 앞에서 발표는커녕 간단한 인사조차 못 한다.

8 路上駐車の問題解決には、自治体の対応＿＿＿＿＿＿、地域住民の態度も大切な要素となる。

노상 주차 문제 해결에는 자치체의 대응은 물론 지역 주민의 태도도 중요한 요소가 된다.

9 離職を＿＿＿＿＿＿労働者を雇い入れようと考えている。

부득이하게 이직하게 될 노동자를 고용하려고 생각하고 있다.

10 彼らは国家代表に＿＿＿＿＿＿、必死に練習に取り組んでいる。

그들은 국가 대표가 되기 위하여 필사적으로 연습에 몰두하고 있다.

| 1 皮切りに | 2 禁じえない | 3 にあたらない | 4 にかたくない | 5 にたえない |
| 6 にひきかえ | 7 はおろか | 8 もさることながら | 9 余儀なくされた | 10 ならんがために |

5 헷갈리기 쉬운 용법 정복하기

1) 가정, 조건법 たら, なら, ば, と

(1) たら

과거, 현재, 미래, 가상의 세계 등 모든 경우에 사용할 수 있다. 앞서 서술한 상황이 실현된 경우를 생각하여, 그 실현된 상황하에서 발생될 사태를 서술한다. '자유성(자유롭게 가정)'이 특징이다.

> **ex** もし私が宝くじに当たったら、高層マンションを買うだろう。
>
> 만일 내가 복권에 당첨된다면 고층 맨션을 살 것이다. (실현 가능성이 낮은 경우)
>
> 寒かったらエアコンを消しましょうか。
>
> 추우시면 에어컨을 끌까요? (상대방 입장에서 정중하고 친절한 말씨)
>
> 刺身を食べていたら、白い虫が出てきた。
>
> 생선회를 먹고 있는데, 하얀 벌레가 나왔다. (〜하니까, 〜했더니)

(2) なら

실제로 일어날지 아닐지 모르는 가정조건을 나타내므로 문말에는 과거형을 쓸 수 없다. 또한 주제(테마)를 나타내는 경우는 は로 바꿔 쓸 수 있다.

상대방의 말을 받아 조언, 희망, 의지, 판단, 명령 등을 나타낼 때도 사용한다.

> **ex** スーパーへ行くなら、卵を買ってきてください。　슈퍼에 갈 거라면 달걀을 사 오세요.
>
> お酒なら、ビールが一番好きです。　술이라면 맥주를 가장 좋아해요. (주제)
>
> 田中さんが行くなら、私も一緒に行きたいです。
>
> 다나카 씨가 간다면, 저도 같이 가고 싶습니다. (상대방의 말을 이어받아 희망을 표현)

(3) ば

일반적이며 선택성이 있어 숨어 있는 뜻('그렇지 않으면')을 느끼게 한다. 구체적인 상황 설명이 아니라, 추상적인 논리 관계, 일반적인 사실, 진리로서 서술하는 조건법으로, 구체적인 완료 표현으로 만들 수는 없다.

> **ex** 雨が降れば遠足は中止です。　비가 오면 소풍은 중지입니다.
>
> ('비가 오지 않으면 당연히 소풍은 갑니다'란 숨은 뜻)
>
> 左に曲がれば右手に駅が見えます。　왼쪽으로 돌면 오른쪽에 역이 보입니다.
>
> ('왼쪽으로 돌지 않으면 역이 보이지 않습니다'란 숨은 뜻)
>
> 1に2を足せば3だ。　1에 2를 더하면 3이다. (논리적 사실 관계)

(4) と

'반드시, 꼭, 100%'라는 의미를 나타낸다. 법칙과 같이 꼭 그렇게 되는 일에 사용하므로 아직 확정되지 않은 일에는 쓸 수 없다. 따라서 명령, 권유, 질문, 허가문 등에는 쓸 수 없다.

ば와 같이 추상적인 논리 관계에도 쓸 수 있고, 구체적인 상황 설명에도 쓸 수 있다.

> ex 春になると花が咲く。 봄이 되면 꽃이 핀다. (자연 현상)
>
> うちの犬は夫を見ると走ってくる。 우리 집 개는 남편을 보면 달려 온다. (구체적인 상황 설명)
>
> 2に3をかけると6になる。 2에 3을 곱하면 6이 된다. (논리 관계)

2) ないで와 なくて

(1) ～ないで

① 보조용언 ください, ほしい 등에 접속함

> ex 何も聞かないでください。 아무 것도 묻지 마세요.
>
> 何もしないでいてみよう。 아무 것도 하지 않고 있어 보자.
>
> 何も言わないでほしい。 아무 말도 하지 말아 줘.

② 보조용언 ください, ほしい가 생략된 형태(의뢰나 명령을 나타냄)

> ex 今は何も聞かないで。 지금은 아무 것도 묻지 마.
>
> 当分誰にも言わないでね。 당분간 아무에게도 말하지 마.

③ 앞 문장이 뒤 문장을 수식하는 형태로 연결되는 용법

> ex 雨が降っているのに傘もささないで(＝ささずに)歩いている。
>
> 비가 내리는데도 우산도 쓰지 않고 걷고 있다.

(2) ～なくて

① 앞 문장이 이유나 원인을 나타낼 때(~지 않아서)

> ex うまく説明できなくて困った。 설명을 잘 할 수 없어서 곤란했다.
>
> 金を持っていなくて買えなかった。 돈을 가지고 있지 않아서 살 수 없었다.

② 앞뒤 문장이 서로 대립적인 사항일 때 : 단순 중지(~지 않고)

> ex 今までのは序論に過ぎなくて、これからが本論です。
>
> 지금까지의 것은 서론에 지나지 않고, 이제부터가 본론입니다.
>
> 双子の兄は合格しなくて、私は合格した。
>
> 쌍둥이 형은 합격하지 않고, 나는 합격했다.

③ 뒤에 は가 붙어 가정조건을 나타냄

> ex その仕事はしなくてはいけません。 그 일은 하지 않으면 안 됩니다.

3) 借りる, 貸す, 返す

借りる	(타인의 물건이나 지혜, 힘 등을) 빌리다
貸す	(물건, 지혜, 힘 등을) 빌려주다
返す	(원래의 상태로) 돌려주다, 돌려놓다

ex 友だちの良子さんがアパートを借りたいと言うので、一緒に不動産屋に行きました。
친구인 요시코 씨가 아파트를 빌리고 싶다고 해서, 같이 부동산 중개업소에 갔습니다.

私のケータイを貸してあげましょうか。 제 휴대 전화를 빌려 드릴까요?

この車は今度の週末までに返してください。 이 차는 이번 주말까지는 꼭 돌려주세요.

4) 상태를 나타내는 법

～が＋자동사＋ている	桜の花がたくさん咲いている。 벚꽃이 많이 피어 있다.
～が＋타동사＋てある	両側に並木が植えてある。 양쪽에 가로수가 심어져 있다.

'~이 ~한 상태에 있다, ~하여 있다'라는 상태의 표현은 자동사인지 타동사인지에 따라 **～ている**나 **～てある**를 사용해서 표현한다. 따라서 기본적으로 자·타동사를 구별할 수 있어야 한다.

'문이 열려 있다'라는 표현은 **ドアが開いている**나 **ドアが開けてある**로 표현된다. 開く는 자동사이고 開ける는 타동사이므로, 자동사를 이용하여 상태를 나타내고 있는 **ドアが開いている**는 문이 자연적으로 열려 있는 상태를 나타내고, 타동사를 사용한 **ドアが開けてある**는 누군가가 문을 열어 놓았기 때문에 '(인위적인 힘에 의해) 열려 있다'란 뜻을 나타낸다.

※「타동사 + ている」는 '~하고 있다'라는 '진행'의 뜻을 나타낸다.

▶ 다음 밑줄 친 부분에 들어갈 말로 알맞은 것을 고르세요.

1 安くていい物を手に入れるには、100円ショップに＿＿＿＿＿＿いいです。

(A) 行くなら   (B) 行けば

2 留学生だ＿＿＿＿＿＿学費が30％ぐらい安くなります。

(A) なら   (B) と

3 弟がいなくなったのをさして気にし＿＿＿＿＿＿いたが、暗くなっても帰らないので不安になってきた。

(A) なくて   (B) ないで

4 洗濯の好きな人も＿＿＿＿＿＿、料理が趣味という人もいる。

(A) いれば   (B) いたら

5 手当てを＿＿＿＿＿＿残業したり休日出勤したりするサラリーマンも少なくないそうです。

(A) もらわないで   (B) もらわなくて

6 明日は大切な試験ですから、絶対に遅刻し＿＿＿＿＿＿くださいね。

(A) なくて   (B) ないで

7 地下鉄の中で財布を落としたので、友だちにお金を＿＿＿＿＿＿昼ごはんを食べました。

(A) 貸して   (B) 借りて

8 酷い雨ですね。私の傘を＿＿＿＿＿＿あげましょうか。

(A) 貸して   (B) 借りて

9 この木造の部屋は安くて、お風呂は＿＿＿＿＿＿いません。

(A) ついて   (B) つけて

10 日本の家庭では地震に備えて非常食、救急箱などが準備してあり、万一の時の家族の集合場所も＿＿＿＿＿＿あるそうだ。

(A) 決まって   (B) 決めて

| 1 (B) | 2 (B) | 3 (B) | 4 (A) | 5 (A) | 6 (B) | 7 (B) | 8 (A) | 9 (A) | 10 (B) |

6 직역하면 안 되는 일본어 정복하기

	×	○
가문, 집안	家門	家柄 (いえがら)
가불을 하다	仮払をする	前借り (まえがり) をする
(영화) 개봉	開封	封切り (ふうき) (＝ふうぎり)
거래액, 매출액	去来額	取引高 (とりひきだか)
공부를 잘하다	勉強をよくする	勉強 (べんきょう) ができる
궁합을 보다	宮合を見る	男女の相性を占う (だんじょ あいしょう うらな)
남녀노소	男女老少	老若男女 (ろうにゃくなんにょ)
당일치기 여행	当日旅行	日帰り旅行 (ひがえ りょこう)
등기	登記	書留 (かきとめ)
(장애나 나쁜 조건 등을) 뛰어넘다	飛び越える	乗り越える (の こ)
맛이 나다	味が出る	味がする (あじ)
매진되다	売尽になる	売り切れる (う き)
명예퇴직, 정리 해고	名誉退職	リストラ
(남녀간의) 단체 미팅	ミーティング	合同コンパ, 合コン (ごうどう ごう)
배달(음식)	配達	出前 (でまえ)
부담을 주다	負担をくれる	負担を与える (ふ たん あた)
부실공사	不実工事	手抜き工事 (て ぬ こうじ)
비밀번호	秘密番号	暗証番号 (あんしょうばんごう)
비상금	非常金	へそくり
세대 차이	世代差異	世代の差 (せ だい さ)
수능 시험	修能試験	共通試験 (きょうつう し けん)
수신자명	受信者名	宛名 (あて な)
스트레스가 쌓이다	ストレスが積もる	ストレスがたまる
승차감	乗車感	乗り心地 (の ごこち)
연락처	連絡処	連絡先 (れんらくさき)

	✕	◯
영어 학원	英語学院	英語学校
예매권	予買券	前売り券
예산을 깎다	予算を切る	予算を削る
욕을 하다	悪口をする	悪口を言う(悪口は わるぐち로도 읽음)
일회용	1回用	使い捨て
자기 자신	自己自身	自分自身
잔디를 깎다	芝生を切る	芝生を刈る
장점	長点	長所
재수생	再修生	浪人, 浪人生
재수 학원	再修学院	予備校
적금	積金	積立金
전자 제품	電子製品	電気製品 (가전 제품은 家電製品)
접수	接受	受付
주 5일 근무제	週5日勤務制	週休2日制
직장 여성	職場女性	OL
집주인	家の主人	大家、大家さん
출석을 부르다	出席を呼ぶ	出席をとる
출입금지	出立禁止	立入禁止
텔레비전 프로그램	テレビプログラム	テレビ番組
통암기	通暗記	丸暗記
파업	破業	スト, ストライキ
표절 시비	票窃是非	盗作疑惑
피부가 깨끗하다	皮膚がきれいだ	肌がきれいだ
햇볕이 잘 드는 곳	陽地のいいところ	日当たりのいいところ
행선지	行先地	行き先(=いきさき)
환불하다	換払する	払い戻す

▶ 다음 밑줄 친 부분을 바르게 고쳐 쓰세요.

1 結婚の前に宮合を見る → ＿＿＿＿＿＿ことが多い。

2 留学する前に国の英語学院 → ＿＿＿＿＿＿で4か月間英語を習った。

3 うちの家の主人 → ＿＿＿＿＿＿はこれ以外にもいくつかのマンションを持っている。

4 今度の破業 → ＿＿＿＿＿＿で会社は大きな損をした。

5 課長は名誉退職 → ＿＿＿＿＿＿で会社を辞めた。

6 南向きで陽地のいい → ＿＿＿＿＿＿所です。

7 生活がきつくて会社から仮払 → ＿＿＿＿＿＿をした。

8 風邪気味だったので外出しないで配達 → ＿＿＿＿＿＿をとって食べた。

9 大学に落ちて再修学院 → ＿＿＿＿＿＿を探しています。

10 行先地 → ＿＿＿＿＿＿が決まったら私に電話してください。

11 年間の去来額 → ＿＿＿＿＿＿はどのくらいですか。

12 あそこには行けなくなって買っておいた切符は換払して → ＿＿＿＿＿＿もらった。

13 秋葉原では電子製品 → ＿＿＿＿＿＿を安く売っている。

14 不利な条件を見事に飛び越えた → ＿＿＿＿＿＿。

15 秘密番号 → ＿＿＿＿＿＿を忘れて預金が引き出せなかった。

16 人間なら誰にでも長点 → ＿＿＿＿＿＿はあると思う。

17 もう週5日勤務制 → ＿＿＿＿＿＿は定着している。

18 それは登記 → ＿＿＿＿＿＿で送ってください。

19 新車だけど乗車感 → ＿＿＿＿＿＿はあまりよくない。

20 国会は来年度の予算を切った → ＿＿＿＿＿＿。

1 男女の相性を占う	2 英語学校	3 大家さん	4 スト(ストライキ)	5 リストラ
6 日当たりのいい	7 前借り	8 出前	9 予備校	10 行き先
11 取引高	12 払い戻して	13 電気製品	14 乗り越えた	15 暗証番号
16 長所	17 週休2日制	18 書留	19 乗り心地	20 予算を削った

6 오문정정

下の＿＿＿＿線の(A), (B), (C), (D)の言葉の中で正しくないものを一つ選びなさい。

1　棚の上でちゃわんが落ちるくらい 大きい地震があった。
　　　(A)　　　　　　　　　　　(B)　(C)　　　　(D)

2　全国民の命を脅かした新型インフルエンザが、ワクチンの開発により なくなるつつある。
　　　　　　　(A)　　　　　　　　　　　　　　　(B)　　　(C)　　(D)

3　お化けが出ると言われているこの屋敷は、濃い霧といえども不気味な雰囲気に包まれて
　　(A)　　　　(B)　　　　　　　　　　　　　(C)　　　　　　　　　(D)

　　いた。

4　カプセルホテルは、終電に間に合わなかったサラリーマンにとって、タクシー代を使って
　　　　　　　　　(A)　　　　　　　　　　　　　　　　　　　　　　　　(B)

　　家に帰るほど安いのでよく利用されている。
　　　　(C)　　　　(D)

5　小さな通信会社を始めたが、経費がかさむばかりでなかなか軌道を乗らない。
　　(A)　　　　　　　(B)　　　　　(C)　　　　　　　　　(D)

6　周りの同僚があまりにおだてるものだから、ついつい口車に乗せてリーダーを引き受けて
　　　　　　　　　(A)　　　　(B)　　　　　　　　(C)　　　　　　(D)

　　しまった。

7　地震や津波の被害に遭われた方が早く元の生活に戻れるよう願ってやみます。
　　　　　　(A)　　　　　(B)　　　　　　　(C)　　　　(D)

8　大人たちは子どもの無邪気の笑顔をみると幸せを感じます。
　　　　　(A)　　　　　(B)　　　(C)　　(D)

9　地下鉄や電車は本当に迷路のみたいで、私たち日本人ですら、迷うんです。
　　　(A)　　　　　(B)　　　　　　　(C)　　　　(D)

10　家に帰ると、ペットの犬が「待ってたよ!」と言わんように尻尾を振りながら寄ってきた。
　　　　(A)　(B)　　　　　　　　　　　　(C)　　　　(D)

공략2단계 **실전 문제 풀기 2회**

下の＿＿＿＿線の(A), (B), (C), (D)の言葉の中で正しくないものを一つ選びなさい。

1　新宿三丁目に行って、丸ノ内線に乗り換えて六つ目を降りてください。
　　　　　　(A)　　　　　　　　　　　　　(B)　　　　　(C)　(D)

2　常識とは、他の国の人々にとっては、非常識きわめて事柄なのかもしれない。
　　　　(A)　　　　　　　(B)　　　　　　　　(C)　　　(D)

3　バイリンガルの彼にとっては英語で電話の取り次ぎをする程度の仕事は知らぬが仏である。
　　(A)　　　　　(B)　　　　　　　　　　(C)　　　　　　　　　　　(D)

4　工事中のビルの前には関係者以外出立禁止と書いてあります。
　　　　(A)　(B)　　　　　(C)　　　　　(D)

5　昔の子は外で体を動かすことが多かったのに応えて、今の子はスマホや携帯ゲームに
　　　　　　　　　(A)　　　　　　　　　　(B)　　　　　　　(C)

　夢中で全然外で遊ばない。
　　(D)

6　「棚からかぼちゃ」とは思いがけない幸運が舞い込むことのたとえである。
　　　　　　(A)　　　　　(B)　　　　　　　(C)　　(D)

7　そんな簡単なこと、わざとあなたに説明してもらうまでもない。
　　　　　(A)　(B)　(C)　　　　　　　　　　　(D)

8　12月に入ると日が消えるのもますます早くなり、昼の長さも短くなります。
　　　　　(A)　　(B)　　　(C)　　　　　　(D)

9　事故で電車が止まって遅刻するそうになったが、バスに乗り換えられたのでかろうじて
　　(A)　　　　　　(B)　　　　　　　　　　(C)　　　　　(D)

　間に合った。

10　実は、車を買おうと思って密かに貯金をしていたんですが、昨夜、妻に非常金を
　　　　　(A)　　　　　　(B)　　　　　　　　　　　　　　(C)

　見つけられてしまったんです。
　　(D)

下の＿＿＿＿線の(A), (B), (C), (D)の言葉の中で正しくないものを一つ選びなさい。

1 指の先に少し怪我を<u>した</u> <u>しか</u>なのに、ずいぶん<u>大げさに</u> <u>包帯をしている</u>。
       (A) (B)   (C)   (D)

2 <u>あらたに</u>あなたに <u>謝って</u>もらっても<u>どうにも</u>ならない。
 (A)   (B) (C)   (D)

3 一度<u>も</u>出席<u>していない</u>彼を名簿から<u>削除する</u><u>ものにした</u>。
  (A)   (B)   (C)   (D)

4 夏は体の調子を<u>壊れやすく</u>、私<u>にとっては</u>冬の方が過ごしやすいが、<u>そうは言っても</u>
       (A)   (B)   (C)

 毎日こう寒くては<u>かなわない</u>。
       (D)

5 他<u>の</u>社員の倍の仕事を<u>させられている</u><u>上には</u>給料が<u>低い</u>。
 (A)   (B)   (C)   (D)

6 最近の<u>ネット</u>の情報<u>とあって</u>、嘘か本当か<u>わからない</u>情報<u>ばかり</u>である。
   (A)   (B)   (C)   (D)

7 皆様のご協力により、募金は100万円に<u>達しました</u>。ご報告<u>かたわら</u>お礼<u>申し上げます</u>。
         (A)   (B)   (C)   (D)

8 この経済問題<u>について</u>詳しく説明<u>できるのは</u>、佐藤教授<u>において</u>他にいない<u>だろう</u>。
      (A)   (B)   (C)   (D)

9 今回の<u>失態</u>を<u>教訓として</u>、二度と同じ<u>過ち</u>を繰り返すことのないように胸に<u>銘じます</u>。
   (A)   (B)   (C)   (D)

10 <u>本格的な</u>日本<u>進出</u><u>も</u> <u>長い眼目</u>で見れば、<u>得策</u>かも知れません。
 (A)   (B) (C)   (D)

Ⅵ 　下の＿＿＿＿線の(A), (B), (C), (D)の言葉の中で正しくないものを一つ選びなさい。

121 タピオカが流行しているにあって、どの店にも長い列ができている。
　　　 (A)　　　　　　　　　　　(B)　　(C)　　　　　(D)

122 輸入の件は社長と話し合わないわけには、この場で何ともお答えできません。
　　　　　　　　　　(A)　　　(B)　　　　　　(C)　　　　　　(D)

123 パソコンに保存しておいてもうっかり消してしまえばそのものだ。
　　　　　　　(A)　　　　　(B)　(C)　　　　　(D)

124 試合に勝たんがように、反則を犯してしまった彼は試合後、相手チームや観客から
　　　　　　　(A)　　　　　　(B)　　　　　　　　　　　　　　(C)

非難を浴びた。
　　　(D)

125 あなたの健康を損なうおそれがありますので吸うすぎに注意しましょう。
　　　　　　　(A)　　(B)　　　　　　　(C)　　　　(D)

126 ずっと使わず隅に置いていたパソコンがいつの間にか埃ずくめになっていた。
　　　　(A)　　　　　　　(B)　　　(C)　　　(D)

127 もうこうなってしまっては、本当のことをみんなに言わずではすまない。
　　(A)　(B)　　　　　　　　　(C)　　　　(D)

128 連載が長期化すると作者自身も設定を忘れてしまうのか、矛盾が合わないことがある。
　　　　　　(A)　　　　　　　　　　　　　(B)　(C)　　　　(D)

129 彼は趣味で作ったアプリのヒットを問わず次々とアプリをリリースし自分の会社を作る
　　　　　　　(A)　　　　　(B)　　　　　　　　(C)

までになった。
　(D)

130 なにぶん日本の事情にうとくて中村さんにご相談に乗せていただけたらありがたいです。
　　　(A)　　　　　(B)　　　　　　　　(C)　　　(D)

131 男女老少に愛される作品を世に送り出しつづけたあの監督は「国民監督」の名にふさわしい。
　　　(A)　　(B)　　　　　(C)　　　(D)

132 賞味期限は「おいしく食べられる」期限を示したもので、期限に過ぎてしまった物を食べても
 　　 (A)　　　　　　　　　　　　　　　　　　　　　　　　　　(B)　　　　　(C)

すぐに健康を害するわけではない。
 　 (D)

133 同じ時期にアルバイト入社した同期が自分よりも先に正規雇用になったことに焼きもちを
 　　 (A)　　　　　　　　　　　　　　　　　　　　　　(B)　　　　　　　　　　(C)

してしまった。
 (D)

134 昼ごろになると、空が真っ暗になって今も雨が降りだしそうになりました。
 　　　　　　 (A)　　　　 (B)　　　　　 (C)　　　　　 (D)

135 国会の決めた法律に対して、国の政治を行うことを行政と言います。
 　　　 (A)　　　　　 (B)　　　　　　　 (C)　 (D)

136 韓国と日本、両国は非常に似るようで、いろいろと微妙に違うそうです。
 　　　　　　　　　 (A)　 (B)　　　　　 (C)　　　 (D)

137 お年寄りに対して介護を手厚くしようと思えば、大変な手間や費用がかけます。
 　　　　　　 (A)　　　　 (B)　　　　　　　　 (C)　　　　　 (D)

138 夜中に一人で歩いて帰れるのも、この街が安全であったらこそだ。
 　　　 (A)　 (B)　　　 (C)　　　　　　　　　 (D)

139 料理したくない日でも、自宅で飲食店の味が楽しめる「配達アプリ」も種類が多くなった。
 　　　　　　　　 (A)　　　 (B)　　　　　 (C)　　 (D)

140 出席簿を見れば連絡処があるから確認してみてください。
 　　　　　 (A)　　 (B)　　　 (C)　　　　 (D)

PART 7

공란메우기

PART 7은 불완전한 문장을 문장 속에서 전후 관계를 정확히 파악해 완전한 문장으로 완성시킬 수 있는가를 평가하는 파트예요. 빈칸의 앞뒤 내용을 파악하여 완전한 문장을 만들어 내는 능력을 요구하기 때문에 약간의 센스도 필요해요. 하지만 정답을 확신할 수 없는 문제가 나왔다 하더라도 앞뒤 내용을 유추하여 정답과 연결시킬 수 있는 감각이 있다면 그다지 걱정하지 않아도 돼요. 평소에 단순한 문법뿐 아니라 정형화된 표현들, 자주 사용되는 표현들을 골고루 익혀 두는 것이 좋아요.

유형 공략

1 PART 7에서는 빈칸에 가장 적절한 표현을 찾아 넣는 능력이 요구돼요.

2 적절한 의미나 형태의 형용사, 동사, 조사 찾아 넣기를 비롯하여 의성어나 의태어, 접속사나 부사, 문형 등을 아우르는 다양한 문제들이 출제돼요.

3 전반적인 문법 지식이 요구되기 때문에 품사별로 출제 빈도와 중요도를 고려하여 문법을 정리하고, 정형화된 표현이나 자주 사용되는 표현들도 익혀 두도록 해요.

예제 下の＿＿＿＿線に入る最も適したものを(A), (B), (C), (D)の中から一つ選びなさい。

조사

1 最（もっと）も仲（なか）のいい友（とも）だちであった人（ひと）たちがちょっとしたことのために、最（もっと）も憎（にく）い敵（てき）同士（どうし）となってしまうこと＿＿＿＿少（すく）なくないのである。

　(A) さえ　　　　　　　　　(B) しか

　(C) だけ　　　　　　　　　(D) ほど

> **＋해설** 가장 사이좋은 친구였던 사람들이 사소한 것 때문에 가장 미워하는 적이 되어 버리는 일조차 적지 않다.
> さえ는 '～조차', しか는 '～만, ～밖에', だけ는 '～만, ～뿐', ほど는 '～만큼, ～정도'라는 의미이므로, 가장 적절한 조사는 (A)의 さえ예요.
>
> **＋단어** 最（もっと）も 가장　憎（にく）い 밉다　敵（てき）적　同士（どうし）같은 동아리, 종류, ～끼리

의성어 의태어

2 庭（にわ）の雑草（ざっそう）が伸（の）びてきたので＿＿＿＿草取（くさと）りをしなければなりません。

　(A) そよそよ　　　　　　　(B) そろそろ

　(C) すらすら　　　　　　　(D) すべすべ

> **＋해설** 마당의 잡초가 너무 자랐기 때문에 슬슬 제초(작업)를 해야 합니다.
> そよそよ, そろそろ, すらすら, すべすべ는 각각 '산들산들', '슬슬', '거침없이, 술술', '매끈매끈'이라는 의미이므로 적절한 표현은 (B)의 そろそろ예요.
>
> **＋단어** 雑草（ざっそう）잡초　伸（の）びる 자라다　草取（くさと）り 제초

3 観光日程とお泊まりの旅館＿＿＿＿＿、中に詳しく書いてございます。

(A) につきましては

(B) においては

(C) によりましては

(D) にしたがっては

+해설 관광 일정과 머무실 여관에 대해서는 안에 자세히 적혀 있습니다.

~につきましては, ~においては, ~によりましては, ~にしたがっては는 각각 '~에 대해서는', '~에 있어서는', '~에 의해서는', '~에 따라서는'이라는 의미이므로 가장 적절한 표현은 (A)의 につきましては예요.

+단어 観光 관광 日程 일정 旅館 여관

1 부사 정복하기

• 상태부사

☐ あいにく 마침, 공교롭게도

☐ あらかじめ 미리

☐ いきなり 갑자기, 불쑥

☐ 一斉に 일제히

☐ かねて 미리, 전부터

☐ こっそり 살짝

☐ ことごとく 전부, 모두

☐ さすがに 과연

☐ 早速 당장, 즉시

☐ しきりに 자꾸, 자주

☐ じっくり 차분히, 곰곰이

☐ じっと 가만히, 꼭

☐ しばしば 자주, 종종

☐ しみじみ 절실히

☐ 徐々に 서서히

☐ 少しも 조금도

☐ すっかり 완전히

☐ すでに 이미

☐ すべて 전부, 모두

☐ そっと 살짝

☐ 確かに 틀림없이, 확실히

☐ たちまち 금세, 순식간에

☐ ついに 드디어, 마침내

☐ はっきり 확실히

☐ 再び 다시, 재차

☐ 前もって 미리, 사전에

☐ めっきり 갑자기, 부쩍

☐ やがて 이윽고, 얼마 안 있어

☐ わざと 고의로

☐ わざわざ 일부러

• 정도부사

☐ あまり 꽤, 너무 / 그다지, 별로

☐ かなり 꽤, 제법

☐ 辛うじて 겨우, 간신히

☐ ぎっしり 가득, 잔뜩

☐ きわめて 극히, 매우

☐ くまなく 샅샅이

☐ しばらく 잠시 / 오랜만

☐ ずいぶん 꽤, 훨씬

☐ 少し 조금

☐ すっかり 완전히, 깨끗이

☐ ずっと 훨씬 / 쭉

☐ せいぜい 고작, 기껏해야

☐ たっぷり 충분한 모양, 넉넉히

☐ ちょっと, ちょっとした 조금, 약간, 사소한

☐ どうにか 간신히, 그럭저럭

☐ とても 아주, 매우 / 도저히, 아무리 해도

☐ なかなか 제법, 꽤 / 좀처럼

☐ ますます 점점

☐ 全く 전적으로

☐ もう 이미, 벌써 / 이제 / 더

☐ もっと 더, 더욱

☐ 最も 가장

☐ 専ら 오직, 오로지

☐ やっと 겨우, 간신히

☐ わずか 조금, 불과

☐ 割合 비교적

▶ 다음 밑줄 친 부분에 들어갈 말로 알맞은 것을 고르세요.

1 ＿＿＿＿＿＿胸ぐらをとる。 (A) いっさい (B) いきなり

2 ＿＿＿＿＿＿からの夢である。 (A) やがて (B) かねて

3 ＿＿＿＿＿＿友だちを呼び出す。 (A) しきりに (B) さすがに

4 ＿＿＿＿＿＿自慢するだけあって見事だ。 (A) さすがに (B) いかに

5 ＿＿＿＿＿＿1秒の差で負けてしまった。 (A) わずか (B) ずっと

6 バターを＿＿＿＿＿＿ぬって食べた。 (A) たっぷり (B) さっぱり

7 箱におもちゃが＿＿＿＿＿＿と詰まっている。 (A) じっくり (B) ぎっしり

8 ＿＿＿＿＿＿と秋らしくなった。 (A) こっそり (B) めっきり

9 母の小言が＿＿＿＿＿＿と胸にこたえた。 (A) しみじみ (B) あくまで

10 ベルが鳴ると生徒たちは＿＿＿＿＿＿駆け出した。 (A) せいぜいに (B) いっせいに

11 このデザインの指輪は＿＿＿＿＿＿売り切れてしまった。 (A) しみじみ (B) たちまち

12 少しは＿＿＿＿＿＿していらっしゃい。 (A) じっと (B) そっと

13 向こうには＿＿＿＿＿＿連絡しておきなさい。 (A) まえもって (B) ますます

14 日が沈み、＿＿＿＿＿＿月が出てきた。 (A) すべて (B) やがて

15 ＿＿＿＿＿＿考えて行動する。 (A) さっぱり (B) じっくり

16 お陰さまで＿＿＿＿＿＿高校は出ました。 (A) どうにか (B) おそらく

17 この製品は＿＿＿＿＿＿輸出用です。 (A) もっぱら (B) もっとも

18 あの猫は＿＿＿＿＿＿ここにはいません。 (A) もっとも (B) もう

19 会議なんか＿＿＿＿＿＿忘れていた。 (A) すっかり (B) じっくり

20 ＿＿＿＿＿＿探してみたが、なかった。 (A) くまなく (B) まったく

| 1 (B) | 2 (B) | 3 (A) | 4 (A) | 5 (A) | 6 (A) | 7 (B) | 8 (B) | 9 (A) | 10 (B) |
| 11 (B) | 12 (A) | 13 (A) | 14 (B) | 15 (B) | 16 (A) | 17 (A) | 18 (B) | 19 (A) | 20 (A) |

● 서술부사

☐ **あたかも** 마치, 흡사

☐ **いかに** 아무리

☐ **いくら** 아무리

☐ **一向に** 조금도, 전혀

☐ **いっさい** 일체, 온갖

☐ **いつの間に** 어느새

☐ **おそらく** 아마, 필시

☐ **必ずしも** 반드시 (뒤에 부정 수반)

☐ **必ずや** 필시

☐ **仮に** 만약

☐ **くれぐれも** 부디, 아무쪼록

☐ **決して** 결코

☐ **さぞ** 필시

☐ **さっぱり** 전혀

☐ **さながら** 마치

☐ **さも** 아주, 참으로

☐ **しきりに** 자꾸만, 열심히

☐ **是非** 부디, 꼭

☐ **せめて** 적어도, 최소한, 하다못해

☐ **全然** 전혀

☐ **大して** 그다지

☐ **確か** 아마, 확실히

☐ **たとえ** 비록

☐ **多分** 아마도

☐ **ちっとも** 조금도, 전혀

☐ **ちょうど** 꼭, 정확히, 마치

☐ **てっきり** 틀림없이

☐ **どうか** 제발, 아무쪼록

☐ **どうせ** 어차피

☐ **どうぞ** 부디, 어서

☐ **到底** 도저히, 아무리 해도

☐ **とにかく** 어쨌든

☐ **なにしろ** 어쨌든, 여하튼

☐ **なにとぞ** 부디, 제발

☐ **まさか** 설마

☐ **全く** 전혀

☐ **まるで** 마치

☐ **万が一** 만약에

☐ **まんざら** 순전히, (부정어 동반하여) 전혀 ~인 것은 아니다

☐ **めったに** 거의, 좀처럼

☐ **もし** 만일

☐ **ろくに** 제대로, 변변히

● 그 밖의 부사

☐ **敢えて** 굳이, 감히

☐ **あくまで** 어디까지, 끝까지

☐ **あまりにも** 너무나도

☐ **いたって** 극히

☐ **一概に** 일괄적으로

☐ **今更** 새삼스럽게, 이제 와서

☐ **思わず** 무심코

☐ **かえって** 오히려, 도리어

☐ **軽々と** 가볍게

☐ **代わる代わる** 교대로

☐ **殊に** 특히

☐ **せっかく** 모처럼

☐ **絶対に** 절대로

☐ **そろそろ** 슬슬

☐ **絶えず** 끊임없이

☐ **度々** 자주

☐ **常に** 늘, 항상

☐ **ついに** 드디어

☐ **とりわけ** 특히

☐ **ひとりでに** 저절로

☐ **広々と** 널찍이

☐ **不意に** 불시에

☐ **誠に** 진심으로

☐ **みるみる, みるみるうちに** 순식간에

☐ **夢にも** 꿈에도

▶ 다음 밑줄 친 부분에 들어갈 말로 알맞은 것을 고르세요.

1 帰りは二人で_____運転した。　(A) かわるがわる　(B) かるがると

2 _____興味がないでもない。　(A) いまさら　(B) まんざら

3 _____合格すると思ったのに。　(A) こっそり　(B) てっきり

4 _____雪が降るように花が散る。　(A) あたかも　(B) おそらく

5 _____辛くても会わなければいけない。　(A) いかに　(B) けっして

6 _____彼女も許さないでしょう。　(A) いっこうに　(B) おそらく

7 _____そうだとは言い切れない。　(A) かならずや　(B) かならずしも

8 _____体にお気をつけて。　(A) くれぐれも　(B) ひろびろと

9 _____ゴルフ会は楽しかったでしょう。　(A) そっと　(B) さぞ

10 _____背がこんなに伸びたのだろう。　(A) いつのまに　(B) わりあいに

11 野菜の輸入の件は_____進まない。　(A) かろうじて　(B) いっこうに

12 _____実戦のような訓練だ。　(A) なにとぞ　(B) さながら

13 _____やるなら得になる事をやれ。　(A) どうせ　(B) まさか

14 推理小説は_____読まない。　(A) めったに　(B) なにとぞ

15 あなたは_____若々しいね。　(A) つねに　(B) ついに

16 風もないのに_____ドアが閉まる。　(A) ひろびろと　(B) ひとりでに

17 _____うちに火の手が回る。　(A) みるみる　(B) いまさら

18 相談中なのに相手の話を_____
聞いてもいない。　(A) ろくに　(B) たえず

19 スーパーもコンビニもないし、_____
不便です。　(A) あえて　(B) いたって

20 一人で暮らしても_____淋しくないよ。　(A) ちっとも　(B) せっかく

1 (A)	2 (B)	3 (B)	4 (A)	5 (A)	6 (B)	7 (B)	8 (A)	9 (B)	10 (A)
11 (B)	12 (B)	13 (A)	14 (A)	15 (A)	16 (B)	17 (A)	18 (A)	19 (B)	20 (A)

2 접속사 정복하기

● 순접

☐ **したがって** 따라서

☐ **すると** 그러자, 그러면

☐ **そこで** 그래서 [앞의 내용을 받아 이야기할 때]

☐ **それで** 그래서, 그러므로 [앞의 내용이 이유를 나타낼 경우]

☐ **だから** 그래서, 그러므로

☐ **では** 그러면

☐ **ゆえに** 그러므로

● 역접

☐ **が** 그러나, 그렇지만

☐ **けれども** 그렇지만

☐ **しかし** 그러나

☐ **しかしながら** 그렇다고는 하나

☐ **そのくせ** 그럼에도 불구하고, 그러면서도

☐ **それでも, でも** 그렇지만

☐ **それなのに** 그런데, 그럼에도 불구하고

☐ **それにしては** 그런 것 치고는

☐ **それにもかかわらず** 그럼에도 불구하고

☐ **だが** 하지만

☐ **ところが** 그런데, 하지만

☐ **とはいえ** 그렇다 하더라도, 그렇지만

● 선택

☐ **あるいは** 또는, 혹은

☐ **それとも** 그렇지 않으면

☐ **ないし(は)** 내지(는)

☐ **又は** 또는

☐ **もしくは** 혹은

● 전환

☐ **さて** 그런데, 그건 그렇다 치고 [본론으로 전환할 때]

☐ **ところで** 그런데 [다른 화제로 전환할 때]

● 첨가

☐ **おまけに** 게다가

☐ **かつ** 또한

☐ **しかも** 더구나, 게다가

☐ **そして, それから** 그리고, 그 다음에

☐ **そのうえ** 더구나, 게다가

☐ **それに** 게다가

☐ **～どころか** ~은커녕

☐ **なお** 덧붙이자면, 또한

☐ **並びに, 及び** 및

● 당연, 조건

☐ **それでこそ** 그래야만

☐ **だからこそ** 그래서, 그러므로

☐ **ただし** 단, 다만

● 기타 접속사

☐ **すなわち** 즉, 다시 말해서

☐ **つまり** 즉, 결국

☐ **要するに** 요컨대, 즉

▶ 다음 밑줄 친 부분에 들어갈 말로 알맞은 것을 고르세요.

1 ＿＿＿＿＿＿何が言いたいのか。

    (A) ようするに   (B) それにしては

2 明日は臨時休校。＿＿＿＿＿＿教職員は登校すること。

    (A) しかも   (B) ただし

3 彼女は頭がいい。＿＿＿＿＿＿語学も堪能ときている。

    (A) おまけに   (B) すなわち

4 安くて＿＿＿＿＿＿栄養のある食べ物。

    (A) ゆえに   (B) しかも

5 歩く＿＿＿＿＿＿立つことすらできない。

    (A) ところで   (B) どころか

6 ＿＿＿＿＿＿例の輸出の件ですが。

    (A) さて   (B) でも

7 弟＿＿＿＿＿＿私が伺います。

    (A) おまけに   (B) もしくは

8 酒の上のこと＿＿＿＿＿＿、たいへん失礼しました。

    (A) そのうえ   (B) とはいえ

9 あの二人はよく喧嘩もするが、＿＿＿＿＿＿仲直りをするのもはやい。

    (A) そのくせ   (B) それとも

10 ノックをしたが返事がない。＿＿＿＿＿＿裏の方へ行ってみた。

    (A) もしくは   (B) そこで

7 공란메우기

| 1 (A) | 2 (B) | 3 (A) | 4 (B) | 5 (B) | 6 (A) | 7 (B) | 8 (B) | 9 (A) | 10 (B) |

3 연체사 정복하기

(1) あくる 다음 　ex あくる年の春 이듬해 봄

(2) あらゆる 모든 　ex あらゆる手段を尽くす。 모든 수단을 다하다.

(3) ありふれた 흔한, 어디에나 있는 　ex ありふれた顔 흔한 얼굴

(4) ある 어느, 어떤 　ex ある女のことを思い出す。 어떤 여자의 일이 생각나다.

(5) いかなる 어떠한 　ex いかなる時も慌てない。 어떠한 때라도 당황하지 않는다.

(6) いろんな 여러 가지 　ex いろんな出来事があった。 여러 가지 사건이 있었다.

(7) いわゆる 소위, 이른바 　ex その感情がいわゆる恋というやつだ。
그 감정이 소위 사랑이라는 것이다.

(8) おかしな 이상한, 우스운 　ex おかしな顔をして人を笑わせる。
우스운 얼굴을 하고 남을 웃긴다.

(9) 思いきった 대담한, 과감한 　ex 思いきった行動で驚かせる。 과감한 행동으로 놀라게 하다.

(10) かかる 이러한 　ex かかる事態から一刻も早く退却すべきだ。
이러한 사태로부터 한시라도 빨리 퇴각해야만 한다.

(11) かの 저, 그 　ex あの方がかの有名な画家ですか。
저 분이 그 유명한 화가입니까?

(12) きたる 오는 　ex パーティーはきたる土曜日にしましょう。
파티는 오는 토요일로 합시다.

(13) さしたる 그다지, 별반 　ex さしたる被害はなかった。 그다지 피해는 없었다.

(14) 去る 지난 　ex 去る二日の晩のことである。 지난 2일 밤의 일이다.

(15) 大した 대단한, 굉장한 　ex あの年で社長とは大したものだ。
그 나이에 사장이라니 굉장하다.

(16) たった 다만, 단지 　ex たった一人しか来なかった。 단 한 사람밖에 오지 않았다.

(17) とある 어느, 어떤 　ex とある店に立ち寄った。 어떤 상점에 들렀다.

(18) とんだ 엉뚱한, 얼토당토않은 　ex とんだ勘違いをしていたことに気が付いた。
얼토당토않은 착각을 하고 있었다는 것을 깨달았다.

(19) ほんの 그저 명색뿐인, 미미한 　ex ほんの子どもに過ぎない。 그저 어린아이에 지나지 않는다.

(20) 例の 예의 그 　ex 例のレストランで食べることにした。
예의 그 레스토랑에서 먹기로 했다.

▶ 다음 밑줄 친 부분에 알맞은 말을 쓰세요.

1 ＿＿＿＿＿＿＿＿行動でみんなを驚かせた。

과감한 행동으로 모두를 놀라게 했다.

2 ＿＿＿＿＿＿＿＿手段を尽くす。

모든 수단을 다하다.

3 世間に＿＿＿＿＿＿＿＿ストーリー

세상에 흔한 스토리

4 ＿＿＿＿＿＿＿＿つまらない物ですが。

아주 보잘것없는 것입니다만.

5 ＿＿＿＿＿＿＿＿理由があろうとも許せない。

어떠한 이유가 있다 해도 용서할 수 없다.

6 ＿＿＿＿＿＿＿＿困難はない。

그다지 어려움은 없다.

7 ＿＿＿＿＿＿＿＿軍隊と自衛隊は何が違うのですか。

이른바 군대와 자위대는 무엇이 다릅니까?

8 ＿＿＿＿＿＿＿＿街角で恩師に遭遇した。

어느 길모퉁이에서 은사를 만났다.

9 彼女は＿＿＿＿＿＿＿＿才能の持ち主である。

그녀는 대단한 재능의 소유자이다.

10 ＿＿＿＿＿＿＿＿所で待ち合わせることにした。

예의 그 장소에서 만나기로 했다.

| 1 思い切った | 2 あらゆる | 3 ありふれた | 4 ほんの | 5 いかなる |
| 6 さしたる | 7 いわゆる | 8 ある(とある) | 9 大した | 10 例の |

4 가타카나 정복하기

- ☐ アプローチ(approach) 접근
- ☐ アマチュア(amateur) 아마추어
- ☐ アルコール(alcohol) 알코올
- ☐ アワー(hour) 시간
- ☐ アンケート(enquête, 프) 앙케트
- ☐ インターナショナル(international) 인터내셔널
- ☐ インフォメーション(information) 인포메이션, 안내소
- ☐ ウイルス(Virus, 독) 바이러스
- ☐ エアメール(airmail) 항공 우편
- ☐ エチケット(étiquette, 프) 에티켓
- ☐ エネルギー(Energie, 독) 에너지
- ☐ エンジニア(engineer) 엔지니어
- ☐ ガソリンスタンド(gasoline stand) 주유소
- ☐ ガレージ(garage) 차고
- ☐ カンニング(cunning) 커닝
- ☐ キャプテン(captain) 캡틴, 주장, 책임자
- ☐ キャリア(career) 커리어, 경력
- ☐ ゲスト(guest) 게스트
- ☐ コマーシャル(commercial) 커머셜, 광고, 선전
- ☐ コレクション(collection) 컬렉션, 수집
- ☐ コンテスト(contest) 콘테스트
- ☐ コントロール(control) 컨트롤
- ☐ シーズン(season) 시즌, 계절
- ☐ ジャーナリスト(journalist) 저널리스트, 기자
- ☐ スタジオ(studio) 스튜디오
- ☐ ストライキ(strike)・スト 스트라이크, 동맹 파업
- ☐ スペース(space) 스페이스, 공간
- ☐ スマート(smart) 스마트, 세련됨
- ☐ ゼミナール(Seminar, 독)・ゼミ 세미나
- ☐ ソース(sauce) 소스, 액상 조미료의 총칭
- ☐ チームワーク(teamwork) 팀워크
- ☐ チェンジ(change) 체인지

- ☐ デザート(dessert) 디저트, 후식
- ☐ デザイン(design) 디자인
- ☐ ナプキン(napkin) 냅킨
- ☐ ナンセンス(nonsense) 난센스
- ☐ バッテリー(battery) 배터리
- ☐ パトカー(patrol car) 패트롤 카, 경찰차
- ☐ ハンガー(hanger) 행어, 옷걸이
- ☐ ヒステリー(Hysterie, 독) 히스테리
- ☐ ファイル(file) 파일
- ☐ ファッション(fashion) 패션
- ☐ ファン(fan) 팬
- ☐ ブーム(boom) 붐, 유행
- ☐ フォーム(form) 폼, 모양
- ☐ プライド(pride) 프라이드, 자존심
- ☐ プライベート(private) 사적, 개인적
- ☐ プロフィール(profil, 프) 프로필
- ☐ フロント(front) 프런트
- ☐ ボイコット(boycott) 보이콧, 저지함
- ☐ ポット(pot) 포트, 보온병
- ☐ ボランティア(volunteer) 자원봉사(자)
- ☐ マスコミ(mass communication) 매스컴, 언론
- ☐ マスター(master) 마스터
- ☐ ミュージック(music) 뮤직
- ☐ メーカー(maker) 메이커, 제조회사, 제조업자
- ☐ メディア(media) 미디어, 대중 매체
- ☐ メロディー(melody) 멜로디
- ☐ ラベル(label) 라벨
- ☐ リサイクル(recycle) 리사이클, 재활용
- ☐ レジャー(leisure) 레저, 여가
- ☐ レントゲン(Roentgen, 독) 엑스선 사진
- ☐ ロマンチック(romantic) 로맨틱, 낭만적

▶ 다음 한국어에 해당하는 가타카나 단어를 쓰세요.

1 에티켓 _____

2 자원봉사(자) _____

3 체인지 _____

4 매스컴, 언론 _____

5 사적, 개인적 _____

6 로맨틱, 낭만적 _____

7 인터내셔널 _____

8 리사이클, 재활용 _____

9 미디어, 대중 매체 _____

10 패션 _____

11 레저, 여가 _____

12 프런트 _____

13 바이러스 _____

14 팀워크 _____

15 아마추어 _____

16 프로필 _____

17 세미나 _____

18 엑스선 사진 _____

19 에너지 _____

20 커리어, 경력 _____

1 エチケット	2 ボランティア	3 チェンジ	4 マスコミ	5 プライベート
6 ロマンチック	7 インターナショナル	8 リサイクル	9 メディア	10 ファッション
11 レジャー	12 フロント	13 ウイルス	14 チームワーク	15 アマチュア
16 プロフィール	17 ゼミ	18 レントゲン	19 エネルギー	20 キャリア

5 의성어·의태어 정복하기

(1) **あたふた** 당황하는 모양. 허둥지둥

ⓔⓧ ガスが点けっぱなしのままであることを思い出し、あたふたと家に駆け込んだ。

가스가 켜져 있는 채인 것이 생각 나서 허둥지둥 집으로 뛰어들었다.

(2) **あっさり** 맛 등이 담백한 모양 / 성격 등이 시원스러운 모양

ⓔⓧ 油を一滴も使わないあっさりとした料理 기름을 한 방울도 사용하지 않는 담백한 요리

告白して振られたので、あの人のことはあっさりと諦めようと思う。

고백하고 차였기 때문에, 그 사람을 깨끗이 단념하려고 한다.

(3) **いじいじ** 주눅 든 모양. 주뼛주뼛

ⓔⓧ 消極的な性格の次女はいつもいじいじしていて、先生を困らせている。

소극적인 성격의 둘째 딸은 늘 주눅이 들어 있어, 선생님을 곤란하게 한다.

(4) **いそいそ** 허둥지둥, 부랴부랴

ⓔⓧ 娘は彼氏とのデートにいそいそと出かけていった。 딸은 남자 친구와의 데이트에 부랴부랴 나갔다.

(5) **うずうず** 좀이 쑤시는 모양. 근질근질

ⓔⓧ 遊びに出たくてうずうずする。 놀러 나가고 싶어서 좀이 쑤신다.

(6) **うつらうつら(うとうと)** 조는 모양. 꾸벅꾸벅

ⓔⓧ 恋人の夢をみながら、うつらうつらとしていた。 애인 꿈을 꾸면서, 꾸벅꾸벅 졸고 있었다.

(7) **おずおず** 머뭇거리는 모양. 머뭇머뭇

ⓔⓧ 遅刻した学生が、おずおずと教室に入ってきた。 지각한 학생이 머뭇거리며 교실에 들어왔다.

(8) **おどおど** 두렵거나 자신이 없어서 침착하지 못한 모양. 주뼛주뼛, 벌벌

ⓔⓧ 練習不足なのかおどおどとした態度で舞台に上がってきた。

연습 부족인지 주뼛주뼛한 태도로 무대에 올라왔다.

(9) **おろおろ** 당황하는 모양. 허둥지둥

ⓔⓧ 事故の知らせにおろおろする。 사고 소식에 허둥대다.

(10) **かさかさ** 말라서 물기가 없는 모양. 윤기가 없는 모양. 거칠거칠

ⓔⓧ かさかさの肌にはこのクリームがお勧めです。 거칠거칠한 피부에는 이 크림을 추천합니다.

(11) **がやがや** 시끄럽게 떠드는 모양. 와글와글. 시끌벅적

ⓔⓧ 生徒が運動場で、がやがや騒いでいる。 학생들이 운동장에서 왁자지껄 떠들고 있다.

(12) **からから** 물기가 없는 모양. 바삭바삭

　ex 日照(ひで)りで井戸(いど)がからからだ。 가뭄으로 우물이 바싹 말랐다.

(13) **がらがら** 텅 비어 있는 모양

　ex 通(とお)りに人(ひと)の姿(すがた)はあまり見(み)えなかった。電車(でんしゃ)もがらがらだった。

　길거리에 사람의 모습은 별로 보이지 않았다. 전차도 텅 비어 있었다.

(14) **きっちり** 딱 들어맞는 모양. 딱. 꼭

　ex すきま風(かぜ)が入(はい)らないように窓(まど)はきっちり閉(し)めて下(くだ)さい。 외풍이 들어오지 않게 창문은 꼭 닫아 주세요.

(15) **くすくす** 웃음을 억지로 참아가며 웃는 모양. 킥킥.

　ex 彼(かれ)らは人(ひと)の失敗(しっぱい)を見(み)て、くすくすと笑(わら)っていた。 그들은 남의 실패를 보고 킥킥거리며 웃고 있었다.

(16) **ぐったり(くたくた)** 녹초가 된 모양. 축 늘어진 모양.

　ex 暑(あつ)さで、草木(くさき)もぐったりしている。 더위로 초목도 축 늘어져 있다.

(17) **げらげら** 거침없이 큰 소리로 웃는 모양. 껄껄.

　ex 大声(おおごえ)を出(だ)してげらげら笑(わら)う。 큰 소리를 내어 껄껄 웃다.

(18) **ごくごく** 벌컥벌컥 마시는 모양

　ex 炎天下(えんてんか)の中(なか)、家(いえ)に帰(かえ)ってきた息子(むすこ)はごくごくと水(みず)を飲(の)んだ。

　불볕더위에 집에 돌아온 아들은 벌컥벌컥 물을 마셨다.

(19) **こそこそ** 몰래 하는 모양. 살금살금. 소곤소곤

　ex 万引(まんび)き犯(はん)はこそこそと裏口(うらぐち)から逃(に)げ出(だ)した。 들치기는 살금살금 뒷문으로 도망갔다.

(20) **ころころ** 작은 것이 구르는 모양. 데굴데굴

　ex 石(いし)は坂(さか)をころころと転(ころ)がっていった。 돌은 언덕을 데굴데굴 굴러갔다.

(21) **さっと** 재빨리 행동하는 모양. 싹. 휙

　ex カーテンを開(あ)けたら、野良猫(のらねこ)たちはさっと姿(すがた)を隠(かく)した。 커튼을 열자, 길고양이들은 싹 모습을 감췄다.

(22) **さらさら** 막힘없이 나아가는 모양. 술술(すらすら). 졸졸 / 물기가 없는 모양. 보송보송

　ex 小川(おがわ)の水(みず)がさらさらと流(なが)れている。 냇물이 졸졸 흐르고 있다

　さらさらした砂(すな)を使(つか)ってください。 보송보송한 모래를 사용하세요.

(23) **ざらざら** 감촉이 거친 모양. 까칠까칠

　ex 表面(ひょうめん)がざらざらした紙(かみ) 표면이 까칠한 종이

(24) しくしく 힘없이 우는 모양. 훌쩍훌쩍

ex 黙っていた子どもは急にしくしく泣き出した。 잠자코 있던 아이는 갑자기 훌쩍훌쩍 울기 시작했다.

(25) しとしと 비가 조용히 내리는 모양. 부슬부슬

ex それに雨もしとしと降っていて憂鬱になった。 게다가 비도 부슬부슬 내리고 있어서 우울해졌다.

(26) すっきり 산뜻한 모양

ex よく寝たので頭がすっきりした。 잘 자서 머리가 상쾌해졌다.

(27) すやすや 편안히 잠자는 모양. 새근새근

ex 赤ちゃんがすやすや眠っている。 아기가 새근새근 자고 있다.

(28) すんなり 몸매가 날씬한 모양

ex すんなりと伸びた足 날씬하게 뻗은 다리

(29) だぶだぶ 옷 따위가 헐렁한 모양

ex 幼いころ、私はいつもお下がりのだぶだぶの服を着せられていた。
어릴 적, 나는 항상 물려받은 헐렁한 옷을 입었다.(사역수동: 입혀졌다)

(30) たらたら 액체가 방울져 떨어지는 모양. 뚝뚝. 줄줄

ex 額から汗がたらたら流れる。 이마에서 땀이 줄줄 흐른다.

(31) ちょこちょこ 종종걸음으로 걷는 모양

ex 子どもがちょこちょこと動きまわる。 아이가 아장아장 돌아다닌다.

(32) つるつる 표면이 매끈한 모양. 매끈매끈. 반들반들

ex つるつるになるまで磨く。 반들거릴 때까지 닦다.

(33) どたばた 소란스럽게 떠들거나 뛰어다니는 모양. 우당탕

ex 天井裏でねずみがどたばたしている。 천장 속에서 쥐가 뛰어다니고 있다.

(34) とぼとぼ 힘없이 걷는 모양. 터벅터벅

ex みんな帰ってしまったので、一人でとぼとぼと歩いてきた。
모두 돌아가 버렸기 때문에 혼자서 터벅터벅 걸어왔다.

(35) にやにや 히죽히죽 웃는 모양

ex にやにやしないで何か言って。 히죽거리지 말고 뭔지 말해 봐.

(36) ねばねば 끈적끈적한 모양

ex 手についたねばねばを洗い落とす。 손에 달라붙은 끈적임을 씻어내다.

(37) **ひりひり** 자극을 받아 아픈 모양. 따끔따끔

　　ex 傷口がひりひりする。 상처가 따끔거리다.

(38) **ぶつぶつ(ぶうぶう)** 불평, 잔소리를 하는 모양. 투덜투덜

　　ex 何をぶつぶつ独り言を言っているの？ 무얼 혼자서 투덜거리고 있니?

(39) **ぶらぶら** 목적 없이 걷는 모양. 어슬렁어슬렁 / 하는 일 없이 지내는 모양. 빈둥빈둥

　　ex 今日は公園をぶらぶら歩いている人が多い。 오늘은 공원을 어슬렁거리며 걷고 있는 사람이 많다.

(40) **へとへと** 몹시 지쳐서 녹초가 된 모양

　　ex もうへとへとで歩けない。 이젠 녹초가 돼서 걸을 수 없다.

(41) **ほやほや** 따끈따끈한 모양

　　ex 焼きたてほやほやのパンを頬張った。 갓 구워 따끈따끈한 빵을 한입 가득 넣었다.

(42) **ぼろぼろ** 물건이나 천 등이 너덜너덜해진 모양. 너덜너덜

　　ex 祖母の形見の浴衣がぼろぼろなのだが捨てられない。

　　할머니의 유품인 유카타가 너덜너덜하지만 버릴 수 없다.

(43) **まごまご** 망설이는 모양. 우물쭈물

　　ex ホームが分からずまごまごしていたら新幹線に乗りそびれた。

　　플랫폼을 몰라서 우물쭈물하다가 신칸센을 타지 못했다.

(44) **むかむか** 속이 울렁거리는 모양. 메슥메슥

　　ex 乗り物酔いで胸がむかむかする。 멀미로 가슴이 울렁거린다.

(45) **むっと** 갑자기 화가 치밀거나 열기로 답답한 모양. 욱. 확

　　ex 嫌味を言われて、むっとした顔で相手を見た。 불쾌한 말을 들어서, 부루퉁한 얼굴로 상대를 봤다.

(46) **もぐもぐ** 입을 다물고 씹는 모양. 우물우물

　　ex 何かをもぐもぐ食べながら歩く。 뭔가를 우물우물 먹으면서 걷다.

(47) **よろよろ** 비틀거리는 모양. 휘청거리는 모양

　　ex 病後で足がよろよろする。 병을 앓은 터라 다리가 휘청거린다.

(48) **らくらく** 편안한 모양

　　ex 親の遺産でらくらくと暮らす。 부모의 유산으로 편히 지내다.

▶ 다음 밑줄 친 부분에 들어갈 말로 알맞은 것을 고르세요.

1 雨も＿＿＿＿＿＿降っているし、別れた恋人のことが思い出される。

   (A) しくしく   (B) しとしと

2 廊下を＿＿＿＿＿＿歩く生徒たちを注意した。

   (A) どたばた   (B) ざらざら

3 行き方が分からなくて構内で＿＿＿＿＿＿している。

   (A) ぼろぼろ   (B) まごまご

4 ドアを開けると悪臭が＿＿＿＿＿＿鼻をついた。

   (A) むかむか   (B) むっと

5 やにが＿＿＿＿＿＿とくっつく。

   (A) ねばねば   (B) だぶだぶ

6 彼は私たちを＿＿＿＿＿＿許してくれた。

   (A) ぐったり   (B) あっさり

7 一緒に行きたくて＿＿＿＿＿＿している。

   (A) うずうず   (B) うとうと

8 喉が＿＿＿＿＿＿に渇く。

   (A) げらげら   (B) からから

9 紐を＿＿＿＿＿＿結んでください。

   (A) きっちり   (B) ぐったり

10 叱られると思って先生の前で＿＿＿＿＿＿する。

   (A) おどおど   (B) うずうず

| 1 (B) | 2 (A) | 3 (B) | 4 (B) | 5 (A) | 6 (B) | 7 (A) | 8 (B) | 9 (A) | 10 (A) |

6 필수 문법 및 문형 정복하기

1) に와 연관된 표현

(1) ~に当って ~에 즈음하여

ex 出発に当って健康をチェックする。 출발에 즈음하여 건강을 체크하다.

(2) ~にいたって ~에 이르러

ex 争議は今年の末にいたってようやく解決した。 쟁의는 올해 말에 이르러 이제야 해결되었다.

(3) ~において ~에 있어서, ~에서

ex 過去においては普通のことであった。 과거에는 보통의(평범한) 일이었다.

(4) ~に応じて ~에 부응하여, ~에 따라, ~에 적합하게

ex 収入に応じて税金が課される。 수입에 따라 세금이 부과된다.

(5) ~に関わる ~와 관계되는

ex この問題は命に関わることなので、もっと議論する必要がある。

이 문제는 생명과 관련된 것이므로, 더 논의할 필요가 있다.

(6) ~に限って ~에 한해서

ex うちの子に限って、そんなことをするはずはない。 우리 아이에 한해서 그런 일을 할 리가 없다.

(7) ~にかけては ~에 있어서는, ~에 대해서는

ex 運動にかけては自信がある。 운동에 있어서는 자신이 있다.

(8) ~に代わって ~을 대신하여

ex 父に代わって出席する。 아버지를 대신해서 출석하다.

(9) ~に決まっている ~임에 틀림없다, 반드시 ~하기 마련이다

ex 栄養が不十分であれば病気になるに決まっている。 영양이 불충분하면 병이 나기 마련이다.

(10) ~に比べて ~에 비해

ex 例年に比べて寒い。 예년에 비해 춥다.

(11) ~に加えて ~에 더하여, 덧붙여

ex 会社は英語の成績に加えて日本語の能力も要求する。 회사는 영어 성적에 더해 일본어 능력도 요구한다.

(12) ~に応えて ~에 부응하여 = ~に応じて

ex 国民の要望に応えて、デジタル化を進める。 국민의 요망에 부응하여 디지털화를 추진하다.

(13) ～に際して　～에 즈음하여

ex 入賞に際して感想を述べる。　입상에 즈음하여 감상을 말하다.

(14) ～に先立って　～하기에 앞서

ex 試合に先立って開会式がある。　시합에 앞서 개회식이 있다.

(15) ～に従って　～함에 따라

ex 年をとるに従って頑固になる。　나이를 먹어감에 따라 완고해지다.

(16) ～にしたら・～にすれば　～라고 하면, ~로는

ex 彼にしたらそう考えるのも無理はない。　그의 입장으로는 그렇게 생각하는 것도 무리는 아니다.

(17) ～に相違ない, ～に違いない　～임에 틀림없다

ex 彼らは合格するに相違ない。　그들은 합격할 것임에 틀림없다.

(18) ～に沿って　～을 따라

ex 岸に沿って舟を漕ぐ。　기슭을 따라 배를 젓다.

(19) ～に対して　～에 대해서　▶ '대상이 있고, ～을 향해'라는 뉘앙스

ex 質問に対して答えてください。　질문에 대해 대답해 주세요.

(20) ～について　～에 대하여　▶ '～와 관련된'이라는 뉘앙스

ex 伝説について話をします。　전설에 대해 이야기를 하겠습니다.

(21) ～につれて　～함에 따라　▶ 자연스러운 변화를 나타냄

ex 時間がたつにつれて心に余裕もできる。　시간이 지남에 따라 마음에 여유도 생긴다.

(22) ～にとって　～에(게) 있어서, ~로서

ex 統一の問題はわが国にとって重大なことである。　통일 문제는 우리나라에 있어서 중대한 일이다.

(23) ～に伴って　～와 함께, ~함에 따라　▶ 같이 발생하는 변화

ex 収入に伴って支出も増える。　수입과 함께 지출도 증가한다.

(24) ～にひきかえ　～와는 반대로

ex 昨年にひきかえ今年は楽だ。　작년과는 반대로 올해는 편하다.

(25) ～にほかならない　～임에 틀림없다, 바로 ~이다

ex そんな行為は犯罪にほかならない。　그런 행위는 범죄나 다름없다.

(26) 〜にもかかわらず ~임에도 불구하고, ~에도 상관없이

ex 熱があるにもかかわらず外出した。 열이 있음에도 불구하고 외출했다.

(27) 〜に基づいて ~을 근거로 하여, 기초로 하여

ex 憲法に基づいて政治を行う。 헌법에 근거하여 정치를 하다.

(28) 〜にわたって ~에 걸쳐 ▶ 기간, 공간, 횟수

ex 10年にわたって建てられたビル 10년에 걸쳐 지어진 빌딩

▶ 다음 밑줄 친 부분에 알맞은 말을 쓰세요.

1 医学の進歩に＿＿＿＿＿＿＿平均寿命も延びた。

　　의학의 발전과 함께 평균 수명도 길어졌다.

2 言語は意思伝達の手段に＿＿＿＿＿＿＿。

　　언어는 의사전달 수단임에 틀림없다.

3 彼女はきっとアナウンサーになるに＿＿＿＿＿＿＿。

　　그녀는 꼭 아나운서가 될 것임에 틀림없다.

4 年をとる＿＿＿＿＿＿＿記憶力も衰える。

　　나이를 먹음에 따라 기억력도 쇠퇴한다.

5 出発に＿＿＿＿＿＿＿忘れ物はないか点検をしなさい。

　　출발하기에 앞서 잊은 물건이 없는지 점검하세요.

6 彼は映像、小説、ダンスなど、様々な分野に＿＿＿＿＿＿＿活躍している。

　　그는 영상, 소설, 춤 등 다양한 분야에 걸쳐 활약하고 있다.

7 今度の作品は前のものに＿＿＿＿＿＿＿貧弱だ。

　　이번 작품은 이전 것에 비해 빈약하다.

8 これは私の沽券に＿＿＿＿＿＿＿問題だ。

　　이것은 내 체면에 관련된 문제다.

9 引退に＿＿＿＿＿＿＿所感を述べる。

　　은퇴에 즈음하여 소감을 말하다.

10 目上の人に＿＿＿＿＿＿＿敬語を使ってください。

　　손윗사람에 대해서는 경어를 사용하세요.

1 伴って	2 ほかならない	3 相違ない(違いない)	4 につれて(にしたがって)	5 先立って
6 わたって	7 比べて	8 関わる	9 当たって(際して)	10 対しては

2) と와 연관된 표현

(1) **〜とあって** ~인 만큼, ~라서

ex お祭りとあって大変込んでいた。 축제라서 매우 붐볐다.

(2) **〜ときたら** ~라고 하면, ~는 (항상)

ex 最近の若者ときたら挨拶すらできない。 요즘 젊은이들은 인사조차 할 줄 모른다.

(3) **〜とともに** ~함에 따라, ~와 함께

ex 産業の発展とともに環境も破壊されていく。 산업이 발전함에 따라 환경도 파괴되어 간다.

(4) **〜とはいえ** ~라고는 해도

ex 貧乏とはいえ、庭付きの家に住んでいる。 가난하다고는 해도, 정원 딸린 집에 산다.

3) を와 연관된 표현

(1) **〜をきっかけに** ~을 계기로

ex 先生の話をきっかけに私は歴史学者になった。 선생님 말씀을 계기로 나는 역사 학자가 되었다.

(2) **〜を通じて** ~을 통해(서)

ex マスコミを通じて知らせることにした。 매스컴을 통해 알리기로 했다.

(3) **〜を問わず** ~을 불문하고

ex 学歴、性別を問わず応募できる。 학력, 성별을 불문하고 지원 가능하다.

(4) **〜をはじめ(として)** ~을 비롯하여

ex 今年の忘年会は社長をはじめとして全員参加した。 올해 망년회는 사장님을 비롯하여 전원이 참석했다.

(5) **〜をめぐって** ~을 둘러싸고

ex 漢字教育の賛否をめぐって討論が始まった。 한자 교육의 찬반을 둘러싸고 토론이 시작되었다.

(6) **〜をもとにして** ~을 근거로 해서, ~을 토대로

ex 事実をもとにして考える。 사실을 근거로 하여 생각하다.

(7) **〜をよそに(して)** ~에 신경 쓰지 않고

ex 親の心配をよそに遊び歩く。 부모의 걱정을 아랑곳하지 않고 놀러 다닌다.

4) 동사 ない형과 연관된 표현

(1) ~ざるを得ない ~하지 않을 수 없다

ex 入院したということを聞いた以上、見舞いに行かざるを得ない。
入院_{にゅういん} 聞_き 以上_{いじょう} 見舞_{みま} 行_い
입원했다는 소식을 들은 이상, 병문안을 가지 않을 수 없다.

(2) ~ずにはいられない・~ないではいられない ~하지 않고는 있을 수 없다

ex 彼の成功に驚かずにはいられない。 그의 성공에 놀라지 않을 수 없다.
彼_{かれ} 成功_{せいこう} 驚_{おどろ}

(3) ~ないうちに ~하기 전에

ex 冷めないうちにどうぞ。 식기 전에 드세요.
冷_さ

(4) ~ない限り ~하지 않는 한

ex 謝らない限り絶対に許さない。 사과하지 않는 한 절대로 용서하지 않겠다.
謝_{あやま} 限_{かぎ} 絶対_{ぜったい} 許_{ゆる}

(5) ~ないことには ~하지 않으면

ex 直接見ないことには信じられない。 직접 보지 않고는 믿을 수 없다.
直接見_{ちょくせつみ} 信_{しん}

(6) ~ないものでもない ~아닌 것도 아니다, ~하지 못할 것도 없다

ex 交渉に応じないものでもない。 교섭에 응하지 못할 것도 없다.
交渉_{こうしょう} 応_{おう}

5) 동사 ます형과 연관된 표현

(1) ~がたい・~かねる ~하기 어렵다

ex 彼の話は信じがたい。 그 사람 얘기는 믿기 어렵다.
話_{はなし}
専門外なので、私では分かりかねます。 전공 밖이라서 저는 알기 어렵습니다.
専門外_{せんもんがい} 私_{わたし} 分_わ

(2) ~がちだ ~하기 쉽다, ~하기 쉬운 경향이 있다

ex この時計は遅れがちだ。 이 시계는 자주 늦어지곤 한다.
時計_{とけい} 遅_{おく}

(3) ~かねない ~하기 쉽다, ~일지도 모른다

ex うそを言いかねない。 거짓말을 할지도 모른다.
言_い

(4) ~きれない 다 ~할 수 없다

ex 最後までは読みきれない。 마지막까지는 다 읽을 수 없다.
最後_{さいご} 読_よ

(5) 〜次第 ~하는 대로, ~하자마자

> ex 見つけ次第知らせてください。 발견하는 대로 알려 주세요.

(6) 〜ぬく 끝까지 ~하다

> ex 真実が分かるまで調べぬく。 진실을 알 때까지 끝까지 조사하다.

6) た와 연관된 표현

(1) 〜たあげく ~한 끝에

> ex さんざん迷ったあげくやっと着きました。 한참을 헤맨 끝에 겨우 도착했습니다.

(2) 〜た上で ~한 후에

> ex 両親と相談した上で決める。 부모님과 상담한 후에 결정하다.

(3) 〜たきり(で) ~한 이후로 지금까지

> ex 朝、家を出たきりでまだ帰らない。 아침에 집을 나간 후로 아직 돌아오지 않는다.

(4) 〜ただけに ~한 만큼

> ex 苦労しただけに喜びも大きい。 고생한 만큼 기쁨도 크다.

(5) 〜たところ ~한 결과, ~하자

> ex 彼に話したところ、喜んで引き受けてくれた。 그에게 이야기를 하자, 기꺼이 떠맡아 주었다.

(6) 〜たところで ~해봤자

> ex 私が言ったところで聞きはしない。 내가 말해 봤자 듣지 않을걸.

(7) 〜たとたん(に) ~하자마자

> ex 顔を見たとたんに笑いだした。 얼굴을 보자마자 웃기 시작했다.

(8) 〜たばかりに ~한 탓에

> ex 油断したばかりに事故を起こしてしまった。 방심한 탓에 사고를 내고 말았다.

7) て와 연관된 표현

(1) ～てからでないと ～하고서가 아니면

ex 彼女に会ってからでないと何にも言えない。 그녀를 만나고서가 아니면 아무것도 말할 수 없다.

(2) ～てたまらない ～해서 참을 수 없다, 너무 ～하다

ex 一人暮らしは寂しくてたまらない。 독신 생활은 너무 쓸쓸하다.

(3) ～てはじめて ～하고서야 비로소

ex 手紙を読んではじめて相手の事情が分かってきた。 편지를 읽고서야 비로소 상대방의 사정을 알게 되었다.

(4) ～てやまない ～해 마지않다

ex あの選手の活躍を期待してやまない。 그 선수의 활약을 기대해 마지않다.

▶ 다음 밑줄 친 부분에 알맞은 말을 쓰세요.

1 先生＿＿＿＿＿＿全員が彼を推薦した。

선생님을 비롯하여 전원이 그를 추천했다.

2 相手を侮った＿＿＿＿＿＿負けてしまった。

상대를 얕잡아 본 탓에 지고 말았다.

3 事実を＿＿＿＿＿＿この小説を書いた。

사실을 근거로 이 소설을 썼다.

4 君が考えを改めない＿＿＿＿＿＿許さない。

네가 생각을 바꾸지 않는 한 허락할 수 없다.

5 部屋に入った＿＿＿＿＿＿出てこない。

방에 들어간 이후로 나오지 않는다.

6 彼の合格を期待していた＿＿＿＿＿＿失望も大きい。

그의 합격을 기대하고 있었던 만큼 실망도 크다.

7 仕事を終えて＿＿＿＿＿＿休めない。

일을 끝내고서가 아니면 쉴 수 없다.

8 明日も曇り＿＿＿＿＿＿でぐずついた天気ですが、夕方には一時晴れるでしょう。

내일도 흐리고(흐린 경향이 있고) 꾸물거리는 날씨가 되겠습니다만, 저녁에는 한때 개겠습니다.

9 周囲の期待を＿＿＿＿＿＿家でゲームばかりしている。

주위의 기대를 저버리고 집에서 게임만 하고 있다.

10 あの人は私が尊敬して＿＿＿＿＿＿政治家です。

그 사람은 제가 존경해 마지않는 정치가입니다.

7 공란메우기

| 1 をはじめ | 2 ばかりに | 3 もとにして | 4 限り | 5 きりで |
| 6 だけに | 7 からでないと | 8 がち | 9 よそにして | 10 やまない |

8) 기타 표현

(1) **~いかんによらず** ~여하를 막론하고, ~을 불문하고

　ex 学歴のいかんによらず人材を登用する。 학력을 불문하고 인재를 등용하다.

(2) **~おそれがある** ~할 우려가 있다

　ex それに個人情報が流出されるおそれがある。 게다가 개인 정보가 유출될 우려가 있다.

(3) **~かぎり** ~하는 한

　ex 彼がそのことを知っているかぎり、私は彼には会えない。

　그가 그 일을 알고 있는 한, 나는 그를 만날 수 없다.

(4) **~が最後** ~을 마지막으로, 일단 ~했다 하면

　ex この森に入ったが最後、抜け出せない。 이 숲에 일단 들어갔다 하면 빠져나올 수 없다.

(5) **~かたがた** ~할 겸, ~하는 김에

　ex お礼かたがた明日お伺いします。 인사도 드릴 겸 내일 찾아뵙겠습니다.

(6) **~かたわら** ~하는 한편, ~함과 동시에

　ex 会社に勤めるかたわら夜学に通う。 회사에 다니면서 야학에 다닌다.

(7) **~がてら** ~하는 한편, ~하는 김에

　ex 散歩がてら本屋に立ち寄る。 산책하는 김에 서점에 들르다.

(8) **~かなわない** ~을 당해낼 수 없다

　ex 彼の実力にはかなわない。 그의 실력은 당해낼 수 없다.

(9) **~かのように** ~인 것처럼

　ex 自分が大人であるかのように言っている。 자기가 어른인 것처럼 말한다.

(10) **~からといって** ~라고 해서

　ex 金持ちだからといって幸せとは言えない。 부자라고 해서 행복하다고는 할 수 없다.

(11) **~からには** ~한 이상, ~한 바에는

　ex こうなったからには、仕方がない。 이렇게 된 이상, 어쩔 수 없다.

(12) **~から~にかけて** ~부터 ~에 걸쳐

　ex 昨夜から今朝にかけて雪が降った。 어젯밤부터 오늘 아침에 걸쳐 눈이 내렸다.

(13) 〜代わりに　〜대신에

ex おはしの代わりにフォークで食べる。 젓가락 대신 포크로 먹는다.

(14) 〜くせに　〜인 주제에, 〜인데도

ex 金持ちのくせにけちだ。 부자인데도 쩨쩨하다.

(15) 〜こととて　〜라서, 〜이므로

ex 慣れぬこととて時間ばかりかかる。 익숙하지 않아서 시간만 걸린다.

(16) 〜ことに　〜하게도

ex 嬉しいことにあの学校に合格した。 기쁘게도 그 학교에 합격했다.

(17) 〜最中だ　한창 〜중이다

ex 審議している最中だ。 한창 심의 중이다.

(18) 〜さえ〜ば　〜만 〜면

ex お酒さえあればいいのに。 술만 있으면 좋을 텐데.

(19) 〜しかない　〜밖에 없다

ex 優勝するには練習するしかない。 우승하려면 연습하는 수밖에 없다.

(20) 〜しまつだ　〜형편이다, 〜처지이다

ex 人に哀れを請うしまつだ。 남에게 동정을 구하는 형편이다.

(21) 〜だけあって　〜만큼의, 〜인 만큼, 〜답게

ex さすが有望株だけあって立派にやり遂げた。 과연 유망주답게 훌륭하게 해냈다.

(22) たとえ〜ても　비록(아무리) 〜라 해도

ex たとえそれが事実だと言っても、やはり君が悪い。 비록 그것이 사실이라고 해도, 역시 네가 나쁘다.

(23) 〜ついでに　〜하는 김에

ex 街に出たついでに買い物をする。 시내에 나온 김에 쇼핑을 하다.

(24) 〜つつある　계속 〜하는 중이다

ex 景気は回復しつつある。 경기는 회복되는 중이다.

(25) 〜っぱなし　〜인 채로

ex 窓は開けっぱなしにしておいて。 창문은 연 채로 놔 두렴.

(26) ~っぽい ~인 경향이 많다

ex 忘れっぽくなって心配である。 건망증이 심해져서 걱정이다.

(27) ~どころか ~은커녕

ex 歩くどころか立つことすらできない。 걷기는커녕 설 수조차 없다.

(28) ~として ~로서

ex 住宅地として最適だ。 주택지로서 최적이다.

(29) ~なり~なり ~(하)든 ~(하)든

ex 親なり兄弟なり相談してみた方がいい。 부모든 형제든 상담해 보는 게 좋다.

(30) ~なりに ~나름대로

ex それはそれなりに価値がある。 그것은 그 나름대로 가치가 있다.

(31) ~なんて ~라니, ~하다니

ex 消費者を騙すなんてよくないよ。 소비자를 속이다니, 나빠.

(32) ~ぬきに(して) ~없이, ~을 제외하고

ex 彼をぬきに、相撲の話はできない。 그를 빼고 스모에 관한 이야기는 불가능하다.

(33) ~のみならず ~뿐만 아니라 = ばかりではなく, だけでなく

ex 彼は俳優としてのみならず歌手としても有名だ。 그는 배우로서뿐만 아니라 가수로서도 유명하다.

(34) ~はおろか ~은 물론이고, ~은 말할 것도 없고

ex 洪水で家はおろか土地まで失う。 홍수로 집은 물론이고 땅까지 잃다.

(35) ~ばこそ ~때문에, ~라서

ex 君を心配すればこそ注意しているんだ。 너를 걱정하기 때문에 주의를 주는 거야.

(36) ~はさておき ~은 차치하고, ~은 제쳐두고

ex 冗談はさておき、今後のことを決めよう。 농담은 제쳐 두고 앞으로의 일을 결정하자.

(37) ~ほかならない ~임에 틀림없다, ~에 다름없다

ex 諦めるとは負けることにほかならない。 포기한다는 것은 지는 것과 다를 바 없다.

(38) ~までもない ~할 필요도 없다, ~할 것까지도 없다

ex 社長が乗り出すまでもない商談だった。 사장님이 나설 필요도 없는 상담이었다.

(39) 〜まみれ・〜だらけ　〜투성이

ex 泥まみれになった服を着替える。 흙투성이가 된 옷을 갈아입다.

投資に失敗して借金だらけになった。 투자에 실패하여 빚투성이가 되었다.

(40) 〜めく　〜다워지다, 〜스럽게 보이다

ex 老人めいた風貌 늙어 보이는 풍모

(41) 〜もさることながら　〜은 물론이거니와

ex 勉強もさることながら、健康にも注意する必要がある。 공부도 물론이고 건강에도 주의할 필요가 있다.

(42) 〜もそこそこに　〜도 하는 둥 마는 둥

ex 挨拶もそこそこに家を出てしまった。 인사도 하는 둥 마는 둥 집을 나와 버렸다.

(43) 〜も〜ば〜も〜　〜도 〜하거니와 〜도 〜하다

ex お金もなければ家もない。 돈도 없거니와 집도 없다.

(44) 〜や否や　〜하자마자 (곧)

ex 帰るや否や遊びに出かけた。 돌아오자마자 놀러 나갔다.

(45) 〜ゆえに　〜때문에

ex 日本は火山が多いゆえに、温泉も多い。 일본은 화산이 많기 때문에 온천도 많다.

(46) 〜ようか〜まいか　〜할까 말까, 〜할지 말지

ex 伝染病の流行のため、旅行に行こうか行くまいか迷っている。

전염병이 유행해서, 여행을 가야 할지 말아야 할지 고민이다.

(47) 〜ようにも〜ない　〜하려 해도 〜할 수 없다

ex お腹が一杯で食べようにも食べられない。 배가 불러서 더 먹으려 해도 먹을 수가 없다.

(48) 〜わけがない　〜할 리가 없다

ex 真面目な人だから無断欠席するわけがない。 성실한 사람이라서 무단결석할 리가 없다.

(49) 〜わけにはいかない　〜할 수는 없다

ex 熱っぽいが大事な商談があるので、会社を休むわけにはいかない。

열이 나지만 중요한 회의가 있어서 회사를 쉴 수는 없다.

(50) 〜わりには　〜에 비해서는

ex 値段のわりにはいい物である。 가격에 비해서는 좋은 물건이다.

▶ 다음 밑줄 친 부분에 알맞은 말을 쓰세요.

1 理由の＿＿＿＿＿＿暴力はよくない。

이유 여하를 막론하고 폭력은 좋지 않다.

2 木村さんの意見に賛成する＿＿＿＿＿＿。

기무라 씨 의견에 찬성할 수 없다.

3 妻の協力を＿＿＿＿＿＿今の私はない。

아내의 도움 없이 지금의 나는 없다.

4 ＿＿＿＿＿＿お金があっても健康でなければ無意味である。

비록 돈이 있어도 건강하지 않으면 무의미하다.

5 被害者は血＿＿＿＿＿＿になって倒れていた。

피해자는 피투성이가 되어 쓰러져 있었다.

6 時間＿＿＿＿＿＿あればきっと出席します。

시간만 있다면 꼭 참석하겠습니다.

7 親友の頼みだから買ってくる＿＿＿＿＿＿。

친구 부탁이라 사 올 수밖에 없다.

8 食べる＿＿＿＿＿＿あまり太らない方です。

먹는 것에 비해서는 별로 살이 찌지 않는 편입니다.

9 東南アジア諸国の経済は急速に発展し＿＿＿＿＿＿。

동남 아시아 여러 나라의 경제는 급속히 발전하고 있는 중이다.

10 彼の考え方は少し子ども＿＿＿＿＿＿。

그의 사고방식은 조금 유치하다(아이 같은 경향이 있다).

| 1 いかんによらず | 2 わけにはいかない | 3 ぬきにして | 4 たとえ | 5 だらけ(まみれ) |
| 6 さえ | 7 しかない | 8 わりには | 9 つつある | 10 っぽい |

下の＿＿＿＿線に入る最も適したものを(A), (B), (C), (D)の中から一つ選びなさい。

1 建物に入るのにいちいち証明書を見せなければならないので本当に＿＿＿＿＿＿。

   (A) みすぼらしい   (B) わずらわしい   (C) はなはだしい   (D) いさましい

2 納豆は大好きだが、食べると口のまわりや茶わん、箸にも納豆の＿＿＿＿＿＿が
つくのでいやだ。

   (A) ねばねば   (B) すべすべ   (C) いじいじ   (D) おずおず

3 留学したいと思っているなら、＿＿＿＿＿＿した計画を立ててから行かないと
失敗するよ。

   (A) すっかり   (B) しっかり   (C) がっかり   (D) ぎっしり

4 新宿から小田急線をご利用いただきますと、箱根温泉まで＿＿＿＿＿＿ですから、
大変便利です。

   (A) 一冊   (B) 一足   (C) 一本   (D) 一台

5 待ちに待った新機種が＿＿＿＿＿＿発売されるらしく、予約を急いだが既に受け付けが
終了していた。

   (A) ついに   (B) たしか   (C) きっと   (D) わずか

6 朝寝坊して家を出るのが遅くなった。＿＿＿＿＿＿雨で道が混んでいて遅刻するかと
思った。

   (A) すると   (B) とはいえ   (C) あるいは   (D) おまけに

7 泥靴で廊下を＿＿＿＿＿＿走って、先生に叱られた。

   (A) どたばた   (B) ぶつぶつ   (C) たらたら   (D) しとしと

8 給食も教育の一環であり、準備や片付けなどを通して＿＿＿＿＿＿を学んでいきます。

   (A) クイズ   (B) マナー   (C) アワー   (D) ガレージ

9 戦争の映画や写真を見る度に、戦争への怒りを＿＿＿＿＿＿。

   (A) 禁じかねない   (B) 禁じざるをえない
   (C) 禁じないではすまない   (D) 禁じえない

10 あのチームに負けたことが悔しくて＿＿＿＿＿＿。

   (A) からでない   (B) ざるをえない   (C) たまらない   (D) きれない

下の＿＿＿＿線に入る最も適したものを(A), (B), (C), (D)の中から一つ選びなさい。

1　暑い日に外でテニスの練習をしたので喉が＿＿＿＿＿＿だ。冷たい水かジュースが飲みたい。

(A) うずうず　　　　(B) からから　　　　(C) おろおろ　　　　(D) がやがや

2　戦国時代の武将たちについての知識に＿＿＿＿＿＿、田中さんの右に出る者はいないだろう。

(A) いたって　　　　(B) つれて　　　　(C) かけては　　　　(D) 加えて

3　今回は「コスパがいいと思う『ファミレスチェーン店』はどこか」という＿＿＿＿＿＿を実施しました。

(A) アンケート　　　(B) エチケット　　　(C) スマート　　　　(D) プライド

4　今日は交渉の初日だし、＿＿＿＿＿＿向こうの言い分を聞いてきました。

(A) かりに　　　　　(B) かねて　　　　(C) かろうじて　　　(D) もっぱら

5　階段＿＿＿＿＿＿転げ落ち、怪我をして足を縫う手術をした。

(A) から　　　　　　(B) で　　　　　　(C) の　　　　　　　(D) に

6　貴社のホームページを＿＿＿＿＿＿ところ、非常に素晴らしかったです。

(A) ごらんになった　(B) みえた　　　　(C) はいけんした　　(D) おいでになった

7　健康を保つため＿＿＿＿＿＿禁酒、禁煙することを約束します。

(A) じっくり　　　　(B) しきりに　　　(C) きっぱり　　　　(D) めったに

8　明日の学園祭で＿＿＿＿＿＿を振るってみようと思っています。

(A) 器　　　　　　　(B) 腕　　　　　　(C) 手　　　　　　　(D) 手際

9　毎日、ファストフードばかり食べたら病気になるに＿＿＿＿＿＿。

(A) 決めている　　　(B) あたらない　　(C) 決まっている　　(D) 及ばない

10　住民の反対運動が盛り上がるのを＿＿＿＿＿＿して高層ホテルの建設工事はどんどん進められた。

(A) よそに　　　　　(B) そとに　　　　(C) ほかに　　　　　(D) あとに

下の＿＿＿＿＿線に入る最も適したものを(A), (B), (C), (D)の中から一つ選びなさい。

1 雑誌『ジャンプ』の発売日は月曜日である。＿＿＿＿＿＿、月曜日が祝日の場合は
その前の週の土曜日に発売される。

(A) かつ (B) ただし (C) おまけに (D) すると

2 台風がこのまま北上すると、日本列島にまで上陸する＿＿＿＿＿がある。

(A) 恐れ (B) 感じ (C) 気持 (D) 心配

3 韓国ではアナゴやヒラメなど＿＿＿＿＿白身の魚が人気がある。

(A) じっくりした (B) たっぷりした (C) あっさりした (D) がっちりした

4 多くの人が同じ証言をしているので、あの話は真実に＿＿＿＿＿。

(A) 相違ない (B) きらいがある (C) 極まりない (D) かたくない

5 ダイエット中は食物繊維が豊富で低カロリーなキノコの料理を冷蔵庫に常備しておくと
＿＿＿＿＿。

(A) きまりわるい (B) こころづよい (C) こころよい (D) たやすい

6 松村さんはじっと辛抱していたため、今は＿＿＿＿＿成功している。

(A) おろかに (B) みごとに (C) みじめに (D) よけいに

7 月並みの生活に＿＿＿＿＿彼はアフリカを旅行することにした。

(A) あきあきして (B) あたふたして (C) ほやほやして (D) もぐもぐして

8 一度削除した＿＿＿＿＿、元に戻せなくなるからバックアップはきちんと取って
おいた方がいいよ。

(A) ついでに (B) が最後 (C) からといって (D) 最中

9 世界的な不況の影響で、この地域の中小企業は＿＿＿＿＿倒産した。

(A) のきなみに (B) ひたすら (C) いまさら (D) ひろびろと

10 学生たちにアンケートをした結果、勉強＿＿＿＿＿自分のことも大事にしたいという
意見が圧倒的だった。

(A) もそこそこに (B) までもなく (C) はさておき (D) もさることながら

Ⅶ 下の＿＿＿＿線に入る最も適したものを(A), (B), (C), (D)の中から一つ選びなさい。

141 ウイルスに感染したら＿＿＿＿薬を
飲まないで直ちに病院に行ってください。
(A) しみじみ
(B) ろくに
(C) むやみに
(D) かならずや

142 株価が高いうちに売ろうとする行為が
売りに拍車を＿＿＿＿いるんです。
(A) くわえて
(B) あたえて
(C) かけて
(D) ふんで

143 プログラマーの仕事は＿＿＿＿、給料が
低いのでフリーランスになる人が増えて
いる。
(A) 大変なわりには
(B) 大変だけあって
(C) 大変どころか
(D) 大変なことに

144 お酒は年を取った＿＿＿＿か前ほど
飲めないんです。
(A) せい
(B) ので
(C) ほど
(D) のに

145 忙しかったため、大事な電話があったことを
上司に伝えるのを＿＿＿＿忘れた。
(A) ぎっしり
(B) すっかり
(C) しっかり
(D) あっさり

146 就労ビザなしで外国で働くことは、
犯罪に＿＿＿＿ならない。
(A) だけ
(B) ばかり
(C) どころ
(D) ほか

147 ３日も徹夜が続くと、さすがに
＿＿＿＿する。
(A) はらはら
(B) ふらふら
(C) ぶらぶら
(D) ばらばら

148 相手の質問があまりにしつこいので、
途中から＿＿＿＿。
(A) お茶を濁した
(B) 相槌を打った
(C) 顎で使った
(D) 足を洗った

149 宝くじに当たった＿＿＿＿＿＿たったの
1,000円ですよ。

(A) ときたら

(B) とともに

(C) というのは

(D) といっても

150 出席欠席の＿＿＿＿＿＿、同封した葉書に
てお返事くださるようお願いします。

(A) いかんによらず

(B) そばから

(C) しだいにしては

(D) かたわら

151 彼へと送ろうと思っていたメールを間
違えて会社の上司に送信してしまい、
＿＿＿＿＿＿思いをした。

(A) きまりのわるい

(B) いさましい

(C) くだらない

(D) このましい

152 悩みを＿＿＿＿＿＿友人が一人でもいると
いうのは、とても幸せなことである。

(A) 打ち合わせる

(B) 打ち明けられる

(C) 仕向けられる

(D) 巻き込める

153 みんな業務＿＿＿＿＿＿熱心に取り組んで
いるのに、あの人だけはインターネット
ばかりしている。

(A) を

(B) に

(C) で

(D) へ

154 彼は特派員としてニュースを正しく報道
する＿＿＿＿＿＿に使命感を持っている。

(A) こと

(B) はず

(C) ほど

(D) もの

155 ＿＿＿＿＿＿この日は満席でございます。
15日以降の便でしたら、お取りできま
すが。

(A) それでは

(B) あいにく

(C) できれば

(D) とにかく

156 喫茶店などでは＿＿＿＿＿＿ランチと呼ば
れる洋風の定食を出す店が多い。

(A) 日帰り

(B) 当帰り

(C) 当替わり

(D) 日替わり

157 サーカスの綱わたりで、男の人が何度も
バランスを崩して落ちそうになるので
_____しながら見ていた。

(A) うずうず

(B) はらはら

(C) うつらうつら

(D) くすくす

158 _____は時には権力者の世論操作の
道具として利用される危険がある。

(A) フロント

(B) キャリア

(C) エネルギー

(D) マスコミ

159 この道は通行が禁止されています。
車_____、人も通ることができません。

(A) はおろか

(B) といえども

(C) をとわず

(D) にひきかえ

160 木村さんは責任はお前にあると
_____ばかりの態度だった。

(A) 言う

(B) 言わず

(C) 言わん

(D) 言った

161 彼の説明はいつも長くて_____ので、
いらいらする。

(A) くどい

(B) ゆるい

(C) かゆい

(D) えらい

162 まだ話が終わっていないのに、途中で
_____話を遮る人は苦手です。

(A) よりかかって

(B) 割り込んで

(C) 張り切って

(D) 立て込んで

163 通勤電車の中_____時折り熟睡しす
ぎてあられもない姿の人も見られる。

(A) へは

(B) には

(C) では

(D) からは

164 阿部さんは外回りにかこつけて、ファミ
レスやカフェで_____を売っている
ようだ。

(A) 水

(B) 油

(C) 泡

(D) 糸

165 紙のはしを＿＿＿＿＿＿合わせて折った
ほうがいいですよ。

(A) はっきりと

(B) たっぷりと

(C) ぴったりと

(D) さっぱりと

166 この場所での写真撮影はご遠慮ください。
＿＿＿＿＿＿、二階の展示室では写真撮影
をしていただいて構いません。

(A) さらに

(B) むしろ

(C) なお

(D) それでも

167 初めて降りた駅で＿＿＿＿＿していたら、
知らない人が親切に案内してくれた。

(A) はきはき

(B) ぶつぶつ

(C) でこぼこ

(D) まごまご

168 ＿＿＿＿＿が故障して、車が動かなく
なった。

(A) アクセント

(B) エンジン

(C) オイル

(D) アンテナ

169 裕福な家庭では海外旅行や高級レストラン
で食事をすることは＿＿＿＿＿である。

(A) 書留

(B) 白状

(C) 日常茶飯事

(D) 相場

170 決して挑戦を諦めないあの選手の生き方を
見ていると感動＿＿＿＿＿。

(A) すべきではない

(B) しないではいられない

(C) するはずがない

(D) しないおそれがある

PART 8

독해

PART 8은 표면적인 이해력보다는 일상생활 속에서 문자를 매체로 정보를 얼마나 빨리 그리고 정확하게 파악할 수 있는가를 평가하는 파트예요. 또한 지문을 읽고 결론을 추론해 낼 수 있는지, 즉 지문의 목적이 무엇인지를 파악할 수 있는 사고력, 판단력, 분석력을 갖추고 있는지 평가하는 파트랍니다.

PART 8은 시간이 부족해서 문제를 다 풀지 못하는 경우가 많이 생겨요. 평소에 시간을 잘 분배해서 푸는 연습을 해 보세요. 또한 모르는 단어가 나오더라도 깊이 생각하지 말고 전체 문맥을 통해 적절한 의미를 유추해 보는 것도 중요해요.

유형 공략

1 PART 8에서는 지문을 읽고 그 내용을 토대로 질문에 알맞은 답을 고르는 문제가 나와요.

2 독해 문제에서 가장 중요한 것은 시간 관리예요. 수시로 시간을 체크하며 문제를 풀어 보고, 모르는 단어가 나오더라도 전체 문맥을 통해 적절한 의미를 유추해 보는 연습을 해 보세요.

3 편지문, 비즈니스상의 팩스, 설명문, 광고 안내문, 신문 기사 등 여러 분야에 걸친 내용이 나오므로 평소에 다양한 유형의 글을 읽어 보며 익숙해지도록 해요.

예제 下の文を読んで、後の問いに最も適したものを(A)から(D)の中で一つ選びなさい。

　25日午後2時ごろ、三重県のテーマパーク「スペイン村」で、ジェットコースター「ピレネー」に乗っていた小6年の男児がジェットコースターから降りると苦痛を訴え、病院に＿＿＿①＿＿＿。安全バーに腕を強く打ちつけて、骨折などの重傷を負ったという。

　警察署によると、ジェットコースターの座席は4席8列あり、男児は最前列に乗っていた。男児の乗り方に問題はなかった。安全バーもクッション材のようなもので覆われており、異常はなかったという。男児は修学旅行で来園していたという。

＋해석 25일 오후 2시경, 미에현의 테마파크 '스페인 마을'에서, 제트 코스터 '피레네'를 타던 초등학교 6학년 남자아이가, 제트 코스터에서 내리자 고통을 호소하여, 병원으로 ①옮겨졌다. 안전 바에 팔을 세게 부딪쳐 골절 등의 중상을 입었다고 한다. 경찰서에 따르면, 제트 코스터의 좌석은 4개 좌석씩 8열이 있으며, 남자아이는 맨 앞줄에 타고 있었다. 남자아이가 놀이 기구를 타는 방법에 문제는 없었다. 안전 바도 쿠션 재질과 같은 것으로 싸여 있어, 이상은 없었다고 한다. 남자아이는 수학여행으로 온 것이라고 한다.

＋단어 ジェットコースター 제트 코스터　男児(だんじ) 남자아이　苦痛(くつう) 고통　訴(うった)える 호소하다　搬送(はんそう) 반송, 이송
打(う)ちつける 부딪치다　骨折(こっせつ) 골절　重傷(じゅうしょう)を負(お)う 중상을 입다　警察署(けいさつしょ) 경찰서　〜による 〜에 의하다, 〜에 따르다
最前列(さいぜんれつ) 맨 앞줄　覆(おお)う 덮다, 씌우다　異常(いじょう) 이상　来園(らいえん) 내원

1 _____①_____ に入る適当な言葉を選びなさい。

(A) 伝播された

(B) 搬送された

(C) 執行された

(D) 摘発された

2 男児はどこで怪我を負いましたか。

(A) ゲームセンター

(B) ピレネーパーク

(C) スペインのパーク

(D) アミューズメントパーク

3 どうして男児は怪我をしましたか。

(A) 安全バーにぶつけたから

(B) 定員を超過して乗せられたから

(C) 正しい姿勢で座っていなかったから

(D) ジェットコースターから飛び降りたから

4 本文の内容と合っているのはどれですか。

(A) 男児は家族旅行中だった。

(B) 安全バーに問題はなかった。

(C) 席に20人ほどしか座れなかった。

(D) 男児はスペインに行く途中だった。

---

1 _____①_____ 에 들어갈 적당한 말을 고르세요.

(A) 전파되었다

(B) 옮겨졌다

(C) 집행되었다

(D) 적발되었다

+해설 搬送する는 '옮기다, 반송하다'라는 표현이에요.

2 남자아이는 어디에서 상처를 입었습니까?

(A) 게임 센터

(B) 피레네 파크

(C) 스페인의 파크

(D) 놀이 동산(amusement park)

+해설 アミューズメントパーク는 テーマパーク와 같은 의미예요.

3 어째서 남자아이는 다쳤습니까?

(A) 안전 바에 부딪쳐서

(B) 정원을 초과하여 타게 되어서

(C) 바른 자세로 앉아 있지 않아서

(D) 제트 코스터에서 뛰어내려서

+해설 打ちつける는 ぶつける와 같은 의미예요.

4 본문의 내용과 맞는 것은 어느 것입니까?

(A) 남자아이는 가족 여행 중이었다.

(B) 안전 바에 문제는 없었다.

(C) 좌석에 20명 정도밖에 앉을 수 없었다.

(D) 남자아이는 스페인에 가는 도중이었다.

+해설 본문을 보면 남자아이는 수학여행 중이었고, 좌석의 수는 32석(4개 좌석x8열)이에요.

1 일기, 생활문

일기, 생활문 문제는?

1 주로 자신의 일상을 소개하는 글이나 일상과 밀접한 관계가 있는 의식주 문제, 사회 생활(직장이나 학교생활, 대인관계 등) 전반에 걸친 문제가 나옵니다.

2 특히 생활문의 경우 범위가 매우 넓으니 평소에 다양한 내용을 접해 보도록 하세요.

3 〈JPT 800〉 레벨에서는 어휘나 문법의 난도가 더 높아지고, 단편적인 정보를 묻는 문제뿐 아니라 문장을 분석해서 풀어야 하거나, 주어진 사실에서 다른 결론을 이끌어 내는 능력을 요구하는 문제가 출제되기도 해요.

일기, 생활문 문제를 잘 풀려면?

1 머릿속에 항상 '의문'을 떠올려 보세요. '누가', '누구와', '왜 그 일을', '어떻게 했는지', 혹은 '어떻게 하겠다는 건지', '무엇에 대해 이야기하고자 하는 건지' 등을 파악하는 것이 중요합니다.

2 앞뒤 문장을 파악하여 부사나 접속사, 적당한 어휘를 선택하고, 밑줄 친 부분이 의미하는 것이 무엇인지 등도 고려해 가며 문제를 풀어 보세요.

★ 일기, 생활문에서 알아 두어야 할 어휘와 표현

☐ 大晦日 (おおみそか) 섣달 그믐날	☐ 雇用 (こよう) 고용	☐ 定期的 (ていきてき) 정기적
☐ 開業 (かいぎょう) 개업	☐ 最適 (さいてき) 최적	☐ 転職 (てんしょく) 전직, 이직
☐ 改善 (かいぜん) 개선	☐ 錯誤 (さくご) 착오	☐ 投資 (とうし) 투자
☐ 各地 (かくち) 각지	☐ 寺院 (じいん) 사원	☐ 同僚 (どうりょう) 동료
☐ 株式 (かぶしき) 주식	☐ 試行 (しこう) 시행	☐ 独立 (どくりつ) 독립
☐ 感銘 (かんめい) 감명	☐ 終身 (しゅうしん) 종신	☐ 年金 (ねんきん) 연금
☐ 関連 (かんれん) 관련	☐ 収入 (しゅうにゅう) 수입	☐ 農業 (のうぎょう) 농업
☐ 機会 (きかい) 기회	☐ 上司 (じょうし) 상사	☐ 発想力 (はっそうりょく) 발상력
☐ 企画 (きかく) 기획	☐ 成就 (じょうじゅ) 성취	☐ 不安 (ふあん) 불안
☐ 帰省 (きせい) 귀성	☐ 除夜 (じょや) 제야, 섣달 그믐날 밤	☐ 負担 (ふたん) 부담
☐ 給料 (きゅうりょう) 급료, 월급	☐ 審査 (しんさ) 심사	☐ 分析 (ぶんせき) 분석
☐ 業務 (ぎょうむ) 업무	☐ 信念 (しんねん) 신념	☐ 編集 (へんしゅう) 편집
☐ 勤務 (きんむ) 근무	☐ 税金 (ぜいきん) 세금	☐ 貿易 (ぼうえき) 무역
☐ 契約 (けいやく) 계약	☐ 精神 (せいしん) 정신	☐ 奉仕 (ほうし) 봉사
☐ 現実 (げんじつ) 현실	☐ 潜在能力 (せんざいのうりょく) 잠재 능력	☐ 保険 (ほけん) 보험
☐ 貢献 (こうけん) 공헌	☐ 宣伝 (せんでん) 선전	☐ 保障 (ほしょう) 보증
☐ 広告 (こうこく) 광고	☐ 創立 (そうりつ) 창립	☐ 煩悩 (ぼんのう) 번뇌
☐ 肯定的 (こうていてき) 긍정적	☐ 促進 (そくしん) 촉진	☐ 魔除け (まよけ) 액막이
☐ 高騰 (こうとう) 고등, 앙등	☐ 長寿 (ちょうじゅ) 장수	☐ 理念 (りねん) 이념
☐ 顧客 (こきゃく) 고객	☐ 直属 (ちょくぞく) 직속	☐ 労 (ろう) 수고, 노동
☐ 抱える (かかえる) 안다	☐ 継ぐ (つぐ) 잇다, 계승하다	☐ まとまる 정리되다, 정돈되다, 모이다
☐ 競う (きそう) 겨루다, 경쟁하다	☐ ねぎらう 치하하고 위로하다	☐ 目指す (めざす) 지향하다, 목표로 삼다
☐ 企てる (くわだてる) 꾀하다, 획책하다	☐ 果たす (はたす) 완수하다, 다하다	☐ 儲ける (もうける) 벌다, 이익을 보다
☐ 頼る (たよる) 의지하다	☐ 祓う (はらう) (부정을) 없애다, 불제하다	☐ 催す (もよおす) 열다, 개최하다
☐ アルバイト 아르바이트	☐ プレゼンテーション 프레젠테이션	☐ マーケティング 마케팅
☐ キャリア 커리어, 경력	☐ プロジェクト 프로젝트	☐ リストラ 정리 해고
☐ サービス 서비스	☐ ポジティブ 긍정적임, 포지티브	☐ ローン 대출, 론

下の文を読んで、後の問いに最も適したものを(A)から(D)の中で一つ選びなさい。

安い給料でこきつかわれている、毎日決まった時間に起きなければならない、終身雇用制が有名無実化しているのでいつリストラされるか分からない、決まった収入に頼らざるを得ないという理由で脱サラするケースがあります。

私が脱サラを考え始めたのは今年の頭からです。3年前、会社をやめてラーメン屋を開業して成功した同僚に、若いうちに個人事業を開業する方がリスクも少ないし、失敗しても立ち直りが早いと言われました。いつ会社をやめさせられるのか不安でたまらない私にとっては＿＿＿①＿＿＿な話でした。妻にその話をする度に現実を見なさいと猛反対されます。高騰する教育費の負担に耐えられないし、住宅ローンもあと何十年も残っている、しかも私には何の技術もとりえもないんです。

妻の言う通り脱サラして成功するという保証は全くないから、サラリーマンのままでいた方がいいかも知れません。保険、年金、税金の手続きが楽で、定期的にまとまった収入があり、ローンやクレジットの審査が通りやすく、住宅の賃貸借契約も簡単で、安定した生活が送れるからです。

1　この人はなぜ脱サラしようと思っていますか。

(A) 人間関係がうまくいかないから

(B) 独立して、成功することを目指しているから

(C) 安い給料で雇い主にこきつかわれたから

(D) いつリストラされるかと不安を抱えているから

2　この人は脱サラして何をしようと思っていますか。

(A) 実家の農業を継ぎたい。　　　　(B) ラーメン屋を開店したい。

(C) 株式に投資してお金を儲けたい。　(D) 家の近所でパン屋を開業したい。

3　サラリーマンの良い点は何ですか。

(A) 住宅ローンが借りやすくなる。　(B) 住宅の賃貸借契約が楽だ。

(C) 終身雇用制のため安心できる。　(D) 決まった収入に頼らざるを得ない。

4　＿＿＿①＿＿＿に入る言葉として最も適当なのはどれですか。

(A) 耳寄り　　　(B) 耳打ち　　　(C) 耳障り　　　(D) 耳かき

다음 글을 읽고 이어지는 질문에 가장 적당한 답을 (A)~(D) 중에서 하나 고르세요.

> 싼 급료로 혹사당하고, 매일 정해진 시간에 일어나야 하고, 종신고용제가 유명무실해져서 언제 실직할지도 모르고, 정해진 수입에 의존할 수밖에 없다는 이유로 회사를 그만두고 독립하는 경우가 있습니다.
>
> 내가 샐러리맨을 그만두고 싶다고 생각하기 시작한 것은 올해 초부터입니다. 3년 전, 회사를 그만두고 라면 가게를 개업해서 성공한 동료가, 젊을 때 개인 사업을 시작하는 편이 위험도 적고, 실패하더라도 재기가 빠르다고 했습니다. 언제 회사에서 잘릴지 불안해서 견딜 수 없는 내게는 ①솔깃한 이야기였습니다. 아내에게 그 이야기를 할 때마다 현실을 보라며 거세게 반대합니다. 치솟는 교육비 부담을 견딜 수 없고, 주택 융자도 앞으로 몇십 년이나 남았고, 게다가 나는 아무런 기술도 장점도 없습니다.
>
> 아내 말대로 회사를 그만두고 독립해서 성공한다는 보장도 전혀 없으니까, 샐러리맨인 상태로 있는 편이 좋을지도 모릅니다. 보험, 연금, 세금 등의 수속이 편하고, 정기적으로 수입이 있고, 융자나 신용 심사를 통과하기 쉽고, 주택의 임대차계약도 간단해서, 안정된 생활을 보낼 수 있기 때문입니다.

1 이 사람은 왜 회사를 그만두려고 합니까?

(A) 인간관계가 잘 되지 않아서   (B) 독립해서 성공하는 것을 목표로 하고 있어서

(C) 싼 급료로 고용주에게 혹사당해서   (D) 언제 해고될까 하는 불안을 안고 있어서

2 이 사람은 회사를 그만두고 무엇을 하려고 생각하고 있습니까?

(A) 고향집의 농업을 이어받고 싶다.   (B) 라면 가게를 개점하고 싶다.

(C) 주식에 투자해서 돈을 벌고 싶다.   (D) 집 근처에서 빵가게를 개업하고 싶다.

3 샐러리맨의 좋은 점은 무엇입니까?

(A) 주택 융자가 쉬워진다.   (B) 주택 임대차계약이 편하다.

(C) 종신고용제 때문에 안심할 수 있다.   (D) 정해진 수입에 의존하지 않을 수 없다.

4 ____①____ 에 들어갈 말로서 가장 적당한 것은 어느 것입니까?

(A) 귀가 솔깃함   (B) 귓속말

(C) 귀에 거슬림   (D) 귀이개

こきつかう 혹사하다, 사정없이 부려먹다   有名無実(ゆうめいむじつ) 유명무실   リストラ 정리 해고   ~ざるを得(え)ない ~하지 않을 수 없다
脱(だつ)サラ 샐러리맨을 그만두고 독립함   リスク 위험, 리스크   立(た)ち直(なお)る 다시 일어서다   猛反対(もうはんたい) 맹렬히 반대함   高騰(こうとう) 앙등
耐(た)える 참다   住宅(じゅうたく)ローン 주택 융자   とりえ 좋은 점, 장점   クレジット 신용   賃貸借契約(ちんたいしゃくけいやく) 임대차계약   継(つ)ぐ 잇다
株式(かぶしき) 주식   投資(とうし) 투자   儲(もう)ける 돈을 벌다   耳寄(みみよ)り 귀가 솔깃함   耳打(みみう)ち 귓속말   耳障(みみざわ)り 귀에 거슬림   耳(みみ)かき 귀이개

下の文を読んで、後の問いに最も適したものを(A)から(D)の中で一つ選びなさい。

1~4

> 年末は、大掃除や正月料理の買い出しをするなど、正月の準備で大忙しとなります。各地では、一年間の労をねぎらうために親戚・友人・同僚と忘年会が催されます。年末年始休暇を利用して帰省する人や、国内外へ旅行する人もいます。＿＿＿①＿＿＿には、テレビでNHK紅白歌合戦（男性歌手は白組、女性歌手は紅組に分かれ、歌で競います）や格闘技を見たり、そば（年越しそばと呼びます）を食べたりします。そばを食べるのは、長いものを食べると長生きすると言われているからです。午前0時が近づくと、寺院では人間の持つ108の煩悩を祓うために、「除夜の鐘」を108回打ち鳴らします。

1   何についての内容ですか。

(A) 年末年始について (B) NHK紅白歌合戦について

(C) 忘年会について (D) 年越しそばについて

2   ＿＿＿①＿＿＿に入る言葉として最も適当なのはどれですか。

(A) 正月 (B) 大晦日 (C) クリスマス (D) お盆

3   年越しそばを食べる理由として最も相応しいのはどれですか。

(A) 人間の煩悩を祓ってくれると言われているから

(B) 子どもが健やかに成長できると言われているから

(C) 魔除けの力があると言われているから

(D) 長寿がかなうと言われているから

4   本文の内容と合っていないのはどれですか。

(A) 年末は買い出しなどで大変忙しい。

(B) NHK紅白歌合戦で男性歌手は紅組である。

(C) 年末には友人や同僚と忘年会を行う。

(D) 「除夜の鐘」は年明けの0時少し前から鳴らす。

5~7

　貴社の「顧客満足主義」「社会貢献」という奉仕精神の創立理念に感銘を受け、また、前職のキャリアも活かせ、自己に最適と思われるため、転職を考えました。

　私は学生時代から先輩の会社で商品やサービスの企画、市場調査・分析、広告・宣伝、販売促進などマーケティングに関して、アルバイトをしてキャリアを積んできました。その後、貿易会社で、勤務環境改善プロジェクトの議長を務める機会があり、プレゼンテーションをしました。その際、上司から「何事もポジティブに考えるし、発想力があるから、企画の仕事に向いているね」と誉めていただいたことがきっかけになって「マーケティング」に対する興味が湧きました。

　入社後はまず会社に慣れるように努力します。直属の上司にマーケティング関連の仕事を教えていただきたいです。新しい仕事では失敗することもあるでしょうが、仕事を成就するために、試行錯誤しながらこつこつと苦労を重ね、努力を積むという信念を抱いてやりとげようと思っています。

5　応募者は以前の上司からどんな評価を受けていますか。

(A) 人を牛耳る。　　　　　　　　　　(B) 楽天的である。

(C) 肯定的である。　　　　　　　　　(D) 潜在能力がある。

6　この会社を選んだ動機はどれですか。

(A) 自分に合うと思う仕事をするため

(B) 先輩から積極的に勧めてもらったから

(C) 業務を通じて市場の動きを教えてもらったから

(D) 業界トップの会社でキャリアアップを果たすため

7　この人の経歴について、正しいのはどれですか。

(A) マーケティング関連の本を編集した。

(B) 貿易会社で商品・サービスの企画をした。

(C) 勤務環境改善について発表したことがある。

(D) 上司と一緒にマーケティングの企画を企てた。

2 편지, 팩스

편지, 팩스 문제는?

1 편지나 팩스는 '첫인사–본론–끝인사' 등의 일정한 규칙이 있어 비교적 부담이 없는 형식이에요.

2 편지 내용 중에 감사 인사를 하거나 안부를 묻는 등, 어떤 특정한 사항에 대해 쓴 것이 문제로 나올 확률이 높아요.

편지, 팩스 문제를 잘 풀려면?

1 편지의 종류를 파악한 후, 무엇에 대해 쓴 것인지, 중심이 되는 구체적인 표현은 무엇인지 찾아내야 해요. 언제, 누가, 누구에게 쓴 것인지도 눈여겨 봐 두세요.

2 편지의 양식이나 자주 쓰이는 표현에 대해 알아 두는 것이 중요합니다.

3 특히 비즈니스 상황에서는 존경어나 겸양어 등의 경어 사용이 많으므로 반드시 경어를 익혀 두도록 하세요.

★ 편지, 팩스에서 알아 두어야 할 어휘와 표현

☐ 御社 _{おんしゃ} 귀사 [구어체]

☐ 小社 _{しょうしゃ} 자기 회사의 겸양 표현

☐ 株式会社 _{かぶしきがいしゃ} 주식회사

☐ 他社 _{たしゃ} 타사

☐ 貴社 _{きしゃ} 귀사 [문어체]

☐ 当社 _{とうしゃ} 당사, 우리 회사

☐ 子会社 _{こがいしゃ} 자회사

☐ 弊社 _{へいしゃ} 폐사, 자기 회사의 겸양 표현

☐ 謹白 _{きんぱく} 근백, 편지의 맺음말

☐ 拝啓 _{はいけい} 배계, 일반적인 경우의 편지의 서두

☐ 敬具 _{けいぐ} 일반적인 경우의 편지의 맺음말

☐ 拝見 _{はいけん} 배견, 삼가 봄

☐ 前略 _{ぜんりゃく} 전략, 서두를 경우의 편지의 서두

☐ 拝呈 _{はいてい} 배정, 편지의 서두

☐ 草々 _{そうそう} 서두를 경우의 편지의 맺음말, 총총

☐ 拝復 _{はいふく} 회신의 경우의 편지의 서두

☐ 依頼 _{いらい} 의뢰

☐ 手数 _{てすう} 폐, 수고

☐ お慶び _{よろこ} 축하, 경하

☐ 督促 _{とくそく} 독촉

☐ お詫び _わ 사죄(의 말)

☐ 派遣 _{はけん} 파견

☐ 格別 _{かくべつ} 각별함, 특별함

☐ 繁栄 _{はんえい} 번영

☐ 汗顔 _{かんがん} 부끄러워 얼굴에 땀이 남

☐ 引立て _{ひきた} 특별히 돌봐 줌, 아껴 줌

☐ 時下 _{じか} 목하, 요즈음

☐ 訪問 _{ほうもん} 방문

☐ 謝罪 _{しゃざい} 사죄

☐ 名義 _{めいぎ} 명의

☐ 清栄 _{せいえい} 번영 ≒ 盛栄 _{せいえい}

☐ 迷惑 _{めいわく} 폐

☐ 請求 _{せいきゅう} 청구

☐ 面目 _{めんぼく} 면목, 체면

☐ 送付 _{そうふ} 송부

☐ 領収書 _{りょうしゅうしょ} 영수증

☐ 折り返し _{おかえ} 즉시, 즉각

☐ つきまして 따라서, 그런 고로

☐ くれぐれ 아무쪼록

☐ なお 또한

☐ さて 그런데, 한편 [화제 전환]

☐ ますます 더욱

☐ 存じる _{ぞん} '알다', '생각하다'의 겸양 표현

☐ 誠に _{まこと} 진실로

☐ 確かに _{たし} 확실히

☐ 申し上げる _{もうあ} 아뢰다, 말씀드리다

☐ 賜る _{たまわ} '받다'의 겸양 표현

☐ 申し訳ない _{もうわけ} 죄송하다

下の文を読んで、後の問いに最も適したものを(A)から(D)の中で一つ選びなさい。

令和5年3月6日

カネヒロ電気株式会社

総務課長　鈴木　勇　様

株式会社東京電気

経理部課長　伊藤　竜之介

拝啓　啓蟄の候、貴社ますますのご盛栄のこととお慶び申し上げます。

　この度は1月分のお振り込みが遅れ、誠に申し訳なく深くお詫び申し上げます。

　昨日、お電話で説明させていただいた通り、当社でのトラブルについてはご理解いただいたとは存じますが、いずれにせよ、当社の不手際により貴社にご迷惑をおかけしたことは①汗顔の至りでございます。

　本日富士銀行世田谷支店より、六十万円を貴社指定銀行大阪支店の口座に確かにお振り込みいたしましたので、お知らせ申し上げます。

　なお、お手数ですが、当社宛に領収書を折り返しご送付くださるようお願い申し上げます。

敬具

1　本文中における①汗顔の至りに近い意味はどれですか。

(A) 感極まる

(B) 面目ない

(C) 面倒をかける

(D) 目を皿にする

2　本文の内容と合っているのはどれですか。

(A) 60万円をカネヒロ電気株式会社に振り込んだ。

(B) 領収書を送付することを社員が忘れてしまった。

(C) 派遣社員がカネヒロ電気株式会社に訪問した時、迷惑をかけた。

(D) 社員のミスで東京電気株式会社にオーバーチャージを請求した。

3　メールの送信者が伝えたいのはどれですか。

(A) 謝罪と送金の知らせ

(B) 電子メール確認の知らせ

(C) 自分名義の口座を開くこと

(D) トラブル解決のための打ち上げ

다음 글을 읽고 이어지는 질문에 가장 적당한 답을 (A)~(D) 중에서 하나 고르세요.

레이와 5년 23년 3월 6일

가네히로전기 주식회사

총무과장 스스키 이사무 님

주식회사 도쿄전기

경리부 과장 이토 류노스케

배계, 경칩의 시절, 귀사 더욱더 번영하시길 바랍니다.

　이번에 1월분의 입금이 늦어져 정말 송구스럽고, 깊이 사죄 드립니다.

　어제 전화로 설명드린 대로, 당사에서의 문제에 관해서는 이해해 주셨다고 생각합니다만, 어찌되었든, 당사 실수로 인해 귀사에 피해를 끼친 것에 대해 ①부끄럽기 이를 데 없습니다.

　오늘 후지 은행 세타가야 지점에서 60만 엔을 귀사 지정 은행 오사카 지점 계좌에 확실히 입금하였기에 알려 드립니다.

　또한, 수고스럽겠지만, 당사 앞으로 영수증을 즉시 송부해 주실 것을 부탁드립니다.

경구

---

1 본문 중에 있는 ①부끄럽기 이를 데 없음에 가까운 의미는 어느 것입니까?

(A) 몹시 감동하다　　　　　　　　　　(B) 면목 없다

(C) 폐를 끼치다　　　　　　　　　　　(D) 눈을 부릅뜨다

2 본문의 내용과 맞는 것은 어느 것입니까?

(A) 60만 엔을 가네히로전기 주식회사에 입금했다.

(B) 영수증을 송부하는 것을 사원이 잊어버렸다.

(C) 파견 사원이 가네히로전기 주식회사를 방문했을 때, 폐를 끼쳤다.

(D) 사원의 실수로 도쿄전기 주식회사에 오버차지(초과 요금)를 청구했다.

3 메일 송신자가 전하고 싶은 것은 어느 것입니까?

(A) 사죄와 송금의 알림　　　　　　　　(B) 전자 메일 확인 알림

(C) 자신 명의의 계좌를 만들 것　　　　(D) 트러블 해결을 위한 뒤풀이

<u>けいちつ こう</u> **啓蟄の候** 경칩의 시절(초봄에 쓰는 인사말)　**お詫び** 사죄　**いずれにせよ** 어떻든, 아무튼　<u>かんがん いた</u> **汗顔の至り** 부끄럽기 이를 데 없음

<u>してん</u> **支店** 지점　<u>こうざ</u> **口座** 계좌　<u>てすう</u> **手数** 수고　<u>かんきわ</u> **感極まる** 몹시 감동하다　<u>めんぼく</u> **面目ない** 면목 없다　<u>めんどう</u> **面倒をかける** 폐를 끼치다

<u>め さら</u> **目を皿にする** 눈을 부릅뜨다　<u>はけんしゃいん</u> **派遣社員** 파견 사원　<u>ほうもん</u> **訪問** 방문　**オーバーチャージ(overcharge)** 오버차지

<u>しゃざい</u> **謝罪** 사죄　<u>そうきん</u> **送金** 송금　<u>めいぎ</u> **名義** 명의　<u>こうざ</u> **口座** 계좌　<u>う あ</u> **打ち上げ** 쏘아 올림, 사업이나 공사를 마침, 뒤풀이

下の文を読んで、後の問いに最も適したものを(A)から(D)の中で一つ選びなさい。

1~3

---

　　　　① 　　　　時下ますますご清栄のこととお喜び申し上げます。

　平素は本校の教育活動につきましてご理解とご協力をいただき、誠にありがとうございます。

　さて、本校では、日頃より登下校時の交通事故にはくれぐれも注意をするよう指導を行ってきたところですが、先日、登校時に本校生徒が乗用車にはねられて怪我をするという事故が発生しました。この事故を受けて、交通事故の防止に万全を期すよう指導を行った次第です。

　つきましては、保護者の皆さまにおかれましても、ご家庭で下記の注意事項について再度ご指導をお願いいたします。

　なお、お気づきの点がございましたら、本校までお知らせください。

　　　　　　　　　　　　　　　　　　　　　　　　　　　　　　　　　　　② 　　　　

記

1. 道路に急に飛び出さないこと
2. 道路を横断するときは、横断歩道や信号のある場所を選び、左右をよく確認すること

以上

---

1 タイトルとして最も相応しいのはどれですか。

(A) 生徒の登校時間についてのお願い

(B) 登下校時の交通事故防止についてのお願い

(C) 今後の教育活動についてのお願い

(D) 生徒の送り迎えについてのお願い

2 　　　①　　　, 　　　②　　　 に入る言葉として最も適当なのはどれですか。

	①	②			①	②
(A)	拝呈	草々		(B)	前略	謹白
(C)	敬具	拝啓		(D)	拝啓	敬具

3 本文の内容と合っていないのはどれですか。

(A) この間、在学生が車にはねられたことがある。

(B) 学校は常に交通事故に注意するよう呼びかけている。

(C) 道を渡るときは信号のある場所を選ぶ。

(D) 登下校中の事故について学校は責任を取らない。

4~6

> 拝啓　貴社ますますのご繁栄のこととお慶び申し上げます。
>
> 　毎度格別のお引立てを賜り、厚く感謝申し上げる次第でございます。またこの度はＳ型マイクロスイッチのご注文を賜り、心より感謝申し上げます。
>
> 　さて、ご注文をいただいたＳ型マイクロスイッチでございますが、同製品は先月末日をもって生産中止との連絡が入りました。メーカー曰く、原料の不足、原材料費の上昇、原油の価格高騰により各種の部品の調達が難しくなり生産中止に追い込まれたとのことです。
>
> 　つきましては、今月発売となった他社メーカーのＦＳ型マイクロスイッチでしたら、即日納品が可能です。価格は据え置きですが、従来にまして処理能力が2倍にアップされています。カタログをお送りいたしますので、よろしくご検討いただければ幸いです。
>
> 　　　　　　　　　　　　　　　　　　　　　　　　　　　　　　　　　　　　　敬具

4　これは何の手紙ですか。

(A) 打ち合わせの依頼
(B) 受注品変更の依頼
(C) 注文取り消しの依頼
(D) カタログ要請の依頼

5　Ｓ型マイクロスイッチが生産中止に追い込まれた理由は何ですか。

(A) 原材料、原油の価格が騰貴した。
(B) 生活必需品の物価が跳ね上がった。
(C) 子会社のストで稼働が中止になった。
(D) デジタル処理により部品の生産が遅延した。

6　本文の内容と合っているのはどれですか。

(A) Ｓ型マイクロスイッチは売り切れて再生産準備をしている。
(B) ＦＳ型マイクロスイッチは価格を維持しながらも品質が向上した。
(C) ＦＳ型マイクロスイッチは採算が取れなくて生産中止を検討中である。
(D) Ｓ型マイクロスイッチはＦＳ型マイクロスイッチより性能がいささかいい。

③ 광고, 안내문

광고, 안내문 문제는?

1 신문에 실린 상품에 대한 광고, 새로 개업하는 백화점이나 쇼핑센터 등에 대한 광고, 구인 광고, 전시회 광고, 회사의 제품 설명회 안내나 놀이공원 등의 이용 안내, 임시 휴업 안내나 영업시간 안내 등 종류가 매우 다양해요.

2 한자나 가타카나가 자주 사용되므로 광고문에 많이 등장하는 한자나 가타카나 단어는 반드시 외워 두세요.

광고, 안내문 문제를 잘 풀려면?

1 알리고자 하는 대상은 '누구'인지, '무엇'에 대해 말하고자 한 것인지 그 내용을 파악하세요.

2 그와 관련하여 제시된 시간, 장소, 주의점 등 구체적인 내용을 체크하세요.

3 답은 대부분 제시된 지문 안에 다 나타나 있으므로 본문을 제대로 이해하는 것이 중요해요.

4 모르는 단어가 있더라도 너무 연연하지 말고 문제의 전후관계를 유추하여 정답을 찾는 연습을 해 두세요.

★ 광고, 안내문에서 알아 두어야 할 어휘와 표현

☐ 円高 엔고	☐ 合計 합계	☐ 対象 대상
☐ 延期 연기	☐ 購入 구입	☐ 着払い 착불
☐ 大売り出し 대방출	☐ 恒例 항례, 연례, 보통 있는 일	☐ 都合 사정
☐ 汚損 오손, 더럽히고 손상함	☐ 懇親会 간신회, 친목회	☐ 提供 제공
☐ 買い上げ 수매, 산 것	☐ 在庫 재고	☐ 転売 전매
☐ 開店 개점	☐ 再販 재판매	☐ 特価 특가
☐ 還元 환원	☐ 実施 실시	☐ ドル安 달러화 약세
☐ 金融 금융	☐ 商材 상품, 거래의 대상이 되는 물품 또는 서비스	☐ 不適切 부적절함
☐ 掲載 게재	☐ 商品 상품	☐ 返送 반송
☐ 研修会 연수회	☐ 事例 사례	☐ 返品 반품
☐ 交換 교환	☐ 送料 송료	☐ 輸入 수입
☐ 講義 강의	☐ 代金 대금	☐ 利益 이익
☐ オリエンテーション 오리엔테이션	☐ サイト 사이트	☐ テーマ 테마, 주제
☐ オンライン 온라인	☐ サプリメント 영양제, 건강 보조 식품	☐ パッケージ 패키지
☐ カリキュラム 커리큘럼	☐ セール 세일	☐ モチーフ 모티브
☐ 受け付ける 접수하다, 받아들이다	☐ 選り抜く 골라내다, 선별하다(=よりぬく)	

下の文を読んで、後の問いに最も適したものを(A)から(D)の中で一つ選びなさい。

円高還元セール中 11月10日～11月25日

選り抜かれた米国輸入ベストアイテムを特別割引価格にてご提供いたします。

動物＆フラワーモチーフ陶器、キッチンウェア、リビングウェアなどのウェア類、手作りガラスベース、手作りフラワーベースなどをご用意いたしております。

【返品・交換の条件】

購入後、14日以内で未使用でしたら返品は可能です。

交換の場合は料金着払いにて弊社まで商品をご返送ください。

キズ・汚損などがなく再販可能な場合のみ返品・交換を受け付けます。

返品・交換は届いた時の箱やパッケージなども一緒にお戻しください。

お客様のご都合での返品・交換の場合、送料はお客様のご負担となります。

1　セール品目はどれですか。

(A) 京都産の和風エプロン

(B) フランス製のキッチンウェア

(C) ヨーロッパ製の動物モチーフ陶器

(D) アメリカ産の手作りガラスベース

2　セールする理由は何ですか。

(A) 年末感謝セール　　　　　　　　　(B) 開店特価セール

(C) 円高ドル安セール　　　　　　　　(D) 在庫大売り出しセール

3　返品・交換の条件について正しいのはどれですか。

(A) 使用された形跡のある商品は交換できない。

(B) 再販可能な場合のみ、料金着払いで返送する。

(C) 送料はお買い上げ商品代金の合計によって異なる。

(D) 買って14日以内の未使用品を新しい箱に入れれば返品可能である。

다음 글을 읽고 이어지는 질문에 가장 적당한 답을 (A)~(D) 중에서 하나 고르세요.

엔고 환원 세일 중 11월 10일~11월 25일

엄선된 미국 수입 베스트 아이템을 특별 할인 가격으로 제공합니다.

동물 & 꽃 모티브 도기, 키친웨어, 리빙웨어 등의 웨어 종류, 수제 유리 꽃병, 수제 꽃병 등을 준비해 두었습니다.

【반품·교환 조건】

구입 후 14일 이내로 사용하지 않았다면 반품은 가능합니다.

교환일 때는 착불로 회사로 상품을 반송해 주십시오.

흠집·더러움 등이 없어 재판매 가능한 경우에만 반품·교환을 받습니다.

반품·교환은 (물건이) 도착했을 때의 상자나 패키지 등도 함께 돌려 주십시오.

고객의 사정에 의한 반품·교환의 경우, 배송료는 고객 부담입니다.

1 세일 품목은 어느 것입니까?

(A) 교토산 일본풍 앞치마　　　　　　　　(B) 프랑스제 키친웨어

(C) 유럽제 동물 모티브 도기　　　　　　　(D) 미국산 수제 유리 꽃병

2 세일하는 이유는 무엇입니까?

(A) 연말 감사 세일　　　　　　　　　　　(B) 개점 특가 세일

(C) 엔고 달러 약세에 의한 세일　　　　　　(D) 재고 대방출 세일

3 반품·교환의 조건에 관해서 옳은 것은 어느 것입니까?

(A) 사용된 흔적이 있는 상품은 교환할 수 없다.

(B) 재판매 가능한 경우에만 착불 요금으로 반송한다.

(C) 배송료는 구입한 상품 대금의 합계에 따라 다르다.

(D) 구입 후 14일 이내의 미사용품을 새 상자에 넣으면 반품 가능하다.

円高 えんだか 엔고　**還元** かんげん 환원　**モチーフ** 모티브　**陶器** とうき 도기　**キッチンウェア** 키친웨어　**リビングウェア** 리빙웨어

手作り てづくり 수제　**ガラスベース** 유리 꽃병　**フラワーベース** 꽃병　**未使用** みしよう 미사용　**キズ** 흠집　**汚損** おそん 오손, 더럽히고 손상함

パッケージ 패키지　**品目** ひんもく 품목　**和風エプロン** わふう 일본풍 앞치마　**年末** ねんまつ 연말　**開店** かいてん 개점　**特価** とっか 특가　**買い上げ** かあ 수매, 산 것

代金 だいきん 대금　**合計** ごうけい 합계

下の文を読んで、後の問いに最も適したものを(A)から(D)の中で一つ選びなさい。

1~3

　本年も、恒例通り来る４月17日から20日の４日間、下記の日程で『新入社員研修会』を実施することになりました。

　つきましては、副社長より『社員が目指すべき姿』というテーマでご講義を賜り、その後、懇親会を予定しております。年度初めでご多忙中とは存じますが、何卒ご承引くださるようお願い申し上げます。

記

1. 研修日程：４月17日から20日
2. 講義日時：４月18日　午後２時より４時
3. 講義テーマ：『社員が目指すべき姿』
4. 研修場所：当社研修センター（横浜）

※　＿＿①＿＿、今回の研修カリキュラムを添付いたしました。ご確認くださいますようお願い
　　申し上げます。

以上

1　何についての内容ですか。

(A) 副社長の就任式　　　　　　　　　(B) 正社員の生涯教育

(C) 新入社員研修会の延期　　　　　　(D) 社員のオリエンテーション

2　＿＿①＿＿に入る言葉として最も適当なのはどれですか。

(A) なお　　　　　　　　　　　　　　(B) おそらく

(C) なんとなく　　　　　　　　　　　(D) つきましては

3　本文の内容と合っているのはどれですか。

(A) 全社員が講義を受けなければならない。

(B) 新入社員向けの研修の開催は初の試みである。

(C) 新入りの研修カリキュラムについて知らせている。

(D) 新入社員は横浜へ行くわけにはいかない。

4~7

> 新型コロナウイルスの感染拡大に乗じた不適切な広告は掲載できません。
>
> 【規制対象】
> ・新型コロナウイルスを「予防」「治療」できるような誤解を与えるもの
> ・新型コロナウイルスの感染拡大を利用し利益を得ようとするもの
> 　（例 ①「コロナ禍で一人暮らしの方へ　オンライン婚活はいかがですか。」）
> ・過度に不安感、恐怖感を与えるもの
> ・行政により転売が規制された商品を転売するもの
>
> 【事例】
> ・「コロナウイルス対策で免疫力アップ」と謳ったサプリメント
> 　（例 ②「○○配合ドリンク　ウイルスに負けない体を作ろう」）
> ・「コロナ流行の今がお得」と謳った金融商品
> ・根拠のない情報を多数掲載し、不要に恐怖感をあおり購入に誘導する情報商材
> ・マスク、消毒液の転売サイト（※）
>
> ※ 法令に基づき制限していましたが、マスク、消毒液の転売規制が解除されたため、
> 　現在、掲載の制限はしておりません。

4　タイトルとして最も相応しいのはどれですか。

　(A) 新型コロナウイルスの予防対策について

　(B) 広告の掲載について

　(C) 行政により転売が規制された商品について

　(D) サプリメントについて

5　広告として載せてもらえるものはどれですか。

　(A) マスク、消毒液の転売サイト

　(B) 「免疫力向上に効果あり！」と主張するサプリメント

　(C) 新型コロナウイルス感染症が治せると思わせるもの

　(D) あまりにも不安感を与えるもの

6　①「コロナ禍で一人暮らしの方へ　オンライン婚活はいかがですか。」のような広告が掲載できない理由は何ですか。

(A) 結婚できそうな希望を与える恐れがあるため

(B) 法令に基づき制限しているため

(C) 転売が規制されている商品を転売しようとしているため

(D) 感染の拡大という状況を逆手にとった商法であるため

7　②「〇〇配合ドリンク　ウイルスに負けない体を作ろう」のような広告が掲載できない理由は何ですか。

(A) 法令に基づき制限していないため

(B) ダイエット中の体に悪影響を与えるため

(C) ユーザーに恐怖感を与えるため

(D) 新型コロナウイルスを「予防」できるような表現は誤解を与えるため

④ 뉴스, 신문 기사

뉴스, 신문 기사 문제는?

1 뉴스나 신문 기사의 경우, '어떤 보고서나 통계 자료를 근거로 한 기사', '단순한 사건 및 사고에 대한 보고 형식의 기사', '사회적으로 큰 이슈가 되고 있는 문제를 다룬 기사', '일기 예보나 기상 이변에 대해 다룬 기사' 등 다양한 화제가 제시돼요.

2 여러 가지 화제에 대해 순발력 있게 대응하려면 다양한 지문을 접하며 유형에 익숙해지는 것이 좋아요.

뉴스, 신문 기사 문제를 잘 풀려면?

1 뉴스, 신문 기사 문제는 내용이 다양할 뿐 아니라 사용 어휘도 비교적 어려워요. 따라서 문제의 요점을 먼저 파악한 후 그에 대한 내용을 본문에서 체크하는 것이 훨씬 유리해요. 문제를 먼저 보고, 주어진 지문을 훑어 나가며 답을 찾아 보세요.

2 평소에 인터넷을 이용하여 일본 뉴스나 신문 기사 등을 자주 훑어보고 꾸준히 접한다면 고득점에 더욱 가까워질 거예요.

★ 뉴스, 신문 기사에서 알아 두어야 할 어휘와 표현

☐ 大幅 (おおはば) 큰 폭	☐ 失業者 (しつぎょうしゃ) 실업자	☐ 中堅 (ちゅうけん) 중견
☐ 外為 (がいため) 외환 (外国為替(がいこくかわせ)의 준말)	☐ 実質的 (じっしつてき) 실질적	☐ 調査 (ちょうさ) 조사
☐ 価値 (かち) 가치	☐ 実績 (じっせき) 실적	☐ 通貨 (つうか) 통화
☐ 株価 (かぶか) 주가	☐ 指標 (しひょう) 지표	☐ 手当て (てあて) 수당
☐ 観測 (かんそく) 관측	☐ 就労 (しゅうろう) 취로, 일을 시작함	☐ 低下 (ていか) 저하
☐ 危機 (きき) 위기	☐ 縮小 (しゅくしょう) 축소	☐ 軟調 (なんちょう) 연조, 시세의 내릴 기미
☐ 急落 (きゅうらく) 급락	☐ 少子化 (しょうしか) 소자화, 자녀 수가 감소하는 일	☐ 波及 (はきゅう) 파급
☐ 金利 (きんり) 금리	☐ 上昇 (じょうしょう) 상승	☐ 破産 (はさん) 파산
☐ 景気 (けいき) 경기	☐ 所得 (しょとく) 소득	☐ 未満 (みまん) 미만
☐ 顕著 (けんちょ) 현저함	☐ 水準 (すいじゅん) 수준	☐ 模索 (もさく) 모색
☐ 後退 (こうたい) 후퇴	☐ 数値 (すうち) 수치	☐ 安値 (やすね) 가장 싼값으로 거래됨, 그날의 하종가
☐ 債権 (さいけん) 채권	☐ 政策 (せいさく) 정책	☐ 利上げ (りあげ) 이자 인상, 금리 인상
☐ 算出 (さんしゅつ) 산출	☐ 制度 (せいど) 제도	☐ 利回り (りまわり) 이율
☐ 資金繰り (しきんぐり) 자금 융통	☐ 世帯 (せたい) 세대	☐ 連日 (れんじつ) 연일
☐ 資産 (しさん) 자산	☐ 対策 (たいさく) 대책	☐ 割合 (わりあい) 비율
☐ 後へ引く (あとへひく) 물러서다	☐ さかのぼる 거슬러 올라가다	☐ 脱する (だっする) 벗어나다, 헤어나다
☐ 板に付く (いたにつく) 몸에 배다	☐ 差し引く (さしひく) 빼다, 공제하다	☐ 二の舞を踏む (にのまいをふむ) 전철을 밟다
☐ 裏目に出る (うらめにでる) 기대에 어긋난 결과가 나오다	☐ 据え置く (すえおく) 그대로 두다, 보류하다	☐ 飲み込む (のみこむ) 삼키다, 이해하다
☐ 焦げ付く (こげつく) (꿔 준 돈을) 회수할 수 없게 되다, 시세에 변동이 없다	☐ 達する (たっする) 도달하다, 이르다	☐ 踏み切る (ふみきる) 결단하다, 단행하다
☐ アジア 아시아	☐ ドル 달러	☐ ユーロ 유로
☐ コスト 원가, 비용	☐ ニューヨーク 뉴욕	☐ リスク 위험, 리스크

下の文を読んで、後の問いに最も適したものを(A)から(D)の中で一つ選びなさい。

　　ニューヨーク外為市場ではドルが軟調となった。米連邦準備制度理事会(FRB)が来年以降も政策金利をゼロ近辺に据え置くとの観測から、対ユーロでは14か月ぶり安値近辺で推移した。見込んだ通り、米経済の実績は以前より若干上昇して、第3四半期に景気後退を脱したとみられている。投資家は、失業者の増加によりFRBが直ちに利上げに踏み切ることはできないと予想している。これにより、ドルの魅力が低下し、高利回りで高リスクの通貨や資産を買う動きが強まることになる。

　　今までのアメリカの金融危機がアジアにも波及し、アジア経済もその大きな＿＿①＿＿に飲み込まれようとしており、一部の金融機関が不良債権で破産寸前の状態にあり、連日株価の大幅な急落が続いている。

1　アメリカの第3四半期の経済実績はどうでしたか。

(A) 裏目に出た。

(B) 予想通りだった。

(C) 去年の二の舞を踏んだ。

(D) 投資が焦げ付いている。

2　アジア国家にはどんな被害をもたらしましたか。

(A) 中堅会社が倒産している。

(B) 連日株価が大きく動いている。

(C) 高利回りで資金繰りに苦しんでいる。

(D) ドルの価値が低下して不良債権が増えている。

3　＿＿＿①＿＿＿に入る言葉として最も適当なのはどれですか。

(A) いそ　　　　　　　　　　　　(B) 大騒ぎ

(C) あらそい　　　　　　　　　　(D) あらなみ

다음 글을 읽고 이어지는 질문에 가장 적당한 답을 (A)~(D) 중에서 하나 고르세요.

> 뉴욕 외환 시장에서는 달러 시세가 하락했다. 미연방준비제도이사회(FRB)가 내년 이후에도 정책 금리를 제로에 가깝게 둘 것이라는 관측에서, 대 유로에서는 14개월 만에 하종가로 바뀐 것이다. 예상한 대로, 미국의 경제 실적은 이전보다 약간 상승해서 제3사분기에 경기 후퇴를 벗어날 것으로 보인다. 투자가는, 실업자 증가에 따라 FRB가 바로 금리 인상을 단행할 수 없을 것이라고 예상하고 있다. 따라서 달러의 매력이 저하되고, 높은 이율로 고 리스크 통화나 자산을 사는 움직임이 강해질 것으로 보인다.
>
> 지금까지의 미국의 금융 위기가 아시아에도 파급되어, 아시아 경제도 그 큰 ①파도에 휩쓸려, 일부 금융 기관이 불량 채권으로 파산 직전 상태에 있고, 연일 주가가 큰 폭으로 급락하고 있다.

1 미국의 제3사분기의 경제 실적은 어땠습니까?

(A) 기대에 어긋난 결과가 나왔다.

(B) 예상대로였다.

(C) 작년의 전철을 밟았다.

(D) 투자에 변동이 없다.

2 아시아 국가에는 어떤 피해를 초래했습니까?

(A) 중견 회사가 도산하고 있다.

(B) 연일 주가가 크게 요동치고 있다.

(C) 높은 이율로 자금 융통에 어려움을 겪고 있다.

(D) 달러 가치가 저하되어 불량 채권이 늘고 있다.

3 ___①___ 에 들어갈 말로 가장 적당한 것은 어느 것입니까?

(A) 갯바위   (B) 대소동   (C) 다툼   (D) (거친) 파도

外為 외환(外国為替(がいこくかわせ)의 준말)   **軟調** 시세가 하락 경향임   **米連邦準備制度理事会** 미연방준비제도이사회

推移 추이, 변화   **若干** 약간, 조금   **利上げ** 금리 인상   **踏み切る** 뛰어오르다, 단행하다   **魅力** 매력   **利回り** 이율

通貨 통화   **資産** 자산   **波及** 파급   **荒波** 거친 파도, 거센 물결   **不良債権** 불량 채권   **破産** 파산   **寸前** 직전

裏目に出る 기대에 어긋난 결과가 나오다   **二の舞を踏む** 전철을 밟다   **焦げ付く** 꿔 준 돈을 받을 수 없게 되다, 시세에 변동이 없다   **中堅** 중견   **連日** 연일   **いそ** 갯바위, 바위가 있는 물가

下の文を読んで、後の問いに最も適したものを(A)から(D)の中で一つ選びなさい。

1~3

> 　厚生労働省によると、国民生活基礎調査を基に、3年ごとにさかのぼって4回分を算出した結果、「相対的貧困率」が16％で、17歳以下を抽出した「子どもの貧困率」は14％だった。経済協力開発機構(OECD)がまとめた加盟国の中で4位で、貧困率の高さが①際立った。
>
> 　相対的貧困率は可処分所得を世帯の人数の平方根で割った数値となっている。これは、生活必需品のコストを基に算出して貧困の水準を示す絶対的貧困率と異なり、国内の低所得者の割合を示す指標になっている。可処分所得とは所得から税金や社会保障の負担などを差し引いた後の自由に使える所得である。
>
> 　「子どもの貧困率」が高い理由として、「パート」「派遣」などの非正規雇用など女性全体に対する就労条件の悪化によって母子世帯の母親の収入水準が低くなったことが挙げられる。「子どもの貧困率」の問題を解決するには、現金支給、現物支給、子育て応援特別手当て支給、制度変更などの長期的な対策が必要である。

1　相対的貧困率について正しいのはどれですか。

(A) 生活必需品などにかかる費用を基にして割り出したものである。

(B) 厚生労働省がOECDと共に調査をして3年ごとに発表している。

(C) 日本の貧困率は低下するどころか、今年は最悪の結果となった。

(D) 相対的貧困率は全国民中の低所得者の割合だ。

2　本文中における①際立ったの意味はどれですか。

(A) 板に付いた　　　　　　　　(B) 顕著になった

(C) 締りがなくなった　　　　　(D) あとへ引けなかった

3　子どもの貧困率を解決するために何をすべきですか。

(A) 非正規労働者を縮小する。

(B) 生活必需品のコストを安定させる。

(C) 子育て応援特別手当てなどを支給する。

(D) 少子化問題の抜本的な解決方法を模索する。

「池袋事件」の実刑判決が確定した。9月17日の控訴期限までに弁護側、検察側とも控訴しなかったため、東京地裁での1審判決が確定したのだ。同事件では、乗用車を運転していた高齢者(事件当時87歳)が、信号前でブレーキと間違ってアクセルを踏み続けたために、横断歩道を横断中の母子2人を死亡させ、9人に重軽傷を負わせるという、凄惨きわまる事態となった。

　その上で運転免許について改めて考えてみたい。池袋暴走事故によって、高齢ドライバーの免許返納が進んだという話もある。それはそれでいいことだが「クルマがなければ生活できない」、「クルマがないと不便」という理由で免許返納を躊躇している高齢ドライバーも決して少なくない。高齢者のほうが事故を　　①　　のもおそらく事実であろうが、だからといって非高齢者の事故が軽視されてよいはずがない。朝日新聞によれば、75歳以上の運転による人身事故は15万件弱だが、一方、75歳未満の運転によるそれは174.6万件に達する。②高齢者のそれに関心を集中させれば、15万件をなくすために、実質的に174.6万件を放置する結果になりかねない。

4　　　①　　に入る言葉として最も適当なのはどれですか。

(A) 起こしにくい　　　　　　　　　(B) 起こしやすい

(C) 起きやすい　　　　　　　　　　(D) 起きにくい

5　②高齢者のそれは何を指していますか。

(A) 高齢者が起こす人身事故　　　　(B) 青壮年層が起こす人身事故

(C) 高齢者の身体反応など　　　　　(D) 青壮年層の身体反応など

6　本文の内容と合っていないのはどれですか。

(A)「池袋事件」は高齢者運転に巻き込まれた事件である。

(B) 検察側が控訴できる期間を間違えたため、一審判決が確定してしまった。

(C)「池袋事件」により母と子どもが亡くなった。

(D) 被告はブレーキとアクセルを間違えて交通事故を起こした。

설명문 문제는?

1 설명문에는 상품 설명이나 광고, 구입 방법에 대한 내용, 일반 대중을 대상으로 한 텔레비전 뉴스나 신문 광고, 일기 예보 등도 포함돼요.

2 〈JPT800〉에서는 위에 언급하지 않은 일반적이고 상식적인 내용이나 정보 등을 따로 설명문으로 제시하였어요.

설명문 문제를 잘 풀려면?

1 '무엇'에 대한 설명인지를 파악하는 것이 가장 중요해요. 그리고 '누가', '누구'를 대상으로 '왜' 이야기하고 있는지 체크하세요.

2 문제지에서 질문의 요점을 먼저 파악한 후 그에 대한 정답을 본문에서 찾아내는 것이 문제를 푸는 데 훨씬 유리해요.

3 단순한 질문에서부터 난도 높은 질문에 이르기까지, 여러 각도로 출제되므로 다양한 화제의 문제를 접하며 질문 내용과 유형에 익숙해지도록 연습하세요.

☐ 一歩 (いっぽ) 한 걸음, 한 단계	☐ 先延ばし (さきのばし) (사정이 생겨) 연기함	☐ 組織 (そしき) 조직
☐ 遺伝子 (いでんし) 유전자	☐ 作製 (さくせい) 제작, 만듦	☐ 尊厳性 (そんげんせい) 존엄성
☐ 医療 (いりょう) 의료	☐ 疾患 (しっかん) 질환	☐ 通常 (つうじょう) 통상, 보통의 경우
☐ 映像 (えいぞう) 영상	☐ 実施 (じっし) 실시	☐ 導入 (どうにゅう) 도입
☐ 応用 (おうよう) 응용	☐ 指摘 (してき) 지적	☐ 難病 (なんびょう) 난치병
☐ 解釈 (かいしゃく) 해석	☐ 持病 (じびょう) 지병	☐ 乳児 (にゅうじ) 유아, 젖먹이
☐ 開発 (かいはつ) 개발	☐ 従事者 (じゅうじしゃ) 종사자	☐ 認知症 (にんちしょう) 치매
☐ 回避 (かいひ) 회피	☐ 重症化 (じゅうしょうか) 중증화	☐ 妊婦 (にんぷ) 임신부
☐ 拡大 (かくだい) 확대	☐ 十分 (じゅうぶん) 충분함	☐ 破壊 (はかい) 파괴
☐ 患者 (かんじゃ) 환자	☐ 小規模 (しょうきぼ) 소규모	☐ 発展 (はってん) 발전
☐ 拒絶 (きょぜつ) 거절	☐ 賞賛 (しょうさん) 칭찬	☐ 備蓄 (びちく) 비축
☐ 議論 (ぎろん) 의론	☐ 小児 (しょうに) 소아	☐ 皮膚 (ひふ) 피부
☐ 結論 (けつろん) 결론	☐ 新型 (しんがた) 신형	☐ 評価 (ひょうか) 평가
☐ 研究 (けんきゅう) 연구	☐ 人選 (じんせん) 인선, 가려 뽑음	☐ 免疫 (めんえき) 면역
☐ 原則 (げんそく) 원칙	☐ 接種 (せっしゅ) 접종	☐ 優先 (ゆうせん) 우선
☐ 高齢者 (こうれいしゃ) 고령자	☐ 拙速 (せっそく) 졸속	☐ 幼児 (ようじ) 유아(만 1세부터 학령기까지의 아이)
☐ 根拠 (こんきょ) 근거	☐ 専門家 (せんもんか) 전문가	☐ 利益 (りえき) 이익
☐ 細胞 (さいぼう) 세포	☐ 早期 (そうき) 조기	☐ 倫理 (りんり) 윤리
☐ おまけに 게다가, 덤으로	☐ それにしても 그건 그렇다 하더라도	☐ ひたすら 오로지
☐ 明け暮れる (あけくれる) 세월이 흐르다, 몰두하다	☐ 加える (くわえる) 더하다, 덧붙이다	☐ まんざら (부정을 수반) 반드시는, 아주
☐ 受け取る (うけとる) 수취하다, 이해하다	☐ 拍車がかかる (はくしゃがかかる) 박차가 가해지다	☐ 見とれる (みとれる) 넋을 잃고 보다
☐ 促す (うながす) 재촉하다	☐ 引き起こす (ひきおこす) 일으키다	☐ やり直す (やりなおす) 다시 하다, 고쳐 하다
☐ アレルギー 알레르기	☐ ウイルス 바이러스	☐ メタボリックシンドローム 대사 증후군
☐ インフルエンザ 인플루엔자	☐ データ 데이터	☐ ワクチン 백신

下の文を読んで、後の問いに最も適したものを(A)から(D)の中で一つ選びなさい。

厚生労働省政務官は厚労省の意見交換会で、1回の接種で十分な免疫が得られたという臨床試験の中間報告を根拠に、13歳以上は原則1回とする方針を示した。しかし、新型インフルエンザ用ワクチンの接種回数を原則1回としたのは拙速だったし、臨床試験は健康な成人200人弱で行われながら、結論がほかの接種対象者に拡大解釈されたと指摘され、新たに人選した専門家を加え、ワクチン接種の議論のやり直しを行った。なお、妊婦や持病のある人について、「1回接種で効果を裏付けるデータが存在しない」などの意見が相次いだ。さらに「10代で脳症が多くみられるため、中高生を対象にした小規模な臨床試験を実施すべきだ」との意見も出て、結論を先延ばしする考えを示した。

また、国内の備蓄新型インフルエンザのワクチンが足りない状況なので、政府は新型インフルエンザワクチンの優先接種順位を発表した。まず、医療関係従事者を最優先することを決めた。次に妊婦や持病のある人、中でも持病を持っている幼児は特に優先される。乳児はインフルエンザ脳症を引き起こして重症化しているが、1歳未満の乳児は接種しても免疫がほとんどできないので乳児の親を対象とした。

1 臨床試験の対象について正しいのはどれですか。

(A) 小児、青少年、成人に分けて臨床試験をした。

(B) アレルギー患者の早期臨床試験が検討されている。

(C) 対象を広げて、小規模な臨床試験を実施すべきだと指摘された。

(D) 臨床試験は200人以上の健康な成人に対して行われた。

2 新型インフルエンザのワクチンについて正しいのはどれですか。

(A) 3歳以下の子どもは一回に限る。

(B) 優先接種対象者は一回しか接種できない。

(C) ワクチンを一度だけ接種した時の効果は疑わしい。

(D) 一回の接種で免疫が十分に得られると最終報告された。

3 次の人物の中で一番最初に接種すべき人は誰ですか。

(A) 疾患を抱えている幼児   (B) 生後12か月未満の乳児

(C) 持病を持っていない高齢者   (D) 医大を目指している受験生

다음 글을 읽고 이어지는 질문에 가장 적당한 답을 (A)~(D) 중에서 하나 고르세요.

후생노동성 장관은 후생노동성 의견교환회에서 1회 접종으로 충분한 면역을 얻을 수 있었다는 임상 시험의 중간 보고를 근거로, 13세 이상은 원칙적으로 1회 접종 방침을 내세웠다. 그러나 신종 인플루엔자용 백신 접종횟수를 1회 원칙으로 한 것은 졸속이었고, 임상 시험은 건강한 성인 200명 이하를 대상으로 행해졌으면서 결론은 다른 접종 대상자에게까지 확대 해석되었다는 지적을 받아, 새롭게 선출한 전문가를 더해 백신 접종에 대한 재논의를 실시했다. 더욱이, 임신부나 지병이 있는 사람에 대해 '1회 접종으로 효과를 입증할 만한 데이터가 존재하지 않는다' 등의 의견이 잇달아 나왔다. 게다가 '10대에서 인플루엔자 뇌증이 많이 나타나기 때문에, 중고생을 대상으로 한 소규모 임상 시험을 실시해야 한다'는 의견도 나오자, 결론을 연기하겠다는 입장을 밝혔다.

또한, 국내에 비축된 신종 인플루엔자 백신이 부족한 상황이라서, 정부는 신종 인플루엔자 백신의 우선 접종 순위를 발표했다. 먼저, 의료 관계 종사자를 최우선으로 하기로 했다. 다음으로 임신부나 지병이 있는 사람, 그중에서도 지병이 있는 유아는 특히 우선된다. 영아는 인플루엔자 뇌증을 일으켜 중증화되고 있지만, 1세 미만의 영아는 접종하더라도 거의 면역이 생기지 않으므로 영아의 부모를 대상으로 했다.

1 임상 시험의 대상에 관해 옳은 것은 어느 것입니까?

(A) 소아, 청소년, 성인으로 나누어서 임상 시험을 했다.

(B) 알레르기 환자의 조기 임상 시험이 검토되고 있다.

(C) 대상을 확대해서 소규모의 임상 시험을 실시해야 한다고 지적받았다.

(D) 임상 시험은 200명 이상의 건강한 성인에 대해서 이루어졌다.

2 신종 인플루엔자 백신에 관해서 옳은 것은 어느 것입니까?

(A) 3세 이하의 어린이는 1회로 제한한다.

(B) 우선 접종 대상자는 1회밖에 접종할 수 없다.

(C) 백신을 한 번만 접종했을 때의 효과는 의심스럽다.

(D) 1회 접종으로 면역을 충분히 얻을 수 있다고 최종 보고되었다.

3 다음의 인물 중에서 가장 먼저 접종해야만 하는 사람은 누구입니까?

(A) 질환을 안고 있는 유아

(B) 생후 12개월 미만의 영아

(C) 지병이 없는 고령자

(D) 의대를 목표로 하고 있는 수험생

厚生労働省 후생노동성　接種 접종　免疫 면역　臨床試験 임상 시험　中間報告 중간 보고　根拠 근거　方針 방침
~弱 약, 수량을 나타내는 말에 붙어 그 수에 못 미치는 경우를 말함　新型インフルエンザ 신종 인플루엔자　ワクチン 백신
拙速 졸속　人選 인선, 선출　妊婦 임신부　持病 지병　裏付ける 입증하다　脳症 뇌증, 고열로 의식 장애가 일어나는 증세
医療関係 의료 관계　幼児 유아　乳児 영아　引き起こす 일으키다　重症 중증　アレルギー 알레르기
疑わしい 수상하다, 의심스럽다　疾患 질환

下の文を読んで、後の問いに最も適したものを(A)から(D)の中で一つ選びなさい。

1~4

　　iPS細胞は人間の皮膚などの体細胞から作製された。通常の細胞にウイルスなどを使って3～4種類の遺伝子を導入し作製するが、動物の体内に移植するとガンを引き起こす原因になりうる恐れがあった。　　①　　、アメリカの研究チームは大人の皮膚細胞に4種類の遺伝子を導入した後、3種類の化合物を加えると、より安全性の高いiPS細胞の作製に成功したと発表した。

　　iPS細胞樹立の成功により、生命倫理的問題を回避することができるようになり、免疫拒絶のない再生医療の実現に向けて大きな一歩となった。宗教界からも「難病治療につながる技術が受精卵を破壊する過程を経ずに行えることになったことを賞賛する」との評価を得ている。

　　iPS細胞を様々な組織や臓器の細胞に分化させ、創薬や再生医療への応用が可能になったが、拒絶反応の問題、副作用の可能性などを解決し、安全なiPS細胞の作製・分化誘導技術が完成するのには、少なくとも数年かかるとみられる。

1　iPS細胞というのは何ですか。

　(A) 人間の生殖細胞で作られる。

　(B) ひたすら一つの組織の細胞と融化させる。

　(C) たんぱく質遺伝子を細胞に導入したものである。

　(D) ウイルスを使っていくつかの遺伝子を導入し作製する。

2　iPS細胞を開発して、得られる利益は何ですか。

　(A) ウイルス研究に拍車がかかる。　　　　(B) 遺伝子組み換えの発展を促す。

　(C) 製薬、再生医療に応用できる。　　　　(D) 細胞融合技術の先駆けとなる。

3　iPS細胞が持っている問題点は何ですか。

　(A) 認知症の深刻さ　　　　　　　　　　(B) 人間の尊厳性

　(C) メタボリックシンドローム　　　　　(D) 免疫拒絶と安全性に乏しい作製技術

4　　　①　　に入る言葉として最も適当なのはどれですか。

　(A) しかし　　　　　(B) おまけに　　　　　(C) まんざら　　　　　(D) それにしても

写真のない頃、見たことのないものを想像するのはとても難しいことでした。しかし今、私たちは、アフリカの砂漠、宇宙から見た地球の姿など映像によってたくさんのことを知るようになりました。毎日が映像とともに明け暮れている、といってもよいでしょう。そして、①このような時代だからこそ、私たちは映像が教えてくれることに注意深くならなければいけません。普段、喧嘩ばかりしている兄弟がいるとします。そういう二人でもカメラを向けられた時は、にっこり笑うかもしれません。　②　、写真だけを見た人の中には、いつもにこにこ仲の良い兄弟だなと間違って受け取ってしまう人がいるかもしれません。同じ写真から「いつも仲良し」という簡単で間違った印象しか受けない人と、③もっと深い意味や味わいを感じ取る人がいるのも、映像の特色といっていいでしょう。

本を読むより映像を見るほうが楽だとよく言われますが、よく考えずにたくさんの映像に接していると「仲の良い兄弟」の例ではありませんが、いろいろなことで私たちは間違ったものの感じ方をしてしまいます。テレビでかっこいいコマーシャルをやっている商品をなんとなく良い商品のように感じてしまうのもひとつの例でしょう。美しい雪の村の写真に見とれていて、その寒さ、厳しさ、不便さには気が付かないというのもありがちなことです。いつも注意深く映像を見る練習をして本当の映像の意味を味わうことができるようにしたいものです。

5 ①このような時代はどのような時代ですか。

(A) 毎日が映像とともに明け暮れている時代

(B) 映像のすばらしさが味わえる時代

(C) 本を読むより映像を見るほうが楽だとよく言われる時代

(D) コマーシャルの映像に騙される時代

6 　②　に入る言葉として最も適当なのはどれですか。

(A) すると   (B) しかし   (C) けれども   (D) また

7 ③もっと深い意味や味わいの例として当てはまるのはどれですか。

(A) 宇宙から見た地球の美しい姿

(B) にっこり笑っている兄弟の仲の良さ

(C) 美しい雪の村の寒さや厳しさ、不便さ

(D) コマーシャルで見た商品のかっこよさ

下の文を読んで、後の問いに最も適したものを(A)から(D)の中で一つ選びなさい。

171~173

拝啓

　平素は格別のお引立てを賜り、厚くお礼申し上げます。

　日頃ご愛顧いただいているお得意様をお招きして、ゴルフ大会を催すことにいたしました。ご多忙中恐縮でございますが、気分転換も兼ねて楽しい一日を過ごしていただけたらと思っております。

　なお、当日ご欠席される場合は、同封の用紙にその旨をご表示いただき、５月10日までにご記名ご押印の＿＿＿①＿＿＿ご返送くださいますようお願い申し上げます。

敬具

記

日時　５月21日 (小雨決行、大雨の時は延期する予定)

場所　神奈川県　神奈川カントリークラブ　アウトコース

詳細スケジュール表とメンバー表は、後日ご送付申し上げます。

---

171 これは何の手紙ですか。

(A) クラブへの出欠を問う手紙　　　　(B) 大会開催の賛否を問う手紙

(C) ゴルフ大会への参加を問う手紙　　(D) 社員旅行の取り消しを問う手紙

172 ＿＿＿＿①＿＿＿に入る言葉として最も適当なのはどれですか。

(A) うえ　　　　　(B) あて　　　　　(C) より　　　　　(D) ほど

173 本文の内容と合っているのはどれですか。

(A) 曇天の時は中止する。

(B) スケジュール表を添付して送付した。

(C) 懇親ゴルフ大会なので社員は参加すべきである。

(D) 同封の用紙は５月10日以内に返送しないとだめだ。

　新潟県中越地方に短時間に降った雪で、関越自動車道の群馬新潟県境にある関越トンネルを
はさむ区間の本線車道で渋滞が発生、①立ち往生に近い形となり、上下線で通行止めの措置が
とられました。1月4日の関越自動車道でのケースは、スキーやスノボなどの行楽帰り、そし
てお正月休みを地方で過ごした人のUターンラッシュに、時間あたり5cmから6cmの降雪が
重なりました。関越道のこの区間は日本屈指の豪雪地帯であり、NEXCO東日本は定期的に除
雪車を動かすなどして道路の安全確保に努めています。しかしこの区間は長い上り坂が続くた
め、通行量の多い状況では車速が＿＿②＿＿。そこに豪雪が加わると、視界不良などでさらに
車速が落ち、渋滞が発生しやすくなります。そして本線上に渋滞の列が連なると、理想的な間
隔での除雪車運行が困難になり、路面には雪が積もり続ける状態になります。路面が多くの降
雪に覆われると、まず2WDなどトラクションのかかりにくい車から＿＿＿③＿＿＿がはじまり、
渋滞に拍車をかけます。そして渋滞で動かなくなった車の間に雪が積もるようになってくる
と、＿＿＿③＿＿＿する車はさらに増えます。こうした結果、雪のなかでの立ち往生が発生してし
まうのです。

174 ①立ち往生に近い形となりとはどんな状態を表していますか。

(A) 立ち売りが続いていること

(B) 立ち居振る舞いが良くないこと

(C) 車の流れがスムーズなこと

(D) 交通がまひ状態に陥ること

175 関越自動車道の渋滞の理由ではないのはどれですか。

(A) NEXCO東日本が定期的に除雪車を動かさなかったため

(B) スキーやスノボなどの行楽帰りの人々のUターンラッシュが発生したため

(C) 時間あたり5cmから6cmの降雪が重なったため

(D) 渋滞のため除雪車運行が困難になったため

176 ＿＿＿②＿＿＿に入る言葉として最も適当なのはどれですか。

(A) 低下しにくいです

(B) 低下しがちです

(C) 低下しつつあります

(D) 低下させます

177 ＿＿＿③＿＿＿に入る言葉として最も適当なのはどれですか。

(A) スタック

(B) エンジン

(C) アクセス

(D) ウィンカー

　ふるさと納税の新制度では、自治体間の過度な競争を防ぐため、返礼品を寄付額の三割以下の地場産品などとする法規制が設けられた。だが国は運営状況を常にチェックしているわけではなく、現在も①「グレーゾーン」の手法で寄付を集める自治体は後を絶たない。インターネット上では対価の高い返礼品を紹介するウェブサイトが複数存在し、お得な返礼品が人気を集める状況は変わっていない。

　返礼品の選定は自治体の裁量に委ねられ、全てが基準を満たすか確認できないのが現状だ。ある自治体の担当者は「返礼品の調達費は自己申告。高い還元率を狙って市場価格よりずっと低い値段で報告している場合も多い」と声を潜める。制度の穴を突いて地場産品ではない品を返礼品とする手法も横行している。大阪府熊取町は、町外で生産された家電製品を地場産品のタオルとセットで返礼品としている。新制度は地域資源の乏しい自治体に配慮し、関連のある複数の返礼品をセットで贈る場合、主要な部分が地場産品であれば認めている。同町の担当者はこの規定を利用したと主張し「あくまでもタオルが　　②　　で、家電は関連品。他の自治体との競争力を付けるために、できることを考えた」と説明する。

178 新制度で法規制が設けられた理由として最も相応しいのは何ですか。

(A) 返礼品を寄付額の二割以下の地場産品などとするため

(B) 自治体間の過度な競争を防ぐため

(C) 政府が運営状況を常にチェックするため

(D) お得な返礼品を納税者に買ってもらえるようにするため

179 本文の内容からみて、返礼品について正しくないのはどれですか。

(A) 還元率が高い返礼品が人気を集めている。

(B) 返礼品の選定は国の裁量に任せている。

(C) 返礼品の調達費は自己申告である。

(D) 対価の高い返礼品を紹介するウェブサイトも存在する。

180 ①「グレーゾーン」の意味として最も相応しいのはどれですか。

(A) はっきりした手法 　　　　　　　　(B) しっかりした手法

(C) どっちつかずな手法 　　　　　　　(D) 望ましくない手法

181 　　②　　に入る言葉として最も適当なのはどれですか。

(A) プレゼント 　　　(B) メイン 　　　(C) おまけ 　　　(D) 安価

プロ仕様　セラミックプレート！

３種類のカートリッジで様々なカールが可能！

きらめきストレートからカールまで自由自在！

マイナスイオン効果でダメージを防ぎます。

機能性はそのままに、＋10mm幅広ワイドプレート仕様に！

作業中はコードが絡みがちだったのですが、電源コードパーツは360度回転しますので、

持ち回り途中の絡みを軽減します。

182 何についての広告ですか。

(A) 回転椅子

(B) 歯ブラシ

(C) イオン飲料

(D) ヘアアイロン

183 向上したのは何ですか。

(A) 省エネ

(B) 電源ボタン

(C) 絡みの軽減

(D) 持ちやすさ

184 本文の内容と合っているのはどれですか。

(A) マイナスイオン効果で傷みにくい。

(B) 10mm細長くなって、手で握りやすい。

(C) コードレスなので360度回転しながら作業できる。

(D) カールのカートリッジは専門家のみ使用可能である。

地震はプレートと呼ばれる硬い岩盤がマントルの動きによってぶつかりあったり潜り込んだりして引き起こされる現象である。大地震が起ったあと、引き続いて小規模な地震が多く発生するが、これを余震と呼び、前者を＿＿＿①＿＿＿という。一般に震源が浅い地震は余震が多く、震源が深い時には余震がないこともある。

中米のハイチ、南米のチリとここ最近相次いで大規模地震が発生し、地球の変形と地軸のずれ、津波の恐れがあるが、人的被害、治安の悪化、帰宅困難者の問題も深刻である。②その災害を見ると地震予知は看過できない。地震予知は地殻活動の推移をシミュレーションすることによって地震の発生時間や場所や規模などを推定し、地震災害軽減に寄与するからである。

地震予知の手法には数種類があり、埋込式ひずみ計、VAN法、ラドン濃度や地下水位などの物理化学的パラメータ、航空写真の解析など地震学的な見地に基づいたものがある。また、特別な機械を使わずに雲の形、耳鳴り、動物の移動などの宏観異常現象で地震の推移を予知することも可能だが、科学的根拠に乏しいため、地震学者からは認められていない。

185 地震学的な見地から、地震の前兆現象と言えないのはどれですか。

(A) 断層のひずみ　　　　　　　　　　　(B) 地下水位の異常

(C) 特定の物質の濃度変化　　　　　　　(D) カラスの大群による異常な鳴き声

186 ＿＿＿①＿＿＿に入る言葉として最も適当なのはどれですか。

(A) 本震　　　　　(B) 前震　　　　　(C) 弱震　　　　　(D) 強震

187 ②その災害が指しているのはどれですか。

(A) 津波による浸水災害

(B) マントルの動きによる災害

(C) 中米と南米の地形変化による災害

(D) チリワインと銅の値上げによる災害

188 本文の内容と合っているのはどれですか。

(A) 震源が深ければ深いほど余震が頻繁に発生する。

(B) 地震は備えておけば被害を完全になくすことが可能である。

(C) 過去の地殻活動を分析するのはシミュレーションするのに役に立たない。

(D) 地震予知とは被害をもたらしうる地震の発生を事前に予知することである。

国際的な人権常識を逸脱した日本の入国管理政策に厳しい目が向けられている。入管行政で問題視されているのは、難民認定や収容送還制度と外国人労働者の受け入れ態勢だ。前者は、「難民鎖国」と呼ばれる低い難民認定率、全ての退去拒否者を無期限に収容する仕組み、難民の認定や収容の可否を出入国在留管理庁が独占して決めている点などが問題とされてきた。後者については、労働法令違反が絶えない外国人技能実習制度が代表格だ。

こうした諸制度は国際社会では非常識と見なされている。収容送還制度については、国連機関が再三、日本も批准する国際人権規約などに抵触すると勧告してきた。①技能実習制度についても米国務省は「人身売買報告書」で「外国人労働者の搾取のために悪用され続けている」と断じ、日本の評価ランクを下げた。

国内ではすでに170万人以上の外国人が働き、事実上、移民社会になっている。だが、政府は排外主義的な意見に配慮し、移民政策を正面から論じることを避けてきた。さらに海外からの人権軽視の批判にも＿＿②＿＿。

189 入国管理政策で問題視されていないのはどれですか。

(A) ビザの有効期間延長制度

(B) 退去拒否者を無期限に収容する仕組み

(C) 外国人労働者の受け入れ態勢

(D) ある省庁が独占して難民認定を行っている点

190 ①技能実習制度についての説明として合っていないのはどれですか。

(A) 労働法令違反が後を絶たない。

(B) 米国務省が日本の評価ランクを上げた。

(C) 国際社会では常識的ではないと考えられている。

(D) 国連機関が何回も国際人権規約などに反すると勧告した。

191 ＿＿②＿＿に入る言葉として最も適当なのはどれですか。

(A) 背を向けている

(B) 耳を傾けている

(C) 耳を貸している

(D) 目を向けている

192 本文の内容と合っていないのはどれですか。

(A) 日本はもはや移民社会になっている。

(B) 政府は保守派層に遠慮し、移民政策についての議論を敬遠してきた。

(C) 入管行政における外国人労働者の受け入れ態勢などが問題視されている。

(D) 収容送還制度について国連機関は日本側の肩を持っている。

　野生動植物の保護について協議する場で、乱獲で個体数が減少しているクロマグロが検討対象になり、協議参加国の３分の２以上が合意すれば、「絶滅する恐れがある生物」として国際的な商取引が禁止される。提案国のモナコはマグロの輸出国でも輸入国でもない。＿＿＿①＿＿＿、ワシントン条約事務局に大西洋クロマグロの全面禁輸を正式提案した。

　輸出入の禁止に対して人工養殖だけでも十分であり、クロマグロを絶滅の危機から守れると思って賛成している人もいるが、他国が日本の食文化に②干渉することに強い反感を持っている人もいる。世界最大のクロマグロの消費国である日本は、日本近海で取れた太平洋クロマグロの稚魚をいけすで養殖もしているが、日本のマグロ養殖も漁獲規制の対象になり、国内養殖の増加にもブレーキがかかった。

193 クロマグロの輸出入の禁止について日本人はどう思っていますか。

(A) 独自の食文化は守られるべきだと強く反発している。

(B) 国際社会との協調のためには当然だと思っている。

(C) マグロの安売りが可能になると喜んでいる。

(D) 異文化を認めることは正しくないと思っている。

194 養殖が軌道に乗れなかった理由はどれですか。

(A) 養殖が資源枯渇を招いたから

(B) 養殖も漁獲規制の対象になったから

(C) 値上がりを懸念する声があったから

(D) 景気悪化によって需要が減少したから

195 ＿＿＿①＿＿＿に入る言葉として最も適当なのはどれですか。

(A) 換言すれば (B) からといって

(C) いずれにせよ (D) にもかかわらず

196 ②干渉するに置き換えられるのはどれですか。

(A) 立ち入る (B) 釘を刺す

(C) 梃入れをする (D) 棚上げにする

　金融市場の動揺を受け、世界経済は困難な局面に入っていて、各政府は国民の預金全額保護、預金の引き出し禁止、公的資金注入、銀行の国有化などの金融システム安定化に努力している。しかし金融市場の動揺が実体経済に波及し、成長見通しが大幅に低下するなど、世界同時不況が引き続き深刻な状況にある。こうした危機から脱却するために金融界の世界的なリーダーが集まり、議論してきたが、資金の流れを確かなものにすることと、有効需要を作り出していくという２つの対策を講じることが共通した考え方となっている。世界経済を順調な軌道に戻すためには、やはり一国だけではなく、国際的な協調が必要である。

　金融市場の機能を一刻も早く克服し回復させるため、通貨スワップによる流動性確保、内需と外需のよりバランスのとれた経済成長が大事である。また、新たな貿易障壁の導入を控えるとともに、保護主義的な施策のモニタリングが必要であり、危機の再発防止のために金融規制・監督の再構築は不可欠である。金融サービス業は自らのビジネスモデルを点検し、実物経済を支える役割を再認識してこそ、金融サービスの質の向上が期待される。

197 各政府の解決策として挙げられたのはどれですか。

　(A) 世界経済の底割れをＩＴで防ぐ。

　(B) 国民に預金を引き出させない。

　(C) もろはだを脱いで企業を国有化する。

　(D) 外国銀行に太刀打ちできないところは閉鎖する。

198 なぜ金融界の世界的なリーダーが集まったのですか。

　(A) 就職難の解決のため

　(B) 非上場株式の売却を検討するため

　(C) 金融危機を乗り越える策を練るため

　(D) 失業と給与未払い問題を議論するため

199 金融サービス業の今後の課題はどれですか。

　(A) 金融制度の改善　　　　　　　　(B) 世界経済の縮小

　(C) 民間への資本注入　　　　　　　(D) ナショナリズムの勃興

200 「世界が共に取り組むべき政策」ではないのはどれですか。

　(A) 資金の流動性確保　　　　　　　(B) 貿易を制限する制度導入の回避

　(C) 金融規制・監督の再構築　　　　(D) 保護主義的な動きの強化

JPT　실전모의고사

JAPANESE
PROFICIENCY
TEST

次の質問１番から質問100番までは聞き取りの問題です。

どの問題も１回しか言いませんから、よく聞いて答えを(A), (B), (C), (D)の中から一つ選びなさい。

答えを選んだら、それにあたる答案用紙の記号を黒くぬりつぶしなさい。

Ⅰ．次の写真を見て、その内容に合っている表現を(A)から(D)の中で一つ選びなさい。

例)

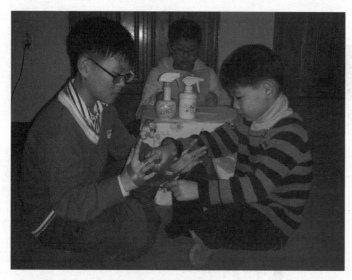

(A) 子どもがあやとりをしています。

(B) 子どもがシャボン玉遊びをしています。

(C) 子どもが蚊よけスプレーをまいています。

(D) 子どもがうつ伏せになって点滴を受けています。

■……答 (●), (B), (C), (D)

1

2

次のページに続く

3

4

5

6

次のページに続く

7

8

9

10

次のページに続く

11

12

13

14

次のページに続く

15

16

17

18

次のページに続く⟩

19

20

Ⅱ. 次の言葉の返事として、最も適したものを(A)から(D)の中で一つ選びなさい。

例) どうして会社を退職されたのかお聞きしてもいいですか。

(A) 一身上の都合です。

(B) 後は君の想像に任せます。

(C) 誠に心苦しく思っております。

(D) あなたは本当におせっかいな人だ。

■…… 答 (●), (B), (C), (D)

---

21 答えを答案用紙に書き入れなさい。

22 答えを答案用紙に書き入れなさい。

23 答えを答案用紙に書き入れなさい。

24 答えを答案用紙に書き入れなさい。

25 答えを答案用紙に書き入れなさい。

26 答えを答案用紙に書き入れなさい。

27 答えを答案用紙に書き入れなさい。

28 答えを答案用紙に書き入れなさい。

29 答えを答案用紙に書き入れなさい。

30 答えを答案用紙に書き入れなさい。

31 答えを答案用紙に書き入れなさい。

32 答えを答案用紙に書き入れなさい。

33 答えを答案用紙に書き入れなさい。

34 答えを答案用紙に書き入れなさい。

35 答えを答案用紙に書き入れなさい。

36 答えを答案用紙に書き入れなさい。

37 答えを答案用紙に書き入れなさい。

38 答えを答案用紙に書き入れなさい。

39 答えを答案用紙に書き入れなさい。

40 答えを答案用紙に書き入れなさい。

41 答えを答案用紙に書き入れなさい。

42 答えを答案用紙に書き入れなさい。

43 答えを答案用紙に書き入れなさい。

44 答えを答案用紙に書き入れなさい。

45 答えを答案用紙に書き入れなさい。

46 答えを答案用紙に書き入れなさい。

47 答えを答案用紙に書き入れなさい。

48 答えを答案用紙に書き入れなさい。

49 答えを答案用紙に書き入れなさい。

50 答えを答案用紙に書き入れなさい。

次のページに続く

Ⅲ. 次の会話をよく聞いて、後の問いに最も適したものを(A)から(D)の中で一つ選びなさい。

例) 女: 山田君来ないね。待ち合わせ場所間違えているのかな。

男: そういえば、この前みんなで待ち合わせた時も、西口に集合だったのに、

一人だけ東口に立ってたな。

女: でも、この駅の出口は一つだから今日は間違えようがないと思うんだけどな。

男: どうせ徹夜でゲームでもして起きられなかったんだよ。

男の人はどうして山田さんが約束に遅れていると思っていますか。

(A) 朝、ゲームをしていたから

(B) 朝寝坊して遅く起きたから

(C) 通夜で約束を忘れてしまったから

(D) 待ち合わせ場所を間違えているから

■……答 (A), (●), (C), (D)

51 男の人はどうしますか。

(A) 休暇を変更する。

(B) スタッフに連絡する。

(C) 5月10日に休みを取る。

(D) 自力で代わりの人を探す。

52 女の人はこれからどうしますか。

(A) 豚肉を買う。

(B) 材料を持って来る。

(C) 木彫りの食器を作る。

(D) 陶器製のスプーンを作る。

53 女の人は男の人からどう評価されていますか。

(A) 定時帰宅派である。

(B) パソコンのスキルが高い。

(C) 作業を効率的に進められる。

(D) 業務をスピーディーかつ正確にこなす。

54 女の人は打ち合わせに出ることについてどう思っていますか。

(A) 面倒くさい。

(B) お金が儲かる。

(C) 協力関係が深められる。

(D) 同僚として当然のことである。

55 男の人はこれから何をしますか。

(A) 花を生ける。

(B) 生け花を飾る。

(C) 華道教室に通う。

(D) 花を買いに出掛ける。

56 寝不足の原因は何ですか。

(A) 夜勤

(B) 生活騒音

(C) 体調不良

(D) 寝言といびき

57 マリさんについて正しいのはどれですか。

(A) 切子グラスを買った。

(B) 大量のお酒を飲んだ。

(C) 酒造りに興味があった。

(D) お酒がマイルドだと思った。

58 二人は何をしていますか。

(A) 地震への対策

(B) 引っ越しの準備

(C) 宅配の再配達依頼

(D) 家を留守にするための準備

59 女の人は何を買いますか。

(A) 胃腸薬

(B) 疲労回復薬

(C) アイケア製品

(D) 栄養ドリンク

60 男の人について正しいのはどれですか。

(A) 先発からよく外れる。

(B) すぐ辞めてしまう人である。

(C) 渡辺さんとライバルである。

(D) 取り返しのつかないミスをしてしまった。

61 女の人はこの後何をしますか。

(A) 病院に行く。

(B) 検査入院する。

(C) 応急処置をする。

(D) 膝の腫れが引くのを待つ。

62 総会についての男の人の評価はどれですか。

(A) 退屈である。

(B) 落ち着いている。

(C) ひんしゅくを買う。

(D) 特定の規定はない。

63 男の人はネットショッピングをどう思っていますか。

(A) 買いづらい物が買えるとは思っていない。

(B) レビューは信用できるとは思っていない。

(C) 口コミが参考になるからいいと思っている。

(D) 購入者の商品への評価は信頼できると思っている。

次のページに続く

64 女の人はどうして困っていますか。

(A) データを送ってしまったから

(B) データを削除してしまったから

(C) データを流失してしまったから

(D) データを記入してしまったから

65 女の人の考えはどれですか。

(A) この職場は男女平等ではない。

(B) 肩書に甘んじて怠けることもある。

(C) 全社員が業務に全力を投じている。

(D) 昇進すると、態度が豹変する人がいる。

66 男の人はどうすることがよくないと言っていますか。

(A) 仇を恩で報いる

(B) 耳を掩うて鐘を盗む

(C) 天に向かって唾を吐く

(D) 他人の念仏で極楽参り

67 二人は何について話していますか。

(A) 被害者のトラウマ

(B) 老人ホームへの入居

(C) 高齢者を狙った犯罪

(D) 高齢者による犯罪の増加

68 男の人は何を心配していますか。

(A) 接待

(B) 体重

(C) むくみ

(D) 糖尿病

69 女の人は何に苦しんでいますか。

(A) げっぷ

(B) 消化不良

(C) 摂食障害

(D) 胃癌の再発

70 男の人は女の人が持っている物についてどう思っていますか。

(A) ださいけど丈夫である。

(B) 保存状態が非常によい。

(C) 宝石として資産価値がある。

(D) おいそれと受け取るわけにはいかない。

71 女の人の現在の職場はどうですか。

(A) 閉塞感がある。

(B) 可もなく不可もない。

(C) ブラック企業である。

(D) 毎日のスケジュールが過密である。

72 女の人はどんな部屋を探していますか。

(A) 動物病院と近いところ

(B) 駅から遠くても広いところ

(C) 防音対策が施されたところ

(D) 近隣施設が充実しているところ

73 女の人は今、何をしていますか。

(A) 資料を印刷している。

(B) 課長にメールを送っている。

(C) 会議の要点をまとめている。

(D) 誤字脱字の部分を修正している。

74 男の人が決めた宿泊施設とその理由は何ですか。

(A) ホテル、観光地から近い

(B) 旅館、露天風呂が楽しめる

(C) 旅館、プライバシーが守られる

(D) ゲストハウス、値段が手頃だ

75 女の人はクリスマスに何をするつもりですか。

(A) 家で過ごす。

(B) おもてなしをする。

(C) デパ地下で惣菜を買う。

(D) 持ち寄りパーティーをする。

76 男の人は上司の発言をどう思っていますか。

(A) 垢抜けしないと思っている。

(B) 筋が通っていると思っている。

(C) 道理に合わないと思っている。

(D) 細かすぎて煩わしいと思っている。

77 女の人について正しいのはどれですか。

(A) 謙虚な人である。

(B) 怠け者の節句働きである。

(C) 振替休日に勤務している。

(D) 報連相のマナーを熟知していない。

78 男の人が遅れた理由はどれですか。

(A) 約束を忘れた。

(B) 上司に叱られた。

(C) 資料の修正を頼まれた。

(D) 先にペアリングを選んだ。

79 平均株価はこれからどうなると言われていますか。

(A) 少しずつ良くなる。

(B) 少しずつ悪くなる。

(C) 底割れ寸前になる。

(D) 横ばい状態になる。

80 女の人はこれから何をしますか。

(A) 入力画面に記入する。

(B) 「サポート」をクリックする。

(C) 電話で受け付けをする。

(D) エラーコードやQ&Aを確認する。

次のページに続く

IV. 次の文章をよく聞いて、後の問いに最も適したものを(A)から(D)の中で一つ選びなさい。

例) 中田さんは6時に起床して朝食を準備して、家を片付けてから出勤します。中田さんは前向きに何事にも取り組み、会社のまとめ役なので、会社にとって欠かせない存在ですが、退職して家事と子育てをきちんとこなしたいと思っています。娘はいつもひじ枕で昼寝をしているし、努力もしないし、成績も全然上がりません。その上、娘は恥じらいのないおてんばです。中田さんが小言を言うと、かえって怒り、足をばたつかせるわ、文句を言うわで中田さんは困っています。

1　中田さんの娘は叱られるとどうしますか。

(A) いい子ぶる。　　　　　　　　(B) 不平不満を言う。

(C) 腹いせにやけ食いをする。　　(D) 振り返って反省する。

2　この内容と合っているのはどれですか。

(A) 中田さんの娘は良妻賢母である。

(B) 中田さんは娘がすまし屋で悩んでいる。

(C) 中田さんは臆病者で日和見主義である。

(D) 中田さんは会社をやめたいと思っている。

■……答1　(A), (●), (C), (D)

2　(A), (B), (C), (●)

81　この人がティータイムを楽しむ理由は何ですか。

(A) テーブル映え

(B) ストレス解消

(C) 自分への褒美

(D) 免疫細胞の強化

82　使用しているティーセットはどれですか。

(A) テーブル映えする陶器製

(B) リーズナブルな価格の磁器製

(C) 飲み物の色が楽しめるガラス製

(D) アイスにもホットにも使える土器製

83　本文の内容と合っているのはどれですか。

(A) 月曜日にミルクティーを飲む。

(B) 火曜日に花入りの工芸茶を飲む。

(C) 水曜日に色が変わるマロウブルーを飲む。

(D) 木曜日にフルーティーな香りのアッサムを飲む。

84 食品の値上げの原因はどれですか。

(A) 原材料の増加

(B) 供給量の増加

(C) 円高への転換

(D) 物流費の上昇

85 食品の中で一番値上がりが目立つ物はどれですか。

(A) 缶詰

(B) 瓶詰

(C) 小麦粉

(D) 食用油

86 缶詰の値上げの原因はどれですか。

(A) 為替変動

(B) コスト削減

(C) 漁獲高の増加

(D) 魚体の大型化

87 老後生活が退職金だけでは不十分な理由はどれですか。

(A) 食料費が増えるから

(B) 再就職ができないから

(C) 貯金が目減りしているから

(D) 平均寿命が延びているから

88 老後の生活資金に対して不安を感じている人の割合として正しいのはどれですか。

(A) 約１６％

(B) 約３５％

(C) 約７０％

(D) 約８５％

89 余裕のある暮らしのためのお金の使途について正しいのはどれですか。

(A) 「身内との交際」に一番多く使っている。

(B) ２割を「耐久消費財の買い替え」に使っている。

(C) 「趣味」と「身内との交際」の割合はほぼ同じである。

(D) 「レジャー」の割合は「子どもへの資金援助」の割合の３倍以上である。

90 老後の夫婦の生活費の内訳の中で支出額が最も多いのはどれですか。

(A) 食料費

(B) 交通費

(C) 光熱費

(D) 医療費

次のページに続く

91 日本の山火事の主な原因はどれですか。

(A) 干ばつ

(B) 古い電線

(C) 人為的原因

(D) 頻繁な落雷

92 日本では山火事がどのくらい発生していますか。

(A) 1日1件発生する。

(B) 1年間に約1,300件発生する。

(C) 各地から毎日3件以上報告される。

(D) 都道府県ごとの発生数は1日当たり1件である。

93 山火事の発生について正しいのはどれですか。

(A) 季節的な特徴がある。

(B) 山火事の7割が春に発生する。

(C) 梅雨の時期に山火事は起きやすい。

(D) 冬は湿度が高くて山火事は起きにくい。

94 ケイティさんはどんな人ですか。

(A) 堅苦しい人

(B) そっけない人

(C) フレンドリーな人

(D) 馴れ馴れしい人

95 ケイティさんの最初の入国目的はどれですか。

(A) 研究

(B) 観光

(C) 留学

(D) 就職

96 ケイティさんの卒業後の希望はどれですか。

(A) 名所巡り

(B) 博士研究員

(C) 海外での就職

(D) 文化財の修復

97 この人は冷え症の対策としてまず何を
しましたか。
(A) 運動を始めた。
(B) 病院に行った。
(C) 漢方薬を飲み始めた。
(D) セルフケアを始めた。

98 冷え症の原因として挙げられていないの
はどれですか。
(A) ホルモンの乱れ
(B) 自律神経の乱れ
(C) 血液循環の悪化
(D) 食事の量の少なさ

99 冷え症はどんな状態ですか。
(A) 体温調節がうまくできない状態
(B) 感情調節がうまくできない状態
(C) アンガーマネジメントがうまくできない
状態
(D) 食事量のコントロールがうまくできない
状態

100 冷え症が引き起こす症状として挙げられ
ているのはどれですか。
(A) 風邪
(B) 嘔吐
(C) 肌荒れ
(D) 首のこり

これで聞き取りの問題は終わります。

それでは、次の質問101番から質問200番までの問題に答えなさい。

答案用紙に書き込む要領は聞き取りの場合と同じです。

次のページに続く

V. 下の＿＿＿線の言葉の正しい表現、または同じ意味のはたらきをしているものを(A)から(D)の中で一つ選びなさい。

101 日本の歴史的な建築物が見られる京都では、趣のある庭を眺めながら食事を楽しむことができる。
(A) しゅ
(B) かたむき
(C) うつむき
(D) おもむき

102 彼は今、新薬の研究開発に挑んでいる。
(A) つかんで
(B) いどんで
(C) はげんで
(D) にげんで

103 南の地方では気候的特性を考慮して開放的な住宅構造をもつ。
(A) とくせい
(B) とくしょう
(C) とくちょう
(D) どくしょう

104 放射能の流出で深刻な被害が予想されます。
(A) ほうしゃのう
(B) ぼうしゃのう
(C) ほうしのう
(D) へいしゃのう

105 100円ショップでは衝動買いしても後悔はしないでしょう。
(A) ちゅうどうがい
(B) しょうどうがい
(C) しゅうどうがい
(D) じゅうどうがい

106 もうれつな暑さで何をするのも煩わしい。川にでも飛び込みたい。
(A) 孟列
(B) 猛列
(C) 孟烈
(D) 猛烈

107 かたくるしい挨拶は抜きにして一杯飲みましょう。
(A) 頑苦しい
(B) 片苦しい
(C) 堅苦しい
(D) 型苦しい

108 いっこだてはマンションと比べて、近所付き合いが煩わしいと思います。
(A) 一個建て
(B) 一個立て
(C) 一戸立て
(D) 一戸建て

109 このホームページの内容の無断てんさいを禁じております。
(A) 転際
(B) 転載
(C) 転再
(D) 転祭

110 祖母のガンは末期で、医者からはもう手のほどこしようがないと説明を受けた。
(A) 施し
(B) 逃し
(C) 励し
(D) 放し

111 もうこんな時間ですね。**日が暮れないう ちに**帰りましょうか。

    (A) 日が暮れる間に

    (B) 日が暮れたとたんに

    (C) 日が暮れるように

    (D) 日が暮れる前に

112 世界的な不況の影響でわが国の景気も **悪くなる一方**です。

    (A) どんどん悪くなる

    (B) 悪くなるわけがない

    (C) いいはずがない

    (D) 悪いところもある

113 コーヒーとジュースがありますが、 先生は何を**お飲みになりますか**。

    (A) ご覧になりますか

    (B) 召し上がりますか

    (C) お伺いしますか

    (D) いただきますか

114 全盛期に比べて声量が衰えてしまった。 しかし**腐っても鯛**で、観客の心を魅了す る歌声を彼女は披露した。

    (A) 何の苦労もしないで多くの利益を得る

    (B) とかく人から憎まれたりねたまれたり する

    (C) 優れたものは状態が落ちても価値を失 わない

    (D) 強いものが何かを得て、さらに強くなる

115 おせち料理は、昔は年の暮れにお母さんが **手間をかけて**作ってくれました。

    (A) 家族づれで

    (B) 買い物して

    (C) お金を使って

    (D) 労力をかけて

116 とても退屈**そう**な顔をしていますね。

    (A) 私の友だちの中でも山で遭難して死に **そう**になった人がいます。

    (B) 日本も地震や津波が多い**そう**です。

    (C) 日本には温泉や湖がたくさんある**そう** です。

    (D) 彼はいくら注意してもだめだ**そう**です。

117 あなたが大声を出した**ばかり**に子どもが 泣き出してしまった。

    (A) 座って**ばかり**いないで、たまには運動 もしなさい。

    (B) お金がない**ばかり**に今度の旅行は一緒 に行けない。

    (C) 学校では英語**ばかり**習っています。

    (D) 韓国へ来た**ばかり**でまだ韓国語は上手 に話せません。

118 彼は席に着く**なり**、すぐにスマホをいじ り始めた。

    (A) 今回の騒動については、誤解が多いの で自分**なり**にまとめてみた。

    (B) 大学**なり**専門学校**なり**とにかくどこで もいいから学校に入りたい。

    (C) 彼女は自分に自信がないらしく、いつ も人の言い**なり**になっている。

    (D) 電車のドアが開く**なり**乗客は一斉に乗 り込んだ。

119 あの人は人目を**ひく**かっこうをするのが 好きだ。

    (A) なべを温めてから油を**ひい**た。

    (B) 小学生からの投書が私の注意を**ひい**た。

    (C) 田舎の父は自分の家の風呂に温泉を**ひ い**ている。

    (D) 5から3を**ひく**と2になる。

次のページに続く

120 健康のため、6か月前からたばこを<u>たった</u>
そうだ。

(A) 彼は傍らにあった刀を取って<u>たった</u>。

(B) 家族と離れて、ここに移り住んでから
3年<u>たった</u>。

(C) 嘘つきの彼との関係を<u>たつ</u>ことにした。

(D) 足がしびれて<u>たつ</u>ことができない。

Ⅵ. 下の＿＿＿線の(A), (B), (C), (D)の言葉の中で正しくないものを一つ選びなさい。

121 うちのご主人はゴルフが大好きで、週末になるといつもゴルフに出かけている。
　　　　　 (A)　　　　　 (B)　　　　　　 (C)　　　　　　　　 (D)

122 東西古今を問わず、「時は金なり」という格言は相変わらず使われている言葉だ。
　　 (A)　　　　　　　　 (B)　　　　　　　 (C)　　　　　　　 (D)

123 ただいま課長の橋本がいらっしゃいますので、こちらで少々お待ちください。
　　　　　　 (A)　　　 (B)　　　　　　　 (C)　　　 (D)

124 この町に大きな自動車工場ができるので、来年には労働人口が大幅に変化させると思われる。
　　　　 (A)　　　　　　　 (B)　　　　　　 (C)　　　　　　　　 (D)

125 あの子はいったん遊びに出たが始末、暗くなるまで戻って来ない。
　　　　　　　　 (A)　　　　　 (B)　　　 (C)　 (D)

126 友達と大切な相談をするときは、からからしたところではなく、静かなところで話したほうが
　　　 (A)　　　　　　　　 (B)　　　 (C)　　　　　　　　　　 (D)
いい。

127 牛乳と砂糖のほかに いろんな果物がたくさん入れてあります。それにおいしいはずです。
　　　　　 (A)　　 (B)　　　　　　　　 (C)　　　 (D)

128 日本の企業はテストより面接重視で、何回も面接をもらうことも珍しくない。
　　　　　　　　　　 (A)　　　 (B)　　 (C)　 (D)

129 音楽の商品形態は「パッケージ」から「データ」の時代へと移るつつある。
　　　　 (A)　　　　　　　 (B)　　　　　 (C)　 (D)

130 食の安全を守るために従業員にコンプライアンスを徹底される研修なども必要となる。
　　 (A)　　 (B)　　　　　　　　　　　 (C)　　　　　　 (D)

131 せっかくの休日なのに、何もすることがなくて一人で街をがちがちして過ごした。
　　 (A)　　 (B)　　　　　　　　　　　　　　 (C)　　 (D)

132 恐れ入りますが、あちらのカウンターでチケットをお買い求めてください。
　　　　　　　　　　 (A)　　 (B)　 (C)　　　 (D)

次のページに続く

133　今日はどの新聞もすべて一面にその悲しい記事を載っている。
　　　　　　　 (A)　　　　 (B)　　　　 (C)　　　　　　　 (D)

134　わが社が 誇るダイエット食品です。確か 試してみてください。
　　　　(A) (B)　　　　　　　　　　　　　 (C)　　 (D)

135　医者の考え込みな診断と治療のおかげで 病人は だんだんよくなった。
　　　　　　　 (A)　　　　　　　　　　 (B) (C)　　 (D)

136　確認後、メールにてご返信いただけますでしょうか。お世話ですが、よろしくお願い
　　　　　　　　　 (A)　　　　 (B)　　　　　　　　　　　 (C)

いたします。
　 (D)

137　木下さんにはアニメの登場人物のセリフを通暗記できるという実に驚くべき才能がある。
　　　　　　　　 (A)　　　　　　 (B)　　　　 (C)　　　　　　　 (D)

138　お忙しいでしょうから、用件に入らさせていただきたいんですが、よろしいでしょうか。
　　　(A)　　　　　　 (B)　　　　 (C)　　　　　　　　　　　　　　 (D)

139　こちらが製品カタログでございます ので、拝見いただきたいと思います。
　　　 (A)　　　　　　　　 (B)　　　 (C)　 (D)

140　何か具体的な対策があったら、 差し控えない範囲で結構ですので、教えていただけますか。
　　　(A)　　　　　　　　　　　 (B)　　　　　 (C)　　　　　 (D)

356

Ⅶ. 下の＿＿＿＿線に入る最も適したものを(A), (B), (C), (D)の中から一つ選びなさい。

141 現在、少子高齢化が進み、地方では若年層の減少により地場産業などは大きな打撃を
＿＿＿＿＿＿います。
(A) もらって
(B) いただいて
(C) 受けて
(D) 与えて

142 几帳面な人だと思って付き合っていたが、＿＿＿＿＿そうでもなかった。
(A) まことに
(B) めっきり
(C) かろうじて
(D) 残念ながら

143 起こり得る問題がわかっているならば対策する＿＿＿＿＿ですよ。
(A) わけ
(B) まで
(C) ばかり
(D) ところ

144 人に誤解されるような無礼な行動は＿＿＿＿＿方がいいですよ。
(A) 慎んだ
(B) 慎み
(C) 慎まない
(D) 慎んで

145 行事＿＿＿＿＿、お盆のように先祖を供養するもの、節分のように家内安全を願うものなどが
あります。
(A) へは
(B) のは
(C) では
(D) には

次のページに続く

146 年功序列＿＿＿＿＿＿＿、働いた年数が長くなれば給料も地位も高くなるということです。

(A) では

(B) とは

(C) には

(D) のは

147 三権、＿＿＿＿＿＿＿国会、内閣、裁判所がお互いの力をチェックするようになっている。

(A) すなわち

(B) したがって

(C) それとも

(D) とはいえ

148 新機種の発表にともない、この一週間は特別価格＿＿＿＿＿＿＿販売いたします。

(A) とて

(B) にして

(C) について

(D) にて

149 いつも通勤の人で賑わう新宿駅ですが、平日早朝＿＿＿＿＿＿＿さすがに静かです。

(A) ともすると

(B) にもなると

(C) ともなると

(D) にもすると

150 「もったいない」とか「元を取りたい」という気持ちで＿＿＿＿＿＿＿に行くといつも食べすぎてしまう。

(A) バイキング

(B) リサイクル

(C) コンビニ

(D) マスコミ

151 あの店員は、来たばかりのころは自信なさそうに＿＿＿＿＿＿＿していたが、
今はすっかり落ち着いた。

(A) どたばた

(B) おどおど

(C) だらだら

(D) ぼろぼろ

152 次の大統領にふさわしい人物は、彼をおいてほか＿＿＿＿＿＿＿。

(A) ならない

(B) にはいるだろう

(C) にすぎない

(D) にはいない

153 先月できたパン屋は評判がよく、人気のパンは焼ける＿＿＿＿＿＿＿売れていくそうだ。

(A) とたんに

(B) そばから

(C) だけあって

(D) かのうちに

154 彼の冗談には、いつも思わず＿＿＿＿＿＿＿。

(A) 笑わせる

(B) 笑われる

(C) 笑わせられる

(D) 笑わさせられる

155 政府には早く対策をたててほしいと、被害者たちは涙＿＿＿＿＿＿＿訴えた。

(A) ばかりに

(B) ながらに

(C) になって

(D) かぎりに

156 国へ帰りたい気持ちは分かるが、この病状では延期＿＿＿＿＿＿＿をえないだろう。

(A) せざる

(B) されず

(C) せぬ

(D) せず

157 あの人は口が＿＿＿＿＿＿＿から、秘密をもらしたりしません。

(A) おもい

(B) かたい

(C) つよい

(D) きつい

次のページに続く

158 まじめな彼は、＿＿＿＿＿10分の発表のために徹夜で準備していた。

(A) たかだか

(B) あいにく

(C) 敢えて

(D) あらかじめ

159 ３０万円なら貸してやってもいいけど、給料日には＿＿＿＿＿返せよ。

(A) さぞ

(B) じっと

(C) ぜひ

(D) 必ず

160 この度、代表として国際会議に＿＿＿＿＿いただくことになりました。

(A) 行かせて

(B) 行かれて

(C) 行かされて

(D) 行かせられて

161 周囲の反対＿＿＿＿＿、兄はいつも自分の意志を通してきた。

(A) にもまして

(B) であれ

(C) しないまでも

(D) をものともせず

162 津波のことなど想像する＿＿＿＿＿恐ろしい。

(A) でも

(B) だに

(C) では

(D) だの

163 いまさら後悔してみた＿＿＿＿＿、してしまったことは取り返しがつかない。

(A) といえども

(B) にせよ

(C) ところで

(D) ばかりに

164 最終のバスに間に合わなくて困っていた＿＿＿＿＿、運よくタクシーが通りかかり、無事帰宅できた。

(A) とたんに

(B) あげくに

(C) ために

(D) ところに

165 今の成績では第一志望の大学に＿＿＿＿＿から、もっと勉強しなければならない。

(A) 合格できっこない

(B) 合格するこない

(C) 合格しない

(D) 合格するまい

166 ＿＿＿＿＿夫婦喧嘩をしても、お互い自尊心を傷つけるようなことを言ってはいけない。

(A) まるで

(B) いくら

(C) かねて

(D) すでに

167 手術＿＿＿＿＿、医者は患者とその家族に考え得るすべてのリスクを説明した。

(A) にしたら

(B) にしたがって

(C) につけ

(D) に先立って

168 橋本さんは学生時代、選手＿＿＿＿＿テニスがうまい。

(A) だけではなく

(B) なんて

(C) だけあって

(D) までもなく

169 キムチが食べられないのに、＿＿＿＿＿激辛料理が食べられるはずはない。

(A) まさか

(B) どうせ

(C) まして

(D) いかに

次のページに続く

170 一週間＿＿＿＿＿＿討論をしたが、結論は出せなかった。

(A) にわたって

(B) について

(C) にそって

(D) にともなって

Ⅷ. 下の文を読んで、後の問いに最も適したものを(A)から(D)の中で一つ選びなさい。

[171-173]

回転ずし大手「スシヤー」が昨年９〜12月、店舗にウニやカニのすしの在庫がなく、提供できないと分かっていながらテレビＣＭやインターネット上で広告したなどとして、消費者庁は９日、景品表示法違反 (おとり広告) で再発防止を求める措置命令を出した。

調査によると、違反があったのは期間限定で販売した「濃厚うに包み」（110円）、「うにの３種盛り」（528円）、「豪華かにづくし」（858円) の３商品。

ウニの２商品は発売からわずか５日後の昨年９月13日に既に一時販売中止を決めていたのに、在庫を再確保する＿＿＿①＿＿＿間も広告を続けた。カニも昨年11月と12月、終日販売できない店舗があった。全国で展開する約600店舗のうち９割以上が該当した。

「スシヤー」は９日、ウェブサイトで消費者庁からの命令に対する「お詫びとお知らせ」を公表した。また広告表現の見直しや景品表示法に関する研修などの実施で再発防止に取り組むという。

お詫びとお知らせでは、在庫不足の原因について「予想をはるかに上回るご愛顧」で発生したと説明。店舗で「＿＿②＿＿」「商品の入荷待ち」などの告知をしたケースはあったが、ウェブ上や店頭での表示の停止が徹底されなかったという。

171 ＿＿＿①＿＿＿ に入る言葉として最も適当なのはどれですか。

(A) めどが立たない　　　　　　(B) めどが立つ

(C) チャンスを掴む　　　　　　(D) チャンスを逃す

172 ＿＿＿②＿＿＿ に入る言葉として最も適当なのはどれですか。

(A) 店舗改装　　　　　　　　　(B) 臨時休業

(C) 営業時間　　　　　　　　　(D) 売切御免

173 消費者庁が「スシヤー」を調べた結果ではないのはどれですか。

(A) カニなど在庫がないとわかっている上で広告をした。

(B) 毎年、海産物の価格を徐々に値上げしている。

(C) 去年、カニの販売ができない店があった。

(D) 期間限定で販売した商品に違反があった。

次のページに続く

[174-177]

日本においては、花粉症、五月病、夏ばて、インフルエンザなどの＿＿①＿＿がある。その中で、五月病は新年度の４月に新しい環境に適応できないでいると、人によっては、無気力、不安感、焦りなどの特徴的な症状がしばしば５月のゴールデンウィーク明け頃から起こることが多いためこの名称がある。５月は気温の差が激しく、不安定な季節で、五月病は環境の変化やストレスばかりが原因ではなく、気温の変化も関係して生じる。

五月病を乗り越える対策としてはストレスをためないことである。日常生活に支障をきたさないかぎり、気分転換をはかったり、疲れがたまっているときは無理をせず、睡眠時間を充分にとることである。しかし、なかなか症状が軽くならない場合は、精神を安定させる良い薬もあるので、病院で治療を受けることも必要である。心療内科や神経内科で治療を受けることで回復も早く、深刻な症状に陥らずに済むのである。最後は力が出るような食事や栄養をしっかり摂ることである。食事のバランスを保つには、栄養やエネルギーが豊富な季節の食材やいろいろな食品を組み合わせることが必要である。

174 五月病の原因ではないのはどれですか。

(A) ストレス
(B) 三寒四温
(C) 気温変化
(D) 環境への不適応

175 五月病の予防と対策として挙げられたのはどれですか。

(A) 心臓内科や神経内科で神経を安定させる良い薬をもらう。
(B) ストレスを晴らすため、ゴールデンウィークに海外旅行へ行く。
(C) 栄養欠乏症を防ぐため、栄養を過剰に摂取しなければならない。
(D) 疲労感が続く時は、病院に行って深刻な症状に陥らないようにする。

176 五月病に効果的な食事法は何ですか。

(A) 高価な旬の食材を使った料理を食べる。
(B) ５月に出る野菜とたんぱく質を食べる。
(C) エネルギーが豊富な山海の珍味を摂取する。
(D) 食品を組み合わせて釣り合いを取って食べる。

177 ＿＿①＿＿に入る言葉として最も適当なのはどれですか。

(A) 季節病
(B) 認知症
(C) 遺伝病
(D) うつ病

[178-180]

拝啓 ___①___ 、貴社ますますご隆盛のこととお慶び申し上げます。

　さて、まことに申し上げにくいことながら、近年の原材料の大幅値上げと人件費の高騰により、当社製品も従来の価格を維持することが困難になってまいりました。

　つきましては、まことに恐縮ですが、きたる10月1日をもちまして、製品価格を添付した別紙のとおり改定させていただくことになりました。何卒、余儀ない事情をご理解いただき、今後とも変わらぬご高配を賜りますようお願い申し上げます。

　取り急ぎ、お知らせ ___②___ お願いまで。

敬具

記

同封書類　当社製品新価格表　1通

以上

178 タイトルとして最も相応しいのはどれですか。

(A) 不良品に対する抗議

(B) 抗議文に対する反駁

(C) 納入価格引き上げのお願い

(D) 品質低下をめぐる論議

179 ___①___ に入る言葉として最も適当なのはどれですか。

(A) 初春の候

(B) 春分の候

(C) 師走の候

(D) 残暑の候

180 ___②___ に入る言葉として最も適当なのはどれですか。

(A) かたわら

(B) かたがた

(C) についての

(D) に関しての

次のページに続く

　　SNSが発達した昨今、個人情報は極めて慎重に取り扱うべきだという考えは、もはや常識となった。特に子どもの場合は、顔写真など含めて慎重にならざるをえない。子どもを狙った犯罪、特に性犯罪が＿＿＿①＿＿＿からだ。幼さや純粋さにつけこむ犯行は卑劣そのもの。そんな社会で、もし「＃個人情報を勝手に暴露します」というハッシュタグで、子どもの個人情報がネット空間にさらされたら、どうなるだろうか。

　　玩具メーカー大手Ａ社の公式SNSが昨年、たまたまトレンド入りしていた「＃個人情報を勝手に暴露します」のハッシュタグに便乗し情報発信した。そして、着せ替え人形「○○ちゃん」の誕生日、身長や体重、電話番号などの公式プロフィール情報が掲載された。このプロフィール自体は周知の設定で問題はないのだが、「暴露」というノリで、子どもへの性犯罪を想起させる文章に驚きと批判が相次いだ。投稿の内容も、本来なら大人が保護すべき子どもに対して、成人男性が「優しくしてほしい」とケア役割を期待しているように読み取れた。子どもの夢を育むはずの玩具メーカーが、自らそのビジョンを損なったといえよう。

　　この投稿は＿＿＿②＿＿＿し、発信元のＡ社が「社会の一員として守るべきモラルに欠ける内容」だったとして削除した。同社には原点に立ち返り、子どもに寄り添う姿勢を取り戻してほしい。

181 筆者が言いたいことはどれですか。

(A) 子どもの純粋さをより効果的に宣伝するため工夫すること

(B) 大人にケア役割をしてもらえるようハッシュタグをつけること

(C) SNS上で子どもの顔写真などはより慎重に考えて取り扱うこと

(D) 子どもの誕生日祝いをより豪華にしてあげること

182 ＿＿＿①＿＿＿に入る言葉として最も適当なのはどれですか。

(A) まれだ　　　　(B) 途切れた　　　　(C) 後を絶たない　　　　(D) なくなった

183 ＿＿＿②＿＿＿に入る言葉として最も適当なのはどれですか。

(A) 好評　　　　(B) 登録　　　　(C) 低迷　　　　(D) 炎上

184 本文の内容と合っていないのはどれですか。

(A) Ａ社の公式SNSに驚きや非難のコメントが次々に寄せられた。

(B) 子どもを狙った犯罪などは卑劣極まりないことだ。

(C) 大手玩具メーカーのＡ社は保育園を運営している。

(D) プロフィールの暴露が問題になってＡ社がお詫びをした。

[185-188]

---

①　　　　　のお知らせ

総務部

下記の通りビル全体で一斉避難訓練が実施されます。
各階の防災責任者の指示に従って原則、全員参加してください。

記

１．実施日時
　　第1回：9月1日(火) 10:00～11:30　第2回：9月2日(水) 13:00～14:30
　　第3回：9月3日(木) 13:00～14:30　第4回：9月4日(金) 15:00～16:30

２．実施要領
　　(1) 各階の防災責任者宛に8月25日までに各人の参加日を届ける。
　　(2) 当日は　　②　　が鳴ったら、アナウンスに従い、非常階段から　　③　　する。
　　　　（ヘルメット着用のこと）
　　(3) 一階まで下りたら、市民公園に　　④　　する。
　　(4) 各階の防災責任者は点呼の上、人数を確認し　　⑤　　。
　　(5) 実施状況を所定の報告書で総務課に報告する。

185　　　①　　　に入る言葉として最も適当なのはどれですか。

(A) 防災訓練　　　　(B) 避難訓練　　　　(C) 教育訓練　　　　(D) 消防訓練

186 この訓練の実施時間はどのくらいですか。

(A) 60分　　　　(B) 90分　　　　(C) 120分　　　　(D) 240分

187　　　②　～　　⑤　　に入る言葉として最も適当なのはどれですか。

	②	③	④	⑤
(A)	退避	集合	警報	解散
(B)	警報	退避	集合	解散
(C)	警報	解散	退避	集合
(D)	退避	集合	解散	警報

188 本文の内容と合っていないのはどれですか。

(A) この訓練は9月の間、4回行われる。
(B) 実施初日の一週間前には参加日を伝える。
(C) 多忙な人はわざわざ参加しなくてもいい。
(D) この訓練の実施状況を総務課に報告する。

次のページに続く

SDGsとは「Sustainable Development Goals」を略したもので、日本語では「持続可能な開発目標」と呼んでいる。気候変動や社会の格差の問題などが深刻さを増す中、２０１５年の国連総会で３０年までに達成する世界共通の目標となった。１７の目標と、それを具体化した１６９のターゲットがある。経済、社会、環境のいずれもが持続可能な形で成長していくことを目指し、「誰ひとり取り残さない」を基本理念とする。１７の目標には、貧困や飢餓などから、働きがいや経済成長、気候変動に至るまで、２１世紀の世界が抱える課題が包括的に挙げられている。①一つの問題が、複数の課題につながっていることも少なくない。例えば、「海洋プラスチックごみ問題」である。関係するのは、廃棄物の大幅削減を求めた「目標１２：つくる責任 つかう責任」だけではない。ごみを減らす手段として焼却すれば、二酸化炭素が発生し、温暖化の原因となる。「目標１３：気候変動に具体的な対策を」も念頭に解決策を考えねばならない。また、ごみが細かく砕けて「マイクロプラスチック」となり、魚や海鳥がエサと間違えて食べて、大きな被害を受けている。海の生態系保全を求めた「目標１４：海の豊かさを守ろう」も関わるのである。

189 SDGsが誕生した理由は何ですか。

(A) 世界各国の国民の栄養水準及び生活水準の向上のため

(B) 農村住民の生活条件の改善のため

(C) 気候変動や社会の格差の問題などを解決するため

(D) 労働関連の問題に関する対話を強化するため

190 SDGsの目標として当てはまらないのはどれですか。

(A) 貧困や飢餓をなくす。 (B) 働きがいのある人間らしい労働環境を整備する。

(C) 気候変動に具体的な対策を取る。 (D) 原子力の安全を強化する。

191 ① 一つの問題が、複数の課題につながっていることの例として正しいのはどれですか。

(A) 貧困問題が適切かつ効果的な学習成果をもたらすこと

(B) ジェンダー平等が女性の能力強化を促進すること

(C) 環境問題が経済発展と人間の福祉を支援すること

(D) ごみ問題が気候問題になりうること

192 本文の内容からみて、SDGsの理念はどれですか。

(A) 世界の平和および安全を維持すること (B) 誰一人取り残さないこと

(C) 諸国間の友好関係を発展させること (D) 金融の安定と国際通貨協力を促すこと

フーリガンはサッカーの試合会場の内外で暴力的な言動を行う暴徒化した集団で、深刻な社会問題になっている。

イタリアの場合、イタリアリーグの試合で暴動により警察官１人が死亡した事件が発生し、それを契機にイタリア議会はフーリガン対策法を可決・成立させた。議会の承認を経て永続的な法律となって、アウェーの観客に対するチケットの大量まとめ売りや暴力行為を挑発するような旗の持ち込みを禁止した。なお、火炎瓶の投げ入れなどで試合が中止に追い込まれる問題行為を起こした者に懲役を科したり、クラブが過激なサポーターと関係していることが発覚した場合は罰金を科すことなども規定した。このほか、家族連れの観客の14歳以下の客に対し各クラブが無料チケットを配布することも義務付けられた。

日本ではＪリーグがスタートしてから、フーリガンの暴力行為が見られるようになった。チームのサポーター同士が殴り合うなどの暴力行為を行って、警察官が出動して騒動を鎮静化したこともある。また、コーナーキックの際にゴール裏にいた相手チームのサポーターが選手に大きな旗を振って妨害して、両チームにとって後味の悪い試合になってしまったこともあった。

193 Ｊリーグでのフーリガンはどんな行動をしましたか。

(A) 試合中の選手のプレーを邪魔した。　　(B) 選手のワイルドなプレーをやじった。

(C) ゲームの後、競技場に火炎瓶を投げた。　(D) 競技場に入って選手たちと胴上げをした。

194 イタリアでフーリガン対策法の成立のきっかけになったのはどれですか。

(A) 各チームの選手が喧嘩したから

(B) サポーターの間で争いが生じたから

(C) ファンが暴れて警察官が犠牲になったから

(D) 負けたチームのサポーターが審判を殴ったから

195 なぜゲームの後味が悪かったですか。

(A) 逆転負けが信じられなかったから

(B) 納得のいかない判定が多かったから

(C) 両手を使って守備妨害をやらしたから

(D) サポーターの過度な行為が試合を妨害したから

196 イタリアのフーリガン対策法でないのはどれですか。

(A) 暴力行為を挑発する旗の持ち込みが禁止になった。

(B) クラブが家族連れの観客に無料チケットを一枚配布する。

(C) 試合の中止に追い込まれた行為を起こした者に懲役を科する。

(D) クラブが過激なサポーターと関係している場合は罰金を科する。

次のページに続く

　　日本の大学生に人気があった会社は電機メーカーであったが、景気後退の影響により「＿＿①＿＿」が強まり、社会・生活インフラを支える業界・企業への支持が急騰した。

　　日本の大学生が職業を選択する時、最も考慮しているのは会社の安定とともに仕事を通して達成感、成長実感が得られるかであった。今期ランキングで最も目を引いた業界は、景気動向の影響を受けにくいイメージのある医薬品・化粧品・トイレタリー業界で、これらの企業は全体的に人気が上昇し、また放送・印刷・新聞も多数の企業がランクアップした。そして、航空業界や鉄道業界３社などの運輸業界が昨年に比べ大幅にランクアップした。

　　さて、新入社員を対象に「初任給を何に使うか」というアンケートを行ったところ、両親へ記念になるような物をプレゼントするという答えが多く、他には食事に招待したり、旅行をプレゼントしたりするという答えが出た。

　　就職した会社については「大変満足している」５９％、「まあまあ満足している」２１％、「どちらでもない」１０％、「不満だ」６％、「非常に不満だ」４％であった。また、「５年後の年収はどうなると思うか」について調査した結果、「やや上がる」が６２％で最多、「横ばい」が２８％であった。福祉政策については殆んどが満足していると答えた。

197 日本の大学生が職業を選択する時、最も考慮しているのはどれですか。

(A) 仕事への適性　　　　　　　　(B) 勤務地の環境

(C) 年収への満足度　　　　　　　(D) 仕事を通しての成長実感

198 就職した会社についてどう思っていますか。

(A) だいたい仕事に満足している。　　　(B) 給料の男女差に不満を持っている。

(C) 福祉政策についてやや不満である。　(D) 期待した通りいささか満足している。

199 ＿＿①＿＿ に入る言葉として最も適当なのはどれですか。

(A) 安定志向　　　　　　　　　　(B) 均衡志向

(C) 給料志向　　　　　　　　　　(D) 先導志向

200 新入社員は初任給で主に何をしますか。

(A) 恋人へプレゼントを贈る。

(B) 記念になる物を両親に贈る。

(C) 現金を入れた財布を両親に贈る。

(D) 貯金、又は株に投資して資産運用を始める。

ANSWER SHEET

NEW JPT 한권으로 끝내기 800 실전모의테스트

聽 解 (Part I~IV)

No.	ANSWER	No.	ANSWER	No.	ANSWER	No.	ANSWER	No.	ANSWER
1	Ⓐ Ⓑ Ⓒ Ⓓ	21	Ⓐ Ⓑ Ⓒ Ⓓ	41	Ⓐ Ⓑ Ⓒ Ⓓ	61	Ⓐ Ⓑ Ⓒ Ⓓ	81	Ⓐ Ⓑ Ⓒ Ⓓ
2	Ⓐ Ⓑ Ⓒ Ⓓ	22	Ⓐ Ⓑ Ⓒ Ⓓ	42	Ⓐ Ⓑ Ⓒ Ⓓ	62	Ⓐ Ⓑ Ⓒ Ⓓ	82	Ⓐ Ⓑ Ⓒ Ⓓ
3	Ⓐ Ⓑ Ⓒ Ⓓ	23	Ⓐ Ⓑ Ⓒ Ⓓ	43	Ⓐ Ⓑ Ⓒ Ⓓ	63	Ⓐ Ⓑ Ⓒ Ⓓ	83	Ⓐ Ⓑ Ⓒ Ⓓ
4	Ⓐ Ⓑ Ⓒ Ⓓ	24	Ⓐ Ⓑ Ⓒ Ⓓ	44	Ⓐ Ⓑ Ⓒ Ⓓ	64	Ⓐ Ⓑ Ⓒ Ⓓ	84	Ⓐ Ⓑ Ⓒ Ⓓ
5	Ⓐ Ⓑ Ⓒ Ⓓ	25	Ⓐ Ⓑ Ⓒ Ⓓ	45	Ⓐ Ⓑ Ⓒ Ⓓ	65	Ⓐ Ⓑ Ⓒ Ⓓ	85	Ⓐ Ⓑ Ⓒ Ⓓ
6	Ⓐ Ⓑ Ⓒ Ⓓ	26	Ⓐ Ⓑ Ⓒ Ⓓ	46	Ⓐ Ⓑ Ⓒ Ⓓ	66	Ⓐ Ⓑ Ⓒ Ⓓ	86	Ⓐ Ⓑ Ⓒ Ⓓ
7	Ⓐ Ⓑ Ⓒ Ⓓ	27	Ⓐ Ⓑ Ⓒ Ⓓ	47	Ⓐ Ⓑ Ⓒ Ⓓ	67	Ⓐ Ⓑ Ⓒ Ⓓ	87	Ⓐ Ⓑ Ⓒ Ⓓ
8	Ⓐ Ⓑ Ⓒ Ⓓ	28	Ⓐ Ⓑ Ⓒ Ⓓ	48	Ⓐ Ⓑ Ⓒ Ⓓ	68	Ⓐ Ⓑ Ⓒ Ⓓ	88	Ⓐ Ⓑ Ⓒ Ⓓ
9	Ⓐ Ⓑ Ⓒ Ⓓ	29	Ⓐ Ⓑ Ⓒ Ⓓ	49	Ⓐ Ⓑ Ⓒ Ⓓ	69	Ⓐ Ⓑ Ⓒ Ⓓ	89	Ⓐ Ⓑ Ⓒ Ⓓ
10	Ⓐ Ⓑ Ⓒ Ⓓ	30	Ⓐ Ⓑ Ⓒ Ⓓ	50	Ⓐ Ⓑ Ⓒ Ⓓ	70	Ⓐ Ⓑ Ⓒ Ⓓ	90	Ⓐ Ⓑ Ⓒ Ⓓ
11	Ⓐ Ⓑ Ⓒ Ⓓ	31	Ⓐ Ⓑ Ⓒ Ⓓ	51	Ⓐ Ⓑ Ⓒ Ⓓ	71	Ⓐ Ⓑ Ⓒ Ⓓ	91	Ⓐ Ⓑ Ⓒ Ⓓ
12	Ⓐ Ⓑ Ⓒ Ⓓ	32	Ⓐ Ⓑ Ⓒ Ⓓ	52	Ⓐ Ⓑ Ⓒ Ⓓ	72	Ⓐ Ⓑ Ⓒ Ⓓ	92	Ⓐ Ⓑ Ⓒ Ⓓ
13	Ⓐ Ⓑ Ⓒ Ⓓ	33	Ⓐ Ⓑ Ⓒ Ⓓ	53	Ⓐ Ⓑ Ⓒ Ⓓ	73	Ⓐ Ⓑ Ⓒ Ⓓ	93	Ⓐ Ⓑ Ⓒ Ⓓ
14	Ⓐ Ⓑ Ⓒ Ⓓ	34	Ⓐ Ⓑ Ⓒ Ⓓ	54	Ⓐ Ⓑ Ⓒ Ⓓ	74	Ⓐ Ⓑ Ⓒ Ⓓ	94	Ⓐ Ⓑ Ⓒ Ⓓ
15	Ⓐ Ⓑ Ⓒ Ⓓ	35	Ⓐ Ⓑ Ⓒ Ⓓ	55	Ⓐ Ⓑ Ⓒ Ⓓ	75	Ⓐ Ⓑ Ⓒ Ⓓ	95	Ⓐ Ⓑ Ⓒ Ⓓ
16	Ⓐ Ⓑ Ⓒ Ⓓ	36	Ⓐ Ⓑ Ⓒ Ⓓ	56	Ⓐ Ⓑ Ⓒ Ⓓ	76	Ⓐ Ⓑ Ⓒ Ⓓ	96	Ⓐ Ⓑ Ⓒ Ⓓ
17	Ⓐ Ⓑ Ⓒ Ⓓ	37	Ⓐ Ⓑ Ⓒ Ⓓ	57	Ⓐ Ⓑ Ⓒ Ⓓ	77	Ⓐ Ⓑ Ⓒ Ⓓ	97	Ⓐ Ⓑ Ⓒ Ⓓ
18	Ⓐ Ⓑ Ⓒ Ⓓ	38	Ⓐ Ⓑ Ⓒ Ⓓ	58	Ⓐ Ⓑ Ⓒ Ⓓ	78	Ⓐ Ⓑ Ⓒ Ⓓ	98	Ⓐ Ⓑ Ⓒ Ⓓ
19	Ⓐ Ⓑ Ⓒ Ⓓ	39	Ⓐ Ⓑ Ⓒ Ⓓ	59	Ⓐ Ⓑ Ⓒ Ⓓ	79	Ⓐ Ⓑ Ⓒ Ⓓ	99	Ⓐ Ⓑ Ⓒ Ⓓ
20	Ⓐ Ⓑ Ⓒ Ⓓ	40	Ⓐ Ⓑ Ⓒ Ⓓ	60	Ⓐ Ⓑ Ⓒ Ⓓ	80	Ⓐ Ⓑ Ⓒ Ⓓ	100	Ⓐ Ⓑ Ⓒ Ⓓ

讀 解 (Part V~VIII)

No.	ANSWER	No.	ANSWER	No.	ANSWER	No.	ANSWER
101	Ⓐ Ⓑ Ⓒ Ⓓ	121	Ⓐ Ⓑ Ⓒ Ⓓ	141	Ⓐ Ⓑ Ⓒ Ⓓ	161	Ⓐ Ⓑ Ⓒ Ⓓ
102	Ⓐ Ⓑ Ⓒ Ⓓ	122	Ⓐ Ⓑ Ⓒ Ⓓ	142	Ⓐ Ⓑ Ⓒ Ⓓ	162	Ⓐ Ⓑ Ⓒ Ⓓ
103	Ⓐ Ⓑ Ⓒ Ⓓ	123	Ⓐ Ⓑ Ⓒ Ⓓ	143	Ⓐ Ⓑ Ⓒ Ⓓ	163	Ⓐ Ⓑ Ⓒ Ⓓ
104	Ⓐ Ⓑ Ⓒ Ⓓ	124	Ⓐ Ⓑ Ⓒ Ⓓ	144	Ⓐ Ⓑ Ⓒ Ⓓ	164	Ⓐ Ⓑ Ⓒ Ⓓ
105	Ⓐ Ⓑ Ⓒ Ⓓ	125	Ⓐ Ⓑ Ⓒ Ⓓ	145	Ⓐ Ⓑ Ⓒ Ⓓ	165	Ⓐ Ⓑ Ⓒ Ⓓ
106	Ⓐ Ⓑ Ⓒ Ⓓ	126	Ⓐ Ⓑ Ⓒ Ⓓ	146	Ⓐ Ⓑ Ⓒ Ⓓ	166	Ⓐ Ⓑ Ⓒ Ⓓ
107	Ⓐ Ⓑ Ⓒ Ⓓ	127	Ⓐ Ⓑ Ⓒ Ⓓ	147	Ⓐ Ⓑ Ⓒ Ⓓ	167	Ⓐ Ⓑ Ⓒ Ⓓ
108	Ⓐ Ⓑ Ⓒ Ⓓ	128	Ⓐ Ⓑ Ⓒ Ⓓ	148	Ⓐ Ⓑ Ⓒ Ⓓ	168	Ⓐ Ⓑ Ⓒ Ⓓ
109	Ⓐ Ⓑ Ⓒ Ⓓ	129	Ⓐ Ⓑ Ⓒ Ⓓ	149	Ⓐ Ⓑ Ⓒ Ⓓ	169	Ⓐ Ⓑ Ⓒ Ⓓ
110	Ⓐ Ⓑ Ⓒ Ⓓ	130	Ⓐ Ⓑ Ⓒ Ⓓ	150	Ⓐ Ⓑ Ⓒ Ⓓ	170	Ⓐ Ⓑ Ⓒ Ⓓ
111	Ⓐ Ⓑ Ⓒ Ⓓ	131	Ⓐ Ⓑ Ⓒ Ⓓ	151	Ⓐ Ⓑ Ⓒ Ⓓ	171	Ⓐ Ⓑ Ⓒ Ⓓ
112	Ⓐ Ⓑ Ⓒ Ⓓ	132	Ⓐ Ⓑ Ⓒ Ⓓ	152	Ⓐ Ⓑ Ⓒ Ⓓ	172	Ⓐ Ⓑ Ⓒ Ⓓ
113	Ⓐ Ⓑ Ⓒ Ⓓ	133	Ⓐ Ⓑ Ⓒ Ⓓ	153	Ⓐ Ⓑ Ⓒ Ⓓ	173	Ⓐ Ⓑ Ⓒ Ⓓ
114	Ⓐ Ⓑ Ⓒ Ⓓ	134	Ⓐ Ⓑ Ⓒ Ⓓ	154	Ⓐ Ⓑ Ⓒ Ⓓ	174	Ⓐ Ⓑ Ⓒ Ⓓ
115	Ⓐ Ⓑ Ⓒ Ⓓ	135	Ⓐ Ⓑ Ⓒ Ⓓ	155	Ⓐ Ⓑ Ⓒ Ⓓ	175	Ⓐ Ⓑ Ⓒ Ⓓ
116	Ⓐ Ⓑ Ⓒ Ⓓ	136	Ⓐ Ⓑ Ⓒ Ⓓ	156	Ⓐ Ⓑ Ⓒ Ⓓ	176	Ⓐ Ⓑ Ⓒ Ⓓ
117	Ⓐ Ⓑ Ⓒ Ⓓ	137	Ⓐ Ⓑ Ⓒ Ⓓ	157	Ⓐ Ⓑ Ⓒ Ⓓ	177	Ⓐ Ⓑ Ⓒ Ⓓ
118	Ⓐ Ⓑ Ⓒ Ⓓ	138	Ⓐ Ⓑ Ⓒ Ⓓ	158	Ⓐ Ⓑ Ⓒ Ⓓ	178	Ⓐ Ⓑ Ⓒ Ⓓ
119	Ⓐ Ⓑ Ⓒ Ⓓ	139	Ⓐ Ⓑ Ⓒ Ⓓ	159	Ⓐ Ⓑ Ⓒ Ⓓ	179	Ⓐ Ⓑ Ⓒ Ⓓ
120	Ⓐ Ⓑ Ⓒ Ⓓ	140	Ⓐ Ⓑ Ⓒ Ⓓ	160	Ⓐ Ⓑ Ⓒ Ⓓ	180	Ⓐ Ⓑ Ⓒ Ⓓ

No.	ANSWER
181	Ⓐ Ⓑ Ⓒ Ⓓ
182	Ⓐ Ⓑ Ⓒ Ⓓ
183	Ⓐ Ⓑ Ⓒ Ⓓ
184	Ⓐ Ⓑ Ⓒ Ⓓ
185	Ⓐ Ⓑ Ⓒ Ⓓ
186	Ⓐ Ⓑ Ⓒ Ⓓ
187	Ⓐ Ⓑ Ⓒ Ⓓ
188	Ⓐ Ⓑ Ⓒ Ⓓ
189	Ⓐ Ⓑ Ⓒ Ⓓ
190	Ⓐ Ⓑ Ⓒ Ⓓ
191	Ⓐ Ⓑ Ⓒ Ⓓ
192	Ⓐ Ⓑ Ⓒ Ⓓ
193	Ⓐ Ⓑ Ⓒ Ⓓ
194	Ⓐ Ⓑ Ⓒ Ⓓ
195	Ⓐ Ⓑ Ⓒ Ⓓ
196	Ⓐ Ⓑ Ⓒ Ⓓ
197	Ⓐ Ⓑ Ⓒ Ⓓ
198	Ⓐ Ⓑ Ⓒ Ⓓ
199	Ⓐ Ⓑ Ⓒ Ⓓ
200	Ⓐ Ⓑ Ⓒ Ⓓ

1. 필기도구: 연필, 사프펜슬, 지우개
2. 답안은 반드시 원안에 진하게 칠하여 주십시오.
3. 본인의 작성 오류로 인한 불이익은 책임지지 않습니다.
4. 답안 기재 요령: GOOD - ● / BAD - ⊙, ⊗, ⊘

본 답안지는 컴퓨터로 처리되므로 답을 오독하지 않도록 정확히 기재하십시오.
시험이 끝난 후, 이 답안지는 문제지와 함께 반드시 제출해야 합니다.

ANSWER SHEET

NEW JPT 한권으로 끝내기 800 실전모의고사

聽解 (Part I~IV)

No.	ANSWER	No.	ANSWER	No.	ANSWER	No.	ANSWER	No.	ANSWER
1	Ⓐ Ⓑ Ⓒ Ⓓ	21	Ⓐ Ⓑ Ⓒ Ⓓ	41	Ⓐ Ⓑ Ⓒ Ⓓ	61	Ⓐ Ⓑ Ⓒ Ⓓ	81	Ⓐ Ⓑ Ⓒ Ⓓ
2	Ⓐ Ⓑ Ⓒ Ⓓ	22	Ⓐ Ⓑ Ⓒ Ⓓ	42	Ⓐ Ⓑ Ⓒ Ⓓ	62	Ⓐ Ⓑ Ⓒ Ⓓ	82	Ⓐ Ⓑ Ⓒ Ⓓ
3	Ⓐ Ⓑ Ⓒ Ⓓ	23	Ⓐ Ⓑ Ⓒ Ⓓ	43	Ⓐ Ⓑ Ⓒ Ⓓ	63	Ⓐ Ⓑ Ⓒ Ⓓ	83	Ⓐ Ⓑ Ⓒ Ⓓ
4	Ⓐ Ⓑ Ⓒ Ⓓ	24	Ⓐ Ⓑ Ⓒ Ⓓ	44	Ⓐ Ⓑ Ⓒ Ⓓ	64	Ⓐ Ⓑ Ⓒ Ⓓ	84	Ⓐ Ⓑ Ⓒ Ⓓ
5	Ⓐ Ⓑ Ⓒ Ⓓ	25	Ⓐ Ⓑ Ⓒ Ⓓ	45	Ⓐ Ⓑ Ⓒ Ⓓ	65	Ⓐ Ⓑ Ⓒ Ⓓ	85	Ⓐ Ⓑ Ⓒ Ⓓ
6	Ⓐ Ⓑ Ⓒ Ⓓ	26	Ⓐ Ⓑ Ⓒ Ⓓ	46	Ⓐ Ⓑ Ⓒ Ⓓ	66	Ⓐ Ⓑ Ⓒ Ⓓ	86	Ⓐ Ⓑ Ⓒ Ⓓ
7	Ⓐ Ⓑ Ⓒ Ⓓ	27	Ⓐ Ⓑ Ⓒ Ⓓ	47	Ⓐ Ⓑ Ⓒ Ⓓ	67	Ⓐ Ⓑ Ⓒ Ⓓ	87	Ⓐ Ⓑ Ⓒ Ⓓ
8	Ⓐ Ⓑ Ⓒ Ⓓ	28	Ⓐ Ⓑ Ⓒ Ⓓ	48	Ⓐ Ⓑ Ⓒ Ⓓ	68	Ⓐ Ⓑ Ⓒ Ⓓ	88	Ⓐ Ⓑ Ⓒ Ⓓ
9	Ⓐ Ⓑ Ⓒ Ⓓ	29	Ⓐ Ⓑ Ⓒ Ⓓ	49	Ⓐ Ⓑ Ⓒ Ⓓ	69	Ⓐ Ⓑ Ⓒ Ⓓ	89	Ⓐ Ⓑ Ⓒ Ⓓ
10	Ⓐ Ⓑ Ⓒ Ⓓ	30	Ⓐ Ⓑ Ⓒ Ⓓ	50	Ⓐ Ⓑ Ⓒ Ⓓ	70	Ⓐ Ⓑ Ⓒ Ⓓ	90	Ⓐ Ⓑ Ⓒ Ⓓ
11	Ⓐ Ⓑ Ⓒ Ⓓ	31	Ⓐ Ⓑ Ⓒ Ⓓ	51	Ⓐ Ⓑ Ⓒ Ⓓ	71	Ⓐ Ⓑ Ⓒ Ⓓ	91	Ⓐ Ⓑ Ⓒ Ⓓ
12	Ⓐ Ⓑ Ⓒ Ⓓ	32	Ⓐ Ⓑ Ⓒ Ⓓ	52	Ⓐ Ⓑ Ⓒ Ⓓ	72	Ⓐ Ⓑ Ⓒ Ⓓ	92	Ⓐ Ⓑ Ⓒ Ⓓ
13	Ⓐ Ⓑ Ⓒ Ⓓ	33	Ⓐ Ⓑ Ⓒ Ⓓ	53	Ⓐ Ⓑ Ⓒ Ⓓ	73	Ⓐ Ⓑ Ⓒ Ⓓ	93	Ⓐ Ⓑ Ⓒ Ⓓ
14	Ⓐ Ⓑ Ⓒ Ⓓ	34	Ⓐ Ⓑ Ⓒ Ⓓ	54	Ⓐ Ⓑ Ⓒ Ⓓ	74	Ⓐ Ⓑ Ⓒ Ⓓ	94	Ⓐ Ⓑ Ⓒ Ⓓ
15	Ⓐ Ⓑ Ⓒ Ⓓ	35	Ⓐ Ⓑ Ⓒ Ⓓ	55	Ⓐ Ⓑ Ⓒ Ⓓ	75	Ⓐ Ⓑ Ⓒ Ⓓ	95	Ⓐ Ⓑ Ⓒ Ⓓ
16	Ⓐ Ⓑ Ⓒ Ⓓ	36	Ⓐ Ⓑ Ⓒ Ⓓ	56	Ⓐ Ⓑ Ⓒ Ⓓ	76	Ⓐ Ⓑ Ⓒ Ⓓ	96	Ⓐ Ⓑ Ⓒ Ⓓ
17	Ⓐ Ⓑ Ⓒ Ⓓ	37	Ⓐ Ⓑ Ⓒ Ⓓ	57	Ⓐ Ⓑ Ⓒ Ⓓ	77	Ⓐ Ⓑ Ⓒ Ⓓ	97	Ⓐ Ⓑ Ⓒ Ⓓ
18	Ⓐ Ⓑ Ⓒ Ⓓ	38	Ⓐ Ⓑ Ⓒ Ⓓ	58	Ⓐ Ⓑ Ⓒ Ⓓ	78	Ⓐ Ⓑ Ⓒ Ⓓ	98	Ⓐ Ⓑ Ⓒ Ⓓ
19	Ⓐ Ⓑ Ⓒ Ⓓ	39	Ⓐ Ⓑ Ⓒ Ⓓ	59	Ⓐ Ⓑ Ⓒ Ⓓ	79	Ⓐ Ⓑ Ⓒ Ⓓ	99	Ⓐ Ⓑ Ⓒ Ⓓ
20	Ⓐ Ⓑ Ⓒ Ⓓ	40	Ⓐ Ⓑ Ⓒ Ⓓ	60	Ⓐ Ⓑ Ⓒ Ⓓ	80	Ⓐ Ⓑ Ⓒ Ⓓ	100	Ⓐ Ⓑ Ⓒ Ⓓ

讀解 (Part V~VIII)

No.	ANSWER	No.	ANSWER	No.	ANSWER	No.	ANSWER	No.	ANSWER
101	Ⓐ Ⓑ Ⓒ Ⓓ	121	Ⓐ Ⓑ Ⓒ Ⓓ	141	Ⓐ Ⓑ Ⓒ Ⓓ	161	Ⓐ Ⓑ Ⓒ Ⓓ	181	Ⓐ Ⓑ Ⓒ Ⓓ
102	Ⓐ Ⓑ Ⓒ Ⓓ	122	Ⓐ Ⓑ Ⓒ Ⓓ	142	Ⓐ Ⓑ Ⓒ Ⓓ	162	Ⓐ Ⓑ Ⓒ Ⓓ	182	Ⓐ Ⓑ Ⓒ Ⓓ
103	Ⓐ Ⓑ Ⓒ Ⓓ	123	Ⓐ Ⓑ Ⓒ Ⓓ	143	Ⓐ Ⓑ Ⓒ Ⓓ	163	Ⓐ Ⓑ Ⓒ Ⓓ	183	Ⓐ Ⓑ Ⓒ Ⓓ
104	Ⓐ Ⓑ Ⓒ Ⓓ	124	Ⓐ Ⓑ Ⓒ Ⓓ	144	Ⓐ Ⓑ Ⓒ Ⓓ	164	Ⓐ Ⓑ Ⓒ Ⓓ	184	Ⓐ Ⓑ Ⓒ Ⓓ
105	Ⓐ Ⓑ Ⓒ Ⓓ	125	Ⓐ Ⓑ Ⓒ Ⓓ	145	Ⓐ Ⓑ Ⓒ Ⓓ	165	Ⓐ Ⓑ Ⓒ Ⓓ	185	Ⓐ Ⓑ Ⓒ Ⓓ
106	Ⓐ Ⓑ Ⓒ Ⓓ	126	Ⓐ Ⓑ Ⓒ Ⓓ	146	Ⓐ Ⓑ Ⓒ Ⓓ	166	Ⓐ Ⓑ Ⓒ Ⓓ	186	Ⓐ Ⓑ Ⓒ Ⓓ
107	Ⓐ Ⓑ Ⓒ Ⓓ	127	Ⓐ Ⓑ Ⓒ Ⓓ	147	Ⓐ Ⓑ Ⓒ Ⓓ	167	Ⓐ Ⓑ Ⓒ Ⓓ	187	Ⓐ Ⓑ Ⓒ Ⓓ
108	Ⓐ Ⓑ Ⓒ Ⓓ	128	Ⓐ Ⓑ Ⓒ Ⓓ	148	Ⓐ Ⓑ Ⓒ Ⓓ	168	Ⓐ Ⓑ Ⓒ Ⓓ	188	Ⓐ Ⓑ Ⓒ Ⓓ
109	Ⓐ Ⓑ Ⓒ Ⓓ	129	Ⓐ Ⓑ Ⓒ Ⓓ	149	Ⓐ Ⓑ Ⓒ Ⓓ	169	Ⓐ Ⓑ Ⓒ Ⓓ	189	Ⓐ Ⓑ Ⓒ Ⓓ
110	Ⓐ Ⓑ Ⓒ Ⓓ	130	Ⓐ Ⓑ Ⓒ Ⓓ	150	Ⓐ Ⓑ Ⓒ Ⓓ	170	Ⓐ Ⓑ Ⓒ Ⓓ	190	Ⓐ Ⓑ Ⓒ Ⓓ
111	Ⓐ Ⓑ Ⓒ Ⓓ	131	Ⓐ Ⓑ Ⓒ Ⓓ	151	Ⓐ Ⓑ Ⓒ Ⓓ	171	Ⓐ Ⓑ Ⓒ Ⓓ	191	Ⓐ Ⓑ Ⓒ Ⓓ
112	Ⓐ Ⓑ Ⓒ Ⓓ	132	Ⓐ Ⓑ Ⓒ Ⓓ	152	Ⓐ Ⓑ Ⓒ Ⓓ	172	Ⓐ Ⓑ Ⓒ Ⓓ	192	Ⓐ Ⓑ Ⓒ Ⓓ
113	Ⓐ Ⓑ Ⓒ Ⓓ	133	Ⓐ Ⓑ Ⓒ Ⓓ	153	Ⓐ Ⓑ Ⓒ Ⓓ	173	Ⓐ Ⓑ Ⓒ Ⓓ	193	Ⓐ Ⓑ Ⓒ Ⓓ
114	Ⓐ Ⓑ Ⓒ Ⓓ	134	Ⓐ Ⓑ Ⓒ Ⓓ	154	Ⓐ Ⓑ Ⓒ Ⓓ	174	Ⓐ Ⓑ Ⓒ Ⓓ	194	Ⓐ Ⓑ Ⓒ Ⓓ
115	Ⓐ Ⓑ Ⓒ Ⓓ	135	Ⓐ Ⓑ Ⓒ Ⓓ	155	Ⓐ Ⓑ Ⓒ Ⓓ	175	Ⓐ Ⓑ Ⓒ Ⓓ	195	Ⓐ Ⓑ Ⓒ Ⓓ
116	Ⓐ Ⓑ Ⓒ Ⓓ	136	Ⓐ Ⓑ Ⓒ Ⓓ	156	Ⓐ Ⓑ Ⓒ Ⓓ	176	Ⓐ Ⓑ Ⓒ Ⓓ	196	Ⓐ Ⓑ Ⓒ Ⓓ
117	Ⓐ Ⓑ Ⓒ Ⓓ	137	Ⓐ Ⓑ Ⓒ Ⓓ	157	Ⓐ Ⓑ Ⓒ Ⓓ	177	Ⓐ Ⓑ Ⓒ Ⓓ	197	Ⓐ Ⓑ Ⓒ Ⓓ
118	Ⓐ Ⓑ Ⓒ Ⓓ	138	Ⓐ Ⓑ Ⓒ Ⓓ	158	Ⓐ Ⓑ Ⓒ Ⓓ	178	Ⓐ Ⓑ Ⓒ Ⓓ	198	Ⓐ Ⓑ Ⓒ Ⓓ
119	Ⓐ Ⓑ Ⓒ Ⓓ	139	Ⓐ Ⓑ Ⓒ Ⓓ	159	Ⓐ Ⓑ Ⓒ Ⓓ	179	Ⓐ Ⓑ Ⓒ Ⓓ	199	Ⓐ Ⓑ Ⓒ Ⓓ
120	Ⓐ Ⓑ Ⓒ Ⓓ	140	Ⓐ Ⓑ Ⓒ Ⓓ	160	Ⓐ Ⓑ Ⓒ Ⓓ	180	Ⓐ Ⓑ Ⓒ Ⓓ	200	Ⓐ Ⓑ Ⓒ Ⓓ

1. 필기도구: 연필, 샤프펜슬, 지우개
2. 답안은 반드시 원안에 진하게 칠하여 주십시오.
3. 본인의 작성 오류로 인한 불이익은 책임지지 않습니다.
4. 답안 기재 요령: GOOD - ● / BAD - ⊙, ⊗, ⊘

본 답안지는 컴퓨터로 처리되므로 답을 오독하지 않도록 정확히 기재하십시오.
시험이 끝난 후, 이 답안지는 문제지와 함께 반드시 제출해야 합니다.

NEW
JPT
한권으로
끝내기 ADVANCED
800

이최여희, 양정순, 사토 요코, 송경주 공저

해설집

다락원

JPT 800

한권으로 끝내기

해설

청해·독해
(PART 1~PART 8)

PART 1 사진묘사

① 사람, 동물 공략 1단계 실전 감각 익히기 ▶ 20쪽

1
(A) 아기가 수조를 만지고 있습니다.
(B) 아기가 사내끼를 쥐고 있습니다.
(C) 아기가 금붕어 건지기를 하고 있습니다.
(D) 아기가 수조에 금붕어를 넣고 있습니다.

2
(A) 아이들이 기마전을 하고 있습니다.
(B) 아이들이 미코시를 메고 있습니다.
(C) 아이들이 마쓰리의 수레에 타고 있습니다.
(D) 아이들이 마쓰리에서 북을 두드리고 있습니다.

3
(A) 남자가 못을 박고 있습니다.
(B) 남자가 망치를 들고 있습니다.
(C) 남자가 세로로 긴 물건을 옮기고 있습니다.
(D) 남자가 간판의 나사를 감고 있습니다.

4
(A) 여자는 본오도리를 보고 있습니다.
(B) 여자는 삿갓을 쓰고 춤추고 있습니다.
(C) 여자는 무대에서 뛰어내리고 있습니다.
(D) 여자는 본죠친에 불을 밝히고 있습니다.

5
(A) 남자는 심겨 있는 나무를 가지치기하고 있습니다.
(B) 남자는 풀을 뽑고 있습니다.
(C) 남자는 모기 퇴치 스프레이를 뿌리고 있습니다.
(D) 남자는 톱으로 나무를 잘라 쓰러뜨리고 있습니다.

6
(A) 징검돌이 물에 잠겨 있습니다.
(B) 걸터앉아 발을 물에 담그고 있습니다.
(C) 분수 앞에 앉아 물보라를 바라보고 있습니다.
(D) 일본 옷을 입고 있는 사람이 삼삼오오로 모여들고 있습니다.

7
(A) 멈추지 않고 건널목을 건너고 있습니다.
(B) 자전거의 브레이크를 조작하고 있습니다.
(C) 도로 위에 자전거가 방치되어 있습니다.
(D) 자전거를 탄 채로 건널목 앞에서 대기하고 있습니다.

8
(A) 부엌칼을 갈고 있습니다.
(B) 오크라를 만지작거리고 있습니다.
(C) 차조기를 보기 좋게 담고 있는 중입니다.
(D) 카운터 너머로 장인의 기술을 볼 수 있는 요리점입니다.

9
(A) 논두렁길에서 땅을 파고 있습니다.
(B) 벼 베기를 하고 있는 중입니다.
(C) 논에서 허수아비를 세우고 있습니다.
(D) 우비를 걸쳐 입고 모내기를 하고 있습니다.

10
(A) 산양이 바위 위에 올라서 있습니다.
(B) 사슴이 진흙를 짓밟고 있습니다.
(C) 양 무리가 목장에서 쉬고 있습니다.
(D) 당나귀가 사막의 사구를 오르고 있습니다.

① 사람, 동물 공략 2단계 실전 문제 풀기 ▶ 24쪽

정답 1 (B)　　2 (B)　　3 (A)　　4 (D)　　5 (C)　　6 (A)　　7 (A)　　8 (A)　　9 (A)　　10 (C)

스크립트	해석
1	
(A) 梯子をかけて木に登っています。	(A) 사다리를 걸치고 나무에 오르고 있습니다.
(B) 手を伸ばして梨をもいでいます。	(B) 손을 뻗어 배를 비틀어 따고 있습니다.
(C) 果物の木の苗を植え付けています。	(C) 과일 나무의 모종을 심고 있습니다.
(D) 両手を広げて日光浴を楽しんでいます。	(D) 양손을 벌려 일광욕을 즐기고 있습니다.

단어 梯子 사다리　伸ばす 펴다, 뻗다　捥ぐ 비틀어 떼다(따다)　苗 모종　植え付ける 심다　日光浴 일광욕

스크립트	해석
2	
(A) 大輪の花火を見上げています。	(A) 꽃송이가 큰 불꽃을 올려다보고 있습니다.
(B) 街は歩行者で賑わっています。	(B) 거리는 보행자로 북적이고 있습니다.
(C) 街は浴衣姿の人々であふれています。	(C) 거리는 유카타 차림의 사람들로 가득합니다.
(D) 人々が街中でバザーを開催しています。	(D) 사람들이 길거리에서 바자회를 개최하고 있습니다.

단어 大輪 큰 꽃송이　見上げる 올려다보다　浴衣 유카타(여름철에 입는 무명 홑옷)　歩行者 보행자　賑わう 붐비다　あふれる (가득 차서) 넘치다　バザー 바자회　開催 개최

스크립트	해석
3	
(A) 女の人は畑を耕しています。	(A) 여자는 밭을 갈고 있습니다.
(B) 女の人は砂風呂を楽しんでいます。	(B) 여자는 모래찜질을 즐기고 있습니다.
(C) 女の人は水田に稲を植えています。	(C) 여자는 논에 벼를 심고 있습니다.
(D) 女の人は土の上にむしろを敷いています。	(D) 여자는 흙 위에 돗자리를 깔고 있습니다.

단어 畑 밭　耕す 경작하다　砂風呂 모래찜질　水田 수전, 논　稲 벼　むしろ 왕골·짚·대 따위로 엮은 깔개의 총칭, 멍석　敷く 깔다

스크립트	해석
4	
(A) キリンが檻から出ようと暴れています。	(A) 기린이 우리에서 나오려고 날뛰고 있습니다.
(B) クレーンで吊るしてキリンを運んでいます。	(B) 크레인으로 매달아 기린을 옮기고 있습니다.
(C) キリンが小屋の中に閉じ込められています。	(C) 기린이 오두막 안에 갇혀 있습니다.
(D) キリンが柵の隙間から顔を出しています。	(D) 기린이 울타리 틈 사이로 얼굴을 내밀고 있습니다.

단어 檻 우리　暴れる 날뛰다, 난폭한 행동을 하다　クレーン 크레인　吊るす 달아매다, 매달다　小屋 오두막　閉じ込める 가두다　柵 울타리　隙間 틈

5

(A) 男の子は逆立ちをしています。

(B) 男の子は膝を両腕で抱えてうつむいています。

(C) 女の子はピースサインをしてポーズを取っています。

(D) 二人はアメ横通りの店舗マップをチェックしています。

(A) 남자아이는 물구나무서기를 하고 있습니다.

(B) 남자아이는 무릎을 양손으로 안고 고개를 숙이고 있습니다.

(C) 여자아이는 브이 사인을 하고 포즈를 취하고 있습니다.

(D) 두 사람은 아메요코 거리의 점포 지도를 체크하고 있습니다.

단어 逆立ち 물구나무서기 膝 무릎 抱える 안다, 껴안다 うつむく 고개를 숙이다 ピースサイン 피스 사인, 브이 사인 ポーズを取る 포즈를 취하다 店舗 점포

6

(A) いちご狩りをしています。

(B) いちごをつぶしています。

(C) 露地でいちごを栽培しています。

(D) いちごを両手で摘み取っています。

(A) 딸기 따기를 하고 있습니다.

(B) 딸기를 으깨고 있습니다.

(C) 노지에서 딸기를 재배하고 있습니다.

(D) 딸기를 양손으로 따고 있습니다.

단어 いちご狩り 딸기 따기 つぶす 으깨다, 부수다 露地 노지 栽培 재배 摘み取る (열매나 싹을) 따다, 뜯다

7

(A) 子どもが長靴を履いて、雨合羽を着ています。

(B) 子どもが傘をくるくると回転させています。

(C) 子どもが雨の日にシャボン玉遊びをしています。

(D) 子どもがフラワーショップの前で花をいじっています。

(A) 아이가 장화를 신고, 비옷을 입고 있습니다.

(B) 아이가 우산을 빙글빙글 회전시키고 있습니다.

(C) 아이가 비 오는 날에 비눗방울 놀이를 하고 있습니다.

(D) 아이가 꽃 가게 앞에서 꽃을 만지작거리고 있습니다.

단어 長靴 장화 雨合羽 비옷 くるくる 빙글빙글 回転 회전 シャボン玉 비눗방울 いじる 만지작거리다

8

(A) 牧場の柵に沿って歩いています。

(B) 小屋とフェンスで囲まれた牧場です。

(C) 子どもを肩車に乗せて羊を眺めています。

(D) 閉じた傘を杖のように突きながら歩いてきています。

(A) 목장의 울타리를 따라 걷고 있습니다.

(B) 오두막과 펜스로 둘러싸인 목장입니다.

(C) 아이를 목말에 태우고 양을 바라보고 있습니다.

(D) 접은 우산을 지팡이처럼 짚으면서 걸어오고 있습니다.

단어 牧場 목장 柵 울타리 ～に沿って ～을 따라 小屋 오두막 フェンス 펜스 囲む 에우다, 둘러싸다 肩車 목말 杖を突く 지팡이를 짚다

9

(A) 男の人はあぐらをかいています。

(B) 男の人はひざまずいて祈っています。

(C) 男の人はうずくまって楽器を抱えています。

(D) 男の人は片膝をついて三味線を演奏しています。

(A) 남자는 책상다리로 앉아 있습니다.

(B) 남자는 무릎을 꿇고 기도하고 있습니다.

(C) 남자는 웅크려서 악기를 안고 있습니다.

(D) 남자는 한쪽 무릎을 꿇고 샤미센을 연주하고 있습니다.

단어 あぐらをかく 책상다리를 하고 앉다　ひざまずく 무릎을 꿇다　祈る 기도하다　うずくまる 웅크리다　抱える 안다, 껴안다　片膝 한쪽 무릎　三味線 샤미센(일본 고유 음악에 사용하는 세 개의 줄이 있는 현악기)　演奏 연주

10

(A) 猫が飼い主の周りに集まっています。

(B) 猫がおもちゃのねずみを捕まえています。

(C) 釣り竿タイプの猫じゃらしを使っています。

(D) 猫が興奮して、穂先を取ろうとしています。

(A) 고양이가 주인 주변에 모여 있습니다.

(B) 고양이가 장난감 쥐를 잡고 있습니다.

(C) 낚싯대 타입의 강아지풀을 사용하고 있습니다.

(D) 고양이가 흥분해서 이삭 끝을 잡으려고 하고 있습니다.

단어 飼い主 (동물을 기르는) 주인　捕まえる 잡다　釣り竿 낚싯대　猫じゃらし 강아지풀, 낚싯대 형태의 고양이 장난감　興奮 흥분　穂先 이삭 끝

---

② 실내, 실외　공략 1단계 실전 감각 익히기　▶ 34쪽

1

(A) 선반에 100엔 균일 상품만 진열되어 있습니다.

(B) 계절 한정 상품이라는 것이 팝에 기재되어 있습니다.

(C) 신상품에 판매촉진물이 묶여 있습니다.

(D) 상품 진열장의 측면도 이용해서 상품을 진열하고 있습니다.

2

(A) 일본식 소품이 소개되고 있습니다.

(B) 장수 축하 회연의 개최에 관해서 안내하고 있습니다.

(C) 사진관에서 빌릴 수 있는 의상이 전시되어 있습니다.

(D) 일본의 관혼상제 역사를 소개하는 전시회가 열리고 있습니다.

3

(A) 벽에 난간을 설치하고 있는 중입니다.

(B) 계단 중간이 L자형으로 꺾여 있습니다.

(C) 층계참이 없는 일직선으로 오르는 타입의 계단입니다.

(D) 단과 단 사이에 틈이 있는 나선 계단이 있습니다.

4

(A) 초밥 통이 천장까지 쌓여 있습니다.

(B) 손잡이가 달린 찻잔과 차센이 있습니다.

(C) 목제로 된 양념 강판이 구비되어 있습니다.

(D) 쟁반 위에 간장 통이나 소금 통 등이 놓여 있습니다.

5

(A) 사람들은 애니메이션을 시청하고 있습니다.

(B) 애니메이션 캐릭터 종이 인형이 장식되어 있습니다.

(C) 애니메이션 캐릭터가 마쓰리에 참가하고 있습니다.

(D) 대규모의 캐릭터 퍼레이드가 행해지고 있습니다.

6

(A) 거대 에마가 설치되어 있습니다.

(B) 처마 밑에 풍경이 매달려 있습니다.

(C) 새전함 위에 짚신이 걸려 있습니다.

(D) 길조를 바라는 물건으로써 짚으로 만든 스트랩이 장식되어 있습니다.

7

(A) 거목이 비스듬하게 기울어져 있습니다.

(B) 고목이 나란히 있는 좁은 길이 있습니다.

(C) 반원형 지붕의 건물이 있습니다.

(D) 차고의 셔터가 반 정도 열려 있습니다.

8

(A) 빈 로커가 모니터에 표시되고 있습니다.

(B) 대중소의 코인 로커가 배치되어 있습니다.

(C) 기밀 유지를 위해, 가지고 들어갈 수 없는 물건을
맡기고 있습니다.

(D) 안을 쉽게 확인할 수 있도록, 창문이 붙어 있습니다.

9

(A) 이 농원의 입장은 유료입니다.

(B) 8월 상순부터 이제 막 수확한 배를 즐길 수 있습니다.

(C) 무농약으로 재배한 농작물의 무인판매소입니다.

(D) 이 농원에서는 여러 가지 품종의 배를 딸 수 있습니다.

10

(A) 건물이 헐리고 있는 중입니다.

(B) 버스가 고속도로에 들어가려고 하고 있습니다.

(C) 차가 차선 변경을 하려고 깜빡이를 켜고 있습니다.

(D) 구부러진 차도를 따라 가드레일이 설치되어 있습니다.

---

② 실내, 실외 공략 2단계 실전 문제 풀기 ▶38쪽

정답	1 (B)	2 (A)	3 (B)	4 (B)	5 (C)	6 (C)	7 (D)	8 (C)	9 (B)	10 (B)

스크립트	해석

1

(A) 鮭(さけ)フレークが海苔(のり)の上(うえ)にかけてあります。

(B) 海苔(のり)の上(うえ)にかいわれ大根(だいこん)がのせてあります。

(C) 山菜(さんさい)おこわの上(うえ)に刻(きざ)み海苔(のり)がのせてあります。

(D) おろし器(き)で生(なま)わさびをすりおろしているところです。

(A) 연어 플레이크가 김 위에 뿌려져 있습니다.

(B) 김 위에 무순이 올려져 있습니다.

(C) 산채 오코와 위에 잘게 썬 김이 올려져 있습니다.

(D) 강판으로 생와사비를 갈고 있는 중입니다.

단어 鮭(さけ)フレーク 연어 플레이크   海苔(のり) 김   かいわれ大根(だいこん) 무순   山菜(さんさい) 산채   おこわ 오코와(찐 찹쌀밥 또는 팥밥)   おろし器(き) 강판   生(なま)わさび 생와사비   すりおろす 갈아서 잘게 하다

2

(A) 多様(たよう)な切(き)り花(ばな)が取(と)り揃(そろ)えられています。

(B) 店(みせ)の入(い)り口(ぐち)には大型(おおがた)の観葉植物(かんようしょくぶつ)が置(お)かれています。

(C) ガラスの置物(おきもの)がディスプレーされています。

(D) 花柄(はながら)のテーブルクロスが掛(か)けられています。

(A) 다양한 자른 꽃가지가 골고루 갖춰져 있습니다.

(B) 가게 입구에는 대형 관엽 식물이 놓여 있습니다.

(C) 유리 장식품이 디스플레이되어 있습니다.

(D) 꽃무늬의 식탁보가 덮여 있습니다.

단어 多様(たよう) 다양함   切(き)り花(ばな) (꽃꽂이용으로) 자른 꽃가지   取(と)り揃(そろ)える 모두 갖추다   大型(おおがた) 대형   観葉植物(かんようしょくぶつ) 관엽 식물   置物(おきもの) 장식품   ディスプレー 디스플레이   花柄(はながら) 꽃무늬   テーブルクロス 테이블클로스, 식탁보

8

3

(A) QRコード付きの干支おみくじです。

(B) 運勢や吉凶などを占うためのものです。

(C) おみくじ掛けにおみくじが結んであります。

(D) 境内に数種類のおみくじ箱が置いてあります。

(A) QR코드가 있는 간지 제비입니다.

(B) 운세나 길흉 등을 점치기 위한 것입니다.

(C) 오미쿠지가케에 제비가 묶여 있습니다.

(D) 경내에 여러 종류의 제비 상자가 놓여 있습니다.

> **단어** 干支 간지　おみくじ 제비　運勢 운세　吉凶 길흉　占う 점치다　おみくじ掛け 오미쿠지가케(제비를 묶어 놓는 줄)
> 結ぶ 잇다, 묶다　境内 경내　数種類 여러 종류　おみくじ箱 제비 상자

4

(A) こけしが飾ってあります。

(B) 和装小物が陳列されています。

(C) 和装バッグが天井まで積まれています。

(D) 下駄の販売を手掛けるオンラインショップです。

(A) 고케시가 장식되어 있습니다.

(B) 일본식 소품이 진열되어 있습니다.

(C) 일본식 가방이 천장까지 쌓여 있습니다.

(D) 게다 판매를 다루는 온라인숍입니다.

> **단어** こけし 고케시(손발이 없고 머리가 둥근 여아 모양의 목각 인형)　飾る 장식하다, 꾸미다　和装 일본식 장정　小物 도구, 소품
> 陳列 진열　天井 천장　積む 쌓다　下駄 게다, 나막신　販売 판매　手掛ける 손수 다루다, 보살피다

5

(A) うさぎの置物が置かれています。

(B) 引き戸の外に暖簾が掛かっています。

(C) 格子戸に十二支のうさぎが透かし彫りされています。

(D) 入り口付近に持ち手の付いた行灯が置いてあります。

(A) 토끼 장식품이 놓여 있습니다.

(B) 미닫이문 밖에 포렴이 걸려 있습니다.

(C) 격자 미닫이문에 12지의 토끼가 투조로 새겨져 있습니다.

(D) 입구 부근에 손잡이가 달린 사방등이 놓여 있습니다.

> **단어** 置物 장식품　引き戸 미닫이　暖簾 포렴(상점의 처마 끝이나 가게 앞에 치는 막)　掛かる 걸리다　格子戸 격자 미닫이
> 十二支 십이지　透かし彫り 투각, 투조　付近 부근　持ち手 (기구를 들기 위한) 손잡이　行灯 사방등

6

(A) 渓谷の上に橋梁が架設されています。

(B) 電車乗り場まで水が押し寄せています。

(C) 川沿いの線路の上を電車が通っています。

(D) 鉄道の両側に草木が生い茂って、トンネルのようです。

(A) 계곡 위에 교량이 가설되어 있습니다.

(B) 전철 승강장까지 물이 밀려오고 있습니다.

(C) 강을 따라서 있는 선로 위를 전철이 지나가고 있습니다.

(D) 철도 양측에 초목이 우거져, 터널 같습니다.

> **단어** 渓谷 계곡　橋梁 교량　架設 가설　押し寄せる 몰려들다, 밀어닥치다　～沿い ～을 따라서　線路 선로
> 鉄道 철도　草木 초목(=そうもく)　生い茂る 무성하다, 우거지다　トンネル 터널

7

(A) ポイ捨てされたごみが道端に落ちています。

(B) 歩道と車道を区切るガードパイプがあります。

(C) 電線が垂れ下がっていて歩行を妨げています。

(D) 信号機のない丁字路に一時停止の標識があります。

(A) 아무렇게나 버려진 쓰레기가 길가에 떨어져 있습니다.

(B) 보도와 차도를 구별하는 가드 파이프가 있습니다.

(C) 전선이 드리워져 있어 보행을 방해하고 있습니다.

(D) 신호기가 없는 삼거리에 일시 정지 표식이 있습니다.

단어 ポイ捨て 쓰레기를 길에 버리는 것　道端 길가　歩道 보도　車道 차도　区切る 구분하다　ガードパイプ 가드 파이프　電線 전선　垂れ下がる 늘어지다, 드리워지다　歩行 보행　妨げる 방해하다　信号機 신호기　丁字路 삼거리　一時停止 일시 정지　標識 표식

8

(A) 池のほとりに草木が生えています。

(B) 防波堤が家より高く築かれています。

(C) 田畑に水を引くための農業用水路があります。

(D) 収穫後の田んぼに稲を刈り取った後の切り株と藁があります。

(A) 연못가에 초목이 나 있습니다.

(B) 방파제가 집보다 높이 지어져 있습니다.

(C) 논밭에 물을 대기 위한 농업용 수로가 있습니다.

(D) 수확 후의 논에 벼를 벤 후의 그루터기와 짚이 있습니다.

단어 ほとり 근처, 부근　草木 초목(=そうもく)　生える 나다　防波堤 방파제　築く 쌓다, 쌓아올리다, 구축하다　田畑 논밭　農業用水路 농업용 수로　収穫 수확　田んぼ 논　稲 벼　刈り取る 베어 내다, (곡물을) 수확하다　切り株 그루터기　藁 짚

9

(A) 石碑がつる草に覆われています。

(B) 神社の入り口にしめ縄が飾られています。

(C) 参道の両側に彫刻像が立てられています。

(D) 神社の境内にカラーコーンが置いてあります。

(A) 석비가 덩굴풀에 덮여 있습니다.

(B) 신사 입구에 금줄이 장식되어 있습니다.

(C) 참배 길 양측에 조각상이 세워져 있습니다.

(D) 신사의 경내에 컬러 콘이 놓여 있습니다.

단어 石碑 석비, 비석　つる草 덩굴풀　覆う 덮다　神社 신사　しめ縄 금줄　飾る 장식하다, 꾸미다　参道 신사나 절에 참배하기 위해 마련된 길　彫刻像 조각상　境内 경내　カラーコーン 컬러 콘

10

(A) 店頭のシャッターが閉めてあります。

(B) 通りがきれいに掃き清められています。

(C) 本を読んでいる人が店の前にたむろしています。

(D) 歩道に立てられた野立て看板が歩行者の行く手を阻んでいます。

(A) 점포 앞의 셔터가 닫혀 있습니다.

(B) 거리가 깨끗하게 쓸어져 있습니다.

(C) 책을 읽고 있는 사람이 가게 앞에 떼 지어 모여 있습니다.

(D) 보도에 세워진 입간판이 보행자의 가는 길을 막고 있습니다.

단어 店頭 가게 앞　シャッター 셔터　掃き清める (비로 쓸어서) 깨끗이 하다　たむろする 사람이 많이 모이다　歩道 보도　野立て看板 입간판　歩行者 보행자　行く手 가는 쪽(또는 길), 앞길(=いくて)　阻む 막다, 저지하다

PART 1 사진묘사 실전모의테스트 ▶ 43쪽

정답	1 (B)	2 (B)	3 (B)	4 (D)	5 (B)	6 (D)	7 (C)	8 (A)	9 (D)	10 (C)
	11 (D)	12 (D)	13 (B)	14 (B)	15 (D)	16 (C)	17 (A)	18 (C)	19 (D)	20 (A)

스크립트	해석

1

(A) この辺りは長屋が密集している地域です。

(B) 横断歩道の指示標識が設けられています。

(C) 駐車違反のステッカーが貼り付けられています。

(D) ナンバープレートに警告シールが貼られています。

(A) 이 근처는 연립 주택이 밀집해 있는 지역입니다.

(B) 횡단보도 지시 표식이 설치되어 있습니다.

(C) 주차 위반 스티커가 붙여져 있습니다.

(D) 등록 번호판에 경고 실이 붙여져 있습니다.

단어 長屋 연립 주택　密集 밀집　地域 지역　横断歩道 횡단보도　指示標識 지시 표식　設ける 마련하다, 설치하다　違反 위반　貼り付ける 붙이다, 부착하다　ナンバープレート 등록 번호판　警告 경고　シール 실(seal)

2

(A) 乳製品の自動販売機です。

(B) 真空パックされた牛肉が購入できます。

(C) 自動販売機の前で実演販売をしています。

(D) 自動販売機で購入した機内食が味わえる所です。

(A) 유제품 자동 판매기입니다.

(B) 진공 포장된 소고기를 구입할 수 있습니다.

(C) 자동 판매기 앞에서 실연 판매를 하고 있습니다.

(D) 자동 판매기에서 구입한 기내식을 맛볼 수 있는 곳입니다.

단어 乳製品 유제품　自動販売機 자동판매기　真空パック 진공 포장　購入 구입　実演販売 실연 판매(가게 앞 등에서 직접 상품을 다루며 판매하는 일)　機内食 기내식　味わう 맛보다

3

(A) 多くの人が搭乗口を通っています。

(B) 人が改札口に向かって歩いています。

(C) 電車を待つ人たちが行列を作っています。

(D) 荷物を押しながら改札口を通過しています。

(A) 많은 사람이 탑승구를 지나고 있습니다.

(B) 사람이 개찰구를 향해 걷고 있습니다.

(C) 전철을 기다리는 사람들이 행렬을 만들고 있습니다.

(D) 짐을 밀면서 개찰구를 통과하고 있습니다.

단어 搭乗口 탑승구　改札口 개찰구　行列 행렬　通過 통과

4

(A) 神社は参拝客で賑わっています。

(B) 神社の手水舎で手と口を清めています。

(C) 鳥居がいくつも重なっていてトンネルのようです。

(D) 境内はほとんど人の姿がなく閑散とした雰囲気です。

(A) 신사는 참배객으로 북적이고 있습니다.

(B) 신사의 쵸즈야에서 손과 입을 깨끗이 하고 있습니다.

(C) 도리이가 여러 개가 겹쳐 있어 터널 같습니다.

(D) 경내는 사람들의 모습이 거의 없고 한산한 분위기입니다.

단어 神社 신사　参拝客 참배객　手水舎 쵸즈야(참배객이 손과 입을 씻을 수 있게 물을 받아 두는 건물, ＝てみずや, てみずしゃ, ちょうずしゃ)　清める 맑게 하다, 깨끗이 하다　鳥居 도리이(신사 입구에 세운 기둥문)　重なる 포개지다, 겹치다　トンネル 터널　境内 경내　閑散 한산함　雰囲気 분위기

5

(A) 場所取り禁止を表しているマークです。

(B) 周囲の人への配慮を促すポスターです。

(C) 人々に幸福感をもたらすスローガンが書いてあります。

(D) 電車の乗り降りが困難な車椅子の方への協力を求めています。

(A) 자리 잡기 금지를 나타내고 있는 마크입니다.

(B) 주위 사람들에 대한 배려를 촉구하는 포스터입니다.

(C) 사람들에게 행복감을 유발하는 슬로건이 적혀 있습니다.

(D) 전철을 타고 내리는 것이 곤란한 휠체어 이용자에 대한 협력을 구하고 있습니다.

단어 場所取り 자리 잡기　禁止 금지　表す 나타내다, 표현하다　配慮 배려　促す 재촉하다, 촉구하다　ポスター 포스터　幸福感 행복감　もたらす 가져오다, 초래하다　スローガン 슬로건　乗り降り 타고 내림　困難 곤란함　車椅子 휠체어　協力を求める 협력을 구하다

6

(A) 舗装されていない凸凹道です。

(B) 石垣の隙間に瓶が刺さっています。

(C) 噴水の水が石から噴き出ています。

(D) 石畳みの道がきれいに掃き清められています。

(A) 포장되지 않은 울퉁불퉁한 길입니다.

(B) 돌담 틈에 병이 꽂혀 있습니다.

(C) 분수의 물이 돌에서 솟아나오고 있습니다.

(D) 돌이 깔린 길이 깨끗하게 쓸어져 있습니다.

단어 舗装 포장　凸凹道 울퉁불퉁한 길　石垣 돌담　隙間 틈　瓶 병　刺さる 박히다, 꽂히다　噴水 분수　噴き出る 뿜어 나오다　石畳み 납작한 돌을 깐 곳, 돌층계　掃き清める (비로 쓸어서) 깨끗이 하다

7

(A) 待合室の椅子はすべて空席です。

(B) 受付の前で患者が行列を作っています。

(C) 来院した利用者がまばらに座っています。

(D) 介護の様子を紹介する映像が上映されています。

(A) 대합실의 의자는 모두 공석입니다.

(B) 접수처 앞에서 환자가 행렬을 만들고 있습니다.

(C) 내원한 이용자가 드문드문 앉아 있습니다.

(D) 간호하는 모습을 소개하는 영상이 상영되고 있습니다.

단어 待合室 대합실　空席 공석　受付 접수　患者 환자　行列 행렬　来院 내원　利用者 이용자　まばら 드문드문함　介護 개호, 간호　上映 상영

8

(A) 石で造られた灯籠が設置されています。

(B) 灯籠の表面に苔がびっしりと生えています。

(C) 不揃いの薪が道路に沿って立てられています。

(D) 並木の枝先が長く垂れ下がりゆらゆらと揺れています。

(A) 돌로 만들어진 등롱이 설치되어 있습니다.

(B) 등롱 표면에 이끼가 가득 자라 있습니다.

(C) 들쭉날쭉한 장작이 도로를 따라 세워져 있습니다.

(D) 가로수의 가지 끝이 길게 늘어져 하늘하늘 흔들리고 있습니다.

단어 造る 만들다, 짓다　灯籠 등롱　設置 설치　表面 표면　苔 이끼　びっしり 빈틈없이 들어찬 모양, 빽빽이　生える 나다　不揃い 가지런하지 않음, 갖추어지지 않음　薪 땔나무, 장작(＝まき)　～に沿って ～을 따라　並木 가로수　枝先 가지 끝　垂れ下がる 늘어지다, 드리워지다　ゆらゆら 흔들흔들　揺れる 흔들리다

9

(A) 湖の水がかれています。

(B) 水田の向こうは丘陵地帯です。

(C) 池に飛び石が配置されています。

(D) 生い茂った樹木が水面に映っています。

(A) 호수의 물이 말라 있습니다.

(B) 논 맞은편은 구릉 지대입니다.

(C) 연못에 징검다리가 배치되어 있습니다.

(D) 울창한 수목이 수면에 비치고 있습니다.

단어 湖 호수　かれる (물이) 마르다　水田 수전, 논　丘陵 구릉　地帯 지대　飛び石 징검돌　配置 배치　生い茂る 무성하다, 우거지다　樹木 수목　水面 수면　映る 비치다

10

(A) 料理の進行状況を知らせています。

(B) 店内の衛生施設について説明しています。

(C) 休業日を案内表示板に表示しています。

(D) ２９日にはステーキ全品送料割引キャンペーンを実施しています。

(A) 요리의 진행 상황을 알리고 있습니다.

(B) 가게 내부의 위생 시설에 관해 설명하고 있습니다.

(C) 휴업일을 안내 표지판에 표시하고 있습니다.

(D) 29일에는 스테이크 전품의 송료 할인 캠페인을 실시하고 있습니다.

단어 進行状況 진행 상황　衛生施設 위생 시설　休業日 휴업일　案内表示板 안내 표지판　表示 표시　送料 송료　割引 할인　キャンペーン 캠페인　実施 실시

11

(A) 大きな波が押し寄せてきています。

(B) 男の人は絶壁の下で髪をとかしています。

(C) 潜水具を着用して水中に潜ろうとしています。

(D) 岩の上で男の人はカメラを構えるポーズを取っています。

(A) 커다란 파도가 밀려 들어오고 있습니다.

(B) 남자는 절벽 아래에서 머리를 빗고 있습니다.

(C) 잠수 도구를 착용하고 수중으로 잠수하려고 합니다.

(D) 바위 위에서 남자는 카메라로 사진을 찍을 자세를 취하고 있습니다.

단어 波 파도　押し寄せる 몰려들다, 밀어닥치다　絶壁 절벽　髪をとかす 머리를 빗다　潜水具 잠수 도구　着用 착용　潜る 잠수하다　カメラを構える 카메라로 사진 찍을 자세를 취하다

12

(A) 枝が折れて地面に落ちそうです。

(B) 土手道に七夕の短冊が置いてあります。

(C) 無病息災を祈りながら七草粥を食べる行事です。

(D) 願い事を書いた紙を笹の葉につるし、星に祈る伝統行事を行っています。

(A) 가지가 꺾여 지면에 떨어질 것 같습니다.

(B) 둑길에 칠석 단자쿠가 놓여 있습니다.

(C) 무병 식재를 빌면서 나나쿠사가유를 먹는 행사입니다.

(D) 소원을 적은 종이를 대나무 잎에 달고 별에게 비는 전통 행사를 하고 있습니다.

단어 枝 가지　折れる 꺾이다　地面 지면　土手道 둑길　七夕 칠석　短冊 단자쿠(글씨를 써서 매다는 종이)　無病息災 무병식재(병 없이 건강함)　七草粥 나나쿠사가유(정월 7일에 봄의 일곱 가지 나물을 넣어 끓이는 죽)　行事 행사　笹の葉 대나무 잎　伝統行事 전통 행사

13

(A) 電線に植物が巻き付いています。

(B) ツタが木の幹に絡みついています。

(C) 洋館の外壁が植物に覆われています。

(D) 木の枝の間からわらぶき屋根の農家が見えます。

(A) 전선에 식물이 휘감겨 있습니다.

(B) 담쟁이덩굴이 나무줄기에 휘감겨 있습니다.

(C) 양옥집의 외벽이 식물로 덮여 있습니다.

(D) 나뭇가지 사이로 초가지붕의 농가가 보입니다.

단어 電線 전선　植物 식물　巻き付く 감기다, 휘감기다　ツタ 담쟁이덩굴　木の幹 나무줄기　絡みつく 휘감기다
洋館 양관, 양옥집　外壁 외벽　覆う 덮다　枝 가지　わらぶき屋根 초가지붕　農家 농가

14

(A) 固定のごみ捨てボックスが設置されています。

(B) 道路の隅にレジ袋に入ったごみが落ちています。

(C) からすよけネットがしっかりごみに掛けられています。

(D) 束ねられた段ボール箱が道路の中央に落ちています。

(A) 고정된 쓰레기 박스가 설치되어 있습니다.

(B) 도로 구석에 비닐 봉지에 든 쓰레기가 떨어져 있습니다.

(C) 까마귀 막이 그물망이 단단히 쓰레기에 덮여 있습니다.

(D) 묶인 골판지 상자가 도로의 중앙에 떨어져 있습니다.

단어 固定 고정　設置 설치　隅 구석　レジ袋 비닐봉지　からすよけネット 까마귀 막이 그물망　しっかり 확실히, 단단히
束ねる 묶다　段ボール箱 골판지 상자　中央 중앙

15

(A) 斬新な釈迦如来像が描かれています。

(B) 左右対称の仏のイラストが描かれています。

(C) 国宝の仏像が数多く安置されている寺院を紹介しています。

(D) 街灯に観光客を歓迎するための旗が取り付けられています。

(A) 참신한 석가여래상이 그려져 있습니다.

(B) 좌우 대칭의 부처님 그림이 그려져 있습니다.

(C) 국보 불상이 수많이 안치되어 있는 사원을 소개하고 있습니다.

(D) 가로등에 관광객을 환영하기 위한 깃발이 달려 있습니다.

단어 斬新 참신함　釈迦如来像 석가여래상　描く 그리다(＝えがく)　左右対称 좌우 대칭　仏 부처, 불상　国宝 국보
仏像 불상　安置 안치　寺院 사원　街灯 가로등　観光客 관광객　歓迎 환영　旗 깃발　取り付ける 달다, 설치하다

16

(A) 風呂敷を背負って登校しています。

(B) 小学生がランドセルを購入しています。

(C) 視覚障害者誘導用ブロックが設置された通学路です。

(D) 教員が旗を持って立ち、通学路で安全指導を行っています。

(A) 보자기를 짊어지고 등교하고 있습니다.

(B) 초등학생이 책가방을 구입하고 있습니다.

(C) 시작 장애인을 위한 유도 블록이 설치된 통학로입니다.

(D) 교원이 깃발을 들고 서서, 통학로에서 안전 지도를 하고 있습니다.

단어 風呂敷 보자기　背負う 짊어지다, 메다　登校 등교　ランドセル 란도셀(초등학생용 책가방)　購入 구입
視覚障害者誘導用ブロック 시각 장애인 유도 블록　設置 설치　通学路 통학로　教員 교원　旗 깃발
安全指導 안전 지도

17

(A) 駅舎は平屋で、屋根は切妻型です。

(B) 時計塔の時計の振り子が揺れています。

(C) 重厚で趣のあるレンガ造りの建造物です。

(D) 3台の自販機が横一列に壁にぴったりと収まっています。

(A) 역사는 단층이고, 지붕은 맞배 모양입니다.

(B) 시계탑의 시계추가 흔들리고 있습니다.

(C) 중후하고 정취 있는 벽돌 건조물입니다.

(D) 세 대의 자판기가 좌우 1열로 벽에 착 들어가 있습니다.

단어 駅舎 역사　平屋 단층집　屋根 지붕　切妻型 삼각형의 맞배 모양　時計塔 시계탑　振り子 진자, 시계추
揺れる 흔들리다　重厚 중후함　趣 정취　レンガ造り 벽돌을 쌓아 만듦　建造物 건조물, 건축물　自販機 자판기
横一列 좌우 1열　ぴったり 어긋나거나 틈이 없이 딱 맞는 모양, 꼭, 딱　収まる 수습되다, 잘 들어가다

18

(A) 川がうねうねと流れています。

(B) 波止場に帆船が係留しています。

(C) 切り立った崖に吊り橋がかかっています。

(D) 峡谷の谷間をロープウェイが通過しています。

(A) 강이 굽이굽이 흐르고 있습니다.

(B) 부두에 범선이 계류하고 있습니다.

(C) 깎아지른 듯한 벼랑에 현수교가 걸려 있습니다.

(D) 협곡 골짜기를 로프웨이가 통과하고 있습니다.

단어 うねうね 넘실넘실, 구불구불　波止場 부두　帆船 범선　係留 계류　切り立つ 깎아지른 듯 솟아 있다, (날카로운 경사로)
우뚝 솟아 있다　崖 벼랑　吊り橋 현수교　峡谷 협곡　谷間 골짜기　ロープウェイ 로프웨이　通過 통과

19

(A) 天井からアニメのタペストリーが吊るされています。

(B) 駅長は改札口のすぐ左で海外からの要人を出迎えています。

(C) 駅員姿のマスコットが切符の払い戻し業務を担当しています。

(D) キャラクターの等身大パネルが改札口の横に置いてあります。

(A) 천장에 애니메이션 태피스트리가 매달려 있습니다.

(B) 역장은 개찰구 바로 왼쪽에서 해외에서 오는 요인을 맞이하고 있습니다.

(C) 역원 모습의 마스코트가 표의 환불 업무를 담당하고 있습니다.

(D) 캐릭터 등신대 패널이 개찰구 옆에 놓여 있습니다.

단어 天井 천장　タペストリー 태피스트리　吊るす 달아매다, 매달다　駅長 역장　改札口 개찰구　要人 요인, 중요한 자리
에 있는 사람　出迎える 마중 나가다　切符 표　払い戻し 환불　業務 업무　等身大 등신대　パネル 패널

20

(A) 水辺でフラミンゴの群れが暮らしています。

(B) いっせいに羽ばたいて群れになって飛んでいます。

(C) 無数のフラミンゴが沼に向かって逃げ出しています。

(D) フラミンゴがくちばしを使って泥の山を作っています。

(A) 물가에서 플라밍고 무리가 생활하고 있습니다.

(B) 일제히 날개 치고 무리를 지어 날고 있습니다.

(C) 무수한 플라밍고가 늪을 향해 도망치고 있습니다.

(D) 플라밍고가 부리를 사용해서 진흙더미를 만들고 있습니다.

단어 水辺 수변, 물가　群れ 무리　いっせいに 일제히　羽ばたく 날개 치다　無数 무수함　沼 늪　逃げ出す 도망가다
くちばし 부리, 주둥이　泥 진흙

PART 2 질의응답

① 의문사가 있는 경우 공략 1단계 실전 감각 익히기 ▶ 58쪽

1

사용 편의성부터 말하자면 어느 쪽을 추천합니까?

(A) 단호하게 거절합니다. 이쪽은 초보자입니다.

(B) 단연코 이분이지요. 이분은 사냥꾼입니다.

(C) 단연 이쪽이지요. 저쪽은 프로 사양입니다.

(D) 단연히 이분입니다. 그는 전문가 못지않게 할 수 있어요.

2

그래서 얼마나 바가지 썼어?

(A) 100달러. 의외로 싼 물건이었습니다.

(B) 100달러. 외국인이라고 허점을 보였어.

(C) 100달러. 돈이 짤랑짤랑 떨어져 버렸어.

(D) 100달러. 이래서 자원봉사를 해야 해.

3

여름 방학은 어떻게 보내셨습니까?

(A) 여름 방학에 코디네이터 자격증을 땄기 때문입니다.

(B) 아이를 데리고 여름 페스티벌에 참가할 생각입니다.

(C) 아이의 여름 방학 숙제를 돕는 처지가 되었습니다.

(D) 틀림없이 가족 단란한 한때를 보내고 있다고 생각하고 있었습니다만……

4

언제 내 집을 가질 수 있게 될까?

(A) 도심의 독채는 긴장되니까요.

(B) 도심의 단독 주택은 가격이 비싸니까요.

(C) 도심의 아파트는 도저히 손이 닿지 않았습니다.

(D) 도심의 소란에서 벗어나 노후를 보내고 싶습니다.

5

바겐세일에 다녀왔지요? 어째서 빈손인 것입니까?

(A) 때로는 혼자서 빈둥거려 보고 싶어요.

(B) 그럼, 음식물을 지참하고 가는 것을 추천해요.

(C) 다음에 오실 때에는 빈손으로 와 주세요.

(D) 가기는 갔었지만, 사람이 너무나도 많아서 돌아왔습니다.

6

엄마, 귀 청소 좀 하고 싶은데, 그거, 어디?

(A) 귀이개라면 늘 있던 곳이야.

(B) 귀마개라면 빌려 드릴까요?

(C) 귀 아픈 얘기는 그만해 줘.

(D) 이비인후과에 갈 거라면 선로 옆 병원이 좋아.

7

일본인은 더위 대책으로 무엇을 먹습니까?

(A) 소는 더위 먹지 않으니까요.

(B) 여름 하면 빙수죠.

(C) 장어를 토왕의 축일에 먹습니다.

(D) 토끼를 매주 토요일에 먹을 수 있습니다.

8

손자와 외출하다니 보기 좋네요. 어디까지 가세요?

(A) 드라이브인에서 손자와 합류해서 만났습니다.

(B) 이쪽이 눈에 넣어도 아프지 않은 첫 손자입니다.

(C) 미아가 되어 요코하마에서 당황했습니다.

(D) 드라이브 겸 요코하마까지 가 볼까 하고요.

9

저런 미인과 어디서 알게 된 거야?

(A) 동아리에서. 밑져야 본전이라는 심정으로 내가 먼저 고백했어.

(B) 대학에서. 이런 구제불능인 나도 입학이 가능했어.

(C) 공원에서. 부의에 꽃의를 기울여 확인해 뒀어.

(D) 회사에서. 예전에 잘못을 지적받고 수정을 요구받았지만, 포기하지 않았어.

10

우리 집 본가 여벌 열쇠와 결혼반지, 어디서 못 봤어?

(A) 당신은 덜렁대는 사람이구나.

(B) 당신은 생색내는 사람이구나.

(C) 당신은 쑥스러움이 많은 사람이구나.

(D) 당신은 융통성 없는 사람이구나.

11

언제 고향으로 돌아갑니까?

(A) 깜빡해 버려서 돌아가지 못했어요.

(B) 아이를 데리고 고향에 가는 것은 힘들었어.

(C) 산달이 되면 본가에 돌아가려고 합니다.

(D) 고향 방문은 여유를 가지고 준비하는 것이 좋아요.

12

그런 약한 소리를 하면 어떡해요? 그러면 뭘 해도 잘 될 리가 없어요.

(A) 그럼, 죽이 되든 밥이 되든 해 보겠습니다.

(B) 답은 맞든 틀리든 어느 쪽 하나야.

(C) 그러면 벌을 받을지도 모르겠네요.

(D) 그럼, 일벌의 기분이 되어 보겠습니다.

13

결승에 진출한 주전 선수의 면면은 어떤 느낌입니까?

A) 나카무라 씨와는 안면이 있어요.

(B) 소꿉친구와 결혼했다고 합니다.

(C) 지난 대회와 그다지 큰 차이는 없습니다.

(D) 준결승에서는 나카무라 씨가 활약했다고 합니다.

14

잔디 위에서 쉬고 있는 사람은 누구입니까?

(A) 아이도 잔디 속에 들어가면 안 돼요.

(B) 초등학생들이 무대 위에서 연극을 하고 있습니다.

(C) 잔디 위에서 느긋하게 있는 것은 나카타 씨입니다.

(D) 자, 봐. 잔디 위에서 모닥불을 피우고 있다고 했잖아.

15

있잖아요, 섣달 대목장에서는 무엇을 팔고 있습니까?

(A) 연말이 되면 각지에 성대한 섣달 대목장이 섭니다.

(B) 아마 설날 물건들을 팔고 있을 거라고 생각합니다.

(C) 이 지역의 섣달 대목장은 약 200년의 전통이 있어 유명합니다.

(D) 새해를 맞아 인연 맺기와 염원 성취 부적을 샀습니다.

---

① **의문사가 있는 경우** **공략 2단계 실전 문제 풀기** ▶63쪽

정답	1 (D)	2 (D)	3 (B)	4 (A)	5 (A)	6 (B)	7 (C)	8 (D)	9 (A)	10 (A)
	11 (C)	12 (B)	13 (D)	14 (D)	15 (B)					

스크립트	해석

1

^{がんたい}
眼帯なんかして、どうかしたんですか。

(A) 胃炎^{いえん}にかかって大変^{たいへん}でした。

(B) 腸炎^{ちょうえん}にかかって入院^{にゅういん}しました。

(C) 口内炎^{こうないえん}ができて痛^{いた}いんです。

(D) 結膜炎^{けつまくえん}にかかっちゃったんです。

안대 같은 것을 하고, 무슨 일입니까?

(A) 위염에 걸려서 고생했습니다.

(B) 장염에 걸려서 입원했습니다.

(C) 구내염이 생겨서 아픕니다.

(D) 결막염에 걸리고 말았습니다.

단어 眼帯^{がんたい} 안대   胃炎^{いえん} 위염   腸炎^{ちょうえん} 장염   口内炎^{こうないえん} 구내염   結膜炎^{けつまくえん} 결막염

2

高橋さんって強面だけど、本当はどんな人？

(A) 彼は目こそ悪いけれど、歯はいい。

(B) 彼は頭こそ悪いけれど、収入はいい。

(C) 彼は歯こそ悪いけれど、とてもおもしろい人だよ。

(D) 彼は目つきこそ悪いけれど、とても優しい人だよ。

다카하시 씨는 험상궂게 생겼는데, 사실은 어떤 사람이야?

(A) 그는 눈은 나쁠망정, 이는 괜찮아.

(B) 그는 머리는 나쁠망정, 수입은 좋아.

(C) 그는 이는 나쁠망정, 매우 재미있는 사람이야.

(D) 그는 눈매는 나쁠망정, 매우 상냥한 사람이야.

단어 強面 무서운 얼굴을 함　～こそ ～야말로　収入 수입　目つき 눈빛, 눈초리

3

子どもの頃のことで、一番記憶に残っていることは何ですか。

(A) 妹と泥団子を作って売りさばきました。

(B) 弟と泥まみれになって毎日遊んだことですね。

(C) 泥棒ごっこはせず、おままごとばかりします。

(D) その一件で、私は姉の顔に泥を塗ってしまいました。

어릴 적 일 중에, 가장 기억에 남아 있는 것은 무엇입니까?

(A) 여동생과 흙으로 경단을 만들어 팔았습니다.

(B) 남동생과 흙투성이가 되어 매일 놀았던 일입니다.

(C) 도둑잡기는 하지 않고, 소꿉놀이만 합니다.

(D) 그 일로 저는 언니의 얼굴에 먹칠을 해 버렸습니다.

단어 記憶 기억　泥団子 흙장난, 흙으로 만든 경단　売りさばく 팔아 치우다, 널리 팔다　～まみれ ~투성이　～ごっこ (명사 뒤에 붙어서) ~의 흉내를 내는 놀이, ~놀이　(お)ままごと 소꿉놀이　泥を塗る 먹칠을 하다

4

何時までバイオリンの練習するつもりかしら。

(A) 本当にはた迷惑ですね。

(B) 本当に迷惑千万でした。

(C) 本当にご迷惑をお掛けして面目ないです。

(D) 走り回る音がうるさすぎて本当に迷惑ですよ。

언제까지 바이올린 연습을 할 생각일까?

(A) 정말로 남에게 민폐지요.

(B) 정말로 귀찮기 짝이 없었습니다.

(C) 정말로 폐를 끼쳐 면목 없습니다.

(D) 뛰어다니는 소리가 너무 시끄러워서 정말로 민폐예요.

단어 練習 연습　はた迷惑 옆 사람 또는 인근에 끼치는 폐　迷惑千万 귀찮기 짝이 없음　迷惑を掛ける 폐를 끼치다　面目ない 면목 없다　走り回る 뛰어다니다　～すぎる 너무 ~하다

5

何の音？またお隣で夫婦喧嘩しているのかしら？

(A) 毎晩毎晩、うるさいったらありゃしない。

(B) 毎日毎日こうよく飽きもせずに隣に行くね。

(C) あ、今、バリンってお皿が割れそうだったよ。

(D) 夫婦喧嘩は猫も食わぬって言うから気にするな。

무슨 소리지? 또 옆집에서 부부 싸움을 하고 있는 건가?

(A) 매일 밤마다 정말 시끄럽기 그지없네.

(B) 매일매일 이렇게 잘도 질리지도 않고 옆집에 가네.

(C) 아, 지금, 쨍그랑 하고 접시가 깨질 뻔했어.

(D) 부부 싸움은 칼로 물 베기라는 말도 있으니까 신경 쓰지 마.

단어 夫婦喧嘩 부부 싸움　うるさい 시끄럽다　〜ったらありゃしない 정말이지 〜하다, 〜하기 그지없다　飽^あきる 질리다
バリン 쨍그랑　夫婦喧嘩^{ふうふげんか}は犬^{いぬ}も食^くわぬ 부부 싸움은 개도 안 먹는다, 부부 싸움은 칼로 물 베기 ((D)에서 猫가 아니라 올바른
표현인 犬가 사용되었다면 정답이 될 수 있음)

6

次回^{じかい}の国際^{こくさい}フォーラムの件^{けん}、どなたにお聞^ききになりましたか。

(A) 大学時代^{だいがくじだい}の恩師^{おんし}にお聞^ききになりました。
(B) 一昨日^{おとつい}、御校^{おんこう}の研究所^{けんきゅうじょ}の助手^{じょしゅ}の方^{かた}に伺^{うかが}いました。
(C) 母校^{ぼこう}の後輩^{こうはい}に昨晩^{さくばん}メールで教^{おし}えてあげました。
(D) ひょんなことから拝聴^{はいちょう}する機会^{きかい}がございました。

다음 국제 포럼 건, 어느 분에게 들으셨습니까?

(A) 대학 시절의 선생님에게서 들었습니다.
(B) 그저께 귀교 연구소의 조수에게 들었습니다.
(C) 모교 후배에게 지난 밤 메일로 가르쳐 주었습니다.
(D) 뜻밖의 일로 들을 기회가 있었습니다.

단어 国際^{こくさい}フォーラム 국제 포럼　恩師^{おんし} 은사　一昨日^{おとつい} 그저께(=いっさくじつ)　御校^{おんこう} 귀교　研究所^{けんきゅうじょ} 연구소　助手^{じょしゅ} 조수
母校^{ぼこう} 모교　昨晩^{さくばん} 어젯밤　ひょんな 묘한, 엉뚱한, 이상야릇한, 뜻밖의　拝聴^{はいちょう} 배청, 삼가 들음

7

クラシックを聴^きこうと思^{おも}うんだけど、なにしろ初^{はじ}めて
で……。お勧^{すす}めの人^{ひと}を教^{おし}えて。

(A) ベートーベンかな。彼^{かれ}は右利^{みぎき}きで、筆^{ふで}が立^たつ人^{ひと}だった。
(B) ベートーベンかな。彼^{かれ}は耳^{みみ}の痛^{いた}いことを言^いわれて、怒^{おこ}っていたよ。
(C) ベートーベンかな。彼^{かれ}の右^{みぎ}に出^でる者^{もの}はいないと思^{おも}うよ。
(D) ベートーベンかな。彼^{かれ}は右^{みぎ}と言^いえば左^{ひだり}と言^いう人^{ひと}だった。

클래식을 들으려고 하는데, 아무튼 처음이라서…….
추천할 만한 사람 알려 줘.

(A) 베토벤인가. 그는 오른손잡이로, 글을 잘 쓰는 사람이었어.
(B) 베토벤인가. 그는 듣기 거북한 것을 듣고, 화를 냈어.
(C) 베토벤인가. 그보다 뛰어난 사람은 없다고 생각해.
(D) 베토벤인가. 그는 항상 남들 말에 반대하는 사람이었어.

단어 クラシック 클래식　右利^{みぎき}き 오른손잡이　筆^{ふで}が立^たつ 문장을 잘 쓰다　その上^{うえ} 더구나, 게다가　耳^{みみ}が痛^{いた}い 귀가 아프다,
(남이) 자신의 약점을 찔러서 듣기 거북하다　右^{みぎ}に出^でる 우위에 서다, 능가하다　右^{みぎ}と言^いえば左^{ひだり} 사사건건 반대함

8

こちらはいかほどですか。

(A) そちらのご家族^{かぞく}ほどではありません。
(B) 今日^{きょう}はこちらのイカがセール対象商品^{たいしょうしょうひん}です。
(C) 配送料^{はいそうりょう}は梱包代込^{こんぽうだいこ}みのお値段^{ねだん}でございます。
(D) 2割引^{わりびき}の3,000円^{えん}でご奉仕^{ほうし}させていただきます。

이것은 얼마나 합니까?

(A) 그쪽 가족만큼은 아닙니다.
(B) 오늘은 이쪽 오징어가 세일 대상 상품입니다.
(C) 배송료는 포장비를 포함한 가격입니다.
(D) 20% 할인해서 3,000엔으로 싸게 드리겠습니다.

단어 いかほど (수량, 값이) 얼마나, 어느 정도, 얼마만큼　イカ 오징어　セール 세일　対象^{たいしょう} 대상　商品^{しょうひん} 상품　配送料^{はいそうりょう} 배송료
梱包^{こんぽう} 짐을 꾸림, 포장함　奉仕^{ほうし} 봉사, 이바지함, 물건을 싼 값으로 팖, 서비스

9

お兄ちゃんは整理整頓好きなのに、なんであんたは片付けができないの？

(A) 足の踏み場もないわけじゃないのに大袈裟だな。

(B) 兄貴だって、片言の英語しかできないじゃないか。

(C) 令嬢だからっていつも依怙贔屓するなんてずるいぞ。

(D) なんとか金で方を付けられそうだから、心配しないで。

형은 정리 정돈을 좋아하는데, 왜 너는 정리를 못 하니?

(A) 발 디딜 틈도 없는 것도 아닌데 야단법석이네.

(B) 형이야말로 떠듬거리는 영어밖에 못 하잖아?

(C) 양갓집 규수라고 해서 항상 편들다니, 교활해.

(D) 어떻게든 돈으로 처리될 것 같으니까 걱정하지 마.

단어 整理整頓 정리 정돈 片付け 정리 踏み場 발 디딜 곳 大袈裟 과장함, 야단법석임 兄貴 형, 형님 片言 서투른 말씨, 외국어를 떠듬거림, 한 마디 令嬢 영양, 남의 딸을 높여 부르는 말, 양갓집 규수 依怙贔屓 한쪽만 편듦, 역성 듦 ずるい 교활하다, 약삭빠르다 方を付ける 결말을 내다, 처리하다

10

どうしたんだい？そんな弱音を吐いて、君らしくもない。

(A) 慰めてくれようとしなくても結構です。

(B) お酒は弱いどころか一滴も飲めません。

(C) なんとかこの条件で飲んではもらえませんか。

(D) 吐いたらすっきりしたので、もう大丈夫です。

무슨 일이야? 그런 약한 소리를 하고, 너답지도 않아.

(A) 위로해 주려고 하지 않아도 괜찮습니다.

(B) 술은 약하기는커녕 한 방울도 못 마십니다.

(C) 어떻게든 이 조건으로 받아 줄 수 없습니까?

(D) 토했더니 개운해져서 이제 괜찮습니다.

단어 弱音を吐く 약한 소리를 하다 慰める 위로하다 ～どころか ～은커녕 一滴 한 방울 飲む 마시다, 집어삼키다, 받아들이다, 수용하다 吐く 토하다 すっきり 상쾌해지다, 산뜻이, 깔끔하게

11

早くしないと駅前の食器屋、閉まっちゃう！あと、どこの戸締まりが残っているの？

(A) まだ八百屋のまりさんが残っています。

(B) 食器棚の戸の閉まり具合が悪くて困ったわ。

(C) それより、お風呂場のガスの元栓締めてきて。

(D) 駅前での飲酒運転の取締まりが残っています。

서두르지 않으면 역 앞에 있는 그릇 가게, 문 닫아! 앞으로 어디 문단속이 남아 있어?

(A) 아직 야채 가게의 마리 씨가 남아 있습니다.

(B) 찬장의 문이 잘 닫히지 않아서 곤란해.

(C) 그보다, 목욕탕 가스 밸브 잠그고 와.

(D) 역 앞에서의 음주 운전 단속이 남아 있습니다.

단어 食器屋 그릇 가게 戸締まり 문단속 八百屋 야채 가게 食器棚 찬장, 그릇장 戸 문 それより 그것보다, 그보다 風呂場 목욕탕 ガス 가스 元栓 가스 등의 개폐 장치 締める 죄다, 잠그다, 단속하다 飲酒運転 음주 운전 取締まり 단속

12

玄関にある花柄の風呂敷包みは何ですか。

(A) 君の留守中に、出張の土産物を持って部下が参ったんだ。

(B) 高木さんに先日のお礼にと彼の郷里の名産品をいただいたんだ。

(C) お風呂場に敷くマットを玄関に敷いてみたんだが気に入ったか。

(D) お礼かたがた、私のふるさとの特産品を持ってきてあげました。

현관에 있는 꽃무늬 보따리는 무엇입니까?

(A) 네가 집에 없는 동안, 출장 선물을 가지고 부하 직원이 왔었어.

(B) 다카기 씨가 일전의 사례라며 그의 고향 명산품을 준 거야.

(C) 목욕탕에 깔 매트를 현관에 깔아 봤는데 마음에 들어?

(D) 감사 인사 겸, 제 고향의 특산품을 가져와서 드렸습니다.

단어 玄関 현관　花柄 꽃무늬　風呂敷包み 보따리, 욕실에 들어갈 때는 옷을 싸 두었다가 나온 후에는 발을 닦는 데 쓰는 천
土産物 토산물, 선물　部下 부하　参る 오다(来る의 겸양어)　郷里 향리, 고향　名産品 명산품　敷く 깔다　マット 매트
~かたがた ~하는 겸　ふるさと 고향　特産品 특산품

13

また泣いてるのか。この子は誰に似たのか人見知りが激しいな。

(A) 以後どうぞ御見知り置きください。

(B) 顔見知りがいなくても泣いちゃだめよ。

(C) 誰だって激しく泣きたい時ぐらいあるわよ。

(D) 泣き虫ってわけじゃなく、これも成長の証なのよ。

또 울고 있는 건가? 이 아이는 누구를 닮았는지 낯가림이 심하네.

(A) 이제부터는 저를 잘 기억해 주세요.

(B) 낯이 익은 사람이 없어도 울면 안 돼.

(C) 누구라도 심하게 울고 싶은 때 정도는 있어.

(D) 울보라는 게 아니라, 이것도 성장의 증거야.

단어 人見知り 낯가림　以後 이후　御見知り置き 상대가 자신을 기억해 줄 것을 희망할 때 쓰는 정중한 표현, 첫 인사 때 사용함
顔見知り 안면이 있음, 안면이 있는 사람　泣き虫 울보　成長 성장　証 증거

14

いつごろ一時帰宅できそうでしょうか。

(A) 手術は思いの外、成功裏に終わりました。

(B) 手術中の関係者の出入りは固く禁じられています。

(C) 相手の術中に陥ることのないように注意してください。

(D) 術後の経過が順調なら、来週帰宅しても差し支えありません。

언제쯤 일시적으로 귀가할 수 있을 것 같습니까?

(A) 수술은 생각 외로 성공리에 끝났습니다.

(B) 수술 중 관계자의 출입은 엄격히 금지되어 있습니다.

(C) 상대의 술수에 빠지지 않도록 주의해 주세요.

(D) 수술 후의 경과가 순조롭다면, 다음 주 귀가해도 지장이 없습니다.

단어 一時 일시, 일시적　帰宅 귀가　思いの外 생각 외로, 뜻밖에, 예상 외로　成功裏 성공리　関係者 관계자　出入り
출입, 드나듦　固い 견고하다, 굳다, 확실하다, 강하다　禁じる 금하다　術中 계략, 술수, 함정　陥る 빠지다　術後 수술 후
経過 경과　順調 순조로움　差し支え 지장, 지장되는 일

15

荷物の制限重量を超えてしまったら、追加代金はいくらかかるんですか。

荷物の制限重量を超えてしまったら、追加代金はいくらかかるんですか。

(A) 手痛い出費となるので、搭乗予定の航空会社に問い合わせました。

(B) 超過した重量1kgあたり、大人片道運賃の1.5%をいただいております。

(C) 機内へ持ち込める手荷物は、合計重量が10kg以下と決められております。

(D) 航空便で海外に小包を送る場合、送料は一律税込みで5,600円でございます。

짐의 제한 중량을 넘어 버리면, 추가 대금이 얼마 듭니까?

(A) 심한 지출이 되므로, 탑승 예정의 항공 회사에 문의했습니다.

(B) 초과한 중량 1kg당, 어른 편도 운임의 1.5%를 받고 있습니다.

(C) 기내에 들고 가실 수 있는 수하물은 합계 중량이 10kg 이하로 정해져 있습니다.

(D) 항공편으로 해외로 소포를 보낼 경우, 운송 요금은 일률적으로 세금 포함해서 5,600엔입니다.

단어 制限 제한　重量 중량　超える 넘다, 초과하다　追加 추가　代金 대금　手痛い 호되다, 심하다, 뼈아프다　出費 지출　搭乗 탑승　航空 항공　問い合わせる 문의하다　超過 초과　片道 편도　運賃 운임　機内 기내　手荷物 수하물　合計 합계　航空便 항공편　送料 송료, 운송 요금　一律 일률, 한결 같음　税込み 세금 포함

---

② 의문사가 없는 경우　공략 1단계 실전 감각 익히기　▶ 68쪽

1
오늘은 날도 좋고, 진심으로 축하합니다.

(A) 양해해 주시길 부탁드립니다.

(B) 바쁘신 와중에도 불구하고 감사합니다.

(C) 사양하지 말고 편안히 쉬세요.

(D) 미흡한 점이 있으면 양해 부탁드립니다.

2
나머지는 다른 사람에게 맡기고, 오늘은 그만 돌아가도 돼.

(A) 그런 어리광을 부리는 것은 허용하지 않습니다.

(B) 그런 흐리멍덩한 생각으로 어떻게 해.

(C) 과연 쓴 맛 단 맛 다 알고 있어.

(D) 그 말씀을 고맙게 받아들여 그렇게 하겠습니다.

3
눈 밑의 멍이 부끄러워서 외출도 뜻대로 할 수 없어.

(A) 수면 부족이 되면, 눈 밑이 까매지죠.

(B) 부끄러움을 극복할 용기를 가진 사람이 되고 싶어.

(C) 심한 내출혈이지만 선글라스로 속일 수 있어.

(D) 글썽거리는 눈동자로 보이도록, 애교 살 화장을 했어요.

4
다음 주는 모모노셋쿠인데, 새로운 사업 생각으로 머리가 가득 차서 까맣게 잊고 있었어.

(A) 서둘러 오세치요리 준비를 시작하지 않으면 안 되겠네.

(B) 무리해서 할부로 산 히나 인형이니까 장식해 줘.

(C) 그럼, 복숭아 수확 및 판매를 언제부터 할지 검토할까?

(D) 어차피 그럴 줄 알고, 세쓰분용의 콩을 사 왔어.

5
이 크림, 건성 피부에 광장한 효과를 발휘한다고 하더라고요.

(A) 목욕 후 한기를 느끼기 쉽지만, 이걸 사용하면 일당백이지요.

(B) 신발 뒤축이 닳는 사람은, 구두 바닥을 쓸지 않게 걸어야 해.

(C) 빨간 스카프보다 크림색이 얼굴에 잘 받아요.

(D) 나도 실제로 써 봤는데, 발꿈치가 촉촉해서, 중단할 수가 없어져.

6

시간에 여유가 있다면 비행기보다 페리 쪽이 경제적이고 좋을까요?

(A) 돈에 여유가 있다면, 유유자적한 배 여행도 좋은 법입니다.

(B) 멀미의 우려가 있기 때문에, 단연 페리 쪽이 좋습니다.

(C) 운이 좋으면 고래를 생생하게 볼 수도 있어서 추천합니다.

(D) 진미인 고래 생고기를 먹을 수 있어서 행운이었습니다.

7

약에 의존하기만 하면, 면역력이 약해질 뿐이에요.

(A) 아들은 유년 시절부터 허약 체질이라, 병역 면제되었습니다.

(B) 이제부터는 한약이라도 먹을까 생각하던 참이었습니다.

(C) 여성에게 면역이 없기 때문에 (저에게) 의지하면 약해져 버립니다.

(D) 이번 실패는 그의 인생에 좋은 약이 될 거라고 생각합니다.

8

은행 영업 시간이 짧아서 불편하게 느낀 적은 없습니까?

(A) 시간을 연장해도 그에 맞는 거래가 없으니 어쩔 수 없습니다.

(B) 영업 시간이 짧은 만큼, 저희 가게의 추천 메뉴를 서비스합니다.

(C) 해외 인건비는 일본에 비해 저렴하기 때문에, 원가를 억제할 수 있습니다.

(D) 연장에 관해서입니다만, 본교 이사회의 승인은 얻지 못했습니다.

9

오늘부터 대망의 신제품 매장 예약이 시작되었습니다.

(A) 제트 코스터 대기 줄의 맨 끝은 여기입니까?

(B) 너무나도 거드름 피워서, 저는 몹시 지쳤습니다.

(C) 곤충 붐으로 장수풍뎅이나 무당벌레는 물건이 달립니다.

(D) 예약하면 호화 상품이 추첨으로 당첨된다는 게 사실입니까?

10

오늘은 상쾌한 가을 날씨야. 이불 말리기에는 제격이야.

(A) 살림살이에 찌든 말을……. 이런 날은 단풍놀이야.

(B) 맑든 말든, 어차피 갈 것이니 상관없어.

(C) 이렇게 별이 총총한 가을의 밤하늘을 올려다보는 것은 이럭저럭 10년 만이네.

(D) 가을이라고 하지만, 이래서는 미덥지 못하니까, 한 장 더 가져와.

11

다음 방문을 스태프 일동 진심으로 기다리고 있습니다.

(A) 한자리에 모인 것은 몇 년 만일까요?

(B) 다음에는 가족과 함께 들를게요.

(C) 한 가지 재주에 뛰어난 사람이 부러울 따름입니다.

(D) 폐점 시간이 임박하면 기다리지 말고 가 주세요.

12

우리 아들은 작년, 제설 작업 중에 넘어져서 골절됐어요.

(A) 텐트를 치는 작업은 상당히 힘들거든요.

(B) 작년에는 과거에 없던 강설량으로 온갖 고생을 했어요.

(C) 눈싸움이라고 하지만 방심해서는 안 되겠네요.

(D) 어디서 굴러먹은 개뼈다귀인지도 모를 녀석은 안 돼.

13

예의범절 교육 때문이라고는 하지만, 아이를 함부로 꾸짖지 않는 편이 좋아요.

(A) 괴발개발이라는 것도 있으니까요.

(B) 쥐꼬리만 한 용돈밖에 안 주고 있습니다.

(C) 세 살 버릇이 여든까지 간다고 하지요.

(D) 늙어서는 자식을 따르라는 속담도 있습니다.

14

햇빛이 쨍쨍 내리쬐는 날씨에 모자도 씌우지 않고 아이를 밖에서 놀게 해도 괜찮아?

(A) 어린이는 곧 탈수 증상이 나타나므로 외출 금지입니다.

(B) 1년에 한 번 있을까 말까 하는 일이라서 눈을 감았어요.

(C) 우리 아이만은 그런 나쁜 짓을 할 리가 없습니다.

(D) 수시로 수분을 보충하고 있기 때문에 걱정하지 않으셔도 됩니다.

15

이번 여름, 인도 소수 민족이 사는 비경에 혼자 다녀옵니다.

(A) 인도에 가면 꼭, 본고장 카레에 입맛을 다시고 싶어.

(B) 친구를 남겨 두고, 가장 먼저 도망치다니 얼마나 비겁한지.

(C) 불행한 처지를 한탄해도 소용없으니, 긍정적으로 살아라.

(D) 무모한 행동은 삼가고, 위험을 알게 되면 되돌아와 주세요.

정답	1 (B)	2 (C)	3 (D)	4 (A)	5 (D)	6 (B)	7 (A)	8 (D)	9 (B)	10 (A)
	11 (B)	12 (A)	13 (D)	14 (C)	15 (A)					

스크립트	해석

1

もう限界です。お願いなので少し休ませていただけないでしょうか。

(A) 見掛けによらず、意外と負けず嫌いな性格だな。

(B) ここで音を上げたら、苦労が水の泡になるぞ。

(C) 歯を食い縛って頑張ったら、身が持たないよ。

(D) 生まれてこのかたずる休みはしたことがないです。

이미 한계입니다. 부탁이니 조금 쉴 수 없을까요?

(A) 보기와는 달리, 의외로 지기 싫어하는 성격이군.

(B) 여기서 죽는 소리를 내면 고생한 게 수포로 돌아가.

(C) 이를 악물고 힘내면 몸이 버티지 못해.

(D) 태어난 이후로 꾀를 부려 쉰 적이 없습니다.

단어 限界 한계　見掛け 겉보기, 외관　意外 의외　負けず嫌い 유달리 지기 싫어함　性格 성격　音を上げる 죽는 소리를 내다　苦労 고생　水の泡 수포　歯を食い縛る 이를 악물다　身が持たない 건강을 유지할 수 없다　生まれる 태어나다　このかた 이후, 이래　ずる休み 꾀를 부려 쉼

2

ブランドのバッグならデパートより、免税店で購入する方が断然お得ですよ。

(A) あまりの高さに呆然とし、口をつぐんでその場につったってしまいました。

(B) そうしたい気持ちは山々ですが、このバッグで海水浴に出かけたいんです。

(C) 海外に行く予定が当面ないので、高くつくのは覚悟の上でここで買います。

(D) 目論見がはずれてしまったので、私としてもこれしか方法が見つかりません。

명품 가방이라면 백화점보다, 면세점에서 구입하는 편이 단연 이득이에요.

(A) 너무 비싼 가격에 어안이 벙벙해서 입 다물고 그 자리에 서 버렸습니다.

(B) 그렇게 하고 싶은 마음은 굴뚝같지만, 이 가방으로 해수욕장에 가고 싶습니다.

(C) 해외에 갈 예정이 당분간 없으므로, 비쌀 것이라는 각오를 하고 여기서 사겠습니다.

(D) 계획에 차질이 생겨서, 저로서도 이것밖에 방법을 찾을 수 없습니다.

단어 ブランド 명품　免税店 면세점　購入 구입　断然 단연　お得 이익이 됨　呆然 어안이 벙벙함, 어이가 없음, 망연함　口をつぐむ 입을 다물다　つったつ 우뚝 서다　山々 (마음이) 굴뚝같음　海水浴 해수욕　当面 당장, 당분간　高くつく 비싸게 치이다　覚悟 각오　目論見 계획, 의도　はずれる 어긋나다, 차질이 생기다　方法 방법　見つかる 찾게 되다, 발견되다

3

「うるう年」の２月２９日は４年に一度のにんにくの日だそうです。

(A) 効果覿面で荒れた地肌にうるおいが戻った。

(B) 「うるう年」をもじって作った記念日ですね。

(C) 「うるう」がにんにくという意味とは初耳です。

(D) 特に由来はなく、単なる語呂合わせでしょうね。

'윤년'의 2월 29일은 4년에 한 번인 마늘의 날이라고 합니다.

(A) 효과가 바로 나타나서 거친 피부가 촉촉하게 되었어.

(B) '윤년'을 빗대어 만든 기념일이군요.

(C) '윤'이 마늘이라는 뜻이라는 건 처음 들었습니다.

(D) 특별히 유래는 없고, 단순한 말장난이겠지요.

단어 うるう年 윤년　にんにくの日 마늘의 날(2월 29일의 숫자 229가 ににく로 읽히는 것에서 유래)　効果覿面 효과가 바로 나타남　荒れる 거칠어지다, 황폐해지다　地肌 맨살갗, 대지의 표면　うるおい 마음의 여유, 정감, 촉촉함　うるう 윤, 평년보다 날수나 달수가 많은 것　もじる 비틀다, 비꼬다, 빗대다　初耳 처음 들음, 금시초문　由来 유래　単なる 단순한　語呂合わせ 속담, 성구 등의 가락을 흉내 내어, 전혀 다른 새로운 구를 만듦으로써 웃음을 자아내게 하는 말장난

4

もし差し支えなかったら、事情をお話ししていただけませんか。

(A) 相続の件で身内で揉めておりますが、気にしないでください。

(B) 扇子と団扇のどちらが涼しいかなんていう不毛な議論はもうやめよう。

(C) それでは、我が家の次女についての話をして差し上げましょう。

(D) 退学を余儀なくされた次女についてお話ししたことはありません。

만약 지장이 없다면, 사정을 이야기해 주시지 않겠습니까?

(A) 상속 문제로 집안이 옥신각신하지만, 신경 쓰지 말아 주세요.

(B) 쥘부채와 둥근 부채 중 어느 쪽이 시원한가라는 무의미한 의론은 이젠 그만두자.

(C) 그러면, 우리 집의 둘째 딸에 대한 이야기를 해 드리겠습니다.

(D) 어쩔 수 없이 퇴학당한 둘째 딸에 관해서 이야기한 적은 없습니다.

단어 差し支える 지장이 있다, 방해가 되다　事情 사정　相続 상속　件 건, 사항　身内 온몸, 친척, 집안　揉める 분규가 일어나다, 옥신각신하다　扇子 쥘부채　団扇 둥근 부채　不毛 불모, 성과나 발전이 없음　退学 퇴학　余儀ない 어쩔 수 없다

5

まだやってるの？いい加減にしなさい。

(A) 湯加減はちょうどいいと思うよ。

(B) これをやめさせるのは至難の技だったね。

(C) これだから言わんこっちゃないんだ。

(D) これ、一度始めたら途中でやめられないんだよね。

아직 하고 있어? 적당히 해.

(A) 물 온도는 딱 좋다고 생각해.

(B) 이것을 그만두게 하는 것은 아주 어려운 기술이었잖아.

(C) 그러니까 내가 뭐랬어.

(D) 이것, 한번 시작하면 도중에 그만둘 수 없어.

단어 いい加減 적당함, 알맞음　湯加減 목욕물 따위의 적당한 온도　至難の業 극히 어려운 기술　途中 도중　言わんこっちゃない 자신의 조언을 듣지 않아 실패한 사람에게 하는 말

6

山口さんは引退後、郷里に帰って、実家の事業を継いでいるとか。

(A) 退院後は実家に帰られたので、ご両親も一安心でしょう。

(B) 故郷に錦を飾ることができ、本人も喜んでいるでしょう。

(C) 無い袖は振れないと断ったけど、「内裸でも外錦」というから、着物を贈りました。

(D) 跡継ぎができたので、心置き無く錦鯉の養殖に没頭できます。

야마구치 씨는 은퇴 후, 고향에 가서 가업을 잇고 있다던데.

(A) 퇴원 후에는 본가로 돌아가셨으니, 부모님도 한시름 놓겠지요.

(B) 금의환향할 수 있어, 본인도 기뻐하고 있겠지요.

(C) 갖고 있는 것이 없어서 어쩔 도리가 없다고 거절했지만, '어려운 처지라도 체면을 차려야 한다'고 하니, 기모노를 보냈습니다.

(D) 후계자가 생겨서, 거리낌 없이 비단잉어 양식에 몰두할 수 있습니다.

단어 引退 은퇴 郷里 고향 実家 실가, 생가, 친정 事業を継ぐ 사업을 잇다 ～とか ～라든가, ~든지, ～라던가 하는
一安心 한시름 놓음, 일단 안심함 故郷に錦を飾る 금의환향하다 無い袖は振れない 가지고 있지 않으면 내놓고 싶어도 내놓을 수 없다 内裸でも外錦 내부적으로는 괴롭지만 세인의 이목으로 체면을 차리지 않으면 안 되는 것 跡継ぎ 상속자, 후계자 心置き無く 거리낌 없이, 걱정 없이, 마음 놓고 錦鯉 비단잉어 養殖 양식 没頭 몰두

7

今回のフォトコンテストの優勝者はまだ高校生だそうですね。

(A) 高校生らしからぬ、技術の高さに脱帽しました。

(B) それで、高校の校舎を有償で払い下げることにしました。

(C) 写真技術のテストは高校生には不利だったことは否めません。

(D) 若者らしいみずみずしい文体で現代社会にメスを入れました。

이번 사진 콘테스트의 우승자는 아직 고등학생이라고 하네요.

(A) 고등학생답지 않은, 높은 기술에 경의를 표했습니다.

(B) 그래서 고등학교 교사를 유상으로 매각하기로 했습니다.

(C) 사진 기술 테스트는 고등학생에게는 불리했다는 것은 부인할 수 없습니다.

(D) 젊은이다운 신선한 문체로 현대 사회에 메스를 가했습니다.

단어 フォトコンテスト 사진 콘테스트 優勝者 우승자 ～からぬ ～하지 않은(い형용사 어간에 접속) 技術 기술 脱帽 탈모, 모자를 벗고 경의를 표함 校舎 교사, 학교 건물 有償 유상 払い下げる 불하하다, 매각하다 否めない 거절할 수 없다, 부인할 수 없다 みずみずしい 윤이 나고 싱싱하다, 신선하고 생기있다 文体 문체 現代社会 현대 사회 メスを入れる 메스를 가하다, 근본적인 해결을 위해 조치를 취하다

8

そのうち海外旅行感覚で宇宙旅行ができるようになるって。

(A) 飛行機に乗っただけでも、くらくらするのにロボットなんて……。

(B) 国内初の宇宙飛行士として宇宙開発の一端を担いたいと思います。

(C) 二度と宇宙船なんか御免なのに、世の中には物好きもいるもんだ。

(D) 閉所恐怖症なので、ロケットだなんて考えただけでめまいがする。

머지않아 해외여행 하는 느낌으로 우주 여행을 할 수 있다고 하던데.

(A) 비행기를 타는 것만으로도 어질어질한데, 로봇이라니…….

(B) 국내 최초의 우주비행사로서 우주 개발의 일부분을 짊어지고 싶습니다.

(C) 두 번 다시 우주선 따위는 싫은데, 세상에는 별난 사람도 있는 법이군.

(D) 폐소 공포증이라서 로켓이라고 생각한 것만으로도 현기증이 나.

단어 そのうち 머지않아, 가까운 시일 안에　感覚 감각　宇宙 우주　くらくら 아찔아찔, 어질어질　ロボット 로봇　宇宙飛行士 우주비행사　宇宙開発 우주 개발　一端 한쪽 끝, 일부분　担う 짊어지다　宇宙船 우주선　御免 싫어서 거부하는 심정을 나타내는 말, 질색, 용서　物好き 색다른 것을 좋아함, 또는 그런 사람　閉所恐怖症 폐소 공포증　めまいがする 현기증이 나다

9

曾祖父の代からの物だけど、もうこのランプは廃棄処分にしましょう。

(A) 食料を廃棄処分することほどもったいないことはないと思います。

(B) 骨董品として高く売れるかも知れないから、捨てずに取っておけ。

(C) 最近手に入れたランプの光はほの明るくて、優しい気持ちにさせられる。

(D) アンティークショップに返品するなり、フリーマーケットに出品したら。

증조부 대부터의 물건이지만, 이제 이 램프는 폐기 처분합시다.

(A) 음식물을 폐기 처분하는 것만큼 아까운 것은 없다고 생각합니다.

(B) 골동품으로 비싸게 팔릴지도 모르니까, 버리지 말고 소중히 간직해 둬.

(C) 최근에 입수한 램프의 빛은 희미하게 밝아서 온화한 기분을 들게 해.

(D) 앤티크 숍에 반품하든지 프리마켓에 출품하면 어때?

단어 曾祖父 증조부　ランプ 램프　廃棄処分 폐기 처분　もったいない 아깝다　食料 식료, 음식물　骨董品 골동품　取っておく 소중히 간직해 두다　ほの (주로 동사나 형용사 앞에 붙어) 희미하게, 아련하게, 어렴풋이　アンティークショップ 앤티크 숍　返品 반품　〜なり 〜든지　フリーマーケット 프리마켓, 벼룩시장　出品 출품

10

最近、4時間ぐらいしか寝られなくて、いつも頭が朦朧としています。

(A) 8時間睡眠が理想ですが、あまり時間にこだわる必要もないらしいですよ。

(B) どんな細菌も時間が経てば死滅するので、恐れるに足りない。

(C) 言うことが朦朧としていることと、寝る時間とは無関係ですよ。

(D) あまりにも暖房が効きすぎていて、頭がぼーっとしてしまいます。

최근에 4시간 정도밖에 못 자서 항상 머리가 몽롱합니다.

(A) 8시간 수면이 이상적이라고 말하지만, 너무 시간에 구애될 필요도 없다는 것 같아요.

(B) 어떤 세균이라도 시간이 지나면 사멸하니까, 염려할 필요가 없어.

(C) 말하는 것이 분명하지 않은 것과 잠자는 시간과는 관계 없어요.

(D) 너무나도 난방이 잘 들어서, 머리가 멍해지고 맙니다.

단어 朦朧とする 몽롱하다　睡眠 수면　理想 이상　こだわる 구애되다　細菌 세균　死滅 사멸　恐れる 두려워하다, 걱정하다　〜に足りない 〜하기에 충분치 않다　無関係 관계 없음　暖房が効く 난방이 들다　ぼーっとする 멍하다

11

どうも胃の調子がすぐれないんだが、消化のいいものでも作ってくれ。

(A) 肺にとどまらず胃にまで転移するとはお手上げだ。

(B) まかしておいて。そういうときにはお粥が一番よ。

(C) 食の細い人にはこのマッサージに勝るものはない。

(D) 優れた作品が灰にならないように、早く消火して。

아무래도 위 상태가 좋지 않은데, 소화가 잘 되는 거라도 만들어 줘.

(A) 폐에서 멈추지 않고 위까지 전이되다니 속수무책이다.

(B) 맡겨 둬. 그럴 때에는 죽이 최고야.

(C) 소식하는 사람에게는 이 마사지보다 뛰어난 것은 없어.

(D) 훌륭한 작품이 재가 되지 않도록 빨리 불을 꺼.

단어 胃 위　すぐれない 기분, 건강, 날씨 등이 좋지 않다　消化 소화　肺 폐　転移 전이　お手上げ 속수무책, 어쩔 도리가 없음　まかす 맡기다　お粥 죽　食が細い 소식하다　マッサージ 마사지　勝る 낫다, 뛰어나다, 우수하다　優れる 훌륭하다, 뛰어나다　灰になる 재가 되다

12

海外のゴルフは安さが魅力だけれど、英語での予約がネックです。

(A) 予約代行会社に頼むという奥の手があります。

(B) 日本人経営のゴルフ場には行きませんでした。

(C) 英語で予約はネックじゃなくて、リザベーションです。

(D) ゴルフ姿も魅力的ですが、英語を話す姿もなかなかです。

해외 골프는 싼 것이 매력이지만, 영어로 예약하는 것이 난관입니다.

(A) 예약 대행 회사에 의뢰하는 방법이 있습니다.

(B) 일본인이 경영하는 골프장에는 가지 않았습니다.

(C) 영어로 예약은 네크가 아니라, 레저베이션입니다.

(D) 골프 치는 모습도 매력적이지만, 영어를 말하는 모습도 상당합니다.

단어 魅力的 매력적　ネック 난관, 애로, 장애　代行 대행　奥の手 깊은 뜻, 최후의 수단　経営 경영　ゴルフ場 골프장　リザベーション 레저베이션, 예약　姿 모습

13

高速道路料金の値下げで、連休中の渋滞が例年よりひどいですね。

(A) しかし、掘り下げていくと、そうでもないですよ。

(B) 頭を下げているのは校則違反を犯した連中ですよ。

(C) 長時間の拘束はいくらなんでも許しがたい行為だ。

(D) でも新しい道路の開通で、いくらか緩和されました。

고속 도로 요금 인하로 연휴 중의 정체가 예년보다 심하군요.

(A) 그러나 파고 들어가면 그렇지도 않습니다.

(B) 머리를 숙이고 있는 것은 교칙 위반을 범한 무리들이에요.

(C) 장시간 구속은 아무리 그렇다 해도 용서하기 어려운 행위다.

(D) 하지만 새로운 도로의 개통으로 다소 완화되었습니다.

단어 値下げ 요금 인하　連休 연휴　渋滞 정체　掘り下げる 파고들다, 깊이 생각하다, 파 내려가다　校則 교칙　違反 위반
犯す 범하다　連中 무리, 패거리　拘束 구속　いくらなんでも 아무리 그렇다 해도, 보아한들　～がたい ～하기 어렵다
行為 행위　開通 개통　いくらか 다소, 약간　緩和 완화

14

後のことは我々に任せて、君はゆっくり休んだらいい。

(A) いまひとつ仰っていることが分からないのですが。

(B) 特段のご厚誼を賜りますようお願いいたします。

(C) そうも言っていられません。これでも私はチーフです。

(D) 休息を取るかどうかは別として、検討する価値はあります。

다음 일은 우리에게 맡기고, 자네는 푹 쉬면 돼.

(A) 아직 말씀하신 것을 이해할 수 없습니다만.

(B) 특별한 후의를 베풀어 주시기를 바랍니다.

(C) 그렇게도 말하고 있을 수 없습니다. 이래봬도 저는 주임입니다.

(D) 휴식을 취할까 어떨지는 제쳐 두고, 검토할 가치는 있습니다.

단어 我々 우리들　任せる 맡기다　ゆっくり 천천히, 푹　いまひとつ 하나 더, 조금(아직 모자라는 상태)　仰る 말씀하시다
特段 특단, 특별　厚誼 후의　賜る (윗사람에게서) 받다, 내려 주시다　～ていられない ～하고 있을 수 없다, 할 수 없다
チーフ 치프, 주임　休息 휴식　取る 취하다　別として 제쳐 두고　検討 검토　価値 가치

15

子どものくせにそんな生意気な口を叩くんじゃない。

(A) 僕にだって僕なりの考えや言い分があるんだ。

(B) そんな無駄口を叩く暇があるなら勉強でもしろ。

(C) 叩くくせは何としても子どものうちに直すべきです。

(D) 悪いと知っていながら、子どもがやりたがるのでつい……。

어린아이 주제에 그런 건방진 말을 지껄이는 게 아니야.

(A) 나도 내 나름대로의 생각이나 하고 싶은 말이 있다고.

(B) 그런 쓸데없는 말을 할 시간이 있으면 공부나 해.

(C) 때리는 버릇은 어떻게 해서든지 어릴 때 고쳐야만 합니다.

(D) 나쁘다는 걸 알면서도, 아이가 하고 싶어 해서 그만…….

단어 ～くせに ～임에도 불구하고, ～주제에　生意気 건방짐　口を叩く 마음껏 지껄이다, 입을 놀리다　言い分 (불평, 해명으로)
주장, 할말　無駄口 쓸데없는 말, 잡담　暇 틈, 짬, 여유　叩く 때리다, 입을 놀리다, 꾸짖다　何としても 어떻게 해서든지,
무슨 일이라도 해서　くせ 버릇, 습관, 자국

1

며칠쯤 예산은 의결될 전망입니까?

(A) 며칠 동안은 여야당의 공방이 이어지겠지만 다음 주 초에는 결정되겠지.

(B) 하루 종일, 의원들과 입에 거품을 물고 논의해 왔습니다.

(C) 모두가 만장일치 의결을 마음속으로 기대하고 있어요.

(D) 이곳은 전망이 좋아서 내일, 의사당을 볼 수 있다.

2

얼마 내면 사립대 부속 유치원에 아이가 들어갈 수 있습니까?

(A) 그런 식으로 종횡무진하게 움직이시면 곤란합니다.

(B) 세로 줄무늬 옷이라면 어떻게든 들어갑니다.

(C) 그런 옳지 않은 마음으로 용케 들어왔군요.

(D) 그런 옳지 않은 일을 생각해서는 안 돼요.

3

골머리 앓지 말고, 아까 전화로 누구에게 혼났는지 얘기해 봐.

(A) 회사 부하. 가차없이 말해 줬지.

(B) 회사가 오너인 야구단. 형편없이 진 경험을 살릴 수 있었어.

(C) 회사 상사. 아는 척해서 결점을 드러내 버렸어.

(D) 회사 사장님. 우리 회사가 많은 돈을 벌었어.

4

이 이상 멧돼지가 밭을 망치지 않게 하기 위해 무엇을 해야 하는지 알려 주세요.

(A) 무모한 사람은 앞뒤 생각없이 무턱대고 행동을 하기 때문에, 두려워할 필요가 없습니다.

(B) 일단, 구미가 당기는 이야기에는 함정이 있기 때문에 주의해야 하는 것입니다.

(C) 모두 함께 협력하여 이 근처 산에 덫을 놓도록 합시다.

(D) 밭이 황폐해졌을 때는, 어쨌든 제초를 하고 비료를 충분히 주세요.

5

자재과에 갑작스러운 결원이 생겨, 재고 관리 경험자 파견을 부탁드립니다.

(A) 알겠습니다. 연봉 등 조건이 있으십니까?

(B) 알겠습니다. 자격증 등 조건이 있으십니까?

(C) 알겠습니다. 취미 등 조건이 있으십니까?

(D) 알겠습니다. 출신지 등 조건이 있으십니까?

6

출발이 호조인 상품도 없는 것은 아니지만 전반적으로 보너스 판매 경쟁이 신통치 않습니다.

(A) 특별히 관심이 있는 것만 사는 손님이 대부분이네요.

(B) 비 때문에 발길이 뜸해질 우려가 있습니다.

(C) 손님은 눈도장을 찍고 바로 돌아갔습니다.

(D) 다른 채소에 비해 가지만 평이 좋지 않습니다.

7

외국인 근로자의 고용 건입니다만, 철회해 주시면 안 될까요?

(A) 재발 가능성은 부인할 수 없습니다.

(B) 재고의 여지는 없습니다.

(C) 남김없이 잘 먹겠습니다.

(D) 부정적인 평가를 받았습니다.

8

영어를 잘하는 자네가, 다음 주에 있는 사장님의 뉴욕 출장에 통역으로 동행해 주게.

(A) 큰 역할을 지시받아서 영광입니다만, 다소 어깨가 너무 무겁습니다.

(B) 영어가 아니라 말솜씨가 좋아서, 아무런 도움이 되지 않았습니다.

(C) 사장님이 출장에 동행하는 것에는 아무런 이의도 없습니다.

(D) 태어나서 지금까지 젓가락보다 무거운 것은 들어본 적이 없습니다.

9

계약서 작성을 명령받았습니다만, 처음 있는 일이라 정말로 애를 먹고 있습니다.

(A) 신입 사원인 주제에 그런 중요한 일을 상의도 없이 결정하다니.

(B) 사실 그런 고집이 센 점이 마음에 들어서 자네를 입사시켰던 거야.

(C) 신입 사원에게 그런 중요한 일을 강요하다니 이상해.

(D) 질투를 하더라도 자신을 상하게 하지 말라고 귀에 못이 박힐 정도로 말했는데.

10

어제 조간지에 따르면 덥지 않은 여름 날씨 영향으로 청과물 가격이 급등하고 있다고 합니다.

(A) 인스턴트밖에 안 먹어서 영향을 직접 받을 것 같아.

(B) 환경 보호 노력에 대한 성과가 드디어 나타났네.

(C) 기온 상승을 어떻게든 막지 않으면 큰일이 나.

(D) 당분간은 사재기를 해 둔 건어물로 충당할 수밖에 없겠네.

11

지역의 방범 대책에 적극적으로 임해 주신 요시다 씨를 새 동네 회장으로 추천합니다.

(A) 화제의 대작을 탈고한 사람이라면 회장에 어울리겠네.

(B) 정에 약한 점이 때로는 흠이지만, 뭐 적임이려나.

(C) 추천 입시로 들어간 사람이 자치 회장이라는 것은 어차피 무리야.

(D) '모난 돌이 정 맞는다'라고, 선거전에서 패배를 당했어.

12

원청이 해외에 발주를 해 버려서 일이 극단적으로 줄어 고생하고 있습니다.

(A) 해외 경제 발전 속도도 느려지고 있습니다.

(B) 비용 절감의 요구도 강력하고, 어디든 죽는 소리를 하고 있어.

(C) 이제 전국 중소기업은 어디든 모두 비명을 지르고 있어.

(D) 국내와 해외 의견이 양극단이라, 조정에 애먹고 있어.

13

일방적으로 계약 해지를 통보해 오다니, 도저히 납득할 수 없습니다.

(A) 계약 장소를 일방적으로 통보해 오다니 정말 무례하지.

(B) 우리 회사의 자금 조달에 관한 근거 없는 소문에 놀아났구나.

(C) 남의 소문도 75일이라니까, 좀 더 얌전히 있자.

(D) 그런 계약에는 무슨 수를 써서라도 반대할 수밖에 없죠.

14

다음 토론회의 테마를 '방위권 포기'로 할까 하고 생각하는데.

(A) 너무 흔하잖아. '포경을 둘러싼 과제'로 하면?

(B) 상당히 고심한 끝에, '포기'에 찬성표를 던졌어.

(C) '축산업의 쇠퇴'는 무난하지만, 재미가 없겠지.

(D) 너는 다른 사람의 발언을 무시하는 경향이 있으니까, 패스할게.

15

거래처의 다나카 부장 말입니다만, 요즘 시대가 시대인 만큼 조기 자진 퇴직한다고 합니다.

(A) 아마 생각하는 대로 일이 진행되어, 빙긋 웃었겠지.

(B) 아담하기는 하지만, 여기로 결정한 것은 현명한 판단이라고 생각해.

(C) 돈을 많이 벌었기 때문에, 겨우 자수할 마음이 들었을 거야.

(D) 지금이라면 퇴직금도 충분히 나오니, 현명한 선택일지도 모르겠네.

정답	1 (A)	2 (B)	3 (A)	4 (C)	5 (D)	6 (C)	7 (B)	8 (D)	9 (B)	10 (C)
	11 (A)	12 (A)	13 (B)	14 (A)	15 (B)					

스크립트	해석

1

御社にもご事情がおありでしょうが、一肌脱いではもらえないでしょうか。

(A) 当方も財務状況が芳しくないので、今回はご勘弁ください。

(B) 人肌に温めるということで手を打ってはいただけないものか。

(C) 弊社といたしましては、ここで脱ぐつもりは毛頭ございません。

(D) 公衆の面前での脱衣行為はいかなる理由があろうと許可できない。

귀사도 사정이 있겠지만, 좀 나서서 도와주시지 않겠습니까?

(A) 이쪽도 재무 상황이 좋지 않아서, 이번은 봐 주세요.

(B) 체온 정도로 데우는 일에 손써 줄 수는 없는 건가.

(C) 저희 회사로서는 여기서 벗을 생각은 털끝만큼도 없습니다.

(D) 공중 앞에서의 탈의 행위는 어떤 이유가 있든 허가할 수 없다.

단어 御社 귀사 事情 사정 一肌脱ぐ 힘껏 도와주다 当方 저희 쪽, 우리 쪽 財務 재무 状況 상황 芳しい 향기롭다, (부정어 수반) 좋지 않다 勘弁 용서 人肌 사람 피부 手を打つ 손뼉을 치다, 해결하다, 손을 쓰다 弊社 폐사(자기 회사에 대한 겸양 표현) ～といたしましては ～로서는 毛頭ない 털끝만큼도 없다 公衆 공중 面前 눈앞, 면전 脱衣 탈의 行為 행위 いかなる 어떠한, 어떤

2

素晴らしいというのは分かるのですが、いかんせん価格がハードルになってまして。

(A) ハンドルを2割引で購入可能な穴場を紹介してもらいました。

(B) その問題は売り方次第でいかようにも解決できます。

(C) 当社の商品をお褒めに与かり光栄至極でございます。

(D) 試作品のテストという最初のハードルは越えられました。

훌륭하다는 것은 알겠지만, 유감스럽게도 가격이 방해가 되어서요.

(A) 핸들을 20% 할인해서 구입 가능한 좋은 곳을 소개받았습니다.

(B) 그 문제는 파는 방법 나름이라 어떻게라도 해결할 수 있습니다.

(C) 당사의 상품을 칭찬해 주셔서, 영광스럽기 그지없습니다.

(D) 시작품 테스트라는 첫 장애물은 넘을 수 있었습니다.

단어 いかんせん 어떻게 하면 좋을지, 유감스럽게도 ハードル 허들, 장애물 ハンドル 핸들 穴場 널리 알려지지 않은 좋은 곳 ～次第 (명사 뒤에 붙어서) ～에 따라 결정됨, ～하기 나름임 いかよう 어떻게, 어떠한 解決 해결 褒め 칭찬 与かる 참여하다, 대접을 받다 光栄 영광 至極 더할 나위 없다, ～하기 짝이 없다 試作品 시작품

3

質が若干落ちても構わないのでしたら、1割程度の値引きはできないこともありません。

(A) と仰いますと、具体的にどの程度なのでしょうか。

(B) 若輩者ではありますが、できないことはございません。

(C) ということは10%の値引きは不可能ということですね。

(D) 薄利多売のディスカウントストアに負ける気はありません。

질이 약간 떨어져도 괜찮다면, 10% 정도의 가격 인하는 안 될 것도 없습니다.

(A) (그렇다)라고 말씀하시면, 구체적으로 어느 정도인지요?

(B) 풋내기입니다만, 안 될 것은 없습니다.

(C) (그렇다)라고 하는 것은 10%의 가격 인하는 불가능하다는 것이군요.

(D) 박리다매하는 할인점에 질 생각은 없습니다.

단어 質 질 若干 약간 程度 정도 値引き 가격 인하 できないことはない 안 될 것은 없다 仰る 말씀하시다 具体的 구체적 若輩者 젊은이, 풋내기 不可能 불가능 薄利多売 박리다매 ディスカウントストア 할인점 負ける 지다

4

どうしよう、昨日徹夜で作成したファイルが消えちゃった。

(A) 消えたものを追い掛けても仕方ないよ。

(B) 冷凍保存しておけってあれほど言ったのに。

(C) 昨日の努力がすべて水の泡になったわけか。

(D) くよくよするな。あ、ここに貯蔵されているよ。

어떻게 해. 어제 밤새워 작성한 파일이 지워져 버렸어.

(A) 사라진 것을 쫓아도 소용없어.

(B) 냉동 보존해 두라고 그렇게 말했는데.

(C) 어제의 노력이 모두 물거품이 된 건가.

(D) 끙끙대지 마. 아, 여기에 저장되어 있어.

단어 徹夜 철야 消える 사라지다 追い掛ける 뒤쫓아 가다, 추적하다, 뒤따르다 仕方ない 어쩔 수 없다 冷凍 냉동 保存 보존, 보관, (컴퓨터의) 파일 저장 努力 노력 水の泡 물거품 くよくよ 사소한 일에 걱정하는 모양, 끙끙 貯蔵 저장

5

クリーンエネルギーへの投資は雇用と消費の拡大に繋がるんでしょうか。

(A) 今以上の外来語の氾濫は我が国の発展に決して繋がらない。

(B) 輸出に依存している以上、消費の拡大は絶望的だと思われます。

(C) 眉唾物の情報に踊らされて投資すると痛い目に合うのではないでしょうか。

(D) それこそ日本経済を救う唯一の道というのが専門家の言い分です。

클린 에너지에 대한 투자는 고용과 소비 확대로 이어질까요?

(A) 지금 이상의 외래어의 범람은 우리나라 발전에 결코 이어지지 않아.

(B) 수출에 의존하고 있는 이상, 소비 확대는 절망적이라고 생각됩니다.

(C) 미심쩍은 정보에 휩쓸려 투자하면 된통 당하지 않을까요?

(D) 그것이야말로 일본 경제를 구하는 유일한 길이라는 것이 전문가의 주장입니다.

단어 クリーンエネルギー 클린 에너지 投資 투자 雇用 고용 消費 소비 拡大 확대 繋がる 이어지다, 연결되다 外来語 외래어 氾濫 범람 発展 발전 決して 결코, 절대로 輸出 수출 依存 의존 絶望的 절망적 眉唾物 속지 않도록 조심해야 하는 것 救う 구하다 唯一 유일 言い分 주장, 불평

6

理由のいかんにかかわらず、投資は致しかねますのでご了承ください。

(A) これは決してちまたで言うところの貸し渋りではございません。

(B) ご多分にもれず、弊社も全く同様の状況下に置かれております。

(C) そう仰らずに、人助けだと思ってお力を貸してはもらえませんか。

(D) 利益を追求するだけでなく慈善事業にも積極的に取り組むべきです。

이유를 불문하고, 투자는 하기 어려우므로 이해해 주시길 바랍니다.

(A) 이것은 결코 항간에서 말하는 대출 제한은 아닙니다.

(B) 예외 없이, 폐사도 아주 똑같은 상황 아래에 놓여 있습니다.

(C) 그렇게 말씀하시지 말고, 사람을 살리는 셈치고 도와주시지 않겠습니까?

(D) 이익을 추구할 뿐만 아니라, 자선 사업에도 적극적으로 힘써야 합니다.

단어 いかんにかかわらず 여하에 관계없이 投資 투자 〜かねる 〜하기 어렵다, 〜할 수 없다 了承 양해 ちまた 항간, 갈림길 貸し渋る 대출을 꺼려하다 ご多分にもれず 예외 없이, 남들처럼 弊社 폐사(자기 회사에 대한 겸양 표현) 全く 아주, 정말로 同様 같음 人助け 남을 도움 力を貸す 힘을 빌려주다 利益 이익 追求 추구 慈善 자선 積極的 적극적 取り組む 맞붙다, 열심히 하다, 몰두하다

7

ロンドン支社の件だが、やはりここは君に支社長として行ってはもらえまいか。

(A) 我々だけが骨折り損のくたびれ儲けですね。

(B) あちらに骨を埋める覚悟で行ってまいります。

(C) 骨を惜しまず支店長に尽くす覚悟でおります。

(D) ロンドンで休日も出勤して精一杯働いてきました。

런던 지사에 대한 일인데, 역시 여기는 자네가 지사장으로서 가 줄 수 없겠나?

(A) 우리만 고생하고 보람이 없네요.

(B) 거기에 뼈를 묻을 각오로 다녀오겠습니다.

(C) 몸을 사리지 않고 지점장님에게 헌신할 각오입니다.

(D) 런던에서 휴일도 출근하여 있는 힘을 다해 일해 왔습니다.

단어 ロンドン支社 런던 지사 支社長 지사장 〜まいか 〜할 수 없겠는가 我々 우리들 骨折り損のくたびれ儲け 수고만하고 전혀 보람이 없음 骨を埋める 뼈를 묻다 覚悟 각오 骨を惜しむ 수고를 이끼다, 게으름 피우다 尽くす 다하다, 진력하다, 헌신하다 精一杯 있는 힘을 다함, 힘껏, 한껏

8

ご入会につきましては、内容をご確認の上、こちらに捺印をお願いしております。

(A) 実印でないと駄目なら、解約するまでだ。

(B) 目配せでサインを送らせていただきます。

(C) うっかりして印鑑を持参してしまいました。

(D) 代理人の署名でもかまいませんでしょうか。

입회에 관해서는 내용을 확인하신 후에, 여기에 날인을 부탁드리고 있습니다.

(A) 인감이 아니라서 안 된다면, 해약할 따름이야.

(B) 눈짓으로 사인을 보내겠습니다.

(C) 무심코 인감을 가지고 와 버렸습니다.

(D) 대리인의 서명이라도 괜찮겠습니까?

단어 入会 입회　～につきましては ～에 관해서는　捺印 날인　実印 실인, 인감 도장　駄目 안 됨　解約 해약　～までだ

～할 뿐이다, ～할 따름이다　目配せ 눈짓, 눈길　サイン 사인　うっかり 무심코　印鑑 인감　持参 지참　代理人 대리인

署名 서명

9

日本ビールがオーストリアのビール会社の買収手続きを
終えたようですね。

(A) 本意ではないが、買収方法に問題があると言われれ
ばそれまでだ。

(B) 欧州においてもライバル社と競り合わなくてはなら
ないんですね。

(C) オセアニア地域でも日系企業同士の競争が始まると
いうわけだな。

(D) ヨーロッパにおいてビルの建設は盛んなので、今後
に期待できる。

일본 맥주가 오스트리아 맥주 회사 매수 수속을 끝낸 것 같
네요.

(A) 본의는 아니지만, 매수 방법에 문제가 있다는 말을 들
으면 그걸로 끝이야.

(B) 유럽에 있어서도 라이벌사와 서로 경쟁하지 않을 수 없
군요.

(C) 오세아니아 지역에서도 일본계 기업끼리 경쟁이 시작
된다는 뜻이군.

(D) 유럽에서 빌딩 건설이 한창이니까 앞으로도 기대할 수
있어.

단어 オーストリア 오스트리아　買収 매수　手続き 수속　本意 본의　それまでだ 그걸로 끝이다　欧州 유럽, 구주

～において ～에서, ～에 있어서　ライバル 라이벌　競り合う 다투다, 경쟁하다　オセアニア 오세아니아　地域 지역

日系 일본계　企業 기업　同士 한패, 동아리　競争 경쟁　建設 건설　今後 금후, 차후, 앞으로도

10

実は退職金でフランチャイズを利用して起業すべく準備
中なんだ。

(A) 契約書にサインしたが最後、全額返済まで自由はな
いぞ。

(B) 企業の言いなりになって苦労するのは地域の住民な
んだ。

(C) 本社の話を鵜呑みにせず、充分に契約内容を検討し
ろよ。

(D) 僕は運転資金に手をつけて、妻に大目玉を食らいま
した。

실은 퇴직금으로 프랜차이즈를 이용해서 창업하기 위해
준비 중이야.

(A) 계약서에 일단 사인하기만 하면, 전액 갚을 때까지 자
유는 없어.

(B) 기업이 하라는 대로 해서 고생하는 것은 지역 주민이야.

(C) 본사의 이야기를 그대로 받아들이지 말고, 충분히 계약
내용을 검토해.

(D) 저는 운전 자금에 손을 대서 아내에게 엄청난 꾸중을
들었습니다.

단어 退職金 퇴직금　フランチャイズ 프랜차이즈　起業 창업, 사업을 새로 일으킴　～べく ～할 양으로, ～할 작정으로

～が最後 일단 ～하기만 하면 그만, ～하면 끝장　全額 전액　返済 꾸어 쓴 돈이나 빌려 쓴 물건을 갚음　言いなり 말하는

대로, 하라는 대로　本社 본사　鵜呑み 통째로 삼킴, 뜻도 모르면서 그대로 받아들임　運転資金 운전 자금, 운영 자금

手をつける 손을 대다, 사용하다　大目玉を食らう 심한 꾸중을 듣다

11

さすがの航空業界もこの不景気とは無関係ではいられないようですね。

(A) 減収に歯止めがかからず、路線がいくつか廃止されました。

(B) 現段階では高空飛行をやめるしか道はないと思われます。

(C) 我々としても泊まり客のニーズに答えようがありません。

(D) 石油価格の高騰で満タンを注文する人が減りましたから。

대단한 항공 업계도 이 불경기에는 영향을 받지 않을 수 없는 듯합니다.

(A) 수입 감소에 제동이 걸리지 않아(수입 감소가 계속되어), 노선 몇 군데가 폐지되었습니다.

(B) 현 단계에서는 고공 비행을 그만두는 것밖에 길이 없다고 생각됩니다.

(C) 우리들로서도 숙박객의 요구에 대답할 수 없습니다.

(D) 석유 가격 앙등으로 기름을 가득 채우도록 주문하는 사람이 줄었으니까요.

[단어] さすが 과연, 역시 さすがの〜も 대단한 〜도, 그렇게 〜도 航空 항공 業界 업계 不景気 불경기 無関係 관계 없음 減収 수입이 줄어듦, 감수 歯止めがかかる 제동이 걸리다 路線 노선 廃止 폐지 現段階 현 단계 高空 고공 我々 우리들 泊まり客 숙박객 ニーズ 니즈, 필요, 요구 〜ようがない 〜할 필요가 없다, 〜할 수 없다 石油 석유 高騰 고등, 앙등 満タン 가득 채움

12

たばこ税が増税されたら、たばこ離れは加速するでしょうか。

(A) それよりもそれに伴う税収減が心配です。

(B) 庶民のささやかな楽しみを奪う暴挙です。

(C) そして禁煙の促進に一定の効果をあげました。

(D) たばこ農家の離農は今に始まったわけではないでしょう。

담뱃세가 증세되면 담배를 끊으려는 움직임이 가속될까요?

(A) 그보다도 그에 수반되는 세수 감소가 걱정입니다.

(B) 서민의 자그마한 즐거움을 빼앗는 불법 행위입니다.

(C) 그리고 금연 촉진에 일정의 효과를 올렸습니다.

(D) 담배 농가의 이농은 이제 시작된 것은 아니지요.

[단어] 税 세, 세금 増税 증세 〜離れ 〜와 동떨어져 있음, 〜에서 떨어져나감 加速 가속 〜に伴う 〜에 수반하다 税収減 세수 감소 心配 걱정 庶民 서민 ささやか 자그마함, 아남함, 아닮 楽しみ 즐거움 奪う 빼앗다 暴挙 난폭한 행동, 불법 행위 促進 촉진 一定 일정 効果 효과 農家 농가 離農 이농

13

次期社長は彼をおいてほかにはいないでしょう。

(A) 指導力なり、行動力なり、判断力なり身につけてくれ。

(B) 指導力といい、行動力といい、判断力といい申し分ないね。

(C) 指導力やら、行動力やら、判断力やらいろいろ求められたよ。

(D) 指導力であれ、行動力であれ、判断力であれ何かあればいい。

차기 사장은 그를 제외하고는 아무도 없겠죠.

(A) 지도력이든, 행동력이든, 판단력이든, 몸에 익히도록.

(B) 지도력이며, 행동력이며, 판단력이며, 더할 나위 없지요.

(C) 지도력하며, 행동력하며, 판단력하며, 여러 가지를 요구 받았어.

(D) 지도력이든, 행동력이든, 판단력이든, 뭔가 있으면 좋아.

단어 次期 차기　～をおいてほかには(い)ない ～을 제외하고서는 아무도 없다　指導力 지도력　～なり ～든지, ～나(병렬, 열거한 중에서 하나를 선택)　行動力 행동력　判断力 판단력　身につける 몸에 지니다, 익히다　～といい ～이고, 하며　申し分ない 더할 나위 없다　～やら ～와, ～하며　～であれ ～이라 할지라도, ～이건

14

ワクチンの接種をめぐって医療現場が大混乱していますね。

백신 접종을 둘러싸고 의료 현장이 아주 혼란스럽군요.

(A) 政府は自らの無能ぶりをさらけ出したとしか言えません。
(A) 정부는 자신의 무능함을 보였다고밖에 말할 수 없네요.

(B) 国はウイルス対策ワクチンソフトを国民に配布すべきです。
(B) 국가는 바이러스 대책 백신 소프트웨어를 국민에게 배포해야만 합니다.

(C) 衣料を充分に確保することが最優先されるべきだと思います。
(C) 의류를 충분히 확보하는 것이 최우선되어야만 한다고 생각됩니다.

(D) 休肝日を作るなど節酒して、自分の身は自分で守るしかないでしょう。
(D) 간을 위해 술을 안 마시는 날을 만드는 등 절주해서, 자기 몸은 자기가 지킬 수밖에 없겠지요.

단어 ワクチン 백신　接種 접종　～をめぐって ～을 둘러싸고　医療 의료　現場 현장　大混乱 대혼란, 아주 혼란스러움　政府 정부　自ら 자기 자신, 몸소, 손수　無能 무능　～ぶり 모양, 모습, 방식　さらけ出す 속속들이 드러내다, 완전히 내보이다, 털어놓다　ワクチンソフト 백신 소프트웨어　国民 국민　配布 배포　衣料 의료, 의류, 의복의 재료　確保 확보　最優先 최우선　休肝日 휴간일, 간을 쉬게 하려고 술을 안 마시는 날　節酒 절주

15

公共事業を全て見直せば、税金の無駄遣いを防げます。

공공사업을 전부 재점검하면 세금 낭비를 막을 수 있습니다.

(A) 庶民の生活に不可欠なものを削ったために、政治不信が高まりました。
(A) 서민 생활에 꼭 필요한 것을 삭감했기 때문에, 정치 불신이 높아졌습니다.

(B) 何から何まで一律に見直しの対象にすることには反対です。
(B) 하나에서 열까지 일률적으로 재점검의 대상으로 하는 것은 반대입니다.

(C) 公共料金を安く抑えることができれば、家計の無駄が省けます。
(C) 공공요금을 싸게 억제할 수 있으면, 가계의 낭비를 줄일 수 있습니다.

(D) 節税対策をしっかりすれば無駄金を払わずに済むというものです。
(D) 절세 대책을 확실히 하면 헛된 돈을 쓰지 않아도 되는 법이지요.

단어 公共 공공　事業 사업　全て 모두　見直す 다시보다, 재점검하다, 달리보다　税金 세금　無駄遣い 낭비, 허비　防ぐ 막다　不可欠 불가결함, 필요함　政治不信 정치 불신　削る 깎다, 삭감하다　何から何まで 하나에서 열까지, 모두　一律 일률　対象 대상　反対 반대　抑える 억제하다, 누르다　家計 가계　省く 줄이다, 생략하다　節税 절세　無駄金 헛되이 쓰는 돈　～ずに済む ～하지 않아도 되다

PART 2 질의응답 실전모의테스트 ▶86쪽

정답	21 (B)	22 (D)	23 (B)	24 (A)	25 (A)	26 (A)	27 (A)	28 (B)	29 (B)	30 (C)
	31 (B)	32 (C)	33 (C)	34 (A)	35 (B)	36 (A)	37 (D)	38 (C)	39 (A)	40 (B)
	41 (A)	42 (C)	43 (D)	44 (A)	45 (B)	46 (B)	47 (D)	48 (A)	49 (D)	50 (A)

스크립트	해석

21

フェリーに乗るにはいつまでに予約をする必要があるのでしょうか。

(A) そう思って、先ほど電話で予約を入れておきました。

(B) 乗船日当日の出港5時間前までですが、先着順です。

(C) 定員超過により、本日はあいにくお乗りいただけません。

(D) 乗り放題のフリーパス乗船券はいつでも購入可能です。

페리를 타려면 언제까지 예약할 필요가 있습니까?

(A) 그럴 줄 알고, 아까 전화로 예약을 해 두었습니다.

(B) 승선 당일 출항 5시간 전까지입니다만, 선착순입니다.

(C) 정원 초과로, 오늘은 공교롭게도 타실 수 없습니다.

(D) 마음껏 탈 수 있는 프리 패스 승선권은 언제라도 구입 가능합니다.

단어 フェリー 페리　乗船 승선　当日 당일　先着順 도착순, 선착순　定員 정원　超過 초과　あいにく 공교롭게　乗り放題 마음껏 탐　フリーパス 프리 패스　乗船券 승선권　購入 구입　可能 가능

22

客が殺到するような企画を考えてきましたか。

(A) おりからの不景気で客足が遠退いています。

(B) 客の多さに目の玉が飛び出しそうになりました。

(C) ねじの規格を世界共通にするのはどうですか。

(D) 他店にない目玉商品を投入すべきだと思います。

손님이 쇄도할 수 있는 기획을 생각해 왔습니까?

(A) 때마침 찾아온 불경기라서 손님이 뜸해지고 있습니다.

(B) 손님이 너무 많아서 눈이 튀어나올 뻔했습니다.

(C) 나사 규격을 세계 공통으로 하는 것은 어떻겠습니까?

(D) 다른 가게에 없는 특매품을 투입해야 한다고 생각합니다.

단어 殺到 쇄도　企画 기획　おりから 마침 그때, 때마침　不景気 불경기　客足 손의 수, 고객의 출입　遠退く 뜸해지다, 소원해지다　目の玉 눈알　飛び出す 튀어나오다　ねじ 나사　規格 규격　共通 공통　他店 다른 가게　目玉商品 값을 내린 특매품　投入 투입

23

インターネットを利用したネット会議なら出張費が抑えられます。

(A) 猫も杓子もネットを利用する時代だからもう古いよ。

(B) 飛行機代も馬鹿にならないからね。ありがたいことだ。

(C) それにしては、出張費の削減が思うようにいかないな。

(D) ネット世代は自分の主張を押さえることを知らなすぎる。

인터넷을 이용한 인터넷 회의라면 출장비를 줄일 수 있습니다.

(A) 모두 인터넷을 이용하는 시대니까 이젠 낡았어.

(B) 비행기 요금도 무시할 수 없으니까, 정말 고마운 일이야.

(C) 그런 것 치고는, 출장비 삭감이 생각대로 되지 않네.

(D) 인터넷 세대는 자신의 주장을 참는 것을 너무 몰라.

24

彼の人脈をもってすれば、簡単じゃないかな？

(A) では資金面の問題はクリアできそうですね。

(B) 至近距離からなら簡単に見分けられそうです。

(C) しかし、山脈越えは想像を絶する難しさです。

(D) 前後の文脈から意味は簡単に判断できそうです。

그의 인맥이 있으면 간단하지 않을까?

(A) 그러면, 자금 면의 문제는 클리어할 수 있을 것 같군요.

(B) 가까운 거리에서라면 간단하게 분간할 수 있을 것 같군요.

(C) 그러나 산맥을 넘는다는 것은 상상을 초월할 정도로 어렵습니다.

(D) 전후의 문맥을 보면 의미는 간단히 판단할 수 있을 것 같습니다.

25

かかとががさがさなんですが。

(A) このクリームを湯上がりに塗るとつるつるになります。

(B) 湯冷めしないように、これを使用するとぴかぴかです。

(C) ただの乳液ですが、よく擦り込むとからからになります。

(D) かかとがすり減る人は、すっすっと歩くようにしてください。

발 뒤꿈치가 거칠거칠합니다만.

(A) 이 크림을 목욕 후에 바르면 매끈매끈해집니다.

(B) 목욕 후 한기를 느끼지 않게, 이것을 사용하면 반질반질합니다.

(C) 그냥 유액입니다만, 잘 문질러 바르면 바삭바삭해집니다.

(D) 발 뒤꿈치가 닳는 사람은 사뿐사뿐 걷도록 해 주세요.

26

人はとかく肩書で人を判断してしまうきらいがありますよね。

(A) 実は私もそういう傾向があるんですよ。

(B) 子どもの頃から落書きは嫌いな方です。

(C) ついに会社から肩を叩かれてしまいました。

(D) 外見を重視するほど馬鹿なことはないよ。

사람은 어쨌든 직함으로 다른 사람을 판단해 버리는 경향이 있어요.

(A) 실은 저도 그런 경향이 있어요.

(B) 어릴 때부터 낙서는 싫어하는 편입니다.

(C) 마침내 회사에서 퇴직을 권유받았습니다.

(D) 외견을 중시하는 것만큼 멍청한 짓은 없어.

27

生まれてこのかた日本に住んでいるのに地震が怖くてたまらないんです。

(A) それよりも直後の火事はもっと怖いですよ。

(B) 失敗を怖がらずに自信を持てば大丈夫だよ。

(C) いざという時のために、使わずに貯めています。

(D) 私も一度くらいは外国に行きたくてたまらない。

태어난 이후로 쭉 일본에 살고 있는데, 지진이 무서워서 참을 수 없습니다.

(A) 그보다도 직후의 화재는 훨씬 무서워요.

(B) 실패를 두려워하지 말고 자신을 가지면 괜찮아.

(C) 유사시를 대비해 쓰지 않고 저축하고 있습니다.

(D) 나도 한 번 정도는 외국에 정말 가고 싶어.

단어 このかた 그 후, 이후 　〜てたまらない 〜해서 참을 수 없다, 〜해 죽겠다 　直後 직후 　いざという時 유사시, 만일의 경우 　貯める 저축하다, 저장하다

28

偉いことに友だちにメールするつもりが、上司に送ってしまったよ。

(A) 相手が偉かろうと偉くなかろうと謝罪をすべきだよ。

(B) すぐにお詫びのメールを送ればどうってことないよ。

(C) でも、友だちが上司なら事なきを得るんじゃないかな。

(D) お礼は早ければ早い方が君の印象がよくなると思う。

난처하게도 친구에게 메일을 보낼 생각이었는데, 상사에게 보내 버렸어.

(A) 상대가 훌륭하든 훌륭하지 않든 간에, 사죄를 해야만 해.

(B) 바로 사죄의 메일을 보내면 괜찮아.

(C) 하지만 친구가 상사라면 무사히 끝나지 않을까?

(D) 사례는 빠르면 빠른 쪽이 너의 인상이 좋아질 것이라고 생각해.

단어 偉い 훌륭하다, 큰일이다. 뜻밖이다, 난처하다 　謝罪 사죄 　すぐに 바로 　お詫び 사죄 　どうってことない 별것 아니다 　事なきを得る 큰일로 번지지 않고 무사히 끝나다 　お礼 인사, 사례, 보답 　印象 인상

29

なんなんだ、この間違いだらけの書類は。はやく直したまえ。

(A) ご指導ありがとうございます。更に精進いたします。

(B) 何かの間違いでは。目を皿にして何度も確認しました。

(C) 僭越ながら、これが最上の方法ではないかと思われます。

(D) 途中で何か間違いがなかっただけ本当によかったですね。

뭐야, 이 실수투성이 서류는. 빨리 고치게.

(A) 지도해 주셔서 감사합니다, 더욱 정진하겠습니다.

(B) 뭔가 잘못 알고 계신 것 아닌가요? 눈을 크게 뜨고 몇 번이나 확인했습니다.

(C) 외람됩니다만, 이것이 최상의 방법이 아닌가 하고 생각됩니다.

(D) 도중에 뭔가 실수가 없었다는 것만으로도 정말 다행입니다.

단어 間違い 틀림, 잘못됨, 실수 　〜だらけ 〜투성이 　書類 서류 　〜たまえ 〜하게(명령) 　指導 지도 　更に 보다 더, 더욱더 　精進 정진 　目を皿のようにする 눈을 크게 뜨고 정신을 집중하다 　僭越 분수에 지나침(자기 행동을 말할 때는 겸양의 뜻을 나타냄) 　最上 최상 　方法 방법 　途中 도중, 중간

30

飽きもせずまたグアムに行かれたんですか。

(A) アメリカばかりに行っていられないからね。

(B) 秋でないとまとまった休みが取れないんですよ。

(C) さんざん悩んだ挙げ句、行き慣れた所にしました。

(D) もののはずみでそうなったが、本心ではなかった。

질리지도 않고 또 괌에 가셨습니까?

(A) 미국에만 가 있을 수는 없으니까.

(B) 가을이 아니면 제대로 된 휴식을 가질 수 없어요.

(C) 오랜 시간을 고민한 끝에 자주 갔던 곳으로 했습니다.

(D) 사소한 일로 그렇게 됐지만, 본심은 아니었어.

단어 飽き 싫증, 물림 グアム 괌 ～ばかり ～만 ～ていられない ～하고 있을 수 없다, ～할 수 없다 まとまる 모이다, 정리되다, 완성되다 休みを取る 휴가를 갖다 さんざん 심하게, 몹시, 실컷 ～挙げ句 ～한 끝에 ～慣れる ～을 해서 익다, 길들다 もののはずみ 사소한 계기, 그때의 분위기

31

お待ちかねのボーナスのことだけど、手取りでいくらだと思う？

(A) 機械でなく手で取るなら、そんなに多くを受け取るのは厳しいと思うけれど。

(B) 売上低迷に円高の追討ちが加わり、去年の半分といったところ？

(C) いくら大手でも、毎月の手当てを去年と同額というのは無理かな。

(D) ボーナス時の一括払いですと、税込みで69万8,650円でございます。

기다리고 기다리던 보너스인데 손에 넣은 것은 얼마라고 생각해?

(A) 기계가 아니라 손으로 잡는 거라면, 그렇게 많이 받는 것은 심하다고 생각하는데?

(B) 매상 저조에 엔고의 추격이 더해져서, 작년의 반 정도?

(C) 아무리 큰 기업이라고 해도, 매달 수당을 작년과 같은 금액으로 하는 것은 무리인가?

(D) 보너스 때 일시불이면, 세금 포함해서 69만 8,650엔입니다.

단어 待ちかねる 애타게 기다리다 ボーナス 보너스 手取り 실수령액, 손에 듦, 손에 잡음 低迷 저미, 침체, 나쁜 상황에서 헤어나지 못함 円高 엔고 追討ち 추격 加わる 더해지다 大手 큰 손, 큰 규모의 회사 手当て 수당 同額 같은 금액 一括払い 일시불, 일괄 지불 税込み 세금 포함

32

風速5mとは、体感的には、どのくらいの強さの風ですか。

(A) 猛烈な風が吹いて怖かったです。

(B) 夏は湿度が高いほど体感温度が上がるでしょう。

(C) 周りにある物で説明すると、木の葉が揺れたり旗がはためく程度です。

(D) 滑走路での強い追い風が原因で、離着陸が困難な状況です。

풍속 5m는, 체감적으로는 어느 정도로 강한 바람입니까?

(A) 맹렬한 바람이 불어서 무서웠습니다.

(B) 여름은 습도가 높을수록 체감 온도가 오르겠지요.

(C) 주변에 있는 물건으로 설명하자면, 나뭇잎이 흔들리거나 깃발이 펄럭이는 정도입니다.

(D) 활주로에서의 뒤에서 부는 강한 순풍이 원인으로, 이착륙이 곤란한 상황입니다.

단어 風速 풍속 体感的 체감적 猛烈 맹렬 吹く 불다 湿度 습도 体感温度 체감 온도 旗 깃발 はためく 펄럭이다 滑走路 활주로 追い風 순풍 原因 원인 離着陸 이착륙 困難 곤란함 状況 상황

33

だれ こんど き かく はつあんしゃ　　　　　　　　　　　　　 め つ ところ
誰が今度の企画の発案者かい？なかなか目の付け所がいい。

だれかれ　　　　　 はつげんしゃ つの
(A) 誰彼なしに発言者を募りました。

わたし ながなが こうしゃく た
(B) 私が長々と講釈を垂れました。

か き たい ほし たか ぎ くん
(C) うちの課の期待の星の高木君です。

かね いとめ つ よし だ くん
(D) 金に糸目を付けないのは吉田君です。

누가 이번 기획의 발안자이지? 꽤 착안점이 좋아.

(A) 너 나 할 것 없이 발언자를 모았습니다.

(B) 제가 오래도록 강석을 했습니다.

(C) 우리 과의 기대주인 다카기 군입니다.

(D) 돈을 아끼지 않고 쓴 것은 요시다 군입니다.

はつあんしゃ　　　　　　　 はつあん　　　　　　　　　　　 め つ ところ　　　　　　　 はつげんしゃ　　　　　 だれかれ
단어 発案者 발안자　発案 발안, 생각을 냄　目の付け所 착안점　発言者 발안자　誰彼なしに 이 사람 저 사람 가리지 않고

つの　　　　　　　　　 ながなが　　　　　　　　　　　　　 こうしゃく た
募る 더해지다, 모으다　長々 길게, 기다랗게, 오래도록　講釈を垂れる 강석을 하다, 젠체하며 이야기를 줄줄 늘어놓다

かね いとめ つ
金に糸目を付けない 돈을 아끼지 않고 쓰다

34

こま たいふう けっこう
どうしよう、困ったわ。台風で欠航になりそう。

そら りく い
(A) 空がだめなら、陸を行くまでのことさ。

みなと く おも
(B) まさか港へ来ることになるとは思わなかった。

し き
(C) 死ぬ気になればやってやれないことはないよ。

ふぶき くうこう へいさ
(D) ひどい吹雪で空港が閉鎖されたよ。

어떻게 하지, 곤란한데. 태풍으로 결항이 될 것 같아.

(A) 하늘이 안 되면 땅으로 갈 따름이야.

(B) 설마 항구로 오게 될 것이라고는 생각도 못했어.

(C) 죽음을 각오로 하면 할 수 없는 일은 없어.

(D) 심한 눈보라로 공항이 폐쇄되었어.

けっこう　　　　　　 りく　　　　　　　　　　　　　　　　　　　　　　　　　　　　　　 みなと　　　　　 ふぶき　　　　　　　 へいさ
단어 欠航 결항　陸 땅, 육지　～までのことだ ～뿐이다, ～따름이다　港 항구　吹雪 눈보라　閉鎖 폐쇄

35

ほんこう そうりつ　　　　　　 ねん き ねんしきてん　　　　　　　　　　　　　　　　　　　　 かんせい
本校の創立120年の記念式典のパンフレットが完成しま
した。

でんとう まも つづ とよ た しゃちょう けい い ひょう
(A) 120年の伝統を守り続けた豊田社長には敬意を表
します。

と しょかんしょぞう き ちょう し りょうてん め じろ お
(B) 図書館所蔵の貴重資料展など、イベントが目白押し
ですね。

まえ きんだいてき けんぞうぶつぐん あっ
(C) 120年前とはうってかわり、近代的な建造物群が圧
かん
巻ですね。

りっぱ き ねん ひ つく
(D) このように立派な記念碑をどなたがお作りになった
のですか。

본교의 창립 120년 기념 식전의 팸플릿이 완성되었습니다.

(A) 120년의 전통을 계속 지킨 도요타 사장에게는 경의를
표합니다.

(B) 도서관 소장의 귀중 자료전 등, 이벤트가 많이 있군요.

(C) 120년 전하고는 싹 바뀌어 근대적인 건물들이 압권이
군요.

(D) 이처럼 출륭한 기념비를 어느 분이 만드셨습니까?

ほんこう　　　　　 そうりつ　　　　　 き ねんしきてん　　　　　　　　　　　　　　　　　　　　　　　　　　　　 かんせい　　　　　　 でんとう　　　　　 けい い ひょう
단어 本校 본교　創立 창립　記念式典 기념 식전　パンフレット 팸플릿　完成 완성　伝統 전통　敬意を表する 경의를 표

しょぞう　　　　　　 き ちょう　　　　　 し りょうてん　　　　　　　　　　　　　　　　　　　　　　　 め じろ お
하다　所蔵 소장　貴重 귀중함　資料展 자료전　イベント 이벤트　目白押し 많은 물건, 사람이 한 곳에 모여 혼잡을 이룸

きんだいてき　　　　　　　　 けんぞうぶつぐん　　　　　　　 あっかん　　　　　　 き ねん ひ
うってかわる 돌변하다, 싹 바뀌다　近代的 근대적　建造物群 건물 무리　圧巻 압권　記念碑 기념비

36

前期に使い切れなかった繰越金はいくらありますか。

(A) 繰越金どころか大赤字ですよ。

(B) 使い切れずに賞味期限が切れてしまう程ですよ。

(C) 大学の前期の途中から休学しようと思っています。

(D) 有給休暇は、繰り越して翌年度に使用すればいいですよ。

전기에 다 못 쓴 이월금은 얼마 있습니까?

(A) 이월금은커녕 큰 적자입니다.

(B) 다 쓰지 못하고 상미 기한이 다 되어 버릴 정도예요.

(C) 대학 전기 도중부터 휴학하려고 생각하고 있습니다.

(D) 유급 휴가는, 이월해서 다음 연도에 사용하면 됩니다.

단어 前期 전기　使い切る 전부 쓰다　繰越金 이월금　大赤字 큰 적자　賞味期限 상미 기한　有給休暇 유급 휴가　繰り越す 이월하다　翌年度 익년도, 다음 연도

37

そんなに一緒にいるのが苦痛なら別れればよかろう。

(A) お父さんなら分かってくれると思っていたわ。

(B) 幼くして母と別れた日のことを思い出しました。

(C) 振られても、捨てる神あれば拾う神ありだよね。

(D) でも住み慣れた所を離れるのには勇気が要るよ。

그렇게 함께 있는 것이 고통스러우면 헤어지면 되겠지.

(A) 아빠라면 이해해 줄 거라고 생각했어.

(B) 어려서 엄마와 헤어진 날이 떠올랐습니다.

(C) 퇴짜 맞아도, 버리는 신 있으면 줍는 신 있는 법이지.

(D) 하지만 오래 살아 정든 곳을 떠나는 것에는 용기가 필요해.

단어 苦痛 고통　幼い 어리다, 미숙하다　振られる 차이다, 퇴짜 맞다　捨てる神あれば拾う神あり 버리는 신이 있으면 줍는 신이 있다, 한편에서 버림받더라도 다른 한편에서는 도움을 받을 수 있다　住み慣れる 오래 살아 정들다　勇気 용기

38

いくら生徒に非があろうとも、体罰だけは断じて禁ずる。

(A) 「火のないところに煙は立たない」と言いますからね。

(B) 今どきの若者とは金輪際関わり合いたくありません。

(C) 私だって好き好んで手を上げているわけではありません。

(D) ばつが悪いことに、事の次第を一部始終見られていました。

아무리 학생에게 잘못이 있을지라도, 체벌만큼은 단연히 금지야.

(A) '아니 땐 굴뚝에 연기 나랴'라고 말하니까요.

(B) 요즘의 젊은이들과는 절대로 관계를 맺고 싶지 않습니다.

(C) 나라고 좋아서 손을 들고 있는 것은 아닙니다.

(D) 겸연쩍게도 일의 경과를 처음부터 끝까지 보았습니다.

단어 非 도리에 어긋남, 과오, 잘못　体罰 체벌　断じて 단연코, 절대로　禁ずる 금하다　火のないところに煙は立たない 아니 땐 굴뚝에 연기 나랴　今どき 요즘, 오늘날　金輪際 사물의 극한, 궁극, (부정어 수반) 끝끝내, 결단코　関わり合う 관계를 맺다, 말려들다, 연루되다　好き好む 특별히 좋아하다　手を上げる 두 손 들다, 항복하다, (때리려고) 손을 올리다　ばつが悪い 계제가 나쁘다, 겸연쩍다　次第 순서, 사정, 경과　一部始終 자초지종, 처음부터 끝까지

39

アルコール消毒薬が飛ぶように売れています。

(A) 在庫切れを起こさないように、商品を確保しろ。

(B) お酒を飲んだら、胃腸薬はむやみに飲むな。

(C) 風に飛ばされないように、しっかり固定しろ。

(D) アルコール中毒に効く薬ならよく売れるだろう。

알코올 소독약이 날개 돋친 듯이 팔리고 있습니다.

(A) 재고 소진을 일으키지 않도록 상품을 확보해.

(B) 술을 마시면 위장약은 무턱대고 먹지 마.

(C) 바람에 날려가지 않도록 확실히 고정해.

(D) 알코올 중독에 잘 듣는 약이라면 잘 팔리겠지.

단어 アルコール 알코올 消毒薬 소독약 在庫切れ 재고 소진, 재고가 바닥남 確保 확보 胃腸薬 위장약 むやみに 과도함,
터무니없음 固定 고정 中毒 중독 効く 효과가 있다

40

出血していますから、手当てをしないとばい菌が入って
化膿しますよ。

(A) こんな中傷には負けてはいられないですよ。

(B) こんなかすり傷、唾でもつけておけば治る。

(C) 無理な出血大サービスは今後は自重します。

(D) 私供の病院では時間外手当ての支給が可能です。

피가 나고 있는데, 치료하지 않으면 세균이 들어가서 곪아요.

(A) 이런 중상에는 질 수가 없어요.

(B) 이런 찰과상, 침이나 발라 두면 나아.

(C) 무리한 출혈 대서비스는 앞으로는 자중하겠습니다.

(D) 저희 병원에서는 시간 외 수당 지급이 가능합니다.

단어 出血 출혈 手当て 치료, 준비, 수당 ばい菌 미균, 인체에 해가 되는 세균 化膿 화농, 곪음 中傷 중상, 근거 없는 말로
헐뜯음 ～ていられない ～하고 있을 수 없다, ～할 수 없다 かすり傷 찰과상 唾 침 大サービス 대서비스
自重 자중 時間外 시간 외 支給 지급

41

今年の新車販売台数が前年に比べて4割増を記録したって。

(A) それは目を見張る結果だな。

(B) 当社の不手際を深謝いたします。

(C) 総再生回数が2億万回を突破したって？

(D) 自転車大国としての面目躍如を果たしたね。

올해 신차 판매 대수가 전년도에 비해 40% 증가를 기록했
다고 하던데.

(A) 그건 눈이 휘둥그레질 만한 결과네.

(B) 당사의 서투른 조치에 대해 깊이 사과합니다.

(C) 총재생횟수가 2억만회를 놀파했다고!

(D) 자전거 대국으로서의 면목약여를 이루었군.

단어 販売 판매 台数 대수 増 증가 目を見張る 눈을 크게 뜨다. 휘둥그레지다 当社 당사 不手際 실수, 서투른 조치
深謝 깊이 감사함, 깊이 사과함 総再生回数 총재생횟수 突破 돌파 面目躍如 면목약여(면목이 생생하게 나타나 있는 모양)
果たす 완수하다, 달성하다

42

同期の川田君、任務を放棄して逃げ出したんだってよ。

(A) 彼は箒を持っているだけでちっとも役に立たないんだ。

(B) 箒を持ってこない人に対し陰口を叩くもんじゃないよ。

(C) 君じゃあるまいし、彼に限ってそんなことをするものか。

(D) 専門家の知識にさすがの彼も裸足で逃げ出したんだろう。

동기인 가와다 군, 임무를 포기하고 도망갔대.

(A) 그는 빗자루를 들고 있을 뿐, 조금도 도움이 되지 않아.

(B) 빗자루를 가지고 오지 않은 사람에 대해서 뒤에서 험담하는 거 아니야.

(C) 자네도 아니고, 그가 그런 일을 할까.

(D) 전문가의 지식에 자신만만한 그도 당해내지 못하고 도망친 거겠지.

단어 同期 동기　任務 임무　放棄 포기　逃げ出す 도망가다　箒 비, 빗자루　ちっとも 조금도　陰口を叩く 뒤에서 험담하다　〜じゃあるまいし 〜도 아닌데, 〜도 아니고　〜に限って 〜에 한해서, 〜만은　専門家 전문가　知識 지식　さすがの 〜도 대단한 〜도　裸足で逃げる 두 손 들고 도망가다, 솜씨가 썩 뛰어남의 비유

43

全社員の力を結集して、相手に目に物見せてやろうじゃないか。

(A) 手をこまねいて成り行きに任せて後悔しました。

(B) 見せ物ではないので、ここから立ち去りましょう。

(C) 私に任せて。賭け事にはめっぽう強い方だから。

(D) あいつらにぎゃふんと言わせてやりましょう。

전 사원의 힘을 모아, 상대에게 따끔한 맛을 보여줘야 되지 않겠나?

(A) 팔짱만 끼고 일의 추세에 맡겨서 후회했습니다.

(B) 볼 만한 것이 아니니까 이쯤에서 빠집시다.

(C) 내게 맡겨 줘. 내기에는 엄청나게 센 편이니까.

(D) 저들의 기를 팍 꺾어 놓읍시다.

단어 結集 결집　目に物見せる 따끔한 맛을 보여주다, 혼내 주다　手をこまねく 팔짱을 끼다, 수수방관하다　成り行き 경과, 추세　後悔 후회　見せ物 구경거리, 사람들의 흥미가 되는 일　立ち去る 떠나가다, 물러나다　賭け事 내기　めっぽう 정도가 지나친 모양, 대단히, 굉장히　身に覚えがある 자신이 그것을 한 기억이 있다, 짚이는 데가 있다　ぎゃふんと言わせてやる 기를 팍 꺾어 놓다

44

新製品の購入の件ですが、ご検討いただけましたでしょうか。

(A) 上司と相談しましたが、今回は見送りということで。

(B) こちらとしてもおおよその見当をつけたいものです。

(C) 健闘はしたものの、相手の方が我々より一枚上でした。

(D) 会社、ひいては株主の利益のために入札を決意しました。

신제품 구입에 대한 일입니다만, 검토를 해 주셨을까요?

(A) 상사와 상담했습니다만, 이번에는 보류하는 것으로 했습니다.

(B) 저희 쪽에서도 대략적인 짐작을 하고 싶은 것입니다.

(C) 건투는 했지만, 상대 쪽이 우리들보다 한 수 위였습니다.

(D) 회사, 더 나아가서는 주주의 이익을 위해서 입찰을 결의했습니다.

단어 購入 구입　検討 검토　上司 상사　見送り 보류　おおよそ 대강, 대충　見当をつける 짐작을 하다　健闘 건투　一枚上 한 단계 위, 한 수 위　ひいては 더 나아가서는　株主 주주　利益 이익　入札 입찰　決意 결의

45

失格の烙印を押されたわけでもあるまいし、褌を締め直して出直しなさい。

(A) 腕相撲なら誰にも負ける気はしません。

(B) 初心にかえって、もう一度奮起します。

(C) 勝って兜の緒を絞めよとも言いますしね。

(D) 今や押しも押されもせぬ若手のホープですよ。

실격의 낙인이 찍힌 것도 아니니, 마음을 단단히 잡고 다시 시작해.

(A) 팔씨름이라면 누구에게도 질 것 같지는 않습니다.

(B) 초심으로 돌아가서, 다시 한번 분발하겠습니다.

(C) 이긴 뒤에도 방심하지 말라고도 하니까요.

(D) 지금이야말로 어디에 나가도 밀리지 않는 젊은이의 희망이지요.

단어 烙印 낙인　押す 찍다　褌を締めてかかる 실수가 없도록 단단히 결심하고 착수하다　出直す 다시 시작하다, 새로 고쳐 하다　腕相撲 팔씨름　初心 초심　奮起 분기, 분발　勝って兜の緒を絞めよ 이긴 뒤에도 방심하지 마라　今や 지금이야말로, 바야흐로　押しも押されもせぬ 어디에 나가도 남에게 밀리는 일이 없다, 지위가 확고부동하다　若手 젊은이　ホープ 희망, 호프

46

買い控えなんてどこ吹く風と言わんばかりの大盛況ですね。

(A) ほら、見てください。あそこでも閑古鳥が鳴いていますよ。

(B) 値段のみならず、立地の良さも魅力と自負しております。

(C) 好景気の追い風を受けて、このまま成長していきたいです。

(D) 風邪にかこつけて、ショッピングに明け暮れる日々でした。

소비가 얼었다는데도 아랑곳하지 않을 정도로 대성황이군요.

(A) 자, 보세요. 저기에서도 뻐꾸기가 울고 있어요.

(B) 가격뿐만 아니라, 좋은 입지도 매력이라고 자부하고 있습니다.

(C) 호황기의 순풍을 받아 이대로 성장해 가고 싶습니다.

(D) 감기를 핑계 삼아 쇼핑으로 나날을 보냈습니다.

단어 買い控え 사는 것을 일시적으로 보류함　どこ吹く風 아랑곳하지 않음　〜んばかり 〜라고 할 정도의　大盛況 대성황　ほら 자(상대의 주의를 끌려고 할 때 내는 소리)　閑古鳥が鳴く 뻐꾸기가 울다, 손님이 오지 않아 장사가 잘 되지 않다　〜のみならず 〜뿐만 아니라　立地 입지　魅力 매력　自負 자부　好景気 호경기, 호황　追い風 순풍　かこつける 핑계 삼다, 구실 삼다　明け暮れる 나날이 지나가다, 세월이 흐르다

47

そんなに高額だなんて聞いてません。今回はなかったことにしてください。

(A) この程度の量で怖気付くとは私の見込み違いだったよ。

(B) そのようなことを仰らず是非お知恵をお貸しください。

(C) 今さら工学部は駄目だと言われても、どうにもなりません。

(D) 口約束も立派な契約ですから、違約金をお支払いください。

그렇게 고액이라고는 듣지 못했습니다. 이번에는 없었던 일로 해 주세요.

(A) 이 정도 양으로 겁을 내다니, 나의 예상이 틀렸군.

(B) 그와 같은 말씀을 하지 마시고 제발 지혜를 빌려 주세요.

(C) 이제 와서 공학부는 안 된다고 해도, 어쩔 수 없습니다.

(D) 구두 약속도 어엿한 계약이니까 위약금을 지불해 주세요.

단어 高額 고액　量 양　怖気付く 무서워하다, 겁을 내다　見込み 예상, 짐작　知恵 지혜　今さら 새삼스럽게, 이제 와서
工学部 공학부　どうにもならない 어쩔 수 없다　口約束 구두 약속　違約金 위약금

48

健全なカード社会のためにも顧客情報の漏えいはあるまじきことです。

(A) 会社の危機管理意識が甘いからこうなるんですよ。
(B) 金融機関は顧客との約束通り元本を保障すべきですよ。
(C) むやみにネットに個人情報を書き込むのは危険ですね。
(D) 郵便局の不祥事をめぐっては全国民が怒り心頭ですよ。

건전한 카드 사회를 위해서도 고객 정보 누출은 있을 수 없는 일입니다.
(A) 회사의 위기관리 의식이 느슨하기 때문에 이렇게 되는 거예요.
(B) 금융 기관은 고객과의 약속대로 원금을 보장해야만 합니다.
(C) 무턱대고 인터넷에 개인 정보를 써넣는 것은 위험하군요.
(D) 우체국의 불상사를 둘러싸고는 전 국민이 격노하고 있습니다.

단어 健全 건전함　顧客 고객　漏えい 누설, 누출　あるまじき 있을 수 없는, 있어서는 안 될　危機管理 위기관리　意識 의식　金融機関 금융 기관　元本 원금　保障 보장　むやみ 과도함, 터무니없음　個人情報 개인 정보　書き込む 기입하다, 써넣다　不祥事 불상사　～をめぐって ~을 둘러싸고　怒り心頭 격노

49

残高不足で光熱費の再納付書が郵送されてびっくりした。
(A) 面倒くさいから自動引き落としにしなよ。
(B) 保険料は口座振替で、残金不足の場合は再引き落としを行います。
(C) クレジットカード払いを選択したら毎月支払いに行く手間が省けるね。
(D) うっかりして入金し忘れたり、計算間違いで入金額が足りなかったりすることってあるよね。

잔고 부족으로 광열비 재납부서가 송부되어서 깜짝 놀랐어.
(A) 귀찮으니까 자동 이체로 하라고.
(B) 보험료는 계좌 이체로, 잔금 부족인 경우에는 다시 인출을 합니다.
(C) 신용카드 지불을 선택하면 매월 지불하러 가는 수고를 줄일 수 있어.
(D) 깜빡해서 입금을 잊어버리거나, 계산 실수로 입금액이 부족하거나 하는 경우도 있지.

단어 残高不足 잔고 부족　光熱費 광열비　納付書 납부서　郵送 우송　引き落とし 자동 이체　口座振替 계좌 이체　手間が省ける 수고를 덜다　入金額 입금액　足りない 모자라다, 부족하다

50

連休に都心へ自家用車で出掛けるほど愚かなことはない。
(A) まして妊婦を同乗させるとは自殺行為に他ならない。
(B) 学生の分際で親の車を乗り回すとは不届き千万なことだよ。
(C) ありのままの自分を大切にしないとは愚かなことだよ。
(D) さすがに連休中は人はおろか犬の子一匹通りませんよ。

연휴 때 도심에 자가용으로 외출하는 것만큼 멍청한 짓은 없어.
(A) 하물며 임신부를 동승시킨다는 것은 자살행위 그 자체야.
(B) 학생 주제에 부모의 차를 타고 돌아다니다니, 괘씸하기 짝이 없어.
(C) 있는 그대로의 자신을 소중히 하지 않는다는 것은 멍청한 짓이야.
(D) 역시 연휴 중에는 사람은커녕 강아지 한 마리도 지나가지 않아요.

단어 連休 연휴　都心 도심　自家用車 자가용(차)　愚か 멍청함, 어리석음　まして 하물며, 더구나　妊婦 임신부　同乗 동승

自殺行為 자살행위　他ならない 다른 것이 아닌 바로 그것이다　分際 신분의 정도, 분수　乗り回す 타고 돌아다니다

不届き千万 괘씸하기 짝이 없음　〜はおろか 〜은 고사하고, 〜은 물론이고

PART 3 회화문

① 일상생활 공략 1단계 실전 감각 익히기 ▶92쪽

1

여자는 자기 아이가 우는 원인이 뭐라고 생각하고 있습니까?

(A) 옆집 개가 우는 소리에 놀라서

(B) 옆집 아이의 울음소리에 놀라서

여 댁의 강아지가 새벽에 우는 거, 어떻게 안 될까요?

남 그렇게 말씀하시니 말입니다만, 댁의 아기가 밤에 우는 소리에 우리 아이가 깜짝 놀라 짖고 있는데요.

여 이런, 지금 한 말 그대로 돌려 드릴게요.

2

남자는 어떻게 생각하고 있습니까?

(A) 재판에서 흑백을 분명히 가려야 한다.

(B) 아이 싸움에 부모가 개입해서는 안 된다.

여 마코토가 같은 반 아이를 다치게 해서, 사과 겸 병문안을 다녀올게.

남 아이들끼리의 싸움에 부모가 끼어들 필요 없지 않겠어?

여 그런 말을 해도, 상대 아이는 전치 3주야. 모른 척하고 있으면 저쪽 부모도 가만있지 않을 거라고.

남 가만있지 않겠다니, 재판이라도 하자는 거야? 고작 애들 싸움으로.

3

딸은 아버지에 대해 어떻게 생각하고 있습니까?

(A) 엄격한 아버지   (B) 딸을 생각하는 아버지

여 다녀왔습니다.

남 늦었어. 지금 몇 시라고 생각해? 통금 시간은 9시잖아.

여 요즘 세상에 통금 시간 9시라고 말하고 있는 사람은 세상이 넓다고 해도 아빠 정도밖에 없어.

남 최근 뒤숭숭한 사건이 많으니 걱정하는 게 아니냐. 이렇게 딸을 생각하는 아버지에게 무슨 소리냐.

4

불이 난 장소는 어디입니까?

(A) 부엌   (B) 이웃집

여 뭔가, 냄새 안 나?

남 그런 말을 듣고 보니, 뭔가 이상한 냄새가 나네. 부엌은 괜찮아?

여 큰일이야! 소화기, 가져와.

남 불을 사용하고 있을 때는 곁을 떠나면 안 되잖아!

5

여자는 이제부터 무엇을 합니까?

(A) (옷장의) 옷을 교체한다.

(B) 도시락을 가지고 하이킹을 간다.

여 오늘같이 상쾌한 가을날엔 어딘가에 멀리 나가고 싶어져.

남 그건 그렇고 언제까지 우리 집에서는 여름옷을 입어야 되는 거야. 냐야 어쨌든, 아이까지 감기 걸리게 할 생각이야?

여 알았어요. 오늘 전부 교체할게요.

6

무엇을 가지고 가면 됩니까?

(A) 머플러, 신발   (B) 실내복, 양말

여 다음 주, 처음으로 일본에 갑니다만, 기후라든지 잘 몰라서, 어떤 옷을 입고 가면 좋을지 고민하고 있어요.

남 한국은 요 며칠 동안 쌀쌀합니다만, 일본이 여기보다 추울 거라는 것은 우선 없습니다.

여 그럼, 머플러, 장갑, 모자는 괜찮겠네요.

남 하지만, 집 안이 추우니까, 실내복은 조금 두꺼운 것이 좋아요. 양말도 잊지 말고.

7

남자는 어떻게 생각하고 있습니까?

(A) 그는 놀라서 그런 행동을 취했던 것이다.

(B) 그는 부끄러워서 그런 행동을 취했던 것이다.

여 어제 남자 친구에게 손뜨개질한 스웨터를 선물했는데, 남자 친구가 고맙다는 말은커녕 제대로 쳐다보지도 않았어.

남 분명 멋쩍어서 그랬을 거야.

여 조금도 기뻐하지 않으니까, '두 번 다시 만들어 주나 봐라'하고 생각해 버렸지.

8

여자는 몇 시에 시어머니 집에 도착할 것 같습니까?

(A) 오후 10시   (B) 오후 10시 반

여 오늘은 그만 끝내도록 할까요? 벌써 10시예요.

남 네? 지금부터 2차라도 갈까 하고 생각하고 있었는데요.

여 아이를 시어머니에게 맡기고 나왔어요. 여기부터 시어머니의
    집까지 차로 30분 정도 걸리기도 하고, 저는 먼저 가겠습니다.

남 아쉽다. 오늘은 3차 회장까지 예약해 뒀는데.

9

일요일에 일어난 사건은 어떤 사건이었습니까?

(A) 범인이 트럭을 음주 운전했다.

(B) 범인이 트럭으로 보행자를 쳤다.

여 여기가 예의 사건이 일어난 곳이에요.

남 일요일 보행자 천국에 트럭이 돌진했다니, 눈 뜨고 차마 볼
    수 없는 참사였겠네요.

여 다행히 피해자는 목숨을 건진 것 같아요.

남 요즘 이런 종류의 사건이 많죠. 칼로 갑자기 찔러 오거나,
    권총을 발포하거나, 마음 놓고 거리도 걸을 수 없습니다.

10

남자가 지금, 전기 담요를 사용하지 않는 이유는 무엇입니까?

(A) 공기가 건조해지니까   (B) 전자파가 걱정되니까

여 오늘도 한층 더 춥네요.

남 하지만 요즘은 온수 주머니 덕분에 발 밑이 따끈따끈해요.

여 스즈키 씨도 온수 주머니파입니까? 실내 공기는 건조해지지
    않고, 가격도 저렴하지, 저도 온수 주머니 없이는 살 수 없습
    니다.

남 그동안은 전기 담요를 사용하고 있었습니다만, 역시 전자파가.

---

① 일상생활 공략 2단계 실전 문제 풀기 ▶96쪽

정답	1 (D)	2 (A)	3 (C)	4 (D)	5 (B)	6 (A)	7 (B)	8 (A)	9 (C)	10 (B)
	11 (A)	12 (D)	13 (A)	14 (A)	15 (B)					

스크립트	해석

1

女	食べ物の中で何が一番お好きですか。
男	私は辛いものが大好きです。特にカレーには目がありません。
女	そうなんですか。じゃあ、会社の近くに激辛インドカレーのお店があるので、今度一緒に行きましょう。
男	「善は急げ」で、さっそく今からどうですか。

여	먹을 것 중에서 무엇을 제일 좋아합니까?
남	나는 매운 것을 매우 좋아합니다. 특히 카레라면 사족을 못 씁니다.
여	그렇습니까? 그럼, 회사 근처에 아주 매운 인도카레 점이 있으니 다음에 한번 함께 갑시다.
남	쇠뿔도 단김에 빼라고, 당장 지금 가면 어떻습니까?

Q	二人はこれから何をするつもりですか。 (A) カレーの店を探しに行く。 (B) 家に急いで帰ってカレーを作る。 (C) これからカレーを食べにインドに行く。 (D) これからとても辛いカレーを食べに行く。

Q	두 사람은 지금부터 무엇을 할 생각입니까? (A) 카레 가게를 찾으러 간다. (B) 집에 서둘러 돌아가서 카레를 만든다. (C) 지금부터 카레를 먹으러 인도에 간다. (D) 지금부터 아주 매운 카레를 먹으러 간다.

단어 カレー 카레 目がない 사족을 못 쓰다 激辛 아주 매움 善は急げ 좋은 일은 서둘러 해라, 쇠뿔도 단김에 빼라

2

女　お出掛けですか。

男　最近めっきり体力が衰えてしまい、ウォーキングでも始めようかと思いまして、シューズを買いに。

女　そうですか。運動にはぴったりの季節ですものね。

男　スポーツの秋っていう柄じゃないんですけどね。

Q　男の人はこれからどうしますか。

(A) スポーツ用品店に行く。

(B) ウォーキングをしに行く。

(C) 体力が衰えたから病院に行く。

(D) 体力をつけるために運動をしに行く。

단어 | めっきり 부쩍, 현저히　衰える 쇠약해지다, 약해지다　ぴったり 어긋나거나 틈이 없이 딱 맞는 모양, 꼭, 딱　季節 계절
柄 모양, 성질, 입장　用品店 용품점

여　외출하십니까?

남　최근에 부쩍 체력이 약해져서, 워킹이라도 시작할까 해서요, 신발을 사러.

여　그렇습니까? 운동에는 딱 맞는 계절이지요.

남　스포츠의 가을이라고 하는 것은 아니지만요.

Q　남자는 지금부터 어떻게 합니까?

(A) 스포츠 용품점에 간다.

(B) 워킹을 하러 간다.

(C) 체력이 떨어져서 병원에 간다.

(D) 체력을 기르기 위해서 운동을 하러 간다.

3

女　昨日、あそこの丁字路でひき逃げがあったんですよ。

男　そうらしいですね。犯人は捕まったんですか。

女　まだみたいです。被害者は宅配便の配達員で今朝、息を引き取ったんですって。

男　ご家族の方はさぞかし無念でしょうね。

Q　会話の内容と合っているのはどれですか。

(A) 犯人は運送業者だった。

(B) 犯人はすぐ警察を呼んだ。

(C) 被害者は今朝亡くなった。

(D) 交通事故は十字路で起きた。

단어 | 丁字路 삼거리　ひき逃げ事故 뺑소니 사고　捕まる 잡히다　宅配便 택배편　配達員 배달원　息を引き取る 숨을 거두다　さぞかし 아마, 필시, 틀림없이　無念 분함, 원통함, 아무 생각이 없음　運送業者 운송업자　警察 경찰
亡くなる 죽다, 돌아가시다　十字路 네거리, 십자로

여　어제, 저기 삼거리에서 뺑소니가 났어요.

남　그런 것 같아요. 범인은 잡혔습니까?

여　아직인 것 같습니다. 피해자는 택배 배달원인데, 오늘 아침 숨을 거두었다고 하네요.

남　가족들은 아마도 원통하겠지요.

Q　회화의 내용과 맞는 것은 어느 것입니까?

(A) 범인은 운송업자였다.

(B) 범인은 바로 경찰을 불렀다.

(C) 피해자는 오늘 아침 사망했다.

(D) 교통사고는 네거리에서 일어났다.

4

女 お昼過ぎぐらいから、腹部がちくちく痛むんです。

男 食あたりですか。何か悪いものでも食べましたか。

女 特に思い当たりません。お昼に天ぷら定食と、デザートにスイカを二切れほど食べただけです。

男 食べ合わせが悪かったんですよ。ちなみに、鰻に梅干しも気をつけないと駄目って知ってますか。

여 점심 지나서부터 복부가 쿡쿡 찌르듯이 아픕니다.

남 식중독입니까? 뭔가 나쁜 것이라도 먹었습니까?

여 특별히 짐작이 가지 않습니다. 점심에 튀김 정식과 디저트로 수박을 두 조각 정도 먹었을 뿐입니다.

남 서로 상극이 되는 음식을 먹었군요. 덧붙여 말하자면 뱀장어에 우메보시도 주의하지 않으면 안 된다는 것을 알고 있습니까?

Q 女の人はどうして具合が悪いですか。

(A) 腹部に障害物が当たったから

(B) 天ぷらが腐りかけていたから

(C) 鰻と梅干しを同時に食べたから

(D) 食べ合わせの良くないものを食べたから

Q 여자는 어째서 몸 상태가 나쁩니까?

(A) 복부에 장해물이 닿아서

(B) 튀김이 상하려고 해서

(C) 뱀장어와 우메보시를 동시에 먹어서

(D) 음식 궁합이 좋지 않은 것을 먹어서

단어 腹部 복부　ちくちく 꾹꾹 찌르는 모양, 찌르듯이 아픈 모양, 따끔따끔　食あたり 식중독　思い当たる 짐작이 가다
食べ合わせ 서로 상극이 되는 음식, 음식의 배합(＝食い合わせ)　ちなみに 덧붙여 말하자면, 이와 관련하여　鰻 뱀장어
梅干し 우메보시, 매실 장아찌　障害物 장해물　当たる 맞다, 적중하다, 탈나다　腐る 상하다　～かける ～하기 시작하다

5

女 来週は3連休ですね。どこかにお出掛けになるんですか。

男 3連休って何のことですか。

女 カレンダーをご覧にならなかったんですか。今年の勤労感謝の日は日曜日ですよ。

男 あ、だから月曜日も休みなんですね。じゃあ、その日は妻の誕生日だから、食事にでも行ってきます。

여 다음 주는 3일 연휴네요. 어딘가로 외출하십니까?

남 3일 연휴라니, 무슨 말입니까?

여 달력을 안 보셨습니까? 올해의 근로감사의 날은 일요일이에요.

남 아, 그래서 월요일도 휴일인 거군요. 그럼, 그날은 아내 생일이니까, 식사라도 다녀오겠습니다

Q どうして勤労感謝の日の次の日は休みになりますか。

(A) 妻の誕生日だから

(B) 振り替え休日だから

(C) 次の日が日曜日だから

(D) 完全週休二日制が導入されたから

Q 어째서 근로감사의 날의 다음 날은 휴일이 됩니까?

(A) 아내의 생일이라서

(B) 대체 공휴일이라서

(C) 다음 날이 일요일이라서

(D) 완전 주 5일 근무제가 도입되어서

단어 連休 연휴　ご覧になる 보시다　勤労感謝の日 근로감사의 날　振り替え休日 대체 휴일
完全週休二日制 완전 주 5일 근무제(일주일에 이틀은 반드시 휴일을 보장하는 제도)

6

女 これはつまらない物ですが、ご笑納ください。国の母が送ってきたお菓子です。

男 それはそれは。ではせっかくですので、遠慮なくいただきます。

女 お口に合えばいいのですが。

男 お母様をはじめご家族の皆様によろしくお伝えください。

여 이거 보잘것없는 물건이지만, 부디 받아 주세요. 고향에 있는 어머니가 보내온 과자입니다.

남 이거 참. 그럼 모처럼이니 사양하지 않고 받겠습니다.

여 입에 맞으면 좋겠습니다만.

남 어머니를 비롯해서 가족 모두에게 안부 전해 주십시오.

Q 女の人は男の人に何をしていますか。

(A) 地元の銘菓を渡している。
(B) 口紅をプレゼントしている。
(C) 母親の手料理を勧めている。
(D) 母親からの手紙を渡している。

Q 여성은 남성에게 무엇을 하고 있습니까?

(A) 본고장의 명과를 건네고 있다.
(B) 립스틱을 선물하고 있다.
(C) 어머니가 손수 만든 요리를 권하고 있다.
(D) 어머니로부터의 편지를 건네고 있다.

단어 つまらない 하찮다, 재미없다 笑納 소납, 변변치 않은 물건을 받아 달라는 뜻 それはそれは 정말, 참으로 地元 본고장, 고향, 고장 銘菓 명과 口紅 립스틱 手料理 손수 만든 가정 요리 勧める 권하다

7

女 一雨降りそうですね。雲が出てきましたよ。

男 傘を持ってきましたか。

女 はい、朝、天気予報を見てきたので。もしお持ちでなかったら置き傘もあるのでお貸ししますけど。

男 僕はいつも鞄に折畳みを入れています。

여 한차례 비가 내릴 것 같군요. 구름도 끼어 있어요.

남 우산을 가지고 왔습니까?

여 네, 아침에 일기 예보를 보고 와서요. 만약 우산을 가지고 있지 않으면, 예비 우산이 있으니까 빌려 드릴게요.

남 저는 항상 가방에 접는 우산을 넣고 다닙니다.

Q 会話の内容と合っているのはどれですか。

(A) 土砂降りの雨が降っている。
(B) 男の人は折畳み傘を持っている。
(C) 女の人は自分の傘を返してもらった。
(D) 男の人はいつも折畳み式の自転車で帰る。

Q 회화의 내용과 맞는 것은 어느 것입니까?

(A) 억수 같은 비가 내리고 있다.
(B) 남자는 접는 우산을 가지고 있다.
(C) 여자는 자신의 우산을 돌려받았다.
(D) 남자는 항상 접이식 자전거로 돌아간다.

단어 一雨 한차례의 비 置き傘 예비 우산 鞄 가방 折畳み 접어서 작게 함 土砂降り 억수같이 쏟아지는 비 折畳み傘 접는 우산 折畳み式 접이식

8

女　鞄、ずいぶん重そうですけど、何が入っているんですか。

男　時間が空いた時にでも読もうかと思って、本を持ち歩いているんです。

女　こんなに？重くないんですか。

男　文庫本は軽くて持ち運びに便利ですけど、私は重くても単行本が好きなんですよ。装丁のきれいな物が多いから。

여　가방 꽤 무거워 보이는데, 뭐가 들어 있습니까?

남　시간이 날 때에라도 읽을까 해서 책을 가지고 다닙니다.

여　이렇게나? 무겁지 않습니까?

남　문고본은 가벼워서 휴대하기에 편하지만, 저는 무거워도 단행본이 좋아요. 책 디자인이 예쁜 것이 많으니까.

Q　**男の人が本を持っている理由はどれですか。**

(A) 時間を潰す時のために

(B) いい本を紹介するために

(C) 文庫本を読むのが好きだから

(D) 単行本は持ち運びに便利だから

Q　남자가 책을 갖고 있는 이유는 어느 것입니까?

(A) 시간을 때울 때를 위해서

(B) 좋은 책을 소개하기 위해서

(C) 문고본을 읽는 것을 좋아하기 때문에

(D) 단행본은 휴대하고 다니기에 편리하기 때문에

단어 持ち歩く 갖고 다니다, 들고 다니다　文庫本 문고본　持ち運ぶ 들어 나르다, 운반하다　単行本 단행본　装丁 장정, 책의 모양을 갖추게 하는 것, 책 전반의 디자인　潰す 찌그러뜨리다, (시간을) 보내다

9

女　今朝、今年初めて霜柱が立ちましたね。

男　そうですか。うちの周りはどこもかしこもアスファルトで整備されているので分かりませんでした。

女　ということは、霜柱が何か知らない子どもたちがおおぜいいるということですね。

男　土と触れ合う機会が都会生活では皆無ですからね。

여　오늘 아침, 올해 처음으로 서릿발이 섰어요.

남　그렇습니까? 우리 집 주위는 어디나 아스팔트로 정비되어 있어서 몰랐습니다.

여　(그렇다)라고 하는 것은 서릿발이 뭔지 모르는 아이들이 많이 있다는 것이군요.

남　땅과 접촉할 기회가 도시 생활에서는 전혀 없으니까요.

Q　**会話の内容と合っているのはどれですか。**

(A) 今朝、会社の近くに電信柱が立った。

(B) 子どもと触れ合う機会が都会生活にはない。

(C) 今の子どもは霜柱を見ても何か分からない。

(D) アスファルトを敷いていて、蒸気が上がっている。

Q　회화의 내용과 맞는 것은 어느 것입니까?

(A) 오늘 아침, 회사 근처에 전신주가 세워졌다.

(B) 아이들과 접촉할 기회가 도시 생활에는 없다.

(C) 지금의 아이들은 서릿발을 봐도 뭔지 모른다.

(D) 아스팔트를 깔고 있어서 증기가 오르고 있다.

단어 霜柱 서릿발　どこもかしこも 여기도 저기도, 모두　アスファルト 아스팔트　整備 정비　土 땅, 흙　触れ合う 스치다, 접촉하다, 서로 이해하다　都会生活 도회 생활, 도시 생활　皆無 전무, 전혀 없음　電信柱 전신주　敷く 깔다　蒸気 증기

10

女　普段どんな運動してる？

男　腕を振りながら早歩きでウォーキングするだけなんだけど、なんで？

女　最近体力が衰えてきて、お医者さんに筋力をつける運動を勧められたの。でも、運動は初めてで……。

男　「善は急げ」で、有酸素運動から始めてみたらどうだ？

Q　女の人は医者に何を勧められていますか。
(A) 水泳
(B) 筋トレ
(C) 早歩き
(D) ウォーキング

여　평소에 어떤 운동하고 있어?

남　팔을 흔들면서 빠른 걸음으로 워킹할 뿐인데, 왜?

여　최근 체력이 쇠약해져서, 의사 선생님한테 근력을 붙이는 운동을 권유받았어. 하지만 운동은 처음이라서…….

남　'좋은 일은 서둘러라'라고, 유산소 운동부터 시작해 보면 어때?

Q　여자는 의사 선생님에게서 무엇을 권유받았습니까?
(A) 수영
(B) 근육 트레이닝
(C) 빨리 걷기
(D) 워킹

단어　普段 보통, 평소　早歩き 빨리 걷기　ウォーキング 워킹　衰える 쇠약하다, 쇠퇴하다　筋力 근력　勧める 추천하다
善は急げ 좋은 일은 서둘러라, 쇠뿔도 단김에 빼라　有酸素運動 유산소 운동　筋トレ 근육 트레이닝(＝筋肉トレーニング의 준말)

11

女　連日の猛暑でこんなにあせもができてしまいました。

男　子どもは何も言えないんだから、もっと親が気をつけてあげないと。

女　これでも一日に何回も水浴びをさせているんですけどね。

男　悪化させると厄介だから、汗をかいていたらこまめに濡れたタオルで拭いてあげてください。

Q　何について話していますか。
(A) 赤ん坊にあせもができたこと
(B) 掃除で汗みずくになったこと
(C) 汗でにきびが大きくなったこと
(D) タオルに汗染みがついていたこと

여　연일 맹서로 이렇게 땀띠가 생겨 버렸습니다.

남　아이는 아무 말도 못하니까, 부모가 더욱 주의하지 않으면 안 돼요.

여　이래 봬도 하루에 몇 번이나 냉수욕을 시켜 주고 있습니다.

남　악화되면 성가시니까, 땀을 흘리면 열심히 젖은 타월로 닦아 주세요

Q　무엇에 관해서 이야기하고 있습니까?
(A) 아기에게 땀띠가 생긴 일
(B) 청소로 땀투성이가 된 일
(C) 땀으로 여드름이 커진 일
(D) 타월에 땀의 얼룩이 묻어 있었던 일

단어　連日 연일　猛暑 맹서, 혹서　あせも 땀띠　水浴び 물을 끼얹음, 냉수욕　悪化 악화　厄介 성가심, 번거로움　汗 땀
こまめに 바지런히, 성실히　濡れる 젖다　拭く 닦다, 훔치다　汗みずく 땀투성이가 된(땀에 흠뻑 젖은) 모양　にきび
여드름　汗染み 땀으로 얼룩짐

12

女 課長のお父様が今日亡くなったと連絡が入りました。

男 それではみんなでお通夜に行かなければいけませんね。

女 お香典は各自が準備するということでいいですよね。

男 でも、どれだけ包んだらいいのか分からないので、集めて一緒に出しませんか。

여 과장님의 아버님이 오늘 돌아가셨다고 연락이 왔습니다.

남 그러면 모두 밤샘하러 가지 않으면 안 되겠군요.

여 부의는 각자가 준비하는 것이 좋겠지요.

남 하지만 얼마나 넣으면 좋을지 모르니까, 모아서 함께 내지 않겠습니까?

Q 男の人が主張していることはどれですか。

(A) みんなで通訳をしに行こう。

(B) みんなで葬儀の手伝いをしよう。

(C) プレゼントは各自が包装紙で包もう。

(D) 香典はみんなから集金してまとめて出そう。

Q 남자가 주장하고 있는 것은 어느 것입니까?

(A) 모두 통역을 하러 가자.

(B) 모두 장례식을 도와주자.

(C) 선물은 각자가 포장지로 싸자.

(D) 부의는 모두 모아서 한꺼번에 내자.

단어 通夜 장례식에서의 밤샘　香典 부의　各自 각자　包む 돈을 종이에 싸서 주다　主張 주장　葬儀 장례식　包装紙 포장지
集金 집금, 수금

13

女 「まるこう」って何歳から？

男 さあ、よく分からないけど、３５かな？

女 経産婦なら３５過ぎても大丈夫なのかな。

男 初産で３５以上が「まるこう」だったと思うよ。

여 '고령 출산'이라는 것은 몇 살부터야?

남 음, 잘 모르겠지만, 35인가?

여 경산부라면 35살 넘어도 괜찮을까?

남 초산이며 나이 35세 이상이 '고령 출산'이었던 것 같아.

Q 二人は何について話をしていますか。

(A) 高齢出産　　(B) 結婚適齢期

(C) 選挙への出馬　(D) 軍隊への入隊

Q 두 사람은 무엇에 관해서 이야기를 하고 있습니까?

(A) 고령 출산　　(B) 결혼 적령기

(C) 선거 출마　　(D) 군대 입대

단어 まるこう(丸高) 고령 출산　経産婦 경산부(출산 경험이 있는 여자)　初産 초산　高齢出産 고령 출산
結婚適齢期 결혼 적령기　選挙 선거　出馬 출마　軍隊 군대　入隊 입대

14

女 本日はお足元の悪いところ、わざわざお越しくださり、ありがとうございます。

男 石田さん、本日は本当におめでとうございます。末長くお幸せに。

女 ありがとうございます。新婚旅行から戻りましたら、ご挨拶に伺います。

여 오늘 발걸음도 힘드셨을 텐데 일부러 와 주셔서 정말 감사합니다.

남 이시다 씨, 오늘 정말 축하합니다. 오래도록 행복하시기를.

여 감사합니다. 신혼여행에서 돌아오면 인사하러 찾아뵙겠습니다.

Q 女の人はなぜ感謝していますか。

(A) 雨で地面がぬかるんでいるのに披露宴に来てくれたから

(B) 交通の便の非常に悪い結婚式場に足を運んでくれたから

(C) 足を骨折しているのにかかわらず式に参列してくれたから

(D) 忙しい合間を縫ってわざわざ遠くからいらっしゃったから

Q 여자는 왜 감사하고 있습니까?

(A) 비로 땅이 질퍽한데도 피로연에 와 주어서

(B) 교통편이 꽤 나쁜 결혼식장에 와 주어서

(C) 다리가 골절되었음에도 불구하고 식에 참석해 주어서

(D) 바쁜 틈을 내서 일부러 먼 곳에서 오셨기 때문에

단어 足元が悪い (비 등으로) 길이 질척거리다　わざわざ 일부러　お越し 오심　末長く 오래도록, 계속해서, 길이길이
地面 지면　ぬかるむ 땅이 질퍽거리다　披露宴 피로연　骨折 골절　参列 참예, 참석　合間を縫う 틈을 내다, 짬을 내다

15

男　これいいんだけどな。色も気に入ったし、シルエットもきれいだし。

女　男物ってどれも同じにしか見えないけど、気に入ったならこれにすれば？

男　でも、8万円の背広なんて安月給の俺には贅沢品だ。

女　一着ぐらい一張羅があっても罰は当たらないわよ。あら、これセール対象商品じゃない。2割引ですって。

남　이거 좋은데 말이야. 색도 마음에 들고, 실루엣도 예쁘고.

여　남자 물건은 어느 것도 똑같은 것으로밖에 안 보이는데, 마음에 들면 이것으로 정하면 어때?

남　하지만, 8만 엔짜리 양복이라니 쥐꼬리만 한 월급을 받는 내게는 사치품이야.

여　한 벌 정도 좋은 양벌이 있어도 벌 받지 않아. 어머, 이거 세일 대상 상품이잖아. 20% 할인이래.

Q このスーツはいくら割引されますか。

(A) 8千円　　(B) 1万6千円

(C) 2万8千円　　(D) 6万4千円

Q 이 슈트는 얼마 할인됩니까?

(A) 8천 엔　　(B) 만 6천 엔

(C) 2만 8천 엔　　(D) 6만 4천 엔

단어 男物 남자 물건　背広 양복　安月給 싼 월급　贅沢品 사치품　〜着 〜벌(옷을 세는 말)　一張羅 단 한 벌의 좋은 옷
罰が当たる 천벌을 받다　対象 대상

1

남자는 어떻게 생각하고 있습니까?

(A) 공부는 그만두고 농사를 짓는 것이 좋다.

(B) 무슨 일이든 성과가 나오기까지는 시간이 걸린다.

여 내일, 회화 테스트가 있는데 공부를 전혀 안 했어.

남 미리 준비하면 되는데.

여 편하게 일본어를 유창하게 할 수 있는 방법은 없을까?

남 복숭아나무와 밤나무는 3년, 감나무는 8년이 지나야 열매를 맺는다고.

2

남자는 무엇에 대해 감탄하고 있습니까?

(A) 어머니의 오랜 세월의 경험에 따른 재치

(B) 어머니가 물건을 낭비하지 않는 것

남 엄마, 이거 어떻게 하면 좋다고 생각해?

여 이런 거 간단해. 자.

남 역시, 오랜 경험이 최고야.

여 나이를 헛되이 먹지 않았지.

3

여성은 회장에 관해서 어떻게 생각하고 있습니까?

(A) 격에 안 맞는 지위에 앉아서 오히려 괴로워한다.

(B) 재능이 없는 사람일수록 쓸데없는 말을 많이 한다.

남 아, 피곤해. 회의, 길었어.

여 회장님에게서 어떤 말씀이 있었습니까?

남 여러 가지 있었지만 중요한 내용은 없었어.
변함없이 쓸데없는 말을 끝없이 늘어놓았어.

여 '빈 수레가 요란하다'라고들 말하지만, 회장님 얘기네요.

4

지금 밖은 어떤 상태입니까?

(A) 낙엽이 지고 있다.　　(B) 태양이 지고 어두워졌다.

여 어느샌가 가로등이 켜져 있네요. 지금 몇 시입니까?

남 잠깐만 기다리세요. 지금, 6시 지났습니다.

여 네? 벌써 그런 시간이에요?
실로 두레박이 빠르게 떨어지는 것처럼 가을 해는 빨리 지네요.

남 네, 해가 떨어지면 부쩍 추워요. 빨리 끝내고 돌아갑시다.

5

처음 지점장을 봤을 때 어떻게 됐습니까?

(A) 모두 안도했다.　　(B) 모두 위축되었다.

여 새로 부임해 온 지점장은 어떤 사람입니까?

남 딱 봤을 때는 강압적이어서, 처음에는 모두 뱀 앞의 개구리처럼 꼼짝 못하고 있었는데.

여 보기와는 달랐던 건가요?

남 일에 관해서는 엄격한데, 일을 떠나서는, 예를 들어 회식 자리에서는 솔선수범해서 흥을 돋우는 역할을 자청하는, 사실은 굉장히 털털한 사람이야.

6

남자는 어떻게 취직 활동을 했습니까?

(A) 궁지에 몰린 듯 필사적으로 취직 활동을 했다.

(B) 여유롭게 쓰레기 줍기 봉사 활동을 하며, 취직 활동을 했다.

남 12월에 내정 취소되었지만, 드디어 다시 취직이 정해졌어.

여 다행이다. 축하해. 그런데 어떻게 해서 내정됐어?

남 그야말로 지푸라기라도 잡는 심정으로 친척이나 지인에게 마구 전화를 걸었더니, 사촌 형이 뽑아 줬어.

여 버리는 신이 있으면 줍는 신이 있는 거지.

7

할머니의 상태에 대해서 옳은 것은 어떤 것입니까?

(A) 벌써 퇴원했다.　　(B) 나날이 좋아지고 있다.

여 할머님이 수술하셨다고 들었습니다만, 수술 후 경과는 어떻습니까?

남 덕분에 조금씩 좋아지고 있습니다.

여 그거 다행이네요. 한번 병문안을 갈게요.

남 네, 할머니도 기뻐하실 거라고 생각합니다.

8

두 사람은 지금 어디에 있습니까?

(A) 바다　　　　　　　(B) 온천

여 어떻게 된 거죠? 얼굴이 마치 데친 낙지 같아요.

남 목욕을 너무 오래 해 버렸어요.

여 아무리 여기 물이 몸에 좋다고 해도, 장시간 탕에 있는 것은 몸에 독이에요.

남 본전을 뽑으려고 생각해서 욕심을 부린 것이 좋지 않았습니다.

9

스기모토 씨는 결혼해서 어떻게 되었습니까?

(A) 부채 만들기가 취미가 되었다.

(B) 경제적으로 매우 편해졌다.

여 스기모토 씨, 결혼하고 나서 꽤 변한 것 같네요.

남 유명인이라도 된 것처럼 안락하고 편안하게 지내고 있다고, 저도 들었습니다.

여 좋겠다. 나도 부잣집으로 시집가고 싶다.

남 꿈 같은 소리 하지 말고, 제대로 현실을 보는 게 좋아요.

10

남자에 관한 설명으로 옳은 것은 어떤 것입니까?

(A) 직접 만든 된장을 늘어놓고 있다.

(B) 자신이 만든 케이크를 자랑하고 있다.

남 제가 만든 케이크입니다. 다과로 드세요.

여 어머, 손수 만드신 거예요? 맛있겠다.

남 자랑하는 것 같지만, 거기 어디서 파는 것보다 나을 거라고 생각합니다.

여 정말이네요. 가게를 낼 수 있는 거 아니에요?

② **관용어, 속담** 공략 2단계 실전 문제 풀기 ▶ 106쪽

정답	1 (B)	2 (D)	3 (B)	4 (A)	5 (D)	6 (D)	7 (B)	8 (C)	9 (D)	10 (D)
	11 (A)	12 (D)	13 (C)	14 (B)	15 (B)					

스크립트	해석
1	
女 新しいシステム導入の件で、会長を説得してはいただけないでしょうか。	여 새로운 시스템 도입 건으로, 회장님을 설득해 주시지 않겠습니까?
男 勿体振って言うから、なにかと思えばそんなことか。僕はまた顧客からのクレームでも来たのかと思ったよ。	남 짐짓 점잔 빼며 말하길래 뭔가 했더니 그거였어? 난 또 고객으로부터 클레임이라도 들어온 줄 알았어.
女 それでは、お願いしてよろしいでしょうか。	여 그럼, 부탁해도 될까요?
男 お安い御用だよ。	남 문제없어.
Q 会長を説得することはどのようなことですか。	Q 회장을 설득하는 것은 어떤 것과 같은 일입니까?
(A) ごまめの歯軋りだ。	(A) 실력이 없는 자가 분개하는 모양이다.
(B) 赤子の手を捻るようだ。	(B) 누워서 떡 먹기와 같다.
(C) 肩透かしを食わせるようだ。	(C) 허탕 치게 하는 것과 같다.
(D) 言うはやすく行うは難しだ。	(D) 말하기는 쉬우나 행하기는 어렵다.

단어 システム 시스템　導入 도입　説得 설득　クレーム 클레임　勿体振る 거드름 피우다, 대단한 체하다　顧客 고객
クレーム 클레임　お安い御用だ 간단하다, 문제없다　ごまめの歯軋り 실력이 없는 자가 분개하는 모양
赤子の手を捻るよう 아기 팔을 비틀 듯 아주 쉬운 일, 누워서 떡 먹기　肩透かしを食う 허탕 치다, 헛물 켜다
言うはやすく行うは難し 말하기는 쉬우나 행하기는 어렵다

2

女　今年の当店の売上高は去年の1.5倍で、やっとライバル店を抜きました。

男　だからといって気を抜いたら駄目ですよ。

女　はい！勝って兜の緒を締めよですね。

男　更なる売上げアップを目指して頑張りましょう。

여　올해 당점의 매상고는 작년의 1.5배로, 겨우 라이벌 가게를 제쳤습니다.

남　그렇다고 해서 긴장을 풀면 안 돼요.

여　네! 이긴 뒤에도 방심하지 말라는 것이군요.

남　한층 더 매상 업을 목표로 하여 힘냅시다.

Q　女の人はどう思っていますか。

(A) ライバル店に勝てて本当に嬉しい。

(B) 泥棒が入らないように窓はしっかり閉めるべきだ。

(C) もっと売上げが伸びるかと思っていたので残念だ。

(D) ライバル店に勝ててよかったが、油断してはいけない。

Q　여자는 어떻게 생각하고 있습니까?

(A) 라이벌 가게를 이길 수 있어서 정말로 기쁘다.

(B) 도둑이 들어오지 않도록 창문을 확실히 닫아야만 한다.

(C) 더욱 매상이 늘까 하고 생각하고 있었는데 유감이다.

(D) 라이벌 가게를 이길 수 있어서 잘 됐지만, 방심해서는 안 된다.

단어 当店 당점, 우리 가게　売上高 매상고　抜く 앞지르다, 제치다, 이겨내다, 뽑다　気を抜く 긴장을 늦추다　勝って兜の緒を締めよ 이긴 뒤에도 방심하지 마라　更なる 한층 더　伸びる 늘다　油断 방심

3

女　どうしたんですか。疲れて見えますよ。

男　実は週末、妻の掃除の仕方についてちょっと口を挟んだら、それなら手本を見せてよと言われ、大掃除をさせられたんですよ。

女　それはやぶ蛇でしたね。

男　せっかくの週末が台無しでした。

여　어떻게 된 일입니까? 피곤해 보여요.

남　실은 주말에 아내가 청소하는 방법에 대해 좀 말참견을 했는데, 그러면 본보기를 보여 봐라고 말하더니 대청소를 시켰어요.

여　그건 긁어 부스럼이었네요.

남　모처럼의 주말이 엉망이 되었습니다.

Q　なぜ男の人は大掃除をしましたか。

(A) 妻に懇願されて断りきれなかったから

(B) 妻に余計なことを言ってしまったから

(C) 家の中がしっちゃかめっちゃかになったから

(D) 年末で、一年の埃を払わなければならないから

Q　왜 남자는 대청소를 했습니까?

(A) 아내의 간청을 거절할 수 없어서

(B) 아내에게 쓸데없는 말을 해 버렸기 때문에

(C) 집 안이 엉망진창이 되어서

(D) 연말이므로 일 년 동안 쌓인 먼지를 털지 않으면 안 되니까

단어 口を挟む 말참견을 하다　手本 모범, 본보기　やぶ蛇 긁어 부스럼　台無し 쓸모없는 모양, 엉망이 된 모양　懇願 간원, 간청　断る 거절하다　～きれない 완전히 ~하지 못하다　余計 여분, 쓸데없음　しっちゃかめっちゃか 엉망진창(=めちゃくちゃ)　埃 먼지

4

女　高橋さん、何も言ってこないね。

男　ああ、いいじゃないか。彼の会社も軌道に乗っているようだし。

女　一年前、藁にもすがるかのように毎日電話してきたくせに、喉元過ぎれば熱さを忘れるってまさにこういうことを言うのね。

男　人のふり見て我がふり直せとも言うじゃないか。僕たちはそういうことのないようにすればいいんだよ。

여　다카하시 씨, 아무런 말도 없네.

남　응, 괜찮잖아. 그의 회사도 궤도에 오른 것 같고.

여　일 년 전, 지푸라기라도 잡는 것처럼 매일 전화했던 주제에, 목구멍을 넘기면 뜨거움을 잊는다더니 바로 이런 일을 말하는 것이네.

남　사람의 행동을 보고 자신의 행동을 고치라는 말도 있잖아. 우리들은 그런 일이 없도록 하면 되는 거야.

Q　女の人は高橋さんをどう思っていますか。

(A) 恩知らずな人

(B) 大人のふりをしている人

(C) 忘れっぽくて困っている人

(D) 会っても他人のふりをする人

Q　여자는 다카하시 씨를 어떻게 생각하고 있습니까?

(A) 은혜를 모르는 사람

(B) 어른인 체하는 사람

(C) 건망증이 심해서 난처한 사람

(D) 만나도 타인인 척하는 사람

단어　軌道に乗る 궤도에 오르다　藁にもすがる 지푸라기라도 잡다　喉元過ぎれば熱さを忘れる 목구멍을 넘기면 뜨거움을 잊는다, 어렵고 힘든 일도 그때가 지나가면 잊는다, 괴로울 때 받은 은혜도 편해지면 잊는다　人のふり見て我がふり直せ 타인의 행동을 보고 자신의 행동을 반성하고 고쳐라　恩知らず 배은망덕함　忘れっぽい 잘 잊어버리다　他人 타인

5

男　就職しないで、兄貴みたいに大学院に行くよ。

女　勉強が嫌いな人は就職しなさい。

男　これからは兄貴みたいに真面目に勉強するよ。

女　お母さんは反対。鵜の真似をする烏っていうことわざもあるでしょう。

남　취직하지 않고, 형처럼 대학원에 갈 거야.

여　공부 싫어하는 사람은 취직해.

남　이제부터는 형처럼 성실하게 공부할 거야.

여　엄마는 반대. 뱁새가 황새를 따라가면 다리가 찢어진다는 속담도 있잖아.

Q　女の人は男の人の話についてどう思っていますか。

(A) 弟も兄と同じ道を進むべきだ。

(B) 勉強が好きになるよう努力すべきだ。

(C) 弟は大学院で真面目に勉強するだろう。

(D) 弟は大学院に進学してもうまくいかないだろう。

Q　여자는 남자의 이야기에 대해서 어떻게 생각하고 있습니까?

(A) 동생도 형과 같은 길을 가야 한다.

(B) 공부가 좋아지도록 노력해야 한다.

(C) 동생은 대학원에서 성실하게 공부할 것이다.

(D) 동생은 대학원에 진학해도 잘 안 될 것이다.

단어　就職 취직　兄貴 형의 속된 말　反対 반대　鵜の真似をする烏 가마우지 흉내 내는 까마귀, 제 분수를 모르고 남을 흉내 내다가 실패함　ことわざ 속담　進学 진학

6

女 総長に対する退陣要求は日に日に激しさを増していますが、これからどうなるんですかね。

男 学内外からも厳しい批判にさらされているから、辞職はもう時間の問題でしょう。

女 となると、次は誰かに注目が集まりますが、改革・運営共に一筋縄ではいかないのが現状です。

男 火中の栗を拾う覚悟のある人が本校の教授陣にいるのか甚だ疑問です。

여 총장에 대한 퇴진 요구가 날이 갈수록 극심해지고 있는데, 앞으로 어떻게 될까요?

남 학교 안팎에서도 가차 없는 비판이 일고 있으니까 사직은 이제 시간문제겠지요.

여 그렇게 되면, 다음은 누군가가 주목을 받겠지만, 개혁·운영 모두 보통의 방법으로는 다룰 수 없는 게 현 상황입니다.

남 위험을 무릅쓸 각오가 있는 사람이 본교 교수진에 있을지 매우 의문입니다.

Q 男の人の考えに近いのはどれですか。

(A) 新総長は大学改革を成功裏に収めるはずだ。

(B) 誰が総長になっても大学は良くならない。

(C) 心機一転、学外から総長を迎えるべきだ。

(D) 本校に学校のために一肌脱げる人はいない。

Q 남자의 생각에 가까운 것은 어느 것입니까?

(A) 새로운 총장은 대학 개혁을 성공리에 끝낼 것이다.

(B) 누가 총장이 되어도 대학은 좋아지지 않는다.

(C) 심기일전, 대학 외부에서 총장을 맞이해야 한다.

(D) 본교에 학교를 위해서 힘껏 도와줄 수 있는 사람은 없다.

단어 総長 총장　退陣 퇴진　日に日に 날이 갈수록, 나날이　批判 비판　さらす (햇볕에) 쬐다, (비바람을) 맞히다, 여러 사람의 눈에 띄게 하다　辞職 사직　改革 개혁　運営 운영　共に 함께, 같이　一筋縄ではいかない 보통 방법으로는 처리할 수 없다, 만만찮다　火中の栗を拾う 남의 이익을 위해 위험을 무릅쓰다　覚悟 각오　教授陣 교수진　甚だ 매우, 대단히　疑問 의문　大学改革 대학 개혁　成功裏 성공리　収める 수습하다, 진정시키다　心機一転 심기일전　一肌脱ぐ 힘껏 도와주다

7

女 小山さんって、私たちの前では自分の手柄をこれ見よがしに自慢するよね。

男 そうそう、そのくせ部長の前では猫を被って、そんなことおくびにも出さないでさ。

女 感じ悪いったらありゃしない。彼女を見ていると人間不信になりそう。

男 しっ！噂をすれば影がさすだ。

여 고야마 씨는 우리 앞에서는 자신의 공적을 여봐란 듯이 자랑하네요.

남 맞아 맞아, 그러면서 부장님 앞에서는 본성을 숨기고, 그런 내색은 하지도 않고.

여 정말이지 기분 나쁘기 그지없어. 그녀를 보고 있으면 인간 불신에 걸릴 것만 같아.

남 쉿! 호랑이도 제 말 하면 온다더니.

Q 小山さんはどういう人ですか。

(A) 自己中心的である。

(B) 態度に裏表がある。

(C) 感情を顔に出さない。

(D) 人間不信に陥っている。

Q 고야마 씨는 어떤 사람입니까?

(A) 자기중심적이다.

(B) 태도에 표리가 있다.

(C) 감정을 얼굴에 드러내지 않는다.

(D) 인간 불신에 빠져 있다.

단어 手柄(てがら) 공적 これ見(み)よがし 여봐란 듯이 自慢(じまん) 자랑 猫(ねこ)を被(かぶ)る 시치미 떼다, 본성을 숨기고 얌전한 체하다 おくびにも出(だ)さない 내색도 하지 않다 ～ったらありゃしない 정말이지 ～하다, ～하기 그지없다 不信(ふしん) 불신 噂(うわさ)をすれば影(かげ)がさす 호랑이도 제 말 하면 온다 裏表(うらおもて) 표리, 겉과 속 陥(おちい)る 빠지다

8

女 とうとう総理大臣の支持率が20%台にまで下落しましたね。

男 とっとと辞めればいいのに、いつまでも総理大臣の椅子にしがみついて往生際が悪いですよね。

女 そのくせ記者会見ではいつも人を食ったようなことしか言わないんですよね。

男 そうそう。あんな人が日本の総理大臣だなんて恥ずかしいよ。かといって代わりになる人もいないけど。

Q 二人は総理大臣についてどのような印象を持っていますか。

(A) 国民からの期待を一身に集めていて頼もしい。
(B) 仕事をせず座っているだけなので税金泥棒である。
(C) 人を小馬鹿にしたようなことを言うので嫌である。
(D) 健康維持のために肉食を控えている姿が微笑ましい。

여 마침내 총리대신 지지율이 20%대까지 하락했네요.

남 어서 그만두었으면 좋겠는데, 언제까지라도 총리대신의 자리에 매달리며 깨끗이 단념하지 못하네요.

여 그런 주제에 기자 회견에서는 항상 사람을 우습게 여기는 말밖에 하지 않네요.

남 맞아 맞아. 그런 사람이 일본의 총리대신이라니 창피해. 그렇다고 해서 대신할 사람도 없지만.

Q 두 사람은 총리대신에 관해 어떤 인상을 갖고 있습니까?

(A) 국민으로부터의 기대를 한 몸에 받고 있어 믿음직스럽다.
(B) 일을 하지 않고 앉아만 있으므로 세금 도둑이다.
(C) 사람을 우습게 여기듯이 말하기 때문에 싫다.
(D) 건강 유지를 위해 육식을 피하는 자세가 보기 좋다.

단어 総理大臣(そうりだいじん) 총리대신 支持率(しじりつ) 지지율 下落(げらく) 하락 とっとと 어서, 냉큼 しがみつく 매달리다, 붙고 늘어지다 往生際(おうじょうぎわ)が悪(わる)い 깨끗이 단념하지 못하다 記者会見(きしゃかいけん) 기자 회견 人(ひと)を食(く)う 사람을 업신여기다, 남을 사람으로 여기지도 않다 かといって 그렇다고 해서 印象(いんしょう) 인상 税金泥棒(ぜいきんどろぼう) 세금 도둑 一身(いっしん) 자기 한 사람의 몸, 온몸 頼(たの)もしい 믿음직하다 小馬鹿(こばか) 조금 멍청함 人(ひと)を小馬鹿(こばか)にする 사람을 바보 취급하다 維持(いじ) 유지 肉食(にくしょく) 육식 控(ひか)える 피하다, 삼가다 微笑(ほほえ)ましい 절로 미소 짓게 되다, 흐뭇하다

9

女 富田さんが北海道の営業所に飛ばされるって話、聞いた?

男 聞いた聞いた。会社のお金に手を出しちゃったんでしょう?

女 ま、首にならなかっただけでも良かったと思わない?

男 身から出た錆だね。

여 도미타 씨가 홋카이도 영업소로 좌천된다는 이야기 들었어?

남 들었어, 들었어. 회사의 돈에 손을 댔다고 하죠?

여 뭐, 해고되지 않은 것만도 다행이라고 생각하지 않아?

남 자업자득이지.

Q 二人は富田さんに対してどう思っていますか。	**Q** 두 사람은 도미타 씨에 대해 어떻게 생각하고 있습니까?
(A) 心から謝罪したい。	(A) 진심으로 사죄하고 싶다.
(B) 出世してうらめしい。	(B) 출세해서 원망스럽다.
(C) 一人だけ儲けてずるい。	(C) 혼자만 이득을 봐서 교활하다.
(D) 左遷に同情する余地はない。	(D) 좌천에 동정할 여지는 없다.

単語 営業所 영업소　飛ばす 좌천하다, 날리다　手を出す 손을 대다　身から出た錆 자업자득, 자승자박　うらめしい 원망스럽다, 한스럽다　左遷 좌천　同情する 동정하다　余地がない 여지가 없다

10

女 隣町で起きた幼女殺人事件の犯人、なかなか捕まりませんね。	**여** 이웃 동네에서 일어난 어린 소녀 살인 사건 범인, 좀처럼 잡히지 않네요.
男 警察はもうそろそろ犯人の目星を付けてくれないと、おちおち子どもを外で遊ばせることもできませんよ。	**남** 경찰은 이제 슬슬 범인에 대한 윤곽을 잡아 주지 않으면, 마음 놓고 아이를 밖에서 놀게 할 수가 없어요.
女 本当に物騒な社会になりましたよね。	**여** 정말로 뒤숭숭한 사회가 되었지요.
男 全くです。私たちが子どもの頃と違って、今は外で遊んでいる子どもの姿が見られなくなりました。	**남** 정말입니다. 우리들이 어릴 때와 달리, 지금은 밖에서 놀고 있는 아이들의 모습을 볼 수 없게 됐습니다.

Q 男の人の考えとして正しいのはどれですか。	**Q** 남자의 생각으로서 옳은 것은 어느 것입니까?
(A) 警察が無能で呆れてものも言えない。	(A) 경찰이 무능하고 어처구니가 없어서 말도 안 나온다.
(B) 前科者には星のマークをつけるべきだ。	(B) 전과자에게는 별 마크를 붙여 두어야만 한다.
(C) 子どもは体力増進のために外で遊ぶべきだ。	(C) 아이들은 체력 증진을 위해 밖에서 놀아야만 한다.
(D) 警察にはぼつぼつ犯人の見当を付けてほしい。	(D) 경찰이 조금씩 범인의 윤곽을 잡길 바란다.

単語 隣町 이웃 동네　幼女 어린 소녀　捕まる 잡히다　目星を付ける 짐작하다, 지목하다　おちおち (부정어 수반) 마음 놓고, 안심하고　物騒 위험스러움, 뒤숭숭함　無能 무능　呆れてものが言えない 어처구니가 없어서 말이 안 나오다　前科者 전과자　増進 증진　ぼつぼつ 일이 서서히 진행되는 모양, 조금씩, 작은 점이 흩어져 있는 모양　見当を付ける 짐작하다, 어림잡다

11

女 原田さんって、豊山自動車創設者のひ孫なんだって。	**여** 하라다 씨는 도야마 자동차 창설자의 증손이라고 하던데.
男 道理で、彼女、世間離れしたことを言ったりやったりするよね。	**남** 어쩐지, 그녀는 세상과 동떨어진 짓을 하거나 말을 하기도 하지.
女 この前、みんなでネットカフェ難民の話をしていたら、「ホテルに泊まればいいのに」って言ったんだよ。	**여** 요전에 모두 인터넷 카페 난민에 대한 이야기를 하고 있었는데, '호텔에서 머물면 되는데'라고 말했어.
男 芋の煮えたもご存じないってまさに彼女のことだな。	**남** 토란이 익는 것을 모른다(세상 물정에 어둡다)는 말은 딱 그녀 얘기네.

Q 原田さんはどんな人ですか。

(A) 世の中の事情に疎い。

(B) 難民問題に関心がある。

(C) 芋を煮すぎて料理を台無しにした。

(D) 祖父が豊山自動車の創設者である。

Q 하라다 씨는 어떤 사람입니까?

(A) 세상 사정을 잘 모른다.

(B) 난민 문제에 관심이 있다.

(C) 토란을 너무 익혀서 요리를 망쳤다.

(D) 할아버지가 도야마 자동차의 창설자이다.

단어 創設者 창설자 ひ孫 증손 道理で 어쩐지, 그러면 그렇지 世間離れ 언동이 상식과 동떨어짐 ネットカフェ難民

인터넷 카페 난민(일정한 주거 없이 낮에는 일용직 등으로 일하고 밤에는 인터넷 카페에서 시간을 보내는 사람들) 芋 감자, 고

구마, 토란 등의 총칭 芋の煮えたもご存じない (토란(고구마, 감자)이 익은 것도 모른다는 데서) 세상 물정에 어둡다 疎い

소원하다, 잘 모르다

12

女 課長、全店舗の売上げが先月に引き続きまた落ちました。

男 消費環境の先行きはますます悪くなる一方だろうし、今年は厳しい年になりそうだな。

女 新規出店は延期する方が賢明かと思います。

男 そうだな。既存店舗の梃入れに全力投球しよう。

여 과장님, 모든 점포의 매상이 지난달에 이어서 또 떨어졌습니다.

남 소비 환경의 전망은 더욱 나빠질 것이고, 올해는 험난한 해가 될 것 같군.

여 신규 출점은 연기하는 편이 현명할 것이라 생각합니다.

남 그렇지. 기존의 점포에 대해 취약 부분을 지원해서 전력투구하기로 하지.

Q 男の人は売上げを伸ばすため、どうすべきだと思っていますか。

(A) 売上げの悪い店舗は早急に畳むべきである。

(B) 新しい店を矢継ぎ早にオープンさせるべきである。

(C) 親睦を深めるため社内野球大会を開催すべきである。

(D) 売上げアップのため本社が各店を援助すべきである。

Q 남자는 매상을 올리기 위해 어떻게 해야만 한다고 생각하고 있습니까?

(A) 매상이 나쁜 점포는 재빨리 닫아야만 한다.

(B) 새로운 가게를 잇달아 오픈시켜야만 한다.

(C) 친목을 깊게 하기 위해서 사내 야구 대회를 개최해야만 한다.

(D) 매상을 올리기 위해 본사가 각 지점을 원조해야만 한다.

단어 店舗 점포 引き続き 잇달아, 연이어 先行き 선행, 전도, 전망 新規 신규 出店 출점, 점포를 새로 냄 延期 연기

賢明 현명함 既存 기존 梃入れ 시세의 상승 및 하락을 인위적으로 억제함, 취약 부분을 지원 조치함 全力投球 전력투구

早急 시급, 매우 급함(=そうきゅう) 畳む 개다, (사업을) 그만두다 矢継ぎ早 사이를 두지 않고 잇달아 재빨리 함 親睦

친목 開催 개최 援助 원조

13

女 フランス支社派遣のためのフランス語の試験結果が出ました。勉強していないと言ってたのに、須藤さんがトップでした。

男 試験の前の日に山を掛けてそれだけ覚えたんですけど、運も良かったんですね。

女 昇進に関わる重要な試験だというのに、私はびりでした。秘訣を私にだけこっそり教えてください。

男 実は昔取った杵柄なんです。

여 프랑스 지사 파견을 위한 프랑스어 시험 결과가 나왔습니다. 공부 안 했다고 말했는데, 스도 씨가 일등이었습니다.

남 시험 전날에 찍어서 그것만 외웠는데, 운도 좋았어요.

여 승진에 관련된 중요한 시험인데 저는 꼴찌였어요. 비결을 저에게만 살짝 가르쳐 주세요.

남 실은 옛날에 익힌 솜씨예요.

Q なぜ須藤さんはフランス語の試験でいい成績を取ることができましたか。

(A) 血を吐くほどに勉強したから
(B) 前日に充分に睡眠をとったから
(C) 昔、習ったことがあるから
(D) 試験の前日に山にこもって勉強したから

Q 왜 스도 씨는 프랑스어 시험에서 좋은 성적을 거둘 수 있었습니까?

(A) 피를 토할 정도로 공부해서
(B) 전날에 충분히 잠을 자서
(C) 옛날에 배운 적이 있어서
(D) 시험 전날 산에서 묵으며 공부해서

単어 山を掛ける 요행을 노려 일을 하다(=山を張る) 昇進 승진 びり 맨 꼴찌 秘訣 비결 こっそり 살짝, 몰래 杵柄 절굿공이 昔取った杵柄 옛날에 익힌 솜씨 睡眠 수면

14

女 この前、仕事中にパソコンにエラーが発生して、木村君に見てもらったんだけど、彼、口ばっかりで全然駄目なの。

男 直せなかったの？

女 直せないどころか、重要なファイルも削除しちゃってもう散々。

男 まさに生兵法は大怪我の基だね。

여 요전에, 일하는 중에 컴퓨터에 에러가 발생해서 기무라 군에게 봐 달라고 했는데, 그는 말뿐이고, 전혀 안 되겠어.

남 못 고쳤어?

여 못 고치기만 한 것이 아니고, 중요한 파일도 삭제해 버려서 정말 엉망진창이 되었어.

남 정말로 선무당이 사람 잡는구나.

Q 木村さんについての説明として正しいのはどれですか。

(A) 口がうまいので女子社員にもてる。
(B) パソコンについて知ったかぶりをした。
(C) 大怪我をさせられて散々な目にあった。
(D) 故障したパソコンを見事に元通りにした。

Q 기무라 씨에 관한 설명으로서 옳은 것은 어느 것입니까?

(A) 말솜씨가 좋아서 여자 사원에게 인기가 있다.
(B) 컴퓨터에 관해서 아는 체를 했다.
(C) 큰 부상을 입어서 지독한 꼴을 당했다.
(D) 고장난 컴퓨터를 멋지게 원래대로 고쳤다.

単어 ～どころか ～은커녕 削除 삭제 散々 심하게, 호되게, 결과나 상태가 몹시 나쁨 まさに 확실히, 정말로, 틀림없이 生兵法は大怪我の基 선무당이 사람 잡는다 口がうまい 말솜씨가 좋다 知ったかぶり 모르면서 아는 체함, 또는 그런 사람 散々な目にあう 지독한 꼴을 당하다, 호되게 경을 치다 元通り 전과 같음, 원래대로임

66

15

女 銀行の貸し渋りが原因で中小企業の経営が大変らしいね。

男 銀行もバブル崩壊の時の教訓があるから、不良債権は作りたくないということなんだろう。

女 でもそのような銀行の動きはかえって景気を後退させないかしら。

男 銀行も慎重なんだろうけれど、慎重になり過ぎている感は確かに否めないね。

여 은행이 대출을 기피하는 것이 원인으로, 중소기업의 경영이 힘든 것 같아.

남 은행도 버블 붕괴 때의 교훈이 있으니까, 불량채권은 만들고 싶지 않은 것이겠지.

여 하지만, 그와 같은 은행의 움직임은 오히려 경기를 후퇴시키지 않을까?

남 은행도 신중해야겠지만, 지나칠 정도로 너무 신중해져 있다는 감은 확실히 부인할 수 없어.

Q 会話の内容と合っている表現はどれですか。
  (A) 寄らば大樹の蔭
  (B) 羹に懲りて膾を吹く
  (C) 箸にも棒にも掛からない
  (D) 鸚鵡よく言えども飛鳥を離れず

Q 회화의 내용과 맞는 표현은 어느 것입니까?
  (A) 세력 있는 사람의 비호를 받는 편이 낫다
  (B) 전의 실패에 질려서 지나치게 조심한다
  (C) 아무짝에도 쓸모가 없다
  (D) 앵무새가 잘 말할지라도 새라는 것은 변함없다

단어 貸し渋る 대출을 꺼려하다 バブル崩壊 버블 붕괴 教訓 교훈 不良債権 불량 채권 かえって 오히려 後退 후퇴
否めない 부인할 수 없다 寄らば大樹の蔭 이왕 기댈 바엔 큰 나무 밑이 안전하다, 세력 있는 사람의 비호를 받는 편이 낫다
羹に懲りて膾を吹く 뜨거운 국에 데어 찬 회를 후후 분다, 전의 실패에 질려서 지나치게 조심한다 箸にも棒にも掛からない 젓가락에도 막대기에도 걸리지 않는다, 아무짝에도 쓸모가 없다 鸚鵡よく言えども飛鳥を離れず 앵무새가 잘 말하지만 새라는 것은 변함없다, 말만 잘하고 행동을 하지 않는 사람은 금수와 다르지 않다

③ 시사, 비즈니스 공략 1단계 실전 감각 익히기 ▶ 112쪽

1

남자는 언제 예약했습니까?

(A) 어젯밤   (B) 오늘 출근하고나서 바로

여 다음 달 해외 시찰 준비, 실수 없도록 부탁할게요.

남 걱정 마세요. 항공권은 오늘, 아침 업무를 시작한 직후에 예약을 해 두었습니다.

여 현지 도착 후 정부 요인과의 오찬회에는 절대 늦지 않도록, 시간 조정해 주겠지요.

남 이른 아침 도착하는 항공편은 만석이었지만, 오전 10시 5분 도착 항공편에는 빈자리가 있었습니다.

2

여자는 지금부터 어떻게 할 생각입니까?

(A) 집에 간다.   (B) 목욕을 마치고 나온다.

여 어머, 벌써 이런 시간이 되었네. 죄송하지만, 저 먼저 가 보겠습니다.

남 어, 벌써? 국내 시장 점유율 톱 기업의 위신을 걸고서라도 내일 프레젠테이션은 어떻게든 성공시키지 않으면 안 되는데, 괜찮아?

여 아침부터 쉬지 않고 계속 작업했더니, 좀 벽에 부딪쳐 버렸어요. 기분 전환하고 나서 집에서 철야하겠습니다.

남 같이 야근하려고 이제 막 피자 배달에 전화한 참인데.

3

여자는 왜 전화를 했습니까?

(A) 빚 변제 재촉 때문에   (B) 위자료 청구의 수속 때문에

여 최근 3개월 정도, 입금이 밀린 것 같아서 전화드렸습니다.

남 죄송합니다만, 어떻게 하려 해도 이 불황에서는 수익을 올리는 것도 뜻대로 되지 않아서……

여 다음 주까지 입금이 없으면, 법에 따라 즉시 상환 청구 절차를 밟겠습니다.

남 지금까지의 친분으로, 그 점을 어떻게든 해 주실 수는 없을까요?

4

남자는 왜 사과하고 있습니까?

(A) 사장의 이야기를 하고 있었기 때문에

(B) 명함을 다 썼기 때문에

여 처음 뵙겠습니다. 주식회사 다이하치 오사카 지사의 후지타라고 합니다.

남 받겠습니다. 저, 곤도입니다. 죄송하지만, 마침 갖고 있는 것 (명함)이 지금 없습니다.

여 아까, 부하 직원분에게서 연락처를 받았습니다. 이후 여러모로 잘 기억해 주시길 부탁드립니다.

남 후지타 씨에 대한 이야기는 귀사의 다카다 사장님으로부터 진작부터 들었기 때문에, 한번 뵙고 싶었습니다.

5

남자는 독직 사건에 대해 어떻게 생각하고 있습니까?

(A) 이번 독직 사건에는 시청의 말단 직원도 관계돼 있다.

(B) 아마도 시의 간부는 시장의 독직을 보고도 못 본 체하고 있었다.

여 전 시장의 독직 사건에 이어, 2대가 연이어 경찰 당국의 수사를 받게 되다니 한심해.

남 시청 직원으로서 정말 할 말이 없어.

여 신문에 시청 관계자로부터는 강한 분노나 낙담의 소리가 쏟아져 나왔다고는 하지만, 지난번은 어떻든 간에 이번에는 관리 체제가 의문스러워.

남 우리들 말단은 모르겠지만, 상층부에서는 이번 일, 주지의 사실이지 않았겠어?

6

두 사람은 무엇에 대해 이야기를 하고 있습니까?

(A) 경기 자극책   (B) 엔고가 가져오는 영향

여 경기가 좀처럼 나아지지 않네요.

남 수출에 의존하고 있는 일본은, 이렇게 엔고가 계속되면 경기 회복의 계기도 잡기 어렵겠지요.

여 엔고라면 해외여행을 싸게 갈 수 있기 때문에 좋은 일인가 하고 생각했습니다.

7

남성은 병문안에 대해 어떻게 생각하고 있습니까?

(A) 상대가 신경을 쓰니까 병문안에 갈 필요는 없다.

(B) 경단과 쿠키를 보내고, 병원에는 가지 않는 편이 좋다.

여 상무님 부인 병문안 가지 않아도 괜찮을까?

남 일부러 갈 필요는 없다고 생각해. 가면 오히려 신경 쓰게 해 버리지.

여 그런가? 그럼, 적어도 꽃 정도는 보내 드릴까?

남 '꽃보다 경단'이라고, 쿠키 같은 가볍게 집어먹을 수 있는 것이 좋지 않을까?

8

여성은 기성품 만두를 어떻게 생각하고 있습니까?

(A) 기성품 만두보다 수제로 만든 것이 맛있다.

(B) 기성품 만두의 유독 물질 혼입 경로는 판명되지 않았다.

남 어? 만두야? 만두는 좀 참아 줘.

여 아, 괜찮아. 이것은 내가 만두피부터 만든 것이니까, 안심해.

남 최근에는 무서워서 기성품은 먹을 수가 없어.

여 예의 사건의 만두, 어디에서 유독 물질이 들어왔는지 모르고, 당분간은 손수 만들 생각이야.

9

회의에서 사용할 자료는 어떻게 되어 있습니까?

(A) 만반의 준비가 되어 있다. (B) 아직 복사되지 않았다.

여 기노시타 군, 오늘 회의에서 사용할 자료 사본은?

남 아! 저기, 오늘 2시부터였죠?

여 좀 정신 차려. 어제 그렇게 거듭 다짐해 두었는데.

남 죄송합니다. 빨리 가져다 드리겠습니다.

10

여자는 어떻게 생각하고 있습니까?

(A) 주부가 더 의원이나 관료가 돼야 한다.

(B) 출산해도 일하기 좋은 사회를 만들어 줄 사람에게 투표하고 싶다.

여 '정치를 부엌에서부터 바꾼다'는 게 구체적으로 무슨 말일까?

남 주부의 시점에서 정치를 바꾼다는 거 아니야? 소비세 폐지라든가 복지 충실이라든가.

여 출산해도 다시 직장에 복귀하기 쉬운 사회 만들기에 힘쓰는 사람에게 한 표 던지고 싶어.

남 정치인뿐 아니라 관료에도 남성이 많으니까, 정치나 행정의 장에 좀 더 여성이 참여할 필요가 있지.

---

③ 시사, 비즈니스 공략 2단계 실전 문제 풀기 ▶117쪽

정답	1 (A)	2 (D)	3 (B)	4 (C)	5 (A)	6 (A)	7 (A)	8 (A)	9 (B)	10 (A)
	11 (D)	12 (D)	13 (B)	14 (B)	15 (A)					

스크립트	해석
1	
女 今朝のニュース見ました？ 大学生が大麻所持で逮捕されたっていうニュース。 男 見ました。最近、多いですね。 女 学生としてあるまじき行為ですよね。 男 すねかじりのくせに親の金でそんなのに手を出すなんて、本当に考えられませんよ。	여 오늘 아침 뉴스 보았습니까? 대학생이 대마초 소지로 체포됐다는 뉴스. 남 봤습니다. 최근 많군요. 여 학생으로서 있을 수 없는 행위지요. 남 부모에게 기대 사는 주제에 부모의 돈으로 그런 것에 손을 대다니, 정말로 상상할 수 없습니다.
Q 男の人は話題の大学生をどう思っていますか。 (A) 経済的に自立していない人 (B) いつまでも親を頼っている人 (C) 人の金に手を出してもいい人 (D) 両親のために大枚をはたける人	**Q** 남자는 화제의 대학생을 어떻게 생각하고 있습니까? (A) 경제적으로 자립하고 있지 않은 사람 (B) 언제까지라도 부모를 믿고 있는 사람 (C) 타인의 돈에 손을 대도 되는 사람 (D) 부모를 위해서 많은 돈을 다 쓸 수 있는 사람

단어 大麻 대마초 所持 소지 逮捕 체포 あるまじき 있을 수 없는 行為 행위 すねかじり 자활하지 못하고 부모에게 생활비 등을 얻고 있음, 또는 그런 사람 大枚 대금, 많은 금액 はたく 털다, 돈을 다 써 버리다 手を出す 손을 대다

2

女 地球の温暖化が深刻ですね。

男 皆の心の中に今の便利な生活は捨てられないという気持ちがあって、なかなか温室効果ガスの削減が進んでいないという気がします。

女 そうですね。一刻も早く官民一体となって地域ぐるみでの活動が必要なんですけどね。

男 その活動が持続的なものでなければ意味がないですけどね。

Q **女の人は環境問題についてどんな考えを持っていますか。**

(A) 温室効果ガス削減は無理だ。

(B) 便利な生活を捨てるのは困難に等しい。

(C) 環境問題に取り組むことに意味はない。

(D) 早急に政府と民間が一つになって取り組むべきである。

여 지구의 온난화가 심각하네요.

남 모든 사람의 마음속에 지금의 편리한 생활은 버릴 수 없다는 생각이 있어서 좀처럼 온실 효과 가스의 삭감이 진행되지 않는다는 느낌이 듭니다.

여 그렇지요. 한시라도 빨리 관민일체가 되어 지역 모두의 활동이 필요한데 말이죠.

남 그 활동이 지속적인 것이 아니라면 의미가 없지만요.

Q 여자는 환경문제에 대해서 어떤 생각을 가지고 있습니까?

(A) 온실 효과 가스의 삭감은 무리다.

(B) 편리한 생활을 버리는 것은 곤란하다.

(C) 환경문제에 맞서는 것은 의미가 없다.

(D) 시급히 정부와 민간이 하나가 되어 힘써야만 한다.

단어 地球 지구　温暖化 온난화　深刻 심각함　温室効果ガス 온실 효과 가스　削減 삭감　一刻も早く 한시라도 빨리　官民一体 관민일체　地域 지역　〜ぐるみ 〜까지 몽땅, 〜까지 합쳐서　持続的 지속적　困難 곤란함　等しい 같다, 다름없다　取り組む 맞붙다, 몰두하다　早急 시급, 매우 급함(=そうきゅう)　政府 정부　民間 민간

3

女 洗濯機からガタガタと音がするし、脱水もできないし、故障したようなんですが……。

男 そうですか。当社のホームページに洗濯物の入れ方や洗濯機の置き方などが確認できる「自己診断」サービスがございますが、確認されましたか。

女 しましたけど、だめでした。電話で修理の予約はできますか。

男 はい。訪問のご希望日と時間帯をお申し付けください。

Q **女の人はこれから何をしますか。**

(A) 管理人に電話する。

(B) 出張修理を申し込む。

(C) 洗濯物の量を確認する。

(D) 洗濯機の置き方を調べる。

여 세탁기에서 덜컹덜컹 소리가 나고, 탈수도 안 되고, 고장인 것 같습니다만…….

남 그렇습니까? 당사의 홈페이지에 세탁물 넣는 방법이나 세탁기 놓는 방법 등을 확인할 수 있는 '자기 진단' 서비스가 있습니다만, 확인하셨습니까?

여 했습니다만, 안되었습니다. 전화로 수리 예약할 수 있습니까?

남 네, 방문 희망하시는 날짜와 시간대를 말씀해 주세요.

Q 여자는 이제부터 무엇을 합니까?

(A) 관리인에게 전화한다.

(B) 출장 수리를 신청한다.

(C) 세탁물의 양을 확인한다.

(D) 세탁기 놓는 방법을 조사한다.

단어 洗濯機 세탁기 ガタガタ 덜컹덜컹 脱水 탈수 故障 고장 診断 진단 修理 수리 訪問 방문
申し付ける (윗사람이 아랫사람에게 용건을) 말하다, 분부하다

4

女	実は週1で行っていた納品進捗状況の入力作業を毎日実施することを検討しているんですが。
男	現場責任者としてはこれ以上仕事が増えることには了承しかねます。ただでさえ人手不足なのに。
女	受注量に合わせて無駄のない資材発注が行えるし、在庫数をリアルタイムで確認でき、在庫不足という事態も避けられます。
男	確かにメリットは多いですが、一度持ち帰ってみんなで検討してから返事します。

여	실은 주에 한 번 했던 납품 진척 상황의 입력 작업을 매일 실시하는 것을 검토하고 있습니다만.
남	현장 책임자로서는 이 이상 일이 증가하는 것에는 납득할 수 없습니다. 그렇지 않아도 일손 부족인데.
여	수주량에 맞춰서 낭비 없는 자재 발주를 할 수 있고, 재고 수를 실시간으로 확인할 수 있어, 재고 부족이라는 사태도 피할 수 있습니다.
남	확실히 장점은 많지만, 한 번 가지고 가서 다 같이 검토하고 나서 대답하겠습니다.

Q	入力作業をすることの長所は何ですか。
	(A) リアルタイムで受注することができる。
	(B) 仕事不足の現場に労働の場を与えられる。
	(C) 常に充分な在庫を確保することができる。
	(D) 社員が検討し合いながら仕事を進められる。

Q	입력 작업을 하는 일의 장점은 무엇입니까?
	(A) 실시간으로 발주할 수 있다.
	(B) 일 부족의 현장에 노동의 장을 제공할 수 있다.
	(C) 항상 충분한 재고를 확보할 수 있다.
	(D) 사원이 서로 검토하면서 일을 진행할 수 있다.

단어 納品 납품 進捗 진척 実施 실시 責任者 책임자 了承 승낙함, 납득함, 양해 ただでさえ 그렇지 않아도
受注 수주 量 양 資材 자재 発注 발주 リアルタイム 실시간 常に 항상, 언제나 確保 확보

5

男	環境に優しい生活をするために、いっそのこと車から自転車に乗り換えたらどうかと思っているんだけど。
女	え？でもこの辺は公共交通が不便だし、やっぱり車は必要よ。
男	そうだよね。じゃあ、せめてCO2の排出量の少ない車にするか。
女	電気自動車にしましょう。CO2の排出量が少ないだけではなく、経済的で騒音も少ないらしいから。

남	친환경적인 생활을 하기 위해서, 차라리 차에서 자전거로 바꿔 타면 어떨까 하고 생각하고 있는데.
여	에? 하지만 이 주변은 대중교통이 불편하고, 역시 차는 필요해.
남	그렇지. 그러면 하다못해 이산화탄소 배출량이 적은 차로 할까?
여	전기 자동차로 하지요. 이산화탄소 배출도 적을 뿐 아니라, 경제적이고 소음도 적은 듯 하니까.

Q	環境に優しい生活をするため何をしますか。
	(A) 電気自動車を買う。
	(B) 公共交通を利用する。
	(C) 車をやめて自転車に乗る。
	(D) CO2の排出量を計測する。

Q	친환경적인 생활을 하기 위해서 무엇을 합니까?
	(A) 전기 자동차를 산다.
	(B) 대중교통을 이용한다.
	(C) 차를 타지 않고 자전거를 탄다.
	(D) 이산화탄소의 배출량을 계측한다.

6

女	そちらにコンサルティングを依頼(いらい)して大正解(だいせいかい)でした。新業種(しんぎょうしゅ)への進出(しんしゅつ)もお陰様(かげさま)でスムーズにでき、大満足(だいまんぞく)です。	여	그쪽에 컨설팅을 의뢰해서 대성공이었습니다. 신업종으로의 진출도 덕분에 순조롭게 되었고, 대만족입니다.
男	そう言(い)っていただけて、肩(かた)の荷(に)が下(お)りました。多大(ただい)なるご協力(きょうりょく)を賜(たまわ)り、こちらからもお礼(れい)申(もう)し上(あ)げます。	남	그렇게 말씀해 주셔서 어깨의 짐을 덜었습니다. 막대한 협력을 받아, 저희도 감사드립니다.
女	それはそうと、プロジェクトの成功(せいこう)を祝(いわ)って、本日(ほんじつ)飲(の)み会(かい)があるんですが、ご一緒(いっしょ)にいかがでしょうか。	여	그건 그렇고, 프로젝트의 성공을 축하하기 위해 오늘 회식이 있습니다만, 함께 가시지 않겠습니까?
男	そうしたいのは山々(やまやま)なのですが、本社(ほんしゃ)にとんぼ返(がえ)りしなければならないんですよ。	남	그렇게 하고 싶은 마음은 굴뚝같지만, 본사에 빨리 돌아가지 않으면 안 됩니다.

Q	男(おとこ)の人(ひと)はこれからどうしますか。	Q	남자는 이제부터 어떻게 합니까?
	(A) 自分(じぶん)の会社(かいしゃ)に大急(おおいそ)ぎで戻(もど)る。		(A) 자신의 회사로 급히 돌아간다.
	(B) とりあえず荷造(にづく)りをして退社(たいしゃ)する。		(B) 우선 짐을 꾸려 퇴근한다.
	(C) コンサルタントをした会社(かいしゃ)から接待(せったい)を受(う)ける。		(C) 컨설트한 회사로부터 접대를 받는다.
	(D) プロジェクトの成功(せいこう)を祝(しゅく)って祝砲(しゅくほう)を打(う)ち上(あ)げる。		(D) 프로젝트의 성공을 축하하여 축포를 쏘아올린다.

7

女	田中(たなか)さん、仕事中(しごとちゅう)なのに何(なに)をしているんですか。もしかしてオンラインショッピングをしているんですか。	여	다나카 씨, 일하는 중인데 무엇을 하고 있는 것입니까? 혹시 온라인 쇼핑을 하고 있는 것입니까?
男	すみません。実(じつ)は開発途上国(かいはつとじょうこく)の恵(めぐ)まれない子(こ)どもたちに医薬品(いやくひん)を送(おく)っているNPOにネット募金(ぼきん)の申(もう)し込(こ)みをしているところなんです。	남	죄송합니다. 실은, 개발도상국의 혜택받지 못한 아이들에게 의약품을 보내고 있는 NPO에 인터넷 모금 신청을 하고 있는 중입니다.
女	NPOに募金(ぼきん)だなんて、人(ひと)は見掛(みか)けによらずとはまさに田中(たなか)さんのことですね。	여	NPO에 모금이라니, 사람은 겉보기와는 다르다는 것은 정말 다나카 씨를 두고 하는 말이군요.
男	経済危機(けいざいきき)のしわ寄(よ)せを受(う)けて、貧(まず)しい子(こ)どもたちの生活(せいかつ)や生命(せいめい)が蔑(ないがし)ろにされているこの状況(じょうきょう)を、僕(ぼく)なりになんとかしたくて。	남	경제 위기의 피해를 받아, 가난한 아이들의 생활이나 생명이 무시되는 이 상황을 저 나름대로 뭔가 하고 싶어서요.

Q 田中さんが現在していることは何ですか。

(A) 恵まれない子どものために募金をしている。

(B) 医薬品をネットで購入しようとしている。

(C) NPOにボランティアとして参加している。

(D) 経済危機についてのインターネット講義の申し込みをしている。

Q 다나카 씨가 현재 하고 있는 것은 무엇입니까?

(A) 혜택받지 못한 아이들을 위해서 모금을 하고 있다.

(B) 의약품을 인터넷에서 구입하려고 한다.

(C) NPO에 자원봉사자로서 참가하고 있다.

(D) 경제 위기에 대한 인터넷 강의 신청을 하고 있다.

단어 開発途上国 개발도상국　恵まれる 혜택받다, 은혜를 입다　医薬品 의약품　ネット募金 인터넷 모금　申し込み 신청
見掛けによらず 보기와는 달리　しわ寄せ 모순이나 불합리한 일이 해결되지 않고 전가되는 것　蔑ろにする 업신여기
다, 무시하다　購入 구입　ボランティア 자원봉사자　参加 참가　講義 강의

8

女 できましたら、御社のお力をお貸し願えればと存じましてお電話をいたしました。

男 私どもでお役に立てることがございましたら、遠慮なく仰ってください。

女 実はこの不景気の影響で、資金繰りが厳しく、予定どおりにお支払いするのが困難な状況でして。

男 他でもない田中工業さんの頼みですから、工事の見積もりの再検討はいくらでもさせていただきます。

여 가능하시다면, 귀사에서 도와주셨으면 해서 전화드렸습니다.

남 저희들로 도움이 될 수 있는 것이 있다면, 사양하지 말고 말씀해 주십시오.

여 실은 이 불경기의 영향으로 자금 융통이 어려워서, 예정대로 지불하는 것이 곤란한 상황이라서요.

남 다른 데도 아닌 다나카 공업의 부탁이니까, 공사 견적 재검토는 얼마든지 하겠습니다.

Q 会話の内容と合っているのはどれですか。

(A) 田中工業は当初の見積金額を払えない。

(B) 田中工業は資金繰りに行き詰まり倒産した。

(C) 不景気の影響で田中さんは家賃を支払えない。

(D) 田中工業は猫の手も借りたいほど人手不足である。

Q 회화의 내용과 맞는 것은 어느 것입니까?

(A) 다나카 공업은 당초의 견적 금액을 지불할 수 없다.

(B) 다나카 공업은 자금 융통에 꽉 막혀서 도산했다.

(C) 불경기의 영향으로 다나카 씨는 방세를 지불할 수 없다.

(D) 다나카 공업은 고양이 손이라도 빌리고 싶을 정도로 일손 부족이다.

단어 御社 귀사　資金繰り 자금 융통　見積金額 견적 금액　行き詰まる 막히다, 정돈 상태에 빠지다　倒産 도산　家賃 집세
猫の手も借りたい 고양이 손이라도 빌리고 싶을 정도로 매우 바쁘다

9

女　お父さん、振り込め詐欺には気をつけてね。
犯人グループは手を替え品を替え近寄ってくるから、油断は禁物よ。

男　分かってるよ。俺はそんなのにはだまされないよ。

女　最近は警官や銀行員のふりして被害者の家まで現金を直接受け取りに来るらしいわよ。

男　警察がATM前での取締りを強化したからかね。これじゃ、まるでいたちごっこだ。

여　아빠, 계좌 입금 사기에 조심해. 범인들은 여러 가지 방법을 바꾸어서 다가오니까, 방심은 금물이야.

남　알고 있어. 나도 그런 것에는 속지 않아.

여　최근에는 경찰이나 은행원 척하면서 피해자의 집까지 현금을 직접 받으러 오는 것 같아.

남　경찰이 ATM 앞에서 단속을 강화했기 때문인가. 이러면 마치 쳇바퀴 돌듯이 악순환이군.

Q　最近、どんな詐欺による被害がありましたか。

(A) サプリメント販売会社のネズミ講
(B) お巡りさんに変装して金をだましとる詐欺
(C) 電話をして金を振り込ませるオレオレ詐欺
(D) 架空の請求書を送り、銀行に金を振り込ませる詐欺

Q　최근, 어떤 사기에 따른 피해가 있었습니까?

(A) 영양 보충제 판매 회사의 다단계 판매
(B) 경찰로 위장해서 돈을 뜯어내는 사기
(C) 전화를 해서 입금시키는 오레오레사기
(D) 가공 청구서를 보내, 은행에 돈을 입금시키는 사기

단어 振り込め詐欺 입금 사기　手を替え品を替え 이 수단 저 수단을 다 써서　近寄る 다가가다, 가까이 가다　油断 방심　禁物 금물　だます 속이다　取締り 단속　強化 강화　いたちごっこ 다람쥐 쳇바퀴 돌기, 악순환　サプリメント 영양 보충제　ネズミ講 다단계 판매법　変装 변장　オレオレ詐欺 오레오레 사기(전화로 친족인 척하며 사고를 냈다고 속여 돈을 뜯어내는 사기)　架空 가공　請求書 청구서

10

女　私も派遣の身分なので、派遣切りの話は耳が痛いです。明日はわが身かと思うと夜も眠れません。

男　地方では派遣の仕事が多いですから、企業からの一方的な契約の打ち切りは問題ですよね。

女　親が仕事を失って高校に行けない子どもも急増しているっていうし。

男　それなのに、大臣が女性問題で辞職するなんて、何を考えているのやら。

여　저도 파견 사원 신분이라서, 파견 사원의 해고의 이야기는 귀가 따가울 정도입니다. 내일은 나인가 하고 생각하면 밤에도 잠을 잘 수 없습니다.

남　지방에서는 파견 사원의 직업이 많은데, 기업의 일방적인 계약 중지는 문제이지요.

여　부모가 일을 잃어서 고등학교에 갈 수 없는 아이들도 급증하고 있다고 하고.

남　그런데, 대신이 여성 문제로 사직하다니, 무슨 생각을 하고 있는 것인지.

Q　会話の内容と合っているのはどれですか。

(A) 自分もいつ首を切られるか怖い。
(B) 海外派遣ができなくて困っている。
(C) 明日、派遣の仕事が終わってしまう。
(D) 毎日、耳が痛くて夜眠れないのでつらい。

Q　회화의 내용과 맞는 것은 어느 것입니까?

(A) 자신도 언제 해고될까 두렵다.
(B) 해외 파견을 갈 수 없어서 곤란하다.
(C) 내일 파견 근무의 일이 끝나 버린다.
(D) 매일, 귀가 아파서 밤에 잠을 잘 수 없어 괴롭다.

단어 派遣(はけん) 파견, 비정규직 사원　身分(みぶん) 신분　派遣切(はけんぎ)り 파견 사원 해고　耳(みみ)が痛(いた)い 귀가 따갑다　一方的(いっぽうてき) 일방적　打(う)ち切(き)り 중지　大臣(だいじん) 대신　女性問題(じょせいもんだい) 여성 문제　辞職(じしょく) 사직　〜やら 〜인가, 〜인지(의문을 나타내는 말에 접속)

11

女　常務(じょうむ)、ご無沙汰(ぶさた)しております。この度(たび)、ニューヨーク支社(ししゃ)への転勤(てんきん)を命(めい)じられましたので、ご挨拶(あいさつ)に伺(うかが)いました。

男　おめでとう。日頃(ひごろ)の努力(どりょく)が認(みと)められての栄転(えいてん)だね。

女　これもひとえに常務(じょうむ)のお陰(かげ)でございます。これからもご指導(しどう)ご鞭撻(べんたつ)のほどよろしくお願(ねが)い致(いた)します。

男　僕(ぼく)の片腕(かたうで)がいなくなるかと思(おも)うと寂(さび)しいけど、君(きみ)は英語(えいご)も達者(たっしゃ)だし、期待(きたい)してるよ。

Q　女(おんな)の人(ひと)は栄転(えいてん)できた理由(りゆう)を何(なん)だと考(かんが)えていますか。
(A) 人一倍(ひといちばい)努力(どりょく)したから
(B) 人付(ひとづ)き合(あ)いがうまいから
(C) 英語(えいご)がネイティブ並(な)みだから
(D) 常務(じょうむ)が手塩(てしお)にかけて育(そだ)ててくれたから

여　상무님, 격조했습니다. 이번 뉴욕 지사로의 전근을 명령받아서 인사드리러 찾아뵀습니다.

남　축하하네. 평소의 노력을 인정받아서 영전했군.

여　이것도 전적으로 상무님의 덕택입니다. 앞으로도 지도 편달 부탁드립니다.

남　나의 한쪽 팔이 없어진다고 생각하면 쓸쓸하지만, 자네는 영어도 잘하니까 기대하고 있네.

Q　여자는 영전할 수 있었던 이유를 뭐라고 생각하고 있습니까?
(A) 남달리 노력했기 때문에
(B) 사교성이 좋기 때문에
(C) 영어가 원어민 수준이기 때문에
(D) 상무가 공들여 키워 줬기 때문에

단어 ご無沙汰(ぶさた) 격조　栄転(えいてん) 영전, 지금보다 높은 지위, 직책에 오름　ひとえに 오로지, 전적으로　指導(しどう) 지도　鞭撻(べんたつ) 편달　片腕(かたうで) 한쪽 팔, 가장 신뢰하는 사람　達者(たっしゃ) 명인, 능숙한 사람　人一倍(ひといちばい) 남달리　人付(ひとづ)き合(あ)い 교제, 사교성　ネイティブ 네이티브 스피커, 원어민　〜並(な)み 〜와 같은 수준, 〜마다　手塩(てしお)にかける 손수 공들여 기르다, 돌봐 주다

12

女　この商品(しょうひん)をどのように消費者(しょうひしゃ)にアピールするかについてが重要(じゅうよう)なんです。

男　しかし、わが社(しゃ)としては広告(こうこく)に大枚(たいまい)ははたけません。

女　この商品(しょうひん)を生(い)かすも殺(ころ)すも広告(こうこく)にかかっています。ここは大物(おおもの)タレントを起用(きよう)すべきです。

男　私(わたし)の一存(いちぞん)では決(き)めかねますので、上司(じょうし)と相談(そうだん)いたしまして早急(さっきゅう)にお返事(へんじ)させていただきます。

Q　男(おとこ)の人(ひと)は商品(しょうひん)の広告(こうこく)をどうしますか。
(A) 広告(こうこく)にはびた一文(いちもんだ)出(だ)す気(き)はない。
(B) 広告(こうこく)には有名(ゆうめい)タレントを使(つか)いたい。
(C) 広告費(こうこくひ)に糸目(いとめ)を付(つ)けないことにする。
(D) 広告(こうこく)を出(だ)すかは自分(じぶん)の一存(いちぞん)では決(き)められない。

여　이 상품을 어떻게 소비자에게 어필할지에 대한 것이 중요합니다.

남　그러나 우리 회사로서는 광고에 거금을 쓸 수 없습니다.

여　이 상품을 살리는 것도 죽이는 것도 광고에 달려 있습니다. 여기는 거물 탤런트를 기용해야만 합니다.

남　저 혼자 생각으로 결정할 수 없으므로 상사와 상담하고서 바로 답변드리겠습니다.

Q　남자는 상품 광고를 어떻게 합니까?
(A) 광고에는 땡전 한 푼 낼 마음이 없다.
(B) 광고에는 유명 탤런트를 쓰고 싶다.
(C) 광고비를 아낌없이 쓰도록 한다.
(D) 광고를 낼지는 자기 혼자서는 결정할 수 없다.

단어 アピールする 어필하다　大枚 거금, 대금　はたく (재산, 돈을) 몽땅 털다　大枚をはたく 거금을 쓰다　大物 거물, 큰 인물, 세력가　起用 기용　一存 자기 혼자만의 생각, 판단　びた一文 단돈 한 푼　糸目を付けない (돈을) 아낌없이 쓰다

13

女	木下君、申し訳ないんだけど、これ書留で出してきてもらえないかな。
男	部長に至急、会議室までこれを届けろって言われているんですけど、こっちを片付けてからでいいですか。
女	もちろんよ。あら、おいしそうなお饅頭。戻ってきたらみんなで一服しましょう。
男	うまそう。小腹空いちゃったんで、一つもらいます。

여	기노시타 군, 미안하지만, 이것 등기로 보내 주지 않을래?
남	부장님께서 급하게 회의실에 이것을 전하라고 하셨는데, 이것 먼저 끝내고 해도 괜찮습니까?
여	물론이야. 어머, 맛있어 보이는 만주네. 돌아오면 모두 함께 먹읍시다.
남	맛있겠다. 출출하니까 하나 먹겠습니다.

Q 男の人は一番最初に何をしますか。

(A) 郵便局に行く。

(B) お饅頭を食べる。

(C) ファックスを送る。

(D) 会議室に資料を届ける。

Q 남자는 제일 먼저 무엇을 합니까?

(A) 우체국에 간다.

(B) 만주를 먹는다.

(C) 팩스를 보낸다.

(D) 회의실에 자료를 전한다.

단어 書留 등기　饅頭 만주(밀가루 등의 반죽에 팥 등의 소를 넣어 찌거나 구운 과자)　一服 (차를) 한 모금 마심, 담배를 한 대 피움, 또는 그 양　小腹が空く 출출하다, 배고프다

14

男	会長がお呼びだ。ちょっと会長室に行ってくる。
女	常務、間もなく東京銀行の鈴木頭取がお見えになる時間ですが。
男	そうだったな、うっかりしていたよ。鈴木頭取がいらっしゃったら、第一応接室にお通しして、会長秘書室の方に電話入れて。粗相のないようにね。

남	회장님의 호출이야. 잠깐 회장실에 갔다 오지.
여	상무님, 이제 곧 도쿄 은행의 스즈키 은행장님이 찾아오실 시간입니다만.
남	그랬지, 깜빡했군. 스즈키 은행장님이 오시면, 제1 응접실로 안내하고, 회장 비서실로 전화 넣어 주게. 실수 없도록.

Q 鈴木頭取が来たら女の人は何をしますか。

(A) お茶とお菓子を出す。

(B) 第一応接室に案内する。

(C) 常務の部屋で待ってもらう。

(D) 常務のケータイに電話する。

Q 스즈키 은행장이 오면 여자는 무엇을 합니까?

(A) 차와 과자를 내온다.

(B) 제1 응접실로 안내한다.

(C) 상무의 방에서 기다리게 한다.

(D) 상무의 휴대 전화로 전화한다.

단어 頭取 은행장　うっかり 깜빡함, 멍청히, 무심코　応接室 응접실　秘書室 비서실　粗相 실수

15

男 今年も日本女性の平均寿命が世界一だって。長生きできて羨ましいよ。

女 ただ長生きしたって意味ないわ。年金とあなたの生命保険だけでやっていけるかしら。

男 おいおい、そんな不吉なことを言うなよ。

女 政府にもっと女性高齢者の生活をバックアップする対策をとってもらわないと、おちおち年も取れないわ。

Q 女の人は何に対して不安を感じていますか。

(A) 老後の生活資金

(B) 平均寿命までの生存率

(C) 夫の生命保険の保険料の値上げ

(D) 高齢女性の生活支援対策の打切り

남 올해도 일본 여성의 평균 수명이 세계 제일이라고 하던데. 오래 살 수 있어서 부러워.

여 단순히 오래 산다고 해서 의미 없어. 연금과 당신의 생명 보험만으로 살아갈 수 있을까?

남 어이 어이, 그런 불길한 말은 하지도 마.

여 정부가 더욱 여성고령자의 생활을 후원하는 대책을 세워 주지 않으면, 마음 놓고 나이를 먹을 수도 없어.

Q 여자는 무엇에 대해서 불안을 느끼고 있습니까?

(A) 노후의 생활 자금

(B) 평균 수명까지의 생존율

(C) 남편의 생명 보험의 보험료 인상

(D) 고령 여성의 생활 지원 대책 중지

단어 寿命 수명 世界一 세계 제일 長生き 장수, 오래 삶 羨ましい 부럽다 年金 연금 生命保険 생명 보험
不吉 불길함 高齢者 고령자 バックアップする 백업하다, 후원하다 おちおち (부정어 수반) 마음 놓고, 안심하고
老後 노후 資金 자금 生存率 생존율 保険料 보험료 支援 지원 打切り 자름, 그만둠, 중지

PART 3 회화문 실전모의테스트 ▶ 119쪽

정답	51 (C)	52 (D)	53 (D)	54 (A)	55 (B)	56 (A)	57 (C)	58 (B)	59 (C)	60 (B)
	61 (B)	62 (C)	63 (A)	64 (C)	65 (D)	66 (B)	67 (D)	68 (C)	69 (B)	70 (A)
	71 (B)	72 (B)	73 (C)	74 (C)	75 (B)	76 (B)	77 (A)	78 (A)	79 (C)	80 (D)

스크립트	해석

51

女 部長のお宅の新築祝いどうでしたか。

男 なかなか素敵なお宅だったよ。庭付き一戸建て、うらやましいよな。

女 奥様はどんな方でした？

男 才色兼備の非の打ち所のない方だったよ。部長とは月とすっぽん。

Q 部長の妻はどういう人ですか。
(A) 絶世の美女である。
(B) 料理の腕前がプロ級である。
(C) 全てにおいて完璧な人である。
(D) 月やすっぽんのように顔が丸い。

여 부장님 댁의 신축 집들이는 어땠습니까?

남 너무 멋진 집이었어. 정원이 딸려 있는 단독 주택, 부러워.

여 사모님은 어떤 분이었나요?

남 재색을 겸비한 완벽한 분이었어. 부장님과는 천양지차야.

Q 부장님의 아내는 어떤 사람입니까?
(A) 절세미인이다.
(B) 요리 솜씨가 프로급이다.
(C) 모든 것에 있어서 완벽한 사람이다.
(D) 달이나 자라처럼 얼굴이 둥글다.

단어 新築祝い 신축 집들이 庭付き 정원이 딸려 있음 一戸建て 단독 주택 才色兼備 재색겸비 非の打ち所がない 조금의 결점도 없다, 완전하고 비난할 곳이 없다 すっぽん 자라 月とすっぽん 천양지차 絶世 절세 美女 미녀 腕前 솜씨, 수완 プロ級 프로급 完璧 완벽

52

女 お葬式に参列するわけでもないのに、また今日も頭の先から爪先まで真っ黒ね。

男 彼女は365日、黒ずくめだからね。

女 今日みたいにおめでたい席にまであの格好で来るとは思いもよらなかったわ。

男 全身真っ白はお嫁さんとかぶるから避けるのが常識だけれど、黒いスーツならまあ許容範囲じゃないか。

Q 二人は今どこにいますか。
(A) 親戚の叔父の告別式
(B) 取引先の創業記念式典
(C) 幼なじみの誕生パーティー
(D) 同僚の結婚披露宴

여 장례식에 참석하는 것도 아닌데, 또 오늘도 머리끝에서 발끝까지 새까마네.

남 그녀는 365일 온통 검정색 일색이니까.

여 오늘같이 축하하는 자리까지 저 모습으로 올 것이라고는 생각도 못 했어.

남 전신 새하얀 것은 신부와 겹치니까 피하는 것이 상식이지만, 검은색 슈트라면 그럭저럭 허용 범위 아니겠어?

Q 두 사람은 지금 어디에 있습니까?
(A) 친척 숙부의 고별식
(B) 거래처의 창업기념식전
(C) 어린 시절 친구의 생일 파티
(D) 동료의 결혼 피로연

78

단어 葬式(そうしき) 장례식　参列(さんれつ) 참열, 참례　～ずくめ ～일색(온통 그것만임을 나타냄)　格好(かっこう) 모습　思(おも)いもよらない 생각도 못하다, 상상도 못하다　全身(ぜんしん) 전신　お嫁(よめ)さん 신부　避(さ)ける 피하다　常識(じょうしき) 상식　許容(きょよう) 허용　範囲(はんい) 범위　親戚(しんせき) 친척　叔父(おじ) 숙부　告別式(こくべつしき) 고별식　創業(そうぎょう) 창업　記念式典(きねんしきてん) 기념식전　幼(おさな)なじみ 어릴 때(부터) 친하게 사귄 사이　披露宴(ひろうえん) 피로연

53

男 あの鬼(おに)の部長(ぶちょう)に褒(ほ)められたんだ。

女 本当(ほんとう)？いつも人(ひと)の失敗(しっぱい)をいちいちあげつらう人(ひと)なのに……。お天道様(てんとうさま)が西(にし)から昇(のぼ)るくらい、ありえないことだね。

男 でも、リーダーシップもあるし、案外(あんがい)、情(じょう)が細(こま)やかな人(ひと)なのかも知(し)れない。

남 저 귀신 같은 부장님한테 칭찬받았어.

여 정말? 항상 남들 실패에 하나하나 왈가왈부하는 사람인데……. 해가 서쪽에서 뜰 정도로 있을 수 없는 일이네.

남 하지만, 리더십도 있고, 생각 외로 잔정이 많은 사람일지도 몰라.

Q 女(おんな)の人(ひと)は部長(ぶちょう)についてどう思(おも)っていますか。

(A) 心優(こころやさ)しい人(ひと)である。

(B) 情(じょう)が細(こま)やかである。

(C) リーダーシップがある。

(D) よく人(ひと)の揚(あ)げ足(あし)を取(と)る。

Q 여자는 부장님에 대해서 어떻게 생각하고 있습니까?

(A) 마음씨 착한 사람이다.

(B) 잔정이 있다.

(C) 리더십이 있다.

(D) 자주 남의 말꼬리를 잡는다.

단어 鬼(おに) 도깨비, 귀신과 같은 사람　あげつらう 왈가왈부하다　お天道様(てんとうさま)が西(にし)から昇(のぼ)る 해가 서쪽에서 뜨다　案外(あんがい) 뜻밖에도, 예상 외　心優(こころやさ)しい 마음씨 착하다　情(じょう) 정　細(こま)やか 자세함, 정이 깊음　揚(あ)げ足(あし)を取(と)る 남의 말꼬리나 실언을 잡다

54

女 昨日(きのう)の忘年会(ぼうねんかい)では結構(けっこう)飲(の)んでいましたね。

男 千鳥足(ちどりあし)で帰(かえ)って子(こ)どもに呆(あき)れられました。

女 今日(きょう)は休肝日(きゅうかんび)にしたほうがいいかも知(し)れませんね。

男 そうですね。アルコールが抜(ぬ)けなくて、体(からだ)が重(おも)いです。

여 어제 망년회에서는 꽤 마셨더군요.

남 비틀거리며 집에 돌아갔더니 아이들이 어처구니없어 했습니다.

여 오늘은 간을 쉬게 하는 편이 좋겠습니다.

남 그러게요. 알코올이 빠지지 않아서 몸이 무겁습니다.

Q 男(おとこ)の人(ひと)は何(なに)に苦(くる)しんでいますか。

(A) 二日酔(ふつかよ)い

(B) 体重増加(たいじゅうぞうか)

(C) 鳥(とり)よけ対策(たいさく)

(D) 休刊(きゅうかん)の知(し)らせ

Q 남자는 무엇에 괴로워하고 있습니까?

(A) 숙취

(B) 체중 증가

(C) 새 쫓는 대책

(D) 휴간의 알림

단어 忘年会(ぼうねんかい) 송년회, 망년회　千鳥足(ちどりあし) 술 취해서 비틀거림, 비틀거리는 걸음　呆(あき)れる 놀라다, 어이없다　休肝日(きゅうかんび) 휴간일, 간을 쉬게 하려고 술을 안 마시는 날　抜(ぬ)ける 빠지다　体重(たいじゅう) 체중　増加(ぞうか) 증가　二日酔(ふつかよ)い 숙취　対策(たいさく) 대책　休刊(きゅうかん) (신문, 잡지 등의) 휴간

55

女　最近、物騒な事件が多いので、娘を持つ親としては娘が帰宅するまで生きた心地がしません。

男　ケータイを持たせたらどうですか。緊急時の連絡も可能だし、いざという時には位置確認アプリでお嬢さんを救えるかもしれません。

女　でも、ケータイがらみのトラブルや犯罪に巻き込まれることも多いと聞くとちゅうちょしてしまいます。

男　親御さんとしてはジレンマに陥るところだと思いますが、手をこまねいていても仕方ないですよ。

Q　女の人はケータイについてどう思っていますか。

(A) 娘の身を守るのはケータイしかない。

(B) ケータイの使用には長所と短所がある。

(C) 子どもには高価で、買い与えるのにちゅうちょする。

(D) 犯罪の温床なので、我が子に使わせる気は毛頭ない。

여　최근 뒤숭숭한 사건이 많아서, 딸을 가진 부모로서는 딸이 귀가할 때까지는 살아 있는 기분이 들지 않습니다.

남　휴대 전화를 갖게 하면 어떻습니까? 긴급할 때의 연락도 가능하고, 만일의 경우에는 위치 확인 앱으로 따님을 구할 수 있을지도 모릅니다.

여　하지만, 휴대 전화 관련 트러블이나 범죄에 휘말리는 경우도 많다고 들으면 주저하게 됩니다.

남　부모로서는 딜레마에 빠지는 부분이라고 생각됩니다만, 수수방관하고 있어도 어찌할 도리가 없어요.

Q　여자는 휴대 전화에 대해서 어떻게 생각하고 있습니까?

(A) 딸의 신변을 지키는 것은 휴대 전화밖에 없다.

(B) 휴대 전화 사용에는 장점과 단점이 있다.

(C) 아이에게는 고가라서 사 주는 데에 주저하게 된다.

(D) 범죄의 온상이라서 우리 아이에게 쓰게 할 맘은 털끝만큼도 없다.

단어 物騒 뒤숭숭함　帰宅 귀가　心地 마음　緊急 긴급　いざという時 만일의 경우　位置確認 위치 확인　救う 구하다　～がらみ 얽힘, 관계됨　巻き込む 휩싸이다, 휘말리다　躊躇する 주저하다(=ためらう)　親御 양당, 남의 부모를 높이는 말　ジレンマ 딜레마, 진퇴양난　陥る 빠지다　手をこまねく 팔짱을 끼다, 수수방관하다　身を守る 몸을 지키다　長所 장점　短所 단점　高価 고가　買い与える 사주다　温床 온상　毛頭ない 털끝만큼도 없다

56

女　この一週間、熱帯夜で寝苦しかったわね。

男　水でシャワーを浴びてもすぐ汗ばむし、もうここは熱帯地方かって感じですよね。

女　それもこれもヒートアイランド現象の影響なんでしょう。クールビズどころじゃないわ。もうエアコンを全面禁止とかにしないと。

男　それは勘弁です。エアコンなしじゃ生きられません。

Q　ヒートアイランド現象の影響として挙げられているのはどれですか。

(A) 連日の熱帯夜

(B) 汗っかきの人の増加

(C) クールビズ運動の衰退

(D) 熱帯地方並みの都市部の高温化

여　이번 일주일 동안 열대야로 잠자기 괴로웠어.

남　물로 샤워를 해도 바로 땀을 흘리고, 이젠 여기는 열대 지방인가 싶어요.

여　이래 저래 열섬 현상의 영향이지요. 쿨 비즈니스를 할 처지가 아니야. 이젠 에어컨을 전면 금지하든가 해야 해.

남　그건 참아 주세요. 에어컨 없이는 못 삽니다.

Q　열섬 현상의 영향으로 꼽고 있는 것은 어느 것입니까?

(A) 지속되는 열대야

(B) 땀을 많이 흘리는 체질을 가진 사람의 증가

(C) 쿨 비즈니스(에어컨 온도 설정 운동)의 쇠퇴

(D) 열대 지방 못지 않은 도시 지역의 고온화

단어 熱帯夜(ねったいや) 열대야　寝苦しい(ねぐるしい) 잠자기 괴롭다　シャワーを浴(あ)びる 샤워를 하다　汗(あせ)ばむ 땀이 나다, 땀이 배다　熱帯地方(ねったいちほう) 열대 지방　それもこれも 또, 이래 저래　ヒートアイランド 열섬, 히트 아일랜드　現象(げんしょう) 현상　クールビズ 쿨 비즈니스(쿨와 비즈니스를 합친 조어. 여름에 되도록 시원하게 일하기 위해 옷을 가볍게 입거나, 에너지 절약을 위해 실내 온도를 높이 설정하는 것)　～どころじゃない ～할 처지가 아니다　全面(ぜんめん) 전면　勘弁(かんべん) 용서　汗(あせ)っかき 땀을 많이 흘리는 체질　衰退(すいたい) 쇠퇴　都市部(としぶ) 도시 지역

57

女	今は小学生は全体の約１/３、中学生は約１/２が近視(きんし)と言われております。
	여　요즘 초등학생은 전체의 3분의 1, 중학생은 2분의 1이 근시라고 합니다.
男	え？ そんなにいるんですか。動画(どうが)やゲームの影響(えいきょう)は否(いな)めないんですかね。
	남　네? 그렇게나 있습니까? 동영상이나 게임의 영향은 부정할 수 없는 걸까요?
女	年々(ねんねん)眼鏡(めがね)を使用(しよう)する子どもの割合(わりあい)が高(たか)まっておりますので、当店でもデザインをいろいろ豊富(ほうふ)に取(と)り揃(そろ)えております。こちらなどは今年一番人気(ことしいちばんにんき)の商品(しょうひん)です。
	여　해마다 안경을 사용하는 어린이의 비율이 높아지고 있어서, 저희 가게에서도 디자인을 여러 가지로 풍부하게 갖춰 놓았습니다. 이쪽은 올해 가장 인기 있는 상품입니다.
男	子どもだからデザインよりも安全性(あんぜんせい)で選(えら)びたいんですが。
	남　아이 거니까 디자인보다도 안전성으로 고르고 싶습니다만.

Q	人気の商品にはどんな特徴(とくちょう)がありますか。
	(A) 近視の小学生向(む)けに特別(とくべつ)に作(つく)られた。
	(B) 転倒(てんとう)しても眼鏡で怪我(けが)することがない。
	(C) フレームのデザインが非常(ひじょう)に優(すぐ)れている。
	(D) いくら動画を見ても視力(しりょく)が低下(ていか)しない。
Q	인기 상품에는 어떤 특징이 있습니까?
	(A) 근시인 초등학생용으로 특별히 만들어졌다.
	(B) 넘어져도 안경으로 상처가 생기는 경우가 없다.
	(C) 안경테의 디자인이 매우 뛰어나다.
	(D) 아무리 동영상을 보아도 시력이 저하되지 않는다.

단어 近視(きんし) 근시　否(いな)めない 거절할 수 없다, 부정할 수 없다　年々(ねんねん) 해마다　豊富(ほうふ) 풍부함　取(と)り揃(そろ)える 빠짐없이 갖추다, 골고루 모으다　小学生向(しょうがくせいむ)け 초등학생용　転倒(てんとう) 넘어짐, 고꾸라짐　フレーム 프레임, 테　優(すぐ)れる 뛰어나다　低下(ていか) 저하

58

女	厚労省(こうろうしょう)の年金台帳(ねんきんだいちょう)の入力(にゅうりょく)ミスのニュースを見(み)るたび腹立(はらだ)たしくなるわ。
	여　후생노동성의 연금대장 입력 미스에 대한 뉴스를 볼 때마다 화가 나.
男	税金(ぜいきん)で飯食(めしく)っているくせに、国民(こくみん)のことを蔑(ないがし)ろにしているよな。民間(みんかん)だったら即刻解雇(そっこくかいこ)なのに、辞(や)めずにのうのうと給料(きゅうりょう)もらっているんだから図々(ずうずう)しいと言うか……。
	남　세금으로 밥을 먹고 있는 주제에 국민을 업신여기고. 민간이었다면 즉각 해고인데, 그만두지도 않고 편안하게 급료를 받고 있으니 뻔뻔스럽다고 해야 할까…….
女	危機感(ききかん)の「き」の字(じ)もないのよ、あの人たち。何(なに)しても絶対(ぜったい)に潰(つぶ)れないですからね、あの人たちの会社(かいしゃ)は。
	여　위기감의 '위'자도 없어, 그 사람들. 뭘 해도 절대로 망하지 않으니까, 그 사람들의 회사는.

해설집 청해편 **81**

Q 会話の内容と合っていることわざはどれですか。

(A) 左団扇

(B) 親方日の丸

(C) 河童の川流れ

(D) 勝って兜の緒を締めよ

Q 회화의 내용과 맞는 속담은 어느 것입니까?

(A) 일을 하지 않고도 안락하고 편안히 지낸다.

(B) 해고될 염려가 없으므로 편안하게 지낸다.

(C) 원숭이도 나무에서 떨어질 때가 있다.

(D) 이긴 뒤에도 방심하지 마라.

단어 厚労省 후생노동성(＝厚生労働省) 年金台帳 연금대장 蔑ろにする 업신여기다, 소홀히 하다 民間 민간 即刻 즉각 解雇 해고 のうのう 태평스러운 모양, 편안한 모양, 빈들빈들 図々しい 뻔뻔스럽다, 낯짝이 두껍다 危機感 위기감 潰れる 부서지다, 깨지다, 망하다 左団扇 일을 하지 않고도 안락하고 편안히 지냄 親方日の丸 ('우리 두목은 국가'라는 뜻으로) 관청이나 공기업에서는 도산이나 해고될 염려가 없으므로 편안하게 지냄 河童の川流れ (헤엄을 잘 치는 かっぱ가 물에 빠져 죽는다는 뜻에서) 원숭이도 나무에서 떨어질 때가 있다 勝って兜の緒を締めよ 이긴 뒤에도 방심하지 마라

59

女 山田さん、最近また大阪支店は低迷気味だと思わない？

男 そうですね。他の支店と比べても落ち込みが著しいです。

女 あなたの新しい発想と若い力で大阪を梃入れしてもらえないかしら、支店長として。

男 ありがとうございます。駑馬に鞭打って頑張ります。

여 야마다 씨, 최근 또 오사카 지점이 저조한 기미가 있다고 생각하지 않아?

남 그렇습니다. 다른 지점에 비해서도 곤두박질 치는 것이 현저합니다.

여 야마다 씨의 새로운 발상과 젊은 힘으로 오사카를 지원해 줄 수 없을까? 지점장으로서.

남 감사합니다. 능력은 없지만 힘껏 노력하겠습니다.

Q 山田さんは大阪で何をしますか。

(A) 大阪支店を開店する。

(B) 大阪支店にスパイに行く。

(C) 大阪支店をよみがえらせる。

(D) 大阪支店の支店長を励ます。

Q 야마다 씨는 오사카에서 무엇을 합니까?

(A) 오사카 지점을 개점한다.

(B) 오사카 지점에 스파이로 간다.

(C) 오사카 지점을 회생시킨다.

(D) 오사카 지점의 지점장을 격려한다.

단어 低迷 저미, 침체, 나쁜 상황에서 헤어나지 못함 落ち込む 떨어지다, 곤두박질 치다, 침울해하다 著しい 현저하다 発想 발상 梃入れ 취약점을 지원함, 시세에 간섭함 駑馬に鞭打つ 느린 말에 채찍질하다, 능력이 없는 사람에게 무리하게 일을 시킴의 비유, 자기가 일함의 겸사말 開店 개점 スパイ 스파이 よみがえる 소생하다, 되살아나다 励ます 격려하다, 힘을 돋아 주다

82

60

男 糖尿病の一歩手前だって会社の健康診断で言われちゃった。

女 朝から浴びるように飲んでる炭酸飲料が原因なんじゃない？

男 それでホームショッピングで血糖値を下げるっていう健康食品を買ったんだ。

女 そういうのってなんか胡散臭いわ。運動療法と食事療法を併用すると効果覿面ですって。

Q 糖尿病を克服するために何をするのがいいですか。

(A) 健康診断を定期的に受ける。

(B) 体を動かし、食事を制限する。

(C) 血糖値を下げる健康飲料を飲む。

(D) 朝起きてすぐにシャワーを浴びる。

남 당뇨병이 바로 코앞이라고 회사 건강 진단에서 나왔어.

여 아침부터 뒤집어쓰듯이 마시고 있는 탄산음료가 원인 아냐?

남 그래서 홈쇼핑에서 혈당치를 낮춘다는 건강 식품을 샀어.

여 그런 것은 왠지 수상해. 운동요법과 식사요법을 병용하면 효과가 금방 나타난다고 하던데.

Q 당뇨병을 극복하기 위해서 무엇을 하는 것이 좋습니까?

(A) 건강 진단을 정기적으로 받는다.

(B) 몸을 움직이고 식사를 제한한다.

(C) 혈당치를 낮추는 건강 음료를 마신다.

(D) 아침에 일어나자마자 바로 샤워를 한다.

단어 糖尿病 당뇨병　一歩手前 일보직전　健康診断 건강진단　炭酸飲料 탄산 음료　血糖値 혈당치　胡散臭い 어쩐지 미심쩍다, 수상하다　療法 요법　併用 병용　効果覿面 효과가 바로 나타남　克服 극복　制限 제한

61

女 天気予報によると、今年のお花見は例年よりも前倒しになりそうなんですって。

男 ここにも暖冬の影響か。そのうち満開の桜の下で初詣をする日が来るかもね。

女 まさか。全国で過去5年の平均より3日早くて、関東地方は4日、東海地方で5日程度よ。

男 でも、この花冷えは数日続きそうだから、予定通り来週出掛けることにしよう。

Q なぜ花見シーズンは前倒しになりそうなのですか。

(A) 花冷えの日が数日続いたため

(B) 地球温暖化による暖冬のため

(C) 満開の桜の下で初詣がしたいので

(D) 北海道でも4日ごろ花見をしたいので

여 일기 예보에 따르면, 올해 꽃구경은 평년보다 앞당겨질 것 같대요.

남 여기도 따뜻한 겨울의 영향인가. 머지 않아 만개한 벚꽃 아래에서 신년 참배를 하는 날이 올지도.

여 설마. 전국적으로 과거 5년 동안의 평균보다 3일 빠르고, 간토 지방은 4일, 도카이 지방은 5일 정도야.

남 하지만, 이 꽃샘추위는 며칠 계속될 것 같으니까 예정대로 다음 주에 나가기로 하지.

Q 왜 꽃구경 시즌이 앞당겨질 것 같습니까?

(A) 꽃샘추위가 수일 동안 계속되었기 때문에

(B) 지구 온난화로 인해 춥지 않은 겨울이 되었기 때문에

(C) 만개한 벚꽃 아래에서 신년 참배를 하고 싶어서

(D) 홋카이도에서도 4일쯤 꽃구경을 하고 싶어서

단어 前倒し 예정을 앞당겨 실시하는 것　暖冬 난동, 춥지 않은 겨울　満開 만개　初詣 신년에 하는 첫 참배　花冷え 꽃샘추위　地球温暖化 지구 온난화

62

女 香田ミクのSNSが炎上して、警察がとうとう摘発に乗り出したね。

男 え、香田ミクの家が火事になったの？警察が摘発って放火だったの？

女 まさか。ネットの彼女のブログに事実無根の中傷や批難が殺到したの。

男 へえ、でも警察はその書き込みをした人物を特定して逮捕まで漕ぎ着けるには相当苦労するだろうね。

여 고다 미쿠의 SNS가 뜨거운 감자가 되어 경찰이 드디어 적발에 적극적으로 나섰네.

남 에, 고다 미쿠의 집이 화재가 났어? 경찰이 적발하다니, 방화였어?

여 설마, 인터넷의 그녀의 SNS에 사실무근의 중상과 비난이 쇄도했어.

남 저런, 하지만 경찰은 그 글을 쓴 특정 인물을 특정하고, 체포에 이르기까지 꽤 고생하겠네.

Q 何について話をしていますか。

(A) 香田ミクの家が放火されたこと
(B) 後を絶たない警察の不祥事のこと
(C) あるSNSに書き込みが集中したこと
(D) 事実無根の中傷をした香田の逮捕のこと

Q 무엇에 관해서 이야기를 하고 있습니까?

(A) 고다 미쿠의 집이 방화된 것
(B) 끊이지 않는 경찰의 불상사에 대한 일
(C) 어떤 SNS에 게시글이 집중된 것
(D) 사실무근의 중상을 한 고다의 체포

단어 炎上 타오름, 불탐, (인터넷 용어로) 의도와는 달리 많은 비판 코멘트나 트랙백이 달리는 것　摘発 적발　乗り出す 타고 나아가다, 적극적으로 나서다, 착수하다　放火 방화　事実無根 사실무근　中傷 중상　批難 비난　殺到 쇄도　書き込み 써넣음, 기입, (인터넷의) 게시글　特定 특정, 특별히 단정지음　逮捕 체포　漕ぎ着く 배를 저어 목적지에 닿다　後を絶たない 끊이지 않다, 완전히 없어지지 않다

63

女 風薫る5月とはまさに今日みたいな日を言うんでしょうね。こんな日はお弁当を持ってハイキングにでも出掛けたいですね。

男 でも、天気予報によると、お昼から夕方にかけて雹が降るそうですよ。

女 まさか、こんなにいい天気なのに。

男 この時期に意外と多いのが雹の被害なんですよ。特に山沿いは注意が必要です。

여 바람도 향긋한 5월이라는 건 정말 오늘 같은 날을 말하는 것이겠죠, 이런 날은 도시락을 싸서 하이킹이라도 가고 싶어요.

남 하지만, 일기 예보에 따르면 점심부터 저녁에 걸쳐서 우박이 내린다고 합니다.

여 설마, 이렇게 좋은 날씨인데.

남 이 시기에 의외로 많은 것이 우박 피해입니다. 특히 산기슭은 주의가 필요합니다.

Q この時期に注意しなければならないのは何ですか。

(A) 雹　　　　　(B) 風評
(C) 食中毒　　　(D) 山火事

Q 이 시기에 주의하지 않으면 안 되는 것은 무엇입니까?

(A) 우박　　　　(B) 소문
(C) 식중독　　　(D) 산불

단어 風薫る 훈풍이 불다, 초여름에 부는 상쾌한 바람　雹 우박　山沿い 산을 따라 난 곳　風評 풍문, 소문　食中毒 식중독　山火事 산불

64

女 いつから痛みがあったんですか。

男 深夜からです。これまで味わったことのない激痛と吐気に一晩中七転八倒した挙げ句、明け方に救急車を呼んだんです。

女 病院に運ばれてすぐに手術をしたんですか。

男 はい、救急センターに到着するや否や緊急手術を受けたお陰で一命を取り留めました。

Q 会話の内容と合っているのはどれですか。

(A) 救急車がなかなか来ないので肝を冷やした。

(B) 男の人は前にも同様の激痛に見舞われたことがある。

(C) 手術が遅れていたら手遅れになっていたかも知れない。

(D) ひどい痛みと吐気で早朝までぐったりと横になっていた。

여 언제부터 통증이 있었습니까?

남 심야부터였습니다. 지금까지 체험한 적 없는 고통과 구역질에 밤새도록 데굴데굴 구르다가, 새벽에 구급차를 불렀습니다.

여 병원에 실려 와서 바로 수술을 했습니까?

남 네, 구급 센터에 도착하자마자 긴급 수술을 받은 덕택에 생명을 건졌습니다.

Q 회화의 내용과 맞는 것은 어느 것입니까?

(A) 구급차가 좀처럼 오지 않아서 간담이 서늘해졌다.

(B) 남자는 전에도 지금과 같은 극심한 통증을 겪은 적이 있다.

(C) 수술이 늦어졌다면, 시기를 놓쳤을지도 모른다.

(D) 극심한 고통과 구역질로 이른 아침까지 녹초가 되어 누워 있었다.

단어 深夜 심야　味わう 맛보다, 체험하다　激痛 극심한 통증　吐気 토기, 구역질　一晩中 밤새도록　七転八倒 괴로워서 이리 구르고 저리 구름　～挙げ句 ～한 끝에　明け方 새벽녘　～や否や ～하자마자　一命を取り留める 목숨을 건지다　肝を冷やす 간담이 서늘해지다　見舞う 문병하다, (달갑지 않은 것이) 찾아오다　手遅れ 때늦음, 시기를 놓침　ぐったり 녹초가 됨, 축 늘어짐　横になる 눕다

65

男 これ、何ですか。捨ててもいい物ですか。

女 実は韓国のアイドルにはまっていてね、これはそのアイドルのグッズなの。絶対捨てちゃだめだよ。

男 何言ってるんですか。ただでさえ物が多いんですから、これを機にちょっと要らない物は処分したらどうですか。

女 新居は収納スペースが充実しているから心配ご無用!

Q 二人は今何をしていますか。

(A) 大掃除をしている。

(B) 準備体操をしている。

(C) アイドルのグッズを選んでいる。

(D) 引っ越しの準備をしている。

남 이것 무엇입니까? 버려도 되는 물건입니까?

여 실은 한국 아이돌에 빠져 있는데 말이야, 이건 그 아이돌 관련 상품이야, 절대로 버려서는 안 돼.

남 무슨 말을 하는 거예요? 그렇지 않아도 물건이 많으니까 이것을 기회로 좀 필요 없는 물건은 처분하면 어떻습니까?

여 새집은 수납 공간이 알차니까 걱정할 필요 없어!

Q 두 사람은 지금 무엇을 하고 있습니까?

(A) 대청소를 하고 있다.

(B) 준비 체조를 하고 있다.

(C) 아이돌 관련 상품을 고르고 있다.

(D) 이사 준비를 하고 있다.

단어 アイドル 아이돌　グッズ 상품, 물품　ただでさえ 그렇지 않아도　新居(しんきょ) 새 주택　充実(じゅうじつ) 충실함, 알참　心配(しんぱい)ご無用(むよう) 걱정할 필요 없음　大掃除(おおそうじ) 대청소　準備体操(じゅんびたいそう) 준비 체조

66

女	鈴木(すずき)でございます。昨日(きのう)まで出張(しゅっちょう)に出(で)ておりまして、返信(へんしん)が遅(おそ)くなりましたことをお詫(わ)び申(もう)し上(あ)げます。
男	わざわざお電話(でんわ)いただき恐縮(きょうしゅく)です。早速(さっそく)、確認(かくにん)させていただきます。
女	それから新商品(しんしょうひん)のサンプルの件(けん)ですが、何(なに)か不都合(ふつごう)がございましたら、私(わたし)の方(ほう)へご連絡(れんらく)いただければ幸(さいわ)いです。
男	2年(ねん)前(まえ)に大(だい)ヒットしたブーツに勝(まさ)るとも劣(おと)らない商品(しょうひん)を世(よ)に送(おく)り出(だ)せると、社長(しゃちょう)以下(いか)胸(むね)をなで下(お)ろしております。

여	스즈키입니다. 어제까지 출장으로 나가 있어서, 답신이 늦어진 것에 대해 사죄드립니다.
남	일부러 전화해 주셔서 송구합니다. 즉시 확인하겠습니다.
여	그리고 신상품 샘플 건입니다만, 뭔가 불편한 것이 있으시면 제 쪽으로 연락 주시면 됩니다.
남	2년 전에 대히트한 부츠보다 나으면 낫지 못하지 않은 상품을 세상에 내놓을 수 있게 되어, 사장님뿐 아니라 모두 가슴을 쓸어내리고 있습니다.

Q	会話(かいわ)の内容(ないよう)と合(あ)っているのはどれですか。 (A) サンプルの出来栄(できば)えに皆(みんな)ほくそ笑(え)んでいる。 (B) 以前(いぜん)人気(にんき)を博(はく)した商品(しょうひん)に匹敵(ひってき)する良品(りょうひん)ができた。 (C) 鈴木(すずき)は家庭(かてい)の事情(じじょう)でメールを送(おく)るのが遅(おそ)くなった。 (D) 電話(でんわ)を入(い)れるのが遅(おそ)くなり、平身低頭(へいしんていとう)して謝(あやま)っている。
Q	회화의 내용과 맞는 것은 어느 것입니까? (A) 샘플의 성과에 모두가 만족스러워서 웃고 있다. (B) 이전에 인기를 얻은 상품에 필적할 만한 좋은 제품이 만들어졌다. (C) 스즈키는 가정 사정으로 메일을 보내는 것이 늦어졌다. (D) 전화를 하는 것이 늦어져서 고개를 숙이고 사죄하고 있다.

단어 不都合(ふつごう) 형편이나 사정이 좋지 못함, 불편함, 무례함　幸(さいわ)い 다행　勝(まさ)るとも劣(おと)らない 나으면 낫지 못하지 않다　なで下(お)ろす 쓰다듬어 내리다, 쓸어내리다, 한숨을 내쉬다　出来栄(できば)え 됨됨이, 솜씨, 성과, 잘 만들어진 모양새　ほくそ笑(え)む 일의 성과가 만족스러워서 웃다　博(はく)する 얻다, 차지하다, 떨치다　匹敵(ひってき) 필적　平身低頭(へいしんていとう) 평신저두, 굽실굽실하는 모양, 고개 숙여 사죄하다

67

女	どうしよう、炊飯器(すいはんき)の予約(よやく)タイマーを入(い)れ忘(わす)れていたわ。
男	お前(まえ)としたことが珍(めずら)しい。朝(あさ)だし、パンと牛乳(ぎゅうにゅう)だけでもいいよ。子(こ)どももそのほうが喜(よろこ)ぶんじゃないか。
女	朝(あさ)はいいけど、今日(きょう)、子(こ)どもたち遠足(えんそく)でお弁当(べんとう)なのよ。今(いま)から炊(た)いたら間(ま)に合(あ)わないし、残(のこ)り物(もの)の冷(ひ)やご飯(はん)でチャーハンしかないわ。
男	苦肉(くにく)の策(さく)だな。でも、いつもおにぎりだから、目新(めあたら)しくていいんじゃないか。

여	어쩌지, 밥솥의 예약 타이머를 잊고 있었어.
남	당신으로서는 드문 일이군. 아침이고 하니, 빵과 우유만으로도 괜찮아. 아이들도 그걸 좋아하지 않을까?
여	아침은 괜찮지만, 오늘 아이들 소풍이라서 도시락이란 말이야. 지금부터 밥을 지으면 시간을 맞출 수도 없고, 남은 찬밥으로 볶음밥밖에 할 수 없네.
남	고육지책이로군. 하지만 항상 주먹밥이니까 색달라서 좋지 않을까?

Q 女の人は何をしようとしていますか。

(A) 遠足にパンと牛乳を持っていく。

(B) 時間がないので、新米で握り飯を作る。

(C) ご飯を炊くため新米を注文する。

(D) これから余り物のご飯で炒めご飯を作る。

Q 여자는 무엇을 하려고 합니까?

(A) 소풍에 빵과 우유를 가지고 간다.

(B) 시간이 없어서 햅쌀로 주먹밥을 만든다.

(C) 밥을 짓기 위해 햅쌀을 주문한다.

(D) 지금부터 남은 밥으로 볶음밥을 만든다.

단어 炊飯器 전기밥솥　珍しい 드물다　炊く 밥을 짓다　残り物 남긴 것　冷やご飯 찬밥　チャーハン 볶음밥　苦肉の策 고육지책　目新しい 색다르다, 진귀하다, 신기하다　新米 햅쌀　握り飯 주먹밥　余り物 불필요한 것, 먹다 남은 것　炒めご飯 볶음밥

68

女 あら？直木さん、本なんて読んで、どういう風の吹き回しですか。明日は雪でも降るんじゃないの？

男 失礼な。こう見えても僕は実は読書家なんですよ。これは今月のベストセラーだそうです。新聞の書評欄にも出ていておもしろそうなので買ってみました。

女 これ、書店で平積みになって売っていたの見たわ。読み終わったら私にも回して。

여 어머? 나오키 씨, 책을 읽다니, 무슨 바람이 불었습니까? 내일은 눈이라도 내리는 거 아냐?

남 실례되는 말을. 이래 봐도 저는 실은 독서가예요. 이건 이번 달의 베스트셀러라고 합니다. 신문의 서평란에도 나와 있고, 재미있을 것 같아서 사 보았습니다.

여 이거, 서점에서 쌓아 놓고 팔고 있는 것 봤어. 다 읽으면 나에게도 돌려 줘.

Q 直木さんは本を読んだ後、どうしますか。

(A) 古本屋で売る。

(B) 部屋に積んでおく。

(C) 女の人に貸してあげる。

(D) 新聞の書評欄に原稿を書く。

Q 나오키 씨는 책을 읽은 후, 어떻게 합니까?

(A) 중고 서점에서 판다.

(B) 방에 쌓아 둔다.

(C) 여자에게 빌려준다.

(D) 신문의 서평란에 원고를 쓴다.

단어 風の吹き回し 그때그때의 형편에 따라 변화하여 일정하지 않음(どういう 등의 말과 결합하여 평소에 없었던 뜻밖의 일이 일어남을 나타냄)　書評欄 서평란　平積み (서점에서) 책 표지가 보이도록 쌓아 놓는 것　原稿 원고

69

女 裁判を傍聴してきたんでしょう？どうだった？

男 彼、消え入りそうな声をなんとか振り絞るように薬物に手を染めた理由を話していたよ。

女 そう、罪を認めて反省もしているんだから、情状酌量で執行猶予にならないかしらね。

여 재판을 방청하고 왔지? 어땠어?

남 그는 꺼져 들어갈 듯한 목소리를 어떻게든 쥐어짜듯 약물에 손을 댄 이유를 이야기했어.

여 그래, 죄를 인정하고 반성하고 있으니까, 정상 참작으로 집행 유예가 되지 않을까?

Q 彼はなぜ裁判を受けていますか。

(A) 賄賂を手にしたから

(B) 麻薬に手を出したから

(C) 幼い子を手にかけたから

(D) 公共工事の手を抜いたから

Q 그는 왜 재판을 받았습니까?

(A) 뇌물을 손에 넣어서

(B) 마약에 손을 대서

(C) 어린아이를 돌보아서

(D) 공공 공사를 날림으로 해서

단어 裁判 재판　傍聴 방청　消え入る 꺼져 들어가다　振り絞る 쥐어짜다　薬物 약물　手を染める 손을 대다　罪 죄　認める 인정하다　反省 반성　情状酌量 정상 참작　執行猶予 집행 유예　賄賂 뇌물　麻薬 마약　手にかける 자기가 직접 하다, 뒷바라지하다　公共工事 공공 공사　手を抜く 어물어물 넘기다, 겉날려서 마치다

70

女 ちょっとお聞きしたいんですが、今日の札幌行きは定刻通りに飛びますか。

男 大雪と強風の影響で本日運航予定の定期便は全便欠航でございます。

女 明日はどうですか。

男 明日は早朝の便から平常通りの運航を予定しております。

여 잠깐 물어보고 싶은 것이 있습니다만, 오늘 삿포로행은 정해진 시각대로 운항합니까?

남 대설과 강풍의 영향으로, 오늘 운행 예정인 정기편은 전편 결항입니다.

여 내일은 어떻습니까?

남 내일은 이른 아침부터 평상시대로 운항할 예정입니다.

Q 女の人はどこに電話をしていますか。

(A) 航空会社　　(B) 鉄道会社

(C) フェリー会社　(D) リムジンバス会社

Q 여자는 어디에 전화를 하고 있습니까?

(A) 항공 회사　　(B) 철도 회사

(C) 페리 회사　　(D) 리무진 버스 회사

단어 定刻 정해진 시각　大雪 큰 눈, 대설　強風 강풍　運航 운항　定期便 정기편　欠航 결항　早朝 이른 아침　平常 평상

71

女 室温を少し上げてもいいですか。

男 寒いんですか。僕には暑くもなく寒くもなくちょうどいいんだけど。

女 外回りから戻ったばかりだからそうかも知れませんが、デスクワークの私たちは真夏なのに膝掛けが手放せないんです。

男 新陳代謝が悪いと体が冷えるそうですよ。運動してください。

여 실내 온도를 조금 올려도 괜찮겠습니까?

남 춥습니까? 저는 덥지도 춥지도 않아서 딱 좋은데.

여 외근하고 바로 돌아왔으니까 그럴지도 모르지만, 데스크 업무를 하는 우리는 한여름인데 무릎 담요를 손에서 뗄 수가 없습니다.

남 신진대사가 나쁘면 몸이 차가워진다고 합니다. 운동하세요.

Q 今はどんな季節ですか。

(A) 小春　　(B) 盛夏

(C) 晩秋　　(D) 初冬

Q 지금은 어떤 계절입니까?

(A) 소춘(음력 10월)　(B) 한여름

(C) 늦가을　　(D) 초겨울

単어 室温 실온, 실내 온도　デスクワーク 데스크 워크　膝掛け 무릎 덮개　手放す 손에서 놓다　新陳代謝 신진대사　体が
冷える 몸이 차가워지다　小春 소춘, 음력 10월(＝こはる)　盛夏 한여름　晩秋 늦가을　初冬 초겨울(＝はつふゆ)

72

女　木村さん、案の定いっこうに現われませんね。また寝坊ですよ。

여　기무라 씨, 예상했던 대로 통 보이지 않아요. 또 늦잠이에요.

男　とうとう遅刻常習犯のレッテルを張られたか。君も相当だけど、彼はそれ以上におっちょこちょいだから、単に時間を間違えているんじゃないか。

남　드디어 지각 상습범 꼬리표가 붙은 건가? 너도 어지간하지만 그는 그 이상으로 덜렁대니까, 단순히 시간을 잘못 알고 있는 거 아냐?

女　金曜の朝9時東口、遅刻厳禁って口をすっぱくして言ったのに、あんな人がエリートサラリーマンなんて笑止千万ですね。

여　금요일 아침 9시 동쪽 입구, 지각 엄금이라고 입이 닳도록 말했는데, 그런 사람이 엘리트 샐러리맨이라니 가소롭기 짝이 없군요.

男　おいおい、それじゃあ木村は明日にならないと来ないじゃないか。目糞鼻糞を笑うだな。

남　어이 어이. 그러면 기무라는 내일이 되어야 오는 거 아닌가. 똥 묻은 개가 겨 묻은 개 나무란다더니.

Q　木村さんはどんな人ですか。

(A) いつも青白くて寝不足気味の顔をしている。
(B) エリートだが約束の時間は守ったことがない。
(C) いい年をして方向音痴なので友だちに笑われる。
(D) おっちょこちょいなところのある万引き常習犯である。

Q　기무라 씨는 어떤 사람입니까?

(A) 항상 창백하고, 잠이 부족한 얼굴을 하고 있다.
(B) 엘리트이지만 약속 시간을 지킨 적이 없다.
(C) 나이를 먹고도 방향치라서 친구들에게 웃음을 산다.
(D) 경박한 데가 있고, 상습적으로 슬쩍 훔치는 사람이다.

単어 案の定 생각한 대로, 예상 했던 대로　いっこうに 오로지, 완전히, 전혀, 통　とうとう 드디어, 결국　常習犯 상습범
レッテルを張る 딱지를 붙이다　おっちょこちょい 경박함, 촐랑댐　厳禁 엄금　口がすっぱくなる 같은 말을 몇 번이나 되풀이하여 말하다, 입이 닳다　笑止千万 가소롭기 짝이 없다　目糞鼻糞を笑う 똥 묻은 개가 겨 묻은 개 나무란다
青白い 창백하다, 푸르스름하다　方向音痴 방향음치, 방향감각이 없는 것　万引き 손님인 척하고 물건을 훔침, 또 그런 사람

73

女　部長が接待で行ったお寿司屋さんの話をするから、連れて行ってくださいって冗談で言ったんです。

여　부장님이 접대로 갔던 초밥집 이야기를 하길래, 데려가 달라고 농담으로 말했어요.

男　そうしたら、連れて行ってくれるって？まさか、あのどけちの部長に限ってそんなこと。

남　그랬더니, 데려가 준대? 설마. 그 구두쇠 부장이 그런 말을.

女　ところが、何でも言ってみるもんですね。今日は部長のおごりでお寿司です。

여　하지만, 뭐든지 말해 보는 법이라고. 오늘은 부장님이 한턱 내는 초밥입니다.

男　俺には残業を言いつけておいて、自分は女子社員と食事か。

남　내게는 잔업 하라고 말해두고, 자기는 여자 사원과 식사인가.

Q **会話の内容と合っていることわざはどれですか。**

(A) 猫に鰹節

(B) 元の木阿弥

(C) ひょうたんから駒

(D) 腹が減っては軍はできぬ

Q 회화의 내용과 맞는 속담은 어느 것입니까?

(A) 고양이 곁에 가다랑어포

(B) 도로아미타불

(C) 농담이 진담이 되다.

(D) 배가 고파서는 싸울 수 없다.

단어 接待 접대　どけち 굉장한 구두쇠　～に限って ~에 한해서, ~만은　おごり 사치, 호사, 한턱냄　言いつける 명령하다
猫に鰹節 고양이 곁에 가다랑어포, 방심할 수 없는 위험한 일의 비유　元の木阿弥 도로아미타불　ひょうたんから駒が
出る 표주박에서 말이 나온다, 농담이 진담이 되다　腹が減っては軍はできぬ 배가 고파서는 싸움을 할 수 없다

74

男 横山さん、どうしたんですか。よろよろ歩いて。

女 下ろしたばかりの靴を履いてきたら、靴擦れになってしまいました。

男 足は第二の心臓って言われているんだから、もっと足をかわいがってあげないと。靴擦れ程度ならまだしも、外反母指にでもなったら泣くに泣けませんよ。

女 靴擦れを苦にしてスニーカーなんか履けるもんですか。ハイヒールは私の命なんです。

남 요코야마 씨, 무슨 일이라도 있습니까? 비틀비틀 걷고.

여 방금 막 산 구두를 신었더니, 발꿈치가 까져 버렸습니다.

남 발은 제2의 심장이라고 하니까, 좀 더 발을 소중히 해 주지 않으면 안 돼요. 발만 까지면 그런대로 괜찮지만, 무지외반증이라도 되면 울고 싶어도 울 수 없어요.

여 발이 아플 것을 염려해서 운동화 따위를 신을 수 있을까요? 하이힐은 제 생명입니다.

Q **横山さんが好きな靴はどんな靴ですか。**

(A) スニーカー　　(B) かわいい靴

(C) ヒールの高い靴　(D) 外反母指用の靴

Q 요코야마 씨가 좋아하는 구두는 어떤 구두입니까?

(A) 운동화　　(B) 귀여운 구두

(C) 힐이 높은 구두　(D) 무지외반용 구두

단어 よろよろ 비틀비틀　下ろす 새 물건을 쓰기 시작하다　靴擦れ 구두에 쓸림, 구두에 쓸린 상처　心臓 심장　まだしも
그래도 그 편이 낫지만, 그런 대로 괜찮지만　外反母指 무지외반증(엄지발가락이 둘째 발가락 쪽으로 굽은 상태)　苦にする
괴로워하다, 걱정하다, 싫어하다

75

女 では、部長、お願い致します。

男 それでは、せんえつながら、私が代表して乾杯の音頭を取らせていただきます。

女 その前に部長からみんなに一言お願い致します。

男 お陰様で今回の展示会は予想以上の反響があり、胸をなで下ろしています。お疲れ様でした。これからもみなさんの奮闘に期待します。

여 그럼, 부장님, 부탁드립니다.

남 그러면, 외람되지만, 제가 대표해서 건배 선창을 하겠습니다.

여 그 전에 부장님께 한 말씀 부탁드리겠습니다.

남 덕분에 이번 전시회는 예상 이상의 반향이 있어서, 안심했습니다. 수고하셨습니다. 앞으로도 여러분의 분투를 기대하겠습니다.

Q 今何をしていますか。

(A) 展示会
(B) 打ち上げ
(C) 試合の反省会
(D) 東京音頭の練習

Q 지금 무엇을 하고 있습니까?

(A) 전시회
(B) 축하 잔치
(C) 시합의 반성회
(D) 도쿄온도의 연습

단어 せんえつ 자기 행위에 대한 겸양의 표현, 외람　代表 대표　音頭を取る 선창하다　展示会 전시회　予想 예상
反響 반향　胸をなで下ろす 가슴을 쓸어내리다, 안심하다　奮闘 분투　打ち上げ 쏘아올림, 축하하는 잔치
反省会 반성회　東京音頭 도쿄온도(쇼와 초기의 민요조의 유행가)

76

男　昨日のドキュメンタリー見ましたか。５年前の震災の爪痕が未だに生々しく残されていて衝撃を受けました。

女　私も見ました。あまり報道されていないだけで、復興が遅々として進んでいない所が多いと知って驚きました。

男　これは決して対岸の火事では済まされません。

女　そうですね。少しでも被災地の役に立てるように何かしたいと思いました。

남　어제 다큐멘터리 봤습니까? 5년 전의 진재의 흔적이 아직도 생생하게 남아있어서 충격을 받았습니다.

여　저도 봤습니다. 그다지 보도되지 않았을 뿐, 부흥이 지지부진하여 진척되지 않은 곳이 많다는 것을 알고 놀랐습니다.

남　이것은 결코 강 건너 불 보듯 할 일이 아닙니다.

여　맞아요. 조금이라도 피해 지역에 도움이 될 수 있도록 뭔가 하고 싶다고 생각했습니다

Q 二人は何について話をしていますか。

(A) 火災防止対策の重要性
(B) 地震被害地域の復興状況
(C) 被災地の防火訓練の意義
(D) 火山被害についての公平な報道

Q 두 사람은 무엇에 관해서 이야기를 하고 있습니까?

(A) 화재 방지 대책의 중요성
(B) 지진 피해 지역의 부흥 상황
(C) 피해지의 방화 훈련의 의의
(D) 화산 피해에 관한 공평한 보도

단어 震災 진재, 지진으로 인한 재해　爪痕 자연의 재해나 전쟁이 남긴 흔적, 조흔　未だに (부정어 수반) 아직도, 지금까지
生々しく 생생히　衝撃 충격　報道 보도　復興 부흥　遅々 느리고 더딤, 지지부진함　対岸 대안, 건너편 기슭
対岸の火事 강 건너의 불, 나에게 관계없는 일의 비유　火災 화재　放火 방화　火山 화산　公平 공평함

77

男　この記事、見て。結婚しなくてもいいと考える女性が急増だって。

女　私の周りを見ても結婚に肯定的な友だちは少ないね。

男　「一人の時間が好き」が２２％、「経済的な事情」が１４％、「必要性がない」が１３％か。

女　ほら、見て。「相手がいない」が５１％と過半数を占めている。

남　이 기사 봐. 결혼하지 않아도 된다고 생각하는 여성이 급증이래.

여　내 주위를 봐도 결혼에 긍정적인 친구는 적어.

남　'혼자만의 시간이 좋다'가 22%, '경제적인 사정'이 14%, '필요성이 없다'가 13%인가.

여　자, 봐. '상대가 없다'가 51%로 과반수를 차지했어.

Q 結婚に積極的ではない理由について正しいのはどれ
ですか。

(A) 「経済的な事情」は１０％を上回る。

(B) 「相手がいない」が５０％弱である。

(C) 「一人の時間が好き」は２０％を切る。

(D) 「必要性がない」は１０％を越えない。

Q 결혼에 적극적이지 않은 이유에 관해서 옳은 것은 어느 것입니까?

(A) '경제적 사정'은 10%를 상회한다.

(B) '상대가 없다'가 50%보다 조금 적다.

(C) '혼자만의 시간이 좋다'가 20%를 밑돈다.

(D) '필요성이 없다'는 10%를 넘지 않는다.

단어 急増 급증 肯定的 긍정적 経済的 경제적 事情 사정 必要性 필요성 過半数 과반수 上回る 상회하다
～弱 (어떤 수를) 넘지 않음, (어떤 수보다) 조금 적음 切る 수치가 어떤 기준이나 한도보다도 작아지다, 밑돌다

78

女 お誕生日おめでとうございます。
鈴木さん、年男ですね。

男 はい、今度ねずみ年になると、還暦です。

女 実は私も年女なんです。

男 そうですか。でも、まだ３０代ですよね。
いいな、若くて。

여 생신 축하합니다. 스즈키 씨, 올해의 띠였군요.

남 네, 이번 쥐띠 해가 되면, 환갑입니다.

여 실은 저도 올해의 띠예요.

남 그렇습니까? 하지만 아직 30대이지요.
좋네요, 젊어서.

Q 女の人は今年満何歳ですか。

(A) ３６歳   (B) ３８歳

(C) ４６歳   (D) ６０歳

Q 여자의 나이는 올해 만 몇 살입니까?

(A) 36세   (B) 38세

(C) 46세   (D) 60세

단어 年男 그 해의 띠에 해당되는 남성, 일가의 대표로서 정월 행사를 주관하는 사람, 세쓰분 때 콩을 뿌리는 일을 맡은 사람
還暦 환갑, 회갑 年女 그 해의 띠에 해당되는 여성, 세쓰분 때 콩을 뿌리는 일을 맡은 사람

79

女 うっかり窓を開けっ放しにして寝てしまったところ、
朝起きたらこの有り様よ。

男 腕という腕が赤く腫れ上がっているじゃないか。
犯人は蚊だね。

女 兄は私より色白で肌が弱いからこんなもんじゃなかっ
たわ。

男 サービス業なのに、お客様の前に立てたもんじゃな
いね。

여 깜빡 창문을 열어둔 채 잠들어 버렸는데, 아침에 일어나 보니 이 모양이야.

남 팔이란 팔은 새빨갛게 부어 있잖아? 범인은 모기구나.

여 오빠는 나보다 피부색이 하얗고 피부가 약해서 이 정도가 아니었어(더 심했어).

남 서비스업인데 손님 앞에 설 수 있는 처지가 아니겠네.

Q どうして兄の方が妹より腕が赤くなりましたか。

(A) しょっちゅう窓を開けてうたた寝をするから

(B) 仕事柄、日没後にも屋外で働くことが多いから

(C) 色が白くて外部からの刺激に敏感に反応するから

(D) お客様の前では半袖の着用しか認められていないから

Q 어째서 오빠가 여동생보다 팔이 빨개졌습니까?

(A) 항상 창문을 열어 놓고 선잠을 자기 때문에

(B) 일의 성질상, 일몰 후에도 옥외에서 일하는 경우가 많기 때문에

(C) 피부가 하얗고 외부의 자극에 민감하게 반응하기 때문에

(D) 손님 앞에서는 반소매의 옷 이외에는 착용이 인정받지 못하기 때문에

단어 開けっ放し 열어 둔 채로 둠, 개방적임　有り様 모양, 형편　腫れ上がる 부어오르다　蚊 모기　色白 살갗이 흼　肌 피부　サービス業 서비스업　うたた寝 선잠　仕事柄 일의 성질상　日没 일몰　屋外 옥외　外部 외부　刺激 자극　敏感 민감함　反応 반응　半袖 반소매　着用 착용

80

女 高木さん、どうしたんですか、浮かぬ顔して。悩みがあるなら相談に乗りますよ。

男 実は父が末期ガンで入院しているんです。

女 それは知りませんでした。心配ですね。

男 私が幼いころ、母と死別した父は、男手一つで私たちを育ててくれたんです。これから親孝行をしようっていうときに……。

여 다카기 씨, 무슨 일입니까? 근심스러운 얼굴을 하고. 고민이 있으면 상담해 드리지요.

남 실은 아버지가 말기 암으로 입원했습니다.

여 그건 몰랐습니다. 걱정이군요.

남 내가 어렸을 적, 어머니와 사별한 아버지는, 혼자 힘으로 우리들을 키워 주셨습니다. 이제부터 효도하려고 하는 때에…….

Q 会話の内容と合っているのはどれですか。

(A) 高木さんの父親は他界した。

(B) 高木さんは両親に感謝している。

(C) 高木さんはガンにおかされている。

(D) 高木さんは今まで父親に親孝行できなかった。

Q 회화의 내용과 맞는 것은 어느 것입니까?

(A) 다카기 씨의 부친은 타계했다.

(B) 다카기 씨는 부모님께 감사하고 있다.

(C) 다카기 씨는 암에 걸렸다.

(D) 다카기 씨는 지금까지 아버지에게 효도하지 못했다.

단어 浮かぬ顔 근심스러운 얼굴, 침울한 얼굴　末期ガン 말기 암　死別 사별　男手一つで 홀아비 혼자서　育てる 키우다　親孝行 효도　父親 아버지　他界 타계　ガンにおかされる 암에 걸리다

PART 4 설명문

① 일상생활 공략 1단계 실전 감각 익히기 ▶131쪽

1

야마다 씨는 어떤 사람입니까?

(A) 말주변이 좋고 조숙하다.

(B) 세세한 부분까지 일 처리를 제대로 한다.

2

야마다 씨의 운전은 어떻습니까?

(A) 운전 경험이 풍부하고 매우 능숙하다.

(B) 운전 초심자로 조금 불안하다.

야마다 씨는 2년 간의 프리터 생활 후 작년에 입사했습니다. 입사 당시에는 면허가 없어서 동료 차에 합승해서 출근했지만, 이달 초에 면허를 따고 운전하기 시작했습니다. 일에 관해서는, 야마다 씨는 꼼꼼한 듯, 끝까지 확실하게 해내고, 임기응변에 대응하는 것이 능숙하기 때문에 믿음직스럽습니다. 또한 사람들을 잘 배려하고, 예의를 차리고, 원만한 인간관계를 구축하고 있습니다. 하지만 자신의 기분을 말로 잘 나타내지 않기 때문에 자주성이 결여되어 있는 것처럼도 보입니다. 이런 야마다 씨와 저는 야근이 있어서 일이 늦어질 것 같으면 항상 근처의 단골 우동 가게에서 배달을 시킵니다.

3

성적이 나쁜 사람이 학원에 다니는 이유는 무엇입니까?

(A) 정보를 얻기 위해   (B) 좋은 회사에 다니기 위해

4

재수하는 이유는 무엇입니까?

(A) 고학력을 얻기 위해

(B) 희망하는 학과에 들어가기 위해

일본에서는 일반적으로 연줄이나 연고보다도 최종 학력이 사람의 경력이나 수입에 강하게 영향을 미치므로, 유명 대학에의 경쟁률은 높습니다. 좋은 대학에 진학하기 위해, 부모들은 유아 때부터 영재 교육을 받게 하고, 학력 향상에 힘씁니다. 그 후, 아이들은 학교를 다니면서 방과 후나 휴일에 학원이나 입시 학원을 다니며 수험 공부를 합니다. 성적이 좋은 학생은 안정된 상위 성적을 유지하기 위해 다니지만, 그렇지 않은 학생은 대학 입시 정보를 얻기 위해 다닌다고 합니다. 꽤 좋은 대학에 합격해도, 희망 대학에 들어가기 위해 재수를 하는 사람도 있습니다. 대학 입학자 중 재수 입학자는 증가하고 있지만, 현역 입학자는 전체의 67%로 되어 있습니다.

5

소비 기한이 표시되는 식품은 무엇입니까?

(A) 정육   (B) 우유

6

상미 기한은 어떤 식품에 표시됩니까?

(A) 비교적 품질 저하가 덜 되는 식품

(B) 제조로부터 5일 이내에 품질이 나빠지는 식품

식품의 기한 표시에는 소비 기한과 상미 기한의 두 종류가 있습니다. 어느 것이든 미개봉 상태로, 소비 기한은 제조일을 포함하여 대략 5일 이내로, 품질이 급속하게 나빠지는 생과자나 고기 등의 식품에 붙여집니다. 상미 기한은 제조일을 포함해 5일을 넘으며 품질이 비교적 덜 나빠지는 우유나 유제품 등 식품에 붙여집니다. 기한을 넘겨도 정해진 방법으로 보존한 경우는 안전하게 먹을 수 있는 식품도 있습니다. 버섯은 곰팡이가 피어 있지 않으면 괜찮지만, 버섯갓 뒷면이 갈색으로 변색되거나 물렀다면 상해 있다는 증거이므로 먹지 않도록 합시다.

7

몇 명이 살고 있습니까?

(A) 네 명   (B) 일곱 명

8

이 사람의 고민은 무엇입니까?

(A) 상속자   (B) 뒷수습

저는 부모님과 동거하고 있는 장남이고, 세 명의 사위는 모두 장남입니다. 그런 이유로 저희 집에서는 후사에 대해 항상 화제가 됩니다. 딸의 가족과 동거를 희망하고 있습니다만, 혹시 동거하더라도 사위에게 신경을 쓰게 하는 건 아닐지 그것이 걱정입니다. 저와 아내는 자신들의 일은 스스로 뒷수습하는 것이 좋다고 생각합니다만, 사위 중 누군가가 뒤를 이어 준다고 약속해 준다면 안심입니다.

9

본문 안에서 서술되고 있는 고부 갈등의 원인은 무엇입니까?

(A) 시어머니가 제멋대로인 것

(B) 아내와 친모 사이에 끼어 난처하게 된 것

10

본문 안에서 서술되고 있는 고부가 양호한 관계를 세우기 위한 해결책은 무엇입니까?

(A) 적당한 거리를 유지한다.　　(B) 가치관을 강요한다.

고부 갈등은 예나 지금이나 변함없이 존재합니다. 네 명 중 한 명의 비율로 고부 갈등으로 고민하고 있습니다. 여성만의 문제가 아니라 남성도 남편으로서 아들로서 아내와 친모 사이에 끼어 난처하게 되어 버리는 경우가 있습니다. 고부 갈등의 원인은 쌍방이 제멋대로인 점이 꼽히고 있습니다. 고부 간의 양호한 관계를 쌓기 위해서는 며느리와 시어머니가 적당한 거리를 유지하고, 서로 지나치게 간섭하지 않도록 주의해야 합니다. 또, 쌍방이 제대로 마주하고 의사소통을 도모하는 것도 필요합니다.

11

식품 첨가물을 넣는 이유는 무엇입니까?

(A) 영양 균형을 위해

(B) 식품의 품질을 높이기 위해

12

식품 첨가물 방부제가 몸에 축적되면 어떻게 됩니까?

(A) 식욕 부진에 빠지기 쉽다.

(B) 알레르기가 생기기 쉬워진다.

식품의 산화, 부패로 인한 품질 저하 예방과 식품 외관, 맛, 향기 등 식품의 품질 향상, 식품의 제조·가공, 식품의 영양가 향상을 위해 식품에 식품 첨가물을 넣습니다. 특히 여름이나 장마철 등 식중독 원인균이 발생하기 쉬울 때에 조금이라도 오래갈 수 있도록 보존료, 산화방지제, 곰팡이방지제 등을 넣는 것이 효과적입니다. 식품첨가물의 사용 기준은 식품위생법에 의해 엄격하게 정해져 있습니다. 그러나 식품첨가물 방부제가 몸에 축적되면 피부에 발진이나 붉은 기, 가려움증, 아토피, 두드러기 등의 증상이 나타나거나 천식 발작이나 부종, 설사 등의 증상도 일어나기 쉬워집니다.

13

글리세린 비누를 어떤 모양으로 자릅니까?

(A) 정육면체　　　　　　　(B) 정사면체

14

틀에 오일을 바르는 이유는 무엇입니까?

(A) 섞기 쉽게 하기 위해　　(B) 분리하기 쉽게 하기 위해

집에서도 간단히 수제 비누를 만들 수 있습니다. 먼저, 글리세린 비누를 2평방센티미터 정도의 주사위 모양으로 자릅니다. 내열 용기에 넣고, 전자레인지에서 상태를 보면서 녹을 때까지 15초씩 가열합니다. 완전히 녹으면 허브, 로즈, 살구씨 등 원하는 옵션과 정유를 넣고 천천히 섞어 줍니다. 틀에 넣기 전에, 비누를 틀에서 빼기 쉽게 하기 위해 사전에 얇게 오일을 발라 둡니다. 굳으면, 틀에서 빼고 통풍이 잘 되는 곳에서 2~3일 말립니다.

15

어떤 매너에 대해서 이야기하고 있습니까?

(A) 자신이 한창 바쁠 경우의 전화 매너

(B) 고객으로부터의 전화를 끊을 때의 매너

16

전화하기 전에 무엇을 해야 합니까?

(A) 단골 거래처의 전화번호를 확인한다.

(B) 용건을 간단하고 요령 있게 정리한다.

전화하기 전에 상대방의 회사 이름이나 이름, 용건을 미리 정리하고 체크합니다. 그러나 상대가 외근이나 인사차 돌아다니는 일 등으로 부재중이거나, 바쁜 때라서 전화를 받지 못하는 등 바로 끊을 수밖에 없는 경우가 있습니다. 그럴 경우에는 잠깐 사이를 두고 조용히 수화기를 내려놓아도 좋습니다만, 통화가 완전히 끊어진 것을 수화기의 소리로 확인하고 나서 수화기를 내려놓습니다. 단골 거래처의 전화를 뚝 끊는 것은 불쾌한 느낌을 주기 때문에 조심하는 것이 좋습니다.

17

15세 학생의 주된 고민은 무엇입니까?

(A) 진학과 취업　　　　　　(B) 공부와 교우 관계

18

15세 학생의 상담 상대는 누구입니까?

(A) 클래스메이트, 부모님

(B) 학교 선배, 심리 카운셀러

현재의 고민이나 걱정거리의 내용을 물었더니, 중고생 연령층에서는 '성적', '친구', 18~21세 연령층에서는 '진학', '취업'이 꼽히고 있습니다. 고민이나 걱정거리의 상담 상대는 중고생 연령층에서는 '급우', '가족 전원', '학교 카운셀러'입니다. 18~21세 연령층에서는 '부모', '학창 시절의 선배', '컨설턴트 닥터'가 꼽혔습니다.

19

이 호텔은 어떤 호텔입니까?

(A) 숙박객만 주차장을 이용할 수 있다.

(B) 유아와 곁잠을 자는 경우는 아이는 무료가 된다.

20

이 호텔의 객실은 어떻게 되어 있습니까?

(A) 스위트룸에 방이 네 개 있다.

(B) 더블 룸은 각 방의 문을 개방할 수 있다.

저희 호텔은 싱글, 트윈, 더블, 스위트룸 등 다양한 객실과 빈틈없는 서비스가 자랑입니다. 스위트룸에는 2베드룸과 리빙 룸 외에 다이닝 룸도 있습니다. 더구나 커넥팅이 가능해서, 회의나 간담회 등에 이용할 수 있습니다. 일부 트윈 룸은 거실과 침실로 나뉘어져 있어, 최대 3인까지 이용할 수 있고, 더블 룸에는 4인까지 묵으실 수 있습니다. 호텔 요금은 특별히 사전 양해가 없는 한, 하나의 방에 대한 요금입니다. 취학 전 자녀분과 함께 주무시는 경우 자녀분의 숙박료는 무료입니다. 호텔 주차장은 시간당 500엔이지만, 숙박, 음식, 수영장 등 호텔을 이용하신 경우는 무료입니다.

① 일상생활 공략 2단계 실전 문제 풀기 ▶138쪽

정답	1 (C)	2 (B)	3 (C)	4 (C)	5 (A)	6 (D)	7 (C)	8 (D)	9 (D)	10 (A)

[1~3]

스크립트	해석
加藤さんは出張が多くて、4割が自宅、6割が出張です。主な出張先は支社のある札幌と秋田です。去年からは自宅にいるより出張先にいることが多くなり、単身赴任で札幌に住んでいます。子どもが大学に入ったら、奥さんを札幌に呼び出して一緒に犬でも飼いながら過ごそうと思っています。加藤さんは江戸っ子ですが、幼い時から郊外でのマイホーム暮しに憧れていました。博物館が近所にあり、家から駅まで徒歩10分くらいで電車が利用できる人口10万人以上の都市を好んでいます。加藤さんの子どもは一姫二太郎ですが、息子さんは奥さんに生き写しです。上の子は無作法、多血質で、ちっぽけなことに感動して有頂天になることがしばしばあります。末っ子は腕白で、塾へ行きたくないときは仮病をつかったりします。	가토 씨는 출장이 많아서 4할은 자택, 6할은 출장입니다. 주된 출장지는 지사가 있는 삿포로와 아키타입니다. 작년부터 자택에 있는 일보다 출장지에 있는 일이 많아져서, 단신 부임으로 삿포로에 살고 있습니다. 아이가 대학에 들어가면 아내를 삿포로로 불러서 함께 개라도 키우면서 지낼 생각입니다. 가토 씨는 도쿄 토박이입니다만, 어릴 때부터 교외에서의 마이 홈 생활을 동경하고 있었습니다. 박물관이 근처에 있고, 집에서 역까지 도보 10분 정도면 전철을 이용할 수 있는 인구 10만 이상의 도시를 바라고 있습니다. 가토 씨의 아이는 큰 애가 딸, 작은 애가 아들인데, 아들은 아내와 꼭 닮았습니다. 큰 애는 버릇없고 다혈질이며 아주 사소한 일에 감동하여 즐거워하는 하는 경우가 자주 있습니다. 막내는 개구쟁이고, 학원에 가고 싶지 않을 때에는 꾀병을 부리기도 합니다.

1 加藤さんの出身地はどこですか。

(A) 秋田   (B) 札幌

(C) 東京   (D) 京都

1 가토 씨의 출신지는 어디입니까?

(A) 아키타   (B) 삿포로

(C) 도쿄   (D) 교토

2 加藤さんの子どもについて正しいのはどれですか。

(A) 娘が一人、息子が二人である。
(B) 末っ子は家内と瓜二つである。
(C) 長男は繊細で、二枚目である。
(D) 娘は見掛けによらずそそっかしい。

3 夢の家の条件はどれですか。

(A) 人口10万人以上の田舎
(B) 故郷の雰囲気が漂う所
(C) 歩いて電車に乗れる所
(D) 駅の近所に博物館がある所

2 가토 씨의 아이에 관해서 옳은 것은 어느 것입니까?

(A) 딸이 한 명, 아들이 두 명이다.
(B) 막내는 아내와 꼭 닮았다.
(C) 장남은 섬세하고, 미남이다.
(D) 딸은 보기와는 달리 덜렁댄다.

3 꿈의 집의 조건은 어느 것입니까?

(A) 인구 10만 이상의 시골
(B) 고향의 분위기가 감도는 곳
(C) 걸어서 전철을 탈 수 있는 곳
(D) 역 근처에 박물관이 있는 곳

단어 支社 지사 単身赴任 단신부임 江戸っ子 도쿄 태생의 토박이 郊外 교외 憧れる 그리워하다, 동경하다 一姫二太郎 처음에는 딸 다음에는 아들 生き写し 꼭 닮음 無作法 무례, 버릇없음 多血質 다혈질 ちっぽけな 자그마한, 하찮은 有頂天 기뻐서 어찌할 바 모름 末っ子 막내 腕白 개구쟁이 仮病をつかう 꾀병을 부리다 瓜二つ 아주 꼭 닮음 繊細 섬세함 二枚目 미남 見掛けによらず 보기와는 달리 そそっかしい 덜렁대다 故郷 고향 漂う 감돌다, 떠다니다

[4~7]

스크립트	해석
JAS規格は農林物資について、品質の改善、生産の合理化、取引の公正化を図るため、農林水産大臣によって定められたものであります。JAS規格に適合していると判定された製品にはJASマークを付けることができます。昭和25年には農林物資の品質改善や取引の公正化を目的としてJAS規格制度が発足し、昭和45年には消費者が商品を購入する時に役立つように改定され、平成11年には消費者に販売される全ての食品に表示が義務づけられるように改定されました。なお、平成21年には食品の産地偽装に対する直罰規定が創設されました。 一般JASマークは製品ごとの品質についての基準を定めたもので、飲食料品や林産物84品目に付けられ、有機JASマークは農薬や化学肥料を全く使っていない農地で有機栽培されたものに付けられます。特定JASマークは標準的な製品に比べて特色ある生産と製造方法や原材料に着目した認証制度であり、生産情報公開JASマークは、だれが、どこで、どのように生産したかを提供する	JAS규격은 농림 물자에 대해서, 품질의 개선, 생산의 합리화, 거래의 공정화를 꾀하기 위해 농림수산대신에 의해 정해진 것입니다. JAS규격에 적합하다고 판정된 제품에는 JAS마크를 부착할 수 있습니다. 쇼와 25년에는 농림 물자의 품질 개선이나 거래의 공정화를 목적으로서 JAS규격 제도가 발족되었고, 쇼와 45년에는 소비자가 상품을 구입할 때에 도움이 되도록 개정되었으며, 헤이세이 11년에는 소비자에게 판매되는 모든 식품에 표시가 의무화되도록 개정되었습니다. 또 헤이세이 21년에는 식품의 산지 위장에 대한 직벌 규정이 창설되었습니다. 일반 JAS마크는 제품마다 품질에 관한 기준을 정한 것으로, 음식료품이나 임산물 84개 품목에 부착되고, 유기 JAS마크는 농약이나 화학 비료를 전혀 쓰지 않은 농지에서 유기 재배된 것에 부착됩니다. 특정 JAS마크는 표준적인 제품에 비해 특색 있는 생산과 제조 방법이나 원재료에 주목한 인증 제도이고, 생산 정보 공개 JAS마크는 누가, 어디에서, 어떻게 생산했는지를 제공하는 규격입니다. 법률에 따른 정확한 표시를 하는 것이 대전제로 되어 있지만, 원산지를 속이는 등의 부정한 표시가 연달아 발각되어서, 식품 표시·JAS규격을 담당하는 직원이 일상적으로

規格であります。法律に従った正確な表示が行われていることが大前提となっていますが、原産地を偽るなどの不正な表示が次々と発覚したので、食品表示・JAS規格を担当する職員が日常的に小売店舗などをチェックしています。不正な表示を行った事業者に対するペナルティーを大幅に強化し、正しく表示するよう指導し、その内容を公表するなどの厳正な対処を行っています。

소매 점포 등을 체크하고 있습니다. 부정한 표시를 한 사업자에 대한 페널티를 대폭 강화하고, 바르게 표시하도록 지도하며, 그 내용을 공표하는 등 엄정한 대처를 행하고 있습니다.

---

4 JAS規格について正しいのはどれですか。

(A) 日本の総理大臣が定めるものである。

(B) 取引の合理化を図るためJAS規格が発足した。

(C) 平成11年に全ての食品に表示が義務づけられた。

(D) 最近、取引の公正化の問題が台頭し改定された。

4 JAS규격에 관해서 옳은 것은 어느 것입니까?

(A) 일본 총리대신이 정하는 것이다.

(B) 거래의 합리화를 도모하기 위해 JAS규격이 발족되었다.

(C) 헤이세이 11년에 모든 식품에 표시가 의무화되었다.

(D) 최근, 거래의 공정화의 문제가 대두되어 개정되었다.

5 一般JASマークの表示が見られる食品はどれですか。

(A) 缶コーヒー

(B) 手付けや手形など

(C) 有機栽培された特産品

(D) 有機牛乳やバターなど

5 일반 JAS마크의 표시를 볼 수 있는 식품은 어느 것입니까?

(A) 캔 커피

(B) 착수금이나 어음 등

(C) 유기 재배된 특산품

(D) 유기 우유나 버터 등

6 特定JASマークはどんな物に付きますか。

(A) 小売店舗で売られる物

(B) 生産地が国内である物

(C) 特に顧客からの反応がいい物

(D) 特別な材料や方法で作られた物

6 특정 JAS마크는 어떤 물건에 부착됩니까?

(A) 소매 점포에서 파는 물건

(B) 생산지가 국내인 물건

(C) 특히 고객에게 반응이 좋은 물건

(D) 특별한 재료나 방법으로 만들어진 물건

7 JASマークを虚偽に表示するとどうなりますか。

(A) 事業者に対して釘を刺す。

(B) 前例に鑑みて食品の販売を禁止する。

(C) 正確に表示するよう指導される。

(D) 職員を抜擢して店舗に派遣する。

7 JAS마크를 허위로 표시하면 어떻게 됩니까?

(A) 사업자에 대해 다짐을 받는다.

(B) 전례를 거울삼아 식품 판매를 금지한다.

(C) 정확하게 표시하도록 지도받는다.

(D) 직원을 발탁하여 점포에 파견한다.

[8~10]

스크립트	해석
「塩」には２種類あります。食用として精製してミネラルが取り除かれた食塩と、海水から作る８０種類以上のミネラルが含まれている海塩です。塩には細胞の新陳代謝、血液の酸性化の防止、浸透圧による消化吸収、体液および水分保持の効果、殺菌効果などがあります。さらに、塩は古くから塩漬けによる食品保存にも用いられてきました。材料を腐らせないように塩分は１０～２０％にし、野菜に使用するときは水でさらして塩抜きをしてから本漬けにします。塩漬けは、腐敗を防ぎ食品を貯蔵する以外にも、野菜の場合は繊維を柔らかくしたり、微生物による発酵をコントロールする目的で行われることもあります。これは材料の素朴な風味を生かそうとするもので、２～５％の薄さの塩で漬けることが多いです。	'소금'에는 두 종류가 있습니다. 식용으로 정제해 미네랄이 제거된 식염과, 해수에서 만드는 80 종류 이상의 미네랄이 함유된 해염입니다. 소금에는 세포의 신진대사, 혈액의 산성화 방지, 삼투압에 의한 소화 흡수, 체액 및 수분 유지 효과, 살균 효과 등이 있습니다. 또한, 소금은 오래전부터 염장에 따른 식품 보존에도 사용되어 왔습니다. 재료를 썩히지 않도록 염분은 10~20%로 하고, 채소에 사용할 때는 물에 헹궈 소금을 뺀 후 절임으로 합니다. 염장은, 부패를 막고 식품을 저장하는 것 외에도, 채소의 경우 섬유를 부드럽게 하거나 미생물에 의한 발효를 통제하기 위한 목적으로 행해지는 경우도 있습니다. 이것은 재료의 소박한 풍미를 살리려는 것으로, 2~5% 정도의 옅은 소금으로 절이는 경우가 많습니다.

8　海塩と食塩の違いは何ですか。

(A) 精製技術

(B) 精製する時期

(C) 海水の含有量

(D) ミネラルの含有量

8　해염과 식염의 차이점은 무엇입니까?

(A) 정제 기술

(B) 정제하는 시기

(C) 해수 함유량

(D) 미네랄 함유량

9　塩の効用ではないのはどれですか。

(A) 殺菌効果

(B) 消化吸収

(C) 酸性化の防止

(D) 細胞の成長促進

9　소금의 효용이 아닌 것은 어느 것입니까?

(A) 살균 효과

(B) 소화 흡수

(C) 산성화 방지

(D) 세포의 성장 촉진

10 塩漬けについて正しいのはどれですか。

(A) 腐敗を防ぐための貯蔵法の一種である。

(B) 塩味をきかせる場合は12％の塩で漬ける。

(C) 貯蔵効果を高めるために、本漬けの前に塩抜きをしない。

(D) 材料の素朴な風味を生かすために10％の薄さの塩で漬ける。

10 염장에 관해서 옳은 것은 어느 것입니까?

(A) 부패를 막기 위한 저장법의 일종이다.

(B) 짠맛을 살리는 경우는 12%의 소금으로 절인다.

(C) 저장 효과를 높이기 위해, 절임 전에 소금을 빼지 않는다.

(D) 재료의 소박한 풍미를 살리기 위해 10%의 옅은 소금으로 절인다.

단어 食用 식용　精製 정제　ミネラル 미네랄　取り除く 치우다, 없애다, 제거하다　食塩 식염　海塩 해염　細胞 세포　新陳代謝 신진대사　血液 혈액　酸性化 산성화　防止 방지　浸透圧 삼투압　消化吸収 소화 흡수　保持 유지　殺菌 살균　さらに 더욱더, 다시금　塩漬け 소금에 절임, 또는 그 음식　腐る 상하다, 썩다　塩分 염분　さらす (햇볕에) 쬐다, (비바람을) 맞히다, (야채 등을) 물에 불리다, (물로) 씻다　~抜き (명사 뒤에 붙어서) ~을 없애거나 뺌　本漬け 절임　腐敗 부패　防ぐ 막다　貯蔵 저장　繊維 섬유　微生物 미생물　発酵 발효　コントロール 컨트롤　素朴 소박함　風味 풍미　生かす 살리다　含有量 함유량　促進 촉진

---

② 시사, 비즈니스　공략 1단계 실전 감각 익히기　▶ 144쪽

1

지난 달에 무슨 일이 있었습니까?

(A) 중의원 보궐 선거　　　(B) 중의원 총선거

2

유권자의 기권이 많아진 주된 이유는 무엇입니까?

(A) 정치에 관심이 없기 때문에

(B) 투표하고 싶은 후보자가 없기 때문에

지난달, 정치와 종교의 연계에 이목이 집중되는 가운데, 중의원 보궐 선거가 있었지만, 투표율은 49%에 불과했습니다. 이는 과반수의 유권자가 기권했다는 것입니다. 투표하고 싶은 후보자가 없기 때문에 기권했다고 하는 유권자가 많았습니다. 투표해도 하지 않아도 그렇게 세상은 바뀌지 않고, 기대할 수 있는 개인이나 정당도 존재하지 않고, 정치에 관심이 있는 사람을 납득시킬 만한 정책도 내놓지 못하고 있고, 지금 시대에 맞는 주장을 정치가가 하지 못하고 있는 정치 풍토가 투표율 침체에 박차를 가했습니다.

3

도쿄도 실버 패스는 어떤 패스입니까?

(A) 심야 버스는 차액을 지불하면 이용할 수 있다.

(B) 도내 승강일지라도 일부는 승차할 수 없다.

4

도쿄도 실버 패스 제도란 어떤 제도입니까?

(A) 1년간 유효한 패스 교부 비용은 일률적으로 20,510엔이다.

(B) 만 70세 이상의 도쿄 거주자는 원칙적으로 교부받을 수 있다.

도쿄 도내 거주로 만 70세 이상이면 '도쿄도 실버 패스'를 발급받을 수 있습니다. 자리를 보전하고 거동을 못해서 공공 교통기관을 이용할 수 없는 경우는 구입할 수 없습니다. 또한 장애인 수첩 등에 의한 도영 교통 무료 승차권과의 병용도 할 수 없습니다. 1년간 유효인 패스 비용은 주민세 비과세인 분은 1,000엔, 과세인 분은 20,510엔입니다. '도쿄도 실버 패스'를 가지고 계신 분은, 도영 버스, 도영 전철, 도영 지하철, 도내의 민영 버스를 이용할 수 있습니다만, 도내 승강일지라도, 고속 버스, 하네다 공항 연락 버스, 심야 급행 버스는 원칙적으로 승차할 수 없습니다. 덧붙여, 각 회사에서 운행하고 있는 심야 버스에 대해서는, 전혀 이용할 수 없는 경우와 심야분만큼의 할증 운임을 지불하는 것으로 이용할 수 있는 경우가 있습니다.

5

무엇을 알리고 있습니까?

(A) 금연 캠페인 거리 연설　　　(B) 금연 지구 확대 세미나 개최

6

흡연자의 수는 어떻게 되었습니까?

(A) 제자리걸음을 하고 있다.　　(B) 갈수록 좋아졌다.

게이오선 가미키타자와 역 주변을 '노상 금연 지구'로 지정했습니다. 지정된 지구 내의 도로상은 전면적으로 흡연이 금지되었습니다. 그러나 금연 구역으로 결정된 후에도, 노상 금연 지구에서의 흡연자 수는 전년도에 비해 거의 변동이 없었습니다. 다가오는 셋째 주 일요일 오전 10시부터 금연 지구 확대를 위해 '금연 추진 캠페인' 주최의 세미나를 개최합니다. 아울러 금연 운동의 일환으로 '클린 캠페인'을 진행하고, 길에 버려진 담배꽁초를 줍기 위해 자원봉사자들이 모일 예정입니다.

7

인간에게 도움을 받은 동물이 도움을 준 인간에게 감사로써 보답하는 것을 뭐라고 합니까?

(A) 보복　　　　　　　　(B) 보답

8

옛날 이야기는 어떤 특징이 있습니까?

(A) 일본에서는 여우, 갓파가 자주 나온다.

(B) 책임을 회피하기 위해 정성스럽게 묘사하고 있다.

옛날 이야기는 주인공의 행복, 악인의 징벌이라는 전형적인 권선징악에 근거한 이야기가 많습니다. 묘사도 최소한도에 그치고, 이야기의 신빙성에 관한 책임을 회피한 형태로 이야기됩니다. 옛날 이야기에는 사람의 일생의 이야기를 그린 본격 옛날 이야기, 동물과의 갈등, 경쟁, 보은이 줄거리인 동물 옛날 이야기 등이 있습니다. 동물 옛날 이야기는 주로 인간에게 은혜를 갚는 동물의 이야기로, 구체적으로 말하면 인간에게 고난을 구원받은 동물이 그 은혜를 보답한다는 줄거리가 많습니다. 일본에서는 여우, 학, 늑대, 갓파 같은 동물이 등장하는데 한국과 인도에서는 호랑이, 유럽에서는 사자가 자주 나옵니다.

9

공화국에서는 어떻게 대통령이 선출됩니까?

(A) 국민에 의해 선출된다.　　(B) 의회에 의해 선출된다.

10

수상은 어떻게 선출됩니까?

(A) 일본의 수상은 전 국민 투표에 의해 선출된다.

(B) 영국의 수상은 추천 등으로 임명된다.

공화국에서 국민으로부터 직접 선거에 의해 선출되는 것이 '대통령'이고, 의원내각제 국가에서 의회로부터 선출되는 행정부의 장

이 '수상'입니다. 수상이 선출되는 방법은 나라마다 다릅니다. 영국 연방 제국 등의 나라에서는 전임 수상의 조언 또는 정당 등으로부터의 추천과 관례에 근거해 임명하며 의회의 승인은 받지 않아도 됩니다. 일본, 독일 등의 나라에서는 의회 지명에만 근거해 임명됩니다. 일본 수상에게 법적인 임기 제한은 없습니다. 그러나 국회의원 중에서 선출되므로 의원을 선출하는 선거에서 낙선한 경우는 그 지위를 잃게 됩니다.

11

어떤 분위기입니까?

(A) 은은하고 엄숙하다.　　　(B) 상쾌하고 한가롭다.

12

계절은 언제입니까?

(A) 봄　　　　　　　　　(B) 가을

늦가을 비가 내린 후 창문 너머로 연못이 있고, 태양은 수목 틈으로 반짝반짝하게 수면을 비추고 있습니다. 멀리 푸른 담장같은 산허리에는 구름이 길게 늘어져 있습니다. 산들바람에 코스모스가 하늘하늘 흔들리고 있습니다. 우뚝 솟은 교회의 탑, 벽돌색 굴뚝, 경사가 심한 붉은 맞배 지붕의 집이 끝없는 대지와 함께 하나가 되어 있습니다.

13

학대의 원인으로 제시된 것은 무엇입니까?

(A) 보육 교사의 스트레스　　(B) 보육 교사의 도덕성 결여

14

원아가 보내는 사인으로 제시된 것은 무엇입니까?

(A) 입막음　　　　　　　(B) (보육원에) 가기 싫어하는 것

보육 교사의 원아에 대한 학대 행위가 잇따라 발생하고 있습니다. 원아에게 폭언을 하기, 창고에 가두기, 다리를 잡고 공중에 매달기, 내던지기 등 학대 행위를 반복하는 문제가 발생하고 있습니다. 원아는 학대받고 있는 것을 가족에게 말하지 못하는 경우가 있으므로 자녀가 등원을 싫어하지 않는지, 보이지 않는 곳에 상처가 없는지 어떤지 보호자는 자녀의 모습을 주의 깊게 관찰해야 합니다. 보육 교사에 의한 학대의 요인으로 '윤리관의 결여'를 들 수 있습니다. 학대 방지를 위해 스트레스 경감이나 주변 직원의 학대를 보고할 수 있는 환경을 조성하는 것이 중요합니다.

15

경영 부진에 빠진 기업은 우선 무엇을 해야 합니까?

(A) 거액의 손실을 줄인다.　　(B) 헐값으로 자산을 매각한다.

16

적자의 원인으로 무엇을 들고 있습니까?

(A) 금전 회수의 어려움   (B) 설비 투자로 인한 부채

경제 상황이 매우 어려운 가운데, 경영 부진으로 매각이 초읽기 단계에 들어간 회사가 많아졌습니다. 경영 부진에 빠진 기업은 회복을 목표로 인원 삭감, 파견 계약 해지 등으로 거액의 손실을 줄이는 노력을 해야 하지만, 설비 투자와 규모 확대로 인한 부채, 나쁜 자금 사정, 금융 위기, 인건비 인상 등으로 적자가 나면 도산하기 전에 헐값으로 자산을 매각하는 경우가 많습니다. 헐값으로 매각한 경우, 일본에서는 사업을 승계하는 기업에 종업원의 고용을 법률로 의무화하고 있지 않습니다만, 종업원의 고용 유지를 도모할 필요가 있습니다.

17

독직 사건의 배경으로 어떤 것이 지적되고 있습니까?

(A) 직원 자질의 문제   (B) 공금의 부정 취급 문제

18

독직 사건이 발각된 후, 대체로 어떻게 합니까?

(A) 사죄하고 물러난다.   (B) 적당히 얼버무린다.

최근 대규모의 독직 사건 적발이 늘고 있습니다만, 지방자치체에서 발각된 독직 사건 건수는 143건, 이들 사건이 발생한 단체는 130 단체였습니다. 독직 사건을 종류별로 보면 횡령 사건이 가장 많았고, 뇌물 수수 사건, 공문서 위조가 뒤를 이었습니다. 횡령이 전체의 67%이며, 그중에서 교육 현장에서의 공금 부정 취급이 상위를 차지했습니다. 독직 사건의 배경으로, 조직과 제도상의 문제, 직원 자질의 문제 등이 꼽혔습니다. 발각된 후 사죄하기보다 얼버무리는 경우가 많았고, 독직으로 물의를 일으켜 좌천된 경우는 얼마 안 되었습니다.

19

황사가 점점 심각해지는 원인은 무엇입니까?

(A) 중국의 사막화 진행   (B) 오염된 유해 물질의 부착

20

황사 피해로 꼽히고 있는 것은 무엇입니까?

(A) 큰 입자로 천식 발작을 일으킨다.

(B) 매년 수천억 엔 이상의 경제 손실을 가져온다.

모래 먼지가 편서풍을 타고 날아오는 황사는 중국의 타클라마칸 사막, 황투고원 이외에도 몽골 남부 사막과 건조 지대의 여러 곳이 황사 발생지로 알려져 있습니다. 황사의 원인으로는 양과 염소의 방목, 삼림 벌채, 무분별한 개간에 의한 중국의 사막화 진행

을 들 수 있습니다. 황사는 꽃가루의 1/6 크기의 입자로 노란빛이나 붉은 빛을 띤 안개를 발생시켜 평소보다 시야가 나빠질 뿐만 아니라, 유해 물질을 포함하므로 심각한 영향을 줍니다. 인간의 기관지에 흡입되면 건강에 악영향을 주거나, 가축이나 농산물에도 피해가 발생하여 경제적 손실은 매년 수천억 엔이 넘는 것으로 추정되고 있습니다.

② 시사, 비즈니스 공략 2단계 실전 문제 풀기 ▶152쪽

정답 1 (C)   2 (C)   3 (A)   4 (C)   5 (C)   6 (B)   7 (D)   8 (A)   9 (B)   10 (A)

[1~3]

스크립트	해석
運河は一般的に陸地を掘削して作ったものでありますが、埋め立てのときに埋め残して作った水路、河川を改修して作った水路、海岸を浚渫した航路も含まれます。運河を機能的に分類すると水運用運河と灌漑用運河があり、構造的に水平運河と有門運河に分かれます。 水運用運河にはスエズ運河、パナマ運河、イギリスのマンチェスター運河、アメリカのイリノイ運河などがあり、海洋と海洋とを結んだり、河川を連絡したりする目的で建築されました。灌漑用運河には世界遺産であるミディ運河があります。水平運河は水路の高低差のほとんどない運河で、その代表的な例としてスエズ運河が挙げられます。有門運河は水位の違う所を結ぶ運河であり、運河の途中に中間的な落差をつくり、この落差を船が上下できるように作られています。この種の運河としてはパナマ運河、ドイツのキール運河が有名であります。 運河は灌漑排水、電力開発、水運などの長所もありますが、建設による被害もあります。例えば、旧ソ連のカラクーム運河は水が大地に吸収され、塩害などで住民に健康被害をもたらしました。さらに、生態系の破壊によってその絶妙なバランスが機能しなくなりました。	운하는 일반적으로 육지를 굴삭해서 만든 것이지만, 매립할 때 다 메우지 않고 남겨서 만든 수로, 하천을 개수해서 만든 수로, 해안을 준설한 항로도 포함됩니다. 운하를 기능적으로 분류하면 수운용 운하와 관개용 운하가 있고, 구조적으로 수평 운하와 유문 운하로 나뉩니다. 수운용 운하에는 수에즈 운하, 파나마 운하, 영국의 맨체스터 운하, 미국의 일리노이 운하 등이 있는데, 해양과 해양을 연결하거나 하천을 연결할 목적으로 건축되었습니다. 관개용 운하에는 세계 유산인 미디 운하가 있습니다. 수평 운하는 수로의 고저차가 거의 없는 운하로, 그 대표적인 예로 수에즈 운하를 들 수 있습니다. 유문 운하는 수위가 다른 곳을 연결하는 운하로, 운하 도중에 중간적인 낙차를 만들어, 그 낙차를 배가 오르내릴 수 있도록 만들어져 있습니다. 이런 종류의 운하로서는 파나마 운하, 독일의 킬 운하가 유명합니다. 운하는 관개배수, 전력개발, 수운 등의 장점도 있지만, 건설에 따른 피해도 있습니다. 예를 들어 구소련의 카라쿰 운하는 물이 대지로 흡수되어 염해 등으로 주민의 건강 피해를 야기했습니다. 더욱이 생태계의 파괴로 인해 그 절묘한 균형이 기능을 잃게 되었습니다.

1 有門運河と水平運河との違いはどれですか。

(A) 水路の幅

(B) 水路の設計意図

(C) 水路の高低差の有無

(D) 水路の長さの計測方法

1 유문 운하와 수평 운하와의 차이는 어느 것입니까?

(A) 수로의 폭

(B) 수로의 설계 의도

(C) 수로의 고저차의 유무

(D) 수로의 길이 측정 방법

2 水路の高低差を利用して作った運河はどれですか。

(A) ミディ運河   (B) スエズ運河

(C) パナマ運河   (D) イリノイ運河

2 수로의 고저차를 이용해서 만든 운하는 어느 것입니까?

(A) 미디 운하   (B) 수에즈 운하

(C) 파나마 운하   (D) 일리노이 운하

3 運河開発はどのような被害をもたらしますか。

   (A) 水が大地に吸収され、塩害が起きる。

   (B) 頻繁に洪水が発生し、生態系が破壊される。

   (C) 埋め立て地が多くなり、水質汚染が起こる。

   (D) 世界遺産であるミディ運河が崩れる恐れがある。

3 운하개발은 어떤 피해를 초래합니까?

   (A) 물이 대지로 흡수되어 염해가 일어난다.

   (B) 빈번하게 홍수가 발생하여 생태계가 파괴된다.

   (C) 매립지가 많아져서 수질 오염이 발생한다.

   (D) 세계 유산인 미디 운하가 붕괴될 우려가 있다.

단어 運河 운하　陸地 육지　掘削 굴삭　埋め立て 매립, 메움　水路 수로　河川 하천　改修 개수　浚渫 준설　機能 기능　水運用 수운용　灌漑用 관개용　構造 구조　水平 수평　有門 유문　海洋 해양　建築 건축　世界遺産 세계 유산　高低 고저　水位 수위　落差 낙차　上下 상하, 오르내림, 상행과 하행　排水 배수　旧ソ連 구소련　吸収 흡수　塩害 염해　生態系 생태계　幅 폭　もたらす 초래하다, 야기하다　洪水 홍수　水質汚染 수질 오염

[4~6]

스크립트	해석
天下りとは、もともと「神が天界から地上に降りてくる」という意味ですが、官僚が退職後に関係の深い企業や特殊法人などに再就職することを指します。天下りは国家公務員の禁止行為の一つですが、承認を得て再就職している者が多いようです。天下りが起こる背景の一つとして挙げられるのが官僚の早期勧奨退職慣行だと指摘されています。各府省の職員がOB官僚に民間企業や公社、公団などに就職を斡旋することに対する批判は日本のみならず、海外でも見られる現象です。天下りは単に退職者が再就職する点においては問題はありませんが、官民の癒着、利権の温床化、職員のモチベーションの低下などが生じるので問題です。天下りを減らすためには天下りを問いただすよりも定年延長などが言われていますが、根本的には行政監視を厳しくすることです。	강림(전하여, 낙하산 인사)이란 원래 '신이 천계에서 지상으로 내려온다'는 뜻입니다만, 관료들이 퇴직한 후에 관련이 깊은 기업이나 특수 법인 등에 재취업하는 것을 가리킵니다. 낙하산 인사는 국가 공무원의 금지 행위 중 하나이지만 승인을 얻어 재취업하고 있는 사람이 많은 것 같습니다. 낙하산 인사가 일어나는 배경 중 하나로 들 수 있는 것이 관료들의 조기 권장 퇴직 관행이라고 지적되고 있습니다. 각 부처의 직원이 OB관료에게 민간 기업이나 공사, 공단 등에 취직을 알선하는 것에 대한 비판은 일본뿐만 아니라 해외에서도 볼 수 있는 현상입니다. 낙하산 인사는 단순히 퇴직자가 재취업하는 점에서는 문제가 없습니다만. 민관 유착, 이권의 온상화, 직원의 의욕 저하 등이 발생하기 때문에 문제입니다. 낙하산 인사를 줄이기 위해서는 낙하산 인사를 추궁하기보다도 정년 연장 등이 거론되고 있습니다만, 근본적으로는 행정 감시를 엄격하게 하는 것입니다.

4 天下りが起こる原因として挙げられたのはどれですか。

   (A) 官僚の不祥事

   (B) 取締役の就職斡旋

   (C) 早期勧奨退職の慣行

   (D) 現職職員の求職活動

4 낙하산 인사가 일어나는 원인으로 제시된 것은 어느 것입니까?

   (A) 관료의 불상사

   (B) 임원의 취직 알선

   (C) 조기 권장 퇴직 관행

   (D) 현직 직원의 구직 활동

5 筆者は天下りを減らすためにどうするのがいいと考えていますか。

(A) 天下りを問いただす。

(B) 就職斡旋を禁止する。

(C) 行政への監視をする。

(D) 慣行を据え置きにする。

6 天下りの問題点は何ですか。

(A) 定年延長による退職金

(B) 官庁と民間企業との癒着

(C) 世論が一枚噛んでいること

(D) 生え抜き職員のモラルの低下

5 필자는 낙하산 인사를 줄이기 위해 어떻게 하는 것이 좋다고 생각하고 있습니까?

(A) 낙하산 인사를 추궁한다.

(B) 취직 알선을 금지한다.

(C) 행정에 대한 감시를 한다.

(D) 관행을 그대로 둔다.

6 낙하산 인사의 문제점은 무엇입니까?

(A) 정년 연장에 따른 퇴직금

(B) 관청과 민간 기업과의 유착

(C) 여론이 참여하는 것

(D) 회사 창립 직원의 도덕성 저하

단어 天下り 낙하산 인사　もともと 본디부터, 원래　天界 천계　地上 지상　官僚 관료　退職 퇴직　特殊法人 특수 법인　指す 가리키다　国家公務員 국가 공무원　承認 승인　早期勧奨退職 조기 권장 퇴직(추천을 받아 정년 전에 퇴직하는 일)　慣行 관행　指摘 지적　公社 공사, 공공 기업체　公団 공단　斡旋 알선　批判 비판　官民 관민　癒着 유착　利権 이권　温床 온상, 좋지 않은 일이 일어나기 쉬운 환경　モチベーション 모티베이션, 동기 부여, 의욕　低下 저하　問いただす 추궁하다　定年 정년　根本的 근본적　行政監視 행정 감시　不祥事 불상사　取締役 임원, 중역　求職 구직　据え置き 문제 등을 그대로 둠, 보류　世論 세론, 여론(＝よろん, せいろん)　一枚噛む 한 몫 끼다　生え抜き 토박이, 창업 이래 줄곧 근무함　モラル 도덕

[7~10]

스크립트	해석
内閣府が発表した今年の7-9月期の実質GDPは前期比0.5%減、年率1.0%減で、予想外のマイナス成長となりました。市場予想の2.3%増を大きく下回りました。外需のマイナス寄与が大きかったことがGDP全体を大きく押し下げました。外需のマイナス寄与の背景にあるのは、輸入の大幅な増加です。一方、民間需要はプラスとなり、事前予想通りの底堅さを示しましたが、日本経済が完全に立ち直るまでにはまだ時間がかかりそうです。	내각부가 발표한 올해 7-9월기의 실질 GDP는 전기 대비 0.5% 감소, 연율 1.0% 감소로, 예상 밖의 마이너스 성장을 기록했습니다. 시장 예상인 2.3% 증가를 크게 밑돌았습니다. 외수의 마이너스 기여가 컸던 것이 GDP 전체를 크게 끌어내렸습니다. 외수의 마이너스 기여의 배경에 있는 것은, 수입의 대폭적인 증가입니다. 한편, 민간 수요는 플러스가 되어, 사전 예상대로 시세가 내려가지는 않았지만, 일본 경제가 완전히 회복되기까지는 아직 시간이 걸릴 것 같습니다.

7 経済回復に対してどのように見込んでいますか。

(A) 安定の兆しが見られる。

(B) 徐々に力強さを取り戻す。

(C) 金利低下のせいで低迷が続く。

(D) 回復までには厳しい道程である。

7 경제 회복에 대해 어떻게 전망하고 있습니까?

(A) 안정될 조짐이 보인다.

(B) 서서히 회복세를 되찾는다.

(C) 금리 저하 탓에 침체가 계속된다.

(D) 회복까지는 험난한 여정이다.

8 今年の7−9月期の実質GDPについて正しいのはどれですか。

(A) 年率1.0％減少した。

(B) 年率2.3％増加した。

(C) 前年比2.3％減少した。

(D) 前年比0.5％増加した。

8 올해 7−9월기 실질 GDP에 대해서 옳은 것은 어느 것입니까?

(A) 연율 1.0% 감소했다.

(B) 연율 2.3% 증가했다.

(C) 전년 대비 2.3% 감소했다.

(D) 전년 대비 0.5% 증가했다.

9 外需のマイナス寄与の背景として挙げられたのはどれですか。

(A) 輸出の増加

(B) 輸入の増加

(C) 繰越金の累積

(D) 民間需要の増加

9 외수의 마이너스 기여에 대한 배경으로 제시된 것은 어느 것입니까?

(A) 수출의 증가

(B) 수입의 증가

(C) 이월금의 누적

(D) 민간 수요의 증가

10 民間需要について合っているのはどれですか。

(A) 底堅さを示した。

(B) 予想外に増加した。

(C) 予想外のマイナスだった。

(D) 予想より大幅な伸びであった。

10 민간 수요에 대해서 맞는 것은 어느 것입니까?

(A) 내려가지는 않았다.

(B) 예상외로 증가했다.

(C) 예상외의 마이너스였다.

(D) 예상보다 큰 폭의 향상이었다.

단어 内閣府 내각부　実質 실질　前期 전기　市場 시장　予想 예상　下回る 하회하다, 밑돌다　外需 외수, 외국으로부터의 수요　寄与 기여　押し下げる 눌러서 밑으로 내리다　輸入 수입　大幅 큰 폭　民間 민간　事前 사전　底堅さ 시세가 내릴 듯하면서 더 이상 내려가지 않음　立ち直る 다시 일어서다　見込む 기대하다, 내다보다　兆し 조짐, 징조　金利 금리　低迷 저미, 침체, 나쁜 상황에서 헤어나지 못함　繰越金 이월금　累積 누적

PART 4 설명문 실전모의테스트 ▶ 154쪽

81 (A)   82 (C)   83 (B)   84 (D)   85 (A)   86 (A)   87 (B)   88 (B)   89 (A)   90 (C)
91 (D)   92 (B)   93 (A)   94 (B)   95 (D)   96 (B)   97 (D)   98 (B)   99 (C)   100 (A)

[81~83]

스크립트	해석
少子高齢化により献血可能人口が減少中です。輸血や血液製剤の製造などに必要な献血血液を安定的に確保するため、献血の普及啓発活動を推進しています。若年層などが献血に触れ合う機会の一環として、中学生を対象とした献血を促すポスターを作成しています。中学生は献血可能年齢ではありませんが、献血可能年齢になる前から将来の献血者として普及啓発することが重要です。ポスター作成にあたって、ポスターに使用するキャッチフレーズを募集します。作品は未発表のものとします。応募期間は10月6日から10月16日までで、どなたでも応募できます。こちらの「応募フォーム」から応募してください。応募点数は制限なしですが、一つの応募に作品一点とします。採用者には、書面にて通知します。	저출산 고령화에 따라 헌혈 가능 인구가 감소 중입니다. 수혈이나 혈액 제제 제조 등에 필요한 헌혈 혈액을 안정적으로 확보하기 위해, 헌혈 보급 계발 활동을 추진하고 있습니다. 젊은 층 등이 헌혈을 접할 수 있는 기회의 일환으로, 중학생을 대상으로 한 헌혈을 독려하는 포스터를 작성하고 있습니다. 중학생은 헌혈 가능 연령은 아니지만, 헌혈 가능 연령이 되기 전부터 장래의 헌혈자로 보급 계발하는 것이 중요합니다. 포스터 작성 시, 포스터에 사용할 캐치프레이즈를 모집합니다. 작품은 미발표한 것으로 합니다. 응모 기간은 10월 6일부터 10월 16일까지이며, 누구나 응모할 수 있습니다. 이쪽의 '응모 양식'에서 응모해 주세요. 응모 수는 제한이 없지만, 하나의 응모에 작품 한 점으로 합니다. 채용자에게는 서면으로 통지합니다.

81 献血可能人口が減少する理由として挙げられたのはどれですか。

(A) 少子化
(B) 核家族化
(C) 若年層の意識
(D) ウイルス感染拡大

81 헌혈 가능 인구가 감소하는 이유로 제시된 것은 어느 것입니까?

(A) 저출산
(B) 핵가족화
(C) 젊은 층의 의식
(D) 바이러스 감염 확대

82 中学生を対象とした理由として挙げられたのはどれですか。

(A) 献血可能年齢だから
(B) 献血に興味があるから
(C) 将来の献血を担う世代だから
(D) 健康で若いので献血に向いているから

82 중학생을 대상으로 한 이유로서 제시된 것은 어느 것입니까?

(A) 헌혈 가능 연령이기 때문에
(B) 헌혈에 관심이 있기 때문에
(C) 장래 헌혈을 짊어질 세대이기 때문에
(D) 건강하고 젊어서 헌혈에 적당하기 때문에

83 本文の内容と合っているのはどれですか。

(A) ポスターを応募している。
(B) 応募点数は制限がない。
(C) 応募資格は中学生である。
(D) 採用者には電子メールで知らせる。

83 본문의 내용과 맞는 것은 어느 것입니까?

(A) 포스터를 응모하고 있다.
(B) 응모 수는 제한이 없다.
(C) 응모 자격은 중학생이다.
(D) 채용자에게는 메일로 알린다.

단어							
少子高齢化 저출산 고령화	献血 헌혈	輸血 수혈	血液製剤 혈액 제제	確保 확보	普及啓発 보급 계발	推進 추진	
若年層 젊은 층, 연령이 어린 사람들의 집단	触れ合う 맞닿다, 접하다, (마음이) 통하다	機会 기회	一環 일환				
促す 재촉하다, 촉구하다	ポスター 포스터	年齢 연령	キャッチフレーズ 캐치프레이즈	制限 제한	採用者 채용자		
核家族化 핵가족화	意識 의식	拡大 확대	担う 짊어지다	世代 세대			

[84~86]

스크립트	해석
介護施設への入居を決めるきっかけは様々ですが、「介護の負担が大きい」「退院後の自宅での生活が困難」「認知症の進行」「病院からの転院の勧め」「一人暮らしで不便」などがあります。「家族としての罪悪感」「親戚の反対」「経済的な負担」「施設への不安」という理由で介護施設への入居を迷っている家族もいますが、家族の介護負担の軽減がなによりも重要なので介護施設への入居を選択する家庭もあります。介護施設を選ぶ際に確認が必要なことは「要介護度」「認知症の有無や程度」「医療依存度」などの入所条件です。また「立地」も選ぶ際のポイントです。面会が必要なことがありますので入居者の自宅近くというより家族が通いやすい立地が重要です。	요양 시설 입주를 결정하는 계기는 다양하지만, '간병 부담이 크다', '퇴원 후 자택에서의 생활 곤란', '치매 진행', '현재 병원에서 다른 병원으로 입원 권유', '혼자 살기 불편하다' 등이 있습니다. '가족으로서의 죄책감', '친척의 반대', '경제적인 부담', '시설에 대한 불안'이라는 이유로 요양 시설의 입주를 망설이고 있는 가족도 있지만, 가족의 간병 부담 경감이 무엇보다 중요하기 때문에 요양 시설 입주를 선택하는 가정도 있습니다. 요양 시설을 선택할 때 확인이 필요한 것은 '간병의 중증도', '치매 유무와 정도', '의료 의존도' 등의 입주 조건입니다. 또 '입지'도 선택할 때의 포인트입니다. 면회가 필요한 경우가 있기 때문에, 입주자의 집 근처라기보다 가족이 다니기 좋은 입지가 중요합니다.

84 介護施設に入居する理由として挙げられているのはどれですか。

(A) 一人暮らしが便利だから
(B) 病気になっても安心できるから
(C) 貧困で生活するのが困難だから
(D) 入院していた病院を退院するから

84 요양 시설에 입주하는 이유로 들고 있는 것은 어느 것입니까?

(A) 혼자 사는 것이 편리하기 때문에
(B) 병이 나도 안심할 수 있기 때문에
(C) 가난해서 생활하는 것이 힘들기 때문에
(D) 입원해 있던 병원에서 퇴원하기 때문에

85 介護施設に入居させることをちゅうちょする理由はどれですか。

(A) 罪悪感
(B) 家族内葛藤
(C) 家族への不信
(D) 介護負担の偏り

85 요양 시설에 입주시키는 것을 주저하는 이유는 어느 것입니까?

(A) 죄책감
(B) 가족 내 갈등
(C) 가족에 대한 불신
(D) 간병 부담의 치중

86 介護施設を選ぶ際に知っておくといいことはどれですか。

(A) 医療依存度
(B) 要介護認定のやり直し
(C) 要介護者の馴染みのある所か
(D) 民間介護保険に加入しているか

86 요양 시설을 선택할 때 알아두면 좋은 것은 어느 것입니까?

(A) 의료 의존도
(B) 간병 중증 인정(요개호 인정)의 재시도
(C) 간병이 필요한 사람에게 친숙한 곳인가
(D) 민간 간병 보험에 가입되어 있는가

[87~90]

스크립트	해석
環境問題を解決するための一環として省エネ性の高いエコマンション、屋上緑化、ハイブリッドカーなどが登場しました。 普通の家なら冬は寒く、夏は暑く、窓ガラスに結露が生じ、エアコンに頼る頻度が多く、サッシ回りにカビが生えやすいですが、エコマンションは、断熱材を使用してすきま風が入り込まないようになっています。冷暖房費の節約になるばかりでなく、部屋ごとの温度差、時間帯ごとの温度差が少なくなり、ヒートショックなどの家庭内事故が起こりにくいので、安心して過ごすことのできる快適な住まいと言えます。 屋上緑化と壁面緑化は断熱効果や紫外線による建物の劣化防止効果、都心のヒートアイランドの解消など、街の省エネに貢献します。 ヒートアイランドとは都市の中心部が他の地域と比べて気温が高くなる現象で、ヒートアイランドの主な原因は緑の消失が挙げられます。またコンクリートを使った建築物やアスファルト舗装をした道路などの増加、二酸化炭素の排出、都市生活に伴う排熱などがあります。	환경 문제를 해결하기 위한 일환으로서 에너지 효율이 높은 친환경 주택, 옥상녹화, 하이브리드 자동차 등이 등장했습니다. 보통의 집이라면 겨울은 춥고, 여름은 더우며, 유리창에 결로가 생기고, 에어컨에 의지하는 빈도가 높고, 새시 주변에 곰팡이가 피기 쉽지만, 친환경주택은 단열재를 사용해서 틈새로 외풍이 들어오지 않게 되어 있습니다. 냉난방비가 절약될 뿐만 아니라, 방마다의 온도차와 시간대마다의 온도차가 적어져, 냉방병 등의 가정 내 사고가 덜 일어나기 때문에, 안심하고 지낼 수 있는 쾌적한 주거지라고 할 수 있습니다. 옥상녹화와 벽면녹화는 단열 효과나 자외선에 의한 건물의 열화 방지 효과, 도심의 열섬 현상 해소 등 거리의 에너지 절약에 공헌합니다. 열섬이란 도시 중심부가 다른 지역에 비해 기온이 높아지는 현상으로, 열섬의 주요 원인은 녹음의 소실을 들 수 있습니다. 또 콘크리트를 사용한 건축물이나 아스팔트 포장을 한 도로 등의 증가, 이산화탄소의 배출, 도시 생활에 따른 배열 등이 있습니다.

87 エコマンションが登場した理由は何ですか。

(A) 暖房費を切り詰めるため

(B) 環境にやさしくするため

(C) 窓ガラスの結露を防ぐため

(D) 室内温度差を少なくするため

87 친환경 주택이 등장한 이유는 무엇입니까?

(A) 난방비를 절약하기 위해

(B) 환경을 보호하기 위해

(C) 유리창의 결로를 막기 위해

(D) 실내 온도차를 적게 하기 위해

88 エコマンションの説明として正しいのはどれですか。

(A) サッシ回りにカビが生えやすい。

(B) ヒートショックなどが起こりにくくなる。

(C) 環境に対する人間の野放図な行動である。

(D) 特殊な断熱材を使用したマンションである。

88 친환경 주택의 설명으로서 옳은 것은 어느 것입니까?

(A) 새시 주변에 곰팡이가 피기 쉽다.

(B) 냉방병 등이 쉽게 일어나지 않게 된다.

(C) 환경에 대한 인간의 방자한 행동이다.

(D) 특수한 단열재를 사용한 맨션이다.

89 ヒートアイランドの主な原因は何ですか。

(A) 都市部の緑地帯の減少

(B) コンクリートの建築物の消失

(C) アスファルトによる反射率の増大

(D) 脱炭素化による二酸化炭素排出量の増加

90 屋上緑化マンションの効果は何ですか。

(A) 光熱費の削減

(B) 建物の水濡れ防止

(C) 断熱効果と紫外線の遮断

(D) サッシ回りの耐久性の強化

---

89 열섬의 주된 원인은 무엇입니까?

(A) 도시부의 녹지대 감소

(B) 콘크리트 건축물의 소실

(C) 아스팔트에 의한 반사율의 증대

(D) 탈탄소화에 의한 이산화탄소 배출량의 증가

90 옥상녹화 맨션의 효과는 무엇입니까?

(A) 광열비의 삭감

(B) 건물의 누수 방지

(C) 단열 효과와 자외선 차단

(D) 새시 주변의 내구성 강화

단어 省エネ性 에너지 절약성　エコマンション 친환경 주택　屋上緑化 옥상녹화　ハイブリッドカー 하이브리드 자동차
結露 결로　頼る 의지하다, 믿다　頻度 빈도　サッシ回り 새시 주변, 창틀 주변　カビ 곰팡이　生える 나다, 자라다
断熱材 단열재　すきま風 외풍　入り込む 들어오다　暖房費 난방비　節約 절약　ヒートショック 냉방병, 히트 쇼크
事故 사고　快適 쾌적함　住まい 집, 사는 곳, 거주함　壁面緑化 벽면녹화　断熱効果 단열 효과　紫外線 자외선
劣化防止 열화 방지　都心 도심　ヒートアイランド 열섬, 히트 아일랜드　解消 해소　貢献 공헌　中心部 중심부
消失 소실　コンクリート 콘크리트　アスファルト 아스팔트　舗装 포장　二酸化炭素 이산화탄소　伴う 따라가다,
따르다, 수반하다　排熱 배열(기계 등의 내부에서 배출된 열)　切り詰める 절약하다　防ぐ 막다　野放図 제멋대로임, 방자함
反射率 반사율　耐久性 내구성

[91~93]

스크립트	해석
ジョンさんは 5 年前アメリカから派遣され、日本の証券会社に勤めています。ジョンさんは率直でお世辞がへたです。口約束ですら必ず守りますから顧客に信頼されています。その上、お客さんからぎすぎすした物言いをされても、ぶっきらぼうに声をかけられても、円満にやりとげます。 そんなジョンさんも来日当時は日本での生活に慣れないことがいくつかありました。一つ目は、茶碗を手に持って箸で食べることでした。箸はしぶとく練習して上手に使えるようになりました。二つ目は交通の通行方向でした。アメリカとは通行が左右反対なので、ウィンカーを逆につけたりして戸惑う経験をしたことがありました。三つ目は言葉でした。漢字が読めなくて、自動振り替えが出来ず、携帯電話の料金を延滞したこともありました。また、日本の交通システムが世界一だとしても、迷路の	존 씨는 5년 전 미국에서 파견되어, 일본의 증권 회사에 근무하고 있습니다. 존 씨는 솔직하고 아첨을 잘 못합니다. 구두 약속조차 반드시 지키기 때문에 고객에게 신뢰를 받고 있습니다. 게다가 손님이 무뚝뚝한 말투를 써도, 퉁명스럽게 말을 걸어도, 원만하게 해냅니다. 그런 존 씨도 일본에 왔을 당시에는 일본에서의 생활에 적응하지 못한 것이 몇 가지 있었습니다. 첫번째는 밥그릇을 손에 들고 젓가락으로 먹는 것이었습니다. 젓가락은 끈질기게 연습해서 능숙하게 사용할 수 있게 되었습니다. 두 번째는 교통 통행 방향이었습니다. 미국과는 통행이 좌우 반대라서, 깜박이를 반대로 켜기도 해서 당황스러운 경험을 한 적이 있습니다. 세 번째는 언어였습니다. 한자를 읽을 수 없어서 자동이체를 못해서 휴대 전화 요금을 연체한 적도 있었습니다. 또, 일본의 교통 시스템이 세계 제일이라고 해도, 미로와 같은 지하철이나 전철을 타는 것은 익숙하지 않아서 지금도 몹시 혼쭐나기도 합니다.

ような地下鉄や電車に乗ることには慣れなくて今も散々な目にあったりします。

ジョンさんはおいしい物を食べるのが大好きなので、いい店を紹介してもらったり、ネットで調べて探しに行ったりします。社内の美食家クラブのメンバーとして活動し、週末は仲間と高級レストランに一緒に行ってご馳走したり、店員にはおつりの端数をチップとしてあげたりします。懐具合がよくない時は行き付けの居酒屋で一献傾けたりします。

존 씨는 맛있는 것을 먹는 것을 매우 좋아하기 때문에 좋은 가게를 소개받거나, 인터넷으로 알아보고 찾으러 가기도 합니다. 사내의 미식가 클럽의 멤버로서 활동하고, 주말은 동료와 고급 레스토랑에 함께 가서 대접하거나, 점원에게는 거스름돈의 우수리를 팁으로써 주기도 합니다. 주머니 사정이 좋지 않을 때에는 단골의 술집에서 한잔 하기도 합니다.

91 ジョンさんはどんな人ですか。

(A) 繊細だが気さくである。

(B) 図太くて鉄面皮である。

(C) どん欲でずぼらである。

(D) 言動に角がなくグルメである。

91 존 씨는 어떤 사람입니까?

(A) 섬세하지만 싹싹하다.

(B) 유들유들하고 철면피이다.

(C) 탐욕스럽고 야무지지 못하다.

(D) 언동이 모나지 않고, 미식가이다.

92 ジョンさんが日本でまだ不慣れなことは何ですか。

(A) 漢字を読むこと

(B) 地下鉄に乗ること

(C) 一人で運転すること

(D) 箸でご飯を食べること

92 존 씨가 일본에서 아직 익숙하지 않은 것은 무엇입니까?

(A) 한자를 읽는 것

(B) 지하철을 타는 것

(C) 혼자서 운전하는 것

(D) 젓가락으로 밥을 먹는 것

93 本文の内容と合っているのはどれですか。

(A) ジョンさんは懐都合が悪いと居酒屋でお酒を飲む。

(B) ジョンさんは店主におつりをチップとしてあげる。

(C) ジョンさんは週末に高級レストランでバイトをする。

(D) ジョンさんはクラブのもめごとを解決するために居酒屋へ行く。

93 본문의 내용과 맞는 것은 어느 것입니까?

(A) 존 씨는 주머니 사정이 좋지 않으면 술집에서 술을 마신다.

(B) 존 씨는 가게 주인에게 거스름돈을 팁으로 준다.

(C) 존 씨는 주말에 고급 레스토랑에서 아르바이트를 한다.

(D) 존 씨는 클럽의 다툼을 해결하기 위해 술집에 간다.

단어 証券会社 증권 회사　率直 솔직함　お世辞がへただ 아부를 잘 못하다　口約束 구두 약속　すら 조차, 마저(=さえ)　顧客 고객　ぎすぎす 야위고 모난 모양, 뚝뚝한 모양　物言い 말투　ぶっきらぼう 뚝뚝함, 통명스러움　声をかける 말을 걸다　円満 원만함　茶碗 밥그릇　箸 젓가락　しぶとい 끈질기다, 강인하다　通行方向 통행 방향　左右反対 좌우 반대　ウィンカーをつける 깜박이를 켜다　戸惑う 당황하다, 망설이다　自動振り替え 자동 이체　延滞 연체　迷路 미로　散々 심하게, 몹시, 형편없음　美食家 미식가　クラブ 클럽　メンバー 멤버　仲間 한패, 동료　高級レストラン 고급 레스토랑　ご馳走する 한턱내다, 대접하다　おつり 거스름 돈　端数 우수리　チップ 팁　懐具合 주머니 사정(= 懐都合)　行き付け 단골　居酒屋 술집　一献 한잔의 술, 간단한 술자리　一献傾ける 한잔하다　繊細 섬세함　気さく 소탈함, 싹싹함　鉄面皮 철면피　どん欲 탐욕　ずぼら 칠칠치 못함, 흐리멍덩함, 야무지지 못함　角がない 모가 나지 않다　グルメ 미식가, 음식 맛에 정통함　もめごと 다툼, 분규

스크립트	해석

今まで委託機関に棚卸を依頼してきましたが、利便性と効率性のため、今年の第１四半期分の棚卸は在庫管理の社員が直接、指定されたパソコンで入力することになりました。

棚卸の対象は自社内在庫と委託先在庫だけで、各種取引伝票を集計して、商品別に在庫数を表示します。帳簿で集計された在庫数と実際の在庫数に差がある場合は、実際の在庫数を入力します。全ての商品の在庫確認が完了したら、棚卸調整というボタンをクリックします。棚卸調整によって作成された伝票は修正・削除を行えません。ファイルを開く時、コード、ＩＤなど先頭に０が付く数値は先頭の０が自動的に削除されてしまうため、列のデータ形式を「文字列」に設定したあと、ファイルを読み込んで編集してください。

棚卸処理を取り消す場合は社員のＩＤ番号を押してから、棚卸取消というボタンをクリックします。資産番号は必ず棚卸を登録する前に入力します。元の情報と異なる値で更新されてしまう可能性があるので、棚卸の日付は実施と完了した時を入力します。

지금까지 위탁 기관에 재고 조사를 의뢰해 왔었지만, 편리성과 효율성을 위해, 올해 일사분기분의 재고 조사는 재고 관리 사원이 직접, 지정된 컴퓨터로 입력하게 되었습니다. 재고 조사 대상은 자사 내 재고와 위탁처 재고뿐이고, 각종 거래 전표를 집계해서, 상품별로 재고 수를 표시합니다. 장부에서 집계된 재고 수와 실제 재고 수에 차이가 있는 경우는, 실제 재고 수를 입력합니다. 모든 상품의 재고 확인이 완료되면, 재고 조사 조정이라는 버튼을 클릭합니다. 재고 조사 조정에 의해 작성된 전표는 수정·삭제를 할 수 없습니다. 파일을 열 때, 코드, 아이디 등의 선두에 0이 붙은 수치는 선두의 0이 자동적으로 삭제되어 버리기 때문에, 열의 데이터 형식을 '문자열'로 설정한 후, 파일을 잘 읽어들여 편집해 주세요.

재고 조사 처리를 취소할 경우는 사원의 아이디 번호를 누르고 나서, 재고 조사 취소라는 버튼을 클릭합니다. 자산 번호는 반드시 재고 조사를 등록하기 전에 입력합니다. 원래의 정보와 다른 값으로 갱신되어 버릴 가능성이 있으므로, 재고 조사의 날짜는 실시한 때와 완료한 때를 입력합니다.

---

94 棚卸の説明について正しいのはどれですか。

(A) 年間２回棚卸をする。

(B) 今まで委託機関に頼んできた。

(C) 個人所有のパソコンで棚卸をする。

(D) 棚卸の対象は自社所有の在庫に限る。

94 재고 조사의 설명에 관해서 옳은 것은 어느 것입니까?

(A) 연간 2회 재고 조사를 한다.

(B) 지금까지 위탁 기관에 의뢰해 왔다.

(C) 개인 소유의 컴퓨터로 재고 조사를 한다.

(D) 재고 조사의 대상은 자사 소유의 재고에 한정한다.

---

95 棚卸の入力方法について正しいのはどれですか。

(A) 在庫チームの管理者だけが直接入力する。

(B) 棚卸調整によって作成された伝票は修正できる。

(C) 在庫確認が完了したら、棚卸確認ボタンをクリックする。

(D) 帳簿と実際の在庫数に誤差がある場合は実際在庫数を打ち込む。

95 재고 조사의 입력 방법에 관해서 옳은 것은 어느 것입니까?

(A) 재고 팀의 관리자만이 직접 입력한다.

(B) 재고 조사 조정에 의해 작성된 전표는 수정할 수 있다.

(C) 재고 확인이 완료되면, 재고 조사 확인 버튼을 클릭한다.

(D) 장부와 실제 재고 수에 오차가 있을 경우에는 실제 재고 수를 기입한다.

96 棚卸登録の際、注意すべきことは何ですか。

(A) 資産番号の入力は棚卸が済んだ後で登録する。

(B) ファイルを開く時、列のデータ形式を「文字列」に設定する。

(C) 棚卸処理を取り消す場合はまず棚卸取消ボタンをクリックする。

(D) データが上書きされるので棚卸の日付は完了した時間だけを入力する。

96 재고 조사 등록 시, 주의해야 할 것은 무엇입니까?

(A) 자산 번호의 입력은 재고 조사가 끝난 후에 등록한다.

(B) 파일을 열 때, 열의 데이터 형식을 '문자열'로 설정한다.

(C) 재고 조사 처리를 취소할 경우는 먼저 재고 조사 취소 버튼을 클릭한다.

(D) 데이터가 덮어쓰기가 되기 때문에 재고 조사의 날짜는 완료한 시간만을 입력한다.

단어 委託機関 위탁 기관　棚卸 재고 조사　依頼 의뢰　利便性 편리성　効率性 효율성　在庫 재고　管理 관리　指定 지정　入力 입력　対象 대상　各種 각종　取引 거래　伝票 전표　集計 집계　在庫数 재고 수　表示 표시　帳簿 장부　差 차　在庫確認 재고 확인　完了 완료　調整 조정　作成 작성　修正 수정　削除 삭제　コード 코드　先頭 선두　数値 수치　列 열　データ形式 데이터 형식　文字列 문자열　設定 설정　読み込む 짓다, 잘 읽고 이해하다, (컴퓨터 등에서) 파일 등을 읽어들이다　編集 편집　取り消す 취소하다　資産番号 자산 번호　登録 등록　更新 갱신　日付 날짜　実施 실시　処理 처리　上書き 덮어쓰기, 표서, 겉봉에 쓰는 일

[97~100]

스크립트	해석
一方的に膨大な件数の迷惑メールが送られてきたり、無言電話、わいせつ電話、押し売りの電話などの迷惑電話がかかってくることがあります。迷惑メールはメールの中身を読まずに捨てるといいです。しかし、電話の場合は、煩雑でややこしいことに巻き込まれたくないから、知らない番号の電話に出たくないのに、うるさく鳴るから困ります。 対策として電話機のナンバー表示機能と、同じ番号の着信拒否などの迷惑電話防止のサービスがあります。着信拒否登録は迷惑電話を受けた直後に、電話機で登録操作を行うことにより、以降同じ電話番号からかかってきたら、お客さまに代わって自動的にメッセージで応答するサービスです。拒否登録個数は、１リスト当り最大３０個までです。 しかし、電話をかけてきた相手側が、フリーダイヤル番号など、登録した電話番号とは異なる番号を通知している場合は、着信拒否できないことがあります。あらかじめ登録した電話番号からかかってきた場合のみ、着信情報をお知らせすることが可能です。	일반적으로 방대한 건수의 스팸 메일이 보내져 오거나, 무언 전화, 외설 전화, 강매 전화 등의 스팸 전화가 걸려오는 경우가 있습니다. 스팸 메일은 메일의 내용을 읽지 않고 버리면 됩니다. 그러나 전화의 경우는 복잡하고 까다로운 일에 말려들고 싶지 않기 때문에 모르는 전화번호를 받고 싶지 않은데, 시끄럽게 울리니까 곤란합니다. 대책으로 전화기의 번호 표시 기능과, 동일한 번호의 착신 거부 등의 스팸 전화 방지 서비스가 있습니다. 착신 거부 등록은 스팸 전화를 받은 직후에 전화기로 등록 조작을 함으로써, 이후 동일한 전화번호에서 걸려오면 고객을 대신하여 자동적으로 메시지로 응답하는 서비스입니다. 거부 등록 개수는 1 리스트당 최대 30개까지입니다. 그러나 전화를 걸어온 상대가, 프리 다이얼 번호 등 등록한 전화번호와는 다른 번호를 통지했을 경우는 착신 거부를 할 수 없는 경우가 있습니다. 미리 등록한 전화번호에서 걸려온 경우만, 착신 정보를 알리는 것이 가능합니다.

また、自宅や会社に電話があったことを、あらかじめ指定したパソコンやスマホのアプリで確認することができる着信お知らせメールサービスも行っています。

또, 자택이나 회사에 전화가 왔다는 것을 미리 지정된 컴퓨터나 스마트폰의 앱으로 확인할 수 있는 착신 알림 메일 서비스도 하고 있습니다.

---

97 迷惑電話ではないのはどれですか。

(A) 無言電話

(B) わいせつ電話

(C) 押し売りの電話

(D) 世論調査の電話

97 스팸 전화가 아닌 것은 어느 것입니까?

(A) 무언 전화

(B) 외설 전화

(C) 강매 전화

(D) 여론 조사 전화

---

98 知らない電話番号に出たくない理由は何ですか。

(A) 会場の雰囲気に合わないから

(B) 込み入った事情があるから

(C) せせこましい感じがするから

(D) 騒動に巻き込まれる恐れがあるから

98 모르는 전화번호를 받고 싶지 않은 이유는 무엇입니까?

(A) 회장의 분위기에 맞지 않아서

(B) 복잡한 사정이 있어서

(C) 좁고 답답한 느낌이 들어서

(D) 소동에 휘말릴 우려가 있어서

---

99 迷惑電話の対処法として挙げられたのは何ですか。

(A) 留守電メッセージ

(B) 着信お知らせメール

(C) 電話機にナンバー表示

(D) マナーモードへの切り替え

99 스팸 전화 대처법으로 제시된 것은 무엇입니까?

(A) 부재중 전화 메시지

(B) 착신 알림 메일

(C) 전화기에 번호 표시

(D) 진동으로 바꿈

---

100 着信拒否登録について正しいのはどれですか。

(A) 電話機で登録をしなければならない。

(B) 迷惑電話は自動的に着信拒否される。

(C) 指定したスマホのアプリで確認できる。

(D) フリーダイヤル番号は1リスト当り30個までである。

100 착신 거부 등록에 관해서 옳은 것은 어느 것입니까?

(A) 전화기로 등록을 하지 않으면 안 된다.

(B) 스팸 전화는 자동적으로 착신 거부된다.

(C) 지정한 스마트폰의 앱에서 확인할 수 있다.

(D) 프리 다이얼 번호는 1 리스트당 30개까지다.

단어 一方的 일방적　膨大 방대함　迷惑メール 스팸 메일　無言電話 전화 건 상대방이 말을 하지 않는 장난 전화　わいせつ電話 외설 전화　押し売りの電話 강매 전화　迷惑電話 스팸 전화　中身 속, 안, 알맹이　煩雑 번잡함　ややこしい 복잡하다, 까다롭다　巻き込む 휘말리다, 연루되다　対策 대책　電話機 전화기　ナンバー表示機能 번호 표시 기능　着信 착신　迷惑電話防止 스팸 전화 방지　着信拒否登録 착신 거부 등록　登録操作 등록 조작　応答 응답　～当り ～당, ～마다　フリーダイヤル番号 프리 다이얼 번호　異なる 다르다　通知 통지　あらかじめ 미리　着信情報 착신 정보　会場 회장　雰囲気 분위기　込み入る 복잡하고 얽히다, 뒤얽히다　事情 사정　せせこましい 답답하도록 비좁다, 옹졸하다　騒動 소동

114

*공략 2단계 실전 문제 풀기 1회 ▶ 196쪽

정답	1 (B)	2 (C)	3 (A)	4 (D)	5 (A)
	6 (B)	7 (D)	8 (B)	9 (A)	10 (A)

1
해석 이 제복은 천연 소재 옷감으로 제작되어, 보온성이 뛰어납니다.

단어 天然素材 천연 소재　生地 옷감　保温性 보온성
優れる 뛰어나다

2
해석 신뢰할 만한 소식통이란 출처를 밝힐 수는 없지만 신뢰할 수 있는 관계자로부터의 정보임을 나타낸다.

단어 信頼 신뢰　筋 관계자, 소식통　出所 출처(＝しゅっしょ)
明らかにする 분명히 하다　関係者 관계자
情報 정보　示す 나타내다

3
해석 여름 더위 때문에 소화 작용이 둔해져서 식욕 부진을 호소하는 사람이 많다.

단어 消化作用 소화 작용　鈍い 둔하다　食欲不振 식욕 부진
訴える 호소하다　温い 미지근하다　鋭い 예리하다
まずい 맛없다

4
해석 일부 젊은이들은 식생활 편향으로 하체가 약해지고 체력도 없다고 한다.

단어 偏り 치우침, 편향　足腰 하반신　体力 체력　かたまり 덩어리

5
해석 SNS 광고에 나오는 '지방을 줄이는 차'는 정말 다이어트에 효과가 있습니까?

단어 広告 광고　載る (신문, 잡지 등에) 실리다　脂肪 지방
減らす 줄이다　効果 효과　志望 지망

6
해석 경제산업성에서는, 앞으로 의료 복지 분야에서 새로운 시장이 생겨날 것이라고 시산하고 있다.

단어 経産省 경제산업성　医療福祉 의료 복지　分野 분야
試算 시산(어림잡기 위한 시험적인 계산)

7
해석 차도를 달리고 있는 자전거에 대한 주의를 소홀히 한 탓에 교통사고를 내고 말았다.

단어 車道 차도　注意 주의　怠る 방심하다, 게으름을 피우다
交通事故 교통사고

8
해석 그는 먹기만 할 뿐 정리는 전혀 하지 않는다. (~만)

(A) 컵에 주스가 반 정도 있다. (~정도)
(B) 일은 하지 않고 술만 마시고 있다. (~만)
(C) 방심한 탓에 사고를 내고 말았다. (~탓)
(D) 공항에는 지금 막 도착했다. (막 ~함)

단어 半分 반　油断 방심　事故 사고

9
해석 다카하시 씨는 기계 조작을 잘하니까 그에게 물어보는 게 어때? (능숙하다)

(A) 사토 씨는 꽤 스키를 잘 타네요. (능숙하다)
(B) 요즈음 일은 잘 돼 갑니까? (순조롭다)
(C) 맛있는 요리를 만들어 줄 테니까 기다려. (맛있다)
(D) 이 스키야키(전골 요리), 맛있네요. (맛있다)

단어 操作 조작

10
해석 처음 후배를 돌보는 입장이 되었을 때 선배로서 어떻게 대하면 좋을지 고민했습니다.

(A) 보살펴 주는　　(B) 질투하는
(C) 나 몰라라 하는　(D) 내버려 두는

단어 面倒を見る 돌봐 주다　立場 입장　接する 접하다, 대하다　悩む 고민하다　世話を焼く 보살펴 주다　嫉妬する 질투하다　我関せず 나 몰라라 함　見殺しにする 어려운 처지에 있는 사람을 내버려 두다

*공략 2단계 실전 문제 풀기 2회 ▶ 198쪽

정답	1 (C)	2 (C)	3 (D)	4 (B)	5 (D)
	6 (C)	7 (B)	8 (A)	9 (B)	10 (D)

1
해석 기록적인 폭우가 내린 사이타마현에서는 강의 범람 외에 침수 피해가 잇따랐습니다.

단어 記録的 기록적　大雨 폭우　氾濫 범람　冠水 (홍수로 인한 논밭의) 침수　被害 피해　相次ぐ 잇따르다

2

해석 영업 사원의 승낙을 얻어 신차를 타 보았는데, 승차감은 별로 좋지 않았다.

단어 承諾 승낙　新車 신차　乗り心地 승차감

3

해석 나이를 먹은 탓인지, 빨래도 청소도 귀찮게 여겨진다.

단어 煩わしい 번거롭다　気恥ずかしい 어쩐지 부끄럽다
気遣わしい 염려스럽다

4

해석 '근대 경제학의 아버지'라 불리는 애덤 스미스가 자유 무역을 주장한 "국부론"을 쓴 것은 1776년이다.

단어 近代経済学 근대경제학　自由貿易 자유 무역　唱える
주장하다　国富論 국부론　備える 준비하다　栄える
번영하다　訴える 호소하다

5

해석 갑작스러운 기상 악화로 비행기는 골짜기에 추락하고 말았다.

단어 突然 돌연, 갑작스러움　天候 날씨, 기후　悪化 악화
谷間 골짜기　墜落 추락

6

해석 건설을 위한 파괴라고 해도 환경을 고려해야 한다.

단어 破壊 파괴　～としても ～라고 해도　環境 환경
考慮 고려

7

단어 고령화 사회가 되면 실제로 일하는 사람이 줄기 때문에 노인을 부양하는 부담이 증가한다.

단어 高齢化 고령화　養う 부양하다　負担 부담

8

해석 가게에 문의했더니 영업 시간은 20시까지였습니다.
(～더니)

(A) 학생에게 앙케트를 했더니 예상외의 결과가 나왔습니다. (～더니)

(B) 워킹을 시작했는데 살이 빠지기는커녕 체중이 증가해 버렸습니다. (～는커녕)

(C) 신작 드라마의 줄거리와 볼거리를 정리해 소개합니다. (볼만한 대목)

(D) 너무 어두운 분위기여서 농담할 때가 아니었습니다. (～때)

단어 問い合わせる 문의하다　営業時間 영업 시간

アンケート 앙케트　予想外 예상외　結果 결과
ウォーキング 워킹　体重 체중　あらすじ 줄거리
見どころ 볼만한 대목　紹介 소개　雰囲気 분위기
冗談 농담

9

해석 버스도 택시도 없었기 때문에, 기차에서 내려 쭉 걸어 왔습니다. (탈것에서 하차하다)

(A) 고양이는 지하실에 있는 게 아닐까? 좀 내려가 봐. (내려가다)

(B) 시나가와 역에서 내려 버스로 갈아탔습니다. (하차하다)

(C) 내일은 하루 종일 집에 있을 테니까 놀러 오세요. (있다)

(D) 연극이 끝나고 막이 내리자, 모두 박수 갈채를 보냈다. (내리다)

단어 地下室 지하실　おる 있다　演劇 연극　幕が下りる
막이 내리다　拍手喝采 박수 갈채

10

해석 개개인 선수의 기량을 비교하면 우리 팀은 상대 선수들에게 당해낼 수 없다.

(A) 너그러이 봐주다

(B) 포기하다

(C) 가식 없이 말하다

(D) 어림도 없다

단어 個々 개개인　技量 기량　歯が立たない 못 당하다
足元にも及ばない 어림도 없다　大目に見る 너그러이 봐주다　さじを投げる 포기하다　歯に衣着せぬ
가식 없이 말하다

---

*공략 2단계 실전 문제 풀기 3회　▶ 200쪽

정답	1 (D)	2 (C)	3 (C)	4 (B)	5 (A)
	6 (D)	7 (B)	8 (A)	9 (C)	10 (B)

1

해석 화상을 입었을 때는 통증을 완화하기 위해 즉시 환부를 냉각합시다.

단어 火傷 화상　痛み 통증　和らげる 진정시키다　直ちに
즉시　患部 환부　冷却 냉각

2

해석 '수신인이 없는 메일'은 부모님이나 친구 등에게 말할 수 없는 것 등 무엇이든 부담 없이 글을 올릴 수 있는 SNS입니다.

단어 宛名 수신인　気軽に 부담 없이　投稿 투고

3

해석 아무리 노력해도 시험 점수가 오르지 않아서 <u>허무해졌다</u>.

단어 点数が上がる 점수가 오르다 空しい 허무하다 まさしく 틀림없이, 바로 卑しい 천하다

4

해석 다무라 씨는 작년 여름, 여행 중에 지진으로 지면이 <u>갈라지는</u> 것을 목격했다고 한다.

단어 地面 지면 裂ける 갈라지다, 찢어지다 目撃 목격 分ける 나누다 怖ける 겁내다 破ける 찢어지다

5

해석 관행에 얽매이지 않고 독자적인 맛을 냈기 때문에 가치가 있다.

단어 慣行 관행 捕らわれる 얽매이다 独自 독자 価値 가치

6

해석 첫 토론 수업에서 교코 씨의 이야기에 <u>강렬한</u> 인상을 받았다.

단어 討論 토론 強烈 강렬함 印象 인상

7

해석 사고를 직감한 것인지 그녀는 지하철을 타기 전, 뭔가 <u>알아차린</u> 듯한 얘기를 했다.

단어 直感 직감 悟る 알아채다, 깨닫다 語る 이야기하다

8

해석 의학 대학원을 시험 <u>치려고</u> 생각하고 있습니다. (~하려고)
(A) 일본에서 건축학 공부를 <u>하려고</u> 생각합니다. (~하려고)
(B) 수업 시간에는 늦지 않<u>도록</u> 하세요. (~하도록)
(C) 너<u>처럼</u> 나쁜 놈 될 수 없다. (~처럼)
(D) 마치 토끼 눈 <u>같다</u>고 생각했습니다. (~같다)

단어 医学系 의학계, 의학 계통 建築学 건축학 悪者 나쁜 놈, 악인

9

해석 우리 팀은 그 연구에서 손을 <u>뗐다</u>. (관계를 끊다)
(A) 7에서 3을 <u>빼면</u> 4가 된다. (빼다)
(B) 세 명의 초등학생이 기타를 <u>치고</u> 있다. (연주하다)
(C) 아버지는 30년간 근무했던 회사를 <u>그만뒀다</u>. (관계를 끊다)
(D) 모르는 한자가 있어서 사전을 <u>찾아</u> 보았다. (찾아보다)

단어 我が~ 우리~ 手を引く 손을 떼다, 관계를 끊다 身を退く 은퇴하다, 그만두다

10

해석 이 영상은 동영상 앱에 올라오<u>자마자</u> 입소문이 퍼지며 재생 횟수가 300만회를 돌파했다.
(A) 올라오기 전에
(B) 올라오기가 무섭게
(C) 올라오고 오랫동안
(D) 올라올지 말지

단어 映像 영상 アップする 업(로드)하다, 올리다 ~や否や ~하자마자 口コミ 입소문 再生回数 재생 횟수, 조회수 突破 돌파

PART 5 정답찾기 실전모의테스트 ▶ 202쪽

101

해석 겸양 표현을 잘 구사하면 상대방에게 좋은 인상을 줄 뿐만 아니라 부하에게 **본보기**가 되기도 합니다.

단어 謙譲表現 겸양 표현 　使いこなす 잘 다루다, 구사하다 　印象 인상 　与える 주다 　~だけでなく ~뿐만 아니라 　部下 부하 　見本 본보기

102

해석 서서 식사를 하는 것은 <u>예의 없다</u>고 여겨지는 경우도 있지만, 시간이 없는 현대인에게는 인기가 있다.

단어 無作法 버릇없음, 예의 없음 　~とされる ~라고 여겨지다 　現代人 현대인

103

해석 히나마쓰리에는 여자아이의 <u>건강한</u> 성장을 기원한다는 의미가 담겨 있습니다.

단어 ひな祭り 히나마쓰리, 매년 3월 3일 여자아이의 건강한 성장을 기원하는 행사 　健やか 건강함 　成長 성장 　意味 의미

104

해석 지진 피해자에 대한 그들의 원조 활동은 칭찬받을 <u>만하다</u>.

단어 被害者 피해자 　救援 구원, 원조 　賞賛 칭찬 　~に値する ~할 만하다

105

해석 불경기가 계속되어, <u>잉여</u> 인원 삭감 등이 심각한 사회 문제가 되고 있다.

단어 不景気 불경기 　余剰 잉여 　人員 인원 　削減 삭감 　深刻 심각함 　余裕 여유

106

해석 대도시에서는 자동차 배기가스를 원인으로 하는 <u>대기 오염</u>이 심각하다.

단어 排気ガス 배기가스 　大気汚染 대기 오염

107

해석 그토록 화려하게 생활했던 유명한 탤런트였는데, 지금은 시골에서 <u>검소한</u> 생활을 하고 있다고 한다.

단어 贅沢 사치스러움, 화려함 　質素 검소함

108

해석 이 찬스를 <u>놓친다</u>면 분명 후회할 거야.

단어 見逃す 놓치다

109

해석 최근 <u>유전자</u> 조작 식물이 수입되고 있다고 한다.

단어 遺伝子 유전자 　組み替え 다시 짬, 재편성

110

해석 오늘 아침, 8시쯤 등교 중인 초등학생 대열에 버스가 돌진하는 <u>참사</u>가 있었습니다.

단어 突っ込む 돌진하다 　惨事 참사

111

해석 피드백은 부하들의 재능을 눈에 띄게 발전시키고 성장을 <u>촉진하는</u> 효과가 있습니다.

단어 フィードバック 피드백 　才能 재능 　メキメキ 눈에 띄게 　伸ばす 펴다, 발전시키다 　成長 성장 　促す 촉진하다 　効果 효과 　耕す 논밭을 갈다 　見逃す 놓치다 　唆す 부추기다

112

해석 기업이 요구하는 인재는 여러 가지 일에 얽매이거나 하지 않고 <u>유연하게</u> 대응할 수 있는 사람이라고 합니다.

단어 企業 기업 　求める 요구하다 　人材 인재 　物事 (여러 가지) 일 　縛る 속박하다 　~せずに ~지 않고 　柔軟 유연함 　対応 대응

113

해석 그 사람은 요리인들끼리 <u>기술</u>을 겨루는 TV 프로그램에 출연한 적도 있어.

단어 技 기술 　競う 겨루다 　番組 방송, 프로그램 　出演 출연

114

해석 태풍의 세력이 <u>약해져서</u> 겨우 외출할 수 있게 되었다.

단어 勢い 세력, 기세 　衰える 쇠약해지다, 약해지다

115

해석 옆 사람이 커피를 엎질러서 깜짝 놀랐다. (수동)

(A) 이런 따사로운 날씨에는 학창시절이 생각난다. (자발)

(B) 시험 성적이 올라서 선생님께 칭찬받았다. (수동)

(C) 집에서 회사까지 걸어서 10분이면 올 수 있다. (가능)

(D) 어젯밤, 기침이 나서 못 잤습니다. (가능)

단어 こぼす 엎지르다　小春日和(こはるびより) 초겨울의 따뜻한 날씨
咳(せき)が出(で)る 기침이 나다

116

해석 최근에는 직장인으로 일하는 한편 블로그나 동영상 앱으로 돈을 벌려는 사람이 많아졌다.

(A) ~한 이상에는　　(B) 사소한

(C) 일제히　　　　　(D) 한편

단어 サラリーマン 샐러리맨　~かたわら ~함과 동시에
稼(かせ)ぐ 돈벌이하다　ちょっとした 사소한　一斉(いっせい) 일제히
一方(いっぽう)で 한편으로

117

해석 사장님은 완고하셔서 새로운 시스템 도입에 대해 고집스럽게 반대하고 있어 설득이 힘듭니다.

(A) 성질이 급해서　　(B) 두뇌 회전이 빨라서

(C) 내키지 않아서　　(D) 융통성이 없어서

단어 頭(あたま)が固(かた)い 완고하다　システム 시스템　導入(どうにゅう) 도입
意固地(いこじ)になる 고집이 세다　短気(たんき) 성미가 급함　頭(あたま)が
切(き)れる 두뇌가 명석하다　気(き)が進(すす)む 마음이 내키다
融通(ゆうずう)が利(き)く 융통성이 있다

118

해석 친구를 만나러 우에노 공원으로 가던 도중에, 길을 잃고 말았다. (길)

(A) 종교 분쟁 해결을 위한 길이 열릴 전망이다. (방법, 전망)

(B) 어젯밤 기숙사로 가는 길에 스기무라 선생님을 만났다.
(길)

(C) 아이가 있는데도 그런 짓을 하다니, 사람의 도리에 어긋난다. (도리)

(D) 다나카 씨는 다도 분야에 외곬으로 50년을 살아온 분입니다.(분야)

단어 途中(とちゅう) 도중　道(みち)に迷(まよ)う 길을 잃다　宗教(しゅうきょう) 종교
紛争(ふんそう) 분쟁　解決(かいけつ) 해결　寮(りょう) 기숙사　背(そむ)く 등지다
一筋(ひとすじ) 외곬, 일편단심

119

해석 매상을 늘리기 위한 TV 광고는 매상 부진 시 경비 삭감의 대상이 되기 쉽다. (~을 위해)

(A) 새 차를 사기 위해 저금하고 있습니다. (~을 위해)

(B) 감기 때문에 회사를 쉬었습니다. (~때문에)

(C) 기무라 씨는 교통사고 때문에 입원했다고 합니다.
(~때문에)

(D) 너 때문에 300만 엔이나 손해를 봤다. (~때문에)

단어 コマーシャル 광고　不振(ふしん) 부진　経費削減(けいひさくげん) 경비 삭감
対象(たいしょう) 대상　貯金(ちょきん) 저금　損(そん)をする 손해를 보다

120

해석 그 초등학교 운동장에 세워진 동상을 봤습니까? (세우다)

(A) 아, 저것 말입니까? 저것은 3개월 전에 새로 세워진 빌딩입니다. (세우다)

(B) 그는 이곳에 와서 여러모로(세로로도 가로로도) 현저한 성장을 이루었다. (세로)

(C) 우리 회사는 가격 인하(에누리)하지 않는 것을 원칙으로 하고 있습니다. (원칙, 방침)

(D) 그럼, 이번에는 우측에서 좌측으로, 세로로 써 봅시다.
(세로)

단어 銅像(どうぞう) 동상　縦(たて)にも横(よこ)にも 여러모로　著(いちじる)しい 현저하다
遂(と)げる 달성하다　値引(ねび)き 가격 인하　建前(たてまえ) (표면상의)
원칙, 방침　縦(たて) 세로

PART 6 오문정정

▶ 244쪽

*공략 2단계 실전 문제 풀기 1회

정답	1 (A)	2 (D)	3 (C)	4 (C)	5 (D)
	6 (C)	7 (D)	8 (B)	9 (B)	10 (C)

1

해석 선반 위에서 밥공기가 떨어질 정도로 큰 지진이 있었다.

단어 棚 선반   茶わん 밥공기

체크 で → から

2

해석 전 국민의 생명을 위협한 신종 인플루엔자가, 백신 개발에 의해 사라져 가고 있다.

단어 脅かす 위협하다   新型インフルエンザ 신종 인플루엔자   ワクチン 백신   開発 개발   ～つつある ～하고 있다

체크 なくなる → なくなり (동사 ます형 + つつある : ～하고 있다)

3

해석 귀신이 나온다는 이 저택은 짙은 안개와 맞물려 섬뜩한 분위기로 가득 싸여 있었다.

단어 お化け 귀신   屋敷 저택   濃い霧 짙은 안개   ～と相まって ～와 함께, ～와 더불어   ～といえども ～라고는 해도   不気味 섬뜩함   雰囲気 분위기   包む 에워싸다

체크 といえども → と相まって

4

해석 캡슐 호텔은 마지막 전철을 놓친 샐러리맨에게 있어 택시비를 써서 집에 가는 것보다 싸기 때문에 자주 이용된다.

단어 カプセルホテル 캡슐 호텔   終電 마지막 전철

체크 ほど → より

5

해석 작은 통신 회사를 시작했는데, 경비가 많이 들기만 할 뿐, 좀처럼 궤도에 오르지 않는다.

단어 通信会社 통신 회사   経費 경비   かさむ (분량이) 늘다, (빚, 비용이) 많아지다   軌道に乗る 궤도에 오르다

체크 軌道を乗らない → 軌道に乗らない

6

해석 주변 동료들이 너무 치켜세우는 바람에 그만 감언이설에 넘어가 리더를 맡고 말았다.

단어 周り 주변   同僚 동료   おだてる 치켜세우다

ついつい そのまま 口車に乗る 감언이설에 넘어가다   引き受ける 떠맡다

체크 乗せて → 乗って

7

해석 지진이나 쓰나미의 피해를 입은 분이 빨리 원래의 생활로 돌아갈 수 있도록 바라 마지않습니다.

단어 地震 지진   津波 쓰나미   被害に遭う 피해를 겪다   戻る 돌아가다   ～てやまない ～해 마지않다

체크 願ってやみます → 願ってやみません

8

해석 어른들은 아이의 천진한 웃음(웃는 모습)을 보면 행복을 느낍니다.

단어 無邪気 천진함

체크 無邪気の → 無邪気な

9

해석 지하철이나 전철은 정말 미로 같아서, 우리 일본인조차 헤맵니다.

단어 迷路 미로   ～すら ～조차

체크 迷路のみたい → 迷路みたい

10

해석 집에 돌아오자 애완견이 "기다렸어"라는 듯이 꼬리를 흔들며 다가왔다.

단어 尻尾を振る 꼬리를 흔들다   ～んばかりに ～할 듯이   寄る 접근하다

체크 ように → ばかりに
(동사 ない형 + んばかりに : ～할 듯이)

*공략 2단계 실전 문제 풀기 2회

▶ 245쪽

정답	1 (C)	2 (C)	3 (D)	4 (C)	5 (B)
	6 (A)	7 (C)	8 (B)	9 (B)	10 (C)

1

해석 신주쿠 3가로 가서, 마루노우치선으로 갈아탄 후 6번째 역에서 내리세요.

단어 丸ノ内線 마루노우치선(도쿄의 지하철 노선명)   乗り換える 갈아타다

체크 を → で

2

해석 상식이란 것은, 다른 나라 사람들에게 있어서는, 매우 비상식적인 사항일지도 모른다.

단어 常識じょうしき 상식　非常識ひじょうしき 비상식　極きわまりない 극심하다, 짝이 없다　事柄ことがら 내용, 사항, 사정

체크 極めて → 極まりない

3

해석 이중 언어 사용자인 그에게는 영어로 전화를 주고받는 정도의 일은 식은 죽 먹기이다.

단어 バイリンガル 바이링구얼, 이중 언어 사용자　取とり次つぎ 전하는 일　程度ていど 정도　朝飯前あさめしまえ 식은 죽 먹기　知しらぬが仏ほとけ 모르는 게 약

체크 知らぬが仏 → 朝飯前

4

해석 공사 중인 빌딩 앞에는 관계자 이외의 출입 금지라고 쓰여 있습니다.

단어 工事中こうじちゅう 공사중　関係者以外かんけいしゃいがい 관계자 이외　立たち入いり禁止きんし 출입 금지

체크 出立禁止 → 立ち入り禁止

5

해석 예전 아이는 밖에서 몸을 움직이는 일이 많았던 것에 비해, 요즘 아이는 스마트폰이나 모바일 게임에 열중해 전혀 밖에서 놀지 않는다.

단어 動うごかす 움직이다　〜にひきかえ 〜에 비해, 〜와는 반대로　〜に応こたえて 〜에 부응하여　携帯けいたいゲーム 모바일 게임　夢中むちゅう 열중함

체크 に応えて → にひきかえ

6

해석 '선반에서 떨어진 떡'이란 뜻밖의 행운이 날아드는 것의 비유이다.

단어 棚たなから牡丹餅ぼたもち 선반에서 떨어진 떡, 굴러온 호박(뜻밖에 굴러온 행운의 비유)　かぼちゃ 호박　思おいがけない 뜻밖이다　幸運こううん 행운　舞まい込こむ 날아들다　たとえ 비유

체크 かぼちゃ → 牡丹餅

7

해석 그렇게 간단한 일은 일부러 설명해 줄 필요(까지)도 없다.

단어 わざわざ 일부러, 굳이　わざと 고의로　〜までもない 〜할 필요도 없다

체크 わざと → わざわざ

8

해석 12월로 접어들면 해가 지는 것도 점점 빨라져, 낮의 길이도 짧아집니다.

단어 日ひが暮くれる 해가 지다　消きえる 꺼지다, 사라지다

체크 消える → 暮れる

9

해석 사고로 전철이 멈춰서 지각할 뻔했지만, 버스로 갈아탔기 때문에 겨우 시간에 맞추었다.

단어 遅刻ちこく 지각　かろうじて 겨우, 가까스로

체크 遅刻する → 遅刻し

10

해석 실은, 차를 사려고 몰래 저금을 하고 있었는데, 어젯밤 아내에게 비상금을 들키고 말았습니다.

단어 密ひそかに 몰래　へそくり 비상금

체크 非常金 → へそくり

*공략 2단계 실전 문제 풀기 3회 ▶ 246쪽

정답	1 (B)	2 (A)	3 (D)	4 (A)	5 (C)
	6 (B)	7 (D)	8 (C)	9 (D)	10 (C)

1

해석 손가락 끝에 약간 상처를 입었을 뿐인데, 몹시 야단스럽게 붕대를 하고 있다.

단어 大おおげさに 야단스럽게　包帯ほうたい 붕대

체크 しか → だけ

2

해석 이세 와서(새삼) 당신에게 사과를 빌어도 바뀌는 건 없다.

단어 いまさら 이제 와서　あらたに 새로이

체크 あらたに → いまさら

3

해석 한 번도 출석하지 않은 그를 명부에서 삭제하기로 했다.

단어 名簿めいぼ 명부　削除さくじょ 삭제　〜ことにする 〜하기로 하다

체크 もの → こと

4

해석 여름에는 몸 컨디션을 흐트러뜨리기 쉬워, 나는 겨울이 생활하기 편하지만, 그렇다고는 해도 매일 이렇게 추우면 견딜 수 없다.

단어 調子ちょうしを崩くずす 컨디션을 흐트러뜨리다　かなわない 견딜 수 없다

체크 壊れやすく → 崩しやすく

5

해석 다른 사원의 배가 되는 일을 하는 데 비해서는 월급이 낮다.

단어 割には 비해서는 給料 급료, 월급

체크 上には → 割には

6

해석 최근의 인터넷 정보라고 하면, 거짓말인지 진짜인지 알 수 없는 정보뿐이다.

단어 情報 정보 ～ときたら ～라고 하면 ～とあって ～인 만큼, ～라서 嘘 거짓말 ～ばかり ～뿐

체크 とあって → ときたら

7

해석 여러분의 협조로 모금은 100만 엔에 달했습니다. 보고 겸 감사의 말씀을 드립니다.

단어 皆様 여러분 協力 협력, 협조 募金 모금 ～に達する ～에 달하다 報告 보고 ～かたがた 겸하여 かたわら ～함과 동시에 お礼申し上げる 감사 말씀을 전하다

체크 かたわら → かたがた

8

해석 이 경제 문제에 대해 자세히 설명할 수 있는 사람은, 사토 교수님을 빼고 달리 없을 것이다.

단어 経済問題 경제 문제 詳しい 자세하다 教授 교수 ～をおいて ～이외에

체크 において → をおいて

9

해석 이번 실수를 교훈 삼아 두 번 다시 같은 잘못을 반복하는 일이 없도록 명심하겠습니다.

단어 失態 실수 教訓 교훈 二度と 두 번 다시 過ち 잘못 繰り返す 반복하다 肝に銘じる 명심하다

체크 胸 → 肝

10

해석 본격적인 일본 진출도 긴 안목으로 보자면, 상책일지도 모른다.

단어 本格的 본격적 進出 진출 長い目で見る 긴 안목으로 보다 得策 상책

체크 長い眼目 → 長い目

정답	121 (B)	122 (B)	123 (D)	124 (A)	125 (C)	126 (D)	127 (D)	128 (C)	129 (B)	130 (C)
	131 (A)	132 (C)	133 (D)	134 (C)	135 (B)	136 (B)	137 (D)	138 (D)	139 (D)	140 (B)

121

해석 타피오카가 유행하고 있다고 해서 어느 가게에나 긴 줄이 늘어서 있다.

단어 タピオカ 타피오카　流行 유행　～とあって ～라고 해서　列 줄

체크 にあって → とあって

122

해석 수입 건은 사장님과 의논해 보지 않고는, 이 자리에서 뭐라고 대답해 드릴 수 없습니다.

단어 輸入 수입　話し合う 의논하다　～ないことには ～하지 않으면

체크 わけ → こと

123

해석 컴퓨터에 보존해 두어도 깜빡하고 꺼 버리면 그것으로 끝이다.

단어 保存 보존　うっかり 깜빡, 무심코　それまで 거기까지, 그것으로 끝

체크 そのもの → それまで

124

해석 시합에 이기기 위해 반칙을 범한 그는 경기 후 상대팀과 관객으로부터 비난을 받았다.

단어 反則 반칙　～んがために ～하기 위해　犯す 범하다　観客 관객　非難を浴びる 비난을 받다

체크 ように → ために
(동사 ない형＋んがために: ～하기 위해)

125

해석 당신의 건강을 해칠 우려가 있으니 지나친 흡연은 주의합시다.

단어 損なう 망가뜨리다, 상하게 하다　おそれ 우려, 염려　吸う (담배를) 피우다

체크 吸う → 吸い

126

해석 내내 쓰지 않고 구석에 놓았던 컴퓨터가 어느새 먼지투성이가 돼 있었다.

단어 隅 구석　いつの間にか 어느새　埃 먼지　～まみれ ～투성이　～ずくめ ～뿐임(모두가 그것뿐임을 나타냄)

체크 ずくめ → まみれ

127

해석 이미 이렇게 된 이상, 사실을 모두에게 말할 수밖에 없다.

단어 ～ずにはすまない ～하지 않으면 해결되지 않는다, ～할 수밖에 없다

체크 言わずでは → 言わずには

128

해석 연재가 장기화하면 작가 자신도 설정을 잊어버리는 것인지 앞뒤가 맞지 않는 경우가 있다.

단어 連載 연재　長期化 장기화　作者自身 작가 자신　設定 설정　つじつまが合わない 앞뒤가 맞지 않는다　矛盾 모순

체크 矛盾 → つじつま

129

해석 그는 취미로 만든 앱 히트를 시작으로 속속 앱을 선보이며 자신의 회사를 차리기까지 했다.

단어 趣味 취미　アプリ 앱　ヒット 히트　～を皮切りに ～을 시작으로　～を問わず ～을 불문하고　次々と 속속　リリース (영화 등을) 공개함

체크 を問わず → を皮切りに

130

해석 여러 가지로 일본 사정에 어두워서 나카무라 씨에게 상담 받을 수 있으면 감사하겠습니다.

단어 なにぶん 여러 가지로, 두루　事情 사정　疎い 사정에 어둡다, 소원하다　相談に乗る 상담해 주다

체크 乗せて → 乗って

131

해석 남녀노소에게 사랑받는 작품을 계속해서 세상에 내놓은 그 감독은 '국민 감독'이란 이름에 걸맞다.

단어 老若男女 남녀노소　ふさわしい 어울리다, 걸맞다

체크 男女老少 → 老若男女

132

해석 상미 기한은 '맛있게 먹을 수 있는' 기한을 나타낸 것으로, 기한을 넘겨 버린 것을 먹더라도 바로 건강을 해치는 것은 아니다.

단어 賞味期限 상미 기한　期限を過ぎる 기한을 넘기다
害する 해치다

체크 に → を

133

해석 같은 시기에 아르바이트 입사한 동기가 자신보다 먼저 정규직이 된 것에 대해 질투를 해 버렸다.

단어 時期 시기　アルバイト 아르바이트　入社 입사　同期 동기　正規雇用 정규직　焼きもちを焼く 질투하다

체크 して → 焼いて

134

해석 점심 무렵이 되자, 하늘이 캄캄해지더니 당장에라도 비가 내릴 것 같이 되었습니다.

단어 真っ暗 아주 캄캄함　今にも 당장에라도

체크 今も → 今にも

135

해석 국회가 정한 법률에 따라, 국가의 정치를 행하는 것을 행정이라고 합니다.

단어 国会 국회　法律 법률　~に従って ~에 따라서　~に対して ~에 대해서　行政 행정

체크 対して → 従って

136

해석 한국과 일본, 양국은 매우 닮아 보여도, 여러모로 미묘하게 다르다고 합니다.

단어 微妙 미묘함　~に似る ~을 닮다

체크 似る → 似ている

137

해석 노인에 대해 간호를 극진히 하려고 한다면, 굉장한 수고와 비용이 듭니다.

단어 介護 간호, 병구완　手厚い 극진하다　手間 수고　費用 비용　かかる (비용, 시간 등이) 걸리다

체크 かけます → かかります

138

해석 밤중에 혼자 걸어서 돌아갈 수 있는 것도 이 동네가 안전하기 때문이다.

단어 夜中 밤중　街 동네, 거리　安全 안전
~ばこそ ~때문에, ~라서

체크 あったら → あれば

139

해석 요리하고 싶지 않은 날에도 집에서 음식점의 맛을 즐길 수 있는 '배달 앱'도 종류가 많아졌다.

단어 自宅 자택　飲食店 음식점　出前 요리 배달, 또 그 요리　配達 배달　種類 종류

체크 配達 → 出前

140

해석 출석부를 보면 연락처가 있으니까 확인해 보세요.

단어 出席簿 출석부　連絡先 연락처

체크 連絡処 → 連絡先

PART 7 공란메우기

*공략 2단계 실전 문제 풀기 1회　　　▶ 281쪽

정답	1 (B)	2 (A)	3 (B)	4 (C)	5 (A)
	6 (D)	7 (A)	8 (B)	9 (D)	10 (C)

1

해석　건물에 들어가려면 일일이 증명서를 보여 줘야 하기 때문에 정말로 번거롭다.

단어　証明書 증명서　煩わしい 번거롭다　みすぼらしい 초라하다　甚だしい 매우 심하다　勇ましい 용맹스럽다

2

해석　낫토는 매우 좋아하지만 먹으면 입 주위나 밥공기, 젓가락에도 낫토의 끈적끈적한 게 달라붙어서 싫다.

단어　納豆 낫토　口のまわり 입 주위　茶わん 밥공기　箸 젓가락　ねばねば 끈적끈적　すべすべ 매끈매끈　いじいじ 주뼛주뼛　おずおず 머뭇머뭇

3

해석　유학 가고 싶다고 생각하고 있다면 확실한 계획을 세우고 나서 가지 않으면 실패할 거야.

단어　しっかり 확실히　立てる 세우다　失敗 실패　すっかり 완전히　がっかり 실망하는 모양　ぎっしり 가득, 잔뜩

4

해석　신주쿠에서 오다큐선을 이용하시면, 하코네 온천까지 한 번에 가니까, 매우 편리합니다.

단어　小田急線 오다큐선(도쿄와 가나가와현을 잇는 철도 노선)　箱根 하코네(지명)　一本 한 대, 차량이 연결돼 있는 전철을 세는 단위

5

해석　기다리고 기다리던 신기종이 드디어 출시되는 듯하여 예약을 서둘렀지만 이미 접수가 종료되어 있었다.

단어　待ちに待った 기다리고 기다리던　新機種 신기종　ついに 드디어　発売 발매　既に 이미　受け付け 접수　終了 종료　たしか 확실히　きっと 꼭　わずか 불과

6

해석　늦잠을 자서 집을 나서는 것이 늦어졌다. 게다가 비 때문에 길이 막혀 지각하는 줄 알았다.

단어　朝寝坊する 늦잠을 자다　混む (길이) 막히다

7

해석　흙발로 복도를 쿵쾅거리며 뛰어서, 선생님께 혼났다.

단어　泥靴 진흙투성이 신발　廊下 복도　どたばた 쿵쾅쿵쾅, 우당탕　叱る 혼내다　ぶつぶつ 중얼중얼　たらたら 뚝뚝(액체가 방울져 떨어지는 모양)　しとしと 부슬부슬(비가 내리는 모양)

8

해석　급식도 교육의 일환으로, 준비나 정리 등을 통해 매너를 배워 갑니다.

단어　給食 급식　教育 교육　一環 일환　マナー 매너　クイズ 퀴즈　アワー 아워, 시간　ガレージ 차고

9

해석　전쟁 영화나 사진을 볼 때마다, 전쟁에 대한 분노를 금할 수 없다.

단어　戦争 전쟁　怒り 분노　禁じえない 금할 수 없다　〜かねない 〜할지도 모른다, 〜할 법하다　〜ざるをえない 〜하지 않을 수 없다　〜ないではすまない 〜하지 않으면 해결되지 않는다

10

해석　그 팀에 진 것이 억울해서 참을 수 없다.

단어　悔しい 억울하다, 분하다　〜てたまらない 〜해서 참을 수 없다

*공략 2단계 실전 문제 풀기 2회　　　▶ 282쪽

정답	1 (B)	2 (C)	3 (A)	4 (D)	5 (A)
	6 (C)	7 (C)	8 (B)	9 (C)	10 (A)

1

해석　더운 날에 밖에서 테니스 연습을 해서 목이 칼칼하다. 차가운 물이나 주스를 마시고 싶다.

단어　練習 연습　喉 목　からから 바싹 마른 모양　うずうず 근질근질　おろおろ 허둥지둥　がやがや 왁자지껄

2

해석 전국 시대 무장들에 대한 지식에 있어서는 다나카 씨를 능가할 사람이 없을 것이다.

단어 戦国時代 전국 시대 武将 무장 知識 지식 ～にかけては ～에 있어서는 右に出る者が(い)ない 능가할 사람이 없다

3

해석 이번에는 '가성비가 좋다고 생각하는 「패밀리 레스토랑 체인점」은 어디인가'라는 앙케트를 실시했습니다.

단어 コスパがいい 가성비가 좋다 ファミレスチェーン店 패밀리 레스토랑 체인점 アンケート 앙케트 実施 실시 エチケット 에티켓 スマート 스마트 プライド 자랑

4

해석 오늘은 교섭의 첫날이라 오로지 상대방의 주장을 듣고 왔습니다.

단어 交渉 교섭 専ら 오로지 向こう 상대방 言い分 주장 かりに 만일 かねて 미리 かろうじて 간신히

5

해석 계단에서 굴러떨어져 부상을 당해 다리를 꿰매는 수술을 했다.

단어 転げ落ちる 굴러떨어지다 怪我 상처, 부상 縫う 꿰매다

6

해석 귀사의 홈페이지를 살펴봤더니 대단히 훌륭했습니다.

단어 貴社 귀사 拝見する 보다(見る의 겸양어) 非常に 대단히 素晴らしい 훌륭하다 ご覧になる 보시다 見える 보이다 おいでになる 오시다, 계시다, 가시다

7

해석 건강을 지키기 위해 단호히 금주, 금연할 것을 약속합니다.

단어 保つ 유지하다, 지키다 禁酒 금주 禁煙 금연 きっぱり 딱 잘라, 단호하게 じっくり 곰곰이, 차분하게 しきりに 끊임없이 めったに 좀처럼

8

해석 내일 있을 학교 축제에서 실력을 발휘해 보려고 합니다.

단어 学園祭 학교 축제 腕を振るう 실력을 발휘하다 器 그릇, 인물 手際 솜씨

9

해석 매일 패스트푸드만 먹으면 병이 날 게 뻔하다.

단어 ファストフード 패스트푸드 ～ばかり ～만 病気になる 병나다 ～に決まっている ～임에 틀림없다, 반드시 ～하기 마련이다

10

해석 주민의 반대 운동이 높아지는 것에 신경 쓰지 않고 고층 호텔 건설 공사는 척척 진행되었다.

단어 盛り上がる 높아지다, 고조되다 ～をよそにする ~에 신경 쓰지 않다 高層 고층 建設工事 건설 공사 どんどん 부쩍부쩍, 척척

---

*공략 2단계 실전 문제 풀기 3회　▶ 283쪽

정답	1 (B)	2 (A)	3 (C)	4 (A)	5 (B)
	6 (B)	7 (A)	8 (B)	9 (A)	10 (D)

1

해석 잡지 「점프」의 발매일은 월요일이다. 다만 월요일이 공휴일인 경우는 그 전주 토요일에 발매된다.

단어 雑誌 잡지 発売日 발매일 ただし 다만 祝日 공휴일 かつ 또한 おまけに 게다가 すると 그러자

2

해석 태풍이 이 상태로 북상하면, 일본 열도에까지 상륙할 우려가 있다.

단어 台風 태풍 北上 북상 列島 열도 上陸 상륙 恐れ 우려

3

해석 한국에서는 붕장어나 광어 등 담백한 흰 살 생선이 인기가 있다.

단어 アナゴ 붕장어 ヒラメ 광어 あっさりした 담백한 白身 흰 살

4

해석 많은 사람이 같은 증언을 하고 있으니 그 이야기는 진실임에 틀림없다.

단어 証言 증언 真実 진실 ～に相違ない ～임에 틀림없다 ～きらいがある ～한 경향이 있다 ～極まりない ～하기 짝이 없다

5

해석 다이어트 중에는 식이 섬유가 풍부하고 저칼로리인 버섯 요리를 냉장고에 상비해 두면 <u>마음 든든</u>하다.

단어 食物繊維 식이 섬유　豊富 풍부함　低カロリー 저칼 로리　冷蔵庫 냉장고　常備 상비　心強い 마음 든든 하다　決まり悪い 쑥스럽다　快い 상쾌하다　容易い 쉽다

6

해석 마쓰무라 씨는 꾹 참고 견뎠기 때문에 지금은 멋지게 성공 했다.

단어 じっと 가만히, 꾹, 지그시　辛抱する 참다, 견디다 見事に 보기 좋게, 멋지게　愚かに 어리석게　惨めに 비참하게　余計に 쓸데없이

7

해석 평범한 생활에 <u>몹시 싫증난</u> 그는 아프리카를 여행하기로 했다.

단어 月並み 평범함, 진부함　あきあき 몹시 싫증남, 진절머 리 남　あたふた 허둥지둥　ほやほや 따끈따끈　もぐ もぐ 우물우물

8

해석 한번 삭제<u>했다가는</u> 원래대로 되돌릴 수 없게 되니까 백업 은 제대로 해 두는 게 좋아.

단어 削除 삭제　～たが最後 일단 ~했다 하면　元に 원래 대로　戻す 되돌리다　きちんと 제대로　ついでに 하 는 김에　～からといって ~라고 해서　最中 한창

9

해석 세계적인 불황의 영향으로, 이 지역의 중소기업은 <u>모두</u> 도 산했다.

단어 不況 불황　影響 영향　中小企業 중소기업　軒並に 모두, 다같이　倒産 도산　ひたすら 오직, 오로지　いま さら 이제 와서, 새삼　広々と 널찍하게

10

해석 학생들에게 앙케트를 한 결과, 공부<u>는 물론이고</u> 자신도 소 중히 하고 싶다는 의견이 압도적이었다.

단어 アンケート 앙케트　～もさることながら ~은 물론 이고　圧倒的 압도적　～もそこそこに ~도 하는 둥 마는 둥　～までもなく ~할 필요도 없이　～はさて おき ~은 차치하고

PART 7 공란메우기 실전모의테스트 ▶284쪽

▶284쪽

정답	141 (C)	142 (C)	143 (A)	144 (A)	145 (B)	146 (D)	147 (B)	148 (A)	149 (D)	150 (A)
	151 (A)	152 (B)	153 (B)	154 (A)	155 (B)	156 (D)	157 (B)	158 (D)	159 (B)	160 (C)
	161 (A)	162 (B)	163 (C)	164 (B)	165 (C)	166 (C)	167 (D)	168 (B)	169 (C)	170 (B)

141

해석 바이러스에 감염되면 <u>함부로</u> 약을 먹지 말고 바로 병원에 가세요.

단어 ウイルス 바이러스　感染 감염　むやみに 함부로 直ちに 바로　しみじみ 절실히　ろくに 제대로　必ず や 반드시(뒤에 추측을 동반)

142

해석 주가가 높을 때 팔려고 하는 행위가 매도에 박차를 <u>가하고</u> 있습니다.

단어 株価 주가　行為 행위　拍車をかける 박차를 가하다 加える 더하다, 추가하다　与える 주다, 부여하다 踏む 밟다

143

해석 프로그래머 일은 힘든 <u>데 비해</u> 월급이 적어서 프리랜서가 되는 사람이 늘고 있다.

단어 プログラマー 프로그래머　給料 급료, 월급　フリー ランス 프리랜서

144

해석 술은 나이를 먹은 <u>탓</u>인지 전처럼(은) 마시지 못합니다.

단어 年を取る 나이를 먹다　～せい ~탓

145

해석 바빴기 때문에 중요한 전화가 왔다는 사실을 상사에게 전 하는 것을 <u>완전히</u> 잊었다.

단어 上司 상사　伝える 전하다　すっかり 완전히

ぎっしり 가득, 잔뜩 しっかり 단단히 あっさり

산뜻하게, 깨끗이

146

해석 취업 비자 없이 외국에서 일하는 것은 범죄나 다름없다.

단어 就労ビザ 취업 비자 働く 일하다 犯罪 범죄

〜にほかならない 바로 〜이다, 〜임에 틀림없다

147

해석 사흘이나 철야가 계속되면, 정말이지 <u>휘청휘청</u>한다.

단어 徹夜 철야 さすがに 과연, 역시 ふらふら 비틀비틀,

휘청휘청, 비슬비슬 はらはら 우수수(나뭇잎 등이 떨어

지는 모양), 하늘하늘, 조마조마 ぶらぶら 흔들흔들, 빈

둥빈둥 ばらばら 따로따로, 뿔뿔이

148

해석 상대방의 질문이 너무 끈질겨서 도중에서부터 말을 <u>얼버</u>
<u>무렸다.</u>

단어 しつこい 끈질기다 途中 도중 お茶を濁す 얼버무
리다 相槌を打つ 맞장구를 치다 顎で使う 거만한

태도로 사람을 부리다 足を洗う 나쁜 일에서 손을 떼다

149

해석 복권에 당첨됐<u>다고 해도</u> 겨우 1,000엔이에요.

단어 宝くじに当たる 복권에 당첨되다 〜といっても

〜라고 해도 たった 겨우 〜ときたら 〜은, 〜로 말할

것 같으면 〜とともに 〜와 함께 〜というのは

〜라는 것은

150

해석 출결 여부에 <u>상관없이</u> 동봉한 엽서로 답장해 주시기 바랍
니다.

단어 いかんによらず 〜여부에 상관없이, 〜을 불문하고
同封 동봉 葉書 엽서 〜かたわら 〜하는 한편, 〜함
과 동시에

151

해석 그에게 보내려던 메일을 실수로 회사 상사에게 보내는 바
람에 <u>민망했다.</u>

단어 上司 상사 送信 송신 決まりが悪い 쑥스럽다
勇ましい 용감하다 くだらない 시시하다 好ましい
바람직하다

152

해석 고민을 <u>털어놓을 수 있는</u> 친구가 한 명이라도 있다는 것은
너무나 행복한 일이다.

단어 悩み 고민 打ち明ける 털어놓다 打ち合わせる
협의하다 仕向ける 작용하다 巻き込む 끌어들이다

153

해석 모두 업무에 열심인데 저 사람만 인터넷만 하고 있다.

단어 業務 업무 取り組む 몰두하다, 맞붙다

154

해석 그는 특파원으로서 뉴스를 올바르게 보도하는 일에 사명
감을 갖고 있다.

단어 特派員 특파원 報道 보도 使命感 사명감

155

해석 <u>공교롭게도</u> 이날은 만석입니다. 15일 이후의 편이라면,
(자리를) 잡으실 수 있습니다만.

단어 あいにく 공교롭게도 満席 만석 以降 이후 便 편
とにかく 어쨌든, 아무튼

156

해석 찻집 등에서는 <u>매일 바뀌는</u> 런치라고 불리는 서양식 정식
을 내오는 가게가 많다.

단어 喫茶店 찻집, 카페 日替わり 매일 바뀜 洋風 서양풍,
서양식 定食 정식 日帰り 당일치기

157

해석 서커스의 줄타기에서 남자가 몇 번이나 균형을 잃고 떨어
질 것 같아서 <u>조마조마</u>하면서 보고 있었다.

단어 綱渡り 줄타기 バランスを崩す 균형을 잃다 はら
はら 조마조마 うずうず 근질근질 うつらうつら
꾸벅꾸벅 くすくす 키득키득

158

해석 매스컴은 때로는 권력자의 여론 조작의 도구로 이용될 위
험이 있다.

단어 マスコミ 매스컴 権力者 권력자 世論 여론(=せろ
ん, せいろん) 操作 조작 道具 도구 危険 위험
フロント 프런트 キャリア 커리어 エネルギー
에너지

159

해석 이 길은 통행이 금지되어 있습니다. 차는커녕 사람도 지나갈 수가 없습니다.

단어 通行_{つうこう} 통행　禁止_{きんし} 금지　～はおろか ～은커녕　～といえども ～라고 할지라도　～を問_とわず ～을 불문하고　～にひきかえ ～에 비해, ～와는 반대로

160

해석 기무라 씨는 책임은 너에게 있다고 말하는 듯한 태도였다.

단어 責任_{せきにん} 책임　～んばかり ～인 듯한　態度_{たいど} 태도

161

해석 그의 설명은 늘 길고 장황해서, 짜증이 난다.

단어 くどい 장황하다　いらいら 초조하거나 안달복달하는 모양

162

해석 아직 이야기가 끝나지 않았는데 중간에 끼어들어 이야기를 가로막는 사람은 싫습니다.

단어 途中_{とちゅう} 도중　割_わり込_こむ 끼어들다　遮_{さえぎ}る 가로막다　苦手_{にがて} 거북한 상대　よりかかる 기대다　張_はり切_きる 힘이 넘치다　立_たて込_こむ 붐비다

163

해석 통근 전철 안에서는 가끔 지나치게 숙면을 취해 망측한 모습을 한 사람도 볼 수 있다.

단어 通勤電車_{つうきんでんしゃ} 통근 전철　時折_{ときおり} 가끔, 때때로　熟睡_{じゅくすい} 숙면　あられもない 망측하다, 흐트러지다

164

해석 아베 씨는 외근을 빙자해 패밀리 레스토랑이나 카페에서 노닥대는 것 같다.

단어 外回_{そとまわ}り 외근　かこつける 구실 삼다　ファミレス 패밀리 레스토랑　油_{あぶら}を売_うる 노닥대다, 농땡이 부리다　泡_{あわ} 거품　糸_{いと} 실

165

해석 종이 끝을 딱 맞춰서 접는 게 좋아요.

단어 端_{はし} 끝　ぴったりと 딱(잘 들어맞는 모양)　折_おる 접다　はっきりと 분명히, 확실히　たっぷりと 듬뿍　さっぱりと 시원히, 산뜻이

166

해석 이 장소에서의 사진 촬영은 삼가 주세요. 또한 2층의 전시실에서는 사진 촬영을 하셔도 상관없습니다.

단어 撮影_{さつえい} 촬영　ご遠慮_{えんりょ} 사양, 삼감　なお 또한　展示室_{てんじしつ} 전시실　構_{かま}う 상관하다　さらに 더욱더　むしろ 오히려

167

해석 처음 내린 역에서 우물쭈물하고 있었더니, 모르는 사람이 친절하게 안내해 주었다.

단어 まごまご 우물쭈물　はきはき 시원시원, 또랑또랑　ぶつぶつ 중얼중얼, 투덜투덜　でこぼこ 울퉁불퉁

168

해석 엔진이 고장 나서, 차가 움직이지 않게 되었다.

단어 エンジン 엔진　故障_{こしょう} 고장　アクセント 악센트　オイル 오일　アンテナ 안테나

169

해석 유복한 가정에서는 해외여행이나 고급 레스토랑에서 식사하는 일은 일상다반사이다.

단어 裕福_{ゆうふく} 유복　家庭_{かてい} 가정　高級_{こうきゅう} 고급　日常茶飯事_{にちじょうさはんじ} 일상다반사　書留_{かきとめ} 등기 우편　白状_{はくじょう} 자백　相場_{そうば} 시세

170

해석 결코 도전을 포기하지 않는 그 선수의 삶의 태도를 보고 있으면 감동하지 않을 수 없다.

단어 決_{けっ}して 결코　挑戦_{ちょうせん} 도전　諦_{あきら}める 포기하다　～ないではいられない ～하지 않을 수 없다　～おそれがある ～할 우려가 있다

PART 8 독해

① 일기, 생활문 공략 2단계 실전 문제 풀기 ▶296쪽

정답 1 (A) 2 (B) 3 (D) 4 (B) 5 (C) 6 (A) 7 (C)

[1~4]

지문	해석
年末は、大掃除や正月料理の買い出しをするなど、正月の準備で大忙しとなります。各地では、一年間の労をねぎらうために親戚・友人・同僚と忘年会が催されます。年末年始休暇を利用して帰省する人や、国内外へ旅行する人もいます。①大晦日には、テレビでNHK紅白歌合戦（男性歌手は白組、女性歌手は紅組に分かれ、歌で競います）や格闘技を見たり、そば（年越しそばと呼びます）を食べたりします。そばを食べるのは、長いものを食べると長生きすると言われているからです。午前0時が近づくと、寺院では人間の持つ108の煩悩を祓うために、「除夜の鐘」を108回打ち鳴らします。	연말은 대청소와 설음식 구매를 하는 등 설 준비로 분주합니다. 각지에서는 한 해 동안의 노고를 위로하기 위해 친척·친구·동료들과 망년회가 열립니다. 연말연시 휴가를 이용하여 귀성하는 사람이나 국내외로 여행하는 사람도 있습니다. ①섣달그믐날에는 TV에서 NHK 홍백가합전(남자 가수는 백팀, 여자 가수는 홍팀으로 나뉘어 노래로 겨룹니다)이나 격투기를 보거나 메밀국수(도시코시소바라고 부릅니다)를 먹기도 합니다. 메밀국수를 먹는 것은 기다란 음식을 먹으면 장수한다고 일컬어지고 있기 때문입니다. 자정이 가까워지면 사찰에서는 인간이 가진 108가지 번뇌를 없애기 위해 '제야의 종'을 108번 칩니다.

1 무엇에 대한 내용입니까?

(A) 연말연시에 대하여

(B) NHK 홍백가합전에 대하여

(C) 망년회에 대하여

(D) 도시코시소바에 대하여

2 _____①_____ 에 들어갈 말로 가장 적당한 것은 어느 것입니까?

(A) 정월

(B) 섣달그믐날

(C) 크리스마스

(D) 오본

3 도시코시소바를 먹는 이유로서 가장 적합한 것은 어느 것입니까?

(A) 인간의 번뇌를 없애준다고 일컬어지기 때문에

(B) 아이가 건강하게 성장할 수 있다고 일컬어지기 때문에

(C) 마귀를 쫓는 힘이 있다고 일컬어지기 때문에

(D) 장수할 수 있다고 일컬어지기 때문에

4 본문의 내용과 맞지 않는 것은 어느 것입니까?

(A) 연말은 장보기 등으로 매우 바쁘다.

(B) NHK 홍백가합전에서 남자 가수는 홍팀이다.

(C) 연말에는 친구나 동료와 망년회를 한다.

(D) '제야의 종'은 새해 0시 조금 전부터 울린다.

단어 年末 연말 正月料理 설음식 買い出し 상품을 삼, 장보기 大忙し 매우 바쁨 各地 각지 労をねぎらう 노고를 위로하다 親戚 친척 同僚 동료 忘年会 망년회 催す 개최하다 年末年始 연말연시 帰省 귀성 紅白歌合戦 홍백가합전 白組 백팀 赤組 홍팀 競う 겨루다 格闘技 격투기 年越しそば 도시코시소바, 섣달그믐날 밤에 먹는 메밀국수 長生き 장수 寺院 사찰 煩悩 번뇌 祓う (신에게 빌어 죄나 부정 등을) 없애다 除夜の鐘 제야의 종 打ち鳴らす 두드려서 소리가 나게 하다

貴社の「顧客満足主義」「社会貢献」という奉仕精神の創立理念に感銘を受け、また、前職のキャリアも活かせ、自己に最適と思われるため、転職を考えました。

私は学生時代から先輩の会社で商品やサービスの企画、市場調査・分析、広告・宣伝、販売促進などマーケティングに関して、アルバイトをしてキャリアを積んできました。その後、貿易会社で、勤務環境改善プロジェクトの議長を務める機会があり、プレゼンテーションをしました。その際、上司から「何事もポジティブに考えるし、発想力があるから、企画の仕事に向いているね」と誉めていただいたことがきっかけになって、「マーケティング」に対する興味が湧きました。

入社後はまず会社に慣れるように努力します。直属の上司にマーケティング関連の仕事を教えていただきたいです。新しい仕事では失敗することもあるでしょうが、仕事を成就するために、試行錯誤しながらこつこつと苦労を重ね、努力を積むという信念を抱いてやりとげようと思っています。

귀사의 '고객 만족 주의', '사회 공헌'이라는 봉사 정신의 창립 이념에 감명을 받고, 또, 예전 직장의 경력도 살릴 수 있고, 본인에게 가장 적당하다고 생각되어 전직을 생각하였습니다.

저는 학생 때부터 선배의 회사에서 상품이나 서비스 기획, 시장 조사·분석, 광고·선전, 판매 촉진 등 마케팅에 관해서, 아르바이트를 하여 경력을 쌓아 왔습니다. 그 후, 무역 회사에서 근무 환경 개선 프로젝트의 의장을 맡을 기회가 있어 프레젠테이션을 했습니다. 그때 상사에게서 '무슨 일이든 긍정적으로 생각하고, 발상력이 있으니까 기획 일에 잘 맞는군'이라고 칭찬받은 것이 계기가 되어 '마케팅'에 대한 흥미가 생겼습니다.

입사 후는 먼저 회사에 적응하도록 노력하겠습니다. 직속 상사에게 마케팅 관련 일을 배우고 싶습니다. 새로운 일에 있어서는 실패하는 일도 있겠지만, 일을 성취하기 위해서 시행착오를 거치면서 꾸준히 수고를 더해, 노력을 쌓는다는 신념을 갖고 끝까지 해내려고 생각하고 있습니다.

5 응모자는 이전 상사로부터 어떤 평가를 받고 있습니까?

(A) 사람을 좌지우지한다.

(B) 낙천적이다.

(C) 긍정적이다.

(D) 잠재 능력이 있다.

6 이 회사를 고른 동기는 어느 것입니까?

(A) 자신에게 맞는다고 생각하는 일을 하기 위해

(B) 선배로부터 적극적으로 추천받았기 때문에

(C) 업무를 통해 시장의 움직임을 배웠기 때문에

(D) 업계 최고의 회사에서 경력 향상을 이루기 위해

7 이 사람의 경력에 관해서 옳은 것은 어느 것입니까?

(A) 마케팅 관련의 책을 편집했다.

(B) 무역 회사에서 상품·서비스 기획을 했다.

(C) 근무 환경 개선에 관해서 발표한 적이 있다.

(D) 상사와 함께 마케팅 기획을 세웠다.

단어 顧客満足主義 고객 만족 주의 貢献 공헌 奉仕 봉사 創立 창립 理念 이념 感銘 감명 マーケティング 마케팅 活かす 살리다 市場調査 시장 조사 分析 분석 広告 광고 宣伝 선전 促進 촉진 議長を務める 의장을 맡다 プレゼンテーション 프레젠테이션 ポジティブ 긍정적임 発想力 발상력 ～に向く ～에 잘 맞다 きっかけ 계기 湧く 솟다 直属 직속 成就 성취 試行錯誤 시행착오 こつこつ 꾸준히 노력함, 부지런함 信念 신념 やりとげる 끝까지 해내다 牛耳る 좌지우지하다 楽天的 낙천적임 肯定的 긍정적임 潜在能力 잠재 능력 動機 동기 積極的 적극적임 経歴 경력 編集 편집 発表 발표

정답　1 (B)　2 (D)　3 (D)　4 (B)　5 (A)　6 (B)

[1~3]

지문	해석
①拝啓 時下ますますご清栄のこととお喜び申し上げます。 平素は本校の教育活動につきましてご理解とご協力をいただき、誠にありがとうございます。 　さて、本校では、日頃より登下校時の交通事故にはくれぐれも注意をするよう指導を行ってきたところですが、先日、登校時に本校生徒が乗用車にはねられて怪我をするという事故が発生しました。この事故を受けて、交通事故の防止に万全を期すよう指導を行った次第です。 　つきましては、保護者の皆さまにおかれましても、ご家庭で下記の注意事項について再度ご指導をお願いいたします。 　なお、お気づきの点がございましたら、本校までお知らせください。 ②敬具 記 1．道路に急に飛び出さないこと 2．道路を横断するときは、横断歩道や信号のある場所を選び、左右をよく確認すること 以上	①배계 더욱 번영하시기를 기원합니다. 　평소 본교의 교육 활동에 대해 이해와 협조를 해 주심에 감사드립니다. 　다름이 아니오라 본교에서는 평소 등하교 시의 교통사고에 부디 주의하도록 지도를 해 오던 중인데, 얼마 전 등교 시 본교 학생이 승용차에 치여 다치는 사고가 발생하였습니다. 이 사고로 교통사고 방지에 만전을 다하도록 지도를 한 바입니다. 　이에 학부모님께서도 가정에서 아래의 주의 사항에 대해 재차 지도 부탁드립니다. 　아울러 문의 사항이 있으시면 본교로 알려 주시기 바랍니다. ②경구 기 1. 도로로 갑자기 뛰어나가지 말 것 2. 도로를 건널 때는 횡단보도나 신호가 있는 장소를 선택하고, 좌우를 잘 확인할 것 이상

1 제목으로서 가장 적합한 것은 어느 것입니까?
(A) 학생의 등교 시간에 대한 부탁
(B) 등하교 시의 교통사고 방지에 대한 부탁
(C) 앞으로의 교육 활동에 대한 부탁
(D) 학생의 송영에 대한 부탁

2 ① , ② 에 들어갈 말로 가장 적당한 것은 어느 것입니까?
(A) ① 배정 ② 총총 　(B) ① 전략 ② 근백
(C) ① 경구 ② 배계 　(D) ① 배계 ② 경구

3 본문의 내용과 맞지 않는 것은 어느 것입니까?
(A) 얼마 전 재학생이 차에 치인 적이 있다.
(B) 학교는 항상 교통사고에 주의할 것을 당부하고 있다.
(C) 길을 건널 때는 신호가 있는 곳을 선택한다.
(D) 등하교 중 사고에 대해 학교는 책임을 지지 않는다.

단어 拝啓 배계　時下 요즈음(편지 서두에 쓰는 말)　清栄 번영　平素 평소　本校 본교　教育活動 교육 활동　〜につきまして 〜에 대해　理解 이해　協力 협력, 협조　誠に 참으로　日頃 평소　登下校 등하교　交通事故 교통사고　くれぐれも 부디　注意 주의　指導 지도　乗用車にはねられる 승용차에 치이다　怪我をする 다치다　発生 발생　防止 방지　万全を期す 만전을 다하다　〜次第だ 〜바이다　保護者 보호자, 학부모　下記 하기　注意事項 주의 사항　再度 재차

敬具 경구　送り迎え 송영(데려다 주고 데리고 오는 것)　道路 도로　急に 갑자기　飛び出す 뛰어나가다, 뛰어나오다　横断
歩道 횡단보도　信号 신호　左右 좌우

[4~6]

拝啓　貴社ますますのご繁栄のこととお慶び申し上げます。

　毎度格別のお引立てを賜り、厚く感謝申し上げる次第でございます。またこの度はＳ型マイクロスイッチのご注文を賜り、心より感謝申し上げます。

　さて、ご注文をいただいたＳ型マイクロスイッチでございますが、同製品は先月末日をもって生産中止との連絡が入りました。メーカー曰く、原料の不足、原材料費の上昇、原油の価格高騰により各種の部品の調達が難しくなり生産中止に追い込まれたとのことです。

　つきましては、今月発売となった他社メーカーのＦＳ型マイクロスイッチでしたら、即日納品が可能です。価格は据え置きですが、従来にまして処理能力が２倍にアップされています。カタログをお送りいたしますので、よろしくご検討いただければ幸いです。

敬具

배계 귀사 더욱 번영하시길 기원합니다.

　매번 각별한 배려를 해 주셔서 깊이 감사드릴 따름입니다. 또 이번에는 S형 마이크로 스위치 주문을 해 주셔서 진심으로 감사드립니다.

　다름이 아니라, 주문해 주신 S형 마이크로 스위치에 대한 것입니다만, 이 제품은 지난달 말일부로 생산을 중지했다는 연락이 들어왔습니다. 제조 업체가 말하길, 원료 부족, 원재료비 상승, 원유 가격 인상에 따라 각종 부품 조달이 어려워져 생산 중지에 이르게 되었다고 합니다.

　이에 이번 달 발매된 다른 제조 업체의 FS형 마이크로 스위치라면, 당일 납품이 가능합니다. 가격은 그대로이지만, 이전보다 처리 능력이 2배로 업되었습니다. 카탈로그를 보내 드리오니, 잘 검토해 주시길 바랍니다.

경구

4　이것은 무슨 편지입니까?

(A) 협의 의뢰

(B) 수주품 변경 의뢰

(C) 주문 취소 의뢰

(D) 카탈로그 요청 의뢰

5　S형 마이크로 스위치가 생산 중지에 이르게 된 이유는 무엇입니까?

(A) 원재료, 원유의 가격이 올랐다.

(B) 생활필수품의 물가가 뛰었다.

(C) 자회사의 파업으로 가동이 중지되었다.

(D) 디지털 처리에 따라 부품 생산이 지연되었다.

6　본문의 내용과 맞는 것은 어느 것입니까?

(A) S형 마이크로 스위치는 매진되어서 재생산 준비를 하고 있다.

(B) FS형 마이크로 스위치는 가격을 유지하면서도 품질이 향상되었다.

(C) FS형 마이크로 스위치는 채산이 맞지 않아서 생산 중지를 검토 중이다.

(D) S형 마이크로 스위치는 FS형 마이크로 스위치보다 성능이 약간 좋다.

단어　貴社 귀사　繁栄 번영　引立て 특별히 돌봐 줌, 후원　賜る (윗사람에게서) 받다, 내려 주시다　～次第 ~사정, ~경위, ~따름
スイッチ 스위치　メーカー 제조사　曰く 말하기를　原料 원료　原材料 원재료　上昇 상승　原油 원유　調達 조달
追い込む 몰아넣다, 빠뜨리다　即日 당일　納品 납품　据え置き 그대로 둠　処理 처리　打ち合わせ (사전) 협의　依頼 의뢰
受注 수주　取り消し 취소　騰貴 등귀, 물건값이 뛰어오름　生活必需品 생활필수품　跳ね上がる 뛰어오르다, 폭등하다
子会社 자회사　スト 파업　稼働 가동　遅延 지연　売り切れる 다 팔리다, 매진되다　再生産 재생산　維持 유지　向上
향상　採算が取れる 채산이 맞다　いささか 조금, 약간

정답 1 (D) 2 (A) 3 (C) 4 (B) 5 (A) 6 (D) 7 (D)

[1~3]

지문	해석
本年も、恒例通り来る４月17日から20日の４日間、下記の日程で『新入社員研修会』を実施することになりました。 つきましては、副社長より『社員が目指すべき姿』というテーマでご講義を賜り、その後、懇親会を予定しております。年度初めでご多忙中とは存じますが、何卒ご承引くださるようお願い申し上げます。 <div align="center">記</div> １．研修日程　４月17日から20日 ２．講義日時　４月18日　午後２時より４時 ３．講義テーマ　『社員が目指すべき姿』 ４．研修場所　当社研修センター (横浜) ※ ①なお、今回の研修カリキュラムを添付いたしました。ご確認くださいますようお願い申し上げます。 <div align="right">以上</div>	올해도 통례대로 오는 4월 17일부터 20일까지 4일간 하기의 일정으로 「신입 사원 연수회」를 실시하게 되었습니다. 이에, 부사장님께서 「사원이 지향해야 할 자세」라는 테마로 강의를 해 주시고 그 후, 친목회를 할 예정입니다. 연초 바쁘신 줄 압니다만, 부디 승낙해 주시길 바랍니다. <div align="center">기</div> 1. 연수 일정　4월 17일부터 20일 2. 강의 일시　4월 18일 오후 2시부터 4시 3. 강의 테마　「사원이 지향해야 할 자세」 4. 연수 장소　당사 연수 센터 (요코하마) ※ ①덧붙여 말하면, 이번 연수 커리큘럼을 첨부했습니다. 확인해 주시기 바랍니다. <div align="right">이상</div>

1 무엇에 관한 내용입니까?

(A) 부사장의 취임식

(B) 정사원의 평생 교육

(C) 신입 사원 연수회의 연기

(D) 사원의 오리엔테이션

2 _____①_____ 에 들어갈 말로 가장 적당한 것은 어느 것입니까?

(A) 덧붙여 말하면

(B) 틀림없이

(C) 왠지

(D) 그런고로

3 본문의 내용과 맞는 것은 어느 것입니까?

(A) 전 사원이 강의를 받아야만 한다.

(B) 신입 사원 대상의 연수 개최는 첫 시도이다.

(C) 신입 사원의 연수 커리큘럼에 대해 알리고 있다.

(D) 신입 사원은 요코하마에 갈 수 없다.

단어 恒例 항례, 하기로 정해져 있는 의식이나 행사　下記 하기　日程 일정　研修会 연수회　実施 실시　つきましては 그런고로, 그런 연유로　テーマ 테마　講義 강의　賜る (윗사람에게서) 받다, 내려 주시다　懇親会 친목회　多忙 매우 바쁨　存じる 알다, 생각하다(知る, 思う의 겸양 표현)　承引 승낙　センター 센터　カリキュラム 커리큘럼　添付 첨부　就任 취임　生涯教育 평생 교육　延期 연기　オリエンテーション 오리엔테이션　おそらく 어쩌면, 틀림없이　なんとなく 왠지　~わけにはいかない ~할 수 없다

新型コロナウイルスの感染拡大に乗じた不適切な広告は掲載できません。

【規制対象】
・新型コロナウイルスを「予防」「治療」できるような誤解を与えるもの
・新型コロナウイルスの感染拡大を利用し利益を得ようとするもの
　（例 ①「コロナ禍で一人暮らしの方へ　オンライン婚活はいかがですか。」）
・過度に不安感、恐怖感を与えるもの
・行政により転売が規制された商品を転売するもの

【事例】
・「コロナウイルス対策で免疫力アップ」と謳ったサプリメント
　（例 ②「○○配合ドリンク　ウイルスに負けない体を作ろう」）
・「コロナ流行の今がお得」と謳った金融商品
・根拠のない情報を多数掲載し、不要に恐怖感をあおり購入に誘導する情報商材
・マスク、消毒液の転売サイト（※）

※ 法令に基づき制限していましたが、マスク、消毒液の転売規制が解除されたため、現在、掲載の制限はしておりません。

신종 코로나 바이러스 감염 확대를 이용한 부적절한 광고는 게재할 수 없습니다.

【규제 대상】
• 신종 코로나 바이러스를 '예방', '치료'할 수 있을 것 같은 오해를 주는 것
• 신종 코로나 바이러스의 감염 확대를 이용하여 이익을 얻으려는 것 (예 ①'코로나 시국에 혼자 외롭고 불안한 분들에게 온라인 결혼 활동부터 시작하지 않겠습니까?')
• 지나치게 불안감, 공포감을 주는 것
• 행정에 의해 전매가 규제된 상품을 전매하는 것

【사례】
• '코로나 바이러스 대책으로 면역력 향상'이라고 주장한 영양 보충제 (예 ②'○○배합 드링크 바이러스에 지지 않는 몸을 만들자')
• '코로나 유행인 지금이 이득'이라고 주장한 금융 상품
• 근거 없는 정보를 다수 게재해, 불필요하게 공포감을 부추겨 구입을 유도하는 정보 상품
• 마스크, 소독액 전매 사이트(※)

※ 법령에 따라 제한하였으나 마스크, 소독제 전매 규제가 해제되어, 현재 게재 제한은 하고 있지 않습니다.

---

4 제목으로서 가장 적합한 것은 어느 것입니까?
(A) 신종 코로나 바이러스 예방 대책에 대해
(B) 광고 게재에 대해
(C) 행정에 의해 전매가 규제된 상품에 대해서
(D) 영양 보충제에 대해서

5 광고로써 올릴 수 있는 것은 어느 것입니까?
(A) 마스크, 소독액 전매 사이트
(B) '면역력 향상에 효과 있음'이라고 주장하는 영양 보충제
(C) 신종 코로나 바이러스 감염증을 고칠 수 있다고 생각이 들게 하는 것
(D) 지나치게 불안감을 주는 것

6 ①'코로나 시국에 혼자 외롭고 불안한 분들에게 온라인 결혼 활동부터 시작하지 않겠습니까?'와 같은 광고를 게재할 수 없는 이유는 무엇입니까?

(A) 결혼할 수 있을 것 같은 희망을 줄 우려가 있기 때문에

(B) 법령에 따라 제한하고 있기 때문에

(C) 전매가 규제되고 있는 상품을 전매하려고 하고 있기 때문에

(D) 감염의 확대라는 상황을 역이용한 상법이기 때문에

7 ②'○○ 배합 드링크 바이러스에 지지 않는 몸을 만들자'와 같은 광고를 게재할 수 없는 이유는 무엇입니까?

(A) 법령에 따라 제한하고 있지 않기 때문에

(B) 다이어트 중인 몸에 악영향을 주기 때문에

(C) 사용자에게 공포감을 주기 때문에

(D) 코로나 바이러스를 '예방' 가능할 것 같은 표현은 오해를 주기 때문에

단어 新型コロナウイルス 신종 코로나 바이러스　感染拡大 감염 확대　乗ずる 때를 이용하다　不適切 부적절　広告 광고　掲載 게재　規制対象 규제 대상　予防 예방　治療 치료　誤解 오해　与える 주다　利益 이익　例 예　コロナ禍 코로나 시국　婚活 결혼 활동　過度に 과도하게　不安感 불안감　恐怖感 공포감　行政 행정　転売 전매　事例 사례　対策 대책　免疫力 면역력　謳う 주장하다　サプリメント 영양 보충제　配合 배합　お得 이득　金融商品 금융 상품　根拠 근거　多数 다수　不要 불필요　購入 구입　誘導 유도　情報商材 정보 상품　消毒液 소독액　法令 법령　～に基づく ～에 의거하다　制限 제한　解除 해제　逆手にとる 역이용하다　商法 상법

---

④ 뉴스, 신문 기사　공략 2단계 실전 문제 풀기　▶ 315쪽

정답　1 (D)　2 (B)　3 (C)　4 (B)　5 (A)　6 (B)

[1~3]

지문	해석
厚生労働省によると、国民生活基礎調査を基に、3年ごとにさかのぼって4回分を算出した結果、「相対的貧困率」が16%で、17歳以下を抽出した「子どもの貧困率」は14%だった。経済協力開発機構(OECD)がまとめた加盟国の中で4位で、貧困率の高さが①際立った。 　相対的貧困率は可処分所得を世帯の人数の平方根で割った数値となっている。これは、生活必需品のコストを基に算出して貧困の水準を示す絶対的貧困率と異なり、国内の低所得者の割合を示す指標になっている。可処分所得とは所得から税金や社会保障の負担などを差し引いた後の自由に使える所得である。 　「子どもの貧困率」が高い理由として、「パート」「派遣」などの非正規雇用など女性全体に対する就労条件の悪化によって母子世帯の母親の収入水準が低くなったことが挙げられる。	후생노동성에 따르면, 국민 생활 기초 조사를 근거로 3년마다 거슬러올라 4회분을 산출한 결과, '상대적 빈곤율'이 16%였고, 17세 이하를 추출한 '어린이 빈곤율'은 14%였다. 경제협력개발기구(OECD)가 정리한 가맹국 가운데 4위로 빈곤율이 ①두드러졌다. 　상대적 빈곤율은 가처분소득을 세대인수의 제곱근으로 나누는 수치이다. 이것은 생활 필수품 비용을 기초로 산출하여 빈곤의 수준을 나타내는 절대적 빈곤율과는 달리, 국내 저소득자의 비율을 나타내는 지표가 되고 있다. 가처분소득이란, 소득에서 세금이나 사회보장 부담 등을 공제한 다음에 자유롭게 쓸 수 있는 소득이다. 　'어린이 빈곤율'이 높은 이유로서, '파트 타임', '파견 근무' 등의 비정규고용 등 여성 전체에 대한 노동 조건의 악화에 의해 모자 세대의 어머니의 수입 수준이 낮아진 것을 들 수 있다.

「子どもの貧困率」の問題を解決するには、現金支給、現物支給、子育て応援特別手当て支給、制度変更などの長期的な対策が必要である。

'어린이 빈곤율' 문제를 해결하기 위해서는 현금 지급, 현물 지급, 육아 응원 특별 수당 지급, 제도 변경 등의 장기적인 대책이 필요하다.

1 상대적 빈곤율에 관해서 옳은 것은 어느 것입니까?

(A) 생활 필수품 등에 드는 비용을 기준으로 산출한 것이다.

(B) 후생노동성이 OECD와 함께 조사를 해서 3년마다 발표하고 있다.

(C) 일본의 빈곤율은 저하되기는커녕, 올해는 최악의 결과가 나왔다.

(D) 상대적 빈곤율은 전 국민 중의 저소득자의 비율이다.

2 본문 중에 있는 ①두드러졌다의 의미는 어느 것입니까?

(A) 잘 어울렸다

(B) 현저했다

(C) 야무지지 못했다

(D) 양보할 수 없었다

3 어린이의 빈곤율을 해결하기 위해서 무엇을 해야만 합니까?

(A) 비정규노동자를 축소한다.

(B) 생활 필수품 비용을 안정시킨다.

(C) 육아 응원 특별 수당 등을 지급한다.

(D) 저출산 문제의 발본적 해결 방법을 모색한다.

단어 厚生労働省 후생노동성　国民生活 국민 생활　基礎調査 기초 조사　基 토대, 기초　算出 산출　貧困率 빈곤율　経済協力開発機構 경제 협력 개발 기구　加盟国 가맹국　際立つ 두드러지게 눈에 띄다, 특출한 데가 있다　可処分所得 가처분소득, 실소득　世帯 세대　平方根 제곱근　数値 수치　生活必需品 생활필수품　水準 수준　低所得者 저소득자　割合 비율　指標 지표　社会保障 사회보장　差し引く 차감하다, 공제하다　非正規 비정규　就労 취로, 노동에 종사함　悪化 악화　母子 모자　現物 현물　子育て 육아　手当て 수당　割り出す 나눗셈을 하여 답을 내다, 산출하다　板に付く 배우가 맡은 역을 잘 소화시켜 자기 것으로 하다, 임무나 직업 등에 숙달이 되어 잘 어울리다　顕著 현저　締りがない 태도나 마음가짐에 긴장감이 없다, 야무지지 못하다　あとへ引けない 양보할 수 없다, 물러설 수 없다　縮小 축소　抜本的 발본적　模索 모색

[4~6]

「池袋事件」の実刑判決が確定した。9月17日の控訴期限までに弁護側、検察側とも控訴しなかったため、東京地裁での1審判決が確定したのだ。同事件では、乗用車を運転していた高齢者(事件当時87歳)が、信号前でブレーキと間違ってアクセルを踏み続けたために、横断歩道を横断中の母子2人を死亡させ、9人に重軽傷を負わせるという、凄惨きわまる事態となった。

その上で運転免許について改めて考えてみたい。池袋暴走事故によって、高齢ドライバーの免許返納が進んだという話もある。それはそれでいいことだが「クルマがなければ生活できない」、「クルマがないと不便」という理由で免許返納を躊躇している高齢ドライバーも決して少なくない。高齢者のほうが事故を①起こしやすいのも

'이케부쿠로 사건'의 실형 판결이 확정되었다. 9월 17일 항소 기한까지 변호인 측과 검찰 측 모두 항소하지 않아 도쿄지방법원에서의 1심 판결이 확정된 것이다. 이 사건은 승용차를 몰던 고령자(사건 당시 87세)가 신호등 앞에서 브레이크와 착각해 액셀을 계속 밟는 바람에 횡단보도를 건너던 모자 두 명을 숨지게 하고, 아홉 명에게 중경상을 입히는, 처참하기 짝이 없는 사태가 되었다.

또한 운전면허에 대해 다시 생각해 보고 싶다. 이케부쿠로 폭주 사고로 인해 고령 운전자의 면허 반납이 진행됐다는 얘기도 있다. 그것은 그걸로 된 일이지만 '자동차가 없으면 생활할 수 없다', '자동차가 없으면 불편하다'는 이유로 면허 반납을 주저하는 고령 운전자들도 결코 적지 않다. 고령자 쪽이 사고를 ①일으키기 쉬운 것도 아마 사실이겠지만 그렇다고 비고령자의 사고가 경시되는 게 좋을 리가 없다.

おそらく事実であろうが、だからといって非高齢者の事故が軽視されてよいはずがない。朝日新聞によれば、75歳以上の運転による人身事故は15万件弱だが、一方、75歳未満の運転によるそれは174.6万件に達する。②高齢者のそれに関心を集中させれば、15万件をなくすために、実質的に174.6万件を放置する結果になりかねない。

아사히 신문에 따르면 75세 이상 운전으로 인한 인명사고는 15만 건 남짓이지만 75세 미만 운전으로 인한 그것은 174.6만 건에 달한다. ②고령자의 그것에 관심을 집중시키면 15만 건을 없애기 위해 실질적으로 174.6만 건을 방치하는 결과가 나올 수 있다.

---

4 ___①___ 에 들어갈 말로 가장 적당한 것은 어느 것입니까?

(A) 일으키기 어렵다

(B) 일으키기 쉽다

(C) 일어나기 쉽다

(D) 일어나기 어렵다

5 ②고령자의 그것은 무엇을 가리키고 있습니까?

(A) 고령자가 일으키는 인명 사고

(B) 청장년층이 일으키는 인명 사고

(C) 고령자의 신체 반응 등

(D) 청장년층의 신체 반응 등

6 본문의 내용과 맞지 않는 것은 어느 것입니까?

(A) '이케부쿠로 사건'은 고령자 운전에 휘말린 사건이다.

(B) 검찰 측이 항소할 수 있는 기간을 잘못 알아서 1심 판결이 확정되고 말았다.

(C) '이케부쿠로 사건'에 의해 어머니와 아이가 사망했다.

(D) 피고인은 브레이크와 액셀을 착각해서 교통사고를 일으켰다.

단어 実刑判決 실형 판결 確定 확정 控訴期限 항소 기한 弁護 변호 側 측 検察 검찰 東京地裁 도쿄지방법원 乗用車 승용차 高齢者 고령자 信号 신호 踏み続ける 계속 밟다 横断歩道 횡단보도 母子 모자 死亡 사망 重軽傷を負う 중경상을 입다 凄惨 처참함 ～きわまる ～하기 짝이 없다 事態 사태 運転免許 운전면허 改めて 다시 暴走 폭주 返納 반납 躊躇 주저 決して～ない 결코~지 않다 事実 현실 軽視 경시 人身事故 인명 사고 ～弱 (어떤 수를) 넘지 않음, (어떤 수보다) 조금 적음 未満 미만 達する 달하다 実質的 실질적 放置 방치 青壮年層 청장년층 身体反応 신체 반응 巻き込む 휘말리다, 연루되다

⑤ **설명문** 공략 2단계 실전 문제 풀기　▶ 321쪽

정답 1 (D)　2 (C)　3 (D)　4 (A)　5 (A)　6 (A)　7 (C)

[1~4]

지문	해석
iPS細胞は人間の皮膚などの体細胞から作製された。通常の細胞にウイルスなどを使って3〜4種類の遺伝子を導入し作製するが、動物の体内に移植するとガンを引き起こす原因になりうる恐れがあった。①しかし、アメリカの研究チームは大人の皮膚細胞に4種類の遺伝子を導入した後、3種類の化合物を加えると、より安全性の高いiPS細胞の作製に成功したと発表した。 iPS細胞樹立の成功により、生命倫理的問題を回避することができるようになり、免疫拒絶のない再生医療の実現に向けて大きな一歩となった。宗教界からも「難病治療につながる技術が受精卵を破壊する過程を経ずに行えることになったことを賞賛する」との評価を得ている。 iPS細胞を様々な組織や臓器の細胞に分化させ、創薬や再生医療への応用が可能になったが、拒絶反応の問題、副作用の可能性などを解決し、安全なiPS細胞の作製・分化誘導技術が完成するのには、少なくとも数年かかるとみられる。	iPS 세포는 인간의 피부 등의 체세포로 만들어졌다. 일반 세포에 바이러스 등을 사용해서 서너 종류의 유전자를 도입하여 만드는데, 동물 체내에 이식하면 암을 일으키는 원인이 될 위험성이 있었다. ①그러나 미국 연구 팀은 성인의 피부 세포에 네 종류의 유전자를 도입한 후, 세 종류의 화합물을 첨가하자, 보다 안전성이 높은 iPS 세포 제작에 성공했다고 발표했다. iPS 세포 수립 성공에 따라 생명윤리적 문제를 회피할 수 있게 되었고, 면역 거부가 없는 재생 의료 실현을 향해 한 발짝 성큼 다가서게 되었다. 종교계로부터도 '난치병 치료로 이어지는 기술이 수정란 파괴라는 과정을 거치지 않고 가능하게 된 것을 높이 산다'라는 평가를 얻고 있다. iPS 세포를 다양한 조직이나 장기 세포로 분화시켜, 신약 개발이나 재생 의료에 대한 응용이 가능해졌지만, 거부 반응에 대한 문제, 부작용 가능성 등을 해결하고, 안전한 iPS 세포의 제작·분화 유도 기술이 완성되기에는 적어도 수년은 걸릴 것으로 보인다.

1 iPS 세포라는 것은 무엇입니까?

(A) 인간의 생식세포로 만들어진다.

(B) 오로지 하나의 조직 세포와 융화시킨다.

(C) 단백질 유전자를 세포에 도입한 것이다.

(D) 바이러스를 사용하여 몇 가지의 유전자를 도입해서 제작한다.

2 iPS 세포를 개발해서 얻을 수 있는 이익은 무엇입니까?

(A) 바이러스 연구에 박차가 가해진다.

(B) 유전자 변형의 발전을 촉진시킨다.

(C) 제약, 재생 의료에 응용할 수 있다.

(D) 세포 융합 기술의 선구가 된다.

3 iPS 세포가 갖는 문제점은 무엇입니까?

(A) 치매의 심각함

(B) 인간의 존엄성

(C) 대사증후군

(D) 면역 거부와 안전성이 부족한 제작 기술

4 ＿＿＿ ① ＿＿＿ 에 들어갈 말로 가장 적당한 것은 어느 것입니까?

(A) 그러나

(B) 게다가

(C) 완전히

(D) 그건 그렇다 하더라도

이식　ガン 암　化合物 화합물　樹立 수립　生命倫理 생명윤리　免疫 면역　拒絶 거절, 거부　再生医療 재생 의료

宗教界 종교계　難病 난치병　治療 치료　受精卵 수정란　破壊 파괴　賞賛 칭찬　臓器 장기　創薬 신약 개발, 새로운

종류의 의약품을 개발하는 것　副作用 부작용　誘導 유도　生殖細胞 생식세포　ひたすら 오로지　融化 융화　たんぱく

質 단백질　拍車がかかる 박차가 가해지다　遺伝子組み換え 유전자 변형　促す 촉진하다　製薬 제약　細胞融合 세포

융합　先駆け 선구, 남보다 앞섬　認知症 치매　尊厳性 존엄성　メタボリックシンドローム 대사증후군　おまけに

게다가　まんざら (부정어 수반) 반드시는, 아주, 전혀

[5~7]

写真のない頃、見たことのないものを想像するのはとても難しいことでした。しかし今、私たちは、アフリカの砂漠、宇宙から見た地球の姿など映像によってたくさんのことを知るようになりました。毎日が映像とともに明け暮れている、といってもよいでしょう。そして、①このような時代だからこそ、私たちは映像が教えてくれることに注意深くならなければいけません。普段、喧嘩ばかりしている兄弟がいるとします。そういう二人でもカメラを向けられた時は、にっこり笑うかもしれません。②すると、写真だけを見た人の中には、いつもにこにこ仲の良い兄弟だなと間違って受け取ってしまう人がいるかもしれません。同じ写真から「いつも仲良し」という簡単で間違った印象しか受けない人と、③もっと深い意味や味わいを感じ取る人がいるのも、映像の特色といっていいでしょう。

本を読むより映像を見るほうが楽だとよく言われますが、よく考えずにたくさんの映像に接していると「仲の良い兄弟」の例ではありませんが、いろいろなことで私たちは間違ったものの感じ方をしてしまいます。テレビでかっこいいコマーシャルをやっている商品をなんとなく良い商品のように感じてしまうのもひとつの例でしょう。美しい雪の村の写真に見とれていて、その寒さ、厳しさ、不便さには気が付かないというのもありがちなことです。いつも注意深く映像を見る練習をして本当の映像の意味を味わうことができるようにしたいものです。

사진이 없을 때는 본 적이 없는 것을 상상하는 것은 매우 어려운 일이었습니다. 하지만 이제 우리는 아프리카의 사막, 우주에서 본 지구의 모습 등 영상을 통해 많은 것을 알게 되었습니다. 매일을 영상과 함께 보내고 있다고 해도 좋을 것입니다. 그리고 ①이런 시대이기 때문에 우리는 영상이 알려주는 것에 신중해져야 합니다. 평소에 싸움만 하는 형제가 있다고 합니다. 그런 두 사람이라도 카메라를 들이대면 빙그레 웃을 수도 있습니다. ②그러면 사진만 본 사람들 중에는 항상 싱글벙글 사이좋은 형제구나 하고 잘못 받아들이는 사람이 있을지도 모릅니다. 같은 사진으로부터 '항상 사이가 좋다'라고 하는 간단하고 잘못된 인상밖에 받지 않는 사람과, ③더 깊은 의미나 맛을 느끼는 사람이 있는 것도, 영상의 특색이라고 해도 좋을 것입니다.

책을 읽는 것보다 영상을 보는 게 편하다는 말을 많이 듣지만, 잘 생각하지 않고 많은 영상을 접하다 보면 '사이좋은 형제'의 예는 아니지만, 여러 가지 일로 우리는 잘못된 느낌을 갖게 됩니다. 텔레비전에서 멋진 광고를 하고 있는 상품을 왠지 모르게 좋은 상품처럼 느껴 버리는 것도 하나의 예일 것입니다. 눈 내리는 아름다운 마을 사진에 반해 버려서, 그 추위, 혹독함, 불편함은 깨닫지 못하는 것도 흔히 있는 일입니다. 항상 주의 깊게 영상을 보는 연습을 해서 진짜 영상의 의미를 맛볼 수 있도록 하고 싶습니다.

5 ①이런 시대는 어떤 시대입니까?

(A) 매일을 영상과 함께 시간을 보내는 시대

(B) 영상의 훌륭함을 맛볼 수 있는 시대

(C) 책을 읽는 것보다 영상을 보는 것이 편하다는 말을 자주 듣는 시대

(D) 광고 영상에 속는 시대

6 ____②____ 에 들어갈 말로 가장 적당한 것은 어느 것입니까?

(A) 그러면

(B) 그러나

(C) 하지만

(D) 또

7 ③더 깊은 의미나 맛의 예로 들어맞는 것은 어느 것입니까?

(A) 우주에서 본 지구의 아름다운 모습

(B) 빙그레 웃고 있는 형제 간의 사이좋은 점

(C) 눈 내리는 아름다운 마을의 추위와 혹독함, 불편함

(D) 광고에서 본 상품의 멋짐

단어 想像 상상　砂漠 사막　宇宙 우주　地球 지구　映像 영상　明け暮れる 날이 새고 해가 지다, 세월을 보내다　時代 시대
注意深い 주의 깊다　普段 평소　喧嘩 싸움　にっこり 빙그레　にこにこ 싱글벙글　仲良し 사이가 좋음　印象 인상
味わい 맛, 풍미　感じ取る 감득하다, 마음에 느끼어 이해하다　特色 특색　接する 접하다　例 예　格好いい 멋있다
コマーシャル 광고　商品 상품　厳しい 혹독하다　不便さ 불편함　ありがち 있기 쉬움

PART 8 독해 실전모의테스트 ▶323쪽

[171~173]

지문	해석
拝啓 　平素は格別のお引立てを賜り、厚くお礼申し上げます。 　日頃ご愛顧いただいているお得意様をお招きして、ゴルフ大会を催すことにいたしました。ご多忙中恐縮でございますが、気分転換も兼ねて楽しい一日を過ごしていただけたらと思っております。 　なお、当日ご欠席される場合は、同封の用紙にその旨をご表示いただき、5月10日までにご記名ご押印の①うえご返送くださいますようお願い申し上げます。 　　　　　　　　　　　　　　　　　　敬具 　　　　　　　　　　記 日時　5月21日(小雨決行、大雨の時は延期する予定) 場所　神奈川県　神奈川カントリークラブ　アウトコース 詳細スケジュール表とメンバー表は、後日ご送付申し上げます。	배계 　평소에 각별한 배려를 해 주셔서 정말 감사드립니다. 　늘 아껴 주시는 손님들을 초대하여, 골프 대회를 개최하기로 하였습니다. 바쁘신 가운데 죄송합니다만, 기분전환도 겸해서 즐거운 하루를 보내셨으면 합니다. 　또한, 당일 못 오시는 경우는, 동봉된 용지에 그 취지를 표시해 주시고, 5월 10일까지 기명, 날인을 하신 ①후 반송해 주시길 바랍니다. 　　　　　　　　　　　　　　　　　　경구 　　　　　　　　　　기 일시　5월 21일(약한 비에는 결행함, 큰비가 내릴 경우는 연기할 예정) 장소　가나가와현, 가나가와 컨트리클럽 아웃코스 상세 스케줄 표와 멤버 표는 후일 송부해 드리겠습니다.

171 이것은 무슨 편지입니까?

(A) 클럽의 출결을 묻는 편지

(B) 대회 개최의 찬반을 묻는 편지

(C) 골프 대회 참가를 묻는 편지

(D) 사원 여행 취소를 묻는 편지

172 ____①____ 에 들어갈 말로 가장 적당한 것은 어느 것입니까?

(A) 후에　　　　　　　　　　(B) 앞에

(C) 부터　　　　　　　　　　(D) 만큼

173 본문의 내용과 맞는 것은 어느 것입니까?

(A) 날씨가 흐릴 때에는 중지한다,

(B) 스케줄 표를 첨부하여 송부했다.

(C) 친목 골프 대회라서 사원은 참가해야만 한다.

(D) 동봉된 용지는 5월 10일 이내로 송부하지 않으면 안 된다.

| 단어 | 平素 평소　格別 각별　引立て 특별히 돌봐 줌, 후원　賜る (윗사람에게서) 받다, 내려 주시다　愛顧 사랑하여 돌봐 줌
お得意様 단골, 고객, 손님　招く 초대하다　催す 개최하다　気分転換 기분전환　兼ねる 겸하다　なお 또한　欠席 결석
同封 동봉　旨 취지, 뜻　表示 표시　記名 기명　押印 날인　返送 반송　小雨 가랑비, 약한 비　決行 결행　詳細 상세
後日 후일, 훗날　送付 송부　出欠 출결　問う 묻다, 문제 삼다　賛否 찬반　曇天 흐린 날씨　添付 첨부　懇親 친목 |

新潟県中越地方に短時間に降った雪で、関越自動車道の群馬新潟県境にある関越トンネルをはさむ区間の本線車道で渋滞が発生、①立ち往生に近い形となり、上下線で通行止めの措置がとられました。1月4日の関越自動車道でのケースは、スキーやスノボなどの行楽帰り、そしてお正月休みを地方で過ごした人のUターンラッシュに、時間あたり5cmから6cmの降雪が重なりました。関越道のこの区間は日本屈指の豪雪地帯であり、NEXCO東日本は定期的に除雪車を動かすなどして道路の安全確保に努めています。しかしこの区間は長い上り坂が続くため、通行量の多い状況では車速が②低下しがちです。そこに豪雪が加わると、視界不良などでさらに車速が落ち、渋滞が発生しやすくなります。そして本線上に渋滞の列が連なると、理想的な間隔での除雪車運行が困難になり、路面には雪が積もり続ける状態になります。路面が多くの降雪に覆われると、まず2WDなどトラクションのかかりにくい車から③スタックがはじまり、渋滞に拍車をかけます。そして渋滞で動かなくなった車の間に雪が積もるようになってくると、③スタックする車はさらに増えます。こうした結果、雪のなかでの立ち往生が発生してしまうのです。

니가타현 주에쓰 지방에 단시간에 내린 눈으로 간에쓰 자동차 도로의 군마 니가타현 경계에 있는 간에쓰 터널을 사이에 둔 구간의 본선 차도에서 정체가 발생하여, ①가도 오도 못하는 상황에 가까운 형태로 상하행선에서 통행금지 조치가 취해졌습니다. 1월 4일의 간에쓰 자동차 도로에서의 경우는 스키나 스노보드 등의 행락 귀가, 그리고 설 휴일을 지방에서 보낸 사람의 유턴 혼잡에, 시간당 5cm에서 6cm의 강설이 겹쳤습니다. 간에쓰도의 이 구간은 일본 굴지의 폭설 지대이며, NEXCO 동일본은 정기적으로 제설 차량을 움직이는 등 도로 안전 확보에 힘쓰고 있습니다. 그러나 이 구간은 긴 오르막이 이어지기 때문에 통행량이 많은 상황에서는 차의 속도가 ②저하되기 쉽습니다. 거기에 폭설이 더해지면 시야 불량 등으로 인해 더욱 차의 속도가 떨어져 정체가 발생하기 쉬워집니다. 그리고 본선상에 정체 줄이 이어지면 이상적인 간격으로 제설차 운행이 어려워지고 노면에는 눈이 계속 쌓이는 상태가 됩니다. 노면이 많은 강설에 덮이면 우선 2WD(이륜 구동) 등 트랙션이 걸리기 어려운 차량부터 ③꼼짝 못하게 되고 정체에 박차를 가합니다. 그리고 정체로 움직이지 않게 된 차량 사이에 눈이 쌓이게 되면 ③꼼짝 못하는 차량은 더욱 늘어납니다. 이러한 결과, 눈 속에서 가도 오도 못하는 현상이 발생하게 되는 것입니다.

174 ①가도 오도 못하는 상황에 가까운 형태로라는 것은 어떤 상태를 나타내고 있습니까?

(A) 길가에서 물건을 계속 파는 것

(B) 행동거지가 좋지 않은 것

(C) 차의 흐름이 원활한 것

(D) 교통이 마비 상태에 빠지는 것

175 간에쓰 자동차 도로의 정체 이유가 아닌 것은 어느 것입니까?

(A) NEXCO 동일본이 정기적으로 제설차를 움직이지 않았기 때문에

(B) 스키나 스노보드 등 나들이객들의 유턴 혼잡이 발생했기 때문에

(C) 시간당 5cm에서 6cm의 강설이 겹쳤기 때문에

(D) 정체 때문에 제설차 운행이 어려워졌기 때문에

176 ____②____ 에 들어갈 말로 가장 적당한 것은 어느 것입니까?

(A) 저하되기 힘듭니다

(B) 저하되기 쉽습니다

(C) 계속 저하되고 있습니다

(D) 저하되게 합니다

177 ____③____ 에 들어갈 말로 가장 적당한 것은 어느 것입니까?

(A) 스터크(stuck)　　　(B) 엔진

(C) 액세스　　　(D) 방향 지시등

[178~181]

　ふるさと納税の新制度では、自治体間の過度な競争を防ぐため、返礼品を寄付額の３割以下の地場産品などとする法規制が設けられた。だが国は運営状況を常にチェックしているわけではなく、現在も①「グレーゾーン」の手法で寄付を集める自治体は後を絶たない。インターネット上では対価の高い返礼品を紹介するウェブサイトが複数存在し、お得な返礼品が人気を集める状況は変わっていない。

　返礼品の選定は自治体の裁量に委ねられ、全てが基準を満たすか確認できないのが現状だ。ある自治体の担当者は「返礼品の調達費は自己申告。高い還元率を狙って市場価格よりずっと低い値段で報告している場合も多い」と声を潜める。制度の穴を突いて地場産品ではない品を返礼品とする手法も横行している。大阪府熊取町は、町外で生産された家電製品を地場産品のタオルとセットで返礼品としている。新制度は地域資源の乏しい自治体に配慮し、関連のある複数の返礼品をセットで贈る場合、主要な部分が地場産品であれば認めている。同町の担当者はこの規定を利用したと主張し「あくまでもタオルが②メインで、家電は関連品。他の自治体との競争力を付けるために、できることを考えた」と説明する。

고향 납세 신제도에서는 자치체 간의 과도한 경쟁을 막기 위해 답례품을 기부액의 30% 이하의 현지 상품 등으로 하는 법 규제가 마련됐다. 하지만 국가는 운영 상황을 항상 체크하고 있는 것은 아니어서, 현재도 ①'그레이존'의 수법으로 기부를 모으는 자치체는 끊이지 않고 있다. 인터넷상에서는 대가가 높은 답례품을 소개하는 웹사이트가 여럿 존재하고, 알뜰 답례품이 인기를 끄는 상황은 여전하다.

답례품 선정은 자치체의 재량에 맡겨져 전부가 기준을 충족하는지 확인할 수 없는 것이 현 상황이다. 어느 자치체 담당자는 '답례품 조달비는 자진 신고라서 높은 환원율을 노리고 시장 가격보다 훨씬 낮은 가격으로 보고하는 경우도 많다'라고 목소리를 낮추었다. 제도의 허를 찔러 현지 상품이 아닌 물건을 답례품으로 삼는 수법도 횡행하고 있다. 오사카부 구마토리 지역은, 지역 밖에서 생산된 가전 제품을 현지 상품인 타월과 세트로 답례품을 만들었다. 신제도는 지역 자원이 부족한 자치체를 배려해 관련 있는 복수의 답례품을 세트로 보낼 경우 주요한 부분이 현지 상품이라면 인정하고 있다. 동 지역 담당자는 이 규정을 이용했다고 주장하며 '어디까지나 타월이 ②메인이고 가전은 관련품이다. 다른 자치체와 경쟁력을 갖추기 위해 할 수 있는 일을 생각했다'고 설명한다.

178 신제도에서 법 규제가 마련된 이유로 가장 적합한 것은 무엇입니까?

(A) 답례품을 기부액의 20% 이하의 현지 상품 등으로 하기 위해

(B) 자치체 간의 과도한 경쟁을 막기 위해

(C) 정부가 운영 상황을 항상 점검하기 위해

(D) 알뜰 답례품을 납세자가 살 수 있도록 하기 위해

179 본문의 내용으로 볼 때 답례품에 대해서 옳지 않은 것은 어느 것입니까?

(A) 환원율이 높은 답례품이 인기를 끌고 있다.

(B) 답례품 선정은 국가 재량에 맡기고 있다.

(C) 답례품의 조달비는 자진 신고이다.

(D) 대가가 비싼 답례품을 소개하는 웹사이트도 존재한다.

180 ①'그레이존'의 의미로 가장 적합한 것은 어느 것입니까?

(A) 분명한 수법

(B) 확실한 수법

(C) 이도 저도 아닌 수법

(D) 바람직하지 않은 수법

181 _____②_____ 에 들어갈 말로 가장 적당한 것은 어느 것입니까?

(A) 선물　　　　　　(B) 메인

(C) 사은품　　　　　(D) 싼 값

단어 ふるさと納税 고향 납세　新制度 신제도　自治体 자치체, 자치 단체　過度 과도　競争 경쟁　防ぐ 막다　返礼品 답례품　寄付額 기부액　地場産品 현지 생산품　規制 규제　設ける 마련하다, 설치하다　運営状況 운영 상황　常に 항상　グレーゾーン 그레이존, 막연한 영역　手法 수법　後を絶たない 끊이지 않는다　対価 대가　複数 복수　選定 선정　裁量 재량　委ねる 맡기다　満たす 충족시키다　現状 현재 상황　調達費 조달비　自己申告 자진 신고　還元率 환원율　狙う 노리다　市場価格 시장 가격　声を潜める (남에게 들리지 않게) 목소리를 낮추다　穴を突く 허를 찌르다　横行 횡행　家電製品 가전 제품　資源 자원　乏しい 부족하다　贈る 보내다　認める 인정하다　規定 규정　主張 주장　あくまでも 어디까지나　競争力 경쟁력　はっきり 명확히, 분명히　しっかり 확실히, 단단히　どっちつかず 애매함, 모호함　望ましい 바람직하다　メイン 메인　おまけ 덤, 경품, 사은품　安価 싼 값, 염가

[182~184]

プロ仕様　セラミックプレート！

3種類のカートリッジで様々なカールが可能！

きらめきストレートからカールまで自由自在！

マイナスイオン効果でダメージを防ぎます。

機能性はそのままに、+10mm幅広ワイドプレート仕様に！

作業中はコードが絡みがちだったのですが、電源コードパーツは３６０度回転しますので、持ち回り途中の絡みを軽減します。

프로 사양 세라믹 플레이트!

3종류의 카트리지로 다양한 컬이 가능!

반짝이는 스트레이트부터 컬까지 자유자재!

음이온 효과로 손상을 막습니다.

기능성은 그대로, +10mm 폭넓은 와이드 플레이트 사양으로!

작업 중에는 코드가 꼬이기 쉬웠지만, 전원 코드 부품은 360도 회전하기 때문에 여기저기 들고 다니는 도중에 꼬이는 것을 줄일 수 있습니다.

182 무엇에 관한 광고입니까?

(A) 회전 의자　　　　(B) 칫솔

(C) 이온 음료　　　　(D) 헤어 아이론(고데)

183 향상된 것은 무엇입니까?

(A) 에너지 절약　　　(B) 전원 버튼

(C) 꼬임 경감　　　　(D) 휴대하기 쉬운 점

184 본문의 내용과 맞는 것은 어느 것입니까?

(A) 음이온 효과로 잘 손상되지 않는다.

(B) 10mm 가늘고 길어져서 손에 쥐기 편하다.

(C) 코드가 없어서 360도 회전하면서 작업할 수 있다.

(D) 컬의 카트리지는 전문가만 사용 가능하다.

단어 プロ仕様 프로 사양　セラミック 세라믹　プレート 플레이트　カートリッジ 카트리지　きらめき 반짝임　カール 컬　ストレート 스트레이트　マイナスイオン 음이온　ダメージ 손상　防ぐ 막다　機能性 기능성　幅広 보통보다 폭이 넓음(=はばひろ)　ワイド 와이드　コード 코드　絡む 얽히다, 꼬이다, 감다　パーツ 부품　回転 회전　持ち回る 여기저기 들고 돌아다니다　軽減 경감　回転椅子 회전 의자　イオン飲料 이온 음료　省エネ 에너지 절약　傷む 손상되다, 망가지다　握る 쥐다　コードレス 코드리스, 코드 없음　専門家 전문가

　地震はプレートと呼ばれる硬い岩盤がマントルの動きによってぶつかりあったり潜り込んだりして引き起こされる現象である。大地震が起ったあと、引き続いて小規模な地震が多く発生するが、これを余震と呼び、前者を①本震という。一般に震源が浅い地震は余震が多く、震源が深い時には余震がないこともある。

　中米のハイチ、南米のチリとここ最近相次いで大規模地震が発生し、地球の変形と地軸のずれ、津波の恐れがあるが、人的被害、治安の悪化、帰宅困難者の問題も深刻である。②その災害を見ると地震予知は看過できない。地震予知は地殻活動の推移をシミュレーションすることによって地震の発生時間や場所や規模などを推定し、地震災害軽減に寄与するからである。

　地震予知の手法には数種類があり、埋込式ひずみ計、VAN法、ラドン濃度や地下水位などの物理化学的パラメータ、航空写真の解析など地震学的な見地に基づいたものがある。また、特別な機械を使わずに雲の形、耳鳴り、動物の移動などの宏観異常現象で地震の推移を予知することも可能だが、科学的根拠に乏しいため、地震学者からは認められていない。

지진은 플레이트라고 불리는 딱딱한 암반이 맨틀의 움직임에 의해 서로 부딪치거나 잠입하여 일어나는 현상이다. 대지진이 일어난 후, 잇따라 소규모의 지진이 많이 발생하는데, 이것을 여진이라고 하고, 전자를 ①본진이라고 한다. 일반적으로 진원이 얕은 지진은 여진이 많고, 진원이 깊을 때는 여진이 없는 경우도 있다.

중미의 아이티, 남미의 칠레와 같이 최근에 연달아 대규모의 지진이 발생하여 지구의 변형과, 지축의 어긋남, 해일의 우려가 있지만, 인적 피해, 치안 악화, 집에 돌아갈 수 없는 사람 등의 문제도 심각하다. ②그 재해를 보면 지진 예지는 간과할 수 없다. 지진 예지는 지각 활동의 추이를 시뮬레이션함으로써 지진의 발생 시간이나 장소, 규모 등을 추정하여 지진 재해 경감에 기여하기 때문이다.

지진 예지의 수법에는 여러 종류가 있는데, 암석체적변화 측정법, VAN법, 라돈 농도나 지하수위 등의 물리화학적 파라미터, 항공 사진 해석 등 지진학적인 견지에 기초한 것이 있다. 또, 특별한 기계를 사용하지 않고 구름의 형상, 이명, 동물의 이동 등의 광관이상현상으로 지진의 추이를 예지하는 것도 가능하지만, 과학적 근거가 부족하기 때문에 지진학자로부터는 인정받지 못하고 있다.

185 지진학적 견지에서, 지진의 전조 현상이라고 말할 수 없는 것은 어느 것입니까?

(A) 단층의 일그러짐

(B) 지하수위의 이상

(C) 특정 물질의 농도 변화

(D) 까마귀 부리의 이상한 울음소리

186 ＿＿＿①＿＿＿ 에 들어갈 말로 가장 적당한 것은 어느 것입니까?

(A) 본진

(B) 전진

(C) 약진

(D) 강진

187 ②그 재해가 가리키고 있는 것은 어느 것입니까?

(A) 해일에 따른 침수 재해

(B) 맨틀의 움직임에 따른 재해

(C) 중미와 남미의 지형 변화에 따른 재해

(D) 칠레 와인과 동의 가격 인상에 따른 재해

188 본문의 내용과 맞는 것은 어느 것입니까?

(A) 진원이 깊으면 깊을수록 여진이 빈번하게 발생한다.

(B) 지진에 대비해 두면 피해를 완전히 없애는 것이 가능하다.

(C) 과거의 지각 활동을 분석하는 것은 시뮬레이션을 하는 데에 도움이 되지 않는다.

(D) 지진 예지란, 피해를 일으킬 수 있는 지진의 발생을 사전에 아는 것이다.

단어 地震 지진　プレート 플레이트, 판　岩盤 암반　マントル 맨틀　潜り込む 잠입하다　小規模 소규모　前者 전자　余震 여진　本震 본진　震源 진원　ハイチ 아이티　チリ 칠레　地軸 지축　ずれ 어긋남, 벗어남　津波 해일　治安 치안　帰宅 귀택　困難者 (지진에 의해) 집에 돌아가기 어려운 사람　災害 재해　予知 예지　看過 간과　地殻 지각　推移 추이　シミュレーション 시뮬레이션　推定 추정　軽減 경감　寄与 기여　手法 수법　埋込式ひずみ計 암석체적변화 측정법　ラドン 라돈　濃度 농도　物理化学 물리화학　パラメータ 파라미터　解析 해석　見地 견지　耳鳴り 이명, 귀울림　宏観異常現象 굉관이상현상, 지진이 일어나기 전에 감각으로 느낄 수 있는 현상　根拠 근거　前兆 전조　断層 단층　ひずみ 비뚤어짐, 일그러짐　大群 대군, 큰 떼　浸水 침수　銅 동　頻繁 빈번함　分析 분석　事前 사전

[184~192]

　国際的な人権常識を逸脱した日本の入国管理政策に厳しい目が向けられている。入管行政で問題視されているのは、「難民認定や収容送還制度」と「外国人労働者の受け入れ態勢」だ。前者は、「難民鎖国」と呼ばれる低い難民認定率、全ての退去拒否者を無期限に収容する仕組み、難民の認定や収容の可否を出入国在留管理庁が独占して決めている点などが問題とされてきた。後者については、労働法令違反が絶えない外国人技能実習制度が代表格だ。

　こうした諸制度は国際社会では非常識と見なされている。収容送還制度については、国連機関が再三、日本も批准する国際人権規約などに抵触すると勧告してきた。①技能実習制度についても米国務省は「人身売買報告書」で「外国人労働者の搾取のために悪用され続けている」と断じ、日本の評価ランクを下げた。

　国内ではすでに170万人以上の外国人が働き、事実上、移民社会になっている。だが、政府は排外主義的な意見に配慮し、移民政策を正面から論じることを避けてきた。さらに海外からの人権軽視の批判にも②背を向けている。

　국제적인 인권 상식을 벗어난 일본의 입국 관리 정책에 따가운 눈길이 쏠리고 있다. 입국 관리 행정에서 문제시되는 것은 '난민 인정 및 수용 송환 제도'와 '외국인 근로자 수용 태세'다. 전자는 '난민 쇄국'으로 불리는 낮은 난민 인정률, 모든 출국 거부자를 무기한으로 수용하는 구조, 난민 인정 및 수용 여부를 출입국 체류관리청이 독점해 결정하고 있는 점 등이 문제로 꼽혀 왔다. 후자에 대해서는 노동 법령 위반이 끊이지 않는 외국인 기능실습제도가 대표격이다.

　이러한 제도들은 국제 사회에서는 몰상식으로 간주되고 있다. 수용 송환 제도에 대해서는 유엔 기구가 여러 번이나 일본도 비준하는 국제인권규약 등에 저촉된다고 권고해 왔다. ①기능 실습 제도에 대해서도 미 국무부는 '인신매매 보고서'에서 '외국인 노동자의 착취를 위해 계속 악용되고 있다'고 단정하며 일본의 평가 등급을 낮췄다.

　국내에서는 이미 170만명 이상의 외국인이 일하면서 사실상 이민 사회가 됐다. 하지만 정부는 배외주의적 의견을 배려해 이민 정책을 정면으로 논하는 것을 꺼려 왔다. 나아가 해외로부터의 인권 경시에 대한 비판에도 ②등을 돌리고 있다.

---

189 입국 관리 정책에서 문제시되지 않는 것은 어느 것입니까?

(A) 비자 유효 기간 연장 제도

(B) 출국 거부자를 무기한으로 수용하는 구조

(C) 외국인 노동자의 수용 태세

(D) 한 부처가 독점하여 난민 인정을 실시하고 있는 점

190 ①기능 실습 제도에 대한 설명으로 맞지 않는 것은 어느 것입니까?

(A) 노동 법령 위반이 끊이지 않는다.

(B) 미 국무부가 일본의 평가 등급을 올렸다.

(C) 국제 사회에서는 상식적이지 않다고 여겨지고 있다.

(D) 유엔 기구가 몇 번이나 국제 인권 규약 등에 위배된다고 권고했다.

191 ____②____ 에 들어갈 말로 가장 적당한 것은 어느 것입니까?

(A) 등을 돌리고 있다　　(B) 귀를 기울이고 있다

(C) 귀를 기울이고 있다　　(D) 시선을 돌리고 있다

192 본문의 내용과 맞지 않는 것은 어느 것입니까?

(A) 일본은 이미 이민 사회가 되었다.

(B) 정부는 보수파층을 꺼려, 이민 정책에 대한 논의를 피해 왔다.

(C) 입국 관리 행정에 있어서 외국인 노동자의 수용 태세 등이 문제시되고 있다.

(D) 수용 송환 제도에 대해 유엔 기구는 일본 측 편을 들고 있다.

단어 国際的 국제적　人権常識 인권 상식　逸脱 일탈　入国管理政策 입국 관리 정책　入管 입국 관리, 출입국체류관리국의 총칭　行政 행정　難民認定 난민 인정　収容送還制度 수용 송환 제도　労働者 노동자　受け入れ 받아들임　態勢 태세　鎖国 쇄국　退去拒否者 출국 거부자　無期限 무기한　仕組み 구조　可否 여부　独占 독점　労働法令違反 노동 법령 위반　技能実習制度 기능 실습 제도　代表格 대표격　非常識 몰상식　見なす 간주하다, 보다　批准 비준　規約 규약　抵触 저촉　勧告 권고　人身売買 인신매매　搾取 착취　悪用 악용　断じる 단정하다　評価ランク 평가 등급　移民 이민　排外主義 배외주의(외국인이나 외국의 문화 등을 배척하는 사고방식)　論じる 논하다　さらに 나아가　軽視 경시　批判 비판　背を向ける 등을 돌리다　省庁 성 또는 청으로 불리는 기관　反する 반하다, 어긋나다　耳を傾ける 귀를 기울이다　肩を持つ 편들다, 두둔하다

[193~196]

野生動植物の保護について協議する場で、乱獲で個体数が減少しているクロマグロが検討対象になり、協議参加国の３分の２以上が合意すれば、「絶滅する恐れがある生物」として国際的な商取引が禁止される。提案国のモナコはマグロの輸出国でも輸入国でもない。①にもかかわらず、ワシントン条約事務局に大西洋クロマグロの全面禁輸を正式提案した。

輸出入の禁止に対して人工養殖だけでも十分であり、クロマグロを絶滅の危機から守れると思って賛成している人もいるが、他国が日本の食文化に②干渉することに強い反感を持っている人もいる。世界最大のクロマグロの消費国である日本は、日本近海で取れた太平洋クロマグロの稚魚をいけすで養殖もしているが、日本のマグロ養殖も漁獲規制の対象になり、国内養殖の増加にもブレーキがかかった。

야생동식물의 보호에 관해 협의하는 자리에서, 남획으로 개체수가 감소하고 있는 참다랑어가 검토 대상이 되어, 협의 참가국의 3분의 2 이상이 합의하면 '멸종할 우려가 있는 생물'로서 국제적인 상거래가 금지된다. 제안국인 모나코는 참다랑어 수출국도 수입국도 아니다. ①그럼에도 불구하고, 워싱턴 조약 사무국에 대서양 참다랑어의 전면 수출입 금지를 정식 제안했다.

수출입 금지에 대해 인공 양식만으로도 충분하고, 참다랑어를 멸종 위기로부터 지킬 수 있다고 생각하여 찬성하는 사람도 있지만, 다른 나라가 일본의 식문화에 ②간섭하는 것에 강한 반감을 갖고 있는 사람도 있다. 세계 최대의 참다랑어 소비국인 일본은, 일본 근해에서 잡은 태평양 참다랑어의 치어를 활어조에서 양식하기도 하지만, 일본의 참다랑어 양식도 어획 규제의 대상이 되어, 국내 양식의 증가에도 제동이 걸렸다.

193 참다랑어 수출입 금지에 관해 일본인은 어떻게 생각하고 있습니까?

(A) 독자적인 식문화는 지켜져야 한다고 강하게 반발하고 있다.

(B) 국제 사회와의 협조를 위해서는 당연하다고 생각하고 있다.

(C) 참다랑어의 염가 판매가 가능해진다며 기뻐하고 있다.

(D) 이문화를 인정하는 것은 옳지 않다고 생각하고 있다.

194 양식이 궤도에 오르지 못한 이유는 어느 것입니까?

(A) 양식이 자원 고갈을 초래했기 때문에

(B) 양식도 어획 규제의 대상이 되었기 때문에

(C) 가격 인상을 걱정하는 목소리가 있었기 때문에

(D) 경기 악화에 의해 수요가 감소했기 때문에

195 ＿＿＿① ＿＿＿ 에 들어갈 말로 가장 적당한 것은 어느 것입니까?

(A) 바꿔 말하면　　　(B) 그렇다고 해서

(C) 어쨌든　　　(D) 그럼에도 불구하고

196 ②간섭하다와 바꿔 쓸 수 있는 것은 어느 것입니까?

(A) 개입하다　　　(B) 못을 박다

(C) 시세의 변동을 막다　　(D) 보류하다

단어　野生動植物 야생동식물　協議 협의　乱獲 남획, 마구 잡음　個体数 개체수　減少 감소　合意 합의　クロマグロ 참다랑어　絶滅 절멸, 멸종　商取引 상거래　提案 제안　禁輸 수출입 금지　〜にもかかわらず 〜임에도 불구하고　人口養殖 인공 양식　賛成 찬성　干渉 간섭　反感 반감　消費国 소비국　近海 근해　稚魚 치어　いけす 활어조　漁獲 어획　規制 규제　ブレーキがかかる 제동이 걸리다　独自 독자　食文化 식문화　異文化 이문화　軌道に乗る 궤도에 오르다　枯渇 고갈　招く 불러오다, 초래하다　懸念 걱정, 염려　需要 수요　換言すれば 바꿔 말하면　立ち入る 간섭하다, 끼어들다, 개입하다　釘を刺す 다짐을 해 두다, 못(을) 박다　梃入れをする 시세의 변동을 막다　棚上げにする 보류하다

[197~200]

金融市場の動揺を受け、世界経済は困難な局面に入っていて、各政府は国民の預金全額保護、預金の引き出し禁止、公的資金注入、銀行の国有化などの金融システム安定化に努力している。しかし金融市場の動揺が実体経済に波及し、成長見通しが大幅に低下するなど、世界同時不況が引き続き深刻な状況にある。こうした危機から脱却するために金融界の世界的なリーダーが集まり、議論してきたが、資金の流れを確かなものにすることと、有効需要を作り出していくという２つの対策を講じることが共通した考え方となっている。世界経済を順調な軌道に戻すためには、やはり一国だけではなく、国際的な協調が必要である。

金融市場の機能を一刻も早く克服し回復させるため、通貨スワップによる流動性確保、内需と外需のよりバランスのとれた経済成長が大事である。また、新たな貿易障壁の導入を控えるとともに、保護主義的な施策のモニタリングが必要であり、危機の再発防止のために金融規制・監督の再構築は不可欠である。金融サービス業は自らのビジネスモデルを点検し、実体経済を支える役割を再認識してこそ、金融サービスの質の向上が期待される。

금융 시장의 동요를 받아, 세계 경제는 곤란한 국면에 처해 있어 각 정부는 국민의 예금 전액 보호, 예금의 인출 금지, 공적 자금 주입, 은행의 국유화 등의 금융 시스템 안정화에 노력하고 있다. 그러나 금융 시장의 동요가 실물 경제에 파급되어 성장 전망이 큰 폭으로 내려가는 등, 세계 동시 불황이 계속되어 심각한 상황에 있다. 이러한 위기에서 벗어나기 위해, 금융계의 세계적인 리더가 모여 의논해 왔지만, 자금의 흐름을 분명히 하는 것과 유효 수요를 만들어 낸다는 두 가지 대책을 강구하는 것이 공통적인 생각이다. 세계 경제를 순조로운 궤도로 돌려놓기 위해서는, 역시 하나의 나라뿐만 아니라, 국제적인 협조가 필요하다.

금융 시장의 기능을 한시라도 빨리 극복하고 회복시키기 위해, 통화 교환에 따른 유동성 확보, 내수와 외수의 보다 균형 잡힌 경제 성장이 중요하다. 또, 새로운 무역 장벽 도입을 제한함과 동시에, 보호주의적인 시책에 대한 모니터링이 필요하며, 위기의 재발 방지를 위해서 금융 규제·감독의 재구축이 불가결하다. 금융서비스업은 스스로 비즈니스 모델을 점검하고, 실물 경제를 지지하는 역할을 재인식해야 금융서비스의 질적 향상을 기대할 수 있다.

197 각 정부의 해결책으로서 제시된 것은 어느 것입니까?

(A) 세계 경제가 더욱 나빠지는 것을 IT로 막는다.

(B) 국민에게 예금을 인출하게 하지 않는다.

(C) 전력을 다하여 기업을 국유화한다.

(D) 외국 은행과 대등하게 경쟁할 수 없는 곳은 폐쇄한다.

198 왜 금융계의 세계적인 리더가 모였습니까?

(A) 취직난을 해결하기 위해

(B) 비상장주식의 매각을 검토하기 위해

(C) 금융 위기를 극복하는 대책을 마련하기 위해

(D) 실업과 급여 미지급 문제를 의논하기 위해

199 금융서비스업의 앞으로의 과제는 어느 것입니까?

(A) 금융 제도의 개선

(B) 세계 경제의 축소

(C) 민간에의 자본 주입

(D) 내셔널리즘의 발흥

200 '세계가 함께 힘써야 할 정책'이 아닌 것은 어느 것입니까?

(A) 자금의 유동성 확보

(B) 무역을 제한하는 제도 도입 회피

(C) 금융 규제·감독의 재구축

(D) 보호주의적인 움직임 강화

단어 金融市場 금융 시장 動揺 동요 局面 국면 預金金額 예금 금액 引き出し 인출 公的資金 공적 자금 注入 주입 国有化 국유화 安定化 안정화 実体経済 실물경제 波及 파급 見通し 전망, 예측 脱却 벗어남 議論 의논, 논의 有効需要 유효 수요 講じる 강구하다 協調 협조 一刻も早く 한시라도 빨리 克服 극복 通貨スワップ 통화 스와프 内需 내수 外需 외수 貿易障壁 무역 장벽 導入 도입 控える 삼가다, 제한하다 施策 시책 規制 규제 監督 감독 再構築 재구축 不可欠 불가결함 底割れ 경기나 주가가 최저 상태에서 더욱 나빠짐 もろはだを脱ぐ 전력을 다하다 太刀打ち (실력으로) 맞섬, 맞붙음 閉鎖 폐쇄 非上場 비상장 売却 매각 策を練る 대책을 마련하다 改善 개선 縮小 축소 ナショナリズム 내셔널리즘 勃興 발흥, 갑자기 세력이 커짐

JPT 800

한권으로 끝내기

해설

실전모의고사

청해 (100문항)

1 (A)	2 (B)	3 (B)	4 (C)	5 (C)	6 (B)	7 (C)	8 (A)	9 (C)	10 (D)
11 (C)	12 (B)	13 (A)	14 (C)	15 (C)	16 (B)	17 (A)	18 (D)	19 (C)	20 (A)
21 (A)	22 (C)	23 (B)	24 (D)	25 (B)	26 (C)	27 (A)	28 (D)	29 (D)	30 (D)
31 (A)	32 (C)	33 (D)	34 (D)	35 (D)	36 (B)	37 (C)	38 (B)	39 (A)	40 (D)
41 (A)	42 (A)	43 (C)	44 (B)	45 (A)	46 (D)	47 (C)	48 (C)	49 (D)	50 (C)
51 (C)	52 (C)	53 (D)	54 (B)	55 (A)	56 (A)	57 (D)	58 (D)	59 (C)	60 (A)
61 (C)	62 (A)	63 (B)	64 (B)	65 (D)	66 (D)	67 (C)	68 (D)	69 (B)	70 (B)
71 (B)	72 (C)	73 (D)	74 (D)	75 (A)	76 (C)	77 (A)	78 (C)	79 (B)	80 (D)
81 (C)	82 (C)	83 (B)	84 (D)	85 (C)	86 (A)	87 (D)	88 (D)	89 (C)	90 (A)
91 (C)	92 (B)	93 (A)	94 (C)	95 (D)	96 (B)	97 (B)	98 (D)	99 (A)	100 (C)

독해 (100문항)

101 (D)	102 (B)	103 (A)	104 (A)	105 (B)	106 (D)	107 (C)	108 (D)	109 (B)	110 (A)
111 (D)	112 (A)	113 (B)	114 (C)	115 (D)	116 (A)	117 (B)	118 (D)	119 (B)	120 (C)
121 (A)	122 (A)	123 (B)	124 (D)	125 (B)	126 (B)	127 (D)	128 (C)	129 (D)	130 (C)
131 (C)	132 (D)	133 (D)	134 (C)	135 (A)	136 (C)	137 (C)	138 (C)	139 (D)	140 (B)
141 (C)	142 (D)	143 (B)	144 (A)	145 (D)	146 (B)	147 (A)	148 (D)	149 (C)	150 (A)
151 (B)	152 (D)	153 (B)	154 (C)	155 (B)	156 (A)	157 (B)	158 (A)	159 (D)	160 (A)
161 (D)	162 (B)	163 (C)	164 (D)	165 (A)	166 (B)	167 (D)	168 (C)	169 (C)	170 (A)
171 (A)	172 (D)	173 (B)	174 (B)	175 (D)	176 (D)	177 (A)	178 (C)	179 (D)	180 (B)
181 (C)	182 (C)	183 (D)	184 (B)	185 (B)	186 (B)	187 (B)	188 (C)	189 (C)	190 (D)
191 (D)	192 (B)	193 (A)	194 (C)	195 (D)	196 (B)	197 (D)	198 (A)	199 (A)	200 (B)

1

(A) 器に冷やっこが盛り付けてあります。

(B) 箱の中にひし形の豆腐が入れてあります。

(C) 豆腐の上に細ねぎときゅうりが載せてあります。

(D) 精霊馬としてなすときゅうりが飾ってあります。

(A) 그릇에 히야얏코가 보기 좋게 담겨 있습니다.

(B) 상자 안에 마름모꼴의 두부가 들어 있습니다.

(C) 두부 위에 실파와 오이가 올려져 있습니다.

(D) 정령마로써 가지와 오이가 장식되어 있습니다.

단어 器 그릇　冷やっこ 냉두부　盛り付ける 음식을 보기 좋게 담다　ひし形 마름모　豆腐 두부　細ねぎ 실파　精霊馬 정령마　なす 가지　きゅうり 오이　載せる 올리다, 얹다

2

(A) 子どもたちが山車を引っ張っています。

(B) 子どもたちがお揃いの法被を着ています。

(C) 子どもたちが神輿を担いで信号を待っています。

(D) 子どもたちがお祭りの屋台で祭り気分を味わっています。

(A) 아이들이 다시를 잡아당기고 있습니다.

(B) 아이들이 똑같은 핫피를 맞춰 입고 있습니다.

(C) 아이들이 미코시를 짊어지고 신호를 기다리고 있습니다.

(D) 아이들이 축제의 포장마차에서 축제 기분을 맛보고 있습니다.

단어 山車 축제 때 끌고 다니는 장식한 수레　引っ張る 잡아끌다, 잡아당기다　お揃い 옷이나 무늬 등이 같음, 맞춰 입음　法被 핫피, 축제 등에서 입는 일본 전통 의상　神輿 신위를 모시고 메는 가마　担ぐ 메다, 짊어지다　信号 신호　屋台 포장마차　味わう 맛보다

3

(A) 茶道で使うひしゃくが置いてあります。

(B) 串団子が三角の皿の上に置いてあります。

(C) スプーンの上に団子が盛り付けられています。

(D) スプーンとフォークが二本ずつ置いてあります。

(A) 다도에서 사용하는 국자가 놓여 있습니다.

(B) 꼬치 경단이 삼각형의 접시 위에 놓여 있습니다.

(C) 스푼 위에 경단이 보기 좋게 담겨 있습니다.

(D) 스푼과 포크가 두 개씩 놓여 있습니다.

단어 茶道 다도　ひしゃく 국자　串団子 꼬치 경단　三角 삼각　盛り付ける 음식을 보기 좋게 담다

4

(A) 樹木が一本そびえています。

(B) 滑走路の両側に並木があります。

(C) 人影のないのどかな雰囲気の公園です。

(D) 空を突くような摩天楼が多数建てられています。

(A) 수목이 한 그루 솟아 있습니다.

(B) 활주로의 양측에 가로수가 있습니다.

(C) 인적 없는 한가로운 분위기의 공원입니다.

(D) 하늘을 찌를 듯한 마천루가 다수 세워져 있습니다.

단어 樹木 수목　そびえる 우뚝 솟다, 치솟다　滑走路 활주로　両側 양측　並木 가로수　人影 인적　突く 찌르다　摩天楼 마천루　多数 다수

5

(A) 紐が二重にかけてあります。

(B) 包装紙がぼろぼろになっています。

(C) 紐で十字に結ばれた駅弁が置いてあります。

(D) かしわ飯の広報紙がべたべたと張り付いています。

(A) 끈이 두 겹으로 둘러 있습니다.

(B) 포장지가 너덜너덜해져 있습니다.

(C) 끈으로 십자로 묶인 에키벤이 놓여 있습니다.

(D) 가시와메시 홍보지가 덕지덕지 붙어 있습니다.

단어 紐 끈　二重 이중, 두 겹　包装紙 포장지　ぼろぼろ 너덜너덜　十字 십자　駅弁 에키벤, 역에서 파는 도시락
かしわ飯 가시와메시, 닭고기밥　広報紙 홍보지　べたべた 끈적끈적, 덕지덕지　張り付く 붙다, 달라붙다

6

(A) 蝶が木の枝を拾っています。

(B) 蝶が花の上に止まっています。

(C) 花畑の中にせみが落ちています。

(D) 花の周りを蝶の群れが飛んでいます。

(A) 나비가 나뭇가지를 줍고 있습니다.

(B) 나비가 꽃 위에 머물러 있습니다.

(C) 꽃밭 속에 매미가 떨어져 있습니다.

(D) 꽃 주변을 나비떼가 날고 있습니다.

단어 蝶 나비　枝 가지　拾う 줍다　止まる 멈추다　花畑 꽃밭　せみ 매미　群れ 떼, 무리

7

(A) 次の駅はゆりがはらです。

(B) 電車はあと５分で発車します。

(C) 徒歩５分の所には公園があります。

(D) 駅から３００メートル付近に名所案内所があります。

(A) 다음 역은 유리가하라입니다.

(B) 전철은 앞으로 5분이면 발차합니다.

(C) 도보 5분 되는 곳에는 공원이 있습니다.

(D) 역에서 300미터 부근에 명소 안내소가 있습니다.

단어 発車 발차　徒歩 도보　付近 부근　名所 명소　案内所 안내소

8

(A) 女の子は指で耳を塞いでいます。

(B) 男の子は女の子をおんぶしています。

(C) 男の子は剣を手に持って立っています。

(D) 駅のホームで人々が長蛇の列を作っています。

(A) 여자아이는 손가락으로 귀를 막고 있습니다.

(B) 남자아이는 여자아이를 업고 있습니다.

(C) 남자아이는 검을 손에 들고 서 있습니다.

(D) 역의 플랫폼에서 사람들이 길게 줄을 짓고 있습니다.

단어 塞ぐ 막다, 가리다　おんぶ 어부바, 업음　剣 검　ホーム 홈, 플랫폼(プラットホーム의 준말)　長蛇の列 장사진, 길게 늘
어선 행렬

9

(A) 軒下に提灯が吊るされています。

(B) 盆提灯が卓上に置かれています。

(C) 楕円形の提灯がぶら下がっています。

(D) 金魚の形をした提灯が揺らめいています。

(A) 처마 밑에 제등이 매달려 있습니다.

(B) 오본 제등이 탁상에 놓여 있습니다.

(C) 타원형의 제등이 매달려 있습니다.

(D) 금붕어 모양을 한 제등이 흔들거리고 있습니다.

단어	軒下 처마 밑　提灯 제등　吊るす 달아매다, 매달다　盆提灯 오본 제등, 공양할 때 매다는 등　卓上 탁상

楠円形 타원형　ぶら下がる 늘어지다, 매달리다　金魚 금붕어　揺らめく 흔들거리다

10

(A) ネットで海鮮物を販売しています。

(B) アワビとサザエを採っているところです。

(C) ホッケとサーモンをグリルで焼いています。

(D) 殻付きホタテが網の上で焼かれています。

(A) 인터넷에서 해산물을 판매하고 있습니다.

(B) 전복과 소라를 채취하고 있는 중입니다.

(C) 임연수어와 연어를 그릴에서 굽고 있습니다.

(D) 껍데기 붙은 가리비가 망 위에서 구워지고 있습니다.

단어 ネット 인터넷　海鮮物 해산물　アワビ 전복　サザエ 소라　採る 채취하다　ホッケ 임연수어　サーモン 연어

グリル 그릴　殻 껍질,껍데기　~付き 붙어 있음, 달려 있음　ホタテ 가리비　網 망

11

(A) 花壇の隅に瓢箪型の壺があります。

(B) 踏み石に蛙が描かれています。

(C) 砂利道の上に飛び石が敷かれています。

(D) つる草が石畳の通りにはびこっています。

(A) 화단 구석에 표주박 모양의 항아리가 있습니다.

(B) 디딤돌에 개구리가 그려져 있습니다.

(C) 자갈길 위에 징검돌이 깔려 있습니다.

(D) 덩굴풀이 납작한 돌을 깐 길에 우거져 있습니다.

단어 花壇 화단　隅 구석　瓢箪型 표주박 모양　壺 항아리　踏み石 디딤돌, 징검돌　蛙 개구리　砂利道 자갈길　飛び石 징

검돌　敷く 깔다　つる草 넝쿨　石畳 납작한 돌을 깐 곳, 돌층계　はびこる (초목이) 무성하다, 널리 퍼지다

12

(A) 翼を広げて爪を立てています。

(B) 二羽のインコがそれぞれ別の方向を向いています。

(C) 二羽のすずめが鳥の巣からひょこひょこと顔を出しています。

(D) 鳥がかごの中をパタパタと羽ばたきながら飛びまわっています。

(A) 날개를 펼치고 발톱을 세우고 있습니다.

(B) 두 마리의 잉꼬가 각각 다른 방향을 향하고 있습니다.

(C) 두 마리의 참새가 새집에서 불쑥불쑥 얼굴을 내밀고 있습니다.

(D) 새가 새장 속을 파닥파닥 날갯짓하면서 날아다니고 있습니다.

단어 翼 날개　爪 발톱　~羽 ~마리　巣 둥지　ひょこひょこ 계속해서 나타나는 모양, 불쑥불쑥　かご 바구니, 새장

パタパタ 파닥파닥, 팔랑팔랑　羽ばたく 날개 치다　飛びまわる 날아다니다, 뛰어다니다

13

(A) 待合室の中は人で込んでいます。

(B) 全員が二つおきに席に座っています。

(C) 車椅子がところどころに置かれています。

(D) 顕微鏡の映像が診察室のモニターに映し出されています。

(A) 대합실 안은 사람으로 붐비고 있습니다.

(B) 전원이 두 자리 걸러 자리에 앉아 있습니다.

(C) 휠체어가 군데군데 놓여 있습니다.

(D) 현미경 영상이 진찰실의 모니터에 비춰지고 있습니다.

14

(A) 浴衣から下駄まで展示されています。

(B) 振袖の帯の結び方を実演しています。

(C) 花柄の日本の伝統衣装が陳列されています。

(D) 七五三のポスターが天井から吊り下げられています。

(A) 유카타부터 게다까지 전시되어 있습니다.

(B) 후리소데의 오비 매는 방법을 실연하고 있습니다.

(C) 꽃무늬의 일본 전통 의상이 진열되어 있습니다.

(D) 시치고산의 포스터가 천장에서부터 매달려 있습니다.

15

(A) 店頭にすだれが掛けてあります。

(B) 店舗の前に試食コーナーがあります。

(C) 商い中の札が立て掛けられています。

(D) 暖簾に屋号と野菜類の紋様が入れてあります。

(A) 가게 앞에 발이 걸려 있습니다.

(B) 점포 앞에 시식 코너가 있습니다.

(C) 영업 중 팻말이 세워져 있습니다.

(D) 포렴에 가게 이름과 채소류의 문양이 넣어져 있습니다.

16

(A) 路線図を見ている人がいます。

(B) 駅の構内を通勤客らが行き交っています。

(C) 人々が地下鉄の路線図を交換しています。

(D) 駅員が駆け込み乗車を阻止しています。

(A) 노선도를 보고 있는 사람이 있습니다.

(B) 역 구내를 통근객들이 오가고 있습니다.

(C) 사람들이 지하철 노선도를 교환하고 있습니다.

(D) 역무원이 출입문이 닫히기 직전에 뛰어들어 승차하는 것을 저지하고 있습니다.

17

(A) 湯呑が置かれています。

(B) 刺身の前に皿が置いてあります。

(C) 寿司のネタはウニといくらだけです。

(D) カウンターで寿司職人が寿司を握っています。

(A) 찻잔이 놓여 있습니다.

(B) 회 앞에 접시가 놓여 있습니다.

(C) 초밥의 재료는 성게알과 연어알뿐입니다.

(D) 카운터에서 초밥 장인이 초밥을 쥐고 있습니다.

18

(A) カーペットが丸く巻いてあります。

(B) 床の上に銃弾がめり込んでいます。

(C) カーペットの上に犬小屋が置いてあります。

(D) カーペットの上に四角いテーブルが置かれています。

(A) 카펫이 둥글게 말려 있습니다.

(B) 마루 위에 총탄이 박혀 있습니다.

(C) 카펫 위에 개집이 놓여 있습니다.

(D) 카펫 위에 네모난 테이블이 놓여 있습니다.

단어 カーペット 카펫　床 마루　銃弾 총탄　めり込む 박히다　犬小屋 개집　四角い 네모나다

19

(A) 庭一面にクローバーが植えられています。

(B) 植物が同じ形の植木鉢に植えられています。

(C) 小さな植木鉢に多肉植物が植わっています。

(D) いろいろな種類を組み合わせて寄せ植えしています。

(A) 정원 전체에 클로버가 심겨 있습니다.

(B) 식물이 같은 모양의 화분에 심겨 있습니다.

(C) 작은 화분에 다육 식물이 심겨 있습니다.

(D) 여러 가지 종류를 서로 조합해 모아 심기를 하고 있습니다.

단어 一面 한쪽 면, 전체, 일대　植える 심다　植物 식물　植木鉢 화분　多肉植物 다육 식물　植わる 심어지다　組み合わせる 짜 맞추다, 짝을 짓다　寄せ植え 모아 심기, 같은 종류나 다른 종류의 식물을 한데 모아 심음

20

(A) 畑に苗が植えてあります。

(B) アライグマが葉っぱを食べているところです。

(C) 角を曲がったところに防波堤が建設されています。

(D) 畝間に大量の銀杏の葉が落ちていて、絨毯が敷かれているようです。

(A) 밭에 모종이 심겨 있습니다.

(B) 아메리카 너구리가 잎을 먹고 있는 중입니다.

(C) 모퉁이를 돈 곳에 방파제가 건설되어 있습니다.

(D) 고랑에 대량의 은행나무 잎이 떨어져 있어, 융단이 깔려 있는 듯합니다.

단어 畑 밭　苗 모종　植える 심다　アライグマ 아메리카 너구리　葉っぱ 잎　防波堤 방파제　建設 건설　畝間 고랑　銀杏 은행나무　絨毯 융단

21

どうして甘夏を持ってきたの？

(A) 入浴剤として使用すると美肌効果があるの。

(B) 夏ばてにならないように旬の野菜を摂取しないとね。

(C) 甘酸っぱいなつめの甘露煮に挑戦してみようかと思って。

(D) 甘夏と柚子のマーマレードソースの蓋をはずしてくれない？

왜 여름 밀감을 갖고 온 거야?

(A) 입욕제로 사용하면 피부 손질에 효과가 있어.

(B) 여름을 타지 않도록 계절 채소를 섭취하지 않으면 안 돼.

(C) 달고 신 대추 감로찜에 도전해 볼까 생각해서.

(D) 여름 밀감과 유자 마멀레이드 소스 뚜껑을 열어 주지 않을래?

단어 甘夏 시지 않게 개량한 여름 밀감, 감귤　入浴剤 입욕제　美肌 아름다운 피부　効果 효과　夏ばて 여름을 탐　旬の野菜 제철 채소　摂取 섭취　～当たり ~당　甘酸っぱい 달콤새콤하다　なつめ 대추　甘露煮 달게 요리한 찜　柚子 유자　マーマレードソース 마멀레이드 소스　蓋 뚜껑

22

あれ、鈴木さんどこ行った？ついさっきまでここにいたのに……。

(A) 鈴木さんのおかげで席を増やせました。

(B) 何もないところでつまずいて転ぶところだった。

(C) 終業のベルがなるや否や、トイレに駆け込んだよ。

(D) ついさっきまで鈴木さんのことを嘘つきだと思っていたよ。

어라, 스즈키 씨 어디 갔지? 조금 전까지 여기에 있었는데…….

(A) 스즈키 씨 덕분에 좌석을 늘릴 수 있었습니다.

(B) 아무것도 없는 곳에서 발이 걸려 구를 뻔했어.

(C) 끝나는 종이 울리자마자 화장실로 뛰어들어 갔어.

(D) 조금 전까지 스즈키 씨를 거짓말쟁이라고 생각하고 있었어.

단어 つまずく 발이 걸려 넘어지다　終業 일을 마침, 종업　ベル 벨　～や否や ～하자마자　駆け込む 뛰어들다　嘘つき 거짓말쟁이

23

どちらをお召しになるのですか。

(A) 和食にしたいです。

(B) 羽織袴を考えています。

(C) どちらかというとパン派です。

(D) 銀座に行こうと思っています。

어느 쪽을 입으실 겁니까?

(A) 일식으로 하고 싶습니다.

(B) 하오리하카마를 생각하고 있습니다.

(C) 어느 쪽인가 하면 빵 쪽입니다.

(D) 긴자에 가려고 생각하고 있습니다.

단어 お召しになる 입으시다　和食 일식　羽織袴 하오리하카마, 가문의 문장을 넣은 짧은 겉옷과 바지

24

手前味噌を並べるようですが、こちらの絵、ご好評をいただいています。

(A) 横に並べると一幅の絵になると思います。

(B) 自家製の味噌なだけあって本当に絶品ですね。

(C) 自画自賛ですが、在庫がなくなり完売しました。

(D) コンクールでも金賞受賞という高評価を得た絵がこれですか。

자화자찬을 늘어놓는 것 같습니다만, 이 그림, 호평을 받고 있습니다.

(A) 옆으로 늘어놓으면 한 폭의 그림이 될 것이라 생각합니다.

(B) 집에서 만든 된장인 만큼 정말로 일품이군요.

(C) 자화자찬입니다만, 재고가 없어졌고 전부 팔았습니다.

(D) 콩쿠르에서도 금상 수상이라는 높은 평가를 받은 그림이 이것입니까?

단어 手前味噌を並べる 자화자찬을 늘어놓다　好評 호평　一幅 한 폭　自家製 자기 집에서 만듦　絶品 절품, 일품　自画自賛 자화자찬　在庫 재고　完売 완매, 모두 팔다　金賞 금상　受賞 수상　高評価 고평가, 높은 평가

25

味噌の表面に白いカビが生えていますよ。

(A) 味噌づくりセットで作れますよ。

(B) 取り除けば食べられると思いますけど。

(C) 傷んでしまう前に干物にしたらどうですか。

(D) 材料を混ぜた後、捏ねて寝かせるだけです。

된장 표면에 하얀 곰팡이가 피어 있어요.

(A) 된장 만들기 세트로 만들 수 있습니다.

(B) 제거하면 먹을 수 있다고 생각합니다만.

(C) 상해 버리기 전에 말리면 어떻겠습니까?

(D) 재료를 섞은 후, 반죽해서 재워 둘 뿐입니다.

> **단어** 表面 표면　カビが生える 곰팡이가 피다　取り除く 제거하다　傷む 상하다　干物 마른 식품　混ぜる 섞다
> 捏ねる 반죽하다　寝かす 누이다, 재우다

26

彼の演説はちんぷんかんぷんだったよ。

(A) 彼は口達者だね。

(B) 飲み込みが早かったか。

(C) 私もさっぱり分からなかったよ。

(D) 私も余計なことは聞かなかった。

그의 연설은 횡설수설이었어.

(A) 그는 말주변이 좋은 사람이네.

(B) 이해가 빨랐어?

(C) 나도 전혀 이해가 되지 않았어.

(D) 나도 쓸데없는 것은 묻지 않았어.

> **단어** 演説 연설　ちんぷんかんぷん 종잡을 수 없음, 횡설수설　口達者 말주변이 좋음, 그런 사람　飲み込み 납득, 이해
> さっぱり 시원히, (뒤에 부정어를 수반) 전혀, 조금도　余計 여분, 쓸데없음

27

安くなったら買おうと思っていたスマートウォッチ、品切れだって……。

(A) ネットで他店の在庫状況を検索したらどう?

(B) このスマートウォッチは電子マネー機能もあって便利なの。

(C) 取り寄せてもらったスマートウォッチをキャンセルするなんて。

(D) 買いだめの影響でネットスーパーが相次いで予約の受け付けを休止してるね。

싸지면 사려고 생각하고 있던 스마트워치, 품절이래…….

(A) 인터넷에서 다른 지점의 재고 상황을 검색하면 어때?

(B) 이 스마트워치는 전자 화폐 기능도 있어서 편리해.

(C) 주문해서 받은 스마트워치를 취소하다니.

(D) 사재기 영향으로 인터넷 상점이 연달아 접수를 중지하고 있어.

> **단어** 品切れ 품절　他店 다른 지점　在庫 재고　検索 검색　電子マネー 전자 화폐　機能 기능　取り寄せる (주문해서) 가
> 져오게 하다　買いだめ 사재기　休止 휴지, 중지

28

お盆^{ぼんやす}みはどう過^すごされましたか。

(A) 盆棚^{ぼんだな}にお供^{そな}えする精霊馬^{しょうりょううま}と精霊牛^{うし}^{つく}を作るつもりです。

(B) 南東^{なんとう}の方角^{ほうがく}を向^むいて恵方巻^{えほうまき}を食^たべましたよ。

(C) 節分^{せつぶん}の鬼役^{おにやく}のため、お面^{めん}を買^かいに行^いったんです。

(D) 姪^{めい}と甥^{おい}たちが遊^{あそ}びに来^きて、子^こどもの面倒^{めんどう}を見^みる羽目^{はめ}になったんです。

오본 휴일은 어떻게 지내셨습니까?

(A) 제단에 올릴 정령마와 정령우를 만들 생각입니다.

(B) 남동 방향을 향해 에호마키를 먹었습니다.

(C) 세쓰분의 도깨비 역할을 위해, 가면을 사러 갔습니다.

(D) 여자 조카와 남자 조카들이 놀러 와서, 아이들을 돌봐야 할 처지가 되었습니다.

단어 お盆^{ぼん} 오본, 백중맞이　盆棚^{ぼんだな} 오본 때 제물을 얹는 선반　供^{そな}える 바치다, 올리다　精霊馬^{しょうりょううま} 정령마　精霊牛^{しょうりょううし} 정령우　方角^{ほうがく} 방위, 방향　恵方巻^{えほうまき} 세쓰분 때 그 해의 방향을 향해 먹는 김초밥　節分^{せつぶん} 세쓰분, 절분　お面^{めん} 가면　姪^{めい} 여자 조카　甥^{おい} 남자 조카　羽目^{はめ} (곤란한) 처지

29

聞^きいた？今週^{こんしゅう}の金曜日^{きんようび}、研究会^{けんきゅうかい}と懇親会^{こんしんかい}があるんだって。

(A) 断^{ことわ}ったら、もうそれっきりでした。

(B) 二次会^{にじかい}はやらなくてもいいんじゃない？

(C) 文句言^{もんくい}うくらいなら参加^{さんか}しなきゃいいのに。

(D) 以前^{いぜん}から興味^{きょうみ}あるテーマなんで発表^{はっぴょう}を聞^きいてみたいな。

들었어? 이번주 금요일, 연구회와 친목회가 있다고 해.

(A) 거절했더니 이제 그것으로 끝이었습니다.

(B) 2차는 안 해도 좋지 않아?

(C) 불평을 말할 정도라면 참가하지 않으면 될 텐데.

(D) 이전부터 흥미 있는 테마라서 발표를 들어 보고 싶어.

단어 研究会^{けんきゅうかい} 연구회　懇親会^{こんしんかい} 친목회, 간친회　文句^{もんく} 불만, 불평　興味^{きょうみ} 흥미　発表^{はっぴょう} 발표　参加^{さんか} 참가　テーマ 테마

30

消費税率^{しょうひぜいりつ}が引^ひき上^あげられたね。

(A) 関税^{かんぜい}が増税^{ぞうぜい}されることになったんだ。

(B) 納税^{のうぜい}のことですったもんだしているね。

(C) 子育^{こそだ}て世帯^{せたい}への支援^{しえん}を訴^{うった}えているね。

(D) 買^かい控^{びか}えが起^おきて消費^ひが冷^こえ込むだろうね。

소비세율이 인상됐네.

(A) 관세가 늘어나게 되었어.

(B) 납세 건으로 옥신각신하고 있네.

(C) 육아 세대에 대한 지원을 호소하고 있네.

(D) 소비가 위축되어서 소비가 얼어붙겠지.

단어 消費税^{しょうひぜい} 소비세　~率^{りつ} ~율　引^ひき上^あげる 끌어올리다, 인상하다　関税^{かんぜい} 관세　増税^{ぞうぜい} 증세　納税^{のうぜい} 납세　すったもんだ 옥신각신, 분쟁　世帯^{せたい} 세대　支援^{しえん} 지원　訴^{うった}える 호소하다　買^かい控^{びか}え 소비 위축, 매입을 중지하거나 그 양을 줄임　冷^ひえ込^こむ 몹시 차가워지다, 얼어붙다

31

いくら新入^{しんい}りであれ、責任^{せきにん}を取^とらせるほうが彼^{かれ}のためになります。

(A) 一回^{いっかい}だけ大目^{おおめ}に見^みてやってよ。

(B) 手取^{てと}り足取^{あしと}り面倒^{めんどう}を見^みているね。

(C) 再発防止^{さいはつぼうし}を約束^{やくそく}し、必^{かなら}ず実行^{じっこう}してよ。

(D) 実務^{じむ}を通^{つう}じて人材^{じんざい}を育成^{いくせい}するつもりなんですよ。

아무리 신입 사원이라도, 책임을 지게 하는 쪽이 그를 위하는 일이 됩니다.

(A) 한 번만 아량을 보여 줘

(B) 하나하나 자상하게 돌보고 있네.

(C) 재발 방지를 약속하고, 반드시 실행해.

(D) 실무를 통해 인재를 육성할 생각이지요.

| 단어 | 新入り 신입, 새로 들어옴　責任 책임　大目に見る 너그러이 봐 주다　手取り足取り 손발을 꼼짝 못하게 함, 친절히 가르
치고 이끌어 줌　再発 재발　防止 방지　実行 실행　実務 실무　人材 인재　育成 육성

32

今日、PM2.5の濃度が高いそうですよ。道理で近くのビルが霞んで見えないですね。

(A) ビルの窓が黄砂で汚れたんですね。

(B) ビルが霧で霞んで見え隠れしていますね。

(C) 不要不急の外出はできるだけ控えましょう。

(D) 温暖化の原因の一つは二酸化炭素ですね。

오늘 미세먼지가 심하다고 하네요. 어쩐지 가까운 건물이 희미해서 보이지 않네요.

(A) 빌딩 창문이 황사로 더러워졌군요.

(B) 빌딩이 안개로 희미해져 보였다 안 보였다 하는군요.

(C) 불요불급한 외출은 될 수 있는 한 피합시다.

(D) 온난화 원인의 하나는 이산화탄소지요.

| 단어 | 濃度 농도　道理で 어쩐지, 그러면 그렇지　霞む 안개가 끼다, 희미해지다　黄砂 황사　霧 안개　不要不急 불요불급 |

控える 삼가다, 대기시키다　温暖化 온난화　二酸化炭素 이산화탄소

33

農畜水産物が値上がりしたね。

(A) 来年は明るい年になってほしいです。

(B) そうですね。今年は災害の多い年でしたね。

(C) デフレが続くとますます景気が悪化しますね。

(D) 食料品だけじゃなくて光熱費まで高騰しています。

농축수산물 가격이 올랐네.

(A) 내년은 밝은 해가 되었으면 합니다.

(B) 맞아요. 올해는 재해가 많은 해였지요.

(C) 디플레이션이 계속되면 점점 경기가 악화되지요.

(D) 식료품뿐만 아니라 광열비까지 폭등하고 있습니다.

| 단어 | 農畜水産物 농축수산물　値上がり 값이 오름　災害 재해　デフレ 디플레이션　ますます 점점, 더욱더　景気 경기 |

悪化 악화　光熱費 광열비　高騰 물건값이 뛰어오름, 앙등

34

支援給付金をめぐり、トラブルが発生しているようですね。

(A) それで高齢化問題を解決しようとしているようです。

(B) それで介護方針や費用をめぐり、揉めているようです。

(C) それで給付金を装った不審なメールが発生しているようです。

(D) それで自治体では申請データの確認作業に追われているようです。

지원 보상금을 둘러싸고, 트러블이 발생하고 있는 듯하군요.

(A) 그래서 고령화 문제를 해결하려는 듯합니다.

(B) 그래서 간호 방침이나 비용을 둘러싸고 분규가 일어나고 있는 듯합니다.

(C) 그래서 보상금을 가장한 의심스러운 메일이 발생하고 있는 듯합니다.

(D) 그래서 자치체에서는 신청 데이터 확인 작업에 쫓기고 있는 듯합니다.

| 단어 | 支援 지원　給付金 급부금, 보상금　トラブル 트러블, 문제　高齢化 고령화　介護 간호, 병구완　方針 방침　揉める |

분규가 일어나다, 옥신각신하다　装う 가장하다　自治体 자치체, 자치단체　申請 신청

실전모의고사

35

新規プロジェクトのアイディアを考えて！

(A) 何を書けばいいのか悩んでたの。

(B) お蔵入りになった計画書を廃棄するの？

(C) 発想が奇抜なだけでは、どうにもならない。

(D) そんな簡単には斬新なアイディアは思いつかないよ。

신규 프로젝트 아이디어를 생각해!

(A) 무엇을 쓰면 좋을지 고민하고 있었어.

(B) 보류된 계획서를 폐기하는 거야?

(C) 발상이 기발하기만 해서는 소용없어.

(D) 그렇게 간단하게 참신한 아이디어는 떠오르지 않아.

단어 新規 신규　プロジェクト 프로젝트　アイディア 아이디어(＝アイデア)　お蔵入り 상연 예정인 영화·연극 등이 중지됨, (전하여) 계획이 보류됨　計画書 계획서　廃棄 폐기　発想 발상　奇抜 기발함　斬新 참신함　思いつく 문득 생각이 떠오르다

36

今日はどうしてあんなありえないミスをしたんだ？

(A) やってしまいがちな簡単なミスでした。

(B) 変更があったことを聞かされていなかったんです。

(C) いつも同じミスを繰り返して、申し訳ございません。

(D) それでしくじったことを素直に受け止めることにしたんです。

오늘은 어째서 그런 있을 수 없는 실수를 한 거야?

(A) 해 버리기 쉬운 간단한 실수였습니다.

(B) 변경이 있었던 것을 듣지 못했습니다.

(C) 항상 같은 실수를 반복해서, 죄송합니다.

(D) 그래서 실패한 일을 솔직하게 받아들이기로 했습니다.

단어 ありえない 있을 수 없다　～がち (명사, 동사의 ます형에 접속)~가 많다, ~하는 경향이 있다　変更 변경　繰り返す 반복하다　しくじる 실패하다, 실수하다　素直 솔직함, 온순함　受け止める 받아내다, 받아들이다

37

お差し支えなければ、明後日打ち合わせをさせていただきたいと思います。ご都合はいかがでしょうか。

(A) はい、打ち合わせをしてください。

(B) 先日の企画の件については差し支えないです。

(C) はい、問題ありません。よろしくお願いいたします。

(D) それはちょっと……。朝一の打ち合わせはオンラインでしました。

만약 폐가 되지 않는다면, 모레 협의를 하려고 생각합니다. 사정은 어떠십니까?

(A) 네, 협의를 해 주세요.

(B) 요전 날 기획 건에 관해서는 상관없습니다.

(C) 네, 문제없습니다. 잘 부탁드립니다.

(D) 그건 좀……. 아침 첫 협의는 온라인으로 했습니다.

단어 差し支え 지장　打ち合わせ (사전) 협의　都合 관계, 형편, 사정　企画 기획　朝一 아침 업무를 시작한 직후, 그날 아침 가장 먼저　オンライン 온라인

38

人の好みはそれぞれだなあ。

(A) やはり子はかすがいだね。

(B) 蓼食う虫も好き好きだからねえ。

(C) 坊主憎けりゃ袈裟まで憎いんだね。

(D) 苦しい時の神頼みって言葉もあるしね。

사람 취향은 제각각이구나.

(A) 역시 자식은 부부간의 꺾쇠구나.

(B) 여뀌 잎을 먹는 벌레도 제멋이니까.

(C) 중이 미우면 가사까지 미운 거지.

(D) 괴로울 때 하느님 찾기라는 말도 있기도 하고.

단어 好み 취향　子はかすがい 자식은 부부 사이의 꺾쇠(사이 나쁜 부부도 자식으로 인해 살게 됨을 비유)　蓼食う虫も好き好き 여뀌 잎을 먹는 벌레도 제멋(매운 여뀌 잎을 먹는 벌레가 있는 것처럼 사람의 취향은 제각각이라는 뜻)　坊主憎けりゃ袈裟まで憎い 중이 미우면 가사도 밉다(어떤 사람이 미우면 그것과 관련된 것까지 미워진다는 뜻)　苦しい時の神頼み 괴로울 때 하느님 찾기, 뒷간에 갈 적 마음 다르고 올 적 마음 다르다

39

雨漏りしてるね。管理人に言っといたほうがいいんじゃない?

(A) この間、直してって頼んだんだけど……。

(B) この間、蛇口を修理してって頼んだんだけど……。

(C) この間、電気を取り替えてって頼んだんだけど……。

(D) この間、ドアチェーンを付けてって頼んだんだけど……。

비가 새고 있네. 관리인에게 말해 두는 편이 좋지 않겠어?

(A) 얼마 전에, 고쳐 달라고 부탁했는데…….

(B) 얼마 전에, 수도꼭지를 수리해 달라고 부탁했는데…….

(C) 얼마 전에, 전등을 바꿔 달라고 부탁했는데…….

(D) 얼마 전에, 도어체인을 달아 달라고 부탁했는데…….

단어 雨漏り (지붕, 천장에서) 비가 샘　管理人 관리인　蛇口 수도꼭지　修理 수리　取り替える 바꾸다, 교환하다　ドアチェーン 도어체인

40

恐れ入りますが、こちらでのお煙草はご遠慮いただいております。

(A) では、遠慮なくいただきます。

(B) すみません、すぐ買ってきます。

(C) ここらで煙草を一服しましょう。

(D) すみません、気が付きませんでした。

죄송합니다만, 여기에서 담배는 삼가시기 바랍니다.

(A) 그럼, 사양 않고 먹겠습니다.

(B) 죄송합니다, 바로 사 오겠습니다.

(C) 이 근처에서 담배 한 모금 피웁시다.

(D) 죄송합니다, 알아차리지 못했습니다.

단어 恐れ入る 황송하다, 송구스러워하다　煙草 담배　遠慮 삼감, 사양함　一服 한 모금 마심, 담배를 한 대 피움　気が付く 깨닫다, 알아차리다

41

公私混同するなんて、人を雇う立場の人間としてあるまじきことですね。

(A) 管理意識が欠けているからこうなるんです。

(B) 情報漏洩の不祥事をめぐっては全国民が怒り心頭ですよ。

(C) 新入社員じゃあるまいし、それぐらいは自分で調べてください。

(D) 最低賃金の上昇が続いて、労働者の雇い止めが行われています。

공사 혼동하다니, 사람을 고용하는 입장의 사람으로서 있을 수 없는 일이네요.

(A) 관리 의식이 결여되어 있어서 이렇게 되는 것입니다.

(B) 정보 누설 불상사를 둘러싸고 전 국민이 화가 머리끝까지 났습니다.

(C) 신입 사원도 아니고, 그 정도는 스스로 찾아보세요.

(D) 최저 임금의 상승이 계속되어, 노동자의 고용 해지가 행해지고 있습니다.

단어 公私混同 공사 혼동　雇う 고용하다　立場 입장　あるまじき 있을 수 없는, 그래서는 안 될　管理意識 관리 의식　欠ける 빠지다, 결여되다　情報 정보　漏洩 누설　不祥事 불상사, 좋지 않은 일　怒り心頭 격노　最低賃金 최저 임금　上昇 상승　労働者 노동자　雇い止め 고용 해지

42

現在の気温は氷点下ですが、そんなのどこ吹く風と言わんばかりに、子どもたちは遊ぶことに忙しそうです。

(A) 子どもたちのパワーってすごいですよね。

(B) 風邪を引いて辛くて、弱音を吐いています。

(C) 子どもの宿題を手伝わされる羽目にあったよ。

(D) 子どもに泣かれると近所から苦情を言われるのよ。

현재 기온은 영하인데, 그런 것은 아랑곳없다는 듯이, 아이들은 노는 데에 바빠 보입니다.

(A) 아이들의 파워는 대단하네요.

(B) 감기에 걸려 괴로워서 약한 소리를 하고 있습니다.

(C) 아이들의 숙제를 도와줘야 할 처지가 되었어.

(D) 아이들이 울면 이웃집에서 불평을 들어.

단어 気温 기온　氷点下 영하, 빙점하　どこ吹く風 남의 말이나 행동을 무시하는 모양　弱音を吐く 약한 소리를 하다　羽目 (곤란한) 처지　苦情 불평, 불만

43

生活に不可欠ではない業種の店舗は休業を余儀なくされていますね。

(A) 持ち帰りの方が半額になるので、お得です。

(B) 最寄りの営業所までもらいに行ったんです。

(C) そのため多くの店舗が閉鎖されてしまいました。

(D) 店舗の全スタッフが衛生管理を徹底しています。

생활에 불가결하지 않은 업종의 점포는 어쩔 수 없이 휴업을 하고 있네요.

(A) 포장해 가는 쪽이 반값이 되므로, 이득입니다.

(B) 가장 가까운 영업소까지 받으러 갔습니다.

(C) 그 때문에 많은 점포가 폐쇄되어 버렸습니다.

(D) 점포의 전 스태프가 위생 관리를 철저히 하고 있습니다.

단어 不可欠 불가결함　業種 업종　店舗 점포　～を余儀なくされる 어쩔 수 없이 ~을 하게 되다　持ち帰り 포장　半額 반액　お得 이익이 됨　最寄り 가장 가까움　営業所 영업소　閉鎖 폐쇄　衛生管理 위생 관리　徹底 철저

44

みんなであのチームに目に物見せてやろうじゃないか。

(A) では、目を見てもらう。

(B) ぎゃふんと言わせてやるしかない。

(C) 惜しくも引き分けとなってしまった。

(D) 大した物じゃないから、見せられないよ。

다 같이 저 팀에게 뜨끔한 맛을 보여 주지 않겠어?

(A) 그럼, 눈을 볼게.

(B) 찍소리 못 하게 할 수밖에 없어.

(C) 안타깝게도 무승부가 되어 버렸어.

(D) 대단한 것이 아니라서, 보여 줄 수 없어.

단어 目に物見せる 따끔한 맛을 보여 주다, 혼내 주다　ぎゃふんと言わせる 기를 팍 꺾어 놓다　惜しい 아깝다　引き分け 무승부　大した (부정어 수반) 대단한, 특별한

45

名残惜しいのですが、そろそろおいとまいたします。

(A) 近いうちにまたおいでください。

(B) 気を抜いてはいけませんよ。

(C) 今は居留守を決め込むしかないです。

(D) 居心地がよくてすっかり長居してしまいましたよ。

섭섭하지만, 슬슬 가야겠습니다.

(A) 가까운 시일 내에 또 오세요.

(B) 긴장을 늦춰서는 안 돼요.

(C) 지금은 집에 없는 것처럼 꾸미기로 결정할 수밖에 없습니다.

(D) 있기에 편해서 너무 오래 자리에 머무르고 말았어요.

단어 名残惜しい 헤어지기 섭섭하다　気を抜く 긴장을 늦추다　居留守 집에 있으면서 없는 것처럼 꾸밈　〜を決め込む 〜하기로 결정하다　居心地 어떤 자리나 집에서 느끼는 기분　長居 한 장소에서 오랫동안 가지 않고 앉아 있음

46

もろもろの事情があり、契約締結までずいぶんと手こずってしまいました。

(A) 症状が長引いていて困っています。

(B) 予定通り無事に届くよう祈っていました。

(C) ただ今準備中なので、しばらくお待ちください。

(D) ストレスを感じることもあったでしょうが、やりがいもあったんじゃないですか。

여러 가지 사정이 있어, 계약 체결까지 꽤 어려움을 겪었습니다.

(A) 증상이 길어지고 있어 곤란합니다.

(B) 예정대로 무사히 도착하도록 기도하고 있었습니다.

(C) 지금 준비 중이니, 잠시 기다려 주세요.

(D) 스트레스를 느낄 때도 있었겠지만, 보람도 있지 않았습니까?

단어 もろもろ 여러 가지　事情 사정　契約締結 계약 체결　手こずる 애먹다　症状 증상　長引く 오래 끌다, 지연되다　無事に 무사히　やりがい 보람

47

連休中、何してた？

(A) 運動不足を解消したい。

(B) 明日から５連休、楽しみだなあ。

(C) ぼーっとしたりだらだらしたりして過ごしてたよ。

(D) 紆余曲折しましたが、最善の策を講じることができました。

연휴 중, 뭐 했어?

(A) 운동 부족을 해소하고 싶어.

(B) 내일부터 5연휴, 기다려진다.

(C) 멍하니 있거나 늘어져 있거나 하면서 보냈어.

(D) 우여곡절이 있었지만, 최선책을 마련할 수 있었습니다.

단어 運動不足 운동 부족 解消 해소 ぼーっとする 멍하니 있다 紆余曲折 우여곡절 最善の策を講じる 최선책을 마련하다

48

買い控えが続くと見られていますね。

(A) そうですね。買いだめが続いています。

(B) ネットショッピングが増えているようです。

(C) その影響なのか売上高が減少したようです。

(D) 送料節約のためまとめ買いをするしかないです。

소비 위축이 계속될 것으로 보이고 있어요.

(A) 맞아요. 사재기가 계속되고 있습니다.

(B) 인터넷 쇼핑이 늘고 있는 것 같습니다.

(C) 그 영향 때문인지 판매액이 감소한 것 같습니다.

(D) 배송료 절약을 위해 대량 구매를 할 수밖에 없습니다.

단어 買い控え 소비 위축, 매입을 중지하거나 그 양을 줄임 買いだめ 사재기 売上高 매상고, 판매액 減少 감소
送料節約 배송료 절약 まとめ買い 많은 것을 한 번에 사는 것

49

このサービスが来月1日から廃止されるんだって。

(A) どうにも腑に落ちない態度だね。

(B) 来月いっぱいで廃止されるのか。

(C) え?アプリの利用料が廃止されるの?

(D) ほんと?長年利用してたのに、残念だな。

이 서비스가 다음 달 1일부터 폐지된다는데.

(A) 아무래도 납득이 가지 않는 태도야.

(B) 다음 달 한 달로 폐지되는 건가?

(C) 에? 앱 이용료가 폐지되는 거야?

(D) 정말? 여러 해 동안 이용했었는데, 안타까워.

단어 廃止 폐지 腑に落ちない 납득이 가지 않다 アプリ 앱(アプリケーション의 준말) 利用料 이용료 長年 긴 세월, 여러 해

50

毎月毎月、火の車です。

(A) 毎月社会保険料が天引きされますよ。

(B) ローンは毎月利子をつけて返すことになります。

(C) どこも一緒ですよ。我が家はエンゲル係数が高くて……。

(D) 車を買い替えたら保険の変更手続きをしなきゃいけないよ。

매달마다, 몹시 힘듭니다.

(A) 매월 사회보험료가 공제됩니다.

(B) 론은 매달 이자를 붙여서 갚게 됩니다.

(C) 어디든 같아요. 우리 집은 엥겔 계수가 높아서…….

(D) 차를 새로 바꾸면 보험 변경 수속을 하지 않으면 안 돼.

단어 火の車 빈곤에 쪼들리는 모양, 경제 상태가 몹시 궁함 社会保険料 사회보험료 天引き 공제 ローン 론, 융자
利子 이자 エンゲル係数 엥겔 계수 買い替える 새로 사서 바꾸다 変更 변경

스크립트	해석

51

女 田中さん、どうしたんですか？

男 先日、5月10日の休暇の件で休暇願いを提出しましたが、まだ代わりの人が見つかってない状況です。

女 それでは私の方でも他のスタッフに当たってみます。今回はそのまま予定通り休暇を取ってください。

男 ありがとうございます。お忙しいところお手数を掛けますが、宜しくお願い致します。

여 다나카 씨, 무슨 일 있어요?

남 요전에, 5월 10일 휴가 건으로 휴가원을 제출했습니다만, 아직 대신할 사람을 찾지 못한 상황입니다.

여 그러면 제 쪽에서도 다른 스태프에게 알아보겠습니다. 이번에는 그대로 예정대로 휴가를 써 주세요.

남 감사합니다. 바쁘신데 번거롭겠습니다만, 잘 부탁드립니다.

Q 男の人はどうしますか。

(A) 休暇を変更する。

(B) スタッフに連絡する。

(C) 5月10日に休みを取る。

(D) 自力で代わりの人を探す。

Q 남자는 어떻게 합니까?

(A) 휴가를 변경한다.

(B) 스태프에게 연락한다.

(C) 5월 10일에 휴가를 갖는다.

(D) 자력으로 대신할 사람을 찾는다.

단어 休暇願い 휴가원　提出 제출　代わり 대리, 교대(자)　当たってみる 떠보다, 의향을 알아보다　手数 수고　変更 변경
自力 자력

52

男 お姉ちゃんのところの双子が離乳食を食べ始めたって。

女 あら、そう！じゃあ、名前を入れて木彫りのベビースプーンとお椀でも作って贈ろうかな。

男 それいいかも。きっと喜ぶよ。名前だけじゃなくて、かわいい子豚の顔もついでに彫ってよ。

女 え？豚？ああ、いのしし年生まれってことね。分かった。じゃあ、お椀から先に取り掛かろうかな。道具と材料をお願い。

남 누나네 집의 쌍둥이가 이유식을 먹기 시작했다는데.

여 어머, 그래! 그럼, 이름을 넣어 목각 아기 스푼과 밥공기라도 만들어 보낼까?

남 그것 좋을지도, 분명 좋아할 거야. 이름만 아니라, 하는 김에 귀여운 새끼 돼지 얼굴도 새겨.

여 에? 돼지? 아아, 돼지띠라는 거지. 알았어. 그럼, 밥공기부터 먼저 시작할까. 도구와 재료를 부탁해.

Q 女の人はこれからどうしますか。

(A) 豚肉を買う。

(B) 材料を持って来る。

(C) 木彫りの食器を作る。

(D) 陶器製のスプーンを作る。

Q 여자는 지금부터 어떻게 합니까?

(A) 돼지고기를 산다.

(B) 재료를 갖고 온다.

(C) 목각 식기를 만든다.

(D) 도기제의 스푼을 만든다.

단어 双子 쌍둥이　離乳食 이유식　木彫り 목각　お椀 (밥)공기　贈る 보내다　彫る 새기다, 조각하다　いのしし 멧돼지
いのしし年 돼지띠　取り掛かる 착수하다, 시작하다　道具 도구　陶器製 도기제

53

女 予定より早く終わった。明るいうちに帰れるなんて久々。

男 悪いんだけど、これ明日までにやってくれない？

女 昨日も家に持ち帰ってやりましたけど……。

男 頼むよ。君は仕事が早いのにミスがないし、確実だからさ。

Q 女の人は男の人からどう評価されていますか。

(A) 定時帰宅派である。

(B) パソコンのスキルが高い。

(C) 作業を効率的に進められる。

(D) 業務をスピーディーかつ正確にこなす。

여 예정보다 빨리 끝났다. 환할 때 집에 갈 수 있는 것도 오랜만이네.

남 미안하지만, 이것 내일까지 해 주지 않겠나?

여 어제도 집에 가져가서 했습니다만…….

남 부탁해. 자네는 일이 빠른데 실수가 없고, 확실하니까.

Q 여자는 남자에게서 어떻게 평가되고 있습니까?

(A) 정시 퇴근파다.

(B) 컴퓨터 스킬이 높다.

(C) 작업을 효율적으로 진행할 수 있다.

(D) 업무를 빠르고도 정확하게 처리한다.

단어 確実 확실함　定時 정시　帰宅 귀가　〜派 〜파　作業 작업　効率的 효율적　スピーディー 스피디, 빠른 모양　かつ 동시에, 또한, 한편　こなす 처리하다, 익숙하게 다루다

54

男 急な出張が入ってしまって、打ち合わせに出られません。

女 では、代わりに打ち合わせに出席して会議の進行をします。

男 いいんですか。助かりますけど……。

女 気にしないでください。残業手当ても出ますし。

Q 女の人は打ち合わせに出ることについてどう思っていますか。

(A) 面倒くさい。

(B) お金が儲かる。

(C) 協力関係が深められる。

(D) 同僚として当然のことである。

남 갑자기 출장이 들어와 버려서, 협의에 나갈 수 없습니다.

여 그럼, 대신 협의에 출석해서 회의 진행을 하겠습니다.

남 괜찮겠습니까? 다행입니다만…….

여 신경 쓰지 마세요. 잔업 수당도 나오고.

Q 여자는 협의에 나가는 것에 관해서 어떻게 생각하고 있습니까?

(A) 귀찮다.

(B) 돈이 벌린다.

(C) 협력 관계를 깊게 할 수 있다.

(D) 동료로서 당연한 일이다.

단어 打ち合わせ (사전) 협의　代わり 대리, 교대(자)　進行 진행　助かる 살아나다, 구제되다　手当て 수당　儲かる 돈벌이가 되다, 득이 되다　同僚 동료　当然 당연함

55

女　生け花を飾りたかったんだけど、見事に失敗して花が無駄になっちゃった。

男　ちょっと見せて。よし、僕が直してあげるよ。

女　鈴木さん、できるの？

男　婆さんが華道教室をしているので、小さい頃、習わされたんだ。

Q　男の人はこれから何をしますか。

(A)　花を生ける。

(B)　生け花を飾る。

(C)　華道教室に通う。

(D)　花を買いに出掛ける。

여　꽃꽂이를 장식하고 싶었는데, 거창하게 실패해서 꽃이 소용없게 되어 버렸어.

남　좀 보여줘. 좋아, 내가 고쳐 줄게.

여　스즈키 씨 할 수 있어?

남　할머니가 꽃꽂이 교실을 하고 있어서, 어렸을 때 배우게 되었거든.

Q　남자는 지금부터 무엇을 합니까?

(A) 꽃꽂이를 한다.

(B) 꽃꽂이를 장식한다.

(C) 꽃꽂이 교실에 다닌다.

(D) 꽃을 사러 외출한다.

단어 生け花 꽃꽂이　見事 훌륭함, 멋짐, (반어적으로) 완전함　無駄 쓸데없음　華道教室 꽃꽂이 교실

56

女　ふぁあ、爆睡しちゃった。

男　よだれ垂らしてたよ。そのうえ、歯ぎしりまで……。

女　夜勤明けで寝てないから。昨日も眠たいのに寝付けず起きていたのよ。

男　寝不足で体調崩さないで。

Q　寝不足の原因は何ですか。

(A)　夜勤

(B)　生活騒音

(C)　体調不良

(D)　寝言といびき

여　아함, 깊은 잠을 자 버렸어.

남　침 흘렸어. 게다가, 이갈이까지…….

여　야간 근무한 뒤에 못 잤으니까. 어제도 졸린데 잠을 잘 수 없어서 일어나 있었어.

남　수면 부족으로 아프지 말고.

Q　수면 부족의 원인은 무엇입니까?

(A) 야간 근무

(B) 생활 소음

(C) 컨디션 불량

(D) 잠꼬대와 코골이

단어 爆睡 웬만해서는 안 깰 정도로 깊이 자는 것　よだれ 침　垂らす 늘어뜨리다, 드리우다　歯ぎしり 이를 갊　夜勤明け 야근한 다음 날　眠たい 졸리다　生活騒音 생활 소음　体調不良 컨디션 불량　寝言 잠꼬대　いびき 코골이

57

女　マリさんが甘くてまろやかだって言うから、
　　ちょこっと飲んだだけなんだけど……。

男　だから、どのくらい飲んだの？

女　切子のグラスで1杯……。

男　大した量じゃないけど、サチさんはノンアルコール
　　のほうがいいのかも。

Q　マリさんについて正しいのはどれですか。

　　(A)　切子グラスを買った。
　　(B)　大量のお酒を飲んだ。
　　(C)　酒造りに興味があった。
　　(D)　お酒がマイルドだと思った。

여　마리 씨가 달고 순하다고 말해서, 약간 마신 것뿐인
　　데…….

남　그러니까, 어느 정도 마셨어?

여　컷글라스로 한 잔…….

남　많은 양은 아니지만, 사치 씨는 논알콜 쪽이 좋을지도.

Q　마리 씨에 관해서 옳은 것은 어느 것입니까?

　　(A) 컷글라스를 샀다.
　　(B) 대량의 술을 마셨다.
　　(C) 술을 만드는 데 흥미가 있었다.
　　(D) 술이 부드럽다고 생각했다.

> **단어**　まろやか 순함　ちょこっと 약간, 조금　切子のグラス 컷글라스, 유리 표면에 컷으로 문양을 넣은 글라스　大した (부정
> 어 수반) 대단한, 특별한　ノンアルコール 논알콜　酒造り 술을 만드는 것(＝さかづくり)

58

男　戸締りちゃんとしといて。あと、ガスと水道の栓も
　　閉めといて。

女　うん。室内灯のタイマーもセットしたよ。

男　あ、自動水やり器もね。大切に育ててきた植物だから。

女　了解。郵便物は木村さんに頼んでおいた？

남　문단속을 빈틈없이 해 둬. 또, 가스와 수도 개폐 장치
　　도 잠가 두고.

여　응, 실내등 타이머도 설정했어.

남　아, 자동 물주기 기계도, 소중하게 키워 온 식물이니까.

여　알았어. 우편물은 기무라 씨에게 부탁해 두었어?

Q　二人は何をしていますか。

　　(A)　地震への対策
　　(B)　引っ越しの準備
　　(C)　宅配の再配達依頼
　　(D)　家を留守にするための準備

Q　두 사람은 무엇을 하고 있습니까?

　　(A) 지진에 대한 대책
　　(B) 이사 준비
　　(C) 택배의 재배달 의뢰
　　(D) 집을 비울 때를 위한 준비

> **단어**　戸締り 문단속　水道 수도　栓 마개, (수도 등의) 개폐 장치　室内灯 실내등　自動水やり器 자동 물주기 기계
> 郵便物 우편물　対策 대책　宅配 택배　再配達 재배달　留守 집을 비움

59

男 疲れてる？

女 別に……。さっきから胃がキリキリ痛むだけ。
どうして？

男 目の下にくっきりくまができてるよ。

女 最近、忙しくてお手入れサボっちゃったからだわ。
美白クリームと目元パックを注文しないと。

Q 女の人は何を買いますか。
(A) 胃腸薬
(B) 疲労回復薬
(C) アイケア製品
(D) 栄養ドリンク

남 피곤해?

여 그다지……. 아까부터 위가 쿡쿡 아플 뿐이야. 어째서?

남 눈 밑에 뚜렷이 거뭇한 기미가 생겼어.

여 최근, 바빠서 관리를 게을리해서 그래. 미백 크림과 눈가 팩을 주문하지 않으면 안 돼.

Q 여자는 무엇을 삽니까?
(A) 위장약
(B) 피로회복약
(C) 아이케어 제품
(D) 영양 드링크

단어 胃 위 キリキリ 머리나 배가 찌르는 듯 아픈 모양, 쿡쿡 痛む 아프다, 상하다 くっきり 또렷이, 선명히 くま 눈가에 생기는 검은 기미 手入れ 손질 サボる 게을리하다 美白クリーム 미백 크림 目元パック 눈가 팩 胃腸薬 위장약 疲労回復薬 피로회복약 栄養ドリンク 영양 드링크

60

女 渡辺さんに辞めるかも知れないって言ったんだって？
なによ、急に……。

男 急ってわけじゃないけど、ここんとこミスも多かったし、スタメンから外れてばかりだし、このまま続けてても将来が見えないんだよね。

女 ミスなんて誰にでも起こりうることでしょ。なんでそんな後ろ向きなこと言うの。考え直してよ。

Q 男の人について正しいのはどれですか。
(A) 先発からよく外れる。
(B) すぐ辞めてしまう人である。
(C) 渡辺さんとライバルである。
(D) 取り返しのつかないミスをしてしまった。

여 와타나베 씨에게 그만둘지도 모른다고 말했다며? 뭐야, 갑자기…….

남 갑자기는 아니지만, 요즘 실수도 많았고, 스타팅 멤버에서 빠지기만 하고, 이대로 계속해도 미래가 보이지 않아.

여 실수는 누구에게나 일어날 수 있는 일이잖아. 어째서 그런 소극적인 말을 하는 거야. 다시 생각해 봐.

Q 남자에 관해서 옳은 것은 어느 것입니까?
(A) 선발에서 자주 빠진다.
(B) 바로 그만둬 버리는 사람이다.
(C) 와타나베 씨와 라이벌이다.
(D) 돌이킬 수 없는 실수를 해 버렸다.

단어 辞める 그만두다, 사직하다 ここんとこ 요즘 スタメン 스타팅 멤버(=スターティングメンバー) 外れる 빠지다, 제외되다 ～てばかりだ ～하기만 하다 ～うる ～할 수 있다(동사의 ます형에 접속) 後ろ向き 소극적임 先発 선발 ライバル 라이벌 取り返し 되찾음, 만회

61

男　もしかして足首、ひねった？腫れてるな。

女　大した痛みじゃないんで、放っておいたら腫れはすぐ引くと思います。

男　こういうのは放っとかないほうがいい。病院行って検査しよう。

女　とりあえずアイシングして、様子見てからでも遅くはないかと……。

남　혹시 발목, 삐끗했어? 부었는데.

여　그리 크게 아프지는 않으니까, 내버려 두면 부기는 바로 빠질 것이라고 생각합니다.

남　이런 것은 내버려 두지 않는 편이 좋아. 병원에 가서 검사하자.

여　우선 냉각 요법을 하고, 상태를 보고 나서도 늦지는 않을까 하고…….

Q　女の人はこの後何をしますか。

　(A) 病院に行く。

　(B) 検査入院する。

　(C) 応急処置をする。

　(D) 膝の腫れが引くのを待つ。

Q　여자는 이후 무엇을 합니까?

　(A) 병원에 간다.

　(B) 검사 입원한다.

　(C) 응급 처치를 한다.

　(D) 무릎의 부기가 빠지는 것을 기다린다.

[단어] 足首 발목　ひねる 비틀다, 접질리다　腫れる 붓다　放っておく 방치한 채로 두다, 내버려 두다　検査 검사　アイシング 아이싱, 냉각 요법　応急処置 응급 처치

62

女　もうすぐ総会ですね、行ってみたいと思っているんですが、どんな感じですか。

男　形式的なもので堅苦しくてつまらないですよ。

女　そうですか。でも一度は行っておこうと思って……。どんな格好で行ったらひんしゅくを買わないで済みますかね。

男　特定の規定はないですが、落ち着いた色のスーツスタイルがいいんじゃないですか。

여　이제 곧 총회네요. 가 보고 싶다고 생각하고 있는데요, 어떤 느낌인가요?

남　형식적인 것으로 딱딱하고 지루하죠.

여　그렇습니까? 하지만 한 번은 가려고 생각해서……. 어떤 모습으로 가야지 빈축을 사지 않고 끝날까요?

남　특정한 규정은 없지만, 차분한 색의 슈트 스타일이 좋지 않겠습니까?

Q　総会についての男の人の評価はどれですか。

　(A) 退屈である。

　(B) 落ち着いている。

　(C) ひんしゅくを買う。

　(D) 特定の規定はない。

Q　총회에 관한 남자의 평가는 어느 것입니까?

　(A) 지루하다.

　(B) 차분하다.

　(C) 빈축을 산다.

　(D) 특정한 규정은 없다.

[단어] 総会 총회　堅苦しい 딱딱하다, 거북스럽다　ひんしゅくを買う 빈축을 사다　特定 특정　規定 규정　落ち着く 차분하다, 안정되다　評価 평가　退屈 지루함

63

男	実店舗で買いづらい物も買えてネットショッピングはいいんだけど、手に取って確認できないから……。
女	だから口コミや評価などを見るのよ。
男	でも、サクラによる偽レビューもあるらしいじゃん。
女	信頼できるショップから購入することが大切よね。

남	실제 점포에서 사기 어려운 것도 살 수 있어 인터넷 쇼핑은 좋지만, 손에 쥐고서 확인할 수 없어서…….
여	그래서 입소문이나 평가 등을 보는 거야.
남	하지만, 바람잡이에 의한 가짜 리뷰도 있는 것 같잖아.
여	신뢰할 수 있는 숍에서 구입하는 것이 중요해.

Q 男の人はネットショッピングをどう思っていますか。

(A) 買いづらい物が買えるとは思っていない。
(B) レビューは信用できるとは思っていない。
(C) 口コミが参考になるからいいと思っている。
(D) 購入者の商品への評価は信頼できると思っている。

Q 남자는 인터넷 쇼핑을 어떻게 생각하고 있습니까?

(A) 사기 어려운 것을 살 수 있다고 생각하고 있지 않다.
(B) 리뷰는 신용할 수 있다고는 생각하고 있지 않다.
(C) 입소문이 참고가 되니까 좋다고 생각하고 있다.
(D) 구입자의 상품에 대한 평가는 신뢰할 수 있다고 생각하고 있다.

단어 実店舗 실 점포 評価 평가 サクラ 바람잡이 偽 가짜, 모조 レビュー 리뷰 信頼 신뢰 信用 신용 購入者 구입자

64

女	うっかりデータを消してしまいました。
男	ファイル復元ツールを実行してみた?
女	やってみたんですが、完全に復旧することは到底無理そうです。
男	じゃ、データの内容を思い出しながら作り直さなきゃだめだな……。

여	무심코 데이터를 지워 버렸습니다.
남	파일 복원 툴을 실행해 봤어?
여	해 봤지만, 완전히 복구하는 것은 도저히 무리인 것 같습니다.
남	그럼, 데이터 내용을 떠올리면서 다시 만들지 않으면 안 되네…….

Q 女の人はどうして困っていますか。

(A) データを送ってしまったから
(B) データを削除してしまったから
(C) データを流失してしまったから
(D) データを記入してしまったから

Q 여자는 어째서 곤란해하고 있습니까?

(A) 데이터를 보내 버려서
(B) 데이터를 삭제해 버려서
(C) 데이터를 유실해 버려서
(D) 데이터를 기입해 버려서

단어 うっかり 무심코, 깜빡 データ 데이터 復元 복원 ツール 툴 実行 실행 復旧 복구 到底 (부정어 수반) 도저히
削除 삭제 流失 유실 記入 기입

65

男 肩書で仕事をするのはやめてもらいたいよなあ。

女 そうよね。肩書なんて、しょせんは会社における役割でしかないのにね。

男 そうそう。肩書って、誰が偉いかじゃなくて、その人が組織の中で果たす役割ってことじゃん？

女 昇進した途端人が変わって偉そうな態度をとる人をこれまでよく目にしたわ。

Q 女の人の考えはどれですか。

(A) この職場は男女平等ではない。

(B) 肩書に甘んじて怠けることもある。

(C) 全社員が業務に全力を投じている。

(D) 昇進すると、態度が豹変する人がいる。

남 직위로 일을 하는 것은 그만두었으면 좋겠는데.

여 맞아. 직위란 결국은 회사에 있는 역할에 지나지 않은데 말야.

남 맞아 맞아. 직위는 누가 훌륭한지가 아니라, 그 사람이 조직 안에서 완수하는 역할이잖아?

여 승진한 순간 사람이 바뀌어서 잘난 체하는 태도를 취하는 사람을 지금까지 자주 봤어.

Q 여자의 생각은 어느 것입니까?

(A) 이 직장은 남녀평등이 아니다.

(B) 직위에 만족해서 게으름 피우는 경우도 있다.

(C) 전 사원이 업무에 전력을 투신하고 있다.

(D) 승진하면, 태도가 변모하는 사람이 있다.

[단어] 肩書 직함, 지위 　しょせん 결국, 어차피 　組織 조직 　昇進 승진 　～た途端 ~한 순간 　職場 직장 　男女平等 남녀평등 　甘んじる 만족하다 　怠ける 게으름 피우다 　全力を投じる 전력을 투신하다 　態度 태도 　豹変 표변, 싹 바뀜

66

女 友だちにお金を貸してほしいって言われて困っているの。

男 その人はどうしてお金が必要なの？

女 株式投資にはまっているみたい。倍にして返すって言われたんだけど……。

男 人の褌で相撲を取るなって言ったほうがいい。

Q 男の人はどうすることがよくないと言っていますか。

(A) 仇を恩で報いる

(B) 耳を掩うて鐘を盗む

(C) 天に向かって唾を吐く

(D) 他人の念仏で極楽参り

여 친구가 돈을 빌려 달라고 해서 곤란해.

남 그 사람은 어째서 돈이 필요한 거지?

여 주식 투자에 빠져 있는 것 같아. 배로 해서 돌려준다고 들었지만…….

남 남의 샅바를 차고 씨름하지 말라고 말해 두는 게 좋아.

Q 남자는 어떻게 하는 것이 좋지 않다고 말하고 있습니까?

(A) 원수를 은혜로 갚다

(B) 귀를 막고 종을 훔친다

(C) 누워서 침 뱉기

(D) 타인의 염불로 극락 참배

[단어] 株式投資 주식 투자 　人の褌で相撲を取る 남의 샅바를 차고 씨름하다(남의 것을 이용하여 자기 잇속을 차림) 　仇を恩で報いる 원수를 은혜로 갚다 　耳を掩うて鐘を盗む 귀를 막고 종을 훔친다(나쁜 짓을 하면서 자기의 양심을 속이려 함) 　天に向かって唾を吐く 하늘 보고 침 뱉기, 누워서 침 뱉기 　他人の念仏で極楽参り 타인의 염불로 극락 참배(다른 사람의 노력에 의지해 자신의 이익을 도모함)

67

男　振り込め詐欺の被害が一向に減りませんね。

女　そうですね。これまで多くの老人がターゲットになり、大金をだまし取られています。

男　子を思う親心に付け込んで悪どいことをするものです。

女　手口が巧妙化し続けているから引っかからないよう気を付けないと。

Q　二人は何について話していますか。

(A) 被害者のトラウマ

(B) 老人ホームへの入居

(C) 高齢者を狙った犯罪

(D) 高齢者による犯罪の増加

남　송금 사기 피해가 전혀 줄지 않네요.

여　맞아요. 지금까지 많은 노인이 타깃이 되어, 거금을 편취당하고 있습니다.

남　아이를 생각하는 부모의 마음을 이용해서 악랄한 짓을 하는 것입니다.

여　수법도 계속 교묘화하고 있으니까 걸리지 않도록 조심하지 않으면 안 돼요.

Q　두 사람은 무엇에 관해서 이야기하고 있습니까?

(A) 피해자의 트라우마

(B) 노인 홈의 입주

(C) 고령자를 겨냥한 범죄

(D) 고령자에 의한 범죄 증가

단어 振り込め詐欺 입금 사기　一向 (부정어 수반) 조금도, 전혀　ターゲット 타깃　大金 대금, 큰돈　だまし取る 편취하다　親心 부모의 마음　付け込む 기회를 타다, 허점을 이용하다　悪どい 악랄하다　手口 (범죄 등의) 수법　巧妙化 교묘화, 교묘해짐　トラウマ 트라우마　入居 입거, 입주　高齢者 고령자

68

女　顔、むくんでるね。

男　太ったんだよ。接待で暴飲暴食が続いてさ。

女　正月太りだと思った。むやみやたらに飲み食いするのはやめてよ。体によくないし……。

男　そうなんだよ。父親が糖尿だから気を付けないといけないんだけど。

Q　男の人は何を心配していますか。

(A) 接待　　　　(B) 体重

(C) むくみ　　　(D) 糖尿病

여　얼굴, 부었네.

남　살이 찐 거야. 접대로 폭음 폭식이 계속이거든.

여　설날에 많이 먹어서 살이 찐 건 줄 알았어. 무턱대고 마시고 먹는 것은 그만둬, 몸에 좋지 않고…….

남　맞아. 아버지가 당뇨니까 조심하지 않으면 안 되는데.

Q　남자는 무엇을 걱정하고 있습니까?

(A) 접대　　　　(B) 체중

(C) 부기　　　　(D) 당뇨병

단어 むくむ 몸이 부어오르다　接待 접대　暴飲暴食 폭음 폭식　正月太り 정월에 많이 먹어서 살이 찜　むやみやたら 마구, 함부로　糖尿(病) 당뇨(병)　体重 체중　むくみ 부종, 부어 오름

69

男 顔色が青白いよ。どうした？

女 今日も戻しちゃったの。血行不良でよく胃がもたれるのよね……。

男 手も雪女みたいに冷えてるね。新陳代謝が悪いと冷えるって聞いたんだけど……。

女 そうなのよ。だから、生姜や根菜類を多くとったり、漢方を飲んだり、足湯もしたりしてるの。

Q 女の人は何に苦しんでいますか。

(A) げっぷ   (B) 消化不良

(C) 摂食障害   (D) 胃癌の再発

남 안색이 창백해. 어떻게 된 거야?

여 오늘도 토했어. 혈액 순환이 안 좋아서 자주 속이 더부룩하네…….

남 손도 설녀처럼 차가워. 신진대사가 나쁘면 몸이 차가워진다고 들었는데…….

여 맞아, 그래서 생강이나 근채류를 많이 섭취하거나, 한약을 먹거나, 족탕도 하기도 해.

Q 여자는 무엇에 괴로워하고 있습니까?

(A) 트림   (B) 소화 불량

(C) 섭식 장애   (D) 위암 재발

단어 青白い 해쓱하다, 창백하다　血行不良 혈액 순환 불량　胃 위　もたれる 더부룩하다　雪女 설녀　新陳代謝 신진대사　生姜 생강　根菜類 근채류　漢方 한방, 한약　足湯 족탕, 무릎 아래를 뜨거운 물에 담그는 일　げっぷ 트림　消化不良 소화 불량　摂食障害 섭식 장애　胃癌 위암　再発 재발

70

女 これ、一見ださいけど、丈夫なのが取り柄なの。

男 よく手入れされていますね。

女 そうよ。思い出の詰まった、私の宝物だったのよ。

男 後生大事にします。

Q 男の人は女の人が持っている物についてどう思っていますか。

(A) ださいけど丈夫である。

(B) 保存状態が非常によい。

(C) 宝石として資産価値がある。

(D) おいそれと受け取るわけにはいかない。

여 이것 언뜻 보기엔 촌스럽지만, 튼튼한 것이 장점이야.

남 손질도 잘 되어 있군요.

여 맞아. 추억이 담긴, 내 보물이었어.

남 매우 소중히 간직하겠습니다.

Q 남자는 여자가 가지고 있는 물건에 관해서 어떻게 생각하고 있습니까?

(A) 촌스럽지만 튼튼하다.

(B) 보존 상태가 매우 좋다.

(C) 보석으로써 자산 가치가 있다.

(D) 간단히는 받을 수 없다.

단어 一見 일견, 한번 봄　ださい 촌스럽다, 멋없다　取り柄 장점　手入れ 손질　詰まる 가득 차다　後生大事 물건을 대단히 소중히 함　資産価値 자산 가치　おいそれ 쉽사리, 간단히　受け取る 수취하다, 받다

71

男　前の職場ってどうだった？

女　毎日締め切りに追われて、休憩もまともにとれないなんてことが日常茶飯事だったの。

男　転職したところはどう？

女　良くも悪くもないよ。

남　전의 직장은 어땠어?

여　매일 마감에 쫓겨서 휴식도 제대로 취할 수 없는 일이 일상다반사였어.

남　전직한 곳은 어때?

여　좋지도 나쁘지도 않아.

Q　**女の人の現在の職場はどうですか。**

(A) 閉塞感がある。

(B) 可もなく不可もない。

(C) ブラック企業である。

(D) 毎日のスケジュールが過密である。

Q　여자의 현재 직장은 어떻습니까?

(A) 폐색감이 있다.

(B) 좋은 것도 없고 나쁜 것도 없다.

(C) 악덕 기업이다.

(D) 매일의 스케줄이 과밀하다.

단어　職場 직장　締め切り 마감　追う 쫓다, 따르다　日常茶飯事 일상다반사, 예사로운 일　転職 전직, 직업을 바꾸어 옮김　閉塞感 폐색감, 꽉 막혀 있는 느낌　可もなく不可もない 좋은 것도 없고 나쁜 것도 없다　ブラック企業 블랙 기업, 악덕 기업　過密 과밀함

72

女　ペットと暮らせる部屋を探しているんですが、駅の近くにそんな物件はありますか。

男　最寄りの駅から徒歩10分の物件がありますが、ご希望の間取りは……。

女　2LDKで、騒音トラブルに遭わないよう防音対策がきちんとなされたところがいいです。

男　かしこまりました。それではこちらの新築のカタログをご覧ください。

여　애완동물과 살 수 있는 방을 찾고 싶습니다만, 역 근처에 그런 물건은 있습니까?

남　가장 가까운 역에서 도보 10분인 물건이 있습니다만, 희망하시는 방 구조는…….

여　2LDK로, 소음 트러블이 없도록 방음 대책이 제대로 이루어진 곳이 좋습니다.

남　알겠습니다. 그러면 이쪽 신축 카탈로그를 봐 주세요.

Q　**女の人はどんな部屋を探していますか。**

(A) 動物病院と近いところ

(B) 駅から遠くても広いところ

(C) 防音対策が施されたところ

(D) 近隣施設が充実しているところ

Q　여자는 어떤 방을 찾고 있습니까?

(A) 동물 병원과 가까운 곳

(B) 역에서 멀어도 넓은 곳

(C) 방음 대책이 설비된 곳

(D) 근린 시설이 충실한 곳

단어　物件 물건, 토지나 건물 수목 등의 부동산　最寄り 가장 가까움　間取り 방의 배치(2LDK는 방이 두 개 있고, 거실, 식사 공간, 주방이 있는 구조를 말함)　遭う (어떤 일을) 당하다　防音対策 방음 대책　新築 신축　施す 베풀다. 설비하다, 행하다　近隣施設 근린 시설　充実 충실함

73

男　この前作ったプレゼンの資料じゃないか？どうして
　　やり直してるんだ？

女　少しでも誤字脱字を減らすため、検討して修正して
　　いるところなの。

男　危ない、危ない。課長にこれをメールで送るところ
　　だったよ。

女　あと、明日の会議の内容の要点が一目で分かるよう
　　な資料を作成して、印刷しないとね。

Q　女の人は今、何をしていますか。

(A) 資料を印刷している。

(B) 課長にメールを送っている。

(C) 会議の要点をまとめている。

(D) 誤字脱字の部分を修正している。

남　이전에 만들었던 프레젠테이션 자료 아냐? 어째서
　　다시 하고 있는 거야?

여　조금이라도 오자 탈자를 줄이기 위해, 검토해서 수정
　　하고 있는 중이야.

남　위험해, 위험해. 과장님께 이것을 메일로 보낼 뻔했어.

여　그 뒤에, 내일 회의 내용 요점을 한눈에 알 법한 자료
　　를 작성해서, 인쇄해야 돼.

Q　여자는 지금 무엇을 하고 있습니까?

(A) 자료를 인쇄하고 있다.

(B) 과장에게 메일을 보내고 있다.

(C) 회의 요점을 정리하고 있다.

(D) 오자 탈자 부분을 수정하고 있다.

단어　プレゼン 프레젠테이션(プレゼンテーション의 준말)　誤字 오자　脱字 탈자　検討 검토　修正 수정　要点 요점
一目 한눈, 한번 봄　印刷 인쇄

74

女　ここのゲストハウスはどう？わりと安いし評判もよ
　　さそうだよ。

男　リーズナブルだけど、プライバシーがなさそうなと
　　ころがちょっと……。

女　じゃ、高くなるけど、露天風呂が楽しめる旅館はど
　　う？それとも観光地から近いホテルは？

男　旅館だと宿のスタッフの出入りがあるからちょっと……。
　　でも、ホテルだと予算オーバーになるし、やっぱり
　　さっきの安いところにしよう。

Q　男の人が決めた宿泊施設とその理由は何ですか。

(A) ホテル、観光地から近い

(B) 旅館、露天風呂が楽しめる

(C) 旅館、プライバシーが守られる

(D) ゲストハウス、値段が手頃だ

여　여기 게스트 하우스는 어때? 비교적 싸고 평판도 좋
　　은 것 같아.

남　가격은 합리적이지만, 프라이버시가 없을 것 같은 점
　　이 좀…….

여　그럼, 비싸지지만, 노천 온천을 즐길 수 있는 여관은
　　어때? 아니면 관광지에서 가까운 호텔은?

남　여관이라면 숙박 스태프의 출입이 있으니까 좀…….
　　하지만 호텔이라면 예산 초과가 되고, 역시 아까 싼
　　곳으로 하자.

Q　남자가 정한 숙박 시설과 그 이유는 무엇입니까?

(A) 호텔, 관광지에서 가깝다

(B) 여관, 노천 온천을 즐길 수 있다

(C) 여관, 프라이버시를 지킬 수 있다

(D) 게스트 하우스, 가격이 적당하다

단어　ゲストハウス 게스트 하우스　わりと 비교적　評判 평판　リーズナブル 합리적임　プライバシー 프라이버시
露天風呂 노천 온천　宿 숙소　出入り 출입, 드나듦　宿泊施設 숙박 시설　観光地 관광지　手頃 알맞음, 적당함

75

男	クリスマスに何する予定？ドライブデート？テーマパーク？
女	どこ行っても込んでいて疲れるから、自分用のケーキとプレゼントを買う予定よ。
男	そうなんだ。僕は友だちとデパ地下グルメを持ち寄ってホームパーティーするんだけど、よかったら一緒にどう？
女	ありがとう。でも、お寿司を作って食べようと思って、もう材料注文してあるから、せっかくだけど……。

남	크리스마스에 뭐 할 예정이야? 드라이브 데이트? 테마 파크?
여	어디 가든 붐벼서 피곤하니까, 나를 위한 케이크와 선물을 살 예정이야.
남	그렇구나. 나는 친구와 백화점 지하 식품 매장 음식을 사 와서 홈파티를 할 건데, 괜찮다면 함께 어때?
여	고마워. 하지만 초밥을 만들어 먹을 생각으로 이미 재료 주문을 해서, 모처럼이지만…….

Q 女の人はクリスマスに何をするつもりですか。

(A) 家で過ごす。
(B) おもてなしをする。
(C) デパ地下で惣菜を買う。
(D) 持ち寄りパーティーをする。

Q 여자는 크리스마스에 무엇을 할 생각입니까?

(A) 집에서 보낸다.
(B) 접대한다.
(C) 백화점 지하 식품 매장에서 반찬을 산다.
(D) 각자 음식을 가져와서 파티를 한다.

[단어] デパ地下 백화점 지하 식품 매장　持ち寄る 각자 가지고 모이다　ホームパーティー 홈파티　おもてなし 대접
惣菜 반찬　持ち寄りパーティー 각자 음식을 가지고 오는 파티

76

女	上司が飲みニケーションを大事にする人で、組織の一員として部署の飲み会に必ず参加すべきだって、いつも偉そうに熱弁を振るうから困ってるの。
男	うちの会社にもそういう上司いるよ。僕は体質的にアルコールが無理なのに、飲めるように努力しろって言われたときには、理不尽だと思ったよ。
女	それはもう立派なパワハラよね。私もね、用事があって昨日の飲み会欠席したら、今日一日中ぐちぐち言われて……。

여	상사가 술을 마시면서 친목 교류하는 것을 중요하게 생각하는 사람이라서, 조직의 일원으로서 부서 회식은 반드시 참석해야 한다고, 항상 유세 떨며 열변을 토하니까 곤란해.
남	우리 회사에도 그런 상사가 있어. 나는 체질적으로 알코올이 무리인데, 마실 수 있도록 노력하라는 소리를 들었을 때에는, 불합리하다고 생각했어.
여	그건 이미 훌륭한 위력에 따른 괴롭힘이네. 나도, 일이 있어 어제 회식을 결석했더니, 오늘 하루 종일 궁시렁궁시렁 들어서…….

Q 男の人は上司の発言をどう思っていますか。

(A) 垢抜けしないと思っている。
(B) 筋が通っていると思っている。
(C) 道理に合わないと思っている。
(D) 細かすぎて煩わしいと思っている。

Q 남자는 상사의 발언을 어떻게 생각하고 있습니까?

(A) 때를 벗지 않았다고 생각하고 있다.
(B) 이치에 맞다고 생각하고 있다.
(C) 도리에 맞지 않다고 생각하고 있다.
(D) 지나치게 까다로워 성가시다고 생각하고 있다.

단어 飲みニケーション 술을 마시면서 교류함(飲む와 コミュニケーション의 합성어)　組織 조직　熱弁を振るう 열변을 토하다
体質的 체질적　理不尽 불합리　パワハラ 위력에 의한 괴롭힘　ぐちぐち 중얼거리는 듯해 잘 들리지 않는 모양, 궁시렁궁
시렁　垢抜け 땟물을 벗음, 세련됨　筋が通る 조리가 서다, 이치에 맞다　道理に合う 도리에 맞다　煩わしい 번거롭다

77

男	高橋さんも休日出勤？休日返上で仕事なんて、やってられないよね。
女	いいえ、私は忘れ物を取りに来ただけです。渡辺さんはどうして？
男	「報連相」をしてくれない後輩がいて仕事が円滑に進まなくてさ。その点、高橋さんはちゃんと周りとコミュニケーションが取れているよね。君の上司が羨ましいよ。
女	せめて「報連相」だけはちゃんとしようと心がけています。まだ見習い中なので……。

남	다카하시 씨도 휴일 출근? 휴일 반납하고 일이라니, 못해 먹겠네.
여	아니요, 저는 잊은 물건을 찾으러 온 것뿐입니다. 와타나베 씨는 어째서?
남	'보고·연락·상담'을 해 주지 않는 후배가 있어서 일이 원활하게 진행되지 않아서 말이야. 그런 점에서 다카하시 씨는 제대로 주위 사람들과 커뮤니케이션을 하고 있어. 자네 상사가 부러워.
여	적어도 '보고·연락·상담'만큼은 제대로 하려고 주의하고 있습니다. 아직 견습 중이라서…….

Q 女の人について正しいのはどれですか。

(A) 謙虚な人である。

(B) 怠け者の節句働きである。

(C) 振替休日に勤務している。

(D) 報連相のマナーを熟知していない。

Q 여자에 관해서 옳은 것은 어느 것입니까?

(A) 겸허한 사람이다.

(B) 게으름뱅이는 쉬는 날 일하는 법이다.

(C) 대체 휴일에 근무하고 있다.

(D) 보고·연락·상담 매너를 숙지하지 못했다.

단어 返上 반납　報連相 보고(報告), 연락(連絡), 상담(相談)의 머리글자를 따서 만든 말　円滑 원활함　せめて 하다못해, 최소한
心がける 항상 주의하다, 유의하다　見習い 수습　謙虚 겸허함　怠け者の節句働き 게으름뱅이 명절날에 일하기, 평소
에 게으름을 피우는 자는 남들이 즐기고 있을 때에 혼자서 부지런을 떪　振替休日 대체 휴일　熟知 숙지

78

女	連絡もなく待たせるなんて！これ、何杯目のコーヒーだと思ってるの？
男	悪かったよ。帰ろうとしたら、急に上司に呼び止められちゃってさ……。
女	先約があるって言えばいいじゃない。一周年記念に一緒にペアリングを選びに行こうって言ったのはそっちだよ。
男	ごめん。明日の商談で使う資料の細かいところを修正させられてさ……。

여	연락도 없이 기다리게 하고! 이것, 몇 잔째 커피라고 생각해?
남	미안해. 집에 가려고 했는데, 갑자기 상사가 불러 세워서 말이야…….
여	선약이 있다고 말하면 되잖아. 1주년 기념으로 함께 커플 반지를 고르러 가자고 말한 사람은 너야.
남	미안. 내일 상담에서 사용할 자료의 세세한 부분을 수정하라고 시켜서…….

Q　<ruby>男<rt>おとこ</rt></ruby>の<ruby>人<rt>ひと</rt></ruby>が<ruby>遅<rt>おく</rt></ruby>れた<ruby>理由<rt>りゆう</rt></ruby>はどれですか。	Q　남자가 늦은 이유는 어느 것입니까?
(A)　<ruby>約束<rt>やくそく</rt></ruby>を<ruby>忘<rt>わす</rt></ruby>れた。	(A) 약속을 잊었다.
(B)　<ruby>上司<rt>じょうし</rt></ruby>に<ruby>叱<rt>しか</rt></ruby>られた。	(B) 상사에게 혼났다.
(C)　<ruby>資料<rt>しりょう</rt></ruby>の<ruby>修正<rt>しゅうせい</rt></ruby>を<ruby>頼<rt>たの</rt></ruby>まれた。	(C) 자료 수정을 부탁받았다.
(D)　<ruby>先<rt>さき</rt></ruby>にペアリングを<ruby>選<rt>えら</rt></ruby>んだ。	(D) 먼저 커플 반지를 골랐다.

단어 <ruby>呼<rt>よ</rt></ruby>び<ruby>止<rt>と</rt></ruby>める 불러 세우다　<ruby>先約<rt>せんやく</rt></ruby> 선약　ペアリング 페어링, 커플링　<ruby>商談<rt>しょうだん</rt></ruby> 상담, 거래에 관한 이야기

79

女　また<ruby>下<rt>さ</rt></ruby>がったの？これ<ruby>以上<rt>いじょう</rt></ruby><ruby>下<rt>さ</rt></ruby>がったら<ruby>困<rt>こま</rt></ruby>っちゃう。	여　또 내려갔어? 이 이상 내려가면 곤란해.
男　どうかした？	남　무슨 일이야?
女　<ruby>一年前<rt>いちねんまえ</rt></ruby>から<ruby>お給料<rt>きゅうりょう</rt></ruby>の<ruby>半分<rt>はんぶん</rt></ruby>を<ruby>株<rt>かぶ</rt></ruby>に<ruby>投資<rt>とうし</rt></ruby>してるんだけど、<ruby>平均株価<rt>へいきんかぶか</rt></ruby>が<ruby>下落<rt>げらく</rt></ruby>だって。	여　1년 전부터 월급의 반을 주식에 투자하고 있는데, 평균 주가가 하락이래.
男　<ruby>専門家<rt>せんもんか</rt></ruby>によるとこれから<ruby>株価<rt>かぶか</rt></ruby>はじり<ruby>貧<rt>ひん</rt></ruby><ruby>状態<rt>じょうたい</rt></ruby>らしいよ。	남　전문가에 따르면 지금부터 주가는 점차 악화되는 상태라고 해.

Q　<ruby>平均株価<rt>へいきんかぶか</rt></ruby>はこれからどうなると<ruby>言<rt>い</rt></ruby>われていますか。	Q　평균 주가는 지금부터 어떻게 될 거라고 합니까?
(A)　<ruby>少<rt>すこ</rt></ruby>しずつ<ruby>良<rt>よ</rt></ruby>くなる。	(A) 조금씩 좋아진다.
(B)　<ruby>少<rt>すこ</rt></ruby>しずつ<ruby>悪<rt>わる</rt></ruby>くなる。	(B) 조금씩 나빠진다.
(C)　<ruby>底割<rt>そこわ</rt></ruby>れ<ruby>寸前<rt>すんぜん</rt></ruby>になる。	(C) 바닥을 치기 직전이 된다.
(D)　<ruby>横<rt>よこ</rt></ruby>ばい<ruby>状態<rt>じょうたい</rt></ruby>になる。	(D) 보합 상태가 된다.

단어 <ruby>株<rt>かぶ</rt></ruby> 주식　<ruby>投資<rt>とうし</rt></ruby> 투자　<ruby>平均株価<rt>へいきんかぶか</rt></ruby> 평균 주가　<ruby>下落<rt>げらく</rt></ruby> 하락　じり<ruby>貧<rt>ひん</rt></ruby> 시세가 조금씩 내려감　<ruby>底割<rt>そこわ</rt></ruby>れ 경기나 주가가 최저 상태에서 더욱 나빠짐　<ruby>寸前<rt>すんぜん</rt></ruby> 직전, 바로 앞　<ruby>横<rt>よこ</rt></ruby>ばい 옆으로 김, 시세가 별로 변동이 없음, 보합 시세

80

女　あの、ホームページからソフトをダウンロード<ruby>購入<rt>こうにゅう</rt></ruby>しましたが、うまくインストールができないんです。	여　서, 홈페이지에서 소프트웨어를 다운로드 구입했습니다만, 잘 설치할 수 없습니다.
男　<ruby>当社<rt>とうしゃ</rt></ruby>のホームページに「サポート」というコーナーがございますが、<ruby>確認<rt>かくにん</rt></ruby>されましたか。	남　당사의 홈페이지에 '서포트'라는 코너가 있습니다만, 확인하셨습니까?
女　あ、オンラインお<ruby>問<rt>と</rt></ruby>い<ruby>合<rt>あ</rt></ruby>わせ<ruby>窓口<rt>まどぐち</rt></ruby>の<ruby>入力<rt>にゅうりょく</rt></ruby><ruby>画面<rt>がめん</rt></ruby>に<ruby>記入<rt>きにゅう</rt></ruby>したらいいんですね。	여　아, 온라인 문의 창구의 입력 화면에 기입하면 되는군요.
男　その<ruby>前<rt>まえ</rt></ruby>にエラーコードやQ&Aを<ruby>ご覧<rt>らん</rt></ruby>になっていただけませんか。	남　그 전에 에러 코드나 Q&A를 봐 주시지 않겠습니까?

Q **女の人はこれから何をしますか。**

(A) 入力画面に記入する。

(B) 「サポート」をクリックする。

(C) 電話で受け付けをする。

(D) エラーコードやQ&Aを確認する。

Q 여자는 지금부터 무엇을 합니까?

(A) 입력 화면에 기입한다.

(B) '서포트'를 클릭한다.

(C) 전화로 접수를 한다.

(D) 에러 코드나 Q&A를 확인한다.

단어 ソフト 소프트웨어(ソフトウェア의 준말)　購入 구입　インストール 설치, 인스톨　当社 당사　問い合わせ 문의
窓口 창구　エラーコード 에러 코드　受け付け 접수

[81~83]

스크립트	해석
私は忙しい日々の合間に手軽な自分へのご褒美として、ティータイムを楽しんでいます。月曜日から金曜日まで多彩なティーを味わっています。月曜日は色が変わるマロウブルー、火曜日は花入りの工芸茶、水曜日はフルーティーな香りのダージリン、木曜日はさわやかな香りと苦味があるセイロン、金曜日はアッサムミルクティーを楽しんでいます。ティータイムにはテーブル映えするデザインのティーセットを使用します。最近のお気に入りは、注いだティーの色をそのまま楽しむことができる透明のガラスカップです。陶器製や磁器製に比べてリーズナブルな価格で、アイスにもホットにも気楽に使えます。	저는 바쁜 나날 틈에 자신에 대한 간단한 포상으로써, 티타임을 즐기고 있습니다. 월요일부터 금요일까지 다채로운 티를 맛보고 있습니다. 월요일은 색이 바뀌는 블루멜로우, 화요일은 꽃이 들어간 공예차, 수요일은 과일향의 다즐링, 목요일은 상큼한 향과 쓴맛이 있는 실론, 금요일은 아삼 밀크티를 즐기고 있습니다. 티타임에는 테이블을 빛낼 수 있는 디자인의 티세트를 사용합니다. 최근 마음에 든 것은, 따라 둔 티의 색을 그대로 즐길 수 있는 투명한 유리컵입니다. 도기 제품이나 자기 제품에 비해 합리적인 가격으로, 차가운 것에도 뜨거운 것에도 마음 편하게 사용할 수 있습니다.

81 この人がティータイムを楽しむ理由は何ですか。

(A) テーブル映え

(B) ストレス解消

(C) 自分への褒美

(D) 免疫細胞の強化

81 이 사람이 티타임을 즐기는 이유는 무엇입니까?

(A) 테이블 포토제닉

(B) 스트레스 해소

(C) 자신에 대한 포상

(D) 면역 세포 강화

82 使用しているティーセットはどれですか。

(A) テーブル映えする陶器製

(B) リーズナブルな価格の磁器製

(C) 飲み物の色が楽しめるガラス製

(D) アイスにもホットにも使える土器製

82 사용하고 있는 티세트는 어느 것입니까?

(A) 테이블을 빛내는 도기 제품

(B) 합리적인 가격의 자기 제품

(C) 음료의 색을 즐길 수 있는 유리 제품

(D) 차가운 것에도 뜨거운 것에도 사용할 수 있는 토기 제품

83 本文の内容と合っているのはどれですか。

(A) 月曜日にミルクティーを飲む。

(B) 火曜日に花入りの工芸茶を飲む。

(C) 水曜日に色が変わるマロウブルーを飲む。

(D) 木曜日にフルーティーな香りのアッサムを飲む。

83 본문의 내용과 맞는 것은 어느 것입니까?

(A) 월요일에 밀크티를 마신다.

(B) 화요일에 꽃이 들어간 공예차를 마신다.

(C) 수요일에 색이 변하는 블루멜로우를 마신다.

(D) 목요일에 과일향의 아삼을 마신다.

단어 合間 틈　手軽 손쉬움, 간편함　褒美 상, 포상　多彩 다채로움　味わう 맛보다　マロウブルー 블루멜로우　工芸茶 공예차(찻잎을 세공해서 꽃을 조합해 만든 차)　フルーティー 과일 맛이 나는　ダージリン 다즐링　苦味 쓴맛　セイロン 실론　アッサムミルクティー 아삼 밀크티　テーブル映え 테이블을 돋보이게 함, 테이블을 빛냄　ティーセット 티세트　注ぐ 붓다, 따르다　透明 투명함　陶器製 도기 제품　磁器製 자기 제품　リーズナブル 합리적임　気楽 마음이 편함　解消 해소　免疫細胞 면역 세포　強化 강화　土器製 토기 제품

[84~86]

스크립트	해석
原材料価格や物流費の高騰で値上げラッシュが続いています。電力やガスなどのエネルギーコストの上昇も値上げラッシュの一因です。食品の中では小麦粉や食用油の値上がりが目立ち、特に小麦粉は今年2度目の値上げとなります。家庭用小麦粉が約5%～11%の値上げ、家庭用食品類が約3%～9%の値上げになります。家庭用のオリーブオイル、ごま油、大豆油などの食用油は5%～10%の値上げとなります。家庭用の缶詰や瓶詰なども約7%の値上げとなります。原材料の価格の高騰、アルミニウムの価格上昇、急激な為替変動などが主な原因となっています。	원재료 가격이나 물류 비용의 앙등으로 가격 인상 러시가 계속되고 있습니다. 전력이나 가스 등의 에너지 비용의 상승도 가격 인상 러시의 하나의 요인입니다. 식품 중에서는 밀가루나 식용유의 가격 상승이 두드러지고, 특히 밀가루는 올해 두 번째 가격 인상이 됩니다. 가정용 밀가루가 약 5%～11% 인상, 가정용 식품류가 약 3%～9% 인상됩니다. 가정용 올리브유, 참기름, 콩기름 등의 식용유는 5%～10% 인상됩니다. 가정용 통조림과 병조림 등도 약 7% 인상됩니다. 원재료의 가격 앙등, 알루미늄의 가격 상승, 급격한 환율 변동 등이 주요한 원인이 되고 있습니다.

84 食品の値上げの原因はどれですか。

(A) 原材料の増加　(B) 供給量の増加
(C) 円高への転換　(D) 物流費の上昇

84 식품 가격 인상의 원인은 어느 것입니까?

(A) 원재료의 증가　(B) 공급량의 증가
(C) 엔고로의 전환　(D) 물류 비용의 상승

85 食品の中で一番値上がりが目立つ物はどれですか。

(A) 缶詰　(B) 瓶詰
(C) 小麦粉　(D) 食用油

85 식품 중에서 가장 가격 상승이 두드러지는 것은 어느 것입니까?

(A) 통조림　(B) 병조림
(C) 밀가루　(D) 식용유

86 缶詰の値上げの原因はどれですか。

(A) 為替変動　(B) コスト削減
(C) 漁獲高の増加　(D) 魚体の大型化

86 통조림의 가격 인상의 원인은 어느 것입니까?

(A) 환율 변동　(B) 원가 삭감
(C) 어획고의 증가　(D) 어체의 대형화

단어 <ruby>原材料<rt>げんざいりょう</rt></ruby> 원재료 <ruby>価格<rt>かかく</rt></ruby> 가격 <ruby>物流費<rt>ぶつりゅうひ</rt></ruby> 물류비 <ruby>高騰<rt>こうとう</rt></ruby> 물건값이 뛰어오름, 앙등 <ruby>値上げ<rt>ね あ</rt></ruby> 가격 인상 ラッシュ 러시 エネ
ルギーコスト 에너지 비용 <ruby>上昇<rt>じょうしょう</rt></ruby> 상승 <ruby>一因<rt>いちいん</rt></ruby> 한 원인 <ruby>小麦粉<rt>こむぎこ</rt></ruby> 밀가루 <ruby>食用油<rt>しょくようあぶら</rt></ruby> 식용유 <ruby>目立つ<rt>めだ</rt></ruby> 눈에 띄다, 두드러지다
<ruby>家庭用<rt>かていよう</rt></ruby> 가정용 オリーブオイル 올리브유 <ruby>ごま油<rt>あぶら</rt></ruby> 참기름 <ruby>大豆油<rt>だいずゆ</rt></ruby> 콩기름 <ruby>缶詰<rt>かんづめ</rt></ruby> 통조림 <ruby>瓶詰<rt>びんづめ</rt></ruby> 병조림 アルミニ
ウム 알루미늄 <ruby>急激<rt>きゅうげき</rt></ruby> 급격함 <ruby>為替<rt>かわせ</rt></ruby> 환율 <ruby>変動<rt>へんどう</rt></ruby> 변동 <ruby>主<rt>おも</rt></ruby> 주됨 <ruby>供給量<rt>きょうきゅうりょう</rt></ruby> 공급량 <ruby>円高<rt>えんだか</rt></ruby> 엔고 <ruby>転換<rt>てんかん</rt></ruby> 전환 コスト 코
スト. 원가, 비용 <ruby>削減<rt>さくげん</rt></ruby> 삭감 <ruby>漁獲高<rt>ぎょかくだか</rt></ruby> 어획고 <ruby>大型化<rt>おおがたか</rt></ruby> 대형화

[87~90]

スクリプト	해석
<ruby>退職金<rt>たいしょくきん</rt></ruby>の<ruby>額<rt>がく</rt></ruby>が<ruby>目減<rt>めべ</rt></ruby>りし<ruby>続<rt>つづ</rt></ruby>けている<ruby>反面<rt>はんめん</rt></ruby>、<ruby>平均寿命<rt>へいきんじゅみょう</rt></ruby>の<ruby>延<rt>の</rt></ruby>びによって<ruby>老後生活<rt>ろうごせいかつ</rt></ruby>が退職金だけでは<ruby>不十分<rt>ふじゅうぶん</rt></ruby>だと<ruby>思<rt>おも</rt></ruby>う<ruby>人々<rt>ひとびと</rt></ruby>が<ruby>増加<rt>ぞうか</rt></ruby>し、老後生活への<ruby>関心<rt>かんしん</rt></ruby>が<ruby>高<rt>たか</rt></ruby>まっています。「<ruby>老後<rt>ろうご</rt></ruby>の<ruby>生活資金<rt>せいかつしきん</rt></ruby>に<ruby>対<rt>たい</rt></ruby>する<ruby>不安<rt>ふあん</rt></ruby>を<ruby>感<rt>かん</rt></ruby>じる」と<ruby>答<rt>こた</rt></ruby>えた人は49.5％、「<ruby>少<rt>すこ</rt></ruby>し不安を感じる」は35％、「<ruby>不安感<rt>ふあんかん</rt></ruby>なし」は15.5％で、老後の生活資金の不安の<ruby>内容<rt>ないよう</rt></ruby>としては「<ruby>年金<rt>ねんきん</rt></ruby>だけでは不十分」という<ruby>回答<rt>かいとう</rt></ruby>が8<ruby>割<rt>わり</rt></ruby>を<ruby>超<rt>こ</rt></ruby>えています。<ruby>余裕<rt>よゆう</rt></ruby>のある<ruby>暮<rt>く</rt></ruby>らしのためのお金の<ruby>使<rt>つか</rt></ruby>い<ruby>道<rt>みち</rt></ruby>として「レジャー」は60％、「<ruby>趣味<rt>しゅみ</rt></ruby>」は49％、「<ruby>身内<rt>みうち</rt></ruby>との<ruby>交際<rt>こうさい</rt></ruby>」は47％、「<ruby>耐久消費財<rt>たいきゅうしょうひざい</rt></ruby>の<ruby>買<rt>か</rt></ruby>い<ruby>替<rt>か</rt></ruby>え」は30％、「<ruby>子<rt>こ</rt></ruby>どもへの<ruby>資金援助<rt>しきんえんじょ</rt></ruby>」は25％を<ruby>占<rt>し</rt></ruby>めています。また、老後の<ruby>夫婦<rt>ふうふ</rt></ruby>の生活費の<ruby>内訳<rt>うちわけ</rt></ruby>を<ruby>見<rt>み</rt></ruby>ると、「<ruby>食料費<rt>しょくりょうひ</rt></ruby>」の<ruby>割合<rt>わりあい</rt></ruby>が30％で<ruby>最<rt>もっと</rt></ruby>も<ruby>支出額<rt>ししゅつがく</rt></ruby>が<ruby>多<rt>おお</rt></ruby>いです。食料費に<ruby>次<rt>つ</rt></ruby>いで、「<ruby>交通<rt>こうつう</rt></ruby>・<ruby>通信<rt>つうしん</rt></ruby>」「<ruby>光熱<rt>こうねつ</rt></ruby>・<ruby>水道<rt>すいどう</rt></ruby>」「<ruby>保健医療<rt>ほけんいりょう</rt></ruby>」の<ruby>順<rt>じゅん</rt></ruby>になります。退職後に余裕のある老後<ruby>生活<rt>せいかつ</rt></ruby>を<ruby>送<rt>おく</rt></ruby>るためには<ruby>定年後<rt>ていねんご</rt></ruby>も<ruby>働<rt>はたら</rt></ruby>いて<ruby>収入<rt>しゅうにゅう</rt></ruby>を<ruby>増<rt>ふ</rt></ruby>やしたり、年金だけでは<ruby>不足<rt>ふそく</rt></ruby>する<ruby>分<rt>ぶん</rt></ruby>を<ruby>賄<rt>まかな</rt></ruby>えるだけの老後資金を<ruby>用意<rt>ようい</rt></ruby>したりする<ruby>必要<rt>ひつよう</rt></ruby>があります。	퇴직금 액수가 실제 가치에 비해 떨어지고 있는 반면, 평균 수명의 연장에 따라 노후 생활이 퇴직금만으로는 불충분하다고 생각하는 사람이 증가하고, 노후 생활에 대한 관심이 높아지고 있습니다. '노후 생활 자금에 대한 불안을 느낀다'고 답한 사람은 49.5%, '조금 불안을 느낀다'는 35%, '불안감 없음'은 15.5%이고, 노후 생활 자금의 불안에 관한 내용으로는 '연금만으로는 불충분하다'는 회답이 80%를 넘기고 있습니다. 여유 있는 생활을 위한 돈의 사용처로 '레저'는 60%, '취미'는 49%, '일가친척과의 교제'는 47%, '내구 소비재의 교체'는 30%, '아이들의 자금 원조'는 25%를 차지하고 있습니다. 또, 노후 부부 생활비의 내역을 보면 '식료비'의 비율이 30%로 가장 지출액이 많습니다. 식료비에 이어서, '교통·통신', '광열·수도', '보건 의료' 순서가 됩니다. 퇴직 후에 여유 있는 노후 생활을 보내기 위해서는 정년 후도 일해서 수입을 늘리거나, 연금만으로는 부족한 분을 충당할 만큼의 노후 자금을 준비하거나 할 필요가 있습니다.

87 <ruby>老後生活<rt>ろうごせいかつ</rt></ruby>が<ruby>退職金<rt>たいしょくきん</rt></ruby>だけでは<ruby>不十分<rt>ふじゅうぶん</rt></ruby>な<ruby>理由<rt>りゆう</rt></ruby>はどれですか。 (A) <ruby>食料費<rt>しょくりょうひ</rt></ruby>が<ruby>増<rt>ふ</rt></ruby>えるから (B) <ruby>再就職<rt>さいしゅうしょく</rt></ruby>ができないから (C) <ruby>貯金<rt>ちょきん</rt></ruby>が<ruby>目減<rt>めべ</rt></ruby>りしているから (D) <ruby>平均寿命<rt>へいきんじゅみょう</rt></ruby>が<ruby>延<rt>の</rt></ruby>びているから	87 노후 생활이 퇴직금만으로는 불충분한 이유는 어느 것입니까? (A) 식료비가 늘기 때문에 (B) 재취업이 불가능하기 때문에 (C) 저금이 실제 가치보다 떨어지고 있기 때문에 (D) 평균 수명이 늘고 있기 때문에
88 <ruby>老後<rt>ろうご</rt></ruby>の<ruby>生活資金<rt>せいかつしきん</rt></ruby>に<ruby>対<rt>たい</rt></ruby>して<ruby>不安<rt>ふあん</rt></ruby>を<ruby>感<rt>かん</rt></ruby>じている人の<ruby>割合<rt>わりあい</rt></ruby>として<ruby>正<rt>ただ</rt></ruby>しいのはどれですか。 (A) <ruby>約<rt>やく</rt></ruby>16％ (B) 約35％ (C) 約70％ (D) 約85％	88 노후 생활 자금에 대해 불안을 느끼고 있는 사람의 비율로 옳은 것은 어느 것입니까? (A) 약 16% (B) 약 35% (C) 약 70% (D) 약 85%

89 余裕のある暮らしのためのお金の使途について正しいのはどれですか。

(A) 「身内との交際」に一番多く使っている。

(B) ２割を「耐久消費財の買い替え」に使っている。

(C) 「趣味」と「身内との交際」の割合はほぼ同じである。

(D) 「レジャー」の割合は「子どもへの資金援助」の割合の３倍以上である。

90 老後の夫婦の生活費の内訳の中で支出額が最も多いのはどれですか。

(A) 食料費   (B) 交通費

(C) 光熱費   (D) 医療費

---

89 여유 있는 생활을 위한 돈의 용도에 관해서 옳은 것은 어느 것입니까?

(A) '일가친척과의 교제'에 가장 많이 사용하고 있다.

(B) 20%를 '내구 소비재의 교체'에 사용하고 있다.

(C) '취미'와 '일가친척과의 교제'의 비율은 거의 같다.

(D) '레저' 비율은 '아이들의 자금 원조'의 비율의 3배 이상이다.

90 노후의 부부 생활비 내역 중에서 지출액이 가장 많은 것은 어느 것입니까?

(A) 식료비   (B) 교통비

(C) 광열비   (D) 의료비

단어 退職金 퇴직금　～額 ~액　目減り 실질적인 가치가 내림　反面 반면　平均寿命 평균 수명　老後 노후　不十分 불충분　関心 관심　高まる 높아지다　資金 자금　内容 내용　年金 연금　回答 회답　余裕 여유　使い道 용도, 사용법　レジャー 레저　身内 일가친척　交際 교제　耐久消費財 내구 소비재, 장기 사용을 견디는 소비재　買い替え (새것으로) 교체　援助 원조　占める 점하다, 차지하다　内訳 내역　食料費 식료비　割合 비율　支出額 지출액　光熱 광열, 전등과 연료　保健医療 보건 의료　定年 정년　収入 수입　賄う 꾸리다, 조달하다, 마련하다　再就職 재취업　使途 용도　医療費 의료비

[91~93]

스크립트	해석
山火事の年間発生件数は約1,300件で、これは一日当たり約3件発生している計算になります。約7割が冬から春にかけて集中していて、季節的な特徴と言えます。特に3月から5月にかけて多く発生しています。冬に多く発生するのは燃えやすい落ち葉や強い季節風などの自然条件が重なるためです。春は山に出入りする人が増えることや農作業による枯草焼きなどが原因となっています。林野庁によると、山火事の原因は、「たき火」が31.4％で最も多く、次いで「火入れ」「放火」「煙草」などが続き、その多くが人間の不注意による人為的原因で、落雷など自然現象によるものはまれだそうです。	산불의 연간 발생 수는 1,300건으로, 이것은 하루당 약 세 건 발생하고 있다는 계산이 됩니다. 약 70%가 겨울부터 봄에 걸쳐 집중되어 있어, 계절적인 특징이라고 말할 수 있습니다. 특히 3월부터 5월에 걸쳐서 많이 발생하고 있습니다. 겨울에 많이 발생하는 것은 타기 쉬운 낙엽이나 강한 계절풍 등의 자연 조건이 겹치기 때문입니다. 봄은 산에 출입하는 사람이 늘어나는 것과 농사일에 따른 마른 잎 태우기 등이 원인이 되고 있습니다. 임야청에 따르면, 산불의 원인은 '모닥불'이 31.4%로 가장 많았고, 이어서 '마른 풀 태우기', '방화', '담배' 등이 이어졌고, 그 대부분이 사람의 부주의에 따른 인위적인 원인으로, 낙뢰 등 자연 현상에 의한 것은 드물다고 합니다.

91 日本の山火事の主な原因はどれですか。

(A) 干ばつ

(B) 古い電線

(C) 人為的原因

(D) 頻繁な落雷

91 일본 산불의 주된 원인은 어느 것입니까?

(A) 가뭄

(B) 낡은 전선

(C) 인위적 원인

(D) 빈번한 낙뢰

92 日本では山火事がどのくらい発生していますか。

(A) 1日1件発生する。

(B) 1年間に約1,300件発生する。

(C) 各地から毎日3件以上報告される。

(D) 都道府県ごとの発生数は1日当たり1件である。

92 일본에서는 산불이 어느 정도 발생하고 있습니까?

(A) 하루에 한 건 발생한다.

(B) 1년간 약 1,300건 발생한다.

(C) 각지에서 매일 세 건 이상 보고된다.

(D) 도도부현 지역마다 발생 수는 하루당 한 건이다.

93 山火事の発生について正しいのはどれですか。

(A) 季節的な特徴がある。

(B) 山火事の7割が春に発生する。

(C) 梅雨の時期に山火事は起きやすい。

(D) 冬は湿度が高くて山火事は起きにくい。

93 산불의 발생에 관해서 옳은 것은 어느 것입니까?

(A) 계절적인 특징이 있다.

(B) 산불의 70%가 봄에 발생한다.

(C) 장마 시기에 산불이 일어나기 쉽다.

(D) 겨울은 습도가 높아 산불이 일어나기 어렵다.

단어 山火事 산불　年間 연간　発生 발생　〜当たり 〜당　計算 계산　特徴 특징　燃える 타다　落ち葉 낙엽　季節風 계절풍　自然条件 자연 조건　重なる 겹치다, 거듭되다　出入り 출입, 드나듦　農作業 농사일　枯草焼き 마른 잎 태우기　林野庁 임야청　たき火 모닥불　次いで 뒤이어 잇따라서　火入れ 토지를 비옥하게 하기 위해 마른 풀 따위를 태우는 일　放火 방화　不注意 부주의　人為的 인위적　落雷 낙뢰　自然現象 자연 현상　まれ 드묾, 희소함　主 주됨　干ばつ 가뭄　電線 전선　頻繁 빈번함　各地 각지　報告 보고　都道府県 도도부현　湿度 습도

[94~96]

스크립트	해석
ケイティさんは3年前イギリスから来ました。最初は就労ビザで入国しましたが、滞在中に留学ビザに変更して、今は大学で文化について勉強しています。ケイティさんは人柄が穏やかで親しみやすい人です。堅苦しい人、無愛想な人など誰に対しても気さくで、異性からももてます。ケイティさんは卒業したら、ポストドクターをしながら研究者としてキャリアを積んだ後、国に帰ろうと思っているそうです。	케이티 씨는 3년 전 영국에서 왔습니다. 처음에는 워킹 비자로 입국했습니다만, 체재 중에 유학 비자로 변경해서, 지금은 대학에서 문화에 관해 공부하고 있습니다. 케이티 씨는 인품이 온화하고 친해지기 쉬운 사람입니다. 딱딱한 사람, 무뚝뚝한 사람 등, 누구에게도 싹싹하고 이성에게도 인기가 있습니다. 케이티 씨는 졸업하면 포스트 닥터를 하면서 연구자로서 커리어를 쌓은 후, 고국에 돌아가려고 생각하고 있다고 합니다.

94 ケイティさんはどんな人ですか。

(A) 堅苦しい人

(B) そっけない人

(C) フレンドリーな人

(D) 馴れ馴れしい人

95 ケイティさんの最初の入国目的はどれですか。

(A) 研究　　　　　(B) 観光

(C) 留学　　　　　(D) 就職

96 ケイティさんの卒業後の希望はどれですか。

(A) 名所巡り　　　(B) 博士研究員

(C) 海外での就職　(D) 文化財の修復

94 케이티 씨는 어떤 사람입니까?

(A) 딱딱한 사람

(B) 무뚝뚝한 사람

(C) 우호적인 사람

(D) 허물없는 사람

95 케이티 씨의 최초 입국 목적은 어느 것입니까?

(A) 연구　　　　　(B) 관광

(C) 유학　　　　　(D) 취직

96 케이티 씨의 졸업 후의 희망은 어느 것입니까?

(A) 명소 순례　　　(B) 박사 연구원

(C) 해외에서의 취직　(D) 문화재 복원

단어　就労ビザ 워킹 비자　滞在 체재, 체류　変更 변경　人柄 인품　穏やか 온화함　親しむ 친하게 하다, 친하게 지내다　堅苦しい 딱딱하다, 거북스럽다　無愛想 무뚝뚝함　気さく 싹싹함　異性 이성　もてる 인기가 있다　ポストドクター 박사 연구원　研究者 연구자　キャリア 커리어　積む 쌓다　そっけない 쌀쌀맞다, 무뚝뚝하다　フレンドリー 우호적인　馴れ馴れしい 허물없다　名所 명소　巡り 순례　博士研究員 박사 연구원　就職 취직　文化財 문화재　修復 복원

[97~100]

스크립트	해석
私は手先や足先がいつも冷えています。周りの人から冷え症だと言われています。冷え症は、体温調節機能がうまく機能していない状態であり、その主な原因は「自律神経の乱れ」「皮膚感覚の乱れ」「血液循環の悪化」「筋力の低下」「女性ホルモンの乱れ」などのようです。冷え症の治療のために食べ物、入浴、運動、生活習慣の改善など、いろいろ勧められましたが、他の病気が隠れているかもしれないので医療機関で診療を受けました。専門医からの指示に従って、血液の流れを促進するため適度な運動をし、服薬もしています。冷え症を放置しておくと、頭痛、腰痛、肩こり、肌荒れなどさまざまな体の不調を引き起こすので、専門医に相談するのがいいそうです。	저는 손끝이나 발끝이 항상 차갑습니다. 주위 사람들로부터 냉증이라고 듣고 있습니다. 냉증은, 체온 조절 기능이 잘 기능하고 있지 못한 상태로, 그 주요한 원인은 '자율 신경의 불안정', '피부 감각의 불안정', '혈액 순환의 악화', '근력 저하', '여성 호르몬의 불안정' 등인 듯합니다. 냉증의 치료를 위해서 음식, 입욕, 운동, 생활 습관 개선 등, 여러 가지 권유를 받았습니다만, 다른 병이 숨어 있을지 몰라서 의료 기관에서 진찰을 받았습니다. 전문의의 지시에 따라, 혈액의 흐름을 촉진하기 위해 적절한 운동을 하고, 복약도 하고 있습니다. 냉증을 방치해 두면, 두통, 요통, 어깨 결림, 피부가 거칠어지는 등 여러 가지로 안 좋은 몸 상태를 유발하므로, 전문의와 상담하는 편이 좋다고 합니다.

97 この人は冷え症の対策としてまず何をしましたか。

(A) 運動を始めた。

(B) 病院に行った。

(C) 漢方薬を飲み始めた。

(D) セルフケアを始めた。

98 冷え症の原因として挙げられていないのはどれですか。

(A) ホルモンの乱れ

(B) 自律神経の乱れ

(C) 血液循環の悪化

(D) 食事の量の少なさ

99 冷え症はどんな状態ですか。

(A) 体温調節がうまくできない状態

(B) 感情調節がうまくできない状態

(C) アンガーマネジメントがうまくできない状態

(D) 食事量のコントロールがうまくできない状態

100 冷え症が引き起こす症状として挙げられているのはどれですか。

(A) 風邪

(B) 嘔吐

(C) 肌荒れ

(D) 首のこり

---

97 이 사람은 냉증의 대책으로써 먼저 무엇을 했습니까?

(A) 운동을 시작했다.

(B) 병원에 갔다.

(C) 한약을 먹기 시작했다.

(D) 자가돌봄을 시작했다.

98 냉증의 원인으로 들고 있지 않은 것은 어느 것입니까?

(A) 호르몬의 불안정

(B) 자율 신경의 불안정

(C) 혈액 순환의 악화

(D) 식사량의 부족

99 냉증은 어떤 상태입니까?

(A) 체온 조절을 잘 할 수 없는 상태

(B) 감정 조절을 잘 할 수 없는 상태

(C) 분노 조절을 잘 할 수 없는 상태

(D) 식사량 조절을 잘 할 수 없는 상태

100 냉증이 일으키는 증상으로 들고 있는 것은 어느 것입니까?

(A) 감기

(B) 구토

(C) 피부가 거칠어짐

(D) 목 결림

단어 手先 손끝　足先 발끝　冷える 차가워지다, 차갑게 느껴지다　冷え症 냉증　体温調節機能 체온 조절 기능　主 주됨
自律神経 자율 신경　乱れ 흐트러짐, 어지러움　皮膚感覚 피부 감각　血液循環 혈액 순환　悪化 악화　筋力 근력
低下 저하　女性ホルモン 여성 호르몬　治療 치료　入浴 입욕　改善 개선　隠れる 숨다　医療機関 의료 기관
診療 진료　専門医 전문의　指示 지시　従う 따르다　促進 촉진　適度 적당한 정도　服薬 복약　放置 방치　頭痛
두통　腰痛 요통　肩こり 어깨 결림　肌荒れ 피부가 거칠어짐　不調 상태가 나쁨, 부조　専門医 전문의　対策 대책
漢方薬 한방약　セルフケア 자가돌봄　感情 감정　アンガーマネジメント 분노 관리　嘔吐 구토

101

해석 일본의 역사적인 건축물을 볼 수 있는 교토에서는 <u>운치</u> 있는 정원을 바라보며 식사를 즐길 수 있다.

단어 歴史的 역사적　建築物 건축물　趣 운치　眺める 바라보다

102

해석 그는 지금 신약 연구 개발에 <u>도전하고</u> 있다.

단어 新薬 신약　研究 연구　開発 개발　挑む 도전하다　掴む 붙잡다　励む 힘쓰다, 노력하다

103

해석 남쪽 지방에서는 기후적 <u>특성</u>을 고려하여 개방적인 주택 구조를 갖는다.

단어 気候的特性 기후적 특성　考慮 고려　開放的 개방적　住宅構造 주택 구조

104

해석 방사능 유출로 심각한 피해가 예상됩니다.

단어 放射能 방사능　流出 유출　被害 피해　予想 예상

105

해석 100엔 숍에서는 <u>충동구매</u>를 하더라도 후회는 하지 않겠지요.

단어 衝動買い 충동구매　後悔 후회

106

해석 맹렬한 더위 때문에 무슨 일을 하기도 귀찮다. 강에라도 뛰어들고 싶다.

단어 猛烈 맹렬함　煩わしい 번거롭다　飛び込む 뛰어들다

107

해석 딱딱한 인사는 빼고 한잔 합시다.

단어 堅苦しい 너무 엄격하다, 딱딱하다　挨拶 인사　抜きにする 빼다　一杯 한잔

108

해석 단독 주택은 아파트와 비교해서 이웃을 사귀는 것이 번거롭다고 생각합니다.

단어 一戸建て 단독 주택　比べる 비교하다　近所付き合い 이웃과의 교제　煩わしい 번거롭다

109

해석 이 홈페이지의 내용의 무단 <u>전재</u>를 금지하고 있습니다.

단어 無断 무단　転載 전재, 옮겨 실음　禁じる 금지하다

110

해석 할머니의 암은 말기여서 의사로부터는 더 이상 손을 쓸 수 없다는 설명을 들었다.

단어 祖母 할머니　癌 암　末期 말기　手の施しようがない 손을 쓸 길이 없다

111

해석 벌써 시간이 이렇게 되었네요. <u>해가 지기 전에</u> 돌아갈까요?

(A) 해가 지는 동안에　　(B) 해가 지자마자

(C) 해가 지도록　　(D) 해가 지기 전에

단어 日が暮れる 해가 지다　～ないうちに ～하기 전에　～とたんに ～하자마자

112

해석 세계적인 불황의 영향으로 우리나라의 경기도 <u>계속해서 나빠지고</u> 있습니다.

(A) 점점 나빠지다　　(B) 나빠질 리가 없다

(C) 좋을 리가 없다　　(D) 나쁜 부분도 있다

단어 不況 불황　影響 영향　景気 경기

113

해석 커피와 주스가 있는데요, 선생님은 무엇을 <u>드시겠습니까</u>?

(A) 보시겠습니까?　　(B) 드시겠습니까?

(C) 여쭙겠습니까?　　(D) 받겠습니까?

단어 召し上がる 마시다, 드시다(飲む, 食べる의 존경 표현)

114

해석 전성기에 비해 성량이 쇠퇴했다. 하지만 <u>썩어도 준치</u>라고 관객의 마음을 사로잡는 노랫소리를 그녀는 선보였다.

(A) 아무 고생도 하지 않고 많은 이익을 얻다

(B) 자칫 남의 미움을 사기도 하고 시샘받기도 한다

(C) 뛰어난 것은 상태가 나빠져도 가치를 잃지 않는다

(D) 강한 것이 무엇인가를 얻어 더욱 강해지다

단어 全盛期 전성기　声量 성량　衰える 쇠퇴하다　腐っても鯛 썩어도 준치　観客 관객　魅了 매료　披露 선보임　とかく 자칫, 어쨌든　憎む 미워하다　妬む 질투하다　さらに 더욱더

115

해석 오세치 요리는, 옛날에는 연말에 어머니가 <u>공들여</u> 만들어 주셨습니다.

(A) 가족을 데리고　　(B) 쇼핑을 해서

(C) 돈을 들여　　(D) 공들여(수고를 들여)

단어 おせち料理 오세치 요리(정월에 먹는 요리)　手間をかける 수고를 들이다　労力 노력, 수고

116

해석 매우 지루한 <u>듯한</u> 표정을 짓고 있네요.
- (A) 내 친구 중에도 산에서 조난당해서 죽을 <u>뻔</u>했던 사람이 있습니다.
- (B) 일본도 지진이나 해일이 많다<u>고</u> 합니다.
- (C) 일본에는 온천이나 호수가 많다고 합니다.
- (D) 그는 아무리 주의를 줘도 안 된다고 합니다.

단어 遭難_{そうなん} 조난 津波_{つなみ} 해일 湖_{みずうみ} 호수

117

해석 당신이 큰 소리를 낸 <u>탓</u>에 아이가 울고 말았다.
- (A) 앉아만 있지 말고, 가끔은 운동도 하거라.
- (B) 돈이 없는 탓에 이번 여행은 함께 갈 수 없다.
- (C) 학교에서는 영어만 배우고 있습니다.
- (D) 한국에 온 지 얼마 안 돼서 아직 한국어는 잘 하지 못합니다.

단어 大声_{おおごえ} 큰 소리 たまに 드물게, 가끔

118

해석 그는 자리에 앉자<u>마자</u> 바로 스마트폰을 만지기 시작했다.
- (A) 이번 소동에 대해서는 오해가 많아 내 나름<u>대로</u> 정리해 봤다.
- (B) 대학<u>이든</u> 전문학교든 어쨌든 어디든지 좋으니까 학교에 들어가고 싶다.
- (C) 그녀는 자신에게 자신이 없는 듯, 언제나 남의 말<u>에 따르곤</u> 한다.
- (D) 전동차 문이 열리자<u>마자</u> 승객들은 일제히 올라탔다.

단어 席_{せき}に着_つく 자리에 앉다 いじる 만지작거리다
騒動_{そうどう} 소동 誤解_{ごかい} 오해 乗客_{じょうきゃく} 승객 一斉_{いっせい}に 일제히
乗_のり込_こむ 올라타다

119

해석 그 사람은 남의 이목을 <u>끄는</u> 모습을 하는 걸 좋아한다.
(주의나 시선을 끌다)
- (A) 냄비를 달군 후 기름을 <u>부었다</u>. (붓다, 끼얹다)
- (B) 초등학생에게서 온 투서가 내 주의를 끌었다.
(주의나 시선을 끌다)
- (C) 시골에 계신 아버지는 집 목욕탕에 온천을 <u>끌어다</u> 쓴다.
(끌다, 당기다)
- (D) 5에서 3을 빼면 2가 된다. (빼다)

단어 人目_{ひとめ} 남의 눈 投書_{とうしょ} 투서 注意_{ちゅうい} 주의

120

해석 건강을 위해 6개월 전부터 담배를 <u>끊었다</u>고 한다. (끊다)
- (A) 그는 옆에 있던 칼을 들고 <u>일어섰다</u>. (일어서다)
- (B) 가족과 떨어져, 이곳으로 옮겨와 산 지도 3년이 <u>지났</u>다. (지나다, 흐르다)

- (C) 거짓말쟁이인 그와의 관계를 <u>끊기</u>로 했다. (끊다)
- (D) 다리가 저려서 <u>일어날</u> 수 없다. (일어서다)

단어 傍_{かたわ}ら 옆 刀_{かたな} 칼 嘘_{うそ}つき 거짓말쟁이 しびれる 저리다

121

해석 우리 <u>남편</u>은 골프를 아주 좋아해서 주말이면 항상 골프를 치러 나간다.

단어 ご主人_{しゅじん} (남의) 남편 出_でかける 외출하다

체크 ご主人 → 主人 (자기) 남편

122

해석 <u>동서고금</u>을 불문하고 '시간은 금'이라는 격언은 여전히 사용되고 있는 말이다.

단어 古今東西_{こ こんとうざい} 고금동서(=동서고금) 格言_{かくげん} 격언 東西_{とうざい} 동서
古今_{ここん} 고금

체크 東西古今 → 古今東西

123

해석 이제 곧 하시모토 과장이 올 테니, 이쪽에서 잠시만 기다려 주십시오.

단어 少々_{しょうしょう} 조금, 잠깐

체크 いらっしゃいます → まいります (손님에게 회사 동료의 동작을 설명하는 것이므로 겸양어로 써야 함)

124

해석 이 마을에 큰 자동차 공장이 생기기 때문에 내년에는 노동 인구가 대폭 <u>변화</u>하리라 생각된다.

단어 労働人口_{ろうどうじんこう} 노동 인구 大幅_{おおはば} 대폭 変化_{へんか} 변화

체크 変化させる → 変化する

125

해석 저 아이는 일단 놀러만 나간다 <u>하면</u> 어두워질 때까지 돌아오지 않는다.

단어 いったん 일단 ～たが最後_{さいご} 일단 ～하기만 하면
始末_{しまつ} 사정, (일의) 전말

체크 始末 → 最後

126

해석 친구와 중요한 상의를 할 때는 <u>왁자지껄</u>한 곳이 아닌 조용한 곳에서 이야기하는 것이 좋다.

단어 大切_{たいせつ} 중요함 相談_{そうだん} 상의, 상담 がやがや 왁자지껄
からから 바삭바삭

체크 からから → がやがや

127

해석 우유와 설탕 이외에 여러 가지 과일이 많이 들어가 있습니다. <u>그러니까</u> 맛있을 겁니다.

단어 砂糖(さとう) 설탕　果物(くだもの) 과일

체크 それに → だから 그래서, 그러니까

128

해석 일본의 기업은 시험보다 면접을 중시하여, 몇 번이나 면접을 <u>보는</u> 일도 드물지 않다.

단어 重視(じゅうし) 중시　面接(めんせつ)を受(う)ける 면접을 보다　珍(めずら)しい 드물다

체크 もらう → うける(면접이나 시험 등을 치른다고 할 때는 うける를 씀)

129

해석 음악의 상품 형태는 '패키지'에서 '데이터' 시대로 <u>이동하</u>고 있다.

단어 形態(けいたい) 형태　パッケージ 패키지　データ 데이터　移(うつ)る 옮기다, 이동하다

체크 移(うつ)る → 移(うつ)り(동사의 ます형 + つつある: 계속 ~하다)

130

해석 식품 안전을 지키기 위해 종업원에게 법령 준수를 <u>철저히 하기 위한</u> 연수 등도 필요하다.

단어 従業員(じゅうぎょういん) 종업원　コンプライアンス 컴플라이언스, 법령 준수　徹底(てってい) 철저　研修(けんしゅう) 연수

체크 徹底(てってい)される → 徹底(てってい)させる

131

해석 모처럼의 휴일인데, 아무것도 할 일이 없어서 혼자서 거리를 <u>어슬렁거리며</u> 보냈다.

단어 せっかく 모처럼　うろうろ 어슬렁어슬렁　がちがち 딱딱

체크 がちがち → うろうろ

132

해석 죄송합니다만, 저쪽 카운터에서 티켓을 <u>구입해</u> 주세요.

단어 恐(おそ)れ入(い)る 죄송해하다　買(か)い求(もと)める 사들이다, 입수하다

체크 お買(か)い求(もと)めて → お買(か)い求(もと)め(お + 동사의 ます형 + ください: ~해 주세요, 존경 표현)

133

해석 오늘은 어느 신문이나 모두 일 면에 그 슬픈 기사를 <u>싣고</u> 있다.

단어 一面(いちめん) 일 면　記事(きじ) 기사　載(の)せる 싣다, 게재하다　載(の)る 실리다

체크 載(の)って → 載(の)せて 게재하고, 싣고

134

해석 우리 회사가 자랑하는 다이어트 식품입니다. 꼭 시험해 봐 주세요.

단어 誇(ほこ)る 자랑하다　ぜひ 꼭　確(たし)か 확실함, 틀림없음　試(ため)す 시험해 보다

체크 確(たし)か → ぜひ

135

해석 의사의 <u>정성스러운</u> 진단과 치료 덕에 환자는 점점 좋아졌다.

단어 念入(ねんい)り 매우 조심함, 정성들임　考(かんが)え込(こ)み 골똘히 생각함　診断(しんだん) 진단　治療(ちりょう) 치료　病人(びょうにん) 병자, 환자　だんだん 차차, 점점

체크 考(かんが)え込(こ)み → 念入(ねんい)り

136

해석 확인 후, 메일로 답장해 주시겠습니까? <u>번거로우시겠지만</u> 잘 부탁드립니다.

단어 確認後(かくにんご) 확인 후　返信(へんしん) 답신　手数(てすう) 수고, 귀찮음　世話(せわ) 보살핌

체크 お世話(せわ)ですが → お手数(てすう)ですが 번거로우시겠지만

137

해석 기노시타 씨에게는 애니메이션에 나오는 등장인물의 대사를 <u>통째로 암기</u>할 수 있다는 실로 놀라운 재능이 있다.

단어 登場人物(とうじょうじんぶつ) 등장인물　セリフ 대사　丸暗記(まるあんき) 통째로 암기함　実(じつ)に 실로, 참으로　才能(さいのう) 재능

체크 通暗記 → 丸暗記(まるあんき) 통암기(직역하면 안 되는 일본어)

138

해석 바쁘실 테니, 용건으로 <u>들어가고자</u> 합니다만, 괜찮으신지요?

단어 用件(ようけん) 용건

체크 入(はい)らさせて → 入(はい)らせて (동사의 사역형 만들기)

139

해석 이쪽이 제품 카탈로그이오니, <u>봐</u> 주시기 바랍니다.

단어 ご覧(らん)いただく 보시다　拝見(はいけん) 배견, 삼가 봄

체크 拝見(はいけん) → ご覧(らん)(손님에게 보기를 권하는 것이므로 겸양 표현이 아닌 존경 표현을 써야 함)

140

해석 뭔가 구체적인 대책이 있으면 <u>무방한</u> 범위 내에서 괜찮으니 가르쳐 주시겠습니까?

단어 具体的(ぐたいてき) 구체적　対策(たいさく) 대책　差(さ)し支(つか)える 지장이 있다　差(さ)し控(ひか)える 삼가다, 보류하다　範囲(はんい) 범위　結構(けっこう) 괜찮음

체크 差(さ)し控(ひか)えない → 差(さ)し支(つか)えない 지장이 없다

141

해석 현재 저출산 고령화가 진행되고 지방에서는 젊은 층의 감소로 인해 지역 산업 등은 큰 타격을 받고 있습니다.

단어 少子高齢化 저출산 고령화　地方 지방　若年層 젊은 층
減少 감소　地場 그 지방, 본고장　打撃を受ける 타격을 받다

142

해석 꼼꼼한 사람이라 생각하고 사귀었는데, 유감스럽게도 그렇지도 않았다.

단어 几帳面 착실하고 꼼꼼함　まことに 참으로, 매우
めっきり 현저히, 부쩍　かろうじて 간신히

143

해석 일어날 수 있는 문제를 알고 있다면 대책을 세울 따름입니다.

단어 起こり得る 일어날 수 있다(＝おこりうる)　対策 대책
～するまでだ ～할 뿐이다

144

해석 남에게 오해를 살 만한 무례한 행동은 삼가는 게 좋아요.

단어 誤解 오해　無礼 무례함　行動 행동　慎む 삼가다, 조심하다

145

해석 행사에는 오본과 같이 선조를 모시는 것, 세쓰분과 같이 집안의 평안을 기원하는 것 등이 있습니다.

단어 行事 행사　お盆 오본, 백중맞이　先祖 선조　供養 공양
節分 세쓰분(입춘 전날)

146

해석 연공서열이란, 근무 연수가 오래되면 월급도 지위도 높아지는 것을 말합니다.

단어 年功序列 연공서열　年数 연수　地位 지위

147

해석 삼권, 즉 국회, 내각, 재판소가 서로 간의 힘을 견제하도록 되어 있다.

단어 三権 삼권　すなわち 즉　国会 국회　内閣 내각
裁判所 재판소　チェック 저지, 견제

148

해석 신기종 발표에 따라 이번 일주일간은 특별 가격으로 판매합니다.

단어 新機種 신기종　発表 발표　～にともない ～에 따라
特別価格 특별 가격　～にて ～으로　販売 판매

149

해석 항상 통근하는 사람들로 붐비는 신주쿠 역이지만, 평일 이른 아침이 되면 역시 조용합니다.

단어 通勤 통근　賑わう 붐비다　平日 평일　早朝 이른 아침
～ともなると ～이 되면　さすがに 과연, 역시

150

해석 '아깝다'거나 '본전을 뽑고 싶다'는 마음으로 뷔페에 가면 늘 과식하게 된다.

단어 もったいない 아깝다　元を取る 본전을 뽑다　バイキング 뷔페　リサイクル 리사이클　コンビニ 편의점
マスコミ 매스컴

151

해석 그 점원은 온 지 얼마 안 되었을 때는 자신 없는 듯 벌벌 떨었지만, 지금은 완전히 자리 잡았다.

단어 おどおど 벌벌, 주뼛주뼛, 주저주저(침착하지 못한 태도)
どたばた 쿵쾅쿵쾅, 우당탕　だらだら 줄줄, 뚝뚝
ぼろぼろ 너덜너덜

152

해석 다음 대통령에 어울리는 인물은 그를 제외하고는 없다.

단어 大統領 대통령　ふさわしい 어울리다　～をおいて
～을 제외하고, ～을 빼고　～ほかにはいない ～밖에
없다　～にほかならない ～임에 틀림없다, 바로 ～이다
～にすぎない ～에 지나지 않는다

153

해석 지난달 생긴 빵집은 평판이 좋아 인기 있는 빵은 굽는 대로 팔려 나간다고 한다.

단어 先月 지난달　評判がいい 평판이 좋다　焼ける 구워지다　～そばから ～하자마자　～たとたんに ～하자마자　～だけあって ～한 만큼

154

해석 그의 농담에는 언제나 절로 웃음이 난다. (사역수동)

단어 冗談 농담　思わず 뜻하지 않게

155

해석 정부는 빨리 대책을 세워 달라고, 피해자들은 눈물에 젖어 호소했다.

단어 被害者 피해자　～ながらに ～인 상태로　訴える 호소하다　～ばかりに ～할 듯이, ～한 탓에

156

해석 고국으로 돌아가고 싶은 기분은 알겠지만, 이 상태로는 연기하지 않을 수 없을걸.

단어 病状 병의 상태　延期 연기　〜ざるをえない 〜하지 않을 수 없다

157

해석 그 사람은 입이 무거워서 비밀을 누설하거나 하지 않습니다.

단어 口が堅い 입이 무겁다　秘密をもらす 비밀을 누설하다　口が重い 과묵하다

158

해석 성실한 그는 고작 10분의 발표를 위해 밤을 새워 준비하고 있었다.

단어 たかだか 고작　徹夜 철야　あいにく 공교롭게도　敢えて 감히, 굳이　予め 미리

159

해석 30만 엔이라면 빌려줘도 괜찮은데, 월급날에는 꼭 갚아라.

단어 給料日 월급날　必ず 꼭, 반드시　さぞ 아마, 틀림없이　じっと 가만히, 지그시

160

해석 이번에 대표로 국제 회의에 참석하게 되었습니다.

단어 代表 대표　国際会議 국제 회의

161

해석 주위의 반대에 아랑곳하지 않고, 형은 언제나 자기 의지를 관철시켜 왔다.

단어 周囲 주위　〜をものともせず 〜을 아랑곳하지 않고　意志を通す 의지를 관철하다　〜にもまして 〜에 더해 한층 더　〜であれ 〜이든, 〜이라 할지라도　〜までも 〜하더라도, 〜할지언정

162

해석 해일 같은 건 상상만 해도 두렵다.

단어 津波 해일　想像 상상　〜だに 〜만 하여도　恐ろしい 두렵다　〜だの 〜다느니, 〜라는 둥

163

해석 이제 와서 후회해 보았자 저질러 버린 일은 돌이킬 수 없다.

단어 今更 이제 와서　後悔 후회　〜たところで 〜해 보았자　取り返しがつかない 돌이킬 수 없다　〜といえども 그렇다고 해도　〜にせよ 〜하든 말든　〜ばかりに 〜한 탓으로

164

해석 마지막 버스를 놓쳐 곤란하고 있던 차에 운 좋게 택시가 지나가 무사히 귀가할 수 있었다.

단어 最終 최종, 막차(最終電車, 最終バス 등의 준말)　〜たところに 〜하던 차에　運よく 운 좋게　通りかかる 지나가다　無事 무사함　帰宅 귀가

165

해석 지금 성적으로는 제1지망 대학에 합격할 리 없으니 더 공부해야 한다.

단어 第一志望 제1지망　〜っこない 〜할 리가 없다

166

해석 아무리 부부 싸움을 하더라도, 서로 자존심을 상하게 하는 말을 해서는 안 된다.

단어 いくら〜ても 아무리 〜해도　夫婦喧嘩 부부 싸움　自尊心 자존심　傷つける 상처 입히다　まるで 마치　かねて 미리, 전부터　すでに 이미

167

해석 수술에 앞서 의사는 환자와 그 가족에게 생각할 수 있는 모든 위험을 설명했다.

단어 手術 수술　〜に先立って 〜에 앞서　患者 환자　リスク 리스크　〜にしたがって 〜따라서　〜につけ 〜때마다

168

해석 하시모토 씨는 학생 시절 선수였던 만큼 테니스를 잘 친다.

단어 〜だけあって 〜인만큼　〜までもなく 〜할 필요도 없이

169

해석 김치를 못 먹는데, 하물며 아주 매운 음식을 먹을 수 있을 리가 없다.

단어 まして 하물며, 더구나　激辛料理 아주 매운 요리　まさか 설마　どうせ 어차피　いかに 아무리

170

해석 일주일에 걸쳐 토론을 했지만, 결론은 낼 수 없었다.

단어 〜にわたって 〜에 걸쳐　討論 토론　結論 결론　〜に沿って 〜을 따라　〜に伴って 〜에 동반하여

지문	해석

지문

回転ずし大手「スシヤー」が昨年9～12月、店舗にウニやカニのすしの在庫がなく、提供できないと分かっていながらテレビCMやインターネット上で広告したなどとして、消費者庁は9日、景品表示法違反（おとり広告）で再発防止を求める措置命令を出した。

調査によると、違反があったのは期間限定で販売した「濃厚うに包み」（110円）、「うにの3種盛り」（528円）、「豪華かにづくし」（858円）の3商品。

ウニの2商品は発売からわずか5日後の昨年9月13日に既に一時販売中止を決めていたのに、在庫を再確保する①めどが立たない間も広告を続けた。カニも昨年11月と12月、終日販売できない店舗があった。全国で展開する約600店舗のうち9割以上が該当した。

「スシヤー」は9日、ウェブサイトで消費者庁からの命令に対する「お詫びとお知らせ」を公表した。また広告表現の見直しや景品表示法に関する研修などの実施で再発防止に取り組むという。

お詫びとお知らせでは、在庫不足の原因について「予想をはるかに上回るご愛顧」で発生したと説明。店舗で「②売切御免」「商品の入荷待ち」などの告知をしたケースはあったが、ウェブ上や店頭での表示の停止が徹底されなかったという。

해석

회전초밥 대기업 '스시야'가 작년 9~12월, 점포에 성게나 게의 초밥의 재고가 없어, 제공할 수 없다고 알고 있으면서 텔레비전 CM이나 인터넷상에서 광고했다는 등으로 소비자청은 9일, 상품 표시법 위반(미끼 광고)으로 재발 방지를 요구하는 조치 명령을 내렸다.

조사에 의하면, 위반이 있었던 것은 기간 한정으로 판매한 '진한 성게 듬뿍'(110엔), '성게 3종 세트'(528엔), '고급 게 일색'(858엔)의 세 개 상품.

성게 두 개 상품은 발매로부터 불과 5일 후인 지난해 9월 13일에 이미 일시 판매 중지를 결정했는데도 재고를 재확보할 ①전망이 보이지 않는 동안에도 광고를 계속했다. 게도 지난해 11월과 12월, 종일 판매가 불가능한 점포가 있었다. 전국에서 전개하는 약 600점포 중 90% 이상이 해당했다.

'스시야'는 9일 웹사이트에서 소비자청 명령에 대한 '사과와 공지'를 공표했다. 또한 광고 표현의 재검토나 상품 표시법에 관한 연수 등의 실시로 재발 방지에 임한다고 한다.

사과와 공지에서는 재고 부족 원인에 대해 '예상을 훨씬 웃도는 관심'으로 발생했다고 설명했다. 점포에서 ②'매진되어 죄송합니다', '상품의 입하 대기' 등의 고지를 한 경우는 있었지만, 웹상이나 점포 앞에서의 표시 정지가 철저하게 이루어지지 않았다고 한다.

171 _____① 에 들어갈 말로 가장 적당한 것은 어느 것입니까?

(A) 전망이 보이지 않는   (B) 목표가 보이는

(C) 기회를 잡을   (D) 기회를 놓칠

172 _____② 에 들어갈 말로 가장 적당한 것은 어느 것입니까?

(A) 점포 개장   (B) 임시 휴업

(C) 영업 시간   (D) 매진 용서

173 소비자청이 '스시야'를 조사한 결과가 아닌 것을 고르시오.

(A) 게 등 재고가 없다고 알고 있는데 광고를 했다.

(B) 매년 해산물 가격을 점차 인상하고 있다.

(C) 지난해 게를 판매 못 하는 가게가 있었다.

(D) 기간 한정으로 판매한 상품에 위반이 있었다.

단어 大手 대기업　店舗 점포　在庫 재고　提供 제공　広告 광고　消費者庁 소비자청　景品表示法違反 상품 표시법 위반　おとり 후림새, 미끼　再発防止 재발 방지　措置命令 조치 명령　調査 조사　期間限定 기간 한정　濃厚 농후　豪華 호화스러움, 고급임　わずか 불과　既に 이미　再確保 재확보　終日 종일　展開 전개　該当 해당　ウェブサイト 웹사이트　お詫び 사죄　公表 공표　見直し 재검토　研修 연수　実施 실시　取り組む 맞붙다, 열심히 하다, 몰두하다　はるかに 훨씬　上回る 웃돌다　愛顧 관심　売切御免 매진되어 죄송합니다　入荷待ち 입하 대기　告知 고지　店頭 가게 앞　停止 정지　徹底 철저　目途が立つ 전망이 보이다, 목표가 서다　チャンスを掴む 기회(찬스)를 잡다　チャンスを逃す 기회(찬스)를 놓치다　改装 개장　臨時休業 임시 휴업　海産物 해산물　徐々に 서서히　値上げ 인상

日本においては、花粉症、五月病、夏ばて、インフルエンザなどの①季節病がある。その中で、五月病は新年度の４月に新しい環境に適応できないでいると、人によっては、無気力、不安感、焦りなどの特徴的な症状がしばしば５月のゴールデンウィーク明け頃から起こることが多いためこの名称がある。５月は気温の差が激しく、不安定な季節で、五月病は環境の変化やストレスばかりが原因ではなく、気温の変化も関係して生じる。

五月病を乗り越える対策としてはストレスをためないことである。日常生活に支障をきたさないかぎり、気分転換をはかったり、疲れがたまっているときは無理をせず、睡眠時間を充分にとることである。しかし、なかなか症状が軽くならない場合は、精神を安定させる良い薬もあるので、病院で治療を受けることも必要である。心療内科や神経内科で治療を受けることで回復も早く、深刻な症状に陥らずに済むのである。最後は力が出るような食事や栄養をしっかり摂ることである。食事のバランスを保つには、栄養やエネルギーが豊富な季節の食材やいろいろな食品を組み合わせることが必要である。

일본에는 꽃가루 알레르기, 5월병, 여름 탐, 인플루엔자 등의 ①계절병이 있다. 그 가운데, 5월병은 신년도 4월에 새로운 환경에 적응하지 못하면, 사람에 따라서는 무기력, 불안감, 초조함 등의 특징적인 증상이 종종 5월 골든 위크가 끝날 무렵부터 생기는 일이 많기 때문에 이 명칭이 있다. 5월은 기온 차가 심하고 불안정한 계절이라서, 5월병은 환경 변화나 스트레스만이 원인이 아니라 기온 변화도 연관되어 생긴다.

5월병을 극복하는 대책으로는, 스트레스를 쌓지 않는 것이다. 일상생활에 지장을 주지 않는 한, 기분전환을 하고, 피로가 쌓여 있을 때는 무리하지 말고, 수면을 충분히 취해야 한다. 그러나 좀처럼 증상이 가벼워지지 않는 경우에는, 마음을 안정시키는 좋은 약도 있으니 병원에서 치료를 받는 것도 필요하다. 사회 심리 치료과나 신경내과에서 치료를 받는 것으로 회복도 빠르고, 심각한 증상에 빠지지 않고 해결된다. 마지막으로는 힘이 나는 식사나 영양을 꼭 섭취하는 것이다. 식사의 밸런스를 지키는 데는, 영양이나 에너지가 풍부한 계절 식재료나 여러 가지 식품을 잘 조합하는 것이 필요하다.

174 5월병의 원인이 아닌 것은 어느 것입니까?
(A) 스트레스　(B) 삼한사온
(C) 기온 변화　(D) 환경에의 부적응

175 5월병의 예방과 대책으로써 제시된 것은 어느 것입니까?
(A) 심장내과나 신경내과에서 신경을 안정시키는 좋은 약을 받는다.
(B) 스트레스를 풀기 위해 골든 위크 때에 해외여행을 간다.
(C) 영양결핍증을 막기 위해 영양을 과잉으로 섭취해야 한다.
(D) 피로감이 계속될 때는 병원에 가서 심각한 증상에 빠지지 않도록 한다.

176 5월병에 효과적인 식사법은 무엇입니까?
(A) 값비싼 제철 식재료를 사용한 요리를 먹는다.
(B) 5월에 나오는 야채와 단백질을 먹는다.
(C) 에너지가 풍부한 산해진미를 섭취한다.
(D) 식품을 조합하여 균형 있게 먹는다.

177 ＿＿＿①＿＿＿ 에 들어갈 말로 가장 적당한 것은 어느 것입니까?
(A) 계절병　(B) 치매
(C) 유전병　(D) 우울증

拝啓　①残暑の候、貴社ますますご隆盛のこととお慶び申し上げます。

さて、まことに申し上げにくいことながら、近年の原材料の大幅値上げと人件費の高騰により、当社製品も従来の価格を維持することが困難になってまいりました。

つきましては、まことに恐縮ですが、きたる10月1日をもちまして、製品価格を添付した別紙のとおり改定させていただくことになりました。何卒、余儀ない事情をご理解いただき、今後とも変わらぬご高配を賜りますようお願い申し上げます。

取り急ぎ、お知らせ②かたがたお願いまで。

敬具

記

同封書類　当社製品新価格表　1通

以上

배계 ①늦더위의 계절, 귀사가 점점 더 발전하시기를 기원합니다.

다름이 아니오라 정말로 말씀드리기 어렵지만, 최근 원자재의 대폭 인상과 인건비의 급등으로 인해, 당사 제품도 종래의 가격을 유지하기 어렵게 되어 왔습니다.

이에 참으로 죄송합니다만, 오는 10월 1일을 기해, 제품 가격을 침부한 별지와 같이 개정하게 되었습니다. 아무쪼록 불가피한 사정을 이해해 주시고 앞으로도 변함없는 배려를 부탁드립니다.

우선 통지와 ②더불어 부탁 말씀을 위해

경구

기

동봉 서류 당사 제품 새 가격표 1통

이상

---

178 제목으로서 가장 적합한 것은 어느 것입니까?

(A) 불량품에 대한 항의

(B) 항의문에 대한 반박

(C) 납입 가격 인상 부탁

(D) 품질 저하를 둘러싼 논의

179 ____①____ 에 들어갈 말로 가장 적당한 것은 어느 것입니까?

(A) 초봄을 맞아　　(B) 춘분에 즈음하여

(C) 연말에 즈음하여　　(D) 늦더위의 계절

180 ____②____ 에 들어갈 말로 가장 적당한 것은 어느 것입니까?

(A) 한편　　　　　　(B) 더불어

(C) 에 대한　　　　　(D) 에 관한

단어　拝啓 배계　貴社 귀사　隆盛 발전, 번영　お慶び申し上げます 기원합니다　近年 근년, 근래　原材料 원재료, 원자재　大幅 대폭　値上げ 가격 인상　人件費 인건비　高騰 고등, 앙등　当社 당사　従来 종래　価格 가격　維持 유지　困難 곤란함　つきまして 이에　恐縮ですが 죄송합니다만　きたる(来る) 오다, 다가오다　添付 첨부　別紙 별지　改定 개정　何卒 아무쪼록　余儀ない 부득이하다　事情 사정　高配 배려　賜る (윗사람에게) 받다, 내려주시다　取り急ぎ 급히　敬具 경구　同封 동봉　書類 서류　反駁 반박　初春 초봄　候 계절　春分 춘분　師走 설달, 12월　残暑 늦더위　～かたわら ～함과 동시에, ～하는 한편　かたがた 겸하여, 아울러

SNSが発達した昨今、個人情報は極めて慎重に取り扱うべきだという考えは、もはや常識となった。特に子どもの場合は、顔写真など含めて慎重にならざるをえない。子どもを狙った犯罪、特に性犯罪が①後を絶たないからだ。幼さや純粋さにつけこむ犯行は卑劣そのもの。そんな社会で、もし「#個人情報を勝手に暴露します」というハッシュタグで、子どもの個人情報がネット空間にさらされたら、どうなるだろうか。

玩具メーカー大手A社の公式SNSが昨年、たまたまトレンド入りしていた「#個人情報を勝手に暴露します」のハッシュタグに便乗し情報発信した。そして、着せ替え人形「○○ちゃん」の誕生日、身長や体重、電話番号などの公式プロフィール情報が掲載された。このプロフィール自体は周知の設定で問題はないのだが、「暴露」というノリで、子どもへの性犯罪を想起させる文章に驚きと批判が相次いだ。投稿の内容も、本来なら大人が保護すべき子どもに対して、成人男性が「優しくしてほしい」とケア役割を期待しているように読み取れた。子どもの夢を育むはずの玩具メーカーが、自らそのビジョンを損なったといえよう。

この投稿は②炎上し、発信元のA社が「社会の一員として守るべきモラルに欠ける内容」だったとして削除した。同社には原点に立ち返り、子どもに寄り添う姿勢を取り戻してほしい。

SNS가 발달한 요즘, 개인 정보는 지극히 신중하게 다뤄야 한다는 생각은 이제 상식이 됐다. 특히 어린이의 경우는 얼굴 사진 등을 포함해 신중해질 수밖에 없다. 어린이를 겨냥한 범죄, 특히 성범죄가 ①끊이지 않기 때문이다. 미숙함과 순수함을 이용한 범행은 비열함 그 자체이다. 그런 사회에서 만약 '#개인정보 마음대로 폭로합니다'라는 해시태그로 아이의 개인 정보가 인터넷 공간에 노출된다면 어떻게 될까?

장난감 제조업체 대기업 A사의 공식 SNS가 지난해 우연히 트렌드에 들어섰던 '#개인정보 마음대로 폭로합니다' 해시태그에 편승해 정보를 발신했다. 그리고 옷 갈아 입히기 인형 '○○짱'의 생일, 키와 몸무게, 전화번호 등의 공식 프로필 정보가 게재됐다. 이 프로필 자체는 이미 다 아는 설정으로 문제가 없지만 '폭로'라는 분위기에 휩쓸려 아동 성범죄를 떠올리게 하는 문장에 놀라움과 비판이 잇따랐다. 투고 내용도 원래대로라면 성인이 보호해야 할 아이에 대해, 성인 남성이 '잘 대해 달라'며 돌봄 역할을 기대하는 것처럼 읽혔다. 아이의 꿈을 키워야 할 장난감 제조업체가 스스로 그 비전을 훼손했다고 할 수 있을 것이다.

이 투고는 ②비난 댓글이 쇄도하고 발신원인 A사가 '사회의 일원으로서 지켜야 할 모럴이 부족한 내용'이었다며 삭제했다. 동 회사는 원점으로 돌아가 아이에게 다가서는 자세를 되찾았으면 한다.

181 필자가 하고 싶은 말은 어느 것입니까?

(A) 어린이의 순수함을 보다 효과적으로 선전하기 위해 연구할 것

(B) 어른이 돌봄 역할을 할 수 있도록 해시태그를 달 것

(C) SNS상에서 아이의 얼굴 사진 등은 보다 신중하게 생각하고 취급할 것

(D) 아이들 생일 축하를 더 호화롭게 해 줄 것

182 ＿＿①＿＿ 에 들어갈 말로 가장 적당한 것은 어느 것입니까?

(A) 드물다　　　　　　(B) 끊겼다

(C) 끊이지 않는다　　　(D) 없어졌다

183 ＿＿②＿＿ 에 들어갈 말로 가장 적당한 것은 어느 것입니까?

(A) 호평　　　　　　　(B) 등록

(C) 침체　　　　　　　(D) 비난 댓글 쇄도

184 본문의 내용과 맞지 않는 것은 어느 것입니까?

(A) A사의 공식 SNS에 놀라움과 비난 댓글이 줄줄이 달렸다.

(B) 어린이를 겨냥한 범죄 등은 비열하기 짝이 없는 일이다.

(C) 대형 장난감 제조업체인 A사는 어린이집을 운영하고 있다.

(D) 프로필 폭로가 문제가 돼 A사가 사죄를 했다.

[185~188]

<table>
<tr><td>

①避難訓練のお知らせ

総務部

下記の通りビル全体で一斉避難訓練が実施されます。各階の防災責任者の指示に従って原則、全員参加してください。

記

1. 実施日時

　　第1回：9月1日（火）10:00〜11:30

　　第2回：9月2日（水）13:00〜14:30

　　第3回：9月3日（木）13:00〜14:30

　　第4回：9月4日（金）15:00〜16:30

2. 実施要領

　（1）各階の防災責任者宛に8月25日までに各人の参加日を届ける。

　（2）当日は②警報が鳴ったら、アナウンスに従い、非常階段から③退避する。（ヘルメット着用のこと）

　（3）一階まで下りたら、市民公園に④集合する。

　（4）各階の防災責任者は点呼の上、人数を確認し⑤解散。

　（5）実施状況を所定の報告書で総務課に報告する。

</td><td>

①피난 훈련 공지

총무부

아래와 같이 빌딩 전체에서 일제히 피난 훈련이 실시됩니다. 각 층의 방재 책임자의 지시에 따라 원칙적으로 전원 참여해 주시기 바랍니다.

기

1. 실시 일시

　제1회: 9월 1일(화) 10:00~11:30

　제2회: 9월 2일(수) 13:00~14:30

　제3회: 9월 3일(목) 13:00~14:30

　제4회: 9월 4일(금) 15:00~16:30

2. 실시 요령

　(1) 각 층의 방재 책임자 앞으로 8월 25일까지 각자의 참가일을 전달한다.

　(2) 당일에는 ②경보가 울리면 안내 방송에 따라 비상 계단으로 ③대피한다. (헬멧 착용할 것)

　(3) 1층까지 내려가면 시민 공원으로 ④집합한다.

　(4) 각 층의 방재 책임자는 점호 후 인원수를 확인하고 ⑤해산.

　(5) 실시 상황을 소정의 보고서로 총무과에 보고한다.

</td></tr>
</table>

185 _____①_____ 에 들어갈 말로 가장 적당한 것은 어느 것입니까?

(A) 방재 훈련　　　　　　(B) 피난 훈련

(C) 교육 훈련　　　　　　(D) 소방 훈련

186 이 훈련의 실시 시간은 어느 정도입니까?

(A) 60분　　　　　　　　(B) 90분

(C) 120분　　　　　　　 (D) 240분

187 _____②_____ ~ _____⑤_____ 에 들어갈 말로 가장 적당한 것은 어느 것입니까?

	②	③	④	⑤
(A)	대피	집합	경보	해산
(B)	경보	대피	집합	해산
(C)	경보	해산	대피	집합
(D)	대피	집합	해산	경보

188 본문의 내용과 맞지 않는 것은 어느 것입니까?

(A) 이 훈련은 9월 동안 네 차례 시행된다.

(B) 실시 첫날 일주일 전에는 참가일을 전한다.

(C) 바쁜 사람은 일부러 참석하지 않아도 된다.

(D) 이 훈련의 실시 상황을 총무과에 보고한다.

単어 避難訓練 피난 훈련　お知らせ 공지　総務部 총무부　下記 하기　一斉 일제　実施 실시　各階 각 층　防災責任者 방재 책임자　指示 지시　〜に従う 〜을 따르다　原則 원칙　参加 참가　要領 요령　宛 앞(수신인, 수신(受信) 장소 따위)　各人 각자　当日 당일　警報 경보　鳴る 울리다　アナウンス 안내 방송　非常階段 비상계단　退避 대피　ヘルメット 헬멧　着用 착용　集合 집합　点呼 점호　人数 인원수　解散 해산　状況 상황　所定 소정　報告 보고

[189~192]

SDGsとは「Sustainable Development Goals」を略したもので、日本語では「持続可能な開発目標」と呼んでいる。気候変動や社会の格差の問題などが深刻さを増す中、2015年の国連総会で30年までに達成する世界共通の目標となった。17の目標と、それを具体化した169のターゲットがある。経済、社会、環境のいずれもが持続可能な形で成長していくことを目指し、「誰ひとり取り残さない」を基本理念とする。17の目標には、貧困や飢餓などから、働きがいや経済成長、気候変動に至るまで、21世紀の世界が抱える課題が包括的に挙げられている。①一つの問題が、複数の課題につながっていることも少なくない。例えば、「海洋プラスチックごみ問題」である。関係するのは、廃棄物の大幅削減を求めた「目標12：つくる責任 つかう責任」だけではない。ごみを減らす手段として焼却すれば、二酸化炭素が発生し、温暖化の原因となる。「目標13：気候変動に具体的な対策を」も念頭に解決策を考えねばならない。また、ごみが細かく砕けて「マイクロプラスチック」となり、魚や海鳥がエサと間違えて食べて、大きな被害を受けている。海の生態系保全を求めた「目標14：海の豊かさを守ろう」も関わるのである。

SDGs란 'Sustainable Development Goals'를 줄인 것으로 일본어로는 '지속 가능한 개발 목표'라고 부르고 있다. 기후 변화와 사회 격차 문제 등이 심각함을 더하는 가운데 2015년 유엔 총회에서 2030년까지 달성하는 세계 공통의 목표가 됐다. 17개의 목표와 그것을 구체화한 169개의 타깃이 있다. 경제, 사회, 환경 어느 것이나 지속 가능한 형태로 성장해 나가는 것을 목표로 하여 '누구 혼자 남겨 두지 않는다'를 기본 이념으로 한다. 17개의 목표에는 빈곤이나 기아 등에서부터 일하는 보람과 경제 성장, 기후 변화에 이르기까지 21세기 세계가 안고 있는 과제가 포괄적으로 제시돼 있다. ①하나의 문제가 여러 과제로 이어지는 경우도 적지 않다. 예를 들면, '해양 플라스틱 쓰레기 문제'이다. 관련된 것은 폐기물의 대폭 삭감을 요구한 '목표 12: 만드는 책임 사용하는 책임'만이 아니다. 쓰레기를 줄이는 수단으로 소각하면 이산화탄소가 발생해 온난화의 원인이 된다. '목표 13: 기후 변화에 구체적인 대책을'도 염두에 두고 해결법을 생각해야 한다. 또 쓰레기가 잘게 부서져 '미세 플라스틱'이 돼 물고기나 바닷새가 먹이로 생각해 잘못 먹어서 큰 피해를 입고 있다. 바다의 생태계 보전을 요구한 '목표 14: 바다의 풍요를 지키자'도 관련되는 것이다.

189 SDGs가 탄생한 이유는 무엇입니까?

    (A) 세계 각국 국민의 영양 수준 및 생활 수준 향상을 위해

    (B) 농촌 주민의 생활 여건 개선을 위해

    (C) 기후 변화나 사회 격차 문제 등을 해결하기 위해

    (D) 노동 관련 문제에 관한 대화를 강화하기 위해

190 SDGs의 목표로 해당되지 않는 것은 어느 것입니까?

    (A) 빈곤과 기아를 없앤다.

    (B) 일하는 보람이 있는 인간다운 노동 환경을 정비한다.

    (C) 기후 변화에 구체적인 대책을 취한다.

    (D) 원자력 안전을 강화한다.

191 ①하나의 문제가 여러 과제로 연결된 경우의 예로 옳은 것은 어느 것입니까?

    (A) 빈곤 문제가 적절하고 효과적인 학습 성과를 가져오는 것

    (B) 성평등이 여성의 능력 강화를 촉진하는 것

    (C) 환경 문제가 경제 발전과 인간의 복지를 지원하는 것

    (D) 쓰레기 문제가 기후 문세가 될 수 있는 것

192 본문의 내용으로 볼 때 SDGs의 이념은 어느 것입니까?

    (A) 세계의 평화 및 안전을 유지하는 것

    (B) 누구 혼자 남겨 두지 않는 것

    (C) 각국 간의 우호 관계를 발전시키는 것

    (D) 금융 안정과 국제 통화 협력을 촉진하는 것

단어 略 줄임　持続可能 지속 가능　開発 개발　目標 목표　気候変動 기후 변화　格差 격차　深刻 심각　増す 커지다　国連 総会 유엔 총회　達成 달성　共通 공통　具体化 구체화　経済 경제　環境 환경　いずれも 어느 것이나　成長 성장　目指す 목표로 하다　取り残す 남겨 두다　基本 기본　理念 이념　貧困 빈곤　飢餓 기아　働きがい 일하는 보람　〜に至る 〜에 이르다　抱える 껴안다　課題 과제　包括的 포괄적　複数 복수　海洋プラスチックごみ 해양 플라스틱 쓰레기　廃棄物 폐기물　大幅削減 대폭 삭감　求める 요구하다　責任 책임　手段 수단　焼却 소각　二酸化炭素 이산화탄소　温暖化 온난화　念頭 염두　解決策 해결책　砕ける 부서지다　マイクロプラスチック 미세 플라스틱　海鳥 바닷새(＝うみどり)　エサ 먹이　被害を受ける 피해를 입다　生態系保全 생태계 보전　関わる 관련되다

[193~196]

　フーリガンはサッカーの試合会場の内外で暴力的な言動を行う暴徒化した集団で、深刻な社会問題になっている。

　イタリアの場合、イタリアリーグの試合で暴動により警察官１人が死亡した事件が発生し、それを契機にイタリア議会はフーリガン対策法を可決・成立させた。議会の承認を経て永続的な法律となって、アウェーの観客に対するチケットの大量まとめ売りや暴力行為を挑発するような旗の持ち込みを禁止した。なお、火炎瓶の投げ入れなどで試合が中止に追い込まれる問題行為を起こした者に懲役を科したり、クラブが過激なサポーターと関係していることが発覚した場合は罰金を科すことなども規定した。このほか、家族連れの観客の14歳以下の客に対し各クラブが無料チケットを配布することも義務付けられた。

　훌리건은 축구 시합장 내외에서 폭력적인 언동을 하는 폭도로 변한 단체로, 심각한 사회문제가 되고 있다.

　이탈리아의 경우, 이탈리아 리그 시합에서 폭동에 의해 경찰관 한 명이 사망한 사건이 발생했고, 그것을 계기로 이탈리이 의회는 훌리건 대책법을 가결, 성립시켰다. 의회의 승인을 거쳐 영속적인 법률이 되어, 원정 경기의 관객에 대한 티켓의 대량 묶음 판매와, 폭력 행위를 도발하는 깃발의 지참을 금지했다. 또 화염병 투척 등으로 시합이 중지되는 문제 행위를 일으킨 자에게 징역을 과하거나 클럽이 과격한 서포터와 관계된 사실이 발각된 경우는 벌금을 부과하는 것 등도 규정했다. 이밖에 가족 동반 관객의 14세 이하의 관객에게 각 클럽이 무료로 티켓을 배포하는 것도 의무화되었다.

日本ではＪリーグがスタートしてから、フーリガンの暴力行為が見られるようになった。チームのサポーター同士が殴り合うなどの暴力行為を行って、警察官が出動して騒動を鎮静化したこともある。また、コーナーキックの際にゴール裏にいた相手チームのサポーターが選手に大きな旗を振って妨害して、両チームにとって後味の悪い試合になってしまったこともあった。

일본에서는 J리그가 시작되고 나서, 훌리건의 폭력 행위를 볼 수 있게 되었다. 각 팀의 서포터들끼리 서로 구타하는 등의 폭력 행위를 해서, 경찰관이 출동하여 소동을 진정시킨 적도 있다. 또, 코너킥 상황에서 골대 뒤에 있던 상대 팀의 서포터가 선수에게 깃발을 휘둘러 방해함으로써, 양팀에게 뒷맛이 개운치 않은 시합이 되어 버린 적도 있었다.

---

193 J리그에서의 훌리건은 어떤 행동을 했습니까?

　(A) 시합 중인 선수의 플레이를 방해했다.

　(B) 선수의 거친 플레이에 야유를 보냈다.

　(C) 게임 후, 경기장에 화염병을 던졌다.

　(D) 경기장에 들어가서 선수들과 헹가래를 쳤다.

194 이탈리아에서 훌리건 대책법 성립의 계기가 된 것은 어느 것입니까?

　(A) 각 팀의 선수가 싸움을 해서

　(B) 서포터 사이에서 싸움이 생겨서

　(C) 팬이 난동을 부려 경찰관이 희생되어서

　(D) 진 팀의 서포터가 심판을 때려서

195 왜 게임의 뒷맛이 개운치 않았습니까?

　(A) 역전패 당한 것이 믿어지지 않아서

　(B) 납득이 가지 않는 판정이 많아서

　(C) 양손을 사용해서 수비 방해를 해서

　(D) 서포터의 과도한 행위가 시합을 방해해서

196 이탈리아의 훌리건 대책법이 아닌 것은 어느 것입니까?

　(A) 폭력 행위를 도발하는 깃발 지참이 금지되었다.

　(B) 클럽이 가족 동반 관객에게 무료 티켓을 한 장 배포한다.

　(C) 시합이 중지되는 문제 행위를 일으킨 자에게 징역을 과한다.

　(D) 클럽이 과격한 서포터와 관계된 경우는 벌금을 부과한다.

단어 フーリガン 훌리건　サッカー 축구　内外 내외　暴力的 폭력적　言動 언동　暴徒化 폭도화　集団 집단　各地 각지
死亡 사망　発生 발생　契機 계기　議会 의회　対策 대책　可決 가결　成立 성립　承認 승인　経る 흐르다, 거치다
永続的 영속적　法律 법률　アウェー 어웨이 게임, 원정 게임　観客 관객　大量 대량　まとめ売り 모아서 판매하는 것
挑発 도발　火炎瓶 화염병　投げ入れる 던져 넣다, 투입하다　追い込む 몰아넣다, 몰고 가다　懲役 징역　科する 부과하다,
형벌을 가하다(＝科す)　過激 과격함　サポーター 서포터　発覚 발각　罰金 벌금　家族連れ 가족 동반　無料チケット
무료 티켓　配布 배포　同士 한패, 동아리　殴り合う 서로 싸우다, 서로 치고받다　騒動 소동　鎮静 진정　妨害 방해　後味
が悪い 뒷맛이 개운치 않다　ワイルド 와일드, 거친　やじる 야유하다　競技場 경기장　胴上げをする 헹가래를 하다
争い 다툼, 싸움, 분쟁　生じる 생기다, 발생하다　暴れる 난폭한 행동을 하다　犠牲 희생　審判 심판　逆転敗け 역전패
納得がいかない 납득이 가지 않다　判定 판정　守備 수비　過度 과도함

日本の大学生に人気があった会社は電機メーカーであったが、景気後退の影響により①安定志向が強まり、社会・生活インフラを支える業界・企業への支持が急騰した。

日本の大学生が職業を選択する時、最も考慮しているのは会社の安定とともに仕事を通して達成感、成長実感が得られるかであった。今期ランキングで最も目を引いた業界は、景気動向の影響を受けにくいイメージのある医薬品・化粧品・トイレタリー業界で、これらの企業は全体的に人気が上昇し、また放送・印刷・新聞も多数の企業がランクアップした。そして、航空業界や鉄道業界3社などの運輸業界が昨年に比べ大幅にランクアップした。

さて、新入社員を対象に「初任給を何に使うか」というアンケートを行ったところ、両親へ記念になるような物をプレゼントするという答えが多く、他には食事に招待したり、旅行をプレゼントしたりするという答えが出た。

就職した会社については「大変満足している」59%、「まあまあ満足している」21%、「どちらでもない」10%、「不満だ」6%、「非常に不満だ」4%であった。また、「5年後の年収はどうなると思うか」について調査した結果、「やや上がる」が62%で最多、「横ばい」が28%であった。福祉政策については殆んどが満足していると答えた。

일본 대학생에게 인기 있는 회사는 전기 회사였지만, 경기 후퇴의 영향에 따라 ①안정 지향이 강해져서 사회·생활 인프라를 지지하는 업계·기업에 대한 지지가 급등했다.

일본 대학생이 직업을 선택할 때, 가장 고려하고 있는 것은 회사의 안정과 함께 일을 통한 성취감, 성장했다는 실감을 얻을 수 있느냐였다. 이번 랭킹에서 가장 눈길을 끄는 업계는 경기 동향의 영향을 덜 받는 이미지가 있는 의약품, 화장품, 세면용품 업계로, 이들 기업은 전체적으로 인기가 상승했고, 또 방송, 인쇄, 신문도 다수의 기업이 랭킹이 상승했다. 그리고 항공 업계나 철도 업계 3사 등의 운수 업계가 작년에 비해 큰 폭으로 랭킹이 상승했다.

신입 사원을 대상으로 '첫 월급을 어디에 쓸 것인가'라는 앙케트를 한 결과, 부모님께 기념이 될 만한 물건을 선물하겠다는 대답이 많았고, 그 밖에는 식사에 초대한다거나, 여행을 보내 드리거나 하겠다는 대답이 나왔다.

취업한 회사에 대해서는 '매우 만족하고 있다' 59%, '그럭저럭 만족하고 있다' 21%, '보통이다' 10%, '불만이다' 6%, '매우 불만이다' 4%였다. 또, '5년 후의 연 수입은 어떻게 될 거라고 생각하는가?'에 대해 조사한 결과, '약간 오를 것이다'가 62%로 최다였고 '변동이 없을 것이다'가 28%였다. 복지 정책에 관해서는 대부분이 만족하고 있다고 대답했다.

---

197 일본 대학생이 직업을 선택할 때, 가장 고려하고 있는 것은 어느 것입니까?

(A) 일의 적성

(B) 근무지의 환경

(C) 연 수입의 만족

(D) 일을 통한 성장 실감

198 취직한 회사에 대해서 어떻게 생각하고 있습니까?

(A) 대체로 일에 만족하고 있다.

(B) 월급의 남녀 차에 불만을 갖고 있다.

(C) 복지 정책에 관해서 조금 불만이다.

(D) 기대한 대로 조금 만족하고 있다.

199 _____ ① _____ 에 들어갈 말로 가장 적당한 것은 어느 것입니까?

(A) 안정 지향

(B) 균형 지향

(C) 월급 지향

(D) 선도 지향

200 신입 사원은 첫 월급으로 주로 무엇을 합니까?

(A) 애인에게 선물을 한다.

(B) 기념이 될 만한 것을 부모님께 선물한다.

(C) 현금을 넣은 지갑을 부모님께 선물한다.

(D) 저금 또는 주식에 투자해서 자산 운용을 시작한다.

단어 電機 전기, 전기 기계　景気 경기　後退 후퇴　安定志向 안정 지향　インフラ 인프라　支える 떠받치다, 지탱하다　業界 업계　支持 지지　急騰 급등　職業 직업　選択 선택　最も 가장　考慮 고려　達成感 달성감, 성취감　成長実感 성장 실감, 성장을 이뤘다는 느낌　今期 이번 시기, 이번 기간　ランキング 랭킹　目を引く 눈을 끌다　動向 동향　医薬品 의약품　化粧品 화장품　トイレタリー 화장품류, 세면용구　上昇 상승　放送 방송　印刷 인쇄　ランクアップ 랭크 업, 순위 상승　航空 항공　鉄道 철도　運輸 운수, 수송　初任給 첫 월급　招待 초대　就職 취직, 취업　年収 연 수입　やや 얼마간, 약간, 다소　最多 최다　横ばい 옆으로 김, 시세가 크게 변동하지 않고 그대로 있는 모양　福祉 복지　殆んど 거의　適性 적성　勤務地 근무지　男女差 남녀 차　いささか 조금, 약간　均衡 균형　先導 선도　株 주식　現金 현금　貯金 저금　投資 투자　資産運用 자산 운용

NEW JPT
한권으로
끝내기 800

지은이 이최여희, 양정순, 사토 요코, 송경주
펴낸이 정규도
펴낸곳 (주)다락원

책임편집 신선정, 이지현, 송화록
디자인 장미연, 최여란

📖 **다락원** 경기도 파주시 문발로 211
내용문의: (02)736-2031 내선 460~465
구입문의: (02)736-2031 내선 250~252
Fax: (02)732-2037
출판등록 1977년 9월 16일 제 406-2008-000007호

ISBN 978-89-277-1276-3 14730
      978-89-277-1273-2 (SET)

---

http://www.darakwon.co.kr
• 다락원 홈페이지를 방문하시면 상세한 출판 정보와 함께 동영상 강좌, MP3 자료 등
  다양한 어학 정보를 얻으실 수 있습니다.
• 다락원 홈페이지를 방문하거나 QR코드를 스캔하면 MP3 파일 및 관련 자료를 다운
  로드 할 수 있습니다.

NEW JPT 한권으로 끝내기 ADVANCED 800

2단계 공략법으로 JPT 800점을 따자!

청해 공략 2단계

듣고 받아쓰며 **실전 감각 익히기**

실전 같은 미니 테스트, **실전 문제 풀기**

독해 공략 2단계

파트별 기본 단어, 주요 문법 및 표현을 정리하는 **실전 감각 익히기**

실전 같은 미니 테스트, **실전 문제 풀기**